제 6 판

사회복지의 이해

김기태 박병현 최송식

박영사

제 6 판을 출간하면서

올해로서 본서는 출간 15년째를 맞이했다. 15년 전 본서가 출간된 이후 사회복지의 기초 개념을 소개하는 많은 서적들이 출간되었다. 그러나 그러한 서적들 중 상당수는 서점에서 사라졌다. 그러나 본서는 1999년 초판이 출간된 이후 꾸준하게 찾는 독자들이 있어 필자들에게 많은 용기를 줌과 동시에 자극이 되고 있다. 본서를 교재와 참고문헌으로 사용한 많은 교수님들과 독자들로부터 건설적인 비평을 들으면서 필자들은 어떻게 하면 사회복지에 입문하는 사람들과 사회복지를 좀 더 공부하고 싶어 하는 사람들에게 사회복지를 쉽게 설명할 수 있을 것인가를 항상 고민해 왔다.

본서의 초판이 출간된 1999년 이후 15년 동안 한국의 사회복지는 많이 발전했다. 사회복지관련 정부예산이 대폭 증액되었고, 사회보험제도가 정비되었으며, 공공부조제도와 사회서비스 분야도 획기적으로 발전했다. 국민들도 대부분의 사람들이 사회복지제도나 사회사업실천으로 인해 삶의 질이 향상되고 있다는 점을 인식하고 있다. 이런 점에서 보면 1958년 미국의 헤롤드 윌렌스키(Harold Wilensky)가 그의 기념비적인 저서 「산업사회와 사회복지」(*Industrial Society and Social Welfare*)에서 사회가 발전할수록 사회복지는 도움이 필요한 사람들 ―가난한 사람, 병든 사람, 장애가 있는 사람, 직장을 잃어버린 사람, 의지할 사람이 없는 아동과 노인들― 만을 대상으로 하는 선별적 개념에서 부자, 가난한 사람, 건강한 사람, 병든 사람, 높은 지위에 있는 사람, 낮은 지위에 있는 사람 모두를 대상으로 하는 보편적 개념으로 발전한다고 한 주장은 맞는 얘기인 것 같다.

본서는 초판부터 김기태, 박병현, 최송식 교수의 공동 집필로 이루어져 왔다. 박병현 교수와 최송식 교수의 은사이기도 한 김기태 교수는 2008년 8월 31일 부산대학교 사회복지학과를 정년 퇴임하셨다. 김기태 교수가 집필한 제 4 장 사회복지실천은 그 어느 개론서의 사회복지실천 정리보다 빼어난 것이었다. 사회복지 학문분야의 핵심인 사회복지실천을 한 눈에 바라볼 수 있었다. 김기태 교수는 정년퇴임은 하셨지만 그의 학문적인 업적은 영원히 남을 것이다. 그의 사회복지 학문을 향한 열정이 본서를 더욱 더 빛나게 했다.

제 6 판에서는 초판의 기조를 그대로 유지하되 제 5 판 발행 이후 변화된 사회복지의 환경과 내용들을 기술하려고 했다. 색상만 바꾸면서 유지해 왔던 표지도 이번에 새롭게 바꾸었다. 본서는 2~3년 뒤 내용을 다시 보완하여 제 7 판을 출간할 예정이다. 제 6 판에 대한 독자들의 비평이 많이 있었으면 좋겠다. 필자들이 미처 파악하지 못한 부분, 이해하기 힘든 부분, 또는 의견을 달리하는 부분에 대한 리뷰가 있었으면 좋겠다. 그래서 보다 내용을 풍부하게 하고 보완이 필요한 부분은 보완하고 싶다.

본서 제 6 판 발행에 도움을 주신 분들께 감사드린다. 먼저 본서를 부산대학교 사회복지학과에서 사회복지개론 교재로 사용하면서 학생들로부터 많은 코멘트를 받았다. 그들은 오자를 발견하는 데서 더 나아가 전체 내용의 맥락을 얘기해 주었으며, 쉽게 이해하기 힘든 부분을 지적해 주었다. 교정을 해 준 부산대학교대학원 사회복지학과 석사과정을 이번에 졸업하는 김혜림양과, 석사과정에 재학중인 김상연군, 교정뿐만 아니라 본서를 보다 보기 좋게 편집해 주신 박영사 가족들께 감사드린다. 그리고 마지막으로 15년 동안 본서를 출간해 주신 박영사 안종만 회장님께 감사드린다.

2014년 2월

김기태·박병현·최송식

제 5 판을 출간하면서

올해로서 본서는 출간 10년째를 맞이했다. 본서는 초판이 출간된 이후 꾸준하게 찾는 사람들이 있어 왔다. 얼마 전 미국에서 오랫동안 교수생활을 하시다가 한국 대학의 사회복지학과에서 강의하시게 된 어느 교수님께서 여러 권의 사회복지개론서를 비교하신 후 본서를 교재로 사용했다는 얘기를 들었다. 이러한 사실은 저자들에게 많은 용기를 줌과 동시에 자극이 되고 있다. 본서를 교재로 사용한 많은 교수님들과 독자들로부터 많은 비평을 들으면서 저자들은 어떻게 하면 사회복지에 입문하는 사람들과 사회복지를 좀더 공부하고 싶어 하는 사람들에게 사회복지를 쉽게 설명할 수 있을 것인가를 항상 고민해 왔다.

본서의 초판이 출간된 1999년 3월은 우리나라는 IMF 경제위기로 많은 어려움에 처해 있던 시기였다. 사회복지 역사를 살펴보면 사회복지는 경제위기 후에 발전하는 경향을 보여 왔다. 10년 전 IMF 경제위기는 사회복지 발전의 전환점이 되었다. 사회복지예산이 대폭 증액되었고 사회보험제도가 정비되었으며 시혜 성격의 생활보호제도는 권리 성격의 국민기초생활보장제도로 탈바꿈했다. 결과적으로 보면 IMF 경제위기는 사회복지 발전에 있어서 전환점이었다. 그로부터 10년 뒤 우리나라는 다시 경제위기를 겪고 있다. 10년 전의 IMF 경제위기는 동아시아 국가들만이 겪은 것이라면 2009년의 경제위기는 세계의 모든 국가들이 겪는 것이라는 것에 차이가 있다. 그러면 지금의 경제위기는 사회복지발전에 어떤 영향을 미칠까? 저자들은 이번의 경제위기는 우리나라의 사회복지를 더욱 공고히 하는 데 많은 긍정적 영향을 미칠 것으로 보고 있다. 이런 즈음에 「사회복지의 이해」 제 5 판이 발간되는 것에 의미를 부여하고 싶다.

본서는 초판부터 김기태, 박병현, 최송식 교수의 공동 집필로 이루어져 왔다. 박병현 교수와 최송식 교수의 은사이기도 한 김기태 교수는 2008년 8월 부산대학교 사회복지학과를 정년 퇴임하셨다. 김기태 교수가 집필한 제 4 장 사회복지실천은 그 어느 개론서의 사회복지실천 정리보다 빼어난 것이었다. 사회복지 학문 분야의 핵심인 사회복지실천을 한 눈에 바라볼 수 있었다. 김기태 교수는 정년퇴임은 하셨지만 그의 학문적인 업적은 영원히 남을 것이다. 그의 사회복지 학문을 향한 열정이 본서를 더욱더 빛나게 했다.

　제 5 판에서는 초판의 기조를 그대로 유지하되 제 4 판 발행 이후 변화된 사회복지의 환경과 내용들을 기술하려고 했다. 본서의 4판까지의 내용 중에서 빈곤정책은 사회보장이나 사회복지정책과 중복되는 부분이 있어서 5판에서는 제외했다. 색상만 바꾸면서 유지해 왔던 표지도 이번에 새롭게 바꾸었다. 본서는 2년 뒤 다시 보완하여 제 6 판을 출간할 예정이다. 제 5 판에 대한 독자들의 비평이 많이 있었으면 좋겠다. 저자들이 미처 파악하지 못한 부분, 이해하기 힘든 부분, 또는 의견을 달리하는 부분에 대한 리뷰가 있었으면 좋겠다. 그래서 보다 내용을 풍부하게 하고 보완이 필요한 부분은 보완하고 싶다.

　본서 제 5 판 발행에 도움을 주신 분들께 감사드린다. 먼저 본서를 부산대학교 사회복지학과에서 사회복지개론 교재로 사용하면서 학생들로부터 많은 코멘트를 받았다. 그들은 오자를 발견하는 데서 더 나아가 전체 내용의 맥락을 얘기해 주었으며 쉽게 이해하기 힘든 부분을 지적해 주었다. 교정을 보아 준 2009년 부산대학교 대학원 석사과정에 입학한 김수영 양에게 감사를 드리고, 새로 편집을 맡으시면서 본서를 보다 보기 좋게 만들어 주신 박영사 편집부의 우석진 차장께 감사드린다. 그리고 마지막으로 10년 동안 본서를 출간해 주신 박영사 안종만 회장님께 감사드린다.

2009년 2월
김기태·박병현·최송식

제 4 판을 출간하면서

　　최근 우리나라의 사회복지 환경은 급변하고 있다. 2003년 2월에 집권한 노무현 참여정부는 '전국민에 대한 보편적 복지서비스 제공, 상대빈곤 완화, 풍요로운 삶의 질 구현'이라는 3가지 정책목표를 제시하고 사회복지공급주체로서의 국가역할 강화, 사회복지의 대상을 사회적 취약계층에서 전국민으로, 정책결정과정과 복지의 분배 및 소비영역에 관련 이해당사자의 참여를 보장하는 참여복지를 주장하였다. 이러한 참여복지를 추진하기 위해서 노무현 정부는 지방분권정책과 지역균형발전정책을 시도했다. 노무현 정부가 추진하는 지방분권정책과 지역균형발전정책은 상호 연계되어 있는 것으로 한편으로는 중앙의 권한을 지방정부로 이양함으로써 지방정부의 자율성을 강화하고, 다른 한편으로는 중앙정부에 집중된 사회적·경제적 자원을 지방으로 분산함으로써 지역간 균형발전을 가져오게 한다는 것이다. 이러한 지방분권과 지역균형발전정책은 중앙과 지방의 이중적 불균등을 해소함으로써 균형적인 국가발전을 목표로 하고 있다.

　　그러나 이러한 정책이 장기적으로 사회복지와 관련해서 어떤 결과를 가져올 것인지에 대해서는 불투명하다. 노무현 정부의 사회복지정책은 한편으로는 사회복지의 최고 가치 중의 하나인 평등을 추구하는 면이 있지만 다른 한편으로는 사회복지의 전반적 후퇴를 가져올 가능성도 배제할 수 없다. 특히 노무현 정부가 사회복지의 역사나 철학에 대해 깊이 고민하지 않고 성급하게 추진한 사회복지의 지방분권화는 중앙정부가 담당해 왔던 사회복지를 지방정부로 넘겨 지방정부 책임 하에 복지프로그램을 만들게 하면서 지역간의 사회복지 수준 격차를 더 벌어지게 할 가능성이 있다.

　　이러한 사회복지 환경의 변화 속에서 본서가 독자로 하여금 사회복지의 본질을 정확하게 이해하도록 조금이나마 도울 수 있다면 좋겠다. 이번 제 4 판에서도 초판의 기조와 철학을 그대로 유지하면서 개정판의 내용을 보완했다. 사회복지역사 부분에서 영국, 미국, 한국의 최근 변화를 추가하였다. 그 외 제 3 부의 사회복지 분야에서는 개정판의 발간 이후 변화된 내용을 추가하고 통계자료를 모두 최근의 것으로 대체하였다.

　　본서의 초판이 출간된 지 8년이 지났음에도 본서를 찾는 사람들이 꾸준히 있다는 것은 우리들에게 많은 용기를 줌과 동시에 자극이 되고 있다. 우리들은 어떻게 하면 사회복지에 입문하는 사람들과 사회복지를 좀 더 공부하고 싶어 하는 사람들에게 사회복지를 쉽게 설명할 수 있을 것인가를 항상 고민하고 있다. 세월이 흘러 사회복지환경과 내용이 변화하고 사회복지이론에 대한 새로운 경향의 소개가 필요하다고 판단되면, 그 때 변화된 내용을 보완하여 제5판을 출간할 것을 약속드린다. 마지막으로 본서를 읽고 많은 격려와 제안을 해 주신 교수님들과 학생들에게 감사함을 전하고 싶다. BK21 프로젝트 수행으로 바쁜 상황에서도 교정을 보느라 수고가 많았던 부산대학교대학원 사회복지학과 석사과정 박고운, 김효정에게 감사함을 표한다. 아울러 본서의 제4판 출간을 기꺼이 승낙하신 박영사 안종만 회장님께 감사드린다.

2007년 2월

김기태·박병현·최송식

제3판을 출간하면서

1999년 초판의 머리말에서 기술되어 있는 것과 같이 본서의 집필 목적은 사회복지를 공부하는 사람들이 '사회복지는 누구를 위한 학문인가?', '언제 필요한가?', '어떻게 사회복지서비스를 전달하는가?', '왜 사회복지가 필요한가?' 등을 쉽게 이해할 수 있도록 하는 데 있다. 이러한 집필 목적에 따라 본서의 내용은 크게 3부분으로 나누어진다. 제1부에서는 사회복지의 개념, 가치, 역사 등 학문으로서의 사회복지의 기초개념을 다루었으며, 제2부에서는 사회복지서비스를 전달하는 방법을 미시적인 방법인 사회복지실천과 지역사회복지 거시적인 방법인 사회복지정책과 행정으로 나누어 기술하였다. 그리고 제3부에서는 사회복지의 대상별로 나누어 아동복지부터 노인복지에 이르기까지 모든 사회복지분야를 기술하였다.

최근에 와서 복지욕구가 분출하고 사회복지영역이 확장되면서 사회복지의 정체성과 전문성 문제가 관심을 끌고 있다. 특히 인접학문분야와 학문과 직업영역의 경계를 설정하는 문제는 매우 예민한 문제로 받아들여지고 있다. 본서의 내용은 사회복지직은 전문직이며 따라서 사회복지서비스를 제공하는 일은 사회복지전문교육기관으로 인가받은 곳에서 전문사회복지교육을 받은 사회복지사만이 할 수 있다는 것을 전제로 기술되었다.

이번 제3판에서는 초판의 기조와 철학을 그대로 유지하면서 개정판의 내용을 전면적으로 수정한 부분이 있고 부분적으로 보완한 부분이 있다. 전면적으로 수정한 부분은 사회복지행정이다. 최근 우리나라에서는 사회복지사무소가 시범 운영되는 등 사회복지서비스를 전달하는 과정과 관련되어 있는 사회복지행정의 중요성이 강조되고 있다. 이러한 경향을 감안하여 사회복지행정 부분은 전면 수정하여 기술하였다. 그 외 제3부의 사회복지 분야에서는 개정판의 발간 이후 변화된 내용을 추가하고 통계자료를 모두 최근의 것으로 대치하였다.

본서의 초판이 출간된 지 5년이 지났음에도 본서를 찾는 사람들이 꾸준히 있다는 것은 우리들에게 많은 용기를 줌과 동시에 자극이 되고 있다. 우리들은 어떻게 하면 사회복지에 입문하는 사람들과 사회복지를 좀 더 공부하고 싶어하는 사람들에

게 사회복지를 쉽게 설명할 수 있을 것인가를 항상 고민하고 있다. 세월이 흘러 사
회복지환경과 내용이 변화하고 사회복지이론에 대한 새로운 경향의 소개가 필요하
다고 판단되면, 그 때 변화된 내용을 보완하여 제 4 판을 출간할 것을 약속드린다.
마지막으로 본서를 읽고 많은 격려와 제안을 해 주신 교수님들과 학생들에게 감사
함을 전하고 싶다. 아울러 본서의 제 3 판 출간을 기꺼이 승낙하신 박영사 안종만
회장님께 감사드린다.

2004년 8월

김기태 · 박병현 · 최송식

개정판을 내면서

1999년 「사회복지의 이해」 초판이 출간된 지 3년이 지났다. 그동안 우리나라는 정치·경제·사회적으로 많은 변화를 겪었다. 정치적으로는 국민의 정부가 등장하여 정치 전반을 개혁하려고 노력하였으며, 경제적으로는 1997년말 외환위기로 비롯된 경제위기를 극복하였다. 사회적으로는 경제위기 과정 중에 다양한 사회문제들이 분출하였다. 이러한 경제위기와 사회문제의 분출은 사회복지의 필요성을 배가시켰고, 사회복지제도의 개혁과 사회복지실천방법의 발전을 가져왔다.

사회복지제도의 개혁으로는 4대 사회보험제도의 정비, 의료보험제도의 통합, 국민기초생활보장제도의 도입을 들 수 있다. 이러한 사회복지제도의 개혁은 국민의 정부의 커다란 업적이라고 할 수 있다. 사회복지실천 분야에서도 분출하는 사회문제들을 해결하기 위한 많은 실천기술의 개발이 있었다.

본서의 초판 출간 이후 많은 교수님들과 학생들로부터 1999년 이후 변화된 사회복지의 내용을 포함하는 개정판 출간 요구가 있었다. 이러한 격려를 바탕으로 개정판에서는 초판의 내용을 기본 기조로 하여 1999년 이후의 변화된 사회복지의 내용을 기술하였다. 개정판의 내용은 사회복지의 기초개념에 관한 부분과 외국의 사회복지 역사 부분은 초판의 기조를 그대로 유지하면서 부분적으로 보완하였다. 우리나라의 사회복지역사 부분은 대폭 보완하여 1960년 이후 현재까지의 내용을 상세하게 기술하려고 노력하였다. 사회복지분야론에서는 1999년 이후 변화된 부분을 최근 자료를 이용하여 수정하였다. 특히 1999년 이후 가장 많은 변화를 겪은 의료보험과 공공부조제도를 포함한 사회보장부분은 많은 부분을 보완하였다. 가족복지, 노인복지, 장애인복지, 의료사회사업, 정신보건사회사업, 여성복지 부분도 보완되었다. 앞으로 계속해서 우리나라의 사회복지 환경은 변화할 것이고, 사회복지의 내용도 변화할 것이다. 따라서 저자들은 이러한 변화를 고려하여 개정작업을 계속할 것이다.

개정판의 출간에는 많은 분들의 도움이 있었다. 「사회복지의 이해」를 교재로 사용하신 많은 교수님들과 학생들의 격려가 있었다. 개정판 출간 작업에는 이러한

격려가 가장 큰 힘이 되었다. 교정과 색인작업을 한 부산대학교 대학원 사회복지학
과 석사과정 학생인 김진현 군, 강현미, 류영미, 박보향 양에게 감사함을 표한다. 개
정판의 출간을 기꺼이 승낙하신 박영사 안종만 사장님께 감사드린다.

2002년 1월

김기태·박병현·최송식

머 리 말

우리나라에 사회복지가 도입됨과 더불어 사회복지교육이 시작된 지 50여 년이
지났다. 1947년 이화여자대학교에서 최초로 사회복지교육이 실시된 이래 1980년
대까지 서서히 증가하던 사회복지학과는 1990년대에 들어서면서 폭발적으로 늘어
나 1998년 현재 전문대학과 대학 그리고 대학원을 포함하여 사회복지학과가 설치
된 대학은 70개 학교를 넘고 있다. 그리고 그 수는 더욱 늘어날 전망이다.

1950년대 자선사업과 아동복지사업을 중심으로 이루어지던 우리나라의 사회복
지분야는 1960년대에 들어서 사회복지관계법률 제정과 함께 서서히 확대되기 시작
하였고, 1977년 의료보험의 실시를 계기로 각종 사회보험제도가 시행되었다. 1980
년대부터는 산업화로 인한 사회문제의 해결을 위해 사회복지서비스가 지역복지관을
중심으로 제공되고 있으며 공공영역에서도 생활보호사업을 중심으로 한 영역에서
사회복지전문요원이 1988년부터 동사무소에 배치되어 활동하고 있다. 또한 1995
년에는 정신보건법의 제정으로 정신보건영역에서도 사회복지가 확대되고 있을 뿐만
아니라 가정폭력방지법의 제정, 공동모금법의 제정 등 사회복지서비스의 발전을 기
대할 수 있는 각종 법률들이 차례로 준비되고 있다. 그 결과 과거와는 달리 사회복
지사가 일하고 있는 현장의 범위가 다양하게 확대되었으며 적용하는 지식과 기술도
보다 전문성을 요하는 것으로 이루어져 사회복지는 과거 어느 때보다 우리 사회의
핵심영역 중의 하나로 자리잡고 있다.

21세기를 목전에 둔 현 시점에서 다양한 변화를 반영하고 미래를 개척해야 할
사회복지의 방향은 무엇인가? 클라이언트의 삶의 질을 향상시키는 데 기여할 수 있
는 전문적 지식과 기술은 무엇인가? 이런 의문에 보다 잘 대답할 수 있기 위해서
사회복지학은 개방체계로서 새로운 연구성과와 지식들을 계속 흡수하여 우리 사회
의 사회복지현상을 잘 설명할 수 있는 현실 적합성을 갖춘 사회복지의 개념을 제시
할 수 있어야 하겠다.

1955년 김학묵 선생님의 188쪽에 달하는 『社會事業槪論』(한국사회사업연합
회 편)이 처음으로 출간된 이래 지금까지 좋은 책들이 많이 저술되었고 번역되어

출간되었다. 그 중에는 사회복지개론이라는 이름으로 출판된 책들도 많아 사회복지에 입문하는 사람들이 사회복지를 이해하는 데 많은 도움을 주었다. 그러나 사회복지에 입문하는 사람과 현재 공부하고 있는 사람들에게 보다 다양한 읽을 거리를 제공해 준다는 의미에서 사회복지를 전반적으로 다루는 개론서는 더 필요하다고 생각되어 본서를 집필하게 되었다.

이 책의 목적은 사회복지를 공부하는 사람들이 사회복지를 쉽게 이해하도록 하는 데 있다. 이 책의 내용은 사회복지는 누구를 위한 학문인가, 언제 필요한가, 어떻게 사회복지서비스를 전달하는가, 왜 사회복지가 필요한가에 대한 것이다. 이 책은 대학의 사회복지학과 1학년에 입학하여 사회복지에 입문하려는 학생, 학부에서 다른 전공을 공부하고 사회복지 대학원에 진학하려는 학생, 그리고 사회사업실천분야, 정책개발을 하는 사람들에게 특히 유용할 것으로 믿어진다.

사회복지는 사람을 위한 학문이다. 최근에 와서 사회복지의 대상은 전국민으로 확대되었지만 그래도 사회복지의 주대상은 여러 가지 이유로 사회적 기능이 손상된 사람들이다. 우리는 이런 사람들 중 대부분은 전문적 사회복지서비스를 받으면 충분히 기능이 회복되어 사회에 복귀하여 생산적인 일에 종사할 수 있다고 믿는다. 그래서 우리는 사회복지의 목적이 사회사업실천과 정책적 개입을 통해 손상된 개인의 사회적 기능을 회복시켜 사회적응을 하도록 돕는 데 있다고 생각한다. 우리는 인간을 무한히 발전할 가능성을 지닌 존재로 보며 위기에 처한 사람도 개인의 대처능력을 강화시켜 주고 환경을 조정해 주면 위기를 극복할 수 있는 존재로 본다.

본서는 우리나라의 사회복지 현실을 반영하기 위해 최근의 자료를 수집하고 활용하려고 노력하였다. 오늘날 우리나라는 1997년말부터 시작된 경제위기로 인해 사회복지의 역할이 더욱더 강조되고 있으며 경제위기라는 사회문제에 대처하기 위해 사회복지정책과 제도가 개발·정비되고 있다. 사회사업실천분야에서도 많은 이론이 소개되고 적용기법이 개발되고 있다. 특히 위기에 처한 개인, 가족, 지역사회를 위한 사회사업실천방법의 개발과 적용이 매우 필요한 실정이다. 또한 사회복지사업법의 개정으로 2003년부터는 사회복지사 자격시험이 시행된다. 사회복지사 자격시험에 응시하기 위해서는 사회복지학과에서 필수적으로 이수해야 하는 과목과 선택적으로 이수해야 하는 과목이 정해졌으며 시험과목도 정해졌다. 본서는 이러한 변화하는 사회환경과 학문적 환경을 반영하려고 노력하였다. 변화하는 중에 있어 본서에 싣지 못한 부분도 있다. 특히 의료보험 부분은 통합 의료보험이 시행되고 난 후에 자세한 분석이 나올 수 있을 것이다. 그리고 사회복지의 과제와 전망은 좀 더 사색과 고민을 한 후 개정판에 실을 예정이다.

　　본서는 크게 세 부분으로 나누어진다. 제 1 부에서는 사회복지의 개념, 가치 및 역사를 다루었으며 제 2 부에서는 사회복지의 방법을 다루었다. 제 2 부 내용을 어떻게 할 것인가에 대해서 저자들은 많은 시간을 토론했다. 사회복지의 실천경향의 변화가 통합적으로 이루어지고 있는 점을 감안하여 케이스워크, 그룹워크라는 용어와 접근을 과감하게 탈피하고 사회사업실천이라는 용어 속에 임상사회사업 내용을 포괄하였다. 또한 본서에서는 사회사업방법론과 사회복지정책론을 엄격히 구분하지 않고 양자 모두가 사회복지서비스를 제공하는 방법을 공통분모로 하고 있기 때문에 사회복지의 방법내에 두 접근 방법을 포함시켰다. 제 3 부는 사회복지분야로서 아동복지에서 자원봉사에 이르기까지 사회복지가 실천되는 모든 영역을 포함시켰다. 그래서 본서의 특징 중 하나는 내용이 광범위하다는 데 있다.

　　본서를 집필하는 데 많은 사람의 도움이 있었다. 분야론 부분을 집필하는 데 도움을 준 대구대학교 산업복지학과의 김영호 교수, 부산광역시 청소년종합상담실의 남미애 박사, 부산대학교 사회복지학과 박사과정의 서화정 선생, 최말옥 선생께 감사를 표한다. 교정작업과 색인작업을 한 부산대학교 사회복지학과 대학원생 박정자, 심민경, 류지선 양과 임혁 군, 학부생 김현규군에게도 감사를 표한다. 마지막으로 본서의 출간을 기꺼이 승낙하신 박영사의 안종만 사장님께 감사드린다.

1999년 2월

김기태·박병현·최송식

차 례

제1부 사회복지의 개념, 가치, 역사

제 2 장 사회복지와 가치

제3장 사회복지의 역사

제 2 부   사회복지의 방법

제 4 장   사회복지실천

제 5 장　지역사회복지

제 6 장 사회복지조사

제 7 장 사회복지정책

제8장 사회복지행정

제 3 부   사회복지의 분야

제 9 장   사 회 보 장

제 10 장   아 동 복 지

제11장 가 족 복 지

제12장 노 인 복 지

제14장 의료사회사업

제19장　여 성 복 지

제20장 자 원 봉 사

제**1**부

사회복지의 개념, 가치, 역사

제1장
사회복지의 기초개념

1. 사회복지의 개념

1.1 사회복지의 언어적 의미

사회복지란 무엇인가? 먼저 사회복지를 의미하는 영어의 Welfare를 살펴보자. 'Welfare'는 'well'과 'fare'의 합성어로서 'fare'는 '지내다', '살아가다'라는 의미로 '만족스러운' 또는 '적절한' 것을 의미하는 'well'과 합하여 '만족스럽게 지내는 상태'를 의미한다. 그래서 웹스터(Webster)사전에 의하면 '복지란 건강하고 행복하며 안락한 상태'(condition of health, happiness, and comfort)라고 정의되어 있다. 그러므로 복지란 건강하고 안락한 인간의 이상적인 상태, 즉 안녕(well-being)의 상태를 나타내는 개념이라고 할 수 있다.

그러나 복지는 이상적 상태로만 있는 것은 아니다. 다께우치(竹內) 교수는 사회복지는 독일어의 'Wohlfahrt'란 말에서 유래되었다고 주장한다. 'Wohlfahrt'는 16세기 초기부터 사용되기 시작하였는데 'wohl'과 'fahren'이 연결되어 관용적으로 쓰이기 시작된 것으로 'wohl'은 '원하다' 혹은 '바라다'라는 의미이며 'fahren'은 '한 장소에서 다른 장소로 옮긴다'라는 의미의 동사이다. 이 두 단어가 결합된 'wohlfahrt'는 '바람직한 상태로 바꾼다'라는 의미가 된다(장인협, 1969: 139). 그러므로 복지는 이상적인 상태를 의미하는 개념인 동시에 그 이상적인 상태를 지향하는 의미도 내포하고 있는 개념임을 알 수 있다.

이번에는 한자의 福祉를 풀이해 보자. 한자의 어원에서 "福祉"의 '福'을 분석해 보면 먼저 '시'(示)행은 신(神)에게 공물(供物)을 얹어 놓은 상(床)을 옆으로 본 형태로, '시'(示)행이 붙는 字는 대개 신(神)과 관계되는 자가 많다. '神'과 '祭'가 그 예이다. 다음 '福' 字의 右半分 하단의 '田'은 곡물을 수확하는 밭을 의미한다. 그 위의 '口'는 '高'자의 약자로 곡물이 높이 쌓여 있는 모습을 상징하고, 물질적인 풍요를 의미한다. 이것이 자연, 즉 神으로부터 받은 선물이기 때문에 '示'행이 붙어 있는 것이다. 그리고 '祉'는 신에게 마음의 안정을 기원하는 자세로, '止'는 욕망의 추진을 멈추는 의미를 지니고 있다. 즉 마음을 비우는 것이 심리안정의 길이라고 하는 것을 암시하고 있다. 따라서 "福祉"는 물질적 풍요와 심리적인 안정을 내포하고 있다고 하겠다(高須裕三, 1979: 180, 김만두·한혜경, 1994: 19-20에서 재인용). 물질적 풍요는 사회복지정책을 통해서, 심리적인 안정은 사회사업방법론을 통해서 성취될 수 있다.

다음 "사회"의 의미를 살펴보면, '사회적'(social)이라는 것은 '지역사회나 집단 속에서 같이 지낸다'(living together in communities or groups)는 의미이다. 남세진(1922: 114)은 '사회적'이란 의미는 물질적이거나 영리적인 요소보다는 비영리적이며, 이타적 속성의 공동체적 삶의 요소에 관심을 기울이는 것이라고 주장한다. 이렇게 보면 사회복지의 언어적 의미는 "공동체 사회에서 사회연대를 기초로 구성원들의 전 생애에 걸쳐 건강하고 안락한 삶을 추구하는 비영리적이고 이타주의적인 사회적 노력"이라고 할 수 있다.

1.2 사회복지의 학문적 개념

(1) 사회복지의 학문적 개념

현재 가장 많이 인용되고 있는 사회복지의 정의는 1958년 윌렌스키(Wilensky)가 내린 정의라고 할 수 있다. 윌렌스키는 그의 저서 「산업사회와 사회복지」(Industrial Society and Social Welfare)에서 사회복지의 개념을 잔여적 개념(residual concept)[1]과 제도적 개념(institutional concept)으로 구분하여 설명하고 있다(Wilensky and Lebeaux, 1958: 138-139).

---

1) 영어의 'residual'은 '잔여적', '보충적' 또는 '보완적'으로 번역된다. 본서에서는 '잔여적'(殘余的)으로 번역하여 사용한다.

잔여적 개념에서는 사회복지제도란 가족 또는 시장과 같은 정상적인 공급구조
가 제 기능을 발휘하지 못하는 경우에 활동을 시작하는 것으로 본다. 즉 개인의 욕
구를 충족시켜 주어야 하는 가족이 가장의 실직이나 질환으로 제 기능을 발휘하지
못하거나, 시장체계가 경기침체나 그 밖의 요인으로 인하여 제 기능을 발휘하지 못
할 때 사회복지가 가족이나 시장체계를 대신하여 개입하게 되는 것이다. 그러므로
이 경우의 사회복지는 보충적, 일시적, 혹은 대체적인 성격을 지니게 된다. 잔여적
개념에서는 사회복지는 비상대책으로서의 기능을 수행하므로 가족이나 시장체계가
그 기능을 회복했을 때에는 사회복지는 개입을 중단하게 된다. 또한 사회복지의 혜
택을 받는 사람은 대체로 다른 사람보다 약하고 적응을 잘 하지 못하는 비정상적이
고 병리적인 사람으로 간주된다. 이러한 면 때문에 사회복지 수혜자는 시혜나 자선
을 받는 사람이라는 낙인(stigma)이 찍히기도 한다. 잔여적 개념의 사회복지를 반
영하는 대표적인 사회복지프로그램은 공공부조[2]라고 할 수 있다.

반면에 사회복지의 제도적 개념은 사회복지는 현대산업사회에서 사람들이 만족
할 만한 수준의 삶과 건강을 누릴 수 있도록 하는 제도적 기능을 수행하는 것으로
본다. 이 개념에서는 복잡한 현대사회에 있어서 각 개인이 자신의 능력과 자아를
최대한 계발하고 발전시키기 위해서 사회복지의 혜택을 받는 것은 정상적이라고 본
다. 이런 점에서 제도적 개념의 사회복지는 그 사회의 '제일선의 기능'(first line
function)을 수행하는 것으로 본다. 이 개념은 경제적 개인주의와 자유시장이라는
가치와 안정, 평등, 인도주의라는 가치들 사이의 절충을 반영하고 있다. 사회복지의
제도적 개념에서는 잔여적 개념의 사회복지가 지니고 있는 자선이나 시혜가 수반하
는 낙인이나 수치, 응급처치적인 요소를 수반하지 않는다. 연금제도나 건강보험제도
와 같은 사회보험제도들이 제도적인 사회복지를 반영하는 대표적인 사회복지프로그
램이라고 할 수 있다. 윌렌스키는 이 두 가지의 개념은 모두 진공상태에 존재하는
것이 아니라 보다 넓은 사회문화적 상황의 반영이며, 산업화가 더욱 진전됨에 따라
제도적 개념이 더 우세하게 될 것으로 보았다.

길버트와 스펙트(Gilbert and Specht, 1974: 6-8)는 윌렌스키의 사회복지의
개념을 사회제도와 관련하여 보충 설명하고 있다. 사회가 발전하면서 사회의 여러

---

2) 우리나라에서는 1994년까지 public assistance를 공적부조라고 번역하여 사용하여 왔으나 1995년
   사회보장기본법에 공공부조라고 공식적으로 사용하기 시작한 후부터는 공공부조라는 용어를 사용하
   고 있다. 영국에서는 공공부조라는 용어 대신 사회부조를 의미하는 social assistance를 사용하고
   있다.

▌표 1-1▐ 제도의 기능	

제 　 도	주요기능
가　　족 ·····························	사 회 화
종　　교 ·····························	사회통합
경　　제 ·····························	생산·소비·분배
정　　치 ·····························	사회통제
사회복지 ·····························	상부상조

자료: Neil Gilbert and Harry Specht, *Dimensions of Social Welfare Policy*(Englewood Cliffs, NJ: Prentice-Hall, 1974), p. 6.

가지 기능들을 담당하는 사회제도들이 발전하기 시작하였는데, 그들은 사회의 기본 제도로서 가족, 종교, 경제, 정치, 사회복지를 들고 있다. <표 1-1>과 같이 가족 제도는 사회화 기능을, 종교제도는 사회통합의 기능을, 경제제도는 생산·소비·분배 의 기능을, 정치제도는 사회통제의 기능을 하고 있다. 이러한 사회제도들은 안정된 사회에서는 각각의 기능을 수행하면서 개인의 욕구를 충족시킨다.

그러나 사회가 점점 발전하고 분화되면서 이러한 제도들이 제 기능을 충분히 수행하지 못하게 되는 경우가 발생하고, 이로 인해 개인의 욕구가 충족되지 못하는 현상이 나타나게 되었다. 그래서 다른 제도들이 충족시켜 주지 못하는 욕구들을 충 족시켜 주는 제도가 나타나게 되었는데 이 경우가 잔여적 개념의 사회복지이다. 이 와 같이 사회복지를 잔여적 개념으로 해석할 경우에는 사회복지제도는 안전망 (safety net) 기능만을 수행함으로써 정치, 경제, 가족, 종교제도가 미처 해결하지 못한 문제들만을 다룬다고 보고 있다.3) 즉 사회복지제도는 <그림 1-1>과 같이 점선으로 그려져 있어 아직 제도적 위치를 뚜렷이 확보하지 못하고 있으며, 각 제

---

3) 현재 우리나라에서 광범위하게 사용되고 있는 사회안전망(social safety net) 용어는 잔여적 개념 의 사회복지를 의미한다. 사회안전망의 개념은 1990년대 초반 동구권의 사회주의 국가들이 자본주 의체제로 전환될 때 발생한 대규모 실업 등의 사회문제들을 해결하기 위해 국제통화기금(IMF)과 세계은행(World Bank)과 같은 보수적 성향의 국제기구들이 '일시적'이며 '단기적인' 사회복지를 실 행할 것을 제안하면서 유래되었다. 우리나라에서는 1997년 말에 시작된 외환위기로 인한 경제위기 때 국제통화기금이 단기적인 사회복지인 사회안전망을 구축하는 조건으로 구제금융을 제공하면서 널리 쓰여지기 시작했다. 이러한 관점에서 보수주의 성향의 국제통화기금이나 세계은행은 사회보장 이라는 용어 대신에 사회안전망이라는 용어를 사용한다. 따라서 사회안전망을 사회보장이나 제도적 사회복지와 동일한 의미를 지닌 것으로 보는 것은 옳지 않다.

도의 교차지역에 위치하여 고유의 영역을 확보하지 못함으로써 정체성을 지니지 못하고 있다. 사회복지를 잔여적 개념으로 해석하는 사람들은 사회복지는 사회의 중요한 제도가 아니기 때문에 다른 주요 제도와 같은 위치에 놓는 것을 적절하지 못하다고 주장한다.

반면에 사회복지를 제도적 개념으로 해석할 경우에, 사회복지제도는 상부상조의 가치를 바탕으로 사회의 제일선 기능을 수행하며, 기존의 다른 사회제도들과 꾸준히 상호작용하면서 사회의 중요한 제도로서의 위치를 확보하고 있다. 즉 제도적 개념의 사회복지는 모든 다른 생계수단이 소진되고 난 다음 클라이언트를 돕는 '사회안전망'(social safety net)으로서의 활동이 아니라 현대산업사회의 필수적이고 '정상적인 제일선의 기능'(normal first line function)으로 활동한다. 역사적으로 보면 상부상조는 다른 제도, 특히 가족이나 지역사회, 그리고 종교의 부차적인 기능이었다. 그러나 산업화로 귀결되는 복잡한 사회변화는 이러한 다른 제도들만으로는 충족될 수 없는 복잡한 욕구나 문제를 파생시켰다. 예를 들면, 가족은 산업화로 인한 이동성의 발달로 서로 떨어져 사는 경우가 많아지고, 지역사회에의 소속감이 점점 줄어들게 되었다. 그래서 사회복지는 다른 제도들이 개인의 욕구와 사회문제를 해결할 수 없게 됨에 따라 산업화되고 도시화된 사회에서 상부상조를 바탕으로 의존(dependency)문제에 대처하는 새로운 사회제도라고 할 수 있다. 그러므로 제도적 개념의 사회복지란 인간의 존엄성과 상부상조의 가치에 기초하여 개인의 능력과 자아를 계발하는 기회를 제도적으로 또한 전문적 서비스를 통하여 제공하는 것이라고 할 수 있다.

<그림 1-2>와 같이 제도적 사회복지 개념에서의 사회복지는 다른 제도들과 중복영역을 가짐과 동시에 연결도 시켜 주면서 다른 어떤 제도들과도 공유하지 않는 독자적 영역도 가지고 있다. 따라서 사회복지를 제도적 개념으로 해석하게 되면 사회복지제도는 잔여적 개념에서와는 달리 다른 사회제도들과 대등한 규모와 기능을 가지고 오히려 중앙에 위치하여 선도적·중추적 역할을 수행하게 된다. 이렇게 사회복지를 제도적인 관점에서 볼 때 사회복지는 잔여적 개념의 소극적인 입장에서 벗어나 적극적 입장에서의 사회통합기능을 지니게 된다.

그러므로 제도적인 사회복지에는 다음과 같은 전제가 선행된다.

1. 사회복지서비스는 사회구성원 모두에게 제공된다.
2. 사회보장이나 학교서비스 같은 경우에는 시작되는 시기가 있기는 하지만 일

┃그림 1-1┃ 잔여적 개념의 사회복지	┃그림 1-2┃ 제도적 개념의 사회복지

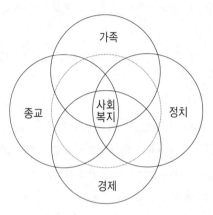

자료: Neil Gilbert and Harry Specht, *Dimensions of Social Welfare Policy*(Englewood Cliffs, NJ: Prentice-Hall, 1974), p. 8.

자료: Neil Gilbert and Harry Specht, *Dimensions of Social Welfare Policy*(Englewood Cliffs, NJ: Prentice-Hall, 1974), p. 8.

반적으로 서비스 제공에 대한 시기 제한이 없다.

3. 서비스를 받는 것에 대한 낙인이 없다.

4. 서비스 대상자가 되는 것에 대한 사회적 압력이 없다.

(2) 사회복지의 개념과 사회복지대상자 선택과의 관계

사회복지의 잔여적 개념과 제도적 개념은 선택주의와 보편주의와 관련해서 설명되기도 한다. 급여수급의 자격기준을 개인의 욕구나 자산조사에 의거하여 어떤 특정 계층에게만 사회복지서비스가 제공되면 그 사회복지프로그램은 선택적인(selective) 성격을 지닌다고 할 수 있고, 모든 사람에게 권리로 급여가 제공된다면 그 사회복지프로그램은 보편적인(universal) 성격을 지닌다고 할 수 있다. 다시 말해 급여를 받기 위해서는 개인의 재산상태와 관련한 기준을 충족시켜야 한다면 그 프로그램은 선택적인 성격을 띤다고 할 수 있고, 재산상태가 아닌 기여 등으로 인해 권리로 급여를 받는 경우에는 그 프로그램은 보편적이라고 할 수 있다. 공공부조, 의료급여 등은 자산조사에 따라 대상자들이 결정되기 때문에 선택적인 사회복지제도들이다.

반면에 사회보험제도들은 모든 국민들을 대상으로 하기 때문에 보편적인 사회복지 제도들이다. 그러므로 사회복지의 잔여적 개념과 선택주의는 같은 맥락이고, 제도적 개념과 보편주의는 같은 맥락이라고 할 수 있다.

또한 사회복지의 잔여적 개념과 제도적 개념은 사회복지서비스의 대상자를 선정하는 데 있어서 사용되는 원칙인 귀속적 욕구(attributed need)에 근거한 대상자 선정, 보상(compensation)에 근거한 대상자 선정, 진단에 의한 구분(diagnostic differentiation)에 근거한 대상자 선정, 그리고 자산조사(means test)를 전제로 한 대상자 선정과 연관시켜 설명될 수 있다. 귀속적 욕구에 근거한 대상자 선정이란 건강보호와 같이 모든 인구집단이 동시에 지니고 있는 귀속적 욕구가 존재하며, 또한 가구주가 일을 하고 있으면서도 가난한 가정(working poor)의 자녀의 보호와 같이 체계 자체의 문제로 인해 충족되지 않는 욕구가 존재한다는 인식하에서 대상자를 선정하는 것이다. 이것은 '사회의 잘못' 개념을 가장 적극적으로 반영하는 것으로 산업사회에 산다는 것 자체가 욕구의 발생 원인이라고 보아 누구에게나 사회복지 대상자의 자격을 주는 것이다. 즉 노인이나 아동, 근로가구주의 자녀 등에게 사회복지급여에 대한 자격을 주는 것은 산업사회의 노인이나 아동, 또는 근로가구주의 자녀들은 그들의 개인적 속성과 관계가 없으며 누구에게나 욕구가 발생된다고 보기 때문이다.

보상에 근거한 대상자 선정이란 퇴역군인이나 농업 종사자와 같이 사회적인 혹은 경제적인 기여를 했다고 인정되는 특정 인구집단이나, 종교적 혹은 인종적 편견과 같은 사회적 편견 등으로 인한 희생자 집단으로 간주되는 집단을 대상자로 선정하여 사회복지서비스를 보상 차원에서 제공하는 것이다. 또한 진단적 구분에 근거한 대상자 선정이란 전문가의 판단에 기초해서 어떤 사람이 특별한 급여나 서비스에 대한 욕구가 있는가의 여부를 결정하는 것이며, 자산조사를 전제로 한 대상자 선정이란 개인적으로 상품이나 서비스를 구매할 능력이 없는 빈곤계층임을 증명하는 조사에 근거해서 대상자를 선정하는 것을 의미한다(Gilbert and Terrell, 1998: 101-103).

귀속적 욕구에 근거한 대상자 선정으로 가까워질수록 '사회의 잘못' 개념을 가장 적극적으로 반영하는 제도적 개념이 적용되며 자산조사를 전제로 한 대상자 선정에 가까워질수록 '개인의 잘못' 개념을 가장 적극적으로 반영하는 잔여적 개념이 적용된다고 할 수 있다(표 1-2 참조). 사회복지학계에서는 제도적 개념과 보편주

의적 사회복지를 선호하는 경향이 있다. 그 이유는 보편적인 사회복지 프로그램은
개인의 소득을 조사하는 데서 기인하는 비인간화 과정을 수반하지 않기 때문이다.

┃표 1-2┃ 대상자 선정기준과 사회복지의 개념			
보편주의 ←——————————————————→			선택주의
제도적 개념 ←——————————————————→			잔여적 개념
사회의 잘못 강조 ←——————————————————→			개인의 잘못 강조
귀속적 욕구에 의한 대상자 선정	보상에 근거한 대상자 선정	진단에 의한 구분에 근거한 대상자 선정	자산조사에 의한 대상자 선정
사회보험제도	산업재해보상제도	특수교육 직업재활	공공부조제도

(3) 사회복지 개념의 변천

1971년 로마니신(Romanyshyn) 「사회복지 : 자선에서 정의로」(Social Welfare:
Charity to Justice)란 저서에서 사회가 변화함에 따라 사회복지의 개념도 다음과
같이 변화할 것이라고 주장했다(pp. 34-37). 그로부터 40여 년이 지난 현재 그의
예측대로 사회복지의 개념이 변화하고 있다.

1) 잔여적 개념에서 제도적 개념으로
잔여적 개념의 사회복지는 가족과 시장이라는 정상적인 제도를 통해서는 욕구
를 충족시키지 못하는 사람들이 최후에 의존하는 수단으로 간주한다. 반면에 사회
복지의 제도적 개념에서는 사회복지는 사람들이 현대 산업사회의 변화하는 경제적·
사회적 환경에 성공적으로 대처해 나가도록 하는 최일선의 기능을 수행한다.

2) 자선에서 권리로
자선으로서의 사회복지는 19세기에 중산계층이 자비를 베푸는 마음으로 가난
한 계층 사람들에게 도움을 주던 것을 의미한다. 반면에 복지급여에 대한 시민적
권리는 다수의 국민들이 피지배자 신분에서 시민으로 변천하는 오랜 기간 동안 지

속된 역사적 과정의 산물에서 나온 것이다. 마샬(Marshall)에 의하면 시민권은 공민권, 정치권, 사회권으로 구성된다. 18세기 중산층의 등장이 언론의 자유, 법 앞의 평등, 자기소유의 권리라는 공민권을 확립시켰다. 정치권은 참정권의 형태로서 19세기에 확립되었으며, 사회권(복지권)은 20세기 중반부터 경제적 안정, 교육, 완전한 사회참여와 관련된 시민들의 권리로서 확립되었다.

3) 빈민에 대한 선별적 서비스에서 전체국민들에 대한 보편적 서비스로

사회복지는 빈민을 대상으로 하는 선별적 서비스에서 전체 국민들의 보편적인 욕구를 충족시키는 서비스로 발전하고 있다. 이와 같은 보편적인 서비스들은 산업사회에서 나타나는 공통적인 사회적 위험, 즉 실업, 노령, 질병, 장애, 부양의무자의 사망, 의료비의 상승 등에 대처하기 위해 나타난 것이다.

4) 최저 수준의 급여와 서비스로부터 최적 수준의 급여와 서비스로

사회복지의 개념은 개인에게 최저 수준의 급여를 제공한다는 제한적인 개념으로부터 탈피하여 모든 국민들의 삶의 질 수준을 증진시키고 인간의 잠재력을 최대한 개발시킬 수 있도록 하기 위하여 최적 수준의 급여와 서비스를 제공하는 방향을 변화하고 있다.

5) 개인의 치료로부터 사회의 개혁으로

과거에는 인간의 문제 원인을 개인의 도덕적 결함에서 찾았으며, 문제해결을 위해 개인의 성격을 치료하는 것을 사회복지로 보았다. 성격의 결함이 인간의 문제에 대한 19세기의 진단이었고, 심리적 결함은 20세기 정신건강운동의 진단이었다. 오늘날에 와서는 사회문제의 원인을 사회제도의 구조적인 결함에서 찾으려는 경향이 있다. 따라서 사회복지의 개념은 개인의 치료에서 사회개혁을 강조하는 방향으로 변화하고 있다.

6) 민간의 후원으로부터 정부의 후원으로

사회복지에 대한 공적인 책임은 16세기까지 거슬러 올라가지만 미국과 유럽의 사회복지활동은 자발적인 민간단체들에 의해 크게 의존해 온 경향이 있었다. 이것은 최소한의 정부개입을 주장하는 자유방임주의와 사회적 진화주의(social darwinism)

를 강조한 사상과 일치되는 것이었다. 그러나 산업화로 인한 사회적 비용을 담당하고 증가하는 사회복지 욕구를 충족시키기에는 민간의 자선적 노력이 한계에 직면하게 되자 정부의 사회복지 기능을 확장시키려는 정치적 압력이 증가해 왔다.

7) 빈민을 위한 복지에서 복지사회로

사회복지는 단순한 사회에 사는 비교적 소수의 가난한 사람들의 육체적인 욕구를 충족시키는 것으로부터 고도의 복잡한 사회에 사는 모든 사람들의 육체적·심리적 욕구를 충족시키기 위한 시도로 변화하고 있다. 이제는 사회복지는 모든 사람들을 위한 보다 나은, 보다 행복한, 보다 건강한 세상을 만드는데 기여하고 있다. 복지사회의 개념에서는 모든 사회제도들은 모든 인간의 개발을 극대화시키는 데에 얼마나 기여하는가하는 관점에서 평가 받는다.

2. 사회복지가 필요한 이유

국가나 정부가 시민들의 복지나 안녕에 관심을 기울여야 하는 많은 이유들이 있다. 정치적으로 보면 계속 집권하기를 원하는 정부는 유권자들의 바람이나 욕구를 충족시켜 주어야 할 필요가 있고, 경제적으로는 인간자본을 개선하는 것은 생산적인 투자이며, 가난한 사람들에게 구매력을 제공하는 것은 경제의 수요측면을 자극하여 경제발전에 기여한다. 심리·사회적으로 보면 사회복지를 행하는 것은 우리는 도움을 필요로 하는 사람들을 보호한다는 것을 보여 주게 되어 국가를 하나로 통합하게 하는 역할을 한다. 여기에서는 사회복지가 필요한 이유를 실제적인 이유와 도덕적 차원의 이유를 포함하여 여섯 가지로 나누어 보기로 한다.

2.1 생존권의 보장

사회복지가 필요한 첫 번째 이유는 사회복지는 인간의 생존권을 보장해 주기 때문이다. 생존권은 기본적 인권의 하나로서 인간이 인간답게 살아갈 권리이며, 국가에 대하여 인간의 생존을 유지할 수 있는 생활에 필요한 서비스를 요구할 수 있는 권리를 말한다. 초기 자본주의 사회에서는 개인의 자유를 기초로 모든 인간은 서로 인권을 향유하는 자유로운 개인으로 간주되어 개인의 생활은 개인의 책임이라고 하는 「자조」의 원칙이 지배하고 있었다. 그러나 자본주의가 발전해 감에 따라 빈부의 격차가 심해지고, 어떤 사람들의 생활이 생존의 위기에 처해지면서 이러한 사람들의 생존과 생활보장에 대한 과제를 해결하기 위한 일환으로 생존권의 개념이 등장하였다. 최근에 와서 생존권의 개념은 더 포괄적으로 해석되어 자유스런 사적 생활유지를 위한 법적 권리에 그치지 않고 이런 생활을 위협하는 각종 생활상의 위협사고와 상황에 대한 국가의 적극적인 생활보장을 의미한다. 즉 생존권이란 생존 또는 생활을 위해서 필요한 조건의 확보를 요구하는 권리를 말한다.

헌법상 「생존권」의 개념을 처음으로 언급한 것은 바이마르 헌법(1919년)이다. 대부분의 선진국가에서는 국민의 생존권을 보장하기 위한 입법장치가 되어 있으며 체계적인 제도로 확립되어 있다. 생존권 보장이란 국민전체를 평등하게 만드는 것을 의미하는 것은 아니며 국민 개개인의 생활실태에 따라 최저한도의 수준이 미달하는 경우 생활비 지급 등을 통하여 인간다운 생활수준으로 끌어올리는 것을 말한다. 따라서 국민 개개인에 대한 조사를 통해 개별적으로 보호가 행해져야 하고 인종, 신앙, 성별, 사회적 신분에 관계없이 모든 국민은 건강하고 문화적인 생활을 영위할 수 없게 된 경우에 즉시 국가의 보호를 청구할 수 있는 청구권을 가진다.

우리나라는 국민의 생존권을 보장하기 위해 헌법 제34조 제1항에 '모든 국민은 인간다운 생활을 할 권리를 갖는다'고 규정하고 있다. 그러므로 인간의 생존권을 규정한 헌법 제34조가 사회복지의 존재 이유를 상징적으로 제공해 주고 있다.[4]

---

4) 헌법의 인간다운 삶의 보장 명시는 실질적인 효력을 발휘하지 못하고 상징적인 명시에 불과하다는 비판이 있다. 예를 들면 1994년 심창섭씨와 이금순씨 노인부부가 '생계보조비를 지나치게 적게 규정한(월 65,000원) 생활보호법(국민기초생활보장법의 전신)은 모든 국민은 인간다운 생활을 할 권리가 있다고 규정한 헌법에 위배된다'고 위헌소송을 냈으나 1997년 5월 헌법재판소로부터 헌법재판관 만장일치의 기각판정을 받았다. 판결 요지는 생활보호대상자가 받는 생계보호 외에 각종 감면혜택을 모두 합쳐도 당시의 최저생계비의 절반에도 못 미친다는 것을 인정하면서도 국가의 사회복지나 사회보장에 대한 의무는 국가의 재정형편에 따르는 것이기 때문에 관련된 법이나 제도가 존재하는 한 국민의 권리를 침해한 것은 아니라는 것이었다. 이금순씨는 헌법소원이 헌법재판소에 계류하던 중 세상을 떠났으며, 심창섭씨는 2013년 세상을 떠났다. 일본에서도 이와 비슷한 소송이 있었다. 1957년 朝日茂씨가 생활보호기준으로는 건강하고 문화적인 생활수준을 유지할 수 없어 후생대신이 설정한 생활보조기준이 헌법에 위배된다고 제소하였다. 이 재판은 1심에서는 원고가 전면 승소하였으나 그 후 점차 판결내용이 불리하게 변하여 최종적으로는 朝日茂씨가 사망함으로써 원고측의 패소로 끝났다. 이 소송은 소송을 제기하였던 사람의 성을 딴 아사히(朝日)소송으로 불린다.

2.2 빈곤의 경감

영국 복지국가의 형성에 크게 공헌한 베버리지는 그의 보고서에서 '빈곤으로부터의 해방'(Freedom from Want)을 주창했고, 미국의 존슨 대통령이 '빈곤과의 전쟁'(War on Poverty)을 선포하면서 빈곤을 뿌리째 근절시키려고 했듯이, 인류 역사에 있어서 빈곤은 언제나 존재해 왔고, 사회복지의 역사는 빈곤을 퇴치하는 노력의 역사라고 할 수 있을 정도로 빈곤은 사회복지의 첫 번째 연구주제였다.

초기 농경사회에서는 자연발생적인 상부상조에 의해서, 중세 봉건사회에서는 영주와 농민의 상부상조에 의해서(영주가 자신에게 노동을 제공하는 조건으로 농민을 보호), 근세 자유주의 사회에서는 구빈법에 의해서 빈곤을 경감시켜 왔으나, 현대 산업사회에서는 소득의 재분배를 목적으로 하는 사회복지제도를 통해서 빈곤을 경감시키려고 노력하고 있다.

2.3 사회적 평등의 증진

국가가 전혀 개입하지 않는 시장경제체제에서 개인의 복지는 각 개개인이 애초에 노동이나 자본과 같은 희소자원을 얼마나 소유하고 있는가에 달려 있다. 그러한 희소자원의 소유의 불공평은 그것으로부터 발생하는 부나 소득의 분배의 극심한 편중을 초래하게 되고, 이것은 결국 개개인의 소비에 대한 기회에 차이를 주게 된다. 이러한 부나 소득의 불평등은 계층 간의 갈등과 사회불안을 야기하는 등 여러 가지 이유로 바람직하지 못하기 때문에 국가가 개입하여 사회복지제도를 통해 그것들을 더 평등하게 만들 필요가 있다.

2.4 사회적 배제의 극복을 통한 사회통합의 증진

'사회적'이라는 말과 결합된 '배제'(exclusion)라는 용어의 사전적 의미는 어떤 대상으로의 진입 혹은 대상과의 교류가 차단되는 것을 말한다. 그리고 그 대상에는 이웃, 고용, 자산, 소득, 주거, 교육, 기술 등의 구체적인 영역이 포함될 수도 있고, 시민권, 법 앞의 평등, 존경, 인간적 대우, 국가와 기회 등 추상적 영역이 포함되기도 한다. 기든스(Giddens, 1998: 164)는 배제의 개념에 대해 집단들을 사회의 주류로부터 격리시키는 일종의 메커니즘으로서, 배제의 극복이란 빈곤계층에 초점을 맞춘 사회복지 프로그램이 공동체를 중심으로 이들의 민주적 참여를 중시하는 방향으로 재조정될 때 가능하다고 보았다.

빈곤을 이해하기 위한 새로운 개념으로 등장한 사회적 배제는 기존에 빈곤을 설명하던 협소한 관점에서 벗어나 새롭게 재편되고 있는 경제구조와 정책변화, 이와 같은 변화 속에서 이루어지는 특정 개인 및 집단에 대한 소외 등 다양한 요인을 포함하고 있다. 그리고 무엇보다 빈곤의 문제가 사후조치적인 대책으로 해결될 수 있는 것이 아닌 시민권에 기초한 사회성원간의 연대의식이 공유되었을 때 해결이 가능하다는 합의가 사회적 배제 인식의 기초를 이루고 있다. 이것은 또한 근대사회가 성취한 시민권이 물적 성장의 결과에도 불구하고 진전되지 않고 있다는 데 따른 위기감의 공유와도 관련되어 있다. 즉, 배제에 대한 시민들의 각성과 행동, 정치적·경제적·문화적 생활에 대한 참여의 권리를 스스로 주장하는 것이 배제의 극복, 시민권의 회복을 위한 구체적인 방법이라는 데 대한 합의가 사회적 배제를 현시대 빈곤문제를 포괄하는 원인으로 제시하는 배경인 것이다.[5]

사회적 배제의 반대 개념은 사회통합이다. 사회통합이란 모든 사람들이 사회생활에 적극적으로 참여하고 살아가는 것을 의미한다. 그러므로 통합된 사회란 사회적 배제가 배제된 사회를 의미한다고 할 수 있다. 사회복지의 발달과정을 살펴보면 빈민이나 장애인, 혹은 노인이나 아동과 같이 생산적이지 못한 계층들을 도와 줄 가치가 없는 인간으로 낙인찍고 사회에서 제거하려는 노력이 있었다. 그러나 현대사회에서의 사회복지는 도움이 필요한 사람들을 사회에서 제거시키려는 것이 아니라 그들을 경제적으로 자립시키거나 신체적으로 재활시켜 생산적인 인간으로 만들어 사회통합을 이루려는 데 목적을 두고 있다.

2.5 사회적 안정의 증진

사회복지는 사회적 안정의 증진에 기여한다. 사회복지의 사회적 안정에의 증진은 주로 사회복지정책 실시를 통해 이루어지며 다음과 같이 요약할 수 있다. 첫째,

---

5) 사회적 배제에 대한 자세한 설명은 박병현·최선미, "사회적 배제와 하층계급의 개념고찰과 이들 개념들의 한국빈곤정책에의 함의", 한국사회복지학, 제45호, 2001, pp. 185-219와 심창학, "사회적 배제 개념의 의미와 정책적 함의: 비교 관점에서의 프랑스를 중심으로", 한국사회복지학, 제44호, 2001, pp. 178-208을 참조하면 된다.

사회복지정책을 통한 소득의 재분배는 노동의 시장의존성을 탈피하려는 탈상품화(decommodification)[6]의 기능을 수행하게 되며, 이러한 기능은 궁극적으로 소득과 자원배분의 불평등을 감소시킴으로써 계층 간 갈등을 야기 시킬 수 있는 사회문제를 완화시킴으로써 사회적 안정에 기여한다. 둘째, 사회복지정책은 사회분열을 야기 시킬 수 있는 사회문제를 완화시킴으로써 사회적 안정에 기여한다. 즉 사회문제의 희생자들의 고통과 불만을 해소시킴으로써 사회적 안정에 기여한다.

2.6 자립성의 증진

사회복지의 목적은 개인이 의존에서 벗어나 자기 스스로 삶을 영위하도록 하는데 있다. 사회복지제도나 정책 차원에서의 사회복지의 궁극적인 목표는 공공부조제도나 사회보험제도를 통한 각 개인의 경제적 자립이라고 할 수 있다. 또한 사회사업실천 차원에서 사회사업가의 개입목표는 문제를 가진 클라이언트가 자신의 문제의 원인과 의미를 스스로 인식하여 해결할 수 있도록 돕는 것이다. 다시 말해 사회복지에 있어서 자립성의 증진이란 경제적 자립과 더불어 요보호자에게 내재해 있는 잠재적 능력을 개발하기 위해서는 사회복지가 필요하다고 할 수 있다.

자립성의 증진을 목적으로 하고 있는 사회복지는 모든 인간은 무한히 발전하고 성장할 수 있는 잠재력이 있다는 전제를 수용하면서 시작된다. 성장할 수 있는 잠재력은 각자 고유하며 환경과의 상호작용 속에서 만들어진다. 그러므로 사회복지의 목적은 모든 사람들이 각각 능력에 따라 성장하고 발달할 수 있는 가능성을 개발하도록 돕는 데에 있다.

3. 사회복지의 방법: 실천론과 정책론

사회복지학의 분류는 실천부문과 정책부문으로 구분하기도 하고, 직접적 서비스와 간접적 서비스로 나누기도 한다. 그러나 현재 우리나라에서 가장 보편적으로 사용되고 있는 분류방법은 미국의 전문사회사업을 포괄하는 실천론과 유럽의 사회

---

6) 탈상품화란 개인이 노동시장에서 이탈되었을 때 공적 사회보장제도를 통해 가능한 한 높은 수준의 임금대체율을 보장해 줌으로써 시장에 대한 의존성을 약화시키는 것을 의미한다.

행정이나 사회정책학의 전통까지를 포괄하는 정책론이다.

사회복지의 양대 접근방법인 실천론과 정책론은 각각 이론적 특징과 문제점을 갖고 있는데 그것을 구체적으로 살펴보면 다음과 같다. 먼저 실천론의 이론적 특징은 자본주의에의 절대적인 확신을 배경으로 하여 사유민주주의적 개념에 내새하는 인간존엄성과 프로이드 학파에 의한 정신분석이론에 근거하는 인간행동의 이해를 강조하며, 근래에는 개체와 환경 양면을 동시에 강조하는 것이 하나의 흐름이다. 또한 실천론은 실용주의적 사상을 기반으로 하여 개별사회사업, 집단사회사업, 지역사회조직 등의 사회사업의 주요 전문기술의 종합체계로 확립되어 있는데, 이것은 사회복지대상자에 관계되는 사회문제를 도덕 문제, 대상자 개인의 성격의 결함이나 정서적 혹은 정신적 이상 문제, 또는 가족이나 지역사회에서의 인간관계 문제로 보고 있다. 사회문제를 전문기술의 구사, 전개에 의해 인간관계를 조정하는 기술체계로 규정하는 소위 실천론은 사회복지의 본질을 바로 '기술'이라고 보고 있는데, 이러한 관점은 결국 사회복지의 본질 파악에서의 존립기반이라고 할 수 있는 자본주의 사회의 역사적·사회적 모순을 무시하고 단순히 그 사회의 원조과정의 체계로만 파악한다는 비판을 받기도 한다(남세진, 1992: 138).

이에 반해 사회복지의 정책론적 입장은 사회복지를 자본주의 제도의 사회적·경제적 법칙이 관철된 것으로 보고, 그 구조적 필연으로서의 모순, 즉 빈곤을 바탕으로 하는 여러 가지 사회문제를 주요 대상으로 삼고 있다. 그래서 빈곤문제의 주 원인을 개인적인 성격의 결함이나 도덕성의 결여에서 찾기보다는 사회구조적인 모순의 결과라고 본다. 그리하여 사회문제 대책의 일환으로서의 사회복지의 본질은 자본주의국가가 체제를 유지, 재생산하기 위한 분배정책의 성격을 갖는 것임을 명확히 하고 있다.

이상과 같이 실천론과 정책론은 인간과 사회를 보는 관점에 있어서는 상호대립관계에 있으나 사회복지를 실현하는 데 있어서는 상호보완관계에 있다. 즉 법이나 제도 등의 정책은 전체 인간생활의 일정한 수준이나 범위를 다루는 것이고, 복지서비스로 나타나는 실천은 개별화된 원조활동을 통해 사회복지를 실현하고자 하는 것이다. 따라서 정책론과 실천론이 잘 조화를 이룰 때 비로소 참된 복지의 실현이 기대되며 어떻게 이 둘을 잘 조화시켜 나가고 개별화된 서비스를 제공하느냐 하는 데 복지시책의 근본적인 과제가 있다고 하겠다. 다시 말하면, 정책의 확충이 진행되면 될수록 기술, 즉 복지서비스와의 접촉면도 더욱 확대되어 나가게 되어 이 둘은 마

┃표 1-3┃ 실천론과 정책론의 차이

	실천론(미시적 개입)	정책론(거시적 개입)
클라이언트	개인, 가족, 소집단	이웃, 근린, 공식적 조직, 지역사회, 전체사회
목 표	사회기능의 향상: 개인, 가족, 소집단을 위한 사회문제의 경감	조직, 지역사회, 전체사회의 변화
기초가 되는 지식	개인변화이론: 발달심리학, 인간발달이론	대규모 체계변화이론: 사회학, 경제학, 정치학, 산업관계학
공통으로 필요한 지식	소집단 사회학, 커뮤니케이션 이론	
변화전략	직접적인 상담, 위기개입, 개별클라 이언트를 위한 옹호	지역사회조직, 사회행동, 로비활동, 조정, 지역사회분석

자료: James K. Whittaker, *Social Treatment: An Approach to Interpersonal Helping*(New York: Aldine, 1974), p. 45.

치 동전의 양면 관계에 있는 것으로 볼 수 있는 것이다(남세진, 1992: 138-139). 그러므로 이 두 영역을 발전시켜 나가는 작업과 동시에 두 영역을 연결시켜 주며, 하나의 학문체계로 통합하는 작업이 시급하다고 할 수 있다.

사회복지의 실천론과 정책론의 대상, 목적, 기초가 되고 있는 지식, 변화전략상의 차이는 <표 1-3>에 잘 나타나 있으며, 보다 자세한 내용은 본서의 제2부 「사회복지의 방법」편을 참조하면 된다.

4. 사회복지의 구성요소

4.1 사회복지의 주체

사회복지의 주체는 역사적으로 보면 그 비중이 민간부문에서 국가 또는 공공부문으로 이전되었다가, 다시 민간부문으로 분화되는 양상을 보이고 있다. 1601년 엘리자베스 구빈법 이전에는 빈민에 대한 구호활동이 주로 민간 차원, 특히 교회가 주체가 되어 행해졌으나, 엘리자베스 구빈법에 의해 정부가 주요 주체로 등장했다.

국가 또는 공공부문이 사회복지에서의 확대된 역할은 1960년대 복지국가 전성기 때 절정에 도달했다. 그러나 1975년 이후 복지국가위기의 등장 이후 복지다원주의가 등장하면서 공공부문의 복지가 민영화되는 과정에서 주요 주체가 공공부문과 민간부문으로 분화되는 현상을 보이고 있다.

사회복지 주체의 유형은 매우 다양하게 나누어질 수 있다. 길버트와 테렐(Gilbert and Terrell, 1998: 3)은 사회복지의 주체를 ① 가족을 포함한 친족, ② 종교, ③ 기업, ④ 시장, ⑤ 상호부조, 그리고 ⑥ 정부 등으로 분류하고 이들 제도가 각각 일차적인 주된 기능을 하면서, 동시에 사회복지기능도 수행한다고 보았다. 존슨(Johnson, 1987)은 사회복지의 주체를 ① 국가(state), ② 자원부문(voluntary sector), ③ 비공식부문(informal sector), ④ 상업부문(commercial sector) 등으로 분류하였다.

본서에서는 사회복지의 주체를 공공부문(public sector)과 민간부문(private sector)으로 크게 나누고, 공공부문은 중앙정부와 지방정부, 민간부문은 비공식 부문, 자원조직, 그리고 민간영리부문으로 나누어 기술하였다.

(1) 공공부문

자본주의 확립 시기에는 시장기능을 통한 사적 영리부문과 가족을 중심으로 하는 비공식부문이 인간에게 필요한 자원을 제공하는 두개의 형태였다. 그러나 급속한 사회변동, 산업화, 도시화, 핵가족화 등의 영향으로 공공부문의 기능이 확대되어 갔다. 현대산업사회에 있어서 사회복지서비스 제공의 가장 중요한 주체는 국가와 지방공공단체이다. 즉 국가는 국민의 최저생활보장과 생활향상에 대한 책임을 가지며, 지방공공단체는 국가정책에 협력하면서, 국가의 시책이 미치지 않는 지역사회의 독특한 복지욕구에 반응한다.

1) 중앙정부 또는 국가

대부분의 국가에서 중앙정부 혹은 국가는 국민에게 포괄적이고 기초적인 사회복지서비스를 제공하고 있다. 사회복지를 중앙정부나 국가가 제공해야 하는 이유는 첫째, 규범적이고 가치적인 이유로서 사회복지는 평등, 소득재분배, 인간의 존엄성, 생존권의 보장, 사회구성원의 유대 및 연대성 등의 가치를 구현하는 데 필요하기 때문이다. 둘째, 실증적이고 경제적 효율성으로서 중앙정부 혹은 국가가 제공하는 것이 다른 방법(가족이나 시장)에 의한 것보다 더 효율적이 될 수가 있기 때문이다. 즉 시장에서 재화들이 자발적으로 제공되는 것이 국가에 의해 제공되는 것보다 더 비효율적인 경우가 있기 때문이다. 예를 들면, 비경합적이고 비배제적인 성격7) 을 지닌 공공재(public good)의 경우 일단 재화가 제공되면 다른 사람들이 그 재화를 소비하는 데 드는 추가비용이 없고 또한 다른 사람들이 그 재화를 사용하는 것을 막기도 어려워 시장에서는 효율적으로 제공되지 못한다. 이것을 흔히 '시장의 실패'(market failure)라고 부르는데 이러한 경우에는 정부가 개입하여 '시장의 실패'를 해결하고 결과적으로 사회적으로 바람직한(효율적인) 자원의 배분을 시도한다.

또한 외부효과 때문에 국가가 나서서 사회복지를 제공해야 하는 경우가 있다. 외부효과란 어떤 사람의 행동이 다른 사람의 복지에 시장기제 밖에서 영향을 주는 것을 말한다. 외부효과에는 긍정적인 것과 부정적인 것이 있다. 긍정적인 외부효과는 어떤 사람의 행위를 통하여 다른 사람들이 어떤 대가를 지불하지 않고도 이득을 보는 것을 말한다. 예를 들면, 우리 이웃의 어떤 사람이 자선을 해서 이웃의 가난한 사람들을 줄인다면 자선을 안 한 다른 사람도 가난한 사람들이 줄어든 것으로 인한 이득, 예를 들어 범죄율의 감소, 집값의 상승 등으로 인한 이득을 볼 수 있다.8) 사회복지의 재화나 서비스를 국가가 제공해야 하는 이유는 이러한 재화들이 긍정적인 외부효과를 많이 만들어내기 때문이다(김태성·성경륭, 1993: 204).

사회복지서비스는 어떤 사람들의 소득이 일시적으로 중단되었거나 혹은 영구적으로 상실되었을 때 소득보장을 제공하고, 국민들의 건강수준을 높이고, 아동들의 교육수준을 높이는 것 등이 있다. 이러한 서비스는 서비스를 받는 사람들에게 이득을 줄 뿐만 아니라 받지 않은 사람들에게도 이득을 줄 수 있다. 주위 사람들의 생활

---

7) 비경합성(nonrivalry)이란 어떤 재화나 용역에 대한 한 사람의 소비가 그 재화나 용역에 대한 다른 사람들의 소비를 방해하지 않음을 의미한다. 배제성(excludability)이란 일반 재화가 한 사람의 소비자에게 공급되었을 때, 그 혜택을 타인으로부터 배제시킬 수 있는 것을 말한다. 어떤 재화에 대한 시장이 이루어지려면, 그 재화에 대한 비용을 지불하지 않은 사람들은 그 재화의 사용에서 배제될 수 있어야 한다. 그렇지 않으면 합리적 개인은 그 재화에 대한 비용을 지불하지 않고 무임승차(free-riding)하려고 할 것이기 때문이다. 그렇지만 일단 어떤 재화나 서비스가 공급되면, 그 공급비용을 부담하지 않은 사람들에 의한 그와 같은 재화와 서비스의 사용을 금지시킬 수 없는 상황도 발생할 수 있다. 이러한 상황을 비배제성(nonexcludability)이라고 한다. 어떤 재화나 용역이 비배제성이라는 성격을 띠면 그것들의 시장이 구성될 수 없기 때문에, 그 재화나 용역은 정부에 의해서 공급되거나 아니면 전혀 공급되지 않을 수도 있다.
8) 만일 아무도 소유하지 않는 강 상류에 공장을 소유하고 있는 갑이라는 사람이 공장 폐기물들을 그 강에 버려 강 하류에서 물고기를 잡아 그것으로 생계를 유지하는 을이라는 사람의 복지에 시장가격의 변화 없이 해를 준다면 부정적인 외부효과로 볼 수 있다(김태성·성경륭, 1993: 204).

이 어느 수준으로 보장되고 항상 건강한 사람들만을 접촉하게 되어 생활상의 스트레스를 덜 받게 된다. 또한 국민전체의 생산성 향상으로 인해 전반적인 국민소득의 증대를 가져오는 외부효과가 있게 된다. 그러나 이러한 서비스는 시장기제에 맡겨두면 제대로 제공되지 않는다. 왜냐하면 개인의 효용을 극대화하려는 사람들은 이러한 재화나 서비스에 관한 지출을 자발적으로 지불하는, 즉 자선을 할 동기가 약하기 때문이다(김태성·성경륭, 1993: 204).

또한 국가는 현재 가장 큰 사회복지 조직의 운영자이며, 많은 인력을 채용하고 기구를 구매하는 활동을 하고 있다. 즉 중앙정부는 공공부문의 고용자이다. 우리나라의 경우 사회복지 전달체계에서 근무하는 다양한 사회복지전문가들이 증가하고 있다.[9]

그러나 중앙정부가 모든 사회복지서비스를 제공하기에는 한계가 있다. 첫 번째의 한계는 다양한 인구집단이 지니고 있는 독특한 욕구를 중앙정부가 국가가 충족시켜 주기에는 어려움이 따른다는 것이다. 그리고 중앙정부의 경직성으로 인해 지

---

9) 사회복지는 중앙정부가 주요 주체로서 시행할 때 발전한다는 것의 예로 Dorothea Lynde Dix (1802-1887)의 노력을 들 수 있다. 미국 사회개량의 선구자로서 특히 정신장애자를 위한 보호에 크게 공헌한 Dix는 40세 때 동캠브릿지에 있는 형무소에 일요예배 연사로 초청되어 갔다가 정신이상의 여성들이 불결하고 난방이 되어 있지 않은 감옥에 맨발로 갇혀 있는 모습을 보고 큰 충격을 받게 된다. 이것이 동기가 되어 구빈원(poorhouse), 감화원, 형무소의 실태조사에 착수하게 된다. 그녀는 이 조사에서 얻어진 비참한 상황을 수록한 탄원서를 주의회에 제출한다. 일부 정치인과 감독관의 방해에도 불구하고 의회에서는 이들 정신장애자를 위한 긴급구호령을 통과시킨다. 그는 다른 주에도 관심을 기울여 8년 동안 정신장애자를 수용하고 있는 수백개의 구빈원과 형무소를 방문했으며 수천마일을 여행했다. 그의 정확하고 신뢰할 수 있는 보고서는 11개 주로 하여금 이들을 위한 병원건립의 필요성을 인식하게 한다. 이 조사과정에서 산업화는 정신질환자의 수를 불가피하게 증가시켰으며, 정신질환자의 장래를 위해서는 연방정부로부터 원조를 받아야 할 필요가 있음을 확신하게 된다. 1848년 그녀는 그 동안의 조사 자료에 근거한 탄원서를 연방의회에 제출하고 연방정부가 주정부에 500만 에이커의 토지를 할애해 줄 것을 주장한다. 탄원서에서 그녀는 현재의 시설로서는 즉각적인 의료보호를 필요로 하는 환자의 1/12도 수용할 수 없으며 "나는 적절한 치료와 보호가 결핍된 9,000명의 정신장애자를 만났으며 이들은 모두가 형무소나 구빈원 또는 민간시설에서 쇠사슬에 묶여 매질을 당하는 등 표현할 단어가 없을 정도의 비참한 상태에 있다"고 하고 각주에 있는 수용소의 구체적 사례를 열거 첨부하였다. 또한 "정확하고 타당한 사실을 수집하기 위하여 60,000마일을 8년간 횡단했으며 이 과정은 계획성과 신중성을 필요로 했음은 물론 인내심과 눈물 없이는 할 수 없는 매우 슬픈 여정이었다"고 술회하였다. 연방의회가 이를 거부하자 그는 계속 내용을 보충해서 제출했고, 연방의회에서 1854년 격렬한 논쟁 끝에 당초의 요구보다 훨씬 많은 1,225만 에이커 안이 압도적인 표 차이로 통과된다. 그러나 당시 미국 Pierce 대통령은 "불행한 사람들을 돕는 권한은 주정부에 있으며 구호를 이유로 연방정부가 주정부를 간섭해서는 안 된다"는 명목으로 거부권을 행사한다. 이 거부권 행사 이후 1935년 사회보장법이 만들어지기까지의 80여년간 사회복지사업에 대한 연방정부의 불개입원칙이 고수되었다. 즉, Pierce 대통령의 거부권 행사가 미국사회복지발전을 80여 년간 지체시키는 결과를 가져왔다. 남세진·최성재, 「사회복지조사방법론」(서울: 서울대학교출판부, 1989), pp. 20-21; Andrew W. Dobelstein, *Politics, Economics, and Public Welfare* (Englewood Cliffs, NJ.: Prentice-Hall, 1986), pp. 1-2 참조.

역 간 또는 시간에 따라 발생하는 문제를 효율적으로 해결하기 힘든 면이 있다. 두 번째 한계는 제2차 세계대전 이후 국가복지의 성공적인 활약에도 불구하고 여전히 사회문제와 기본욕구가 충족되지 못하는 현상이 존재하고 있다는 것이다. 따라서 이러한 한계는 지방정부나 민간부문이 보완적으로 기능할 수 있도록 중앙정부가 지원하도록 하고 있다.

2) 지방정부

사회복지정책의 주체로서 지방정부는 지방이 가진 특수한 욕구에 신속하고 전문적으로 대응할 수 있다. 중앙정부는 지리적으로 멀 뿐만 아니라 지역주민에 적합한 사회복지서비스를 중앙정부에서 제공하는 일이 쉽지 않기 때문이다. 따라서 지역주민의 욕구에 효율적으로 대처할 수 있는 점이 지방정부가 지닌 강점이다. 이러한 주장의 주된 이유는 경제성장으로 국민들의 관심이 양적인 성장에서 삶의 질 향상을 추구하는 쪽으로 변화하고 있으며, 이에 따라 사회복지에 대한 국민들의 수요가 크게 증대할 것으로 전망되고, 국민들의 사회복지수요가 확대될 것으로 예상되어 지방정부는 지역주민의 증가한 복지욕구를 효율적으로 충족시킬 것이라는 것이다. 그러나 지방정부에 모든 서비스를 맡겨 두기에는 한계가 있다. 가장 큰 문제는 지역 간 불평등문제이다. 지역 간 재정적 불균형으로 인해 사회복지급여에 있어서 지역 간 불평등이 초래될 수 있다. 지역 간 사회복지급여의 불평등 문제는 사회통합을 저해하고 위화감을 불러일으켜 사회적 불안 요인이 될 수 있다.

한국에서는 노무현 정부의 집권 이후 지방분권과 국가균형발전 정책으로 인해 사회복지서비스 공급 주체가 중앙정부에서 지방정부로 이전되는 경향을 보이고 있다. 국가균형발전, 지방분권 추세에 맞춰 지역복지의 중요성이 어느 때 보다도 부각되면서, 2003년 7월 사회복지사업법 개정으로 지방정부가 사회복지서비스의 주요 공급원이 되고 있다. 개정 사회복지사업법은 지역사회복지체계 구축을 그 목적으로 명시하고 있으며(제1조), 이의 실현을 위해 지방정부의 지역복지계획 수립(제15조의 3)과, 지역사회복지협의체 구성(제7조의 2)을 의무화하고 있다. 그 결과 2006년 상반기까지 234개 지방자치단체가 지역의 욕구와 자원을 바탕으로 지역복지계획을 수립했다.10)

---

10) 노무현 정부의 복지재정분권정책에 대해서는 박병현, "노무현 정부의 복지재정분권정책에 따른 지방정부 사회복지재정 실태 분석 및 정책적 개선방안", 「한국사회학」, 제60권, 제1권, 2008, pp.

(2) 민간부문

1) 비공식 부문

비공식 부문(informal sector)은 가족, 친지, 친구, 이웃 등과 같은 체계를 말한다. 비공식 부문이 사회복지정책의 주체로서 갖는 이점을 요약하면 다음과 같다. 첫째, 사회복지서비스를 필요로 하는 욕구의 다양성과 급격한 사회변화에 쉽게 대응할 수 있다는 점이다. 공공복지 전달체계는 획일적 기준과 보편주의 가치를 기반으로 하고 있기 때문에 위급한 상황이나 재난과 같은 예측 불가능한 상황으로 인해 새롭게 발생되는 다양한 욕구에 재빠르게 대처할 수 없다. 이러한 공공부문의 한계에 대해 비공식 부문이 손쉽게 대응할 수 있는 장점이 있다. 둘째, 비용의 효율성을 극대화할 수 있다. 공공복지는 전달체계를 수립하고 운영하는 과정에서 막대한 비용이 발생하지만, 비공식 부분은 지역사회의 주변에서 소규모로 욕구해결을 위한 자원동원이 쉽게 이루어질 수 있다. 또 사회복지 대상자 측면에서 공공전달체계가 가지는 번잡스럽고 의례적인 절차를 거치지 않고, 시간과 노력을 적게 하면서 비공식 부문의 서비스를 받을 수 있다는 점에서 비용의 효율성이 상대적으로 높다. 마지막으로는 비공식 부문의 사회복지서비스는 대상자의 내적 욕구에 적절하게 대응할 수 있어, 서비스의 효율성이 상대적으로 높다. 공공복지체계는 전문화되고 양적으로 표준화되어 있어, 내방하는 클라이언트의 다양한 내적 욕구를 대상자의 입장에서 파악하는 데 어려움이 있는 반면, 비공식 부문의 서비스는 주위의 아는 사람들로부터 지원을 받게 됨으로, 클라이언트의 문화와 정서에 부합되어 서비스의 효과성이 높아질 수 있다는 것이다(최경구·김선업, 1998: 52-53).

비공식 부문은 직접적인 대인관계가 필요한 대인서비스(personal social services)에 있어서는 비공식 부문이 가진 '친밀성'(intimacy)으로 인하여 그 역할이 강조되기도 하지만, 공공부문 즉 국가책임부문의 축소를 지향하는 개혁에 있어서는 비공식 부문이 부당하게 이용되어 강조되기도 한다.

2) 자원조직

비공식부문에 의한 서비스가 혈연이나 지연에 기초하여 공급되는 것에 반하여,

159-185의 내용을 참조하기 바란다.

자원조직(voluntary organization)은 사람들의 자발성에 기초해서 공급된다는 점에서 차이가 있다. 자원조직은 공공사회복지의 발달 이전에는 사회복지의 주체로서 많은 역할을 수행하였다. 사회민주주의 전통이 강한 유럽국가에서는 자원조직의 역할 중 많은 부문이 국가 혹은 공공조직으로 역할이 이전된 경우가 많으나, 미국, 일본과 같이 자유주의적 전통이 남아 있는 국가에서는 자원조직의 활동이 상대적으로 활발한 편이다.

공공복지가 강조되던 복지국가전성기에는 자원조직의 역할이 제한되었으나 최근에 와서 자원조직의 중요성이 다시 제기되고 있다. 그 이유는 크게 두 가지로 볼 수 있는데, 첫째 이유는 공공사회복지의 한계를 보완, 보충하기 위해서이다. 연금이나 생활보장 등의 경제상의 복지과제, 복지시설의 미비, 주택난 등의 환경상의 복지과제, 대인서비스상의 복지과제 등 다양한 사회복지의 과제는 공공사회복지만으로 해결되기 힘들다. 이러한 사회복지의 과제해결을 위해서는 제도적 접근, 즉 복지국가로서의 정비뿐 아니라 주민들의 참가가 필요하다고 하겠다. 두 번째 이유는 공공사회복지에서 자원봉사활동의 도입은 정부의 재정압박과 관련이 있다. 1980년대 이후 시민들의 다양한 복지요구 증가와 지출비용의 증가로 인해 생긴 재정적자 및 예산삭감에 대한 대안으로 공공서비스 전달에 자원봉사자를 활용하기 시작하였다. 서비스전달에의 시민참여는 재정적인 압박을 받고 있는 정부에게 유급직원에 대한 의존도를 줄이면서 공공사회복지를 보완한다는 매력적인 요소가 되었던 것이다(류기형 외, 1999: 40-41).

국제 제3섹터 연구협회(International Society for Third-Sector Research)에서는 자원조직을 제3섹터로 부르고, 제1섹터인 국가 혹은 정부, 제2섹터인 시장의 발달 이후에 제3섹터인 자원조직이 발달하였다고 보고 있다. 제3섹터는 정부, 시장 및 가족과 같은 체계 사이에, 그리고 공식적·비공식적 조직, 공공·민간, 영리·비영리 사이에 중간적인 역할을 한다고 본다.

그러나 자원조직은 사회복지의 주체로서는 한계가 있다는 점을 유념할 필요가 있다. 길버트와 테렐(Gilbert and Terrell, 1998: 195)은 전통적으로 사회복지의 축소를 추진해 온 보수주의자들은 자원조직이 공공부문을 대신하여 사회복지의 많은 부분들을 담당해야 한다고 주장해 왔다고 하면서 자원봉사의 한계를 지적하고 있다. 예를 들면 사회복지축소를 추진한 보수주의 성향의 미국의 레이건 행정부는 공공부문복지활동은 민영화되어야 된다고 주장하면서 자원봉사가 공공복지가 담당하던 부분을 대신해야 한다고 주장했다. 그러나 자원봉사인력이 공공복지의 영역을 담당하는 것은 사회복지서비스의 질을 저하시킬 가능성이 매우 높다. 그러므로 공공복지를 담당하는 사회복지전문가들이 수행하는 역할과 전문가가 아닌 자원봉사인력이 수행하는 역할은 임격하게 구분되어야 할 필요가 있다.

3) 민간영리부문

복지국가체제에서는 이 부문의 역할은 매우 제한적이었다. 그러나 최근에 민간영리부문의 역할에 대해서 새로운 인식이 이루어지고 있다. 그 이유로는 첫째, 복지국가의 재정적 위기 속에서 공적부문에 의한 사회서비스의 공급이 한계에 달했다는 인식으로, 비공식부문을 포함하여 이 부문에 대한 정책당국의 관심이 고조되었다. 둘째, 각국에서 국영기업의 민영화가 진행되어 이러한 조류가 사회복지에도 밀려왔다. 셋째, 생활수준의 향상으로 구매능력이 생긴 계층이 많아졌다. 넷째, 인구의

▌표 1-4 ▌ 공공(公共)사회복지와 민간사회복지의 비교		
	공공사회복지	민간사회복지
재　　정	조세가 재원이 됨으로 재정적으로 안정된다.	재원확보의 불확실성으로 지속적인 서비스제공이 어려울 수 있다
욕구에의 대응	법제적, 재정적 취약으로 인해 새로운 욕구에 즉각적으로 대응하기가 힘들다.	독립성, 신속성, 유동성, 전문성에 따라 대상자의 욕구에 신속하게 대응할 수 있다.
운　　영	관료에 의해 운영됨으로 인해 획일적인 운영이 되고, 탄력성이 결여되어 융통성이 결여될 가능성이 있다.	경영자의 자의에 의해 좌우될 수 있다.
자 주 성	법규, 규칙에 제약되어 자주성이 결여될 수 있다.	비교적 자주성이 강한 편이다.
제공되는 서비스 종류	국민의 최저수준을 보장할 수 있는 보편적이고 계속적인 서비스 제공이 가능하다	선별적인 서비스와 보충적인 서비스 제공에 그칠 수 있다.
서비스의 일관성	직원의 배치, 이동 등으로 일관된 서비스를 제공하기 힘들다.	장기근속자가 많은 경우는 일관된 서비스의 제공이 가능하다.
외부의 간섭	정치에 의해 영향을 받는 경우가 있다.	관공서의 간섭을 받는 경우가 있다.
창 의 성	창의성 발휘는 어려운 편이다.	창의성 발휘가 가능하다.
사 명 감	비교적 약한 편이다.	비교적 강한 편이다

고령화가 진행되면서 요구되는 자원의 양이 많아져서 이러한 규모의 이점을 살릴 수 있는 부문이 부각되었다. 그러나 이 부문의 확대는 조심스럽게 접근되어야 할 필요가 있다. 즉 공적부문의 확립 하에서만 이 부문의 역할도 있을 수 있다는 인식이 필요하다고 하겠다.

민간영리부문은 자본주의 국가에서 여러 가지 모습으로 공공복지부문과 연관되어 존재한다. 사회민주주의가 발달한 스웨덴과 같은 국가에서는 국가부문이 엄격하게 민간영리부문을 규제하며, 공공부문이 적극적으로 활동한다. 반면 자유주의 전통이 남아 있는 미국에서는 의료보험 등과 같은 사회복지가 민간차원에서 제공되며 국가는 보충적인 기능만 한다.

공공(公共)사회복지와 민간사회복지를 비교하면 <표 1-4>와 같다.

4.2 사회복지의 대상

앞에서 살펴본 바와 같이 사회복지는 협의로 정의내릴 수도 있고, 광의로 정의내릴 수도 있다. 만일 사회복지를 잔여적인 개념의 협의로 정의내릴 경우에는 사회복지의 대상자는 공공부조의 대상자와 같은 빈민들과 사회적 기능이 손상되어 사회사업실천의 대상이 되는 사람들이 주류를 이룬다. 그러나 사회복지를 가족이나 시장이 제 기능을 하지 못하는 일시적인 경우뿐만 아니라 전 생애에 걸쳐 필요한 제도로 정의내릴 경우에는 모든 사람들이 사회복지의 대상자가 된다.

사회복지의 초기단계에서는 소수의 사회적 약자들로 한정해서 사회복지서비스가 제공되어 왔으나, 현대사회로 들어와서 국민전체로 사회복지가 확대되는 경향을 보이고 있다. 앞서 사회복지의 개념을 설명할 때 언급한 바와 같이 로마니신 (Romanyshyn, 1971: 34-37)은 산업화 이전의 사회에서 고도로 복잡하고 상호의존적 산업화 이후의 사회로 변천함에 따라 사회복지개입의 방향과 인식이 ① 잔여적에서 제도적으로, ② 자선에서 시민의 권리로, ③ 선별성에서 보편성으로, ④ 최저조건에서 최적조건의 급여나 서비스로, ⑤ 개인의 치료에서 사회개혁으로, ⑥ 민간책임에서 공공책임으로, ⑦ 빈민을 위한 복지에서 복지사회로 점점 확대되고 있다고 설명하고 있다. 이러한 사회복지의 변천은 그 대상자에 있어서도 일부 소외계층에서 전체 국민으로 확대되고 있음을 알 수 있다.

이러한 경향을 반영하듯 티트무스(Titmuss, 1974는 개인들의 욕구를 충족시

켜 주는 모든 방법들을 사회복지(social welfare), 재정복지(fiscal welfare), 직업
복지(occupational welfare)의 세 가지 범주로 나누면서 이들이 전체 복지를 구성
한다고 보았다. 여기에서 사회복지는 사회서비스와 같은 의미로 현대의 공공복지의
범주에 속한다고 볼 수 있다. 재정복지는 납세자의 아기가 태어날 때, 납세자의 교
육이 연장될 때, 납세자가 노령에 이르렀을 때 세금을 덜 받는 것으로 개인의 순수
가처분소득을 증대시킴으로써 개인의 복지에 기여한다. 즉, 정부는 재정정책을 통해
개인의 복지향상에 기여한다. 직업복지는 고용정책과 관련된다. 예를 들면, 어떤 사
람이 고용되어 있을 때 그의 가족은 건강, 장애, 퇴직 등에 대비하는 사회보험의 대
상자가 됨으로써 미래에 발생할 수 있는 위험으로부터 보호된다. 정도는 다르지만
이러한 방법으로 고용과 직업은 복지급여를 배분한다. 티트무스는 이 세 가지 범주
의 복지를 모두 사회복지 영역에 포함시킴으로써 사회복지의 대상자를 모든 사람으
로 확대시켰다.

그러나 사회복지 객체의 보편화에도 불구하고 사회복지의 최대 관심은 빈민들
이나 사회적으로 불이익을 받고 있는 사람, 사회적 기능이 손상된 사람들이다. 신섭
중과 박병현(1995)의 연구에 의하면 도움이 가장 필요한 사회복지대상자로 한국인
과 일본인들은 장애노인과 장애아동을 들고 있으며, 미국인은 빈곤아동을 들고 있다.

4.3 사회복지에서 제공되는 급여[11]

(1) 현물

사회복지에서 제공되는 서비스 중에 현물(in-kind)이 있다. 현물은 사회복지
급여의 대상자에게 정확하게 전달되어 정책의 목표 효율성을 높일 수 있기 때문에
현금급여보다 더 효과적일 수 있다. 예를 들면, 정책목표가 아동복지를 향상시키는
것이라면 효과성의 문제는 급여가 직접적으로(효과적으로) 대상자에게 전달될 수
있는가에 달려있다고 할 수 있다. 이런 기준에서 보면 사용처를 통제하기 힘든 현
금보다 현물이 더 효과적이다.

또한 현물은 현금에 비하여 정치적인 측면에서 선호된다. 왜냐하면 납세자들은
자기가 낸 세금이 어떤 용도로 사용되고, 어떤 목표를 이루었는가에 관심이 있는데,

---

11) 이 부분은 박병현, 「사회복지정책론: 이론과 분석」 (개정3판) (서울: 학현사, 2011), pp. 171-175
를 참조하였음.

현물은 현금에 비하여 효과가 비교적 명확하게 나타나기 때문이다. 현물급여를 선호하는 스웨덴의 사회정책학자 미르달(Myrdal)은 비록 현물이 사회복지 대상자의 선택의 자유를 제한하는 면이 있지만 아동수당의 경우에는 아동은 가족 소득의 사용처를 결정할 권한이 별로 없다는 논리 아래 현금보다 현물이 되어야 한다고 주장했다.

현물로서 제공되는 것 중 가장 큰 서비스는 의료서비스와 교육서비스이다. 대부분의 복지국가에서 GNP의 10% 이상을 이 두 가지 서비스에 지출한다. 공공부조의 경우 쌀이나 의복 등 현물로 제공되는 경우가 많다.

(2) 현금

사회복지에서 제공되는 서비스 형태로 가장 큰 것은 현금이다. 현금의 첫 번째 장점은 사회복지 대상자에게 선택의 폭을 넓혀줌으로써 효용을 극대화할 수 있다는 것이다. 이론적으로 보면, 자유롭게 쓸 수 있는 10,000원의 현금을 수령했을 경우는 물품이나 서비스의 형태로 10,000원을 수령했을 경우보다 행복(복지)의 수준이 더 높다. 물론 이 경우는 사회복지 대상자가 자신에게 최선의 소비가 무엇인지를 합리적으로 판단할 수 있다는 것을 전제로 한다. 만일 사회복지 대상자가 현금으로 마약을 구매한다면 현금의 이러한 장점은 사라진다.

현금의 두 번째 장점은 소비자의 주권, 대상자의 선택의 자유와 자기결정의 권리를 보장한다는 점이다. 현금은 현금으로 구입할 수 있는 선택의 폭을 넓혀 준다. 그래서 민주사회에서 중요시되는 가치인 자유나 자기결정의 가치를 실현시켜 준다. 그러나 이 장점도 대상자가 합리적인 선택을 할 수 있다는 전제하에 성립된다.

현금의 세 번째 장점은 현물로 받을 때의 수치감이나 낙인을 방지할 수 있어 인간의 존엄성을 유지시켜 준다는 것이다. 특히 현금은 급여를 소비할 때의 낙인을 예방할 수 있다.

현금의 네 번째 장점은 현물은 보관이나 이동, 전달 등에 많은 비용이 드나 현금은 프로그램의 운영비용이 적게 든다는 것이다.

현금의 단점은 현금이 대상자의 욕구를 충족시켜주기 위한 곳에 사용되지 않고 다른 곳에 사용될 수 있다는 점이다. 현금은 수급자가 소비할 때 소비 내용이 통제되지 않을 수도 있으나 현물의 경우 소비 내용이 통제가능하다. 예를 들면, 현금으로 지급하는 아동수당은 정책이 의도하지 않은 곳에 소비될 수 있다.

국민연금의 노령연금급여, 건강보험의 요양비, 장제비, 본인부담액보상비, 장애인보장구급여비, 산재보험의 장애수당, 고용보험의 실업급여, 국민기초생활보장제도의 생계급여 등은 모두 현금으로 지급된다.

(3) 이용권

이용권(voucher)[12]은 현금과 같은 가치를 지니지만 일정한 용도 내에서 수급자로 하여금 원하는 재화나 서비스를 선택하도록 하는 방법이다. 이용권 제도는 정부가 특정 서비스의 수요자에게 일정액의 구매권을 지급하고 공급자에게는 서비스 제공의 대가를 사후에 지불하는 것이다. 이용권 제도는 서비스 공급자 간의 효율적 경쟁을 유발하고 수요자의 선택권을 보장하는 장점이 있다. 또한 이용권 제도는 서비스에 대한 욕구는 크나 경제적 부담 등으로 특정 서비스를 구매할 수 없는 계층에게 구매력을 보전해 줌으로써 이들의 서비스 욕구를 충족시키고 해당 서비스에 대한 유효수요를 진작시키는 기능을 한다.[13] 따라서 이용권은 현물의 높은 정책목표 효율성과 현금의 소비자(수급자)의 높은 수준의 선택권이라는 상반된 두 가지 급여형태의 장점만을 결합한 제3의 급여형태로 불려진다(Gilbert and Terrell, 1998).

이용권은 현금의 장점인 소비자 선택의 권리를 보장하면서 현금에서는 가능하지 않은 급여의 사용처를 어느 정도 통제할 수도 있다. 예를 들면, 가장 대표적인 이용권라고 할 수 있는 미국의 식품권(food Stamp)은 수급자가 가치 한도 내에서 다양한 식품을 구입하기 위해 사용할 수 있다. 그러나 식품권으로 구입할 수 있는 것은 식품에만 한정된다.

이용권은 이러한 장점에도 불구하고 현금급여와 현물급여의 '중간적 성격'으로 인해 주요한 급여 형태로 사용되지 못하는 경향이 있다.

<표 1-5>는 현물급여, 현금급여, 이용권의 장점과 단점을 비교한 것이다.

---

12) 이용권은 '증서'라고도 번역되기도 하며, 원어 그대로 '바우처'로 부르기도 한다.
13) 우리나라에서는 2008년 경제가 일시적으로 위기에 봉착했을 때 서비스에 대한 유효수요를 진작시키기 위해 서비스 이용권을 발행한 적이 있다.

	장 점	단 점
∥표 1-5∥ 현물, 현금, 이용권의 장점과 단점 비교		
현물급여	• 대량생산된 재화나 서비스를 낮은 비용으로 제공할 수 있다 • 정책의 목표효율성을 높일 수 있다 • 정치적으로 선호된다	• 수급자에게 낙인을 줄 수 있다 • 수급자의 사생활을 간섭할 수 있다
현금급여	• 수급자의 선택의 자유와 자기결정의 권리를 보장한다. • 인간의 존엄성을 유지시켜 준다 • 수치심이나 낙인을 예방할 수 있다 • 프로그램 운영 비용이 적게 든다	• 급여의 사용처를 통제하기 힘들다
이 용 권	• 서비스 공급자 간의 효율적 경쟁을 유발하고 수요자의 선택권을 보장한다 • 높은 정책목표 효율성과 현금의 소비자(수급자)의 높은 수준의 선택권을 보장한다	• 오용과 남용의 문제가 발생할 수 있다 • 이용권으로 구입할 수 있는 서비스는 한정된다

(4) 기회

기회(opportunity)는 노동시장에서 불합리한 경쟁요소를 제거하는 것이 목적이다. 급여로서의 기회는 물품이나 서비스와는 달리 여분의 기회(extra chance)를 제공하게 된다. 기회는 여분의 기회를 활용함으로써 다른 급여를 획득할 수 있도록 한다. 예를 들면, 미국의 적극적 소수민족우대정책(affirmative action)의 일환으로 소수민족의 고용을 일정 부분 보장하는 것이 있다. 우리나라에서 시행되고 있는 기업의 장애인 의무고용과 대학입시제도 중 농어촌 자녀 특별전형과 소년소녀가장 특별전형도 여기에 해당된다고 할 수 있다.

(5) 서비스

서비스란 클라이언트에게 교육, 상담, 사례관리, 직업훈련 등을 제공하는 것을 말한다. 서비스는 구체적인 형상을 지니는 것이 아니라 무형이기 때문에 시장가치를 가늠하기 힘든 경향이 있어 수혜자들에게 즉각적인 시장가치를 부여하지는 않지만 클라이언트의 자립과 자활을 돕는 중요한 급여가 될 수 있다.

4.4 사회복지에 쓰여지는 재원의 종류[14]

사회복지를 실천하기 위해서는 재원이 필요하며, 그 재원은 크게 나누어 조세, 서비스 이용료, 자발적 기부로 나누어진다.

(1) 조세

일반적으로 사회복지가 발달한 국가일수록 공공부문 재원인 조세의 비중이 민간부문 재원인 자발적 기부나 서비스 이용료보다 사회복지 재원에서 차지하는 비중이 크다. 사회복지에 사용되는 조세는 일반조세와 사회보장성 조세(사회보험료)가 있다.

1) 일반조세

일반조세는 국가에 의해 개인과 법인에게 강제적으로 부과되는 부담금(levy)이다. 일반조세는 목적에 따라 일반세와 특수세로 나누어지며, 납부방법에 따라 직접세와 간접세로 나누어진다. 또한 부과대상에 따라 개인소득세, 법인세, 소비세, 그리고 재산세 등으로 나누어진다. 일반조세는 사회복지의 재원으로 매우 중요하다. 그 이유는 첫째, 조세를 통한 재원이 다른 재원에 비하여 사회복지가 추구하는 중요한 목표인 평등이나 소득재분배를 이루기 쉽기 때문이다. 자본주의 사회는 시장경제에 의한 불평등의 발생을 인정한다. 따라서 자본주의 사회는 이러한 불평등을 각종 조세제도를 통해 완화시키려 하며, 여기에 덧붙여 조세를 재원으로 하는 공공 사회복지가 2차적 소득재분배를 가져와 소득불평등을 완화시킨다.

둘째, 일반조세는 다른 재원들에 비하여 사회복지의 대상을 넓힘으로써 급여의 보편성을 증가시켜 평등과 사회정의 구현에 기여한다. 사회보험은 기본적으로 보험료를 낸 사람들에게만 급여가 이루어지고, 민간부분에서의 이용자 부담 서비스는 서비스 사용료를 낸 사람들에게만 서비스가 제공되어 근로능력이 없는 사람들이나 저소득층들은 이러한 서비스 수급에서 제외되기 때문에 이러한 사람들에 대한 사회복지는 조세로 시행될 수밖에 없다.

셋째, 일반조세는 국가에 의해 강제적으로 부과되기 때문에 다른 재원에 비해

---

14) 이 부분은 박병현, 「사회복지정책론: 이론과 분석」(개정3판) (서울: 학현사, 2011), pp. 185−196을 참조하였음.

안정성과 지속성을 지니고 있다. 그러므로 조세를 재원으로 하는 사회복지는 일반적으로 안정적이고 지속적으로 집행될 수 있다.

사회복지의 중요 재원으로 활용되는 일반조세는 종류에 따라 소득재분배에 미치는 정도가 다르다. 일반적으로 일반조세 가운데 누진성이 강한 것은 근로소득세이다. 근로소득에 대한 과세의 근거는 경제적 능력이 많은 자는 그렇지 못한 자보다 높은 조세부담을 져야 하는 능력 원칙이다. 그래서 근로소득세는 개인의 부담능력에 따라 세율이 차등 부과되기 때문에 고소득층들에 대한 세율이 저소득층보다 높다. 또한 근로소득세는 저소득층들에 대해 조세감면이나 면세제도가 있기 때문에 다른 조세종류보다 누진성이 높아 소득재분배 효과가 크다. 그러므로 사회복지의 주요 재원으로 근로소득세를 사용할 경우 사회복지는 소득재분배 효과가 클 것이다. 그러나 우리나라는 복지선진국에 비하면 근로소득세의 비중이 매우 낮은 편이어서 소득재분배의 효과가 적을 수 있다.[15]

일반조세 가운데 규모가 두 번째로 큰 것은 소비세이다. 소비세는 개인의 부담능력에 따라 세율을 차별적으로 적용하는 개인소득세와는 달리 상품을 소비할 때 동일 세율로 부과하기 때문에 저소득층들이 고소득층들보다 많은 부담을 느끼게 된다. 소비세 가운데에도 모든 상품에 동일세율을 부과하는 일반소비세는 가장 역진적이다. 그러므로 일반소비세를 사회복지의 주요 재원으로 활용한다면 매우 역진적이 될 수밖에 없다. 반면에 고소득층들이 많이 사용하는 고급품에 대해서 높은 세율을 적용하고, 저소득층들이 상대적으로 많이 소비하는 의식주를 해결하기 위한 상품에 대해서는 낮은 세율을 적용한다면 이러한 특별소비세의 소득재분배 효과는 높이 나타날 수 있다.

부가가치세는 생산에서 소비에 이르는 단계별로 세금을 부과하기 때문에 단계별 세율의 조정에 의해 일반소비세에 비하여 소득재분배 효과를 높일 수 있다. 즉, 생산과 소비단계에서 발생한 요소소득에 따라 세율을 달리 하게 되면 소득이 높은 계층의 조세부담률을 저소득계층보다 높일 수 있다(송근원·김태성, 1995: 331).

주로 지방재정의 세원으로 사용되는 부(富)에 대해 부과하는 재산세는 대체로 단일세율을 적용하고 재산의 가치평가액이 시장가격의 변화에 따라 빨리 변화하지 못하기 때문에 저소득층의 조세부담이 고소득층보다 더 많다고 할 수 있다. 부(富)

---

15) 조세연구원 분석에 따르면 2009년 현재 우리나라 소득세의 소득재분배 효과는 3.2%로, 미국 영국 캐나다 등 선진국의 6.5~10.9%에 크게 못 미친다.

에 대해 부과하는 다른 형태의 조세인 상속세나 증여세는 누진적인 세율을 적용한
다. 그러나 이러한 세금을 내는 사람은 소수에 지나지 않는다.

2) 사회보험료

사회보험료는 국민연금, 산재보험, 고용보험, 건강보험의 네 가지 사회보험을
위한 재원으로 사용된다.[16) 사회보험료는 시장임금에 연동하여 결정되기 때문에 형
평가치를 추구한다. 그래서 사회보험료를 많이 낸 고소득층은 적게 낸 저소득층보
다 사회보험급여의 수준이 높다. 즉, 사회보험이 소득재분배의 역할을 하기는 하나
보험 상품의 성격이 있기 때문에 보험료를 많이 낸 사람에게 보다 많은 급여가 제
공된다. 또한 사람들은 사회보험료를 납부함으로써 일반조세와는 달리 미래에 받을
급여에 대해 권리를 갖는다고 생각한다.

(2) 서비스 이용료

일반조세를 재원으로 하는 공공부조 급여 외의 사회복지급여나 서비스를 받기
위해서는 재원에 기여해야 하는데 여기에는 두 가지 방법이 있다. 첫 번째는 앞에
서 설명한 사회보험료이며, 두 번째는 서비스를 사용하는 데 대한 이용료를 부담하
는 것이다. 서비스 이용료 부담이란 일정한 금액을 본인이 부담하면서 어떤 사회복
지서비스를 수급하는 것을 말한다.

이용료 부담이 필요한 이유는 첫째, 서비스를 이용하는 사람들의 도덕적 해이
를 방지하여 사회복지서비스 남용을 예방하기 위해서이다. 특히 의료서비스의 경우
전액 무료로 제공된다고 할 경우 도덕적 해이 현상으로 의료서비스가 남용될 가능
성이 많다. 그래서 일정한 금액의 사용자 부담을 제도화함으로써 의료서비스의 남
용을 통제한다. 공공주택서비스의 경우에도 과도한 정부부담을 막기 위해 이용자가
일부 부담하기도 한다.

둘째, 사용자 부담은 서비스의 질적 향상을 가져올 수 있다. 서비스 이용자가
비용을 부담하게 되면 서비스에 대한 이용 권한이 이용료를 지불함으로써 이용자에
게 넘어가며, 그로 인해 서비스 공급자들 사이에 서비스 경쟁이 발생해 결과적으로
서비스의 질적 향상을 가져온다.

---

16) 사회보험료는 미국에서는 목적세 형태의 사회보장세(social security tax)로 분류하나, 우리나라에
    서는 사회보험기금으로 분류하는 경향이 있다.

셋째, 서비스를 이용하는 데 대한 이용료를 지불하게 되면 서비스를 받는 데 대한 부끄러움이나 낙인감을 감소시킬 수 있다.

그러나 이용자 부담은 저소득층의 부담이 고소득층에 비하여 상대적으로 많아져 사회복지의 목표 중의 하나인 소득재분배에 상반되는 면이 있다. 이러한 문제를 해결하기 위해 이용료를 책정하는 과정에서 이용자의 경제수준과 이용료를 연계하는 방식(sliding scale)을 사용하기도 한다.

(3) 자발적 기부

민간재원에 해당하는 자발적 기부에는 개인, 재단, 기업, 그리고 유산이 있다. 일반적으로 이 가운데 개인에 의한 기여금이 가장 크며, 재단, 기업, 유산의 순서이다.

1) 개인의 기부

미국의 경우 자발적 기부의 비중은 매우 큰 편이며, 이 중에서도 개인이 차지하는 비중이 매우 크다. 한 조사에 의하면 미국의 비영리영역의 총 수입 1,500억 달러 중에서 개인의 기부금이 차지하는 비중이 전체의 80%에 육박하며, 나머지는 재단이 8%, 기업이 8% 정도를 차지하고 있다(American Association of Fund-Raising Counsel, 1997). 미국이 이처럼 개인의 기부가 많은 것은 모금전문조직의 활성화 때문이다. 예를 들면, 미국의 대표적인 공동모금회인 United Way의 경우 4,000여 개의 지회를 통해 2012년 39억 300만 달러 (3조 9천억 원)를 모금했다. United Way 모금액의 성격은 United Way가 배분 재량권을 가지는 비지정기탁이 전체 모금액의 75%에 달한다.

우리나라는 1998년에 사회복지공동모금회가 설립되어 공동모금사업을 실시하고 있으며 2012년 4,159억 원을 모금했다. 그러나 2012년 사회복지공동모금회 모금내용은 기업의 지정기부가 2,557억원 (61.5%), 일반기부가 1602억원 (38.5%)로 기업에서 지정 기부하는 비중이 크다. 우리나라의 다른 기관의 모금 실적으로는 2011년의 경우 월드비전 1,662억 원, 대한적십자사 1,446억 원, 유니세프 776억 원, 기아대책 775억 원, 어린이재단 720억 원, 굿네이버스 580억 원 등이다.

2) 기업의 기부

민간부문의 자발적 기부행위를 주도하는 또 다른 주체는 기업이다. 기업은 자본주의 사회의 핵심적인 행위주체로서 생산과 고용을 책임지고 있다. 그러나 산업구조와 생산방식의 변화, 소비자의 권한증가, 기업경영관리 방법의 변화 등은 기업으로 하여금 확대된 사회적 책임을 이행하도록 하고 있다. 이러한 사회적 압력에 대하여 기업이 대응하는 전략 중 하나가 공익사업에 기부하는 것이다. 기업이 사회공헌활동을 하는 방법은 크게 두 가지가 있는데 하나는 기업이 자산을 출연하여 기업재단을 설립하는 것이고, 다른 하나는 기업이 직접 공익적인 사업을 실시하는 방법이다.

3) 자발적 기부의 한계

자발적 기부가 사회복지정책 재정의 중요한 부분을 차지하는 것은 사실이나 여기에는 몇 가지 한계가 있다. 첫째, 자발적 기부를 통해 조성된 재원의 배분실태를 살펴보면 소득계층 간에 그다지 차이가 없다는 것이다. 살라몬(Salamon, 1992)은 정부재정의 57%가 가장 빈곤한 계층에게 배분되는 반면, 비영리부문에서 조성된 재원은 28%만이 이들에게 배분되고 있다고 보고하고 있다. 이러한 현상이 발생하는 이유는 비영리부문이 기본적으로 소득재분배를 목적으로 기부하는 것이 아니기 때문이다. 비영리조직들의 활동은 사회복지영역뿐 아니라 교육, 예술, 환경, 스포츠 등 다양한 영역에 걸쳐 있다.

둘째, 자발적 기부에 의한 재원은 특정계층 혹은 지역의 특수한 욕구를 해결하기 위해 배분되는 경향이 있다. 이는 자발적으로 기부하는 사람들이 지정기부를 통해 기부금의 용도를 제한하기 때문이다. 이러한 경향은 국가 전체의 통합적이고 포괄적인 사회복지정책발전에 장애가 될 수도 있다(송근원·김태성, 1995).

5.   사회복지의 분야와 제공되는 서비스

사회복지의 분야는 인구집단별로 나누면 아동, 청소년, 노인, 장애인과 관련되는 부분으로 나눌 수 있고, 사회문제별로 나누면 빈곤, 마약남용 및 오용, 알코올중독, 청소년비행, 주택 등으로 나눌 수 있다. <표 1-6>에 사회복지의 분야와 제공되는 서비스의 종류가 나와 있다.

지금까지 살펴본 사회복지의 개념, 목적, 방법, 범위를 종합하여 "사회복지란

분 야	표 1-6 사회복지의 분야와 제공되는 서비스	
분 야	**제공되는 서비스**	
가족 및 아동	가족치료서비스 보육서비스 가정폭력 예방서비스	가족상담서비스 아동학대와 유기 예방서비스
건강 및 재활	의료사회사업 공중보건사업 직업재활서비스	정신보건사회사업 호스피스 의료보험 및 의료부조
산업사회사업	직업관련스트레스 치료서비스 퇴직 후 계획서비스	고용촉진서비스
청소년 및 성인	보호관찰서비스	청소년 대상 상담서비스
노인	노인요양서비스 재가보호	노인장기보호서비스
학교사회사업	문제학생 상담서비스	문제학생의 가족상담
주택	노숙자들을 위한 쉼터	장애인 편의시설
소득보장	사회보험프로그램	공공부조프로그램
지역사회개발	사회계획	지역사회조직

무엇인가?"를 그림으로 나타내면 아래의 <그림 1-3>과 같다.

┃그림 1-3┃ 사회복지란 무엇인가?

문제들	문제해결방법		

개인적 문제:
정신건강
자살
마약남용
청소년 범죄
	사회사업실천:
	• 개인적 접근을
	  통한 문제해결
	
	• 집단경험을 통한
	  문제해결		

가족문제: 의존문제 아동학대 이혼	• 지역사회조직을 통한 문제해결 **사회복지정책:** 사회복지정책과 사회복지제도의 개선을 통한 문제해결		**개인의 사회적응능력과 기능의 향상**
지역사회문제: 실업 주택 여가 편의시설	**조사:** 조사활동을 통한 문제해결		

(문제들) + (문제해결방법) = (개인의 사회적응능력과 기능의 향상)

6. 사회과학과 사회복지

6.1 사회복지와 사회과학

사회과학은 사회현상을 대상으로 사회법칙을 탐구하는 것을 목적으로 하고, 자연과학은 자연현상을 대상으로 자연법칙의 발견과 인식을 추구한다.[17] 일반적으로

---

17) 우에다(上田千秋) 교수는 사회과학과 자연과학의 차이를 자연과학자는 연구대상을 눈으로 볼 수 있으나 사회과학자의 연구대상은 눈으로 보이지 않는 사회현상이어서, 자연과학자는 이미 조율이 되어 있는 피아노를 연주하는 피아니스트로 사회과학자는 자신이 음을 만들어내며 연주하는 바이올

사회과학은 근대시민사회의 과학이라고 할 수 있다. 시민사회란 자본주의사회를 말하며 시민사회의 모순은 자본주의 체제의 발전과 더불어 확대되었다. 즉 사회과학은 자본주의의 성립과 함께 인간의 발전을 위해 사회를 파악하고 해석하려 했던 역사적인 과정으로서 발달하여 왔다고 할 수 있다. 여러 가지 사회현상 중에서 경제생활이 제일 먼저 기초적 지위를 차지하게 되어 경제학이 발전하였고, 사회의 문화가 일정한 발전을 보인 이후의 단계에서는 정치가 사회생활의 여러 국면에서 중심적 지위를 차지하게 되어 정치학이 발전하였다. 정치가 경제를 기반으로 해서 성립하고 근본에 있어서 경제의 제약을 받는 것은 필연적 사실이지만, 다른 면에서는 정치적 세력관계가 경제생활의 구성을 제약하는 것도 필연적 사실이다. 후에 법학이 시민사회의 질서유지를 위한 사회과학으로 발전하였다. 그리고 사회학은 경제학, 정치학, 법학, 종교학, 교육학 등 사회의 모든 현상, 즉 전체사회를 대상으로 하는 사회과학으로 발전하였다(上田千秋, 1989: 23-26).

그러나 시민사회가 보다 복잡화·다양화되면서 경제학, 정치학, 법학, 사회학 등의 사회과학 영역으로는 해결될 수 없는 '인간욕구'에 관계되는 문제가 나타났다. 즉 자본주의사회가 점점 더 산업화, 도시화되면서 인간의 기본적인 욕구의 미충족뿐만 아니라 불평등문제, 빈곤문제, 소외문제, 정신건강문제 등이 나타났다. 사회복지학은 이러한 욕구를 해결하거나 사회문제에 대처하는 방법을 연구하기 위해 발전하였다고 할 수 있다.

사회복지학이 다루는 다양한 문제들은 기본적으로 자본주의사회의 발전과정상의 모순이나 개인성격상의 결함에서 나타난 것이기 때문에 다른 사회과학의 영역과 때로는 겹치는 경우가 많다. 그래서 사회복지학에서는 사회과학의 다른 영역에서 다루는 연구방법과 지식들을 원용해서 사용하는 경우가 많다. 프리드랜더(Friedlander, 1974: 5-6)는 다음과 같이 사회과학과 사회복지와의 관계를 설명하고 있다.

> 사회사업은 사회학, 경제학, 정치학, 심리학, 정신의학, 인류학, 생물학, 역사학, 법학, 교육학 및 철학 등의 학문영역으로부터 그 과학적 지식과 통찰을 도출하여 독자적인 학문영역으로 발전시키고 있다. 전문직으로서의 사회사업은 이러한 인접학문분야들의 지식체계를 기초로 하고 있을 뿐만 아니라 사회서비스의 특수한 구조와 기능 및 전문 사회사업가들의 기술이나 책임에도 의존하고 있다.

리니스트로 비유하고 있다. 上田千秋 著, 서윤 역, 「사회복지학 원론」(서울: 시인사, 1989), pp. 26-28.

또한 데이비스(Davis, 1950: 21)는 사회복지학이 사회과학과 밀접한 관계를 유지해야 하는 이유를 다음의 세 가지로 설명하고 있다. 첫째, 사회과학이 발전시킨 인간에 관한 지식과 인간의 사회적 행동에 관한 지식을 충분히 이용하면 사회복지 실천에 새로운 통찰을 얻을 수 있으며, 둘째, 사회복지의 목적, 기능, 전제, 방법 등에 대한 평가, 검증, 수정이 많으면 많을수록 사회복지는 인류에게 더욱 많은 공헌을 할 수 있으며, 셋째, 사회복지는 사회과학이 필요로 하는 인간의 생활경험에 관한 풍부한 자료를 갖고 있다.

이러한 점에서 보면 타 학문분야와 비교하여 나타나는 사회복지학의 가장 뚜렷한 특징은 다학제적(interdisciplinary) 성격이란 점이다. 사회복지학의 연구주제가 도움을 필요로 하는 사람을 돕는 원조행위이며, 그 행위는 국가나 민간단체, 또는 자원단체 등에 의해 행해지는 집합적 행위이기 때문에 그것에 대한 이해를 위해서는 정치학, 경제학, 사회학, 인류학, 심리학 등 사회과학의 여러 분야가 제공하는 지식들의 활용이 요구된다. 여기에서는 사회학, 심리학, 경제학과 사회복지와의 관계를 살펴본다.

6.2 사회복지와 사회학

맥아이버(MacIver, 1931)는 그의 저서 「사회사업에 대한 사회학의 공헌」에서 사회학이 사회사업에 대해 어떤 직접적인 치료의 의미를 가지는 것은 아닐지라도 사회사업의 사고를 통합시키거나 그 방향을 통제하고 활동의 목표를 밝혀 주는 사회철학의 발전에 기초를 제공해 줄 수 있다고 했다. 특히 그는 사회학과 사회복지의 관계를, 사회학은 사회관계에 관심을 가지는 하나의 과학이며 사회사업은 그 목적이 특정한 사회적 상황 하에서 고통을 받는 개인들의 부적응 행동을 완화 또는 제거하는 것에 관심을 두고 있는 하나의 예술(art)이라고 하며 사회사업의 실천성을 강조한 후 사회학은 하나의 과학으로서 사회사업의 방향에 영향을 미칠 수 있을 것이라고 했다.

사회복지와 사회학은 연구의 대상이 겹치는 부분이 있는 반면에 많은 부분에서는 접근방법이 다르다. 사회복지와 사회학은 두 분야 모두 사람, 사람들 간의 상호관계, 그리고 이러한 관계를 이해하려는데 관심이 있다. 특히 사회학자들은 다른 사람들과의 관계에서 어떻게, 언제, 왜 그렇게 행동하는가에 관심을 둔다. 그들은 사회문제를 지적하고, 조사연구를 행하고, 인간관계에 있어서 상호관계를 이해하는 데 필요한 모든 것을 행한다.

사회복지사는 사람들을 이해하려고 하는 것과 그들이 다른 사람들과의 관계에서 어떻게 행동하는가에 관심이 있는 것은 사회학자와 같다. 그러나 사회학자와 다른 점은 사회복지사는 사회문제나 어떤 사람들이 지니고 있는 문제를 지적하는 것을 넘어서 사람들이 지니고 있는 문제를 해결하고, 사람들의 사회적 기능을 향상시키려고 노력한다. 즉 사회학자들은 사실을 찾아내는 데 그들의 대부분의 시간을 보낸다면 사회복지사는 사람들(특히 도움이 필요한 사람)이나 지역사회(해결되어야 하는 문제가 있는)를 이해하고, 적절한 진단을 내리고, 치료를 행함으로써 문제를 해결하는 데 대부분의 시간을 보낸다고 할 수 있다(Skidmore, Thackeray, and Farley, 1991: 12).

6.3 사회복지와 심리학

사회복지사와 심리학자는 병원이나 그와 관련된 곳에서 같은 팀의 일원으로 일하는 경우가 많다. 심리학은 '마음의 과학'(science of the mind)으로 알려져 있다. 심리학은 인간의 행동을 연구하고, 설명하며, 변화시키려고 한다. 그래서 심리학자는 개인과 개인의 행동을 이해하는 데 관심이 있다. 심리학은 사회복지와 공유하는 영역이 있다고 할 수 있다. 심리학은 개인의 행동에 사회복지사는 사회적 기능에 주로 관심이 있지만, 두 학문분야 모두 사람들의 행동과 상호작용 유형에 관심이 있다. 또한 두 학문분야 모두 사람들의 사고과정과 느낌과정에 관심이 있다(Skidmore, Thackeray, and Farley, 1991: 13-14).

그러나 다른 점으로는 심리학자는 검사와 측정의 영역 속에서 개인을 이해하려고 한다. 그들은 개인의 행동에 관련되는 사회적 요소뿐만 아니라 생물학적인 요소도 연구한다. 심리학자는 특히 인간의 개별적 속성에 관심이 있으며, 그들의 특성과 행동의 이해를 목적으로 한다. 특히 임상심리학자들은 연구의 장을 넘어서서 원조과정에서 사람과 직접 접촉하기도 한다. 이러한 활동은 사회복지사의 활동과 중복되기도 한다. 그러나 사회복지사는 전체를 보려는 데 비해 임상심리학자는 부분을 중시하는 데 차이가 있다. 심리학자는 보통 개인을 집중적으로 접촉하려고 한다. 반면에 사회복지사는 인간의 사회적 기능과 관계 그리고 개인의 문제와 지역사회의 문제를 해결하기 위해 지역사회의 자원을 활용하려고 한다.

사회사업실천에 가장 영향을 많이 미친 심리학 이론은 성격이론(personality theory)이라고 할 수 있다. 개인의 성장과 발달, 육체적·정신적 병리현상에 관한 성격이론은 특히 케이스워크의 이론발달에 영향을 많이 미쳤다. 프로이드의 정신분석이론은 케이스워크의 진단주의학파 성립에 영향을 미쳤으며, 랭크(Rank)의 의지(will)를 강조하는 심리학은 기능주의학파 성립에 영향을 미쳤다.

6.4 사회복지와 경제학

사회복지와 경제성장은 서로 대립적인가 아니면 상호보완적인가? 오늘날 거의 모든 국가들은 사회복지와 경제성장이라는 가치를 놓고 어느 것을 우선적으로 추진해야 할 것인가와 만일 양자를 동시에 추구한다면 사회복지의 수준을 어느 정도로 조절할 것인가에 대해 많은 논란을 거듭해 왔다.

경제성장은 개인소득을 증가시켜 국민생활수준을 양적 및 질적으로 향상시키고 절대빈곤을 감소시킬 수 있다. 그러나 경제성장 일변도의 정책은 성장에 따른 부작용을 가져와 사회적 긴장을 표출시킨다. 이러한 사회적 긴장으로는 소득불평등으로 인한 계급투쟁적 사회혼란, 노사분규, 고소득자의 과소비로 인한 상대적 박탈감의 증가, 저임금 노동착취, 직업병, 안전시설 미비와 산업규제 완화에 따른 산업재해 증가, 빈민지역의 빈곤문화 발생, 농촌공동화 현상, 배금주의와 인간경시풍조, 지역갈등 등을 들 수 있다. 이러한 긴장상태는 막대한 사회적 비용을 발생시켜 지속적 경제성장 자체를 저해하기도 한다.

여기에서는 사회복지가 경제성장을 저해한다는 주장과 경제성장에 기여한다는 주장을 각각 살펴본다.

(1) 사회복지의 경제성장기여론

사회복지가 경제성장을 촉진시키거나 경제안정화 역할을 한다는 주장이다. 이와 같은 주장은 다음과 같은 맥락에서 이루어진다.

첫째, 사회복지제도의 거시적 효과와 관련되는 것으로, 사회복지제도는 경제를 자동적으로 안정시키는 효과가 있다. 자본주의사회는 호황과 불황을 반복한다. 정부는 경기가 상승하면 그 상승된 경기가 과열되지 않도록 막고, 경기가 하락하면 그

것이 지나치게 하락하여 경기침체에 빠지지 않도록 막는 역할을 한다. 정부는 재정정책을 통해서 이러한 역할을 자동적으로 해줄 수 있는 장치를 마련하는데 이러한 장치를 자동안정장치(build-in-stabilizer)라고 부른다. 사회보장제도는 경기가 과열되거나 침체되지 않도록 조정하는 자동안정장치의 기능을 한다. 여기에는 다음과 같은 두 가지의 경우를 생각할 수 있다(Burch, 1991: 125-126; 이인재 외, 1999: 107-108).

첫 번째의 경우는 경기의 호황과 불황기의 급격한 변동에도 불구하고 민간소비재처럼 급격하게 변화하지 않는 사회보장지출이 있다. 이러한 형태는 연금, 의료보호, 공공교육 등이 있는데, 이러한 급여지출은 호황이나 불황에 관계없이 일정하다. 즉 호황일 때는 상대적으로 안정된 사회보장지출이 경기가 과열되는 것을 방지하는 기능을 하며, 불황일 때는 지속적인 침체상태로 빠지지 않기 위해 어느 정도의 유효수효를 유지해 줌으로써 경기불안정을 해소하는 데 도움을 준다.

두 번째의 경우는 보다 적극적인 자동안정화 기능을 하는 사회보장지출이 있다. 여기에 해당되는 것은 실업급여와 공공부조급여이다. 이러한 형태의 사회복지지출은 경기가 호황일 때는 그 수요가 감소하여 민간에서의 유효수요를 줄여줌으로써 경기가 과열되는 것을 막아 주고, 반대로 불황일 때는 그 수요가 증대되어 사회적으로 필요한 유효수요를 증대시킨다. 특히 이러한 종류의 사회복지지출은 그 수혜계층이 소비성향이 큰 실업자나 빈민과 같은 큰 인구집단이므로 경기가 하강할 때 적극적인 불황대비책이 될 수 있다.

둘째, 사회복지제도는 자본축적의 효과가 있다. 자본축적의 효과는 사회보장제도의 본래 기능이 아니다. 그러나 사회보장제도 중 재정운용방식이 적립방식18)인 공적연금의 경우 자본축적의 효과가 발생한다. 매년 연금가입자가 기여한 기여금이 적립됨으로써 기여와 급여간에 시간적 격차가 발생한다. 그 결과 적립금 또는 기금이 형성되고, 이 기금을 보통 재정투융자로 사용한다. 특히, 재정투융자의 규모가 크기 때문에 그 운용의 중요성이 제기될 뿐만 아니라 국민경제에 미치는 영향이 지대하다. 이를 사회보장의 자본축적효과라 한다(이인재 외, 1999: 108).

셋째, 사회복지제도의 미시적 효과와 관련되는 것으로서, 사회복지제도는 경제

---

18) 사회보장제도의 재정확보방식에는 부과방식(pay as you go)과 적립방식(funded system)이 있다. 부과방식은 한 해 지출액에 해당되는 미미한 잔고를 남겨 두고 그 해 사회보장세 수입은 그 해 급여의 지출로 사용하는 재정방식이다. 적립방식은 장래에 지급하게 될 연금급여를 제도에 가입하고 있는 동안 보험료, 국고출연금, 누적기금 등으로 적립하는 재정방식이다.

성장을 위한 자본축적에 필요한 국민의 저축습관을 학습시킨다. 현금이나 현물을 제공하는 공공부조제도나 보육 및 보건과 같은 사회복지서비스는 국민의 가처분소득을 증가시킴으로써 자발적 저축을 증가시킬 수 있다. 사회보험제도에서 급여(연금 혹은 실업급여 등)를 받기 위해서는 일정기간 일정액을 정기적으로 기여(보험료의 납부)해야 하기 때문에 강제저축의 성격을 띠면서 저축습관을 배우게 하는 저축학습효과가 있다.

넷째, 사회복지제도는 경제성장의 필수조건인 인간자본을 보존하고 개선시켜 준다. 국민기초생활보장제도, 의료보험제도, 최저임금제도, 직업훈련 등을 통하여 사회복지제도는 저소득자의 노동력 상실을 방지하고 손상된 노동력을 회복시켜 경제성장에 기여하고 있다. 그리고 장애인과 중·고령자의 고용촉진사업과 보육사업을 통해 여성의 고용을 촉진시켜 노동력 공급부족을 방지하고 직업훈련을 통해 노동의 질을 향상시킨다.

다섯째, 사회복지제도는 고용을 창출한다. 경제성장에 필요한 새로운 분야의 산업과 직종을 창출함으로써 고용을 증대시킨다. 노인들을 대상으로 하는 실버산업, 복지공학, 사회복지관련단체나 학교의 신설 등으로 사회복지사를 포함한 새로운 직종을 창출해 국민총생산의 크기를 증대시키고 부수적으로 필요한 인력에 대해 고용을 증대시킨다.

(2) 사회복지의 경제성장저해론

사회복지지출은 반생산적이고 낭비적이므로 경제성장을 저해한다는 주장이다. 통화주의자들은 사회복지정책의 확대는 필연적으로 공공부분에서 사회복지지출의 증가를 가져오는데 이러한 증가는 경제성장을 이끌어 가는 산업생산 부분에 투입해야 할 인력과 자본을 비생산적인 부분으로 이전시켜 경제성장을 저해한다고 주장한다.

그러나 여기에는 다음과 같은 논리적인 문제점이 있다. 첫째, 사회복지서비스와 같은 공공부문의 지나친 확대는 생산부문에 어느 정도 위축을 가져오지만 공공서비스의 확대가 생산부문 위축의 근본적이고 직접적인 원인은 아니다. 공공부문의 확대와 생산부문의 위축은 근본적으로 한 나라 경제의 경쟁력의 약화에 기인한다. 즉 사회복지서비스의 확대가 산업부문의 위축의 원인이 아니라 경쟁력의 약화로 인한 산업부문의 위축이 사회복지서비스의 확대를 가져왔다고 할 수 있다.

둘째, 사회복지서비스의 확대는 많은 부분이 노령인구의 증가, 교육과 건강에의 투자의 필요성 때문이다.

셋째, 사회복지서비스의 확대가 모든 부문에서 반드시 비생산적인 것이 아니고 교육부문의 확대는 근로자들의 인적 자본의 향상을 가져와 생산성과 경제성장을 높인다.

7. 사회복지 관련용어의 해설

7.1 사회사업

사회복지와 사회사업은 혼용되어 사용되는 경우가 많다. 그러나 사회복지와 사회사업은 엄격하게 구별하여 사용하는 것이 좋다고 할 수 있다. 프리드랜더(Friedlander, 1974: 4)는 사회복지와 사회사업을 구분하여 정의내리고 있다. 사회복지란 개인의 안녕과 사회질서유지를 위해 기본적으로 필요하다고 인식된 욕구를 충족시키기 위한 규정들을 강화하거나 보장하는 법률, 프로그램, 급여 및 서비스들의 조직화된 체계라고 정의내리며, 이 체계들은 국가의 경제수준이 향상하고 국민들의 기대감이 커지는 사회변천에 따라 변화하게 된다고 주장한다. 반면에 사회사업은 개인, 집단, 지역사회가 사회적 혹은 개인적 만족을 얻고 독립할 수 있도록 돕는 인간관계에 있어서의 과학적 지식과 기술에 기초한 전문적 서비스라고 정의내리고 있다. 즉 프리드랜드는 사회복지라는 용어를 사회사업이라는 용어보다 보다 포괄적인 의미로 사용하고 있음을 알 수 있다.

또한 미국사회사업가협회(National Association of Social Workers, NASW)는 다음과 같이 사회사업을 정의내리고 있다.

사회사업은 개인, 집단, 지역사회가 그들의 사회적 기능을 향상시키거나 회복하기 위해 돕거나, 그들이 그들의 목표를 달성하는 데 필요한 적절한 사회적 조건을 만드는 전문적 활동이다. 사회사업실천은 사회적 서비스의 제공, 개인이나 가족 혹은 집단을 위한 상담활동이나 심리치료의 제공, 사회서비스나 의료서비스를 제공하는 지역사회를 원조하기 위해 사회사업가치, 원칙, 기술 등을 사용한다. 사회사업실천은 인간개발이나 행동, 사회, 경제, 문화적 제도, 그리고 이러한 요소들 간의 상호작용에 대한 지식이 필요하다(NASW, 1973: 4-5).

그러므로 사회사업은 한정된 자원으로 문제를 해결하는 조직적이고 체계적인 전문직업이라고 할 수 있으며 대인적 사회서비스와 사회행동에 초점을 두고 있다.

사회복지와 사회사업을 구분하자면, 우선 사회복지는 대체로 '이상적'인 면을 중시하며, '바람직한 사회건설'에 목표를 두고, 전국민을 대상으로 하기 때문에 대상 면에서 '일반적'이고 현대적 사회복지를 추구하여 이에 요구되는 광범위한 '제도나 정책'의 기획과 조직화를 강조한다. 반면에 사회사업은 대체로 '실천적'인 면을 중시하며, '바람직한 인간화'에 역점을 두고 인간의 존엄성과 독자성을 강조하기 때문에 대상 면에서 '개별적'이며, 개인의 사회적 기능수행의 향상에 도움이 될 수 있는 '지식과 기술'을 실천면에서 '역동적'으로 활용한다. 어떤 사람들은 역사적 사실을 고려하여 사회사업을 자선사업이나 박애사업과 동일시하는 경향이 있으나 오늘날에 와서는 사회사업은 어디까지나 전문적 분야의 학술적 용어이다(남세진, 1992: 141). 즉 사회복지를 인간의 사회적 기능을 향상시키거나 유지시키기 위한 모든 사회적 개입이라고 한다면, 사회사업은 이러한 사회복지서비스를 전달하는 전문직업이라고 할 수 있다.

7.2 케이스워크

케이스워크(Casework)는 개별사회사업으로 소개되고 있는데 1869년 영국에서 시작된 자선조직협회(Charity Organization Society)의 우애방문원들의 생활곤궁자 구제활동에 그 기원을 두고 있다. 리치몬드(Richmond)는 "케이스워크란 사람과 환경 간에 개별적이고 의식적인 조정을 통하여 인격의 발달을 도모하는 과정"이라고 정의내리고 있고, 펄만(Perlman)은 "케이스워크란 사람이 사회적으로 기능할 때에 당면하게 되는 문제를 효과적으로 처리할 수 있도록 원조하기 위하여 인간복지기관에 의해 사용되는 하나의 과정이다"라고 정의내리고 있다.

케이스워크의 기본 전제는 다음과 같다. 첫째, 케이스워크의 대상은 개인이다. 즉 개인의 문제, 개인의 행복이나 조정이 그 목표가 된다. 둘째, 케이스워크의 조정은 의식적인 것이다. 즉 케이스워크가 활용하는 수단방법은 합리적인 기초 위에 사회복지사에 의해 의식적으로 사용되어진다. 셋째, 케이스워크의 목표는 조정 그 자체는 아니고 개인의 인격발달이다. 즉 개인에게 참된 의미를 지니게 하는 계속적이며 효과 있는 조정을 통하여 개인의 능력을 발휘하게 하여 궁극적으로는 인격의 발달을 돕는 것이 케이스워크의 목표이다. 넷째, 케이스워크는 여러 과정에서 이루어지고 있다는 것이다. 케이스워크는 연속적 과정에서 이루어지는데 일반적으로 조사, 진단, 치료과정을 밟으며, 이 과정은 상호 밀접하게 관련되고 있다.

7.3 그룹워크

집단사회사업(social group work)은 '집단'을 중심으로 이루어진다. 집단사회사업은 부분적으로는 1850년대 발달했던 YMCA나 YWCA의 레크리에이션 활동에서부터 비롯되었고, 부분적으로는 19세기 후반에 발달했던 인보관 운동의 사회개혁운동에서부터 발달되었다고 할 수 있다. 코노프카(Konopka)는 '그룹워크는 사회사업의 한 방법이며 의도적인 집단경험을 통해서 개인이 사회적으로 기능하는 힘을 높이고 개인, 집단, 지역사회의 문제에 보다 효과적으로 대처할 수 있도록 사람들을 돕는 것이다'라고 정의내리고 있다.

집단사회사업은 집단구성원의 교육, 발달, 그리고 문화적 성장을 강조하며 전문적 워커의 지도 아래 여가시간 동안의 자발적인 활동에 의해 수행된다. 집단사회사업과정은 자발적인 집단활동과 집단 내의 타자(他者)와의 관계사용을 통한 개인의 사회적 적응과 발달의 가능성을 강조한다. 이 과정은 기관의 목적, 집단자체 내의 역동성과 적응노력, 집단사회사업가의 관찰 및 해석기술과 효과적인 집단사회사업기술의 적용을 통해 결정된다(Friedlander and Apte, 1974: 142-143).

집단사회사업은 인간의 속성에 대한 다음의 세 가지 가치를 전제로 깔고 있다. 첫째, 인간에게는 사랑을 받고 싶어 하는 기본적인 욕구가 있을 뿐만 아니라, 남을 사랑하는 역량과 힘도 있다. 둘째, 인간은 일생 동안 건전하고 적절한 집단생활을 통하여 건강하게 성장한다. 셋째, 모든 인간은 일생을 통해 집단생활을 해 나가야 한다. 따라서 다양한 집단경험을 필요로 하며 특히 가족 외에서의 대인관계가 만족스럽게 이루어져야 한다.

7.4 사회서비스

우리나라 「사회보장기본법」 제3조 1항에 보면 사회서비스는 사회보험, 공공부조와 함께 사회보장의 3대 범주 중의 하나로 되어 있다.[19] 사회서비스란 국가·지방자치단체 및 민간부문의 도움이 필요한 모든 국민에게 복지, 보건의료, 교육, 고용, 주거, 문화, 환경 등의 분야에서 인간다운 생활을 보장하고, 상담, 재활, 돌봄, 정보의 제공, 관련시설의 이용, 역량개발, 사회참여, 지원 등을 통하여 국민의 삶의 질이 향상되도록 지원하는 제도이다(「사회보장기본법」 제3조 제4항). 따라서 사회서비스는 국가, 지방자치단체, 민간이 주체가 되어 전문적인 지식과 방법을 활용하여 사회적 약자인 아동, 노인, 여성 및 장애인에게 제공하는 각종 비금전적 원조를 말하여, 노인복지서비스, 장애인복지서비스, 아동복지서비스 등이 여기에 속한다. 사회서비스는 그 대상범주에 따라 아동·청소년복지, 노인복지, 장애인복지, 여성복지 등의 영역으로 나누어지며, 서비스도 범주별로 주어진다. 사회서비스의 재원은 공공부조와 마찬가지로 일반조세수입에 의존한다. 사회서비스 프로그램의 대상자는 아동, 노인, 장애인, 여성 등의 범주별로 나누어지지만, 공공부조 대상자와 겹치는 경우가 많이 있다.

7.5 인간서비스

인간서비스(human service)란 미국에서 사용되는 용어로서 사회복지 개념보다 포괄적인 의미를 갖고 있다. 공중보건, 정신건강, 사회서비스, 여가활동, 문화활동, 주택, 법적인 정의(legal justice)를 위한 사법활동 등을 포함한다. 따라서 인간서비스는 사회복지를 포함하여 인간의 복지증진을 위하여 행해지는 포괄적인 활동이라고 할 수 있다.

---

[19] 우리나라 「사회보장기본법」 제3조 1항에는 "사회보장은 출산, 양육, 실업, 노령, 장애, 질병, 빈곤 및 사망 등의 사회적 위험으로부터 모든 국민을 보호하고 국민 삶의 질을 향상시키는 데 필요한 소득·서비스를 보장하는 사회보험, 공공부조, 사회서비스를 말한다'라고 되어 있다.

7.6 사회적 서비스

사회적 서비스(social service)는 기본적이며 보편적인 인간의 욕구를 해결하기 위한 서비스를 말한다. 티트무스(Titmuss)는 사회적 서비스를 사회복지와 동의어로 생각해도 좋다고 했다. 칸(Kahn)은 사회적 서비스의 영역으로 소득보장, 의료, 교육, 주택, 협의의 사회서비스 등을 들고 있다. 이러한 협의의 사회적 서비스를 미국에서는 일반적인 사회적 서비스(general social service)라 부르고, 영국에서는 사적 사회적 서비스로 부르며, 우리나라에서는 사회복지서비스, 복지서비스 혹은 사회복지사업으로 부르고 있다. 그리고 힐(Hill)은 사회서비스 영역으로 사회보장, 사적 서비스, 보건, 교육, 고용, 주거 등을 들고 있다. 결론적으로 사회서비스영역으로 소득보장, 사적 사회서비스, 의료, 교육, 고용, 주거 등을 들 수 있으며, 이러한 영역을 사회복지의 영역과 일치한다고 할 수 있다(남세진·조흥식, 1995: 22).

7.7 대인사회복지서비스

대인사회복지서비스(personal social service)란 생활상 문제에 직면한 개인, 가족 및 집단에 대하여 각각의 대면적인 관계를 통해서 개별적, 구체적으로 제공되는 서비스를 말한다. 구체적으로 살펴보면 신변의 보살핌이나 상담조언 등을 내용으로 하는 시설복지 및 재가복지이다. 대인사회복지서비스의 특징으로는 첫째, 서비스의 이용자와 제공자간의 상호관계가 전제되어야 하고, 둘째, 이용자가 생활하고 있는 지역을 기반으로 한 원조(재가복지서비스)가 중시되고, 셋째, 지역주민이나 시설, 기관의 서비스와 같은 사회적 자원의 활용과 정비가 중요하며, 넷째, 지역의 욕구에 따라 각 자치단체마다 공식, 비공식 서비스를 포함한 지역복지계획이 필요하며, 다섯째, 보건, 의료, 교육, 주택과의 상호관계가 활발할 때 효과를 발휘할 수 있다는 것이다.

7.8 사회복지사

외국에서는 사회사업가(social worker)로 알려져 있으나 우리나라에서는 사회복지사로 부른다. 사회복지사란 사회복지의 각 분야에서 지도적 종사자로서 전문적으로 클라이언트에게 원조를 행하는 사람이다. 이 호칭은 국제적으로 승인되어 있으며, 그 범위나 자격기준은 국가에 따라 다르지만 고도의 전문지식이나 기술을 정해진 교육이나 훈련에 의해 취득하고 그것을 구사할 수 있는 능력이 요구된다. 사회복지사의 역할에는 상담자, 충고자, 가능케 하는 자, 노련한 문제해결자, 분쟁해결의 조정자, 중개인, 의뢰자, 촉진자, 중재자, 토의 리더, 안내자, 자원인(資源人), 조정자, 행정가, 사업경영자, 자문을 하는 사람 등이 있다(Siporin, 1975: 43-44).

7.9 클라이언트

클라이언트란 용어는 원래는 의료서비스를 찾아가는 환자, 법률상의 의뢰인의 의미였는데 사회복지활동의 발달에 수반하여 사회복지실천과 정책분야에 도입되었다. 사회복지에서 클라이언트란 어떤 사회복지기관이나 사회복지시설 혹은 관련기관에서 서비스를 받거나 원조를 받는 사람을 말한다. 클라이언트는 대상자, 피원조자, 수급자, 이용자, 내담자 등으로 불리기도 한다. 그러나 최근에 와서 클라이언트는 스티그마(stigma)의 이미지를 지니고 있다는 관점이 제기되어 이 용어에 대한 재검토가 행해지고 있다. 대체용어로는 이용자(user)와 소비자(consumer), 고객(customer)이 거론되고 있다.[20]

7.10 탈상품화

탈상품화(de-commodification)는 에스핑-엔더센(Esping-Andersen, 1990: 3)이 처음으로 사용한 용어로서 개인이 노동시장에서 이탈되었을 때 공적 사회보장제도를 통해 가능한 한 높은 수준의 임금대체율을 보장해 줌으로써 시장에 대한 의존성을 약화시키는 것을 의미한다. 즉 사회보장제도를 통해 소비능력을 사회적으로 보장하고, 개인의 노동력에 대한 의존성을 약화시킴으로써 시장에 대한 임금노동자의 의존성을 약화시키는 것이다. 탈상품화는 경제적 불황기에 노동시장에서의 노동자간의 경쟁을 순화시키고, 노동력 판매의 협상과정에서 자본가의 힘에 대항할 수

---

20) 이봉주 교수는 2013년 한국사회복지학회 춘계학술대회에서 '클라이언트'라는 호칭은 서비스 제공자와 서비스를 받는 사람간의 특수한 권력관계를 상정하고, '클라이언트'는 스스로 판단할 역량이 부족하고 사회복지사의 판단에 순종해야 하는 수동적 객체인 서비스 이용자를 호칭하는 용어이기 때문에 '고객'이나 '소비자'로 전환될 필요가 있다고 주장했다.

있는 수단을 제공함으로써 노동계급의 집단성 형성에 기여하는 기능을 수행하게 된다. 그러므로 사회복지의 발전 정도는 국가에 의해 부여되는 사회권이 국민들의 시장에 대한 의존성을 어느 정도 줄이느냐, 즉 탈상품화의 정도가 어느 수준이냐에 달려 있다고 할 수 있다.

에스핑-엔더센은 탈상품화의 효과가 가장 최소화된 국가를 자유주의적 복지국가로 분류하면서 여기에 속하는 국가로 미국, 캐나다, 호주 등을 들었으며, 노동력의 상품화 문제를 중요시하지 않는 국가를 조합주의적 복지국가로 분류하면서 여기에 속하는 국가로 오스트리아, 프랑스, 독일, 이탈리아 등을 들었으며, 보편주의 원칙과 사회권을 통한 탈상품화의 효과가 큰 국가는 사회민주적 복지국가로 분류하면서 스웨덴이 이 범주에 속한다고 했다.

7.11 사회안전망

1997년 말 외환위기로부터 비롯된 IMF 경제위기 이후 사용되기 시작한 사회안전망(social safety net)은 원래는 잔여적 개념의 사회복지를 설명할 때 사용되는 용어이다. 그러나 국제통화기금(IMF)과 세계은행(World Bank)에서는 사회보장이나 사회복지를 대신하여 사회안전망이란 용어를 사용하는 것을 선호한다. 이들은 사회안전망을 경제위기 때 구조조정을 위한 신자유주의적 조치가 사회적 취약계층에게 미치는 영향을 최소화하기 위한 장치로 정의내리고 있다.

참고문헌 ───────────────────●

김만두·한혜경. 1994. 「현대사회복지개론」. 서울: 홍익재.

김태성·성경륭. 1993. 2000. 「복지국가론」. 서울: 나남.

남세진. 1992. 「인간과 복지」. 서울: 한울.

남세진·조흥식. 1995. 「한국사회복지론」. 서울: 나남.

류기형·남미애·박경일·홍봉선·이경희·장중탁. 1999. 「자원봉사론」. 서울: 양서원.

박병현·최선미. 2001. "사회적 배제와 하층계급의 개념고찰과 이들 개념들의 한국빈곤정책에의 함의". 「한국사회복지학」 45: 185-219.

박승희. 2005. 「한국사회복지정책론」. 서울: 성균관대학교출판부.

신섭중·박병현. 1995. "한국, 미국, 일본의 복지의식 비교연구 −부산, 오사카, 시카고를 중심으로 −". 「한국사회복지학」 27: 181-208.

심창학. 2001. "사회적 배제 개념의 의미와 정책적 함의: 비교관점에서의 프랑스를 중심으로". 「한국사회복지학」 44: 178-208.

이인재·류진석·권문일·김진구. 1999. 「사회보장론」. 서울 : 나남.

장인협. 1969. "사회복지와 사회사업의 개념에 관한 비교 연구". 「문리대학보」 15(권 24호). 서울대학교 문리과대학 학생회.

최경구·김선업. 1998. "비공식적 후원 연결망의 구조적 특성과 복지적 효과". 「사회복지정책」 7: 52-73.

高須裕三. 1979. 「社會保障の基礎理論」. 入千代出版.

上田千秋 著. 서윤 역. 1989. 「사회복지학 원론」. 서울: 시인사.

Burch, H. A. 1991. *The Why's of Social Policy: Perspective on Policy Preference*. New York: Praeger.

Davis, Stanley P. 1950. "The Relation of Social Science to Social Welfare." *Social Work Journal*. Jan.

Esping-Andersen, G. 1990. *Three Worlds of Welfare Capitalism*. Cambridge: Polity.

Friedlander, Walter A. and Robert Z. Apte. 1974. *Introduction to Social Welfare*. Englewood Cliffs, N.J.: Prentice-Hall.

Giddens, A. 1998. *The Third Way: The Renewal of Social Democracy*. 한상진·박찬욱 옮김. 「제3의 길」. 생각의 나무.

Gilbert, Neil and Harry Specht. 1974. *Dimensions of Social Welfare Policy*. Englewood

Cliffs, N.J.: Prentice-Hall.

Gilbert, Neil and Paul Terrell. 1998. *Dimensions of Social Welfare Policy*(Fourth ed.). Boston: Allyn and Bacon.

Johnson, N. 1987. *The Welfare State in Transition*. Sessex: Wheatsheaf Books.

Leonard, Peter. 1966. *Sociology in Social Work*. London: Routledge & Kegan Paul.

MacIver, Robert. 1931. *The Contribution of Sociology to Social Work*. New York: Columbia University Press.

National Association of Social Workers(NASW). 1973. *Standards for Social Service Manpower*. New York: NASW.

Romanyshyn, J. M. 1971. *Social Welfare: Charity to Justice*. New York: Random House.

Siporin, M. 1975. *Introduction to Social Work*. New York: Macmillan.

Skidmore, Rex A., Milton G. Thackeray, and O. William Farley. 1991. *Introduction to Social Work*. Englewood Cliffs, NJ: Prentice Hall.

Titmuss, R. M. 1974. S*ocial Policy: An Introduction*. London: Allen and Unwin.

Webster's New World Dictionary. 1981. New York: Simon & Schuster.

Wilensky, Harold L. and Charles N. Lebeaux. 1958. *Industrial Society and Social Welfare*. New York: The Free Press.

제 2 장
사회복지와 가치

1. 사회복지의 가치

　사회복지영역에서 가치(value)와 윤리(ethic)는 사회복지의 전문지식이나 기술 등 다양한 요소들을 통합하는 역할을 한다. 가치란 문화, 집단 또는 개인이 바람직하다고 생각하는 관습, 행동규범과 원칙들을 말하며, 철학적 측면에서 "인간의 정신적 노력의 목표로 간주되는 객관적 당위"(동아국어대사전, 1977)를 말한다. 웹스터(Webster)사전에는 가치란 "개인, 계층, 사회 등에 의하여 수용된 사회적 원리들, 목표들, 또는 표준들"을 의미한다고 했다. 같은 사전에는 윤리란 "가치나 도덕적 표준들의 한 체계"라고 했다. 또한 윤리란 "옳고 그름에 대한 도덕적 원리와 지각의 체계, 그리고 개인, 집단, 전문가, 혹은 문화에 의하여 실천되는 행위의 철학"(Barker, 1989)이다.

　우리나라 사회복지사 윤리강령의 서두에는 "사회복지이념은 사회의 안정과 번영을 위하여 정의, 평등, 자유, 민주의 가치를 바탕으로 모든 사회성원들의 인간의 존엄성을 유지하면서 자기실현을 할 수 있도록 사회 전체가 공동으로 책임을 진다는 철학을 기본으로 한다"고 되어 있다. 사회복지영역에 있어서 중요시되는 가치에는 인간의 존엄성, 자기결정의 권리, 연대성, 평등 등이 있다.

1.1 인간의 존엄성

인간의 존엄성은 "인간은 누구라도 인간이다"라는 인식에서 출발한다. 그러므로 모든 인간은 존엄성을 지니고 있기 때문에 그 존엄성을 보장해 주어야 한다. 모든 인간의 상이성과 유사성은 인정되어야 하며, 자신을 위해 자기의 잠재력이 성취되는 방향으로 성장할 수 있는 기회가 주어져야 한다. 개인은 인종, 성, 경제적·정치적·사회적 지위, 종교, 국적, 지능, 육체적 조건 등의 속성으로 인해 차별대우를 받는 일이 없어야 하며, 인간으로서의 존엄과 기회의 균등을 보장받아야 한다. 즉 인간으로서 공평하고 동등한 대우를 받아야 한다.

1.2 자기결정

각 개인은 자기의 인생을 자기가 결정할 권리를 가지고 있다. 자기결정의 권리란 각 개인은 스스로 선택하고 결정을 내릴 수 있는 자유로운 권리와 욕구를 갖고 있다는 것을 말한다. 그래서 사회복지사의 역할은 클라이언트로 하여금 필요한 제반자원을 발견·활용할 수 있도록 도와주고, 클라이언트의 결정을 존중하며, 그가 지니고 있는 잠재력을 개발하고 발전할 수 있도록 도와주는 것이다. 자기결정의 권리는 사회의 모든 부문에 적용된다. 그러나 최선의 결정을 위해서 사람은 자기가 선택할 수 있는 자원이 어느 정도 있는지 알아야 한다. 그래서 사회복지사는 클라이언트가 사용할 수 있는 자원의 위치와 크기 등에 대해 알고 있어야 한다. 그러나 자기결정의 권리는 적극적이고 건설적인 결정을 내릴 수 있는 클라이언트의 능력 및 법률이나 도덕의 테두리 또는 사회기관 기능의 테두리에 따라 제한받을 수 있다.

1.3 연 대 성

사회학자 뒤르켐(Durkheim)은 사회적 관계를 설명하기 위해 연대(solidarity)의 개념을 창안하였다. 뒤르켐은 연대를 기계적 연대(mechanical solidarity)와 유기적 연대(organic solidarity)로 구분했다. 기계적 연대란 가족이나 부족사회에서 흔히 나타나는 연대로서 구성원들을 결속시킬 수 있는 공통의 대인관계나 가치 그리고 신념이 존재할 때 가능하게 된다. 따라서 현대사회보다 원시사회로 거슬러 올라갈수록 기계적 연대의 실현 가능성은 높아진다. 유기적 연대는 사회적 분화가 급격하게 발생하는 현대사회에서 흔히 나타나는 것이다. 즉 복잡한 사회가 질서를 유지하기 위해서는 사회구성원들 개개인이 상이하게 평가되는 상이한 역할을 수행할 필요성을 갖게 된다. 이와 같은 기능의 상이성에 근거한 연대가 유기적 연대이다 (김성이·김상균, 1994: 107-108). 즉 연대성이란 사회구성원간의 합의와 상호의존성을 의미하며, 위험성을 공동 부담하는 것을 의미하며, 사회복지의 주요한 가치이다. 예를 들면, 실업이나 질병 같은 사회적 위험을 실업보험이나 건강보험 같은 사회보험을 통해 공동 분담하고 있다. 따라서 연대성 개념에서 보면 복지국가는 현대 사회의 소외와 불평등의 문제를 해결하기 위한 새로운 형태의 연대를 창출하기 위한 시도로 이해될 수 있다.

사회복지와 관련해서 연대는 사회적 위험 관련 연대(risk solidarity), 소득 관련 연대(income solidarity), 그리고 범위 관련 연대(scope solidarity)로 나눌 수 있다(이준영·이제선, 2012: 57).

첫째, 사회적 위험 관련 연대는 사회적 위험이 낮은 건강한 사람이 사회적 위험이 높은 건강하지 못한 사람에게 소득을 이전시켜 주는 개념이다. 사회적 위험 관련 연대감이 높은 공적의료보험제도에서 의료보험 가입자는 건강 상태에 관계없이 의료보험 급여를 받기가 용이하다. 이것은 민간보험에서 건강수준에 따라 보험료 수준이 달라지는 제도와 대비되는 요소이다.

둘째, 소득 관련 연대는 보험료 부과에서 지불능력에 따라 보험료를 부과함을 의미한다. 이것은 소득이 높은 구성원이 소득이 낮은 구성원을 지원하는 제도의 기본 원칙이다. 따라서 사회적 연대가 기본원칙인 공적의료보험은 건강상태에 무관하게 소득수준에 따라 보험료를 지불하고 임상적 요구가 발생할 경우 지불능력에 관계없이 보건의료급여를 받을 수 있어 건강권이 보장되고 형평성이 강조되는 제도로 볼 수 있다.

셋째, 범위 관련 연대는 가입자가 받을 수 있는 혜택(entitlement)의 범위와 가입할 수 있는 회원자격(membership)의 범위와 관련 된 것이다. 의료보험의 경우는 보험료 부담 측면뿐만 아니라 급여 측면에서도 재분배 효과가 발생한다. 예를 들면, 건강한 사람은 건강하지 못한 사람보다 의료서비스를 덜 필요로 하므로 의료보험의 혜택을 적게 받는 건강한 사람의 남는 의료비용을 건강하지 못한 사람이 더 많은 의료서비스 혜택을 받도록 할애하는 것이다.

물론 이러한 연대는 어느 한 시점에서 보면 소득의 재분배로서 그 시점에서 고소득자나 건강한 사람들의 입장에서 보면 공평하지 못하다는 불만이 있을 수 있다. 그러나 인간의 생애주기를 살펴보면 인간은 태어나고 성장하고 노화하는 단계를 겪는다. 따라서 소득이 많고 건강할 때는 다른 사람을 부양하고, 노년기의 소득이 적은 단계에서는 다른 사람의 부양을 받게 된다. 생애주기의 관점에서 보면 누구든 언젠가는 위험에 처할 가능성이 있으며 그 때는 다른 누군가의 도움을 받게 되는 것이다.

1.4 평   등

사회복지가 수용하는 보편적 가치의 하나는 "모든 사람들은 사회적 혜택을 획득할 평등한 권리와 사회적 책임을 감당할 의무를 지니고 있다"는 데서 시작한다. 평등은 일반적으로 크게 수량적 평등(numerical equality), 비례적 평등(proportional equality), 기회의 평등(equal opportunity) 세 가지 종류로 나누어진다. 이 가운데 가장 적극적인 것이 수량적 평등이다. 이는 흔히 결과의 평등(equality of result)으로 불리는 것으로 모든 사람에게 그들의 욕구나 능력의 차이에는 관계없이 사회적 자원을 똑같이 분배하는 것을 말한다(same treatment of everyone). 그러나 수량적 평등의 개념이 의미하는 결과의 완전한 평등은 어떠한 사회에도 존재하지 않으며 현실적으로도 존재할 수 없다. 그러나 사회복지에는 완전한 수량적 평등은 아니더라도 부분적인 수량적 평등을 가치로 삼고 있다. 가장 대표적인 예가 국민기초생활보장 대상자에게 제공되는 공공부조이다. 공공부조는 소득재분배의 목표를 달성하기 위해 부자들이 낸 세금을 재원으로 가난한 사람들에게 그들의 능력과 욕구에 관계없이 자원을 제공하고 있다. 그러나 공공부조제도로 성취할 수 있는 수량적 평등은 매우 제한되어 있다.[1]

비례적 평등은 수량적 평등과는 달리 개인의 욕구, 노력, 능력, 기여에 따라 사회적 자원이 다르게 분배되는 것을 말한다(same treatment of similar persons). 즉 비례적 평등이란 공평한 처우(fair treatment)를 말한다. 흔히 비례적 평등은

---

1) 사회복지의 기본가치는 수량적 평등을 추구하는 것이다. 사회복지학과 학생들에게 수량적 평등을 추구한다는 명분 아래 우수한 학생들의 성적의 일부를 우수하지 못한 학생들에게 주어 수량적 평등을 추구하자고 한다면 어떤 반응이 있을까?

공평(equity)으로 불리기도 한다. 비례적 평등은 수량적 평등과는 달리 상대적인 불평등을 어느 정도 인정한다. 그러나 수량적 평등의 비현실성을 고려한다면 자본주의사회에서 실질적으로 가장 널리 사용되는 개념이다. 사회복지에서는 수량적 평등의 가치도 강조하지만 비례적 평등의 가치도 강조한다. 예를 들면 사회보험의 경우 보험료(contribution)를 많이 낸 사람에게 보다 많은 급여의 혜택이 돌아가는 것도 비례적 평등, 즉 공평의 가치를 반영하는 것이다. 공공부조제도에 있어서 급여의 수준을 매우 낮게 책정하여, 일하면서도 생활보호혜택을 받지 못하는 빈곤층의 노동의욕을 감퇴시키지 않으려는 열등처우의 원칙도 이 비례적 평등의 가치를 근거로 하고 있다.[2]

　기회의 평등은 가장 소극적인 평등개념으로 결과의 평등 여부는 완전히 무시하고 결과를 얻을 수 있는 과정상의 기회만을 똑같이 평등하게 해주는 것이다. 따라서 과정상의 기회만 평등하다면 그로 인한 결과의 불평등은 아무런 상관이 없다는 것이다. 결과적으로 이러한 평등개념을 취한다면 기회의 평등이라는 이름 아래 수많은 결과의 불평등 존재를 합법화할 수 있을 것이다. 대표적인 예로는 1960년대 미국의 "빈곤과의 전쟁"(War on Poverty) 시기에 도입되었던 저소득층 자녀의 조기교육프로그램인 Head Start 등과 같은 빈곤층 대상의 교육 및 훈련 프로그램이다.

2.　인간에 대한 이해와 사회복지

1.1 성악설 대(對) 성선설

　사회복지란 인간을 위한 학문이다. 그러므로 사회복지를 이해하기 위해서는 먼저 인간을 이해하는 것이 필요하다. 인간은 어떤 존재인가? 인간은 선한 존재인가 아니면 악한 존재인가? 여기서 선하다는 것과 악하다는 것은 인간의 행동에 대한 환경의 영향가능성을 믿는 사람은 인간을 선하거나 중립적인 존재로 보는 것이며, 그 반대의 경우에는 인간의 악한 본성을 믿는 사람으로 본다고 해석한다.

　인간의 본성은 악하다고 제일 먼저 주장한 사람은 17세기의 철학자 토마스 홉

---

2) 평등의 개념에 대한 보다 자세한 설명은 박병현, 「사회복지정책론: 이론과 분석」(서울: 학현사, 2008), pp. 210-214를 참조하기 바람.

스(Thomas Hobbes)였다. 그는 17세기를 "모든 사람을 경이로움 속에서 살도록 하는 상식이 통용되지 않고, 항상 전쟁상태에 놓여 있었고, 그러한 전쟁은 모든 인간을 모든 인간에 대항하도록 만들었다. 그래서 항상 공포에 떨었으며, 폭력으로 인한 죽음, 빈곤, 무자비함 속에서 지내야 했다"고 묘사했다(Hobbes, 1946: 82). 그에게 있어서는 인간이란 '감각과 본능 속에 나타난, 운동하고 있는 물질의 집합체'에 불과했다. 그는 물질의 운동이란 먹이와 삶을 평안케 하는 물건들을 향하는 추구를 뜻했고, 이런 목적달성의 수단을 힘이라고 했다. 그러므로 홉스는 이 사회에는 신용 받는 사람은 아무도 없으며, 인간이 서로 협력하여 살아가는 선한 면보다는 악한 면이 더 많다고 주장했다.

최근에 와서는 생물학자 로렌쯔(Lorenz, 1967: 40)가 인간이 지닌 생물학적인 본능적 공격성을 강조했다. 그는 "인간이 공격적인 충동을 지니고 있는 것은 사실이며, 종족보존의 본능으로 인해 그러한 충동을 지니고 있다. 그래서 인간을 그렇게 위험스러운 존재로 만드는 것은 본능의 자발성이다"라고 주장한다. 그러므로 이 두 학자(철학자와 생물학자)의 견해에 의하면 인간은 원래 믿을 수 없는 존재이며, 악하고, 공격적일 뿐만 아니라 위험스럽다.

그러나 인간의 본성은 원래 선하다는 주장도 있다. 이러한 주장을 제일 먼저 제기한 사람은 18세기의 철학자 루소(Rousseau)였다. 그는 인간은 태어날 적부터 선하며 악한 면은 인간의 본성에 존재하지 않고 외부 세계에 있다고 주장한다. 루소는 "인간의 첫 번째 움직임은 언제나 옳다는 격언을 상기시키며, 인간의 마음에는 본래부터 악한 면이 존재하지 않으며, 어디에서부터 비롯되었는지, 어떻게 생겼는지를 설명할 수 없는 악은 하나도 없다"고 주장한다(Grimsley, 1973: 45). 루소는 인간은 태어날 때부터 선하며 다만 악한 면은 세상의 제도로부터 비롯된다는 주장을 펴면서 인간의 어두운 면을 보지 않고 밝은 면을 보았다.

그러면 사회복지에서 인간의 본성에 관한 관점은 어떤 의미를 지니고 있는가? 만일 인간이 근원적으로 악하다고 한다면, 우리는 수용할 수 없는 행동을 포함하는 악을 통제하여야 할 것이다. 그러므로 빈곤, 정신질환, 혼외출산 등의 문제들은 그 원인이 환경적인 영향으로 보여지기보다는 그들 자신의 악한 본성에 기인하는 것으로 인식될 것이다. 즉 인간의 악한 본성에 의해서 문제가 제기된다면 사회는 사회문제를 일으키는 사람들을 통제하려 할 것이고, 그들의 환경을 변화시키려는 제도적인 사회복지의 노력은 필요 없는 것으로 판명될 것이다. 이 경우는 사회가 경제적으로 정치적으로 안정되고 모든 체계가 잘 유지되는 경우에 해당된다. 반면에 인간의 본성을 선한 것으로 본다면 인간은 근원적으로 게으르기보다는 생산적인 존재로 받아들여져 그들의 생활을 향상시키기 위해 제도적인 사회복지가 받아들여질 것이다(Dolgoff and Feldstein, 2000: 17-18). 이 경우는 사회가 경제적으로 혹은 정치적으로 안정되지 못한 경우이다. 이 때 한 개인이 가난하고 직업이 없다는 것은 개인의 결함에서 비롯되는 것이 아닌 환경이나 제도의 결함 때문인 것으로 본다. 이런 경우는 제도적인 사회복지가 발달하는데 예를 들면 1930년대 대공황을 겪고 난 뒤이다.

다른 한편 사회복지의 방법 중에서 실천론(기술론)의 입장에서 보면 위의 경우와 반대되는 논리가 성립한다. 사회가 안정되었을 때 개인이 사회복지대상자가 되었다는 것은 개인의 결함에서 비롯되기 때문에 그 개인의 결함을 치유하기 위한 사회사업적 개입이 필요하다. 그래서 사회가 안정되었을 때에는 거시적인 사회복지는 정체상태이거나 퇴보하고, 미시적인 사회사업방법이 발달하는 경향이 있다.[3]

2.2 자극반응이론 대(對) 자기성취이론

인간의 본성을 선한 본성과 악한 본성으로 분류할 수 있는 것과 마찬가지로 인간의 동기부여(motivation)에 관한 이론도 자극반응이론(irritation response theory)과 자기성취이론(self-actualization theory)으로 분류할 수 있다. 인간은 단순히 생존하기 위해서 자극이 있을 때만 반응하는 존재로 볼 것인가 아니면 본능적으로 성취하고 발전하기 위해서 끊임없이 노력하는 존재로 볼 것인가 하는 것은 사회복지의 범위에 많은 영향을 미친다.

자극반응이론은 사람들이 단순히 생존하기 위해서 살아가며 특히 빈민들의 경우는 더 그러하다고 본다. 이 이론에 의하면 사람들은 굶주리고 기아에 당면했을 때만 일을 한다. 그러므로 복지정책은 징벌적이 되어야 하고 급여는 최저 수준으로 제한되어야 한다고 본다. 이 주장은 자유방임주의 경제학자인 아담 스미스(Adam Smith)가 제일 먼저 주창하기 시작하여 밀턴 프리드만(Milton Friedman)과 칼 마

---

3) 사회사업실천이 더 영향력을 많이 행사되던 시절의 사회복지정책 쇠퇴와 그 반대 현상에 대해서는 John H. Ehrenreich. *The Altruistic Imagination: A History of Social Work and Social Policy in the United States* (Ithaca: Cornell University Press, 1985)를 참조하면 된다.

르크스(Karl Marx)로 이어졌다. 그들은 인간은 경제적인 이윤을 얻기 위해서 일을 하기 때문에 인간의 행위는 경제적으로 결정된다고 주장한다. 그러므로 자극반응이론은 복지대상자의 생활수준은 가장 낮은 임금을 받는 사람들의 생활수준보다 더 낮아야 한다는 열등처우(less eligibility)의 원칙이 불가피하다고 본다.

자기성취이론은 인간은 본능적으로 자기성취를 바라고 있다고 본다. 개인에게는 욕구의 우선순위가 있으며 충족 우선순위부터 충족시키려고 한다. 모든 사람은 이러한 욕구들을 충족시키려는 기본적인 충동이 있다. 에리히 프롬(Erich Fromn, 1966; 175-184)은 「보장된 소득의 심리적 측면」(The psychological Aspects of the Guaranteed Income)에서 인간은 근본적으로 게으른 존재가 아니라 생산적이며 활동적인 존재이며, 빈민들의 소비욕구는 개인의 속성에 있는 것이 아니고, 소비습관, 사람들의 태도, 정치적인 요인에 있다고 주장한다. 그리고 칼 폴라니(Karl Polanyi, 1947: 109-117)는 그의 명저 「대전환」(The Great Transformation)에서 경제관계는 사회관계에 포함되며 경제체계는 어느 개인도 기아에 허덕이지 않도록 도입되었으며, 인간은 물질적인 상품을 소유할 때 개인의 목적을 위해서 하는 것이 아니고 사회적인 목적을 위해서 한다고 주장하면서 자극반응이론을 반박하고 있다. 그러므로 자기성취이론에 있어서는 제도적인 사회복지서비스를 제공하는 것이 필요하다고 본다.

3. 이데올로기와 복지모형

이데올로기(ideologie)라는 용어는 원래 희랍어로서 어원적으로 이데아(idea)와 로기(logie)의 합성어이다. '이데아'는 이념을 의미하며 '로기'는 논리를 의미한다. 따라서 이데올로기는 '이념의 논리'로 직역된다(김득주, 1986: 3). 그래서 이데올로기란 한 개인이나 혹은 한 집단이나 계층의 성원들에 의해서 공통적으로 소유되는 신념의 체계라고 할 수 있다.

사회복지를 연구하는 사람에게 있어서 사회복지의 이념 또는 사회복지제도와 이데올로기 관계를 명확히 해두는 것은 매우 중요하다. 그 이유는 사회복지의 실천과 사회복지제도는 이념이나 이데올로기의 영향을 많이 받을 뿐만 아니라 이데올로기에 의해 사회복지의 가치, 원리, 방법, 방향 등이 결정되기 때문이다. 이데올로기에 따른 체제이념은 크게 보수주의, 진보주의, 급진주의로 나누어질 수 있다. 여기에서는 먼저 이 세 가지 이념의 세계관을 살펴볼 것이다. 다음 이 세 가지 이념을 세분하여 다위니즘, 보수주의, 진보주의, 페이비안사회주의, 마르크시즘에 따른 사회복지의 유형을 살펴보고자 한다.

3.1 보수주의, 진보주의, 급진주의의 세계관[4)]

(1) 인간본성에 대한 관점

1) 보수주의

보수주의자(conservative)들은 인간본성을 비관적으로 보는 경향이 있다. 보수주의자는 인간을 게으르고, 자기중심적이며, 진정한 자선행위를 하지 못하는 존재로 본다. 즉 보수주의는 성악설을 바탕으로 하고 있다. 따라서 보수주의자는 인간은 일하도록 재촉될 필요가 있는 존재로 본다. 또한 인간은 부정적인 본성 때문에 통제되어야 할 필요가 있고, 규율을 어겼을 때에는 신속하게 엄격한 처벌을 받아야 한다고 본다. 이것을 사람들이 서로 조화 있게 살 수 있는 유일한 길이라고 본다.

인간본성에 대한 이러한 비판적인 관점 때문에 보수주의자들은 빈곤, 범죄, 마약오용, 아동학대와 같은 문제들이 인간의 부정적인 본성 때문에 생겨난다고 보며, 이러한 문제를 다루는 사회복지프로그램은 인간을 통제하는 수단으로 사용되어야 한다고 믿는다.

2) 진보주의

진보주의자(liberal)들은 인간본성을 낙관적으로 본다. 진보주의자들은 인간은 선한 행위를 할 수 있는 무한한 가능성을 가지고 태어났다는 로크(Locke), 루소(Rousseau)의 견해를 바탕으로 하고 있다. 그리고 인간은 선하게 태어났고, 만일 오염되지 않는다면 그들은 사회적이고 호기심이 많으며 사랑을 한다는 최근의 매스로우(Maslow)의 견해를 수용한다. 그래서 진보주의자들은 인간은 통제될 필요가 없다고 생각한다. 그들은 인간은 그들을 오염시키는 것으로부터 보호받아야 할 필요가 있고, 그리고 선한 것을 추종하는 자연적 경향을 따를 수 있도록 자유가 주어

---

4) 여기에 관한 논의는 Philip R. Popple and Leslie Leighninger, Social *Work, Social Welfare and American Society* (Boston: Allyn and Bacon, 2002)의 제1장(pp. 7-20)을 참조하였다.

져야 한다고 믿고 있다. 인간본성에 대한 긍정적인 관점으로 인해 진보주의자들은 인간의 가능성을 실현시키는 데 방해가 되는 문제들로부터 자유롭게 해주는 사회복지제도들을 구상하게 된다.

3) 급진주의

급진주의자(radical)들은 진보주의자들과 마찬가지로 인간은 기본적으로 선하다고 믿고 있다. 그들은 더 나아가서 인간이란 선천적으로 근면하고 창의적이라고 믿는다. 급진주의자들은 보수주의와 같이 열심히 일하는 것을 미덕으로 간주한다. 그러나 인간은 원래 게으르기 때문에 일하도록 강요당해야 한다는 청교도적 가설을 따르는 보수주의자들과는 달리, 급진주의자들은 인간의 노동조건만 잘 조절해주면 열심히 일하는 것에서 기쁨을 얻을 것이라고 믿는다.

(2) 개인의 행동에 대한 관점

1) 보수주의

보수주의자들은 현재의 상황이 어떠하든, 과거에 어떤 문제를 가졌던 각 개인은 현재의 행동에 책임을 져야 한다고 본다. 즉 보수주의자들은 사람들이 하고 있는 것이 무엇이든, 그들이 무엇을 선택하든, 그리고 그 선택의 결과로써 무엇을 얻고 잃었든 자신이 그것에 대해 책임을 져야 한다고 본다. 또한 보수주의자들은 인간은 자유의지를 소유하기 때문에 성공하는 데 도움이 될 수 있는 근면을 선택하거나 혹은 실패를 가져올 수 있는 낭비를 선택할 수 있다고 본다. 그래서 보수주의자들은 빈곤은 개인의 책임성 결여에 의해서 생기는 것으로 보아 만일 사람이 진정으로 가난을 원하지 않는다면 그들은 가난하지 않을 수 있다고 본다. 이런 관점에서 보수주의자들은 사회복지는 매우 제한적이어야 한다고 본다.

2) 진보주의

진보주의자들은 인간의 자유의지와 동기를 완전히 부정하지는 않지만 개인행동의 원인으로 환경을 더 강조한다. 이러한 관점은 개인의 행동은 초기의 경험, 특히 부모와의 관계의 영향을 많이 받는다는 심리학 이론에 근거를 둔다. 그래서 인간행동의 주요 원인을 환경에 두는 진보주의자들은 사회복지의 목적은 빈민들의 환경을 변화시키는 것에 있다고 본다. 예들 들면 진보주의자들은 빈곤아동을 위한 조기프로그램이 빈곤아동의 초기환경을 풍요롭게 해줌으로써 빈곤아동의 교육문제해결에 기여할 것으로 본다.

3) 급진주의

개인의 행동에 대한 급진주의자들의 견해는 진보주의자들의 견해와 거의 비슷하나 개인행동은 사회적·경제적 구조에 의해서 크게 영향을 받는다고 본다.

(3) 가족에 대한 관점

1) 보수주의

보수주의자들은 전통적인 가족을 숭배하고, 전통적인 가족을 유지하는 정책을 설계하기 위해 노력한다. 보수주의자들은 가족을 개인 힘의 원천으로서 그리고 사회의 일차적인 단위로 본다. 따라서 보수주의는 탁아소, 임신중절, 동성연애자의 권리, 학교에서의 성교육, 미성년자의 출산조절을 위한 상담, 남녀평등권을 위한 법개정을 반대하며, 여성과 아동에게 지나치게 독립심을 제공함으로써 부모의 권위를 침해하거나 가정파괴를 가져오는 프로그램을 위해 공공자금을 사용하는 것을 반대한다. 보수주의자들은 현재의 사회적·경제적 문제 해결의 열쇠로 전통적인 가족으로의 회귀를 주장하고 있다.

그러나 현대의 보수주의자들은 전통적인 가족 - 아버지가 주요 소득원이며 어머니는 가정에 머물면서 아동을 양육하거나 가족구성원들에게 보호를 제공하는 - 이 점점 감소하고 있는 현상을 수용하는 추세에 있으며, 오랫동안 반대해 왔던 이혼도 이제는 대부분 수용하는 상황이다.

2) 진보주의

진보주의자들은 가족에 대해 매우 낙관적인 태도를 취하고 있다. 그들은 가족을 하나의 진화하는 제도로 보고 있으며 실용적인 방법으로 지원한다. 대부분의 진보주의자들은 남녀 평등권과 평등한 보수, 탁아소 제도, 모성애와 부성애의 포기, 융통성 있는 시간과 분업을 지지한다.

3) 급진주의

급진주의자들은 보수주의자들이 주장하는 전통적인 가족이 남성, 여성 양쪽의

재능을 억압하고 왜곡하고 있다고 본다. 그러나 급진주의자들은 건강한 가족이 건
강한 사회의 본질적인 요소라는 인식에 있어서는 보수주의자들과 같은 견해를 취한
다. 급진주의자들은 맞벌이 부부, 편부모로 구성되는 새로운 가족을 지지한다. 그리
고 대부분의 진보주의자들과 마찬가지로 남녀평등권과 평등한 보수, 탁아소 제도,
모성애와 부성애의 포기, 융통성 있는 시간과 분업을 지지한다.5)

(4) 사회체계에 대한 관점

1) 보수주의

현재의 사회체계는 공평한가? 사람들은 그들의 사회에 공헌한 것만큼 보수를
받고 있는가? 사람들은 동등한 기회를 보장받고 있는가? 좋은 사회를 만들기 위해
서 변화는 얼마나 중요한 것인가? 갈등은 피할 수 없는 바람직한 것인가? 이러한
질문들은 현재의 사회체계에 대한 관점과 관련되는 질문들이다.

보수주의자들은 사회를 사회학의 "기능주의" 관점과 비슷한 맥락으로 본다. 즉
사회를 상호 연관되고 상호의존적인 여러 부분으로 구성된 하나의 체계로 본다. 각
부분들은 체계의 작용에 기여하기 때문에 전체 체계의 기능을 가능하게 하며 각 부
분은 각각 다른 기능을 한다. 그러나 각 부분의 기능은 전체사회의 안녕에 기여한
다. 즉 사회를 생물학적 유기체와 비슷한 것으로 본다.

보수주의적 관점에서 가장 중요한 측면은 현재 그대로의 사회 모든 부분들이
사회와 사회 내의 개인 양쪽에 모두 이익이 된다는 것이다. 사회에 현존하는 질서
가 없거나 또는 질서에 큰 변화가 있을 때 잘 작용하지 못할 수도 있을 것이다. 따
라서 의사의 봉급은 많고, 유치원 교사의 봉급이 적은 것은 그것이 사회적으로 가
장 효과적인 질서이기 때문이다. 따라서 보수주의는 소득의 격차가 노력과 능력에
비례하는 것이라고 보며, 사회적 불평등은 사회의 가장 중요한 위치는 가장 능력
있는 사람들에 의해 채워지도록 하는 장치로 본다.

보수주의적 관점에서는 사회체계를 근본적으로 공평한 것으로 본다. 어떤 집단
이 다른 집단보다 더 빈곤하고 권력이 없는 낮은 지위에 있다 하더라도 그것은 사
회전체의 안녕과 질서를 위해 필요하다고 본다. 보수주의자들은 급속한 큰 변화는

---

5) 그러나 급진주의자들은 이론과 실제 사이에서 어려움을 겪고 있다. 민권운동단체, 반전운동단체, 기
타 급진주의자들에 의해 지지를 받는 정치집단들은 보수주의 조직과 마찬가지로 여성들에 대해 억
압적이었다. 급진주의의 가장 대표적인 인물인 칼 마르크스(Karl Marx)도 자신의 가정에서는 매우
권위적이었던 것으로 알려져 있다.

특정집단에게는 이익이 될 수 있지만 전체사회에는 오히려 손실을 가져올 수 있다고 보기 때문에 변화는 바람직하지 않다고 본다.

2) 진보주의

진보주의자들은 보수주의자들과 같이 사회를 하나의 유기적 체계로 보는 경향이 있지만, 진보주의자들은 사회체계가 아무런 개입이 없어도 그 자체를 통제할 수 있다는 것에 대해서 보수주의자들보다는 확신을 적게 갖고 있다. 진보주의자들은 자연은 비효율적이라고 주장한다. 예를 들면 인간의 개입이 없으면 나무는 수천 개의 씨앗을 뿌리지만 그 중 몇 개만이 성숙한 나무로 자란다. 만일 인간이 개입하여 어린 묘목에게 물을 주고, 병충해를 예방하면 모두 성숙한 나무로 자라게 된다. 사회체계도 마찬가지로 이와 같은 양육과 규제가 필요하다고 본다. 따라서 정부는 공정하고 개방적인 경쟁을 유지하기 위한 규칙을 준비하는 것이다.

진보주의자들은 사회전체를 잠재적으로 공평하다고 보지만 불공평한 횟수가 빈번하여 몇몇 이익집단들은 다른 집단보다 더 많은 권력을 소유하고 있다고 본다. 또한 그들은 변화는 이익집단들간의 경쟁과 타협을 통해서 때로는 급속하게 그리고 때로는 천천히 이룩되는 것이 좋은 것이라고 본다.

진보주의자들은 현재의 사회를 최선의 것이라고 보지 않는다. 그들은 변화가 불공평을 감소시키고 사회정의를 실현한다고 본다. 또한 진보주의자들은 현재의 사회복지프로그램은 빈민을 진정으로 돕는 것이 아니라 권력을 소유한 사람들이 권력을 계속 소유하기 위하여 빈민을 통제하는 수단으로 사용되고 있다고 보고 있다.

3) 급진주의

급진주의자들은 불평등은 권력을 가진 어떤 집단이 그들의 지위를 영속화시키기 위해 권력을 사용하려고 하는 데서 비롯된다고 본다. 또한 급진주의자들은 사회학의 갈등주의 관점에서 사회체계를 분석하여 사회체계를 지배적인 권력을 가지고 그 권력을 타인을 통제하는 것에 사용하는 계층과 권력을 가지고 있지 못한 계층으로 구성된 계급제도로 인식한다. 갈등주의자들은 진보주의자들을 매혹시키는 이익집단 정치는 단지 쇼일 뿐, 그 뒷면에서는 부(富)와 권력을 가진 엘리트들이 중요한 결정을 한다고 본다.

급진주의자들은 의사가 사회에서 몇 배나 더 가치 있는 사람이어서가 아니라 그들의 지위를 높이기 위해서 또는 적어도 현 상태를 유지하기 위해서 부(富)와 권력을 사용했기 때문에 의사는 유치원 교사보다 몇 배나 높은 소득을 얻고 있다고 본다. 의사는 주로 남성들이고 유치원교사는 주로 여성들인 것도 같은 맥락이라고 주장한다.

급진주의자들은 현재의 사회체계에서는 공평성을 획득할 수 없다고 본다. 공평성은 부와 권력을 재분배하기 위해 현존하는 사회체계를 재구성할 때 성취될 수 있는 것으로 본다.

(5) 정부와 경제체계에 대한 관점

1) 보수주의

각 이데올로기 사이에 가장 첨예한 대립을 보이고 있는 것은 경제와 국민생활에 대한 정부의 역할에 관한 것이다. 보수주의자들은 "최소한의 정치가 최고의 정치"라고 믿는다. 따라서 그들은 정부는 개인생활에 가능한 적게 개입해야 한다고 믿고 있으며, 개인의 자유를 최대한 보장하고 자유시장의 기능을 순조롭게 해야 한다고 본다.

2) 진보주의

진보주의자들은 사회와 경제체제는 정부의 개입에 의해서만 치유될 수 있는 결점을 갖고 있기 때문에 경제에 대한 정부의 개입은 정당하며 바람직하다고 본다. 자유주의와 보수주의 사이의 논쟁의 초점은 정부에 의한 소득재분배이다. 진보주의자들은 정부가 부자집단으로부터 세금을 많이 받아 가난한 집단에게 사회보장이나 사회복지서비스, 공공복지와 같은 형식으로 자원을 분배해야 한다고 주장한다.

3) 급진주의

급진주의자들은 진보주의자들과는 달리 정부를 개선하는 것으로는 부족하다고 보고 있다. 따라서 정부를 완전히 재구축하는 것이 필요하다고 본다. 급진주의자들은 공공부문, 민간부문들을 모두 포함하는 혼합경제를 수용한다. 급진주의자들은 의료보장과 주택에 대한 기본적인 권리를 추구한다. 따라서 일부 급진주의자들은 모든 시민들에 대한 의료보장, 주택, 기타 사회복지 급여를 정부가 조직하는 복지국가의 발전을 지지한다.

┃표 2-1┃ 보수주의, 진보주의, 급진주의의 관점 비교

	보수주의	진보주의	급진주의
변 화	일반적으로 변화는 바람직한 것으로 보나 현재의 상태를 유지하는 것이 더 낫다고 본다	변화는 진보를 가져오는 것으로 보며, 온건한 변화가 최선이라고 본다	체제의 근본 변화를 가져오는 변화를 좋은 것으로 본다
인간의 본성	인간은 근본적으로 이기적이라고 보며, 통제될 필요가 있다고 본다	인간은 근본적으로 선하며, 선한 자극(impulse)을 강화하는 구조가 필요하다고 본다	인간은 근본적으로 선하나, 제도에 의해 부패(corrupt)될 수도 있다고 본다
개인행동	개인은 자유의지를 가지고 있으며 각자의 인생과 문제에 대해 책임져야 한다	개인은 완전히 자치적이거나 자기 지배적이지 못하며, 환경이 직면하는 문제에 부분적으로 역할을 하고 있다.	개인의 행동은 사회 및 경제구조에 의해 매우 영향을 받는다
가 족	전통적인 가족이 사회의 기본 단위이며, 정부의 간섭을 받지 않아야 한다	가족은 변화하고 있으며, 사회 및 정부의 지지를 필요로 한다	전통적인 가족은 압제적이며, 변화하는 가족은 정부의 지지를 필요로 한다
사 회	사회는 원래부터 공평하며, 그냥 두어도 잘 기능한다	사회는 여러 가지 이해관계 사이에 공평한 경쟁을 보장하기 위해서 통제를 필요로 한다	사회는 권력을 가진 자와 가지지 못한 자 사이에 불공평을 내포하고 있으며 이 불공평은 변화될 필요가 있다
정부와 경제제도의 역할	자유시장경제가 번영과 개인 욕구의 충족을 보장하는 최선의 방법이며, 정부의 역할은 시장을 통제하는 것이 아니라 지지하는 것이 되어야 한다	자유시장경제는 공평을 보장하기 위해서 통제될 필요가 있으며, 인간의 기본 욕구를 충족시키기 위해서 정부의 프로그램은 필수적이다	시장경제는 착취적이며 원래부터 불공평하다. 그래서 공공과 민간의 혼합경제와 사회주의체제가 대안이 될 수 있다.

자료: Philip R. Popple and Leslie Leighninger, *Social Work, Social Welfare, and American Society*(Boston: Allyn and Bacon, 2002), p. 16.

3.2 이데올로기에 따른 사회복지의 유형화

(1) 다위니즘(Darwinism) 관점에서의 사회복지

다위니스트들은 인류의 발전은 유기체들의 끊임없는 투쟁의 결과로 본다. 병자와 약한 자, 적응하지 못하는 자들은 자연히 도태되고 강한 자만이 살아남는다고 보며, 공적(公的)이고 사려 깊지 못한 자선은 약자들의 사회적응과정을 방해한다고 주장하였다. 다위니즘에서의 사회질서는 자연질서에 의해 형성된다. 시장경제에서 경쟁이란 자연적 선택의 법칙을 수행하는 과정으로 본다. 자연적 선택의 과정에서 가장 잘 적응한 사람은 정상에 오르게 되고 적응하지 못한 사람은 궁극적으로 패배하게 되는 것이기 때문에 백만장자란 생존경쟁의 산물이며 생존경쟁에 패한 약자의 자연도태는 어떤 과업을 성취하는 데 필요한 조건들을 충족시키는 사람들을 선택하는 역할을 한다. 반면에 가난한 자 또는 약한 자에는 게으른 자, 주변머리 없는 자, 무능한 자, 어리석은 자, 경솔한 자, 사악한 자 등이 포함된다.

즉 다위니즘은 인간의 본성은 게으르며 자극이 주어지지 않으면 행동하지 않는 존재로 보며, 인류의 발전은 강한 자는 살아남고 약한 자는 사라진다는 적자생존의 원칙에서 찾고 있으며, 이것은 매우 자연적이라는 '자연적인 혁명'(natural revolution)을 내세우고 있다. 그러므로 다위니즘 이데올로기에서는 사회복지가 이러한 자연혁명을 가로막는 장애물이라고 본다.

(2) 보수주의(전통적 자본주의) 관점에서의 사회복지

전통적 보수주의 관점에서는 사회복지에 대해 결코 호의적이지 않으나 다위니즘보다는 호의적이다. 사회의 현상유지, 이기주의, 자율적 인간, 전통가족의 유지, 경쟁적 자유시장, 불평등 등은 보수주의자들의 근본적인 사회가치 목록들이다. 이와 같은 보수주의적 관점을 취하는 대표적인 학자는 하이에크(Hayeck)와 프리드만(Friedman)이 있다.

기본적으로 보수주의자들은 사회복지는 현재 상태를 유지하는 데 공헌한다고 보고 있다. 즉 사회복지는 사회 내의 결속력을 유지하고 그렇게 함으로써 효율성과 안정, 질서에 공헌하는 것으로 인식한다. 또한 보수주의자들은 사회내부의 의존문제는 각 케이스에 기초해서 취급되어야 할 것이고 경제성장을 통해 소득의 재분배 없이 빈곤을 타파할 수 있을 것으로 보고 있다. 그리고 그렇게 함으로써 대부분의 사회복지욕구는 충족될 것으로 보고 있다.

사회복지에 대한 보수주의적 해석은 다음의 두 가지 핵심적인 사상이 존재하고 있다. 하나는 '도덕적 책임'이고, 다른 하나는 '자기이익의 개발'이다. 도덕적 책임이란 용어는 고귀한 신분에는 의무가 따른다는 뜻에서 유래한다. 이와 같은 사상은 원초적으로 출생에 의해, 그러나 오늘날에 있어서는 성취에 의해서 행운을 잡는 사

람들이 그들보다 운이 덜 좋은 사람들을 도와야 한다는 도덕적 책임을 갖는다는 것
이다. 따라서 사회 내의 의존적인 사람들을 돕는 이유는 의존적인 사람들에게 도움
을 요청할 권리가 있어서가 아니라 운이 더 좋은 사람들이 도움을 제공할 도덕적
의무를 지니고 있기 때문이라고 본다. 이러한 사상은 가부장적인 온정주의에 기초
하고 있으며 복지란 운이 나쁜 사람들에게 대한 자선이라고 본다. 또한 이러한 사
상은 보호받을 가치가 있는 빈민과 보호받을 가치가 없는 빈민을 엄격하게 구분하
여 보호받을 가치가 있는 빈민들(장애인, 노인, 요보호 아동 등)에게는 보호를 제공
하고 보호받을 가치가 없는 빈민들(노동능력이 있는 빈민)에게는 보호를 제공하지
말아야 한다고 주장한다.

　　보수주의자들은 사회복지는 자기이익의 개발을 위해 필요한 것으로 본다. 보수
주의자들은 현재의 상태를 유지하기 위해 너무 많은 비용이 들지 않는 범위 내에
서, 그리고 사회가 분열되는 것을 예방할 수 있는 범위 안에서 인도주의적 사회복
지를 운영하면 궁극적으로 자신들에게 이익이 된다고 본다. 보수주의자들은 오늘날
과 같이 과학적으로 발전된 사회에서 많이 가진 사람들은 같은 사회 안에 공존하는
자기보다 낮은 계층 사람들에 대해 관심을 가져야 한다고 본다. 이것은 이타주의
때문이 아니라 자신의 이익을 극대화하고 개발하기 위해서이다. 다시 말하면 보수
주의자들은 다른 사람들을 돕는다는 것은 현대사회에서의 삶의 대가를 지불하는 것
이고 그들 자신의 이익을 실현하는 것이기도 하다고 본다.

　　이러한 맥락에서 볼 때 보수주의적 사회복지모형은 윌렌스키가 소개한 잔여적
인 사회적 기능을 수행하는 것으로 간주한다. 따라서 보수주의적 관점에서는 가족,
친척, 교회, 자원봉사 등과 같은 비공식적인 부문이 사회복지 수혜자의 의존문제를
해결하는 제일선의 제도이고 사회복지제도는 이와 같은 제도들이 정상적인 기능을
수행하지 못할 때 보충적 기능을 수행한다고 본다. 또한 사회복지 수혜자의 의존문
제는 개인적 역할 실패의 결과이기 때문에 사회복지서비스의 표적을 개인에게 둔
다. 보수주의적 사회복지모형에서 사회복지는 권리보다는 자선으로 간주된다.

(3) 진보주의 관점에서의 사회복지

　　진보주의자들은 사회의 변화를 바람직한 것으로 인식하며, 변화는 진보를 가져
온다고 본다. 그러나 그 변화는 점진적이어야 한다고 생각한다. 진보주의자들은 인
간은 기본적으로 선하다고 보며, 개인은 완전히 자율적이지 못하기 때문에 언제나

자기통제를 위한 훈련이 필요하다고 본다.

진보주의자들의 실용주의적 가치는 자본주의 경제체제가 자기규제적이지 못하다는 확신에 기초한다. 이들은 자본주의가 최선의 경제체제임을 믿지만 효율적으로 그리고 공정하게 기능하기 위해서는 적절한 규제와 통제가 필요하다고 본다.

진보주의자들은 정부는 사회복지 프로그램을 통해 산업사회의 공통적인 사회문제에 대해 인도주의적으로 대응해야 한다고 주장한다. 그러므로 사회복지에 대한 진보주의적 관점의 핵심은 사회복지가 자선이 아니고 개인의 권리에 의한 것이라고 본다. 즉 보수주의적 관점에서는 가진 자들이 못 가진 자들을 돕는 것은 가진 자들의 도덕적 책임이기 때문에 사회복지의 수혜자는 가진 자들로부터 자선을 받는 것이지만, 진보주의적 관점 하에서 사람들은 원조를 받을 권리가 있기 때문에 원조를 받는 것이다.

(4) 페이비안 사회주의 관점에서의 사회복지

웹 부부(Sidney and Beatrice Webb), 조지 버나드 쇼(George Bernard Shaw), 시드니 올리비어(Sidney Olivier), 그래함 왈라스(Graham Wallas) 등이 주축이 되어 1884년 결성한 페이비언 협회는 자유시장체제로서는 빈곤이나 불평등을 감소시킬 수 없다는 것을 인식하고 구체적인 사회개혁을 연구하였다. 그러나 빈곤이나 불평등을 감소시키는 방법으로 마르크스주의적인 급진적인 혁명보다는 점진적인 변화를 선호했다.

페이비언 사회주의[6]는 자유시장체제로서는 빈곤이나 불평등을 경감시킬 수 없

---

6) 페이비언 사회주의는 1884년 창설된 점진적인 개혁을 주장하는 페이비언 협회(*Fabian Society*)가 모태가 되어 발전했다. 페이비언 협회의 주축 멤버는 웹 부부(Sidney and Beatrice Webb), 조지 버나드 쇼(George Bernard Shaw), 시드니 올리비어(Sidney Olivier), 그래함 왈라스(Graham Wallas) 등이었다. 페이비언 협회의 명칭은 로마가 카르타고로부터 공격당하고 있을 때 카르타고의 한니발(Hannibal)의 대군을 지구전으로 물리친 로마의 파비우스(Fabius) 장군의 이름을 따서 만들어졌다(Cole, 1952: 1-2). 이와 같이 협회의 명칭을 파비우스의 이름에서 딴 것은 올바른 방법과 정책을 성취하는 데에는 시간이 걸린다는 의지를 나타낸 것으로 볼 수 있다. 즉, 이상적인 공동체를 설립하고 구체적인 사회개량 프로그램을 추구했던 일단의 젊은이들이 그들이 정책을 공식화하기까지는 깊이 있는 토론과 검토로 인해 시간이 소요된다는 사실을 인식했다는 것을 의미한다(박광준, 1990: 65). 페이비언 협회는 19세기말엽의 영국의 공공정책수립에 많은 영향을 미쳤다. 실용주의적 노선을 견지한 페이비언 협회가 제기한 개혁과제에는 여성에 대한 보통선거권 부여, 하루 8시간으로의 노동시간 단축, 런던부두의 시영화(市營化), 공공주택건설, 공교육실시, 최저임금제 등이 포함되었다. 당시 영국복지국가 태동에 기여한 노동당 중요 인물들은 대부분 페이비언 협회 출신이었다(박병현, 2008: 75).

다고 보지만 혁명적인 변화보다는 점진적인 변화를 선호한다. 따라서 페이비언 사
회주의의 정치적 이념은 사회주의이나 이념을 실현하기 위한 수단은 점진주의적인
개량주의이다. 이 모형에서는 자유시장 체계는 필연적으로 실패하며, 시장체계를 수
정 보완하기 위해서는 정부의 적극적인 개입이 필요하다고 보기 때문에 복지국가의
확산을 통해 자본주의의 개혁이 가능하다고 본다. 이 모형을 주장하는 대표적인 학
자는 티트무스이다(박병현, 2011: 56).

　　페이비안 사회주의와 마르크시즘의 차이는 첫째, 마르크시즘은 본질적으로 혁
명적이고 프로레타리아 중심적인 전통을 가진 반면에 페이비안 사회주의는 개혁적
이고 보편적인 전통을 지녔다. 둘째, 마르크시즘이 유물론적 전제에 의거하고 있다
면 페이비안 사회주의는 관념론적 요소들을 구체화한 것으로 본다. 셋째, 마르크시
즘이 자본주의 국가를 계급적 지배의 도구로 간주한 반면 페이비안 사회주의는 국
가를 상대적으로 중립적 기구로 보는 경향이 있다. 넷째, 마르크시즘은 역사를 대격
변의 소용돌이로 보는 반면 페이비안 사회주의는 그 개념들을 단선적이며 점진적인
발전으로 설명하고 있다(Lee and Raban, 1988: 11).

　　1950년대 중반 페이비안 운동의 지도자 중 한 사람이었던 티트무스(Titmuss)
는 복지국가의 개념적 영역은 모든 집합주의적 개입을 포함하는 것으로 확대되어야
한다고 주장했다. 티트무스에 의하면 집합주의적 개입은 세 가지 유형의 사회복지
를 포함한다. 첫째는 사회보장과 비영리대인서비스를 포함하는 사회복지(social
welfare)이다. 둘째는 재정복지(fiscal welfare)로서 국가의 조세정책에 의해 간접
적으로 복지수준을 높이는 것이다. 프로그램으로는 아동이 있는 가구에 대한 조세
감면, 보험료에 대한 조세감면, 취업여성에 대한 소득공제 등이다. 셋째는 직업복지
(occupational welfare)로서 개인이 속한 기업이 제공하거나 기업을 통해서 제공
되는 사회복지급여이다.[7]

(5) 마르크시즘(Marxism) 관점에서의 사회복지

　　마르크시즘은 다음의 두 가지 이유로 사회복지를 비판한다. 첫 번째는 사회복
지의 점진적인 개혁을 추구하는 면이 불평등을 영속화하는 자본주의 생산구조를 바
꾸지 못한다는 것이다. 마르크시스트들은 사회복지의 개량적인 면이 불평등의 근원

---

[7] 페이비안 사회주의에 대한 자세한 설명은 박광준, 「페이비안 사회주의와 복지국가의 형성」(서울:
대학출판사, 1991)을 참조하면 된다.

적인 원인을 무시한다고 주장한다. 두 번째는 자본주의 사회에서의 정부관료들에 의해 사회복지가 사회불안을 제거하기 위한 수단으로 사용되었다는 것이다. 즉 대중들은 연금제도나 보충적인 급여로 인해 사회에 대한 불안감을 가라앉히게 된다는 것이다. 그래서 급진주의자들은 사회복지가 지난 수세기 동안 사회통합에 공헌해 왔다는 것을 부정한다.

피븐과 클로워드(Piven and Cloward, 1971)는 그들의 저서 「빈민통제」(Regulating the Poor)에서 이러한 관점을 잘 묘사하고 있다. 그들은 자본주의 사회에서 사회복지는 구호제공은 부차적인 것이며 정치나 경제질서를 위해서 주로 존재하는 것이라고 주장한다. 즉 사회복지체계는 경제와 정치체계의 시녀이며 그것의 가장 주된 기능은 빈민을 통제하는 것이라고 주장하고 역사적인 자료를 통해 입증하고 있다. 그들은 사회복지는 사회가 정치적으로 불안할 때에는 새로운 사회복지프로그램을 시작하거나 사회복지급여를 늘여서 빈민을 통제하며, 정치적으로 안정된 시점에서는 사회복지서비스 제공의 규칙이나 규제를 강조함으로써 빈민을 노동시장

┃그림 2-1┃ 이데올로기와 복지를 받아들이는 정도

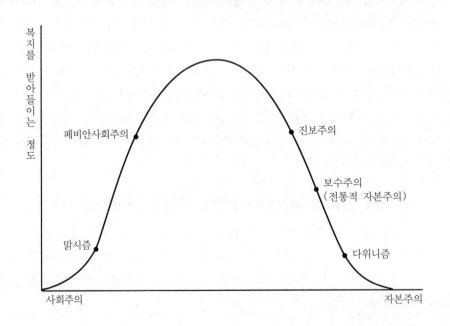

으로 끌어들이려 한다고 주장한다. 이와 같은 복지의 팽창과 수축과정을 통해서 관료들은 빈민들을 통제하고 사회를 안정시킨다는 주장을 편다.

　이데올로기에 따른 사회복지를 받아들이는 정도를 그래프로 나타내면 <그림 2-1>과 같다.

참 고 문 헌

김득주. 1986. 「이데올로기론」. 서울: 박영사.

김성이·김상균. 1994. 「사회과학과 사회복지」. 서울: 나남.

동아국어대사전. 1977.

박광준. 1990. 「페이비안사회주의와 복지국가의 형성」. 서울: 대학출판사.

박병현. 2011. 「사회복지정책론: 이론과 분석」. 파주: 학현사.

이준영·김제선. 2012. 「사회보장론: 원리와 실제」. 서울: 학지사.

Barker, Robert J. 1989. 「사회사업사전」. 중앙사회복지회 옮김. 서울: 이론과 실천.

Cole, G. D. H. and R. Postgate. 1971. *The Common People 1746-1946*. London: Methuen.

Dolgoff, Ralph and Donald Feldstein. 2000. *Understanding Social Welfare*(Fifth Edition). New York: Longman.

Ehrenreich, John H. 1985. *The Altruistic Imagination: A History of Social Work and Social Policy in the United States*. Ithaca: Cornell University Press.

Fromn, Erich. 1966. "The Psychological Aspects of the Guaranteed Income," in Robert Theobald(ed.). *The Guaranteed Income*. N.Y.: Doubleday.

Grimsley, Ronald. 1973. *The Philosophy of Rousseau*. Oxford, England: Oxford University Press.

Hobbes, Thomas, *Leviathan*. Michael Oakeshott(ed.). 1946. Oxford, England: Basil Blackwell.

Lee, Phil and Colin Raban. 1988. *Welfare Theory and Social Policy*. London: Sage.

Lorenz, Konrad. 1967. *On Aggression*. London: Methuen.

Piven, Frances Fox and Richard A. Cloward. 1971. *Regulating the Poor: The Functions of Public Welfare*. New York: Random House.

Polanyi, Karl. 1947. "Our Obsolete Market Mentality." Commentary 3.

Popple, Philip R. and Leslie Leighninger. 1996. 2002. *Social Work, Social Welfare and American Society*. Boston: Allyn and Bacon.

제3장
사회복지의 역사

1. 사회복지발달에 영향을 미치는 요인들

엑신과 레빈(Axinn and Levin, 1992: 5-7)은 사회복지의 발달에 영향을 미치는 요인으로 다음의 네 가지를 언급하고 있다.

1.1 경제수준

어떤 나라의 경제수준은 그 나라의 정책결정에 있어서 선택의 폭에 영향을 미친다. 경제가 발전하고 안정이 되면 정책선택의 폭이 넓어지고 경제가 발전하지 못하면 선택의 폭이 좁아진다. 또한 국민소득이 증가하면 불평등의 정도가 심해지는 경향이 있으며, 동시에 경제의 발전으로 부가 형성되면 심리적으로 어떤 수준의 소득의 재분배가 필요함을 느끼게 된다. 다음 절에 설명되는 수렴이론에서는 경제수준을 사회복지의 발전에 매우 중요한 요소로 보고 있다.

1.2 사회 자체에 대한 관점, 즉 사회가 효율적으로 운영이 되고 있는가에 대한 관점

사회가 효율적으로 잘 운영되고 있고 사람들이 그 사회체계 내에서 잘 살아가고 있다고 믿어지면, 대다수의 사람들은 빈곤을 개인적인 성격의 결함에서 비롯된 것으로 생각하게 되고, 빈곤문제를 해결하기 위한 방법으로 잔여적이며 치료적인 방법이 동원된다. 뿐만 아니라 사회복지정책의 여러 가지 면들 － 서비스 수혜 자격요건, 제공범위, 전달방법 － 이 엄격해진다. 반대로 사회가 효율적으로 잘 운영되고 있지 않다고 여겨지면 제도의 근본적인 변화가 요구된다. 예를 들면 경제적으로 침체기이거나 사회적으로 혼란한 시기에는 빈곤문제의 원인을 개인에게서 찾지 않고 사회 및 경제체계의 모순이나 국가정책의 모순에서 찾게 되어 사회복지가 발전할 수 있는 계기가 된다.

1.3 인간의 본성에 대한 관점

인간의 본성을 어떻게 보느냐 하는 것은 사회복지의 발전에 많은 영향을 미친다. 만일 인간이란 본래 게으르고 성취의욕이 없고 심지어 악한 존재라고 믿어진다면 사회복지제도는 발전하지 못한다. 그래서 19세기의 자유주의사상과 다위니즘을 사상배경으로 했던 자선조직협회는 인간의 본성을 게으르고 성취의욕이 없는 존재로 보고 빈곤의 원인을 개인의 성격적인 결함에서 찾으며 개인의 성격개조를 위한 프로그램들을 발전시켰으며 사회보장제도의 도입에 반대했다. 1980년대의 신보수주의도 인간의 본성을 근본적으로 게으른 존재로 보았기 때문에 일을 강조하는 '근로연계복지'(workfare)를 강조하였다. 이와는 반대로 인간의 본성을 근본적으로 부지런하며 선한 존재라고 보게 되면 사회복지제도는 발전하게 된다. 이런 경우에는 빈곤의 원인을 개인의 성격적인 결함보다는 사회구조나 경제구조에서 찾게 된다.

1.4 역사적 유산

그 나라의 역사적 또는 문화적 유산 또한 사회복지제도의 발달에 영향을 미친다고 할 수 있다. 각각 다른 사회의 사람들은 그들이 살아가는 방법, 기본적 태도, 가치, 전통, 종교, 관습 등이 서로 다르다. 어떤 사회의 구성원들이 갖는 가치, 태도, 또는 오래 전부터 지녀온 관습이나 전통 등은 그 사회에 있어서의 인간자체에 대한 개념, 인간생활에 대한 국가나 정부의 역할 및 범위 등에 많은 영향을 미친다. 또는 어떤 사회를 오랫동안 지배해 왔던 신념이나 가치는 자원개발, 권리분배 등의 과정을 제한하는 중요한 개입변수로도 작용할 수 있다. 예를 들면 개인주의, 자기이윤의 추구 및 경쟁을 강조하는 사회는 생활상의 불평등을 인간생활의 자연스러운 자연질서의 결과로 보게 되어 구조화된 불평등을 당연한 것으로 여기며 그대로 보존하려는 경향이 있다. 반면에 집단적 가치와 협력을 강조하는 사회는 모든 사회구성원들의 평등을 보장하는 사회복지제도의 발달을 조장한다. 그러므로 이러한 전통적 가치나 문화적 배경이 각 사회의 사회복지제도의 발달을 설명할 수 있는 중요한 변수가 될 수 있다. 산업화와 그에 따른 경제발전, 사회변화 등이 사회복지서비스 출현의 가능성을 창조한다면 그러한 요구와 가능성에 구체적인 형상을 부여하는 것은 그 사회의 역사적 유산 혹은 문화일 수 있다. 이러한 역사적 유산, 문화 또는 가치는 어떤 사회의 사회복지발달을 조장하는 역할을 하기도 하고 또는 사회복지제도발달을 억제하는 역할을 하기도 한다.

2. 사회복지발달이론

2.1 사회양심이론

사회양심이론(Social Conscience Theory)은 사회복지의 발달을 어떤 인구집단(주로 중상류층)의 집단적인 사회양심의 축적이라는 맥락에서 이해하여야 한다고 본다. 이 이론의 주창자들은 인간이란 이타주의적 본능을 가지고 있어 본능적으로 자기 자녀들을 보호하고 싶어할 뿐만 아니라 친척, 이웃, 친구들도 보호하고 싶어한다고 믿고 있다. 그래서 사회양심이론을 주장하는 사람들은 정부가 사회복지프로그램들을 도입하고 확장하는 이유를 현대국가는 시민들에게 인도주의적 가치를 구현하려 하기 때문이라고 주장한다. 또한 사회양심이론을 주장하는 사람들은 역사적으로 모든 사회는 이타주의적이 되려고 하는 강한 욕구를 느껴왔다고 주장한다.

사회양심이론 주창자들은 사람들의 인도주의에 대한 충동이 과거에는 가족책임, 지역사회에 근거를 둔 상호주의문화, 제도화된 자선 등에 의해 전해지고 있다고 주장한다. 그들은 고대 유태교, 그리스, 로마, 초기 기독교 등에서 욕구가 있는 사람들을 보호하는 인도주의가 구현되어 왔다고 주장한다.

최근의 사회양심이론은 1950년대 영국 사회정책학의 통설로서 애용되었는데, 1952년에 출판된 홀(Hall, 1952)의 「현대 영국의 사회서비스」(The Social Services of Modern England)에 잘 묘사되어 있다. 홀은 이 책에서 보건서비스와 소득보장 프로그램, 주택과 도시계획, 그리고 아동과 청년들을 위한 사회서비스에 관하여 기술하면서, 사회복지란 다른 사람들의 불행을 도우려는 사회양심의 발로에서 비롯된 것이라고 주장하였다. 즉 욕구가 있는 사람들의 문제들을 개선시키기 위한 사회에서의 합의가 정부에서 조직적으로 제공하는 복지수준의 향상을 가져왔다고 주장한다. 이러한 접근방법에서 복지국가는 인간의 본성이나 가치에 비추어 본다면 당연한 귀결이라고 할 수 있다.

사회양심이론은 사회복지제도나 사회정책의 누적적(累積的, cumulative), 철회(역행)할 수 없는(irreversible), 그리고 긍정적(positive)인 발달모형을 취한다. 이 이론에서는 사회질서에 있어서 도덕성을 최우선의 신념으로 한다. 19세기 정부의 사회복지개입의 수준이 비교적 낮았던 것은 사회문제의 원인과 그 심각성의 정도에 대해 대부분 몰랐기 때문이며, 1940년대 이후 사회복지가 발전하기 시작한 원인은 사회문제에 대해 사람들이 인식하기 시작했고 사회문제들을 해결해야 한다는 도덕적 확신이 있었기 때문이었다. 예를 들면 루프(Roof, 1972: 24)는 정부가 빈곤문제에 개입하도록 하는 것에 사회적 압력이 없었던 것은 빈곤의 정도나 성격에 대한 정보의 부족 때문이었다고 주장하며, 마샬(Marshall, 1975: 41-52)도 19세기 말엽 정부나 사회의 빈곤에 대한 인식은 무지의 소치라고 주장한다.

이러한 사회양심이론에서 볼 때 20세기 초반 사회복지의 발달은 도덕적 합의에 대한 정부의 반응이었다. 즉 정부나 국가에 의해 사회복지제도나 사회정책이 도입되는 과정은 신비한 과정이기는 하지만 사회계층간 또는 사회집단간의 이해(利害)의 갈등에서 비롯되는 것이 아니라 정부가 주도하는 사회복지의 필요성에 대해 합의가 이루어지는 과정에서 자연스럽게 행하여지는 과정이라는 것이다. 그러므로 사회복지는 사회적 이타주의(social altruism)의 여파가 제도화된 것이라고 할 수 있다. 사회복지는 사람들의 이러한 이타심이 발현된 것이며 정부는 이를 위해 재정을 지원한다.

베이커(Baker, 1979: 173)는 사회양심이론의 내용을 다음과 같이 다섯 가지로 요약하고 있다. 첫째, 사회복지란 인간이면 누구나 가지고 있는 타인에 대한 사랑을 국가를 통해 실현하는 것이다. 둘째, 사회복지는 사회적 의무감의 확대와 욕구에 대한 국민들의 지식향상이라는 두 요인에 의해 변화된다. 셋째, 변화는 누적적이며 사회복지는 균일하게 변화하지는 않지만 계속 발전한다. 넷째, 개선은 불가피하

며 현행 서비스는 지금까지의 것 중 최선의 것이다. 다섯째, 역사적으로 볼 때 현행
서비스가 완전한 것은 아닐지라도 사회복지의 주된 문제는 이미 해결되었고 사회는
안정기반 위에 구축되어 있기 때문에 지속적 발전을 기대할 수 있다.

그러나 사회양심이론은 다음과 같이 비판을 받고 있다. 첫째, 만일 사회복지제
도나 정책이 사회양심이론가들이 주장하는대로 본질적으로 인간이 지니고 있는 가
치의 표현이라면 모든 사회에서 이와 똑같은 가치의 표현을 볼 수 있어야 하지만
그렇지 못하다는 것이다. 둘째, 사회복지의 자비적 특성을 너무 강조한 나머지 국가
의 역할에 관해 왜곡된 견해를 갖게 하여 사회복지 발전과정의 정확한 이해를 방해
하고 있다. 셋째, 특정의 문제가 특정의 시기에 문제로 인식되어 해결의 시도를 받
게 되는 사회적 맥락에 관한 설명이 불가능한 것과 같이 사회복지의 형성 및 변화
에 미치는 압력 및 영향에 관한 분석이 너무 협소하다는 점이다(Higgins, 1981:
29-32).

2.2 수렴이론: 산업화 논리와 이데올로기의 종말

앞의 사회양심이론이 인도주의 사상에 기초한 이타주의와 사회적 책임성의 맥
락에서 사회복지제도의 발달을 설명한다면 수렴이론은 산업화의 맥락에서 사회복
지제도의 발달을 설명한다고 할 수 있다. 수렴이론은 현대사회를 이해하기 위한 중
요 변수로서 산업화와 경제발전을 들고 있기 때문에 흔히 '산업화 논리'(logic of
industrialization)라고도 불린다. 수렴이론은 경제적인 면과 사회적인 면만을 강조
하며 이데올로기적 갈등은 전혀 강조하지 않기 때문에 이데올로기의 종말론과도 맥
락을 같이 한다. 즉 수렴이론에서는 산업사회의 사회구조를 결정짓는 열쇠는 사람
들의 합의, 이데올로기, 계급간의 갈등, 또는 문화가 아니라, 기술 즉 산업화이며 어
느 수준의 산업화를 이룬 나라들의 사회제도들은 어느 한 점으로 수렴되어 비슷하
다고 주장한다.[1)]

---

1) 수렴이론은 커(Kerr)가 던롭(Dunlop), 하비슨(Harbison) 및 마이어스(Myers)와 함께 1962년에
   출간한 「산업화와 산업인간」(Industrialism and Industrial Man)에서 그 내용을 알 수 있으며, 던
   닝과 호퍼(Dunning and Hopper), 미국의 저명한 경제학자 케네스 갈브레이드(Kenneth Galbraith,
   1972) 등의 저서에서도 수렴이론을 접할 수 있다. 그리고 사회학이론인 수렴이론을 사회복지분야
   에 가장 잘 적용한 저서는 1958년에 출판되었다가 1965년에 보완되어 출판된 윌렌스키(Wilensky)
   와 르보(Lebeaux)의 「산업사회와 사회복지」(Industrial Society and Social Welfare)라고 할 수
   있다.

수렴이론의 측면에서 사회복지의 발달을 설명하면 다음과 같다(Sullivan, 1987: 78-80).

첫째, 산업화되기 이전의 농경사회는 그 속성상 대규모의 실업이 발생하지 않으며, 은퇴의 개념이 존재하지 않아 노령기가 되어도 소득중단이 발생하지 않는다. 산업이 발전하지 않았기 때문에 산업재해도 발생하지 않으며, 아동들도 생산활동에 참여하였기 때문에 아동을 위한 사회복지제도도 필요하지 않았다. 따라서 산업화되기 이전의 농경사회는 국가가 나서 사회복지제도로 문제를 해결하기보다는 대부분 가족, 친척, 이웃 등에 의한 비공식적 연결망을 통해 문제가 해결되었다. 그러나 사회가 산업화되면 농경사회의 비교적 단순교환관계가 보다 복잡한 산업경제로 대치된다. 산업국가는 그때까지는 존재하지 않았던 방법으로 경제관계를 조정하는 역할을 하게 된다. 산업화가 되면 자영업자, 농민 등이 산업노동자로 대치되어 봉급을 위한 고용이 노동자와 사용자 사이의 경제교환관계의 주종을 이루게 된다. 이러한 산업봉급노동자로의 노동세력의 변환은 일을 하고 있는 사람과 일을 하고 있지 않는 사람간의 차이점을 보다 분명히 하게 되어 질병이나 실업으로 인한 소득의 단절문제는 매우 심각하게 된다. 즉 산업화는 노동인구의 속성을 변화시켜 대규모의 피고용층을 발생시켜 노동력을 팔아야만 생계를 유지할 수 있는[2] 사람들의 숫자를 크게 증가시킨다. 피고용자로서 이러한 사람들의 소득이 질병, 노령, 실업, 산업재해 등으로 중단될 때 그들의 삶은 위협받게 되어 이들의 소득을 제도적으로 보장하기 위한 소득보장 프로그램이 도입된다.

둘째, 산업사회는 보다 높은 수준의 사회해체현상을 가져온다. 이러한 사회해체현상은 산업화 초기단계에서 특히 분명하게 드러나는데 도시화 등으로 인해 노동자들은 가족, 친족, 교회 등 그들의 전통적인 비공식적 원조망(informal support networks)으로부터 멀어지게 된다. 비공식적인 전통적 원조망이 제대로 역할을 하

---

2) 이것을 노동력의 상품화(commodification)라고 부른다. 이에 반해 노동력의 탈상품화(decommodification)는 개인이 노동시장에서 이탈되었을 때 공공 사회보장제도를 통해 가능한 한 높은 수준의 소득대체율을 보장해 줌으로써 시장에 대한 의존성을 약화시키는 것을 의미한다. 즉 사회보장제도를 통해 소비능력을 사회적으로 보장하고 개인의 노동력에 대한 의존성을 약화시킴으로써 시장에 대한 임금노동자의 의존성을 약화시키는 것이다. 스웨덴의 사회과학자 에스핑 앤더슨(Esping-Andersen, 1990)은 '노동력의 탈상품화' 개념을 사용하여 탈상품화의 효과가 가장 최소화된 국가를 자유주의적 복지국가로, 노동력의 상품화 문제를 중요시 하지 않는 국가를 보수적인 조합주의적 복지국가, 노동력의 탈상품화의 정도가 매우 높은 국가를 사회민주적 복지국가로 분류하였다. 보다 자세한 내용은 박병현, 「복지국가의 비교: 영국, 미국, 스웨덴, 독일의 사회복지역사와 변천」(서울: 공동체, 2005), pp. 29-32를 참조하기 바란다.

지 못하게 됨으로 인해 이것을 대체하는 공식적인 사회복지제도가 도입되는 것이다.

셋째, 산업화는 여성의 사회참여를 증가시켰다. 전통사회에서 여성들의 주요 역할은 아동양육이나 노인보호였다. 그러나 여성의 사회참여의 증가로 인해 전통적인 여성의 역할을 대신할 제도의 필요성이 증가하여 주간보호(day care) 등과 같은 사회복지제도가 발달하게 된다.

월렌스키와 르보(Wilensky and Lebeaux)는 그들의 탁월한 저서인 「산업사회와 사회복지」(Industrial Society and Social Welfare)에서 수렴이론을 근거로 미국의 사회복지제도발달을 탐구하였다. 그들에 의하면 미국에서 초기단계의 산업화는 가족구조의 변화에 영향을 미쳤으며, 사회해체현상으로 인해 노인들이 혼자 남게 되었고, 이혼율이 높아지고, 경제적인 지지(support)구조에 변화를 일으키는 등의 사회현상들로 인해 사회복지제도가 발생하였다고 주장한다. 또한 후기단계의 산업화가 산업적으로 분업화를 초래하여 지역간의 이동을 심화시키고 이러한 사회현상 또한 사회복지의 발달을 조장하였다고 주장하고 있다.

경제학자이면서 사회복지역사연구에 탁월한 업적을 남긴 림링거(Rimlinger, 1971)도 유럽과 미국의 사회복지의 발달을 산업화의 맥락에서 분석하였다. 플로라와 알버(Flora and Alber, 1984: 58)도 사회복지 발달의 요인으로서 사회·경제적 발달을 들고 있는데, 특히 산업화 수준, 즉 제2차 산업에 종사하는 노동력의 비율을 들면서 산업화와 그에 따른 경제성장은 복지비 지출을 가능하게 한다고 보았다. 커트롸이트(Cutright, 1965), 아론(Aaron, 1967), 프라이어(Pryor, 1968), 월렌스키(Wilensky, 1975) 등도 산업화로 인한 경제성장이 사회보장제도의 발달에 기여하였다고 기술하고 있다.

그러므로 수렴이론의 관점에서 본 사회복지제도의 발달은 산업화의 기능적인 부산물이라고 할 수 있다. 이 이론에 의하면 일단 산업화가 시작되면 사회복지제도의 도입은 거의 필연적이라고 할 수 있을 뿐만 아니라 정부는 단순히 산업화의 논리에 따라야 되는 것이며, 기술이 발전하면 발전할수록 사회복지는 발전하게 되는 것이라고 주장한다. 수렴이론에 근거한 사회복지제도의 발달과정을 그림으로 나타내면 <그림 3-1>과 같다.

그러나 사회학적 정설로 알려져 있는 수렴이론을 사회복지의 발달에 적용하는 것에 대한 비판도 많다. 그 대표적인 것은 수렴이론은 경제적으로 부강한 국가와 가난한 국가 사이의 사회복지발달의 차이는 설명할 수 있지만, 이미 경제적으로 부강

┃그림 3-1┃ 수렴이론에 근거한 사회복지의 발달

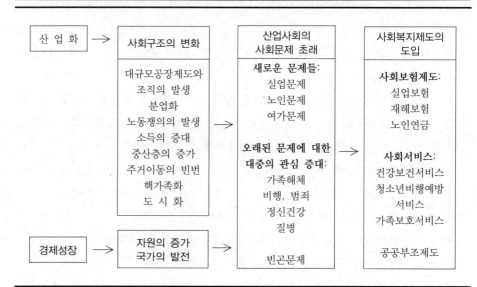

자료: H. Wilensky and C. N. Lebeaux, *Industrial Society and Social Welfare*(New York: The Free Press, 1965), p. 230의 그림을 변형하였음.

한 국가간의 사회복지의 수준차이는 설명하지 못한다는 것이다. 실증적인 연구를 통해 수렴이론을 비판한 연구도 있다. 예를 들면 콜리어와 메식(Collier and Messick, 1975)은 산업화나 경제성장은 사회복지제도 도입에 필요한 조건이기는 하지만, 산업화가 어느 특정 수준에 이르렀을 때 대부분의 국가들이 사회복지제도를 도입하는 것은 아니라고 주장하면서 수렴이론을 부정하였다. 그들은 59개국의 사회보험제도의 최초의 도입시기와 농업에 종사하는 인구비율, 산업에 종사하는 인구비율, 그리고 1인당 국민소득을 지표로 한 산업화 수준과의 관계를 연구하였는데, 사회보험제도는 산업화가 어느 수준 이상 진전되고 난 뒤 도입되어 산업화가 사회복지제도의 필요조건은 되지만, 어느 특정의 산업화 수준에서 대부분의 국가들이 사회보험제도를 처음으로 도입하는 것이 아니라 매우 다양한 산업화 수준에서 도입하기 때문에 수렴이론은 근거가 미약하다고 주장했다. 오히려 그들은 사회복지제도의 발전은 수렴이론에 근거하기보다는 후진국이 선진국의 사회복지제도를 모방하거나 인접국가의 사회복지제도를 모방하여 발전한다는 다음 절에 언급되는 확산이론(diffusion theory)을 주장하였다. 오코너(O'Connor, 1988)는 OECD에 가입한 나라들을 대상으로 연구하여 수렴이론을 뒷받침할 증거는 별로 없으며 매우 제한된 기간에만 수렴이론이 받아들여진다고 주장하였다.

우리나라의 경우도 수렴이론을 직용하여 사회복지발달을 설명하기에는 한계가 있다. 만일 산업화 논리가 우리나라에 적용되려면 산업화의 진전에 따라 점진적으로 사회복지가 발달되었어야 하나 그렇지 않다. 우리나라는 1960년 이후 지속적으로 산업화, 도시화되었으나 1986년까지는 사회복지가 발전하지 못했으며 사회복지가 획기적으로 발달한 기간은 1987년에서 1990년에 이르는 기간과 1998년 경제위기 이후이다.

2.3 시민권 이론

시민권 이론은 사회복지는 공민권(civil right), 정치권(political right), 사회권(social right) 순서로 시민적 권리가 발전하면서 사회권이 확보될 즈음에 사회복지가 가장 확대되고 발전한다는 것이다. 시민권 이론은 마샬(Marshall, 1950)의 저서인 「시민권과 사회계급」(Citizenship and Social Class)에서 논의된 복지국가에 관한 공리주의적 개념에서 출발한다. 마샬은 그의 저서에서 복지국가의 정치적 차원을 설명했다. 마샬은 산업사회가 발달하면서 사람과 지역사회와의 유대가 변했다고 주장했다. 산업사회 이전의 전통사회에서는 인간관계는 신분제에 바탕을 두고 있었기 때문에 사회에서의 사람의 위치는 출생하면서 결정되며 이러한 위치는 세월이 지나가도 변하지 않았다. 그러나 사회이동과 현대사회의 급격한 변화는 다른 형태의 사회적 연대감을 요구했고, 시민권이 권리가 부여되고 관습법에 의해 보호받는 자유인에 바탕을 두는 지역사회 구성원이 되는 자격(membership)을 제공했다. 마샬이 말하는 세 가지 권리 중 공민권은 18세기에 보다 많은 사람들에게 주어졌고, 19세기에는 정치권이 보다 많은 사람들에게 주어졌으며, 그리고 사회권은 제2차 세계대전의 종결과 함께 확보되었다고 할 수 있다.

공민권은 임의체포로부터의 자유, 언론, 사상, 신앙의 자유, 사유재산제도 및 타당한 계약체결의 권리, 법 앞의 평등권을 의미한다. 그러나 공민권은 '무엇을 하기 위한 자유'(freedom to)라는 적극적 의미보다는 '무엇으로부터의 자유'(freedom from)라는 소극적 의미로 해석되었다. 따라서 평등은 단지 사법적 관점에서 요컨대 '자연적 자유'(natural freedom)에 대한 '평등한 권리'(equal right)라는 의미로 해석되었다. 이는 '조건의 평등'이나 '결과의 평등'보다는 '기회의 평등'에 더 가치를 두는 것이다. 기회의 평등이란, 각 개인은 자신의 소질과 능력을 자유롭게 계발할 평등한 권리와 기회를 가질 뿐만 아니라 동일한 업적에 대해서는 동일한 보상이 주어지는 것을 의미한다. 이는 궁극적으로 시장의 원리에 제1의 가치를 부여하는 것이며, 국가는 그러한 시장의 기능이 순조롭게 작동하지 못할 때 즉 빈곤, 질병 등의 문제로 인해 사회질서가 혼란되고 시장의 역할을 저해할 때만 개입하는 야경국가의 특성을 갖는다. 이러한 사회에서는 평등은 불평등의 제거보다는 그것을 전제로 하여 수정함으로써 획득된다(김형식, 1995: 80). 이러한 점에서 공민권만 보장되는 사회에서는 사회복지는 매우 제한적이며 잔여적인 성격을 지닌다고 할 수 있다.

정치권이란 정치제도에의 참정권을 의미한다. 마샬은 정치권은 분배에 있어서 불완전하다고 했다. 1832년의 선거법 개혁의 통과 이후에도 유권자는 여전히 성인 남자인구의 1/5에 불과했다. 투표권은 여전히 집단독재 상태에 있었다. 그러나 이러한 정치권의 제한은 노동자들의 정치투쟁과 중산계급 개혁가들의 도움으로 철폐된다.

발달과정 차원에서 본다면 완전한 시민권의 실현은 시민권 중 사회권을 달성함으로써 도달될 수 있다. 사회권은 적정수준의 경제적 복지 및 보장으로부터 사회적 유산을 충분히 공유하고, 사회의 보편적 기준에 따라 문명화된 삶을 영위할 수 있는 권리에 이르기까지 전 범위의 권리를 의미한다. 마샬은 사회권과 가장 밀접한 제도로 교육 및 사회복지를 들고 있으며, 사회복지의 원천은 공동체에 대한 멤버십과 공동체 성원간의 기능적 유대라고 보고 있다(Marshall, 1950: 74, 81). 이러한 사회권은 19세기말부터 20세기에 이르기까지 다양한 사회복지정책과 제도들을 통해서 실현되고 있다. 따라서 사회권은 '복지권'으로도 해석이 가능하다. 사실상 다렌돌프(Dahrendorf, 1969)는 사회권 속에 사회보장과 의료보장을 포함시키고 있다. 시민권은 마샬이 높이 평가하면서도 명백한 약점을 갖는다고 평했던 구빈법으로부터 시작하여, 폴라니(Polanyi, 1944: 77-85)가 상당한 의미를 부여했던 스핀햄랜드제도에 이르기까지 다양한 법률과 제도 속에서 그 실체를 찾을 수 있다. 그러나 무엇보다도 가장 뚜렷한 실체를 갖고서 나타난 것은 제2차 세계대전 이후 베버리지 보고서로 알려진 「사회보험 및 관련서비스」(Social Insurance and Allied Services) 이다.

시민권 이론에 의하면 복지국가란 시민권의 세 가지 권리가 보장되고 시민이 자기의 가능성을 충분히 계발할 수 있는 기회를 보장받는 사회이다. 모든 사람들이 교육받을 권리가 있고, 적당한 주택을 공급받을 권리가 있고, 건강하게 살 권리가 있고, 국가로부터 보호받을 권리가 있다는 관점은 사회복지발달에 공헌했다. 특히 사회권의 보장은 공민권과 정치권을 향유하는 데 있어 필수적이나. 법 앞의 평등은 만일 어떤 사람이 교육을 별로 받지 못하고 기회가 박탈된다면 의미가 없다. 또한 사회권의 보장은 사회의 평등을 향상시킨다. 이것은 모든 사람이 소득이나 물질의 소유에서 평등하여야 한다는 것은 아니며, 기본적인 권리의 관점에서 평등하여야 한다는 것이다. 특히 마샬의 시민권 이론은 사회복지정책의 발달에 많은 공헌을 하였다.

그러나 재미있는 사실은 마샬 자신은 시민적 권리가 반드시 불평등을 제거하는 것은 아니라고 했다는 것이다. 마샬은 이러한 권리가 사회제도의 안정을 보장하기 위해 발달하기도 한다고 주장했다. 대표적인 예는 비스마르크가 1870년대와 1880년대에 독일 노동자들에 사회권을 제공한 것인데, 비스마르크 행정부의 사회입법은 완전한 공민권과 정치권을 요구하는 사회주의자들의 세력을 약화시키기 위한 목표가 있었다(Gilbert and Terrel, 1998: 35).

2.4 정치결정이론

사회복지제도발달의 원인을 설명하는 사회양심이론이나 수렴이론은 정치적인 변수를 도외시하는 경향이 있다. 그러나 1970년대 중반부터 많은 역사학자나 사회과학자들은 사회복지제도를 형성하는 데 영향을 미치는 정치적인 요인의 중요성(politics does matter)을 분석하여 왔다. 사회복지의 발달에 영향을 미치는 정치적인 요인은 두 가지 종류로 설명될 수 있다. 첫 번째는 복지자본주의(welfare capitalism)의 결과이며 두 번째는 노동자와 자본가 사이의 정치적 계급투쟁(political class struggles)이다.

복지자본주의 접근방법에서는 서구사회에서 자본가계급이 정치과정을 지배하여 왔으며, 사회복지제도는 고용을 안정시키고 자본가에게 충성하는 노동자들을 보호하기 위한 조직경영원칙을 개발하는 과정 중에 출현했다고 주장한다. 이러한 목적을 달성하기 위해서 영향력 있는 자본가들은 정부가 사회복지제도를 도입하도록 압력을 가했으며 그 결과로 여러 가지 형태의 사회보험제도가 출현하였다는 것이다. 달리 얘기하면 자본가들이 인도주의적인 감정에서 사회복지제도의 도입을 주장한 것이 아니라 자본가계층의 이익을 위해 사회복지제도의 도입을 주장하였다는 것이다.

두 번째의 정치적 계급투쟁 접근방법은 자본가들은 근본적으로 사회복지의 출현이나 팽창을 반대한다는 것을 가정하고 시작한다. 이 접근방법은 최근의 유럽과 미국의 사회복지제도의 발달에 대한 국가간의 비교연구의 주류를 이루고 있다. 이 접근방법에서는 미국에서 사회복지제도의 발달이 유럽보다 늦은 이유를 상대적으로 약한 미국 노동자들의 조합운동과 노동자계급을 바탕으로 하는 정당의 부재를 들고 있다. 다시 말하면, 노동자계층의 조직력이 느슨한 상황에서 미국의 자본가들은 민간기업들의 이윤을 감소시키거나 노동자들을 재결속시킬 수 있는 사회복지의 도입을 정부가 추진하지 못하도록 직접적으로 혹은 간접적으로 압력을 가하였다는 것이다. 그러므로 만일 미국이 스웨덴같이 노동자들의 결속력이 강하였다거나 미국의 민주당이 보다 더 노동자들의 지지를 바탕으로 하는 정당이었다면 미국도 유럽의 국가들처럼 사회복지의 수준이 높아졌을 것이라고 주장한다.

정치결정이론을 입증하는 실증적인 연구도 많이 있다. 케슬즈과 맥킨리(Castles and McKinlay, 1979)는 16개국의 우익정당을 지지하는 투표율과 좌익정당을 지지하는 투표율이 사회복지에 미치는 영향을 분석하면서 우익정당을 지지하는 유권자들이 많으면 많을수록 사회복지의 수준은 낮아진다고 주장하고 있다. 그들은 더 나아가 스칸디나비아반도의 국가들의 사회복지수준이 높은 이유를 전통적으로 강한 노동계급의 운동에서 찾고 있다.

알버(Alber, 1983)는 1949년부터 1977년까지의 13개 서구국가들의 사회보장지출과 정치적 구조를 비교했다. 알버에 의하면 좌파 내각을 가진 국가들이 사회주의 성향의 정당이나 좌파연합세력이 없는 내각을 지닌 국가들에 비해 사회보장비 지출이 현저하게 높았다는 연구결과를 제시하고 있다. 이러한 연구결과는 복지국가의 발달은 좌파성향의 정당들을 위한 노동자 계층의 동원과 밀접하게 관계된다는 '계층동원'(class mobilization) 이론으로 기술되기도 한다.

케슬즈(Castles, 1982)도 1960년대와 1970년대의 18개 OECD 국가들의 교육, 소득보장 및 건강보호를 위한 사회지출과 정치적 변수들과의 관계를 연구하였는데, 어떤 성향의 정당이 집권하느냐 하는 점이 사회복지비 지출 형태에 결정적인 영향을 미친다고 하였다. 즉 우익 성향의 정당이 집권하게 되면 사회복지비 지출에 부정적인 영향을 미치며, 사회민주당이 집권하면 사회복지비 지출이 늘어난다고 했다. 이러한 관점은 1980년대의 신보수주의 정당이 집권하면서 사회복지 감축이 늘어나는 현상과 맥락을 같이 한다고 할 수 있다.

에스핑 엔더센(Esping-Andersen, 1990)도 18개 OEEC 국가들을 대상으로 연구한 결과 사회복지시스템의 접근성(accessiblity), 대상사 범위 및 재분배 효과는 집권당 형태와 밀접한 관련이 있다고 했다. 특히 에스핑 엔더센은 탈상품화(de-commodification)와 관련지어 연구하였는데, 탈상품화 점수는 경제성장과는 별로 관련이 없었으며, 대상 국가들의 집권당의 이데올로기적 성격과 관련이 있다고 밝히고 있다.

2.5 사회통제이론

원래 사회통제의 개념은 타인에 의한 통제라는 부정적인 의미를 지닌 것이 아니었고, 도움을 필요로 하는 사람들이나 곤궁에 처해 있는 사람들이 사회질서 내에서 원활히 기능할 수 있도록 하는 여러 조치들을 의미하는 것이었다(Leiby, 1983: 4). 사회학 초기부터 사용되었던 사회통제 관점의 본래 의미는 바람직한 원칙이나 가치에 따라서 스스로 규제하는 사회의 능력을 의미했으며 이때까지만 해도 사회적 순응을 위한 사회화나 압력의 의미는 없었다.

그러나 이와 같은 포괄적인 의미를 지닌 사회통제 관점이 점차 한정적인 의미로 변화하게 되었다. 이런 의미의 협소화 징후는 1940년대에 오면서 일단의 심리사회학자들이 사회통제를 순응을 위한 사회화의 과정으로 간주하게 되면서부터였다(이인재 외, 1999: 268). 이러한 전통적인 사회통제 개념의 의미변화를 야노비치(Janowitz, 1976)는 사회학적 사고 변화의 역사에 따른 자연스런 결과로 설명하고 있다.

사회통제이론에서는 사회복지는 산업화, 도시화, 경제성장, 시민권 의식의 확장 등의 경제·사회적 진보(progress)에 의해서 발달되었다기보다는 정치적·경제적·사회적 불안에 대응해서 사회복지가 발달하였다가 이러한 불안이 해소되면 사회복지는 축소되거나 침체된다고 본다.[3]

사회통제 관점에서는 세 가지 측면에서 사회복지정책의 발달을 분석한다. 첫째, 사회통제이론은 사회복지정책의 발달에 있어서 인도주의와 이타주의의 역할에 이의

---

3) 사회복지의 발달을 진보의 관점에서 볼 것인지 사회통제의 관점에서 볼 것인지에 대한 논의는 Rochefort (1981)과 Schram과 Turbett(1983)을 참조하면 된다.

를 제기하면서 사회복지정책의 잠재적 기능에 유의한다. 피어스(Peirce, 1974: 40-47)는 사회서비스의 '현재적'(manifest) 기능과 '잠재적'(latent) 기능을 구분하였다. 현재적 기능은 상처받기 쉬운 사람들을 보호하는 것과 소득재분배 등과 같이 겉으로 드러난 기능이며, 잠재적 기능은 사회복지정책이 의존자, 빈민, 환자 등 도움이 필요한 사람들이 제자리(in their place)에 머무르도록 하는 기능이다. 즉 사회복지의 발달은 인도주주의의 발로라기보다는 사회통제라는 보이지 않는 잠재적 기능의 발로라는 것이다.

둘째, 사회통제 관점에서는 집권층이나 기득권층이 경제적 불황이나 정치적인 불안정으로 인한 무질서를 안정시키기 위한 방편으로 사회복지정책을 활용한다고 본다. 피븐과 클로워드(Piven and Cloward, 1971, 1993)는 그들의 저서 「빈민규제」(Regulating the Poor)에서 왜 복지가 팽창과 수축을 반복하는지를 사회통제이론으로 설명했다. 그들은 정부가 제공하는 구호(relief)는 경제와 정치질서를 위한 것이며, 따라서 구호는 정치와 경제제도의 부차적이고 종속적인 제도라고 설명했다. 역사적으로 보면 구호는 대규모 실업으로 인한 무질서나 소요가 있을 조짐이 보이면 도입되거나 팽창되었다가 정치적 안정을 되찾으면 구호는 철회되거나 축소된다고 보았다. 즉 구호정책의 팽창은 무질서를 약화시키면서 노동규범을 강화하기 위한 것으로 보았다(p.xv). 정치적 무질서가 분출할 때 정부는 정부가 제공하거나 정부가 보조하는 직업에서 빈민들이 일하는 조건으로 빈민들에게 사회복지급여를 제공한다. 한번 정부에 의해 고용되면 빈민들은 정부에 의존적이 되며 그로 인해 정부에 복종하게 되며 무질서는 급격하게 가라앉는다. 그리고 난 다음 평화가 다시 도래하면 정부는 복지프로그램의 범위를 축소하고 빈민들을 복지급여명부에서 제외시키며 노동에 종사할 것을 강요한다. 즉 사회복지는 정치적 불안정기에 팽창했다가 불안이 사라지면 축소되는 사이클을 반복한다고 보았다(p.3).

셋째, 사회통제 관점에서는 사회복지정책수립에 있어서 노동윤리가 강조된다고 본다. 사회통제 관점에서는 노동을 공공사회복지프로그램의 필수요소로 본다. 복지제도는 무질서를 다루기 위한 것인데, 단순히 빈민들에게 원조를 제공하는 것이 아니라 빈민들이 어떤 방법으로 행동해야 한다는 조건으로 제공하는데, 이 조건 중에서 가장 중요한 것은 빈민은 일을 해야 한다는 것이다(Piven and Cloward, 1971: 22). 이 관점에서는 사회복지대상자들에 대한 단순한 원조제공은 무질서를 중단시키지 못하며 오히려 악화시킬 수도 있다고 보면서 단순한 원조제공보다는 노동구호

가 필요하다고 보았다. 또한 사회복지대상자들에 대한 단순한 현금지급보다는 노동
구호가 필요한 이유를 무질서를 촉발시킨 계기는 경제적 곤궁 그 자체가 아니라 사
회통제의 약화 때문이라고 보았다. 그러므로 사회통제 관점에서는 어떤 사회에서든
지 '노동' 역할에 사람들이 충실하게 함으로써 사회질서는 유지된다고 보았다(p.7,
97).

  그러나 사회통제의 관점에서 본 사회복지정책을 비판하는 연구도 있다. 우익의
입장에서 마르크스주의 사회복지를 비판한 펨버톤(Pemberton, 1983: 300−303)
은 복지의 사회통제적 기능이 지배계급이 의도한 결과인지 의도하지 않은 결과인지
가 명확치 않을 뿐더러 의도한 결과라고 할 때 그 의도성을 증명할 수가 없다는 것
이다. 더 나아가 펨버톤은 복지제도가 복지의 주된 대상인 노동자, 빈민, 장애인 등
의 혁명의식을 약화 또는 무력화시킨다고 보고 있는데 이에 대한 설득력 있는 증거
역시 제공하지 못하고 있다고 비판하며, 실업자뿐만 아니라 노인, 장애인, 과부, 상
이군인 등도 복지대상인데 과연 이들도 위험한 계급인가라고 반문하고 있다.

  도덴호프(Dodenhoff, 1998)도 피븐과 클로워드의 연구는 1930년대와 1960
년대의 미국 연방정부의 복지비용의 7%에 지나지 않는 매우 작은 프로그램인 AFDC
프로그램만을 연구대상으로 삼았기 때문에 일반화에 문제가 있다고 비판했다. 또한
무질서를 안정시키기 위해 사회복지정책을 활용하기 때문에 무질서는 구호팽창의
필수조건이라는 피븐과 클로워드의 주장에 대해 도덴호프는 무질서가 매우 심했던
1930년대와 1960년대의 사회복지의 팽창은 이러한 주장을 뒷받침하고 있으나, 연
방정부의 사회복지프로그램이 증가했던 1970년대와 가장 최근의 사회복지팽창 시
기였던 1980년, 1983년, 1990년은 이러한 주장을 뒷받침하지 못하기 때문에 무질
서가 새로운 사회복지프로그램 도입의 필수조건은 되지 못한다고 주장했다. 또한
에이너(Aigner, 1982)도 그론베르그의 대중사회 관점을 지지하면서 피븐과 클로워
드의 사회통제이론은 재검토될 필요가 있다고 주장했다.

  우리나라에서는 함철호(1988), 최균(1988), 권문일(1989), 이명현(1992),
문순영(1993) 등이 사회통제의 관점에서 우리나라의 사회복지정책의 발달을 분석
한 적이 있다.

2.6 확산이론

확산이론(diffusion theory)은 사회복지정책이나 사회보장제도의 발달이 국가간의 의사소통이나 영향력을 주고받음에 따라 이루어진다는 것이다. 리스(Rys, 1964: 4)는 '둘러싸고 있는 국제환경에서 고립되어 지내거나 독립적으로 존재하는 현대국가는 없다. 그래서 어느 한 국가에 있어서 사회보험제도의 확립에 영향을 미치는 요소들에 관한 연구는 필연적으로 국제적 수준에서 고찰할 필요가 있다'고 지적하고 있다. 확산이론의 논리적 핵심은 사회정책이나 사회보장제도의 도입을 모방과정의 결과로 인식하며, 각 나라들은 '선구적인 복지국가의 노력들을 모방한다'는 것이다. 미즐리(Midgley, 1984)는 특히 제3세계 국가들이 선진국의 사회복지정책이나 사회보장제도를 모방하여 시행한다고 했다.

다른 나라들의 사회복지정책이나 제도를 모방하는 데 있어서 수정 없이 모방하는 경우도 있고, 직접적인 모방은 아니지만 어떤 나라의 기존 제도가 그것을 새로 도입하는 나라에 많은 영향을 미치는 경우도 있다. 첫번째의 수정 없이 그대로 모방한 예로는 프랑스와 벨기에의 연금제도 및 의료보험제도를 모방한 1898년의 이탈리아 노동자 연금제도와 의료보험제도와, 전반적 형태뿐만 아니라 기술적인 부분까지 독일의 것을 그대로 모방한 오스트리아의 첫번째 사회보험 프로그램이 있다. 직접적인 모방은 아니지만 어떤 나라가 사회복지제도를 도입하는 데 영향을 미친 예는 영국의 경우에서 볼 수 있는데, 1900년대 초반 영국의 사회보험제도 도입에 결정적인 영향을 미쳤던 로이드 죠지(Lloyd George)[4]는 독일과 벨기에의 사회보험제도를 모방했지만 상당 부분 수정하여 영국 사회보험제도를 만들었다. 또한 히긴스(Higgins, 1981)는 19세기 말엽의 미국의 인보관 운동은 영국의 인보관 운동을 모방하여 시행했다고 하였다.

확산에는 두 가지 종류의 유형이 있다. 첫번째는 위계적(hierarchical) 확산이며, 두 번째는 공간적(spatial) 확산이다. 위계적 확산은 기술혁신이나 새로운 제도가 선진국에서 후진국으로 확산되는 것을 말하며, 공간 확산은 어떤 국가에 새로운 제도가 도입되면 이웃 국가들이 그 제도를 모방하면서 확산되는 것을 말한다. 콜리어와 메식(Collier and Messick, 1975)은 사회보장제도는 위계적으로 확산되

---

4) 로이드 죠지는 1908년 독일의 건강보험을 연구하기 위해 독일을 방문했다.

｜그림 3-2 ｜ 59개국의 농업종사인구 비율로 본 최초의 사회보장제도 도입년도(위계적 확산)

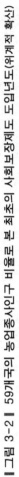
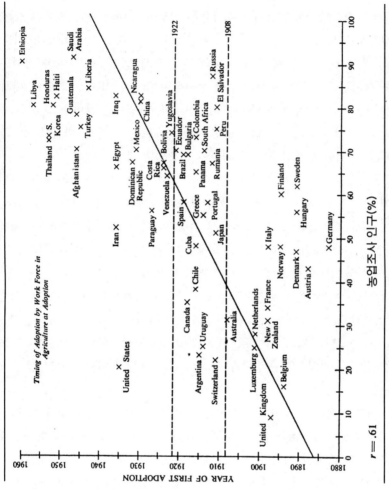

r = .61

농업종사 인구(%)

자료: David Collier and Richard E. Messick, "Prerequisites Versus Diffusion: Testing Alternative Explanations of Social Security Adoption." *The American Political Science Review*, Vol. 69, 1975, p. 1309.

는 경우도 있지만 동시에 공간적으로도 확산된다는 것을 발견하였다.

그들은 먼저 산업화가 빨리 진행된 국가들로부터 산업화가 늦게 진행된 국가로의 위계적 확산이 존재한다면 후진국들은 산업화 수준이 낮게 진행된 상태에서 사회보장제도를 도입하게 될 것이라는 가설을 세우고 이를 검증하였다. 이들의 연구에 의하면 <그림 3-2>에서 보는 바와 같이 전체적으로 보면 사회보장제도를 늦게 도입한 국가들은 산업화 수준(농업에 종사하는 인구를 지표로 측정)이 대체로 낮은 상태에서 사회복지제도를 도입하여 위계적 확산이 있음을 보여주고 있다(r=.61).

그러나 이 그림을 자세히 보면 전체적으로는 위계적 확산이 받아들여지나 (r=.61), 시기별로 보면 위계적 확산이 적용되는 경우도 있고 적용되지 않는 경우도 있음을 볼 수 있다. 먼저 1908년 이전의 사회보장제도 초기 도입국가들을 보자. 유럽에서 사회보장제도는 당시 가장 산업화된 국가였던 영국에서 제일 먼저 도입된 것이 아니라 후발산업국가인 독일에서 가장 먼저(1871년 산업재해보상보험, 1883년의 건강보험) 사회보장제도가 도입되었다. 당시 가장 산업화된 국가였던 영국은 1897년이 되어서야 산업재해보상보험제도를 도입했다. <그림 3-2>를 자세히 살펴보면, 1908년 이전에 사회보장제도를 도입한 국가들의 도입년도와 산업화 수준과의 상관관계는 -.49(- 부호는 산업화 수준이 높은 국가들이 늦게 사회보장제도를 도입함을 보여준다)로서 1908년 이전에 사회보장제도를 도입한 국가들의 경우 늦게 도입한 국가일수록 산업화가 더 진전된 상태에서 사회보장제도를 도입했음을 볼 수 있다.

그러면 산업화 논리와 수렴이론을 무색하게 만드는 이 현상을 어떻게 설명할 수 있는가? 림링거(Rimlinger, 1971: 93-98)는 사회보장제도의 초기 도입국가들의 최초 도입 시기에 영향을 미치는 주요 요인으로 빈민들의 자립정신을 강조하면서 사회복지 프로그램에 대해 거부감을 갖고 있는 자유주의 이데올로기(liberal ideology)[5]를 언급하고 있다. 즉 자유주의 이데올로기가 비교적 강했던 영국이 높

---

5) 자유주의 이데올로기(liberalism)은 매우 혼동되기 쉬운 개념이다. 이데올로기로서 자유주의는 현대에 사용되고 있는 자유주의적(liberal) 정치이념과 구별하여 사용하여야 한다. 실제적으로 전통적인 자유주의(classical liberalism)는 현대의 정치적 자유주의(contemporary liberal political view)와 대조적인 개념으로 사용된다. 전통적 자유주의는 개인주의와 제한된 정부를 강조하며 소극적인 사회복지를 추구하는 데 반해, 현대의 자유주의적 정치이념은 집단성과 규제자, 배분자로서의 확대된 정부의 역할과 적극적인 사회복지를 추구한다. 자유주의에 대한 보다 자세한 내용은 Andrew W. Dobelstein, *Politics, Economics, and Public Welfare* (Englewood Cliffs, NJ: Prentice-Hall, 1986), pp. 88-91을 참조하기 바란다.

│그림 3-3│ 사회복지제도 도입에 있어서 공간적 확산

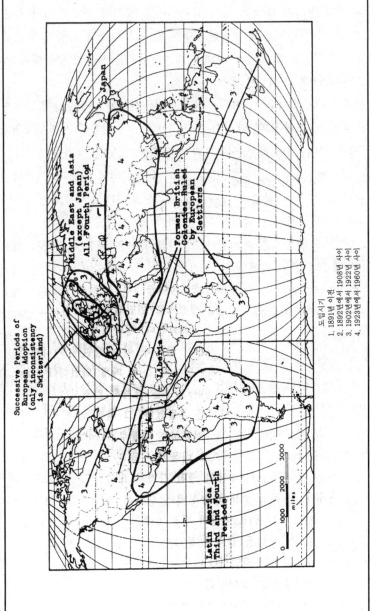

Successive Periods of
European Adoption
(only inconsistency
is Switzerland)

Japan

Middle East and Asia
(except Japan)
All Fourth Period

Former British
Colonies Ruled
by European
Settlers

Liberia

Latin America
Third and Fourth
Periods

miles
0   1000   2000   3000

도입시기
1. 1891년 이전
2. 1892년에서 1908년 사이
3. 1902년에서 1922년 사이
4. 1923년에서 1960년 사이

자료: David Collier & Richard E. Messick, "Prerequisites Versus Diffusion: Testing Alternative Explanations of Social Security Adoption," *The American Political Science Review*, Vol. 69, 1975, p. 1312.

은 산업화 수준에도 불구하고 독일보다 늦게 사회보장제도를 도입했으며, 자유주의
나 자본주의의 발달이 비교적 늦었던 독일이나 헝가리, 오스트리아 등은 사회보장
제도의 도입 시기가 비교적 빨랐다. 다른 말로 표현하면 독일과 같은 나라에서는
노동계급의 충성심을 확보하기 위해 사회보장제도를 사용하는데 대해 거부감이 적
었다고 할 수 있다.

그러면 1908년 이후(1901년부터 1908년 사이에 사회보장제도를 도입한 국가
는 없다)부터 1922년 사이의 상황은 어떠한가? 이 시기에 사회보장제도를 최초로
도입한 국가들에는 산업화된 국가들와 산업화되지 못한 국가들이 섞여 있음을 알
수 있다. 따라서 이 시기는 위계적 확산효과가 적용되기 어렵다. 그러나 1922년 이
후에는 산업화 수준이 낮은 국가들이 점차적으로 사회보장제도를 도입함을 알 수
있다. 따라서 이 시기에는 위계적 확산효과가 있다고 볼 수 있다.

그러면 공간적 확산은 어떠한가? 공간적 확산은 어떤 국가에서 개발된 기술이
나 도입된 제도가 그 주변에 있는 국가들로 점점 확산되어 나가는 것을 말한다. 콜
리어와 메식은 <그림 3-3>에서 보는 바와 같이 ① 1891년까지(1단계), ② 1892
년에서 1908년까지(2단계), ③ 1908년에서 1922년까지(3단계), 그리고 ④ 1923
년에서 1960년까지의 기간(4단계)으로 나누어 공간적 확산이 있었는지를 검증하였
다. 이들은 유럽국가의 경우 독일이 최초로 사회보장제도를 도입한 이후 1922년까
지 독일의 주변 국가들로 사회보장제도가 공간적으로 확산되었음을 발견했다. 1923
년 이후에 사회복지제도를 도입한 국가들은 일본을 제외한 아시아 국가들과 라틴아
메리카에 위치한 국가들인데, 이들 국가들은 유럽 국가들과 지리적으로 멀리 떨어
져 있는 국가들이다.

그러나 확산이론에 대한 비판도 있다. 가장 대표적인 것은 플로라와 알버(Flora
and Alber, 1981)의 연구로서 그들은 산업국에서 정부가 시행하는 사회복지프로
그램 등장에 확산요소는 사회복지프로그램의 발달을 설명하지 못하며, 그보다는 각
국가의 내적인 정치·경제적인 요소가 영향력이 더 많다고 주장한다.

3. 영국사회복지의 역사

3.1 구빈법 이전 시대

영국 사회복지역사를 기술하고 있는 많은 문헌을 보면 영국 사회복지역사를 1601년 엘리자베스 구빈법에서부터 시작하고 있다고 기술하고 있다. 그러나 영국 사회복지의 시작은 그보다 더 거슬러 올라가 '1349년 노동자법'(Statute of Laborers of 1349)으로 알려져 있는 에드워드 3세(Edward III)의 포고에서 찾는 것이 적절할 것이다. 1349년 노동자법에는 "떠돌아다니는 많은 부랑자들이 그들이 구걸로 먹고 살 수 있는 한 일하기를 거부하며 나태와 타락에 빠지고 때로는 절도나 혐오스러운 짓들을 하기 때문에 그들을 감옥에 넣어 고통을 주어야 한다. 그들에게서 연민을 느끼고 자선금품을 제공하는 것으로는 그들을 일하도록 할 수 없다. 부랑자들은 그들이 생계를 유지하려면 반드시 일을 하도록 해야 한다"고 함으로서 빈민을 다루는 내용이 있다(Schweinitz, 1947: 1). 따라서 떠돌아다니는 부랑자들을 다루는 내용이 주요 골자인 1349년의 노동자 조례는 영국에서 빈곤문제를 다루는 행정적 시도의 기원이라고 할 수 있다.

14세기 중반에 노동자법가 공포된 이유는 붕괴되어 가는 봉건제도와 당시 영국을 엄습한 자연재해에서 찾을 수 있다. 중세시대의 봉건제도 하에서는 오늘날의 극빈층으로 볼 수 있는 당시의 농노들은 지배계급인 영주에게 노동력을 제공하면서 노령이나 질병으로 일을 하지 못하게 되었을 때 보호를 받았다. 따라서 중세 봉건시대에는 농노들은 자유가 제한되기는 했지만 비교적 안정된 생활을 영위하고 있었다. 그러나 14세기 중엽에 접어들면서 봉건제도가 붕괴되기 시작하고 초기 형태의 자본주의 사회가 등장하면서 농노들도 물건을 소유할 수 있는 권리와 거주 이동의 권리를 가지게 되었다. 그러나 이러한 사회변화가 농노들에게 반드시 좋은 것만은 아니었다. 봉건제도로부터의 해방은 농노들에게 자유를 주었으나 영주로부터의 보호는 박탈당했다. 따라서 어떤 농노들은 질병이나 노령 등 위기상황에 직면했을 때 도움을 받을 확실한 곳이 없게 되었다. 이런 상황에서 위기에 처하게 된 농노들은 구걸을 하거나 절도를 하게 되었으며, 이들 중 상당수는 부랑자가 되거나 이 곳 저 곳 떠돌아다니는 임시 노동자들이 되어 사회불안 세력이 되었고, 이에 불안을 느낀

지주계급들은 왕과 의회에 대응을 촉구하게 되었다. 따라서 억압적 내용의 1349년 노동자법은 이러한 지주들의 요청에 의해 공포된 것으로 볼 수 있다.

또한 당시에 엄습한 자연재해 또한 1349년의 노동자법이 공포되는데 큰 역할을 했다. 당시 자연재해는 1315년부터 1321년까지의 기근과 1348년부터 1349년까지 2년 동안 영국 인구 약 1/3의 목숨을 앗아간 흑사병이었다. 이러한 자연재해는 봉건제도의 붕괴와는 다른 방법으로 노동자 조례 제정에 기여했다. 기근과 흑사병은 노동력의 부족을 가져왔으며, 노동력의 부족은 임금의 상승을 초래했다. 자연재해는 아이러니하게 노동자들의 신분을 상승시키는 효과를 가져왔다. 농민들의 수는 크게 감소했으나 노임은 상승하여 농민들의 수입은 오히려 증가했다. 이런 점에서 보면 당시 기근과 흑사병에서 살아남은 농민들은 다른 시대의 농민들에 비해 비교적 풍요로운 생활을 누렸다고 할 수 있다. 이와 같은 상황에서 노동력을 구하기 힘들어진 지주계급들은 왕과 의회에 노동력의 공급을 보장할 수 있는 입법을 요구하기 시작했다. 이러한 지주계급들의 요구사항은 1349년 노동자법에 들어있다. 이런 맥락에서 보면 1349년 노동자법은 자연재해로 인해 노동력이 부족해지는 상황에서 공포되었다고 할 수 있다. 즉 1349년 노동자법은 비록 복지정책에 대한 의회 개입의 시작으로 볼 수 있지만 지주계급이 노동자들을 안정적으로 확보하기 위한 목적이 있었다.

3.2 엘리자베스구빈법의 시작

1601년 엘리자베스 구빈법은 이전의 구빈대책을 집대성 하여 빈민에 대한 법령을 체계화한 것이다. 또한 현재 영국의 사회보장제도는 1601년 엘리자베스 구빈법이 모태이며 그것을 혁명적으로 변화시킨 것이라고 할 수 있다. 엘리자베스 구빈법은 1948년 국민부조법의 제정되면서 구빈법이 공식적으로 폐지되기까지, 산업혁명기간을 포함하여 347년간 지속되었다. 엘리자베스구빈법은 다음과 같은 변천과정을 거치면서 발전되었다.

(1) 엘리자베스구빈법(Elizabethan Poor Law of 1601)

1601년의 엘리자베스구빈법 교구단위로 배치된 2~4명의 빈민감독관(임명은 치안판사)이 교구위원과 함께 구빈사무(구빈세 과세, 징집, 구제사무)에 임하도록 하였고, 이 업무의 감독은 치안판사가 맡도록 하였다. 그리고 빈민을 ① 노동능력이 있는 빈민(the able-bodied poor), ② 노동능력이 없는 빈민(the impotent poor), 그리고 ③ 돌보아 줄 사람이 없는 요보호 아동(dependent children)으로 나누었다. 노동능력이 있는 빈민은 일정한 노동에 종사시키고 이것을 거부한 경우에는 처벌 혹은 투옥을 하고, 노동능력이 없는 빈민은 구빈원에 수용 보호하였다. 그리고 돌보아 줄 사람이 없는 요보호 아동은 보호하기를 원하는 가정에 위탁하거나 적당한 위탁가정이 없을 때에는 도제생활을 하도록 했다.

그러나 엘리자베스구빈법은 구호를 국가의 책임으로 제도화하였으나 빈민구호보다는 오히려 빈민을 사회불안의 요인으로 파악하고 그들을 억압하여 사회질서를 유지한다는 사회통제적인 성격이 많이 있었다. 또한 빈민구호가 활발한 교구로 빈민들이 이주하는 폐단도 있었다.

(2) 정주법(Settlement Act of 1662)

정주(定住)란 모든 사람은 법적으로 일정한 교구에 소속하며, 그 해당교구에서만 구호를 받을 자격을 갖는다는 사실을 말한다. 전통적으로 영국 사회에서는 일정한 교구에 소속하고 있는 사람은 여러 가지 의무를 지는 대신, 재해를 당하고 빈곤해졌을 때 교구로부터의 구제를 기대할 수 있었다. 즉 교구는 소속 빈민의 부양과 동시에 부랑자 단속의 의무를 지니고 있었기 때문에, 거주권을 가지지 못한 사람은 교구로부터 혐오의 대상이 되었다. 그러나 실질적으로 빈민들의 이동에 대해서는 별다른 법적 제한이 가해지지 않았다.

이런 가운데 인구증가나 공업발달에 따른 인구의 도시집중이 촉진되면서 빈민들이 더 나은 구호를 받기 위하여 구호수준이 더 높은 교구로 이동하는 경향을 보이기 시작했다. 정주법은 이러한 빈민의 이동을 금지하기 위해 만들어졌다. 빈민들은 지방판사와 교구당국의 동의가 있을 때만 교구 이외의 장소에 거주할 수 있도록 허가 받았다. 이와 같은 철저한 교구주의는 그 문제의 성격과 내용에 관계없이 개인의 문제는 개인이 책임져야 한다는 20세기까지 지속된 영국의 철학을 그대로 반영한 것이었다. 또 도시에서의 산업발전이 노동자들에게 밝은 미래를 제시해 주고 있음에도 그들을 농촌에 정착시키려는 후기 봉건주의의 특성을 띠고 있었다. 정주법 아래에서 국민은 평등하고 인격에 있어서는 자유였지만 자신과 자식들의 직업선택, 거주지의 선택에 대해서는 자유롭지 못하였고 노동을 강제 당했다. 그리하여 이

법은 적용당시부터 자신의 교구에 거주하는 빈민의 수를 감소시키려는 빈민감독관들의 노력, 빈민의 거주조건에 관한 교구간의 빈번한 소송과 논쟁, 노동력이 부족한 지방의 산업발전의 저해 등과 같은 문제점을 만들어냈다(김동국, 1994: 67-72). 또한 정주법은 빈민들에게는 거주 이전이 욕구가 있다는 것을 무시한 것이며 노동자는 자신이 태어난 곳에서 계속 머물러 살아야 한다는 사고방식의 중세 농노시대로의 회귀를 의미했다.[6]

정주법은 이웃이 빈민들의 구제를 책임을 져야하는 사실을 무시한 것이며, 노동자는 자신이 태어난 곳에서 계속 머물려 살아야 한다는 사고방식의 중세 농노시대로의 회귀를 의미했으며, 노동자의 거주이전의 자유를 침해하는 것이었다. 그래서 조지 쿠드(George Coode)는 '정주법은 최초의 거주 교구를 감옥과 같은 것으로 만들었고, 나머지 모든 교구는 적의 요새와도 같은 것으로 만들었다'고 묘사했다 (Schweinitz, 1947: 42; 남찬섭, 2001: 86).

(3) 작업장법(Workhouse Act of 1696)

17세기 후반기가 되자 영국은 효율적인 산업과 무역을 진행하는 네덜란드와 무역경쟁을 벌이게 된다. 영국의 경제학자들은 구빈원(almshouse)에 수용된 사람들이 양질의 수출품을 만들어 내는 네덜란드 구빈원 제도를 찬양하면서 영국에서도 이를 위해 1696년의 작업장법(Workhouse Act of 1696)이 제정되면서 브리스톨 (Bristol)을 비롯한 몇몇 도시에 작업장[7]이 만들어졌다

작업장 건설의 기본 전제는 빈민에 대한 감독과 훈련이 제공되면서 빈민들은 자립정신을 기르게 되고 빈민들이 만들어내는 완제품으로 국부가 증가될 수 있다는 것이었다. 작업장은 빈민들의 자녀들로 하여금 자립정신을 기르게 하며 기술을 터득하게 될 것으로 보았다. 즉 당시의 작업장은 빈곤에 대해 낙관적인 태도를 지닌 사람들의 빈민고용론과 국부를 증진시키자는 운동이 결합되어 나타난 것으로 볼 수 있다.

작업장은 기대와는 달리 성공적이지 못했다. 그 주된 이유는 작업장에 고용된

---

6) 백년도 더 지난 뒤에 고전경제학의 창시자 아담 스미스(Adam Smith)는 이 법률이 국민의 이동을 막아 자본가가 피고용자를 구하지 못하도록 방해했을 뿐만 아니라 국민이 유용한 고용처를 찾지 못하도록 방해하였다고 매도한 적이 있다.
7) 사회복지서비스를 클라이언트에게 제공하는 방법에는 원내구호(indoor relief)와 원외구호(outdoor relief)가 있다. 작업장은 원내구호의 시초라고 할 수 있다.

빈민들은 생산기술이 별로 없었기 때문에 숙련된 노동자들과 경쟁이 되지 않았다. 또한 빈민들이 작업장에 고용되어 기술을 터득하고 일을 잘 할 수 있게 되어 숙련이 덜 된 빈민들을 도울 정도가 되면 그들은 높은 임금을 주는 일자리를 찾아 도시로 떠나버렸다. 이로 인해 일반 시민들은 이익을 얻었으나 작업장 건립에 많은 비용을 들인 작업장 운영업자들은 손해를 보았다. 결과적으로 빈민의 고용을 통해 국부를 증진시킬 수 있다는 목적의 작업장 제도는 실패로 끝이 났다.

(4) 작업장 테스트 법(Workhouse Test Act of 1722)

작업장 제도가 실패로 끝이 난 뒤 1722년 '작업장 테스트법'이라는 새로운 법이 등장했다. 이 법은 '빈민의 거주, 취직 및 구조에 관한 법률수정을 위한 법령'이었으나, 내용은 부랑빈민의 노역의지를 체크하여 취로(就勞)를 거부하는 자에 대해서는 구제를 중지한다는 것이었다. 또한 민간이 작업장을 운영할 수 있도록 하였다.[8] 그러나 민간인들에 의해서 운영되는 작업장은 적은 시설투자에 많은 이윤을 내려는 목적에서 출발하였기 때문에 작업장은 태어난 아기의 82%가 한 살이 되기 전에 사망할 정도로 매우 비위생적이었다. 그래서 많은 빈민들은 열악한 시설의 작업장에 들어가기보다는 차라리 빈민으로 남기를 원했다. 작업장 제도가 등장하면서 구빈법은 이전의 징빈적(懲貧的) 성격에서 점차로 빈민을 노동자로 만들려 하는 노동지향의 성격을 띠게 되었다고 할 수 있다. 이후 이러한 비위생적이고 열악한 시설의 작업장을 개선하려는 시도가 있었다.

(5) 길버트법(Gilbert Act of 1782)

억압과 통제 위주의 엘리자베스 구빈법은 18세기 말로 접어들면서 원칙의 변화를 경험한다. 작업장은 비인도적이고 매우 비위생적이어서 개선해야 한다는 목소리가 높았다. 그 중 가장 지속적으로 목소리를 높인 사람은 토마스 길버트(Thomas Gilbert)였다. 그 배경으로는 이제까지의 구빈정책은 빈민의 시설수용책 중심이었으나 작업장 노동의 비인도성이라는 상황에 대응할 필요가 있다는 점에서 시설처우가 아닌 재가(在家)처우(원외구호, outdoor relief)라는 방법의 시도였다. 구빈법에 대한 개혁의 필요성은 17세기 후반부터 주장되어 왔는데 1782년의 구빈법 개정

---

8) 당시 민간인이 운영한 작업장은 가장 초기 형태의 사회복지의 민영화로 볼 수 있다.

으로 알려져 있는 길버트법은 이러한 개혁안 중의 하나였다. 길버트법은 구빈행정의 합리화와 빈민처우의 개선을 목적으로 작업장보다는 원외구호를 마련했다. 그래서 길버트법은 노동능력이 있는 빈민에 대한 시설 외 구호의 적용과 노동자의 저임금을 보충해 주는 임금보조제도의 법적 기초가 되었다. 이 법은 작업장 중심의 공적 원조체제로부터의 최초 일탈이며 그 후 반세기 동안 전개되는 시설 외 구호계획에로의 전환점이 되었다고 할 수 있다. 그리하여 이 법은 구빈법의 인도주의화를 법률적으로 확인하고 스핀햄랜드제도로의 길을 열었다고 할 수 있다(김동국, 1994: 122-123). 그러나 이 법은 일종의 실험이었으며 법 실행의 여부는 각 교구의 자유재량에 맡겨졌기 때문에 기대했던 만큼의 성과를 거두지는 못했다.

(6) 스핀햄랜드법(Speenhamland Act of 1795)

엘리자베스구빈법의 기본 가정은 직업을 가진 사람은 국가로부터의 원조를 필요로 하지 않는다는 것이었다. 그러나 18세기 초부터 지속되어 왔던 경제적 호황은 끝나고 1790년대에 접어들자 불황이 다가왔다. 또한 1793년부터 1815년 사이에 걸친 대불(對佛)전쟁과 이 시기에 전개되었던 산업혁명은 영국 사회에 정치, 경제, 사회적으로 많은 영향을 미쳤다. 즉 전쟁은 물가를 상승시켰고 제2차 엔클로저운동으로 농민은 궁핍화되었다. 그리고 산업혁명으로 인해 수공업자들이 몰락했고 농촌 가내공업이 쇠퇴했다. 이와 더불어 프랑스 혁명과 전쟁의 영향으로 인해 영국의 지배자들은 혁명의 발생을 두려워하여 빈민폭동을 의식하기 시작하였다. 이러한 시대적 상황과 전쟁, 흉작에 대한 일시적인 대책으로, 기술혁신에 대한 사회적 적응 수단뿐만 아니라 혁명을 예방하기 위해서도 구빈대책이 필요하게 되었다.

또한 인구감소에 대한 우려도 스핀햄랜드법의 제정을 부추겼다. 당시 일부 학자들은 변변치 못한 자료에 근거한 것이기는 하였으나 18세기 인구 성장률이 대단히 낮거나 마이너스라고 밝혔다. 경제성장을 위해서 노동인구의 확충은 필수적이었기에 당시 수상 피트는 가족 수에 따라 정부의 빈민수당을 늘리는 법안을 도입하기로 했다. 이는 오늘날 부양자녀수에 기준한 생활보조금제공과 가족수당의 시초이다.

스핀햄랜드제도는 이러한 구빈대책 중의 하나였다. 불황이 심각했던 1795년 5월 6일 버크셔(Berkshire)의 뉴베리(Newbury) 근처 스핀햄랜드(Speenhamland)에 모인 버크셔의 치안판사들은 임금부조금의 액수는 빵의 가격에 연동해서 정해야 하며, 따라서 빈민 개개인의 수입에 관계없이 최저소득이 보장되어야 한다고 결정했다. 당시 치안판사의 유명한 권고는 다음과 같이 계속된다.

> ...일정한 품질의 빵 1갤런이 1실링하는 경우에는 모든 빈민과 근면한 사람은 그 자신의 노동 혹은 가족의 노동 또는 구빈세에서 나오는 급여에 의하여 일주일에 3실링을 생계비로 지급 받고, 처와 가족의 부양비로 1실링 6펜스를 지급받으며, 빵의 가격이 오를 때마다 본인 몫으로 3펜스, 가족 몫으로 1펜스씩 더 지급받는다(Polanyi, 1944: 78).

이와 같이 버크셔의 치안판사들은 자신들이 만든 척도에 따라 1갤런의 빵의 값이 1실링이라면 노동자의 구제수당과 임금을 합한 총수입이 주 3실링, 만일 그에게 부인이 있다면 총수입이 주 4실링 6펜스, 부인과 자녀가 1명이 있다면 총수입이 6실링이 되도록 했다. 즉 가구 규모에 따라 제공되는 구제수당의 액수를 차등화했다. 이와 같이 스핀햄랜드제도는 노동자의 임금이 생계유지에 필요한 빵의 구입에도 미치지 못하는 경우에는 그 부족분을 교구가 구빈세에서 지급해 주는 임금보조의 성격을 지닌 제도로서 구빈법 사상 매우 중요한 의미를 지녔다. 즉 스핀햄랜드제도라고 지칭되는 프로그램을 통해서 노동자들은 가족의 규모와 빵값의 변화에 따라 그들의 임금을 보충받는 임금-물가 연동의 사회적 보호를 받게 되었다. 사회보장에 있어서 중요한 문제인 가족의 규모가 임금과 생활수준에 미치는 영향을 고려했다는 사실은 역사적으로 큰 의의를 갖는다. 스핀햄랜드제도는 사회복지의 기본 철학인 생존권(right to live)을 처음으로 도입함으로써 사회적·경제적 혁신을 초래하였다.

스핀햄랜드제도는 산업혁명이 진행되던 시기에 도입되었다. 1795년 고용주들은 산업혁명이 요구하는 노동력을 구하기 위해 빈민들의 교구 이동을 금지했던 정주법의 철폐를 요구했으며, 스핀햄랜드제도의 도입과 동시에 1662년의 정주법은 일부 철폐되었고 노동자의 신체적 이동의 자유가 회복되었다. 고용주와 산업측이 산업혁명 시기에 임금을 얻기 위해 일하려 했던 노동자를 전국적 규모에서 공급하도록 요구함에 따라 정주법이 철폐되면서, 한편에서는 스핀햄랜드제도에 의해 아무리 적게 벌더라도 교구가 본인과 그 가족을 부양할 것이기 때문에 아무도 굶주림을 두려워할 필요가 없다고 천명했다. 스핀햄랜드제도는 당시 발생하는 시장체계로부터 생존권을 보장하는 제도로 출발하였지만, 고용주의 요청으로 정주법이 철폐되고 난 뒤 임금수준이 높은 공업지역으로 인구가 이동하는 것에 대해 농촌사회를 지키려는 절박한 노력이 담겨 있었다(Polanyi, 1944: 88-89). 즉 자본주의 시장경제의 확립에 대한 봉건사회의 마지막 대응이었다.

또한 스핀햄랜드제도는 시민권(citizenship)의 역사 속에서 그 중요성을 설명할 수 있다. 사실상 스핀햄랜드제도는 일할 권리와 함께 최저한의 임금과 가족수당을 보장했다. 스핀햄랜드제도는 구빈법의 영역을 훌쩍 뛰어 넘는 사회복지급여수급의 권리를 의미하는 사회권(social right)의 실체였다(Marshall, 1965: 87). 그러나 한 시대의 종말을 상징하면서 석학 폴라니(Polanyi, 1944: Ch. 8)가 높이 평가했던 스핀햄랜드제도는 당시의 고전경제학, 자유방임주의, 공리주의로 대표되는 빅토리아 시대의 사회사상 전통 속에서 오랫동안 존속하지 못했다. 이 제도는 노동의 욕과 능률을 저하시켰고, 빈민들의 조혼을 장려하여 인구과잉을 초래하였다는 비난을 받았다.[9] 또한 스핀햄랜드제도 아래에서는 임금이 법률로 정해진 일정액의 가계소득에 미달하는 한 고용되어 있어도 구제의 대상이 되었다. 따라서 어느 정도의 임금을 받는가와 무관하게 수입이 같았기 때문에 노동자는 고용주를 만족시키는 데에 실제로 관심이 없었으며, 고용주는 아무리 노동자에게 임금을 적게 지불하여도 지방세로부터 보조금이 노동자의 소득을 일정액으로 끌어올려 주었기 때문에 임금의 인하를 초래했다.

스핀햄랜드제도는 표면적으로는 피고용자에게 도움을 주는 임금부조로 출발했지만, 사실상 공공재산을 이용하여 고용주를 보조하는 결과를 가져왔다. 결과적으로 구빈법 역사상 빈민들에게 가장 우호적이었던 스핀햄랜드제도는 실패했으며, 이 실패는 빈민에 대한 억압정책으로의 회귀를 가져와 구빈법 역사상 빈민에게 가장 가혹했다고 평가받는 1834년의 신구빈법의 제정을 가져왔다.

(7) 1834년 신구빈법(New Poor Law)

스핀햄랜드법에 대한 비판이 가중되면서 1832년 2월 구빈법 시행에 관한 실태조사단인 "구빈법의 관리와 실제 운영의 조사를 위한 왕립위원회"(Royal Commission for Inquiring into the Administration and Practical Operation)가 구성되었다. 이 위원회는 1834년에 13,000 페이지 분량의 최종보고서를 발표하였는데, 보고서에서 스핀햄랜드제도가 구빈법의 정신에 위배될 뿐만 아니라 노동계급의 도덕과 사회 전체의 이익에 파괴적인 역할을 하고 있다고 명시하면서 스핀햄랜드제도의 즉각

---

9) 당시 스핀햄랜드제도를 가장 신랄하게 비판한 사람은 제레미 벤덤(Jeremy Benthan)과 「인구론」을 저술한 토마스 맬서스(Thomas Malthus)였다.

적인 철폐를 주장했다.

　이 위원회는 또한 다음의 세 가지 원칙, ① 열등처우(劣等處遇)의 원칙(principle of less eligibility), ② 작업장제의 원칙(principle of workhouse system), ③ 선국적 통일의 원칙(principle of national uniformity)을 제안했다. 열등처우의 원칙은 국가부조를 받는 빈민의 상태는 최저계급의 독립노동자의 상태와 비교하여 실질적으로 혹은 외견상으로도 열등해야 한다는 원칙이다. 이 원칙은 빈민들의 생존권을 보장하는 스핀햄랜드제도와 정면으로 배치되는 것으로 빈곤에 허덕여 구제를 필요로 하는 대상자가 낮은 생활수준 속에서 자활의 길을 열기를 바라는 자조적 노력에 대한 기대감이 은연중 나타나 있다.

　작업장제의 원칙은 원외구호의 방법으로는 대상자의 자활노력을 제고시키기가 어렵기 때문에 작업장에 수용하여 취로시키는 것이 가장 좋은 방법이라는 데 기인한 것이다. 이 원칙에 의하면 노동이 가능한 빈민은 누구든지 일을 하지 않고는 구제를 받을 수 없었다. 당시 남아돌던 많은 농업노동자들과 실업자들은 굶어 죽지 않기 위해 작업장의 규율에 따르거나 공장의 규율에 따라야 했다. 신구빈법의 결과 많은 빈민들은 완전히 자본주의적 시장에 자신의 운명이 던져졌으며, 이는 자유로운 노동시장의 확산에 기여하였다. 작업장 제도는 비위행적인 면와 비효율성으로 1782년 길버트법에 의해 폐기된 것이나 1834년 신구빈법 하에서 구빈행정의 핵심 수단으로 다시 등장했다.

　균일처우란 전국적으로 어디에서나 동등한 조건 아래 처우받아야 한다는 것이었다. 신구빈법은 억압적인 면을 많이 내포하고 있었다. 당시 억압적인 구빈법이 지탱될 수 있었던 배경은 고전 경제학을 바탕으로 한 자유방임주의와 당시 사회의 최고의 덕목이자 가치였던 '자조'(self-help)였다.

　폴라니(Polanyi)는 역사상 신구빈법보다 빈민들에게 더 가혹한 제도는 없었다고 술회하면서, 신구빈법의 잔혹성을 다음과 같이 기술하고 있다.

　　1834년의 신구빈법은 스핀햄랜드제도에서 시도되었던 생존권을 폐기했다. 그 잔혹성은 1830년대, 40년대의 대중적 정서에 큰 충격을 주어 엄청난 저항을 받았다. 시설외 구제의 폐지로 인해 더욱 곤궁해진 대다수의 빈민들은 참혹한 상태로 방치되었고, 비참하게 고생하던 사람들 중에는 수치로 가득 찬 작업장에 입소하기에는 자존심이 허락하지 않았던 '구제받을 자격이 있는 빈민'(deserving poor)들도 있었다. 아마도 근대 사상사에서 이 이상 무자비한 사회개혁이 실행되었던 적은 없었을 것이다. 진정한 빈곤의 기준을 제공하는 체하면서 작업장 입소심사를 한답시고 수많은 사람들의 생활을 짓밟았다. 노동이라는 제분기의 톱니바퀴에 기름치는 격인 심리적 고문이 온건한 자선사업가들의 냉정한 변호 아래 서슴없이 실행되었다(Polanyi, 1944: 82; 박현수, 1991: 107).

구빈법 체제는 붕괴되어 가는 봉건사회를 유지시키려는 세력과 발흥하는 자본주의적 힘을 확대하려는 세력 간의 대립과정에서 변화되어 왔다(Polanyi, 1944). 1601년의 엘리자베스 구빈법이나 정주법은 봉건사회를 위협하는 사회적 무질서에 대한 공포로부터 나타난 전통사회의 반응이었다. 그리고 스핀햄랜드제도는 인도주의와 결합되어 전통사회를 유지시키려는 마지막 시도였다. 그러나 이러한 제도들은 자유로운 노동의 이동, 수요공급에 의해 탄력적으로 조정되는 임금 등을 전제로 하는 자유 노동시장의 확대과정을 제어하지 못했다. 신구빈법은 빈민이 가난하게 된 것은 전적으로 빈민 개인의 책임으로 간주하였으며 영국에서 가난은 범죄라는 사실을 공포한 것이었다(Monypenny, 1910: 374). 1834년 신구빈법은 자유주의(liberalism)의 승리를 의미한다. 1834년 신구빈법으로 구질서는 완전히 붕괴되었으며, 자유시장이 가지는 파괴적 결과를 제어할 힘은 새로운 계급에 의존할 수밖에 없었다(이인재 외, 1999: 66).

그러나 열등처우의 원칙과 작업장제의 원칙을 골간으로 하는 1834년의 신구빈법은 19세기에 절정에 도달한 자본주의의 제반 폐해에 대응하기에는 분명한 한계가 존재하였다. 19세기 노동계급을 중심으로 한 기층대중들의 권리가 성장되고 비참한 빈민들의 실태에 대한 인도주의적 관심들이 증대되면서 구빈법 체제의 한계는 더욱 명확해졌다. 이럴 즈음 구빈을 합리적·과학적으로 추진하려는 움직임이 나타났다.

3.3 합리적·과학적 자선조직의 시대

(1) 자선조직협회운동

19세기 후반에 접어들자 빈민들을 돕기 위해 양식 있는 시민들이 기부금을 내는 경우가 많아지고 빈민들을 돕기 위한 박애단체들이 등장하기 시작했다. 그래서 1861년[10]에는 640개의 자선단체가 있었는데 자선사업에 지출되는 규모도 엄청나

10) 1860년에서 1861년이 이르는 기간은 경제적으로 매우 침체기였으며 그 해 겨울은 바깥출입이 어

서 연간 수입이 250만 파운드로 추계되었는데 이 수치는 구빈법에 의한 지출을 상회하는 규모였다(박광준, 2002: 158). 그러나 이들 자선단체들은 도움이 필요한 사람들에게 구호를 제공하는 것에만 관심이 있었고 빈곤의 원인이 되는 사회적 조건과 구제의 체계적이고 합리적인 방법 등에 대해서는 관심이 없었다. 뿐만 아니라 도움이 필요한 사람들의 욕구를 측정하거나 그들의 현재 상황을 조사·평가하는 방법연구의 필요성도 인식하지 못했으며, 난립된 자선단체와 기관간에는 정보교환이나 의사소통, 조정이 이루어지지 않았다. 그 결과 물자와 금품의 제공에 커다란 낭비, 중복, 무의미한 봉사 등이 이루어지고 있었다(Friedlander, 1980: 32-33).

이와 같은 상황에서 자선이 낭비와 중복으로 인한 민간자선활동에 대한 조정이 필요하다는 인식이 등장하면서 1869년 4월 23일 '자선구제의 조직화와 구걸억제를 위한 협회'(The Society for Organizing Charitable Relief and Repressing Mendicity)가 결성되었으며, 이듬해 '자선조직협회'(Charity Organization Society, COS)로 개칭되었다.

당시 자선조직협회의 지도자 중의 한사람이었던 로취(Loch, 1892: 50)는 자선조직협회의 목적으로 첫째, 자선기관간 구빈법, 그리고 자선기관들 사이의 협력을 통하여, 둘째, 적절한 조사와 모든 사례들에게 알맞은 조치를 보장함으로서, 그리고 셋째, 구걸을 방지함으로써 빈민의 생활조건을 개선하는 것이라고 했다. 이에 따라 난립된 자선기관들 간의 통합과 조정을 통하여 자선의 중복제공이 개선되었으며, 빈곤한 사람들의 상황을 가능한 한 깊이 있게 조사하여 원조가 필요한 사람들에게는 충분한 원조가 제공되어 자립을 도왔다.

자선조직협회는 자발적 조합의 우애방문원[11]들로부터 원조를 받아야 하는 '자격 있는 빈민'(deserving poor)과 빈민들의 운명은 시장의 기능에 맡겨져야 한다고 믿는 '자격 없는 빈민'(undeserving poor)과 엄격하게 구분했다. 자선조직협회는 빈곤을 경제 혹은 사회체계의 모순으로 나타난 현상이라고 보지 않았다. 자선조직협회는 사실상 1834년의 신구빈법의 정신을 계승하고 있었다. 자선조직협회는 사회개혁을 추구하기보다는 도덕개혁을 추구하였으며 빈민이 빈곤상태로부터 벗어나는 유일한 길을 자조정신으로 보았다. 이러한 자선조직협회는 빈곤의 원인을 개인의 성격 결함에서 찾았으며 개인의 성격을 변화시키지 않는다면 문제의 해결이

려울 정도로 눈이 많이 오고 몹시 추웠다고 기록되어 있다.
11) 당시 1명의 우애방문원이 담당한 빈민은 200명 정도였다.

없다고 생각했다.

자선조직협회는 당시의 사회경제적인 기회와 조건이 빈곤문제에 상당한 영향을 미친다는 사실을 거의 무시했다. 이러한 자선조직협회의 이데올로기는 당시 지배적이었던 자유방임적 개인주의의 영향을 받은 것이었다. 자선조식협회는 빈민에 대한 중산층 여론을 주도했으며, 정부가 개입하지 않고 빈곤문제를 해결하려는 자유방임주의의 노력을 대표했다. 또한 자선조직협회는 모든 민간 자선활동을 조정하여 민간의 자발적 노력을 극대화하려고 했다. 자선조직협회의 기본정신은 개인주의 정신에 입각하여 수혜자의 도덕심과 가치관을 고양시키는 것이었다. 자선은 상류나 중류계층으로부터 하류계층으로의 부(富)의 재분배 기능이 있기는 하였지만 현재의 사회 체계를 유지시키는 테두리 내에서 행해졌다. 따라서 자선은 본래부터 중류계층과 하류계층 또는 노동자계층간의 사회적 차별을 미리 가정하고 있었으며, 부자와 빈자간의 불평등을 기정사실화하는 것이었다. 또한 자선이란 사회개혁의 기운을 상쇄시키는 사회통제의 수단이었으며, 중류계층의 가치관 - 자조, 근검, 절약 - 을 하류계층 혹은 노동자계층에 전달하는 통로였으며, 자선의 방법으로서의 우호적인 방문(friendly visiting)은 하류계층의 생활방법에 대한 중류계층의 문화적인 공격이었다고 할 수 있다(박병현, 1997: 57).

(2) 인보관운동

1880년대에 자선조직협회와 이념을 달리하는 인보관운동(Settlement House Movement)이 발달했다. 인보관운동은 민간기관에 의한 적극적인 환경개선사업으로 시작하였다. 인보관운동은 도움을 필요로 하는 사람과 함께 산다는 사상으로 적극적으로 슬럼가를 파고 들어갔다. 인보관운동의 창시자는 런던의 바네트(Barnett, 1844-1913)[12] 목사였으며, 그의 지도 아래 옥스퍼드 대학, 캠브릿지 대학 등의

---

12) 도움을 필요로 하는 사람과 함께 사는(idea of living among the people who need help) 인보관 사상을 가장 잘 구현한 인물로 평가받는 새뮤얼 오고스터스 바네트(Canon Samuel Augustus Barnett) 목사는 1844년 브리스톨(Bristol)시에서 태어나 옥스퍼드 대학에서 신학을 공부했다. 그는 1873년 런던 동부의 가장 빈민촌이었던 화이트채플(Whitechapel)의 세인트 쥬드(St. Jude's) 교회에서 목회를 하면서 빈민문제에 관심을 갖게 된다. 그는 약혼녀였던 헨리에타 로우랜드(Henrietta Rowland)로부터 많은 격려를 받았으며 결혼 후 같이 일을 하게 된다. 바네트 목사부부는 화이트채플의 8,000명 교구 사람들 중 대부분의 사람들이 실직상태이고 병들고 열악한 조건의 주택에서 거주하는 것을 보고, 이들을 위해 같이 일을 할 사람을 찾기 위해 옥스퍼드 대학과 켐브릿지 대학을 방문하였으며, 아놀드 토인비를 비롯한 많은 학생들과 같이 빈민구호운동을 했다.

학생들이 대학에서 배운 지식과 교양을 가난한 사람들을 위해 아낌없이 제공함으로써 그들에게 진정한 자립을 촉구하고자 하였으며, 이러한 목표 아래 인보관운동에 앞장서다 1883년에 폐렴으로 요절한 아놀드 토인비(Arnold Toynbee)13)를 기념하여 1884년 세계 최초의 인보관인 토인비홀이 런던 동부의 빈민지구에 세워졌다.

인보관은 산업화로 인해 생성된 빈부격차를 좁히고, 상호간의 불신을 해소하고, 한 계층이 다른 계층을 무시하는 것을 줄이며, 자선을 행하는 것 이상의 무엇을 하고자 하는 목적으로 설립되었다. 인보관운동은 토인비홀이 세워진 이후 19세기말에는 30여개가 세워졌으며 1911년에는 46개에 이르렀다. 당시의 엘리트 남성들이 주축이었던 영국의 인보관운동은 박애보다는 법규를 더 중요시 여겨 1900년대 초반의 사회개혁에 많은 영향을 미쳤다. 바네트 목사는 비갹출연금제도의 옹호자였으며 1902년의 교육법의 입법과정에 관여하기도 하였다. 한편 토인비 홀에 참여했던 학생들이 후일 1907년의 사회입법을 초안하기도 하였고 1911년의 건강보험법의 입법과정에도 적극적으로 참여하였다. 이 밖에도 많은 인보관운동 참여자들이 사회보장을 위한 사회개혁에 참여하였다(Reinders, 1982: 49).

(3) 빈곤의 재발견

영국의 1880년대는 빈곤의 재발견시대로 묘사될 수 있다. 이 시기에 무한히 증가해 가는 것처럼 보였던 부와 생산력에 가려져 왔던 빈곤의 실상을 사회조사활동을 통해서 폭로한 사람은 찰스 부스(Charles Booth)와 벤자민 시봄 라운트리(Benjamin Seebohm Rowntree)였다. 부스는 1889년에 발간된 그의 유명한 빈곤조사보고서인 「런던시민의 생활과 노동」(Life and Labor of the People in London)에서 동부런던에 거주하는 사람들의 약 35%가 빈곤상태에 속해 있으며, 빈곤상태에 있는 65세 이상의 노인들 중에서 8/9은 노령 때문에 빈곤하다고 하는 충격적인 보고를 하였다.

---

13) 아놀드 토인비는 열정적이었고 두뇌가 명석한 옥스퍼드대학 졸업생이었다. 그는 인보관운동에 참가한 사람들 중에서 가장 열정적이었으며 그의 따뜻한 성격과 인보관운동에 대한 헌신으로 많은 사람들로부터 존경을 받았다. 그러나 1883년 그는 불행하게도 건강이 좋지 않아 30번째 생일을 며칠 앞두고 폐렴으로 세상을 떠난다. 1884년 그를 따라 인보관운동에 참여했던 대학생들이 그를 추모하여 화이트채플(Whitechapel)에 대학인보관을 지어 그 이름을 「토인비홀」(Toynbee Hall)이라 명명하였다. 토인비홀은 세계 최초의 인보관이며, 많은 인재를 배출해 훗날 영국 복지국가 형성에 많은 영향을 미쳤다. 20세기 초반의 4명의 수상이 토인비홀과 관계를 맺었으며 영국 복지국가를 완성한 윌리엄 베버리지도 토인비홀에서 사회사업가로 일한 적이 있다.

라운트리는 1902년 요크(York)시의 빈곤상태에 대한 조사연구를 발표하였다. 그는 부스의 조사결과가 런던에만 한정되어 적용되는 것인지 아니면 다른 도시에도 적용이 되는 것인지를 조사하기로 결정하고 요크시의 빈곤정도를 조사하였다. 그의 조사에 의하면 요크시의 노동인구 중 28%가 빈곤상태에 있으며 빈곤의 원인 중 52%는 저임금이었다.

부스와 라운트리의 빈곤조사연구는 그 때까지 영국에 존재하였던 빈곤관, 즉 빈곤이란 개인적 성격의 결함에서 기인한다는 통설을 붕괴시키는 데 크게 기여하였다. 빈곤문제는 개인적 성격결함의 문제가 아니라 경제현상인 빈곤문제였음을 깨닫게 했다. 즉 빈곤문제는 인도주의적인 자선에 의해서 해결될 성격의 문제가 아니라 보다 적극적인 국가의 개입이 필요하다는 주장을 강력하게 제기한 것이었다.[14]

3.4 사회보장 지향의 시대

20세기에 접어들어 자유당이 집권하면서 여러 가지 진보적인 개혁이 시도되었다. 그 중에서도 1908년의 노령연금법은 자유당의 개혁프로그램의 첫번째 단계라고 할 수 있으며 현대복지국가의 시작을 의미한다고 할 수 있다. 소득이 21파운드에서 31파운드 10실링 사이에 있는 70세 이상의 노인들에게 주 1실링에서 5실링까지 제공하는 연금법이 1908년 8월에 제정되어 1909년 1월 시행되어 구빈법에 의해 구호되지 못한 매우 가난한 49만명이 첫번째 연금을 받았는데 여성이 다수를 차지했다(Thane, 1982: 83-84).

---

14) 부스와 라운트리는 빈곤이 광범위하게 존재한다는 사실에는 의견이 같았으나 빈곤을 보는 관점에 대해서는 의견을 달리하였다. 부스는 1895년에 직업의 불규칙성을 해결하기 위한 유일한 방법은 개인적 신중함(prudence)이라고 주장함으로써 기존의 사상을 수용하는 편이었고, 빈곤을 도덕적인 관점에서 보았으며 징벌적인 치료를 지지하였다. 부스는 사실상 개인주의정신을 숭배하는 보수주의자였다. 그의 목적은 사회주의이론의 침투를 막기 위한 것이었다. 부스는 1834년 신구빈법의 기본정신에 대해서 직접적으로 도전하지는 않았다. 그는 비록 1908년에 건강상의 이유로 사퇴하기는 하였지만 1905-8년 사이의 왕립위원회의 회원으로 있으면서 1834년의 신구빈법의 원칙고수를 주장하는 지방관료들과 자선조직협회의 회원들과 함께 다수파에 속했다. 그러나 라운트리는 부스와 달랐다. 그는 부스와는 달리 신구빈법의 기본정신에 도전하였으며, 그로 인해 자선조직협회로부터 많은 비판을 받았다. 자선조직협회의 비서이던 찰스 로취(Charles Loch)는 라운트리가 노예근성의 계급 — 극빈자, 노령연금수혜자, 정부에 의존하는 임금노동자 — 을 만드는데 앞장서고 있다고 신랄하게 비난하였다. 실질적으로 라운트리의 빈곤실태에 대한 한 권의 책이 부스의 방대한 시리즈보다는 더 가치가 있는 것이었고 요크시에 대한 조사결과가 런던시에 대한 조사결과보다 빈곤실태를 폭로하는 데 더 영향력이 있었다. 이런 면에서 보면 부스가 보수적인 빅토리아시대의 말엽을 장식하였다면, 라운트리는 보다 진보적인 사고의 시작을 장식하고 있다고 할 수 있다.

연금제도는 보는 관점에 따라 여러 가지 의미를 지닌다고 할 수 있다. 연금제도는 그때까지 영국의 구빈정책을 주도하였던 징벌적인 성격의 1834년 신구빈법의 원칙들을 타파하고 사회보장이라는 새로운 방향의 모색일 수 있다. 중요한 점은 연금이 사회적 권리로서 제공되어졌다는 것이다. 연금제도는 법적인 혹은 사회적인 낙인을 수반하지 않으며 자산조사도 행해지지 않았고 우체국을 통해서 제공되었으며 징벌적인 구빈법과는 아무 관련이 없었기 때문에 대중적인 인기도 있었다.15) 반면에 연금제도는 구빈의 결점을 보완하기 위한 치료적 대책으로 볼 수도 있었다. 이런 관점에서 보면 '빈민'(pauper)이 '연금수혜자'(pensioner)로 바뀌었을 뿐 연금제도는 단지 구빈법의 연장이었다. 즉 1834년의 신구빈법의 원칙들이 사라진 것이 아니라 계속 존속하고 있으며 노동이 가능한 빈민들에게 계속 적용되고 있다고 할 수 있었다. 사실상 1834년의 신구빈법의 도덕적 철학은 계속 유지되어 제1차 세계대전까지 존속하였다.

1911년 실업보험과 의료보험으로 구성된 국민보험법이 로이드 죠지(Lloyd George)16)라는 한 정치인의 강력한 정치적 지도력과 페이비안 사회주의 운동의 주역이었던 웹(Webb)부처, 윌리엄 베버리지(William Beveridge), 윈스턴 처칠(Winston Churchill) 등의 주장에 의해 도입이 되었다.17)

---

15) 비갹출연금은 가난한 영국인들에게는 대단한 것이었다. 프로라 톰슨(Flora Thompson)은 구빈원(workhouse) 생활을 피하려고 버둥거리는 많은 시골노인들을 묘사한 *Lark Rise*에서 연금이 지급되던 당시의 상황을 다음과 같이 묘사하고 있다. "노령연금제도가 실시되자 늙은 농장노동자들의 생활은 변모되었다. 그들은 걱정으로부터 벗어났다. 그들은 갑자기 부자가 된 느낌이 들었으며 독립적인 생활을 하게 되었다. 연금을 받기 위해 우체국에 간 첫날 그들의 뺨에는 감사의 눈물이 흘러내렸다. 연금을 손에 쥐었을 때, 그들은 '신이여, 죠지경(Lloyd George를 칭함)에게 은총을 내리소서'라고 말했다. 그리고 그들은 단순히 연금을 건네 준 여사무원들에게도 꽃과 과일을 가져다 주었다." Flora Thompson, *Lark Rise*, 1939, p. 100, Maurice Bruce, *The Coming of the Welfare State*(London: Batsford, 1972), p. 180에서 재인용.

16) 영국의 20세기 초반 사회복지제도수립에 결정적인 영향을 미쳤던 로이드 죠지(Lloyd George)는 1863년에 매우 가난한 가정에서 태어나 삼촌에 의해 양육되었기 때문에 어릴 때부터 빈곤문제에 매우 익숙해 있었다. 그는 富나 가족의 연결 없이 자기 혼자 힘으로 정치적으로 성공한 당시로서는 입지전적인 인물이었다. 1908년 에스크위스(Asquith)가 수상에 취임하자 그는 대장상으로 입각하여 당시에 약관 34세이던 개혁파 윈스턴 처칠(Winston Churchill)과 함께 사회개혁에 착수하게 된다. 그는 1911년에 제정된 국민보험법의 사전작업으로 1908년 독일로 그 유명한 여행을 떠났으며 정부가 국민 개인의 생활보장을 위해 개입하여야 한다는 신념을 갖고 있었다.

17) 영국의 1900년대 사회보장제도의 도입과정에 관한 자세한 내용은 박병현, "영국과 미국의 사회복지제도발달비교: 1850-1935", 사회복지연구, 제7집, 1997, pp. 53-86; Ann Shola Orloff and Theda Skocpol, "Why Not Equal Protection? Explaining the Politics of Public Social Spending in Britain, 1900-1911, and The United States, 1880s-1920," *American Sociological Review*, 1984, Vol.49(December), pp. 726-750를 참조하면 된다.

그러나 자유당의 사회입법을 전적으로 진보적으로 해석하여 20세기초에 명확하게 나타나는 계급정치의 속성을 경시해서는 안 된다. 자유당이 행한 사회개혁의 내용은 비록 그것이 당시의 소위 '진보파'의 작품이라 하더라도 엄연히 자유주의라는 커다란 테두리 속에서 진행된 것이었다. 노동계급의 입장에서 볼 때 사회개혁법안들은 많은 문제점을 지니고 있었다. 예를 들면 1908년의 노령연금법의 경우 연금의 수혜자는 스스로 연금을 받을 만한 도덕적 자질이 있음을 입증하여야 했다.

3.5 복지국가의 시대

제2차 세계대전 중에 영국의 사려 깊은 정치가들은 전후의 사회발전에 대응하기 위한 조치를 강구하기 시작했다. 이러한 시도가 전후 영국복지국가의 기틀을 마련하게 된다. 가장 대표적인 시도는 당시 무임소장관으로서 재정계획을 담당한 아서 그린우드(Arthur Greenwood)가 사회보험 및 관련서비스에 관한 정부부처 간 조사위원회를 설치하면서 윌리엄 베버리지(William Beveridge)를 위원장으로 임명한 것이었다. 베버리지는 전쟁 중이던 1942년 「사회보험과 관련 제반 서비스에 관한 보고서」(Social Insurance and Allied Services)를 발간한다.

베버리지(1942; 6-7)는 그의 보고서에서 사회보장계획의 다음의 기본적인 세 가지 원칙을 제시하고 있다. 첫째, 미래를 위한 어떠한 제안도 이해관계자집단에 의하여 제약받아서는 안 된다. 둘째, 사회보험은 결핍(want)에 대한 공약일 뿐, 소위 5대 악(five giant evils)의 나머지인 질병(disease), 무지(ignorance), 불결(squalor), 나태(idleness)까지 해결할 수 있는 것은 아니었기 때문에 사회보험의 조직은 사회진보를 위한 포괄적인 정책의 한 부분으로 간주되어야 한다. 셋째, 사회보장은 정부와 민간의 협력에 의해 이루어져야 한다. 즉 국가의 역할도 중요하지만 국가가 사회보장을 조직하는 데에 있어 개인의 인센티브나 기회 그리고 책임감을 저해해서는 안 되고 개인이 국민최저한(national minimum)을 초과하는 여유 있는 삶을 영위하기 위한 자원활동을 장려할 수 있는 여지를 남겨두어야 한다는 것이었다.[18]

---

18) 베버리지는 사회보장의 본질을 소득보장이라고 보았으며, 사회보장의 일부라고 생각되는 아동수당, 보건의료서비스, 사회복지서비스 자체를 소득보장이라기 보다는 그 전제를 이루는 것으로 보아 사회보장을 소극적으로 해석했다는 평가가 있다.

베버리지 보고서가 제시한 사회보장제도들의 제도적 기반은 강제적인 사회보험이다. 베버리지는 국민들로부터 빈곤을 추방하는 데 있어 강제적인 사회보험을 1차적으로 상정하였으며, 이에 포괄되지 못하는 경우를 대비하여 국민부조(national assistance, 현대의 공공부조)장치를 마련하였다. 나아가 국가가 제공하는 사회보장의 목표를 국민최저선(National Minimum)달성에 두었다. 따라서 국민최저선을 넘어서는 욕구에 대해서는 사보험이나 개인적 차원의 저축문제로 남겨 놓은 것이다.

이러한 베버리지의 구상은 여섯 가지의 원칙을 제시한다. 첫째, 실업, 질병, 퇴직 등 소득중단을 야기하는 사회적 위험의 성격에 관계없이, 그리고 과거소득의 많고 적음에 상관없이 기본적 욕구를 충족시키는 국민최저선을 모든 국민에게 동일하다는 정액급여(flat-rate benefits)의 원칙이다. 둘째, 소득의 높고 낮음에 관계없이 동일한 보험료를 내는 정액기여(flat-rate contribution)의 원칙이다. 셋째, 사회보장성을 신설하고 지방마다 단일한 행정국을 설치하여 모든 피보험자를 포괄하는 행정책임통합(unification of administrative responsibility)의 원칙이다. 넷째, 급여수준과 급여지급기간은 충분한 정도가 되어야 한다는 급여충분성(adequate benefits)의 원칙이다. 다섯째, 사회보험은 일반적인 모든 사회적 위험을 모두 포괄해야 한다는 포괄성(comprehensiveness)의 원칙이다. 마지막 여섯째, 사회보험은 모든 국민을 ① 피고용인, ② 고용주 및 독립노동자, ③ 가정주부와 같은 무보수서비스 종사자, ④ 비취업자, ⑤ 15세 미만의 취업연령 미달자, ⑥ 취업연령을 초과한 퇴직자와 같이 몇가지 범주로 나누어 접근해야 한다는 피보험자 구분(classification)의 원칙이다(이인재 외, 1999: 85-86).

이상과 같은 베버리지 보고서를 기초로 하여 1601년부터 시작된 오랜 역사의 영국의 구빈법은 폐지되고 "요람에서 무덤까지"로 일컬어지는 경제적인 소득보장체계가 마련되었다. 또한 1945년 총선에서 노동당이 단독 집권하면서 1948년까지 사회보장체계를 완성하게 되는데 그 구체적인 내용은 1945년 가족수당법(Family Allowances Act), 1946년 국민보험-산업재해법(National Insurance-Industrial Injuries Act), 의료보장의 새 지평을 연 1946년의 국민보건서비스법(National Health Services Act), 그리고 1948년에는 국민부조법(National Assistance Act)이다.

이후 영국의 사회복지는 전후 세계경제의 유례없는 호황국면에 힘입어 더욱더 확대된다. 노령연금, 의료보험, 산재보험, 실업보험, 아동수당, 국민부조 등 사회보장제도의 수혜범위와 급여수준이 확대되고 행정적으로 체계화된다. 특히 1951년부터 1973년까지는 영국복지국가의 황금기였다. 이 기간 동안 영국의 연평균 실업률은 1971년과 1972년에 3%를 초과하였을 뿐 완전고용에 가까웠고, 소매물가의 연평균 상승률도 4.6%에 지나지 않았다. 국내 총생산도 증가하여 사회복지를 위한 공공지출을 가능하게 했다.

그러나 경제적인 번영을 바탕으로 한없이 확대되던 영국의 사회복지는 1970년대에 들어와서 오일쇼크를 계기로 복지국가의 위기에 직면하게 된다.

3.6 복지국가 위기의 시대

1960년대와 1970년대 초반에 걸쳐 경제성장과 변화하는 사회의 욕구에 대응하면서 팽창되고 현대화되던 복지국가는 1973년 석유가격의 인상과 함께 찾아온 전세계적인 경제침체로 도전을 받게 된다. 1970년대 중반의 경제침체는 1930년대 대공황 이후 처음으로 찾아온 경제침체였다. 저성장과 물가상승을 동반하는 스태그플레이션은 일자리를 감소시키고 빈곤을 증가시켰다. 경기침체가 더 가속화되어 가면서 공공 사회복지 지출을 줄여야 하고 복지에 대한 정부의 역할을 다시 정립해야 한다는 목소리가 나오기 시작했다. 이러한 상황에서 1978년에서 1979년으로 넘어가는 유난히 추웠던 겨울[19]은 노사분규와 파업의 속출로 사회가 혼란에 빠져들었다. 이런 상황에서 보수당 대처 행정부가 집권했다.[20]

1979년 보수당 대처(Margaret Thatcher) 행정부의 등장은 영국 사회보장 및 사회복지의 역사에 있어서 전환점을 이루는 사건이었다. 영국의 사회복지 역사를 보면 과거와 단절하면서 한 세대에서 한 세대로 넘어가는 시기가 있었다. 스핀햄랜드법에서 신구빈법으로 넘어가던 1834년이 그러했고, 1900년대 초반의 사회개혁이 그러했다. 전후 노동당의 베버리지 보고서와 뒤이은 복지국가의 탄생도 시대적으로 보면 전환점을 이루는 사건이었다. 극심한 경제침체 속에 집권한 대처 행정부는 베버리지 보고서 이후 등장한 케인즈주의 사회복지정책을 전면 부정했다. 대처 수상은 1983년 사회보장예산을 삭감하였으며, 사회보장에 대한 국민의 의존심을 약화시킨다는 목표를 갖고 제도개혁을 추진하기 위하여 파울러(Norman Fowler)

---

19) 영국에서 1978-79년 겨울은 '불만의 겨울'(winter of discontent)로 불린다.
20) 대처행정부는 1990년 11월 사임하기까지 11년 반 동안 수상을 역임했다.

를 위원장으로 하는 사회보장조사위원회를 조직하였으며, 이 위원회는 1985년 6월
「사회보장의 개혁」(The Reform of Social Security)이라는 그린 페이퍼를 출간
하였다. 이 그린 페이퍼는 연금이 하향 조정되고, 사적연금이 장려되고, 자산조사를
전제로 하는 사회보장급여부분도 축소하는 '1986년 사회보장법'(The 1986 Social
Security Act)의 기초가 되었다.

　　이러한 대처행정부의 복지에 대한 대대적인 공격으로 인해 영국의 사회복지비
는 감소하였을 것이라고 생각하는 경우가 많다. 그러나 대처 행정부의 대대적인 복
지삭감정책과 민영화 추진에 의한 복지주체에 있어서 민간부문의 강조에도 사회복
지비 지출은 실제로 증가해 왔음을 인식할 필요가 있다. <표 3-1>은 석유파동이

▌표 3-1▐ 영국의 공공지출 경향		
	복지비의 연간 증가(%)	사회복지비가 정부지출에서 차지하는 비율(%)	사회복지비가 GDP에서 차지하는 비율
1973/4	−	50.3	21.9
1974/5	12.9	50.9	24.9
1975/6	2.6	52.1	25.7
1976/7	3.6	55.3	25.9
1977/8	−4.7	55.8	24.0
1978/9	1.5	53.8	23.7
1979/80	1.2	52.9	23.3
1980/1	1.5	52.6	24.4
1981/2	1.0	52.6	24.8
1982/3	2.2	52.3	24.7
1983/4	4.2	53.8	24.8
1984/5	1.0	53.1	24.5
1985/6	1.3	54.0	23.9
1986/7	4.5	56.0	23.8
1987/8	1.3	56.6	23.0
1988/9	−1.2	57.6	21.8
1989/90	0.8	55.6	21.6
1990/1	3.3	57.2	22.4
1991/2	8.4	60.9	24.7
1992/3	6.6	61.3	26.3
1993/4	3.7	61.6	26.6
1994/5	2.0	61.6	26.1
1995/6	0.7	60.2	25.8

자료: H. Glennerster, "Welfare with the Lid on," in H. Glennerster and J. Hills (eds.), *The State of Welfare*(Oxford: Oxford University Press, 1998), Table 8.1.

시작된 1973년부터 1995년까지의 복지비의 연간 증가율, 사회복지비가 정부지출
에서 차지하는 비율, 사회복지비가 GDP에서 차지하는 비율을 보여준다. 이 기간
동안 복지지출이 1945년부터 1970년대 초반까지의 급격한 증가추세는 아니지만,
복지비 자체는 완만하게 증가하여 왔다. 신보수주의의 공세가 대단했던 1980년대
와 1990년대에 사회복지비가 감소하지 않고 완만하게 증가하였음을 보여주는 <표
3-1>은 시사하는 점이 많다. 그래서 Le Grand(1990: 350)는 '우리가 보고 있는
것은 복지국가는 매우 튼튼하다(robust)는 것이다. 1974년부터 1987년까지 복지
정책은 1970년의 경제 허리케인(hurricane)과 1980년대의 이념적 폭풍(blizzard)
에 맞서 잘 뚫고 나갔다'라고 쓰고 있다.[21]

　　그러면 대처 행정부의 복지삭감정책에도 불구하고 사회복지비는 왜 완만하게
증가해왔는가? 첫 번째 이유는 인구 고령화의 진전이다. 고령화의 진전은 필연적으
로 노령연금 지출의 지속적인 증가와 의료비의 증가를 가져온다. 영국에서는 1973
년부터 1995년까지 공공복지지출은 계속 증가했다. 이러한 증가에 기여한 가장 크
게 항목은 사회보장지출과 의료비 지출이다. 두번째 이유는 실업률이 증가함으로
인한 실업수당 지출과 공공부조 지출이 늘어났기 때문이다. 영국에서 실업률은
1980년대 초반에 크게 증가했다가 1990년대 초반에 다시 크게 증가했다. 이러한
실업률의 증가는 이 시기의 사회복지비 증가에 일정 정도 기여했다. 이 밖에 인플
레이션이 심화됨에 따라 물가와 연동된 각종 급여 지출의 증가와 복지국가 발전으
로 복지수혜자와 복지종사자의 증가로 인한 복지예산 증액에 찬성하는 친복지세력
의 증가도 사회복지비 증가에 기여했다고 볼 수 있다.

3.7 「제 3의 길」에 의한 사회보장개혁의 시대

　　1997년 총선에서 압도적인 승리로 집권한 노동당의 토니 블레어(Tony Blair)
수상은 저명한 사회학자이자 런던정치경제대학(London School of Political Science
and Economics)의 학장인 기든스(Giddens, 1998)에 의해 제창된 「제 3의 길」
(The Third Way)을 바탕으로 사회복지개혁을 추진했다.

　　제3의 길은 어떤 길인가? 기든스는 이념의 양극단을 전통 사회주의의 수정형

---

21) 이러한 현상은 OECD 국가 전체에도 적용된다. 자세한 내용은 Pierson(1996)과 박병현(2005:
　　58)을 참조바람.

인 복지국가형 사회민주주의와 전통보수주의적 자본주의의 극단화된 변종인 신자유
주의로 설명하고 있다. 그러면서 그는 앞으로의 사회형태는 사회민주주의도 아니고
신자유주의도 아닌 중도세력이 주도하는 제 3의 길로 가야하며, 제3의 길로서 급진
적 중도, 적이 없는 새로운 민주국가, 활발한 시민사회, 민주적 가족, 신혼합경제,
적극적 복지, 사회투자국가, 세계적 민주주의를 들고 있다. 기든스는 신자유주의는
내적으로 모순적이고, 전통에 대해 적대적이고 곳곳의 전통을 소멸시키는 주요 요
인 중의 하나이고 시장과 공격적인 개인주의 증진의 결과로 근본주의의 형태를 띠
고 있다고 비판한다. 한편으로는 현재의 사회민주주의로는 미래를 헤쳐 나갈 수 없
다고 주장한다.

1997년 총선에서 18년 만에 어렵게 정권을 잡은 토니 블레어의 신노동당 정
부가 복지개혁을 추진한 배경은 대략 다음 두 가지로 요약될 수 있다.

첫째, 복지비용의 비약적인 증가에도 불구하고 복지 프로그램들이 제대로 역할
을 하지 못하고 있다는 것이다(김영순, 1999; 강욱모, 2003; 김태성·류진석·안상
훈, 2005). 영국에서 사회보장지출은 단일항목으로 공공지출에서 차지하는 비중이
가장 높으며, 전후 15%에서 1975년까지 20%로 서서히 증가하였으나, 1970년대
중반 이후 급격히 증가하여 1986년에 30%에 도달했으며, 1996년도 30% 정도에
이르고 있다(Clark and Dilnot, 2002: 9-10; <그림 3-4> 참조). 그럼에도 불구
하고 빈곤과 불평등은 여전히 해결되지 않은 문제로 남아 있는 현실이다. 지니계수
의 경우 1979년 0.25에서 1990년에 0.34로 높아졌으며, EU 국가들 간의 비교에
서도 영국의 불평등도는 높게 나타나며, 최근 들어 상대적으로 더 불평등한 국가로
나타나고 있다(Brewer et al., 2004: 16-17). 즉, 대처의 보수당 정부 집권 후
공공지출 중 사회보장 지출 비중이 상대적으로 적게 증가한 반면, 소득불평등도는
대처 집권 후 급격히 증가하고 있음을 알 수 있다.

둘째, 빈곤층의 복지의존성(welfare dependency)의 심화와 사회적 배제
(social exclusion)의 문제이다. 복지제도의 본래의 목적은 일시적인 사회적 위험
(social contingency)으로 소득을 상실한 사람들에게 급여와 서비스를 제공하여
인간다운 생활을 영위하게 하는 것이다. 이 위험이 지나가면 그 사람들은 정상적인
시장소득을 통해 삶을 영위할 것으로 기대되었다. 그러나 1980년대 이후 구 제조
업의 몰락과 지식정보사회의 등장과정에서 밀려난 뒤 다시 공식적 경제부문에 취업
하지 못한 장기실업자들과 기술이 없는 청년실업자들, 그리고 부양아동을 가진 한

┃그림 3-4┃ 영국 공공지출 중 사회보장 지출 비율 추이

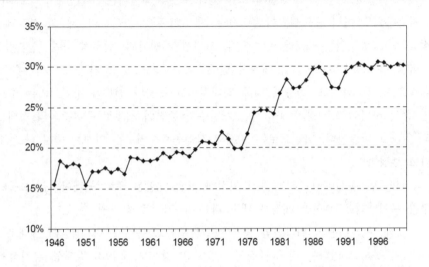

자료: Clark and Dilnot, 2002: 10.

부모(lone parents)들은 만성적인 가난 속에서 거의 항상적인 복지의존자로 살아가고 있다. 문제는 이런 빈곤 속에서 이들이 자활의지와 노동능력을 잃고 사회로부터 유리되며, 빈곤과 좌절감을 다시 그들의 자녀들에게 대물림한다는 것이다(김영순, 1999: 206, 강욱모, 2003: 73-75).

이상과 같은 배경 하에서 블레어 정부의 현대화론자들 사이에는 기존 제도로 인한 복지 의존성을 줄이고 기회를 증진시키며, 모든 사람들이 복지국가의 혜택을 받지만 이를 현재의 경제·사회적 상황에 적합한 새로운 방식으로 재조정하는 데에는 대체적으로 인식을 같이 하면서 1998년 복지개혁의 청사진을 담을 녹서(Green Paper) 「우리나라를 위한 새로운 대망: 복지를 위한 새로운 계약」(New Ambitious for Our Country: A New Contract for Welfare)을 내놓았다(김영순, 1999: 210; 강욱모, 2003: 78-79).

녹서 「복지를 위한 새로운 계약」의 주요한 원칙과 정책들은 장애인, 연금, 아동보호, 실업, 부정수급(fraud)과 같은 중요한 개혁 분야에 걸친 연이은 정책 보고서에 반영되었다(Hyde et al, 1999: 70). 「복지를 위한 새로운 계약」에서 제시되고 있는 복지개혁의 여덟 가지 원칙은 다음과 같다(DfEE, 1998a, Hyde, Dixon, and Joyner, 1999; 강원택, 1999; 김태성·류진석·안상훈: 2005).

첫째, 새로운 복지국가(the new welfare state)는 노동연령에 있는 국민들이 자신이 일할 수 있는 곳에서 일할 수 있도록 지원하고 이를 격려해야 한다.

둘째, 공공부문과 민간부문은 가능한 영역에서 예견할 수 있는 위험으로부터 국민들을 보호하고 그들이 은퇴한 이후를 대비할 수 있도록 파트너쉽을 형성하여 함께 노력해야 한다.

셋째, 새로운 복지국가는 전체 공동체에 높은 질적 수준의 공공서비스 및 현금급여를 제공해야 한다.

넷째, 장애인들은 존엄성 있는 삶을 영위할 수 있도록 필요한 지원을 받아야 한다.

다섯째, 복지제도는 빈곤아동의 고통을 해결해야 할 뿐만 아니라 가족과 아동을 지원해야 한다.

여섯째, 사회적 배제(social exclusion)를 해결하고 빈곤에 처한 사람들을 돕기 위한 특별한 조치가 취해져야 한다.

일곱째, 복지제도는 개방성과 정직성을 높이는 것이어야 하며, 복지 수급과정은 분명하고 강제성이 있어야 한다.

여덟째, 복지전달체계는 탄력적이고, 효율적이며, 국민들이 쉽게 이용할 수 있어야 한다.

블레어 정부의 복지개혁의 핵심적 내용은 '일할 능력이 있는 사람들에게는 일자리를, 그리고 일할 능력이 없는 사람들에게는 사회보장을'(work for those that can, security for those that cannot)이라고 요약할 수 있다. 여기에서 주목할 점은 이러한 복지제도의 개혁이 기존 복지국가 체제의 기반이 되었던 '국민의 권리와 국가의 의무'라는 일방적인 구조에서 '정부뿐만 아니라 국민에게도 의무를 부과'하는 쌍무(雙務)적인 구조로의 이행이라는 점이다. 즉 영국은 기존 복지국가 체제에 대한 일대 패러다임 전환(paradigm shift)을 시도하고 있는 것이다(문진영, 2004: 47).

이러한 복지개혁의 원칙에 기반하여 노동당 정부가 도입한 대표적인 근로연계 복지 정책이 뉴딜(New Deal)이다. 뉴딜은 구직등록 의무화의 수준을 훨씬 넘어서서 수급자가 직접 프로그램에 참가하여야 급여를 지급한다는 강도 높은 조건을 부과하고 있기 때문에 기존 복지제도와는 판이한 새로운 복지제도의 출현이라고 평가

할 수 있다. 즉, 영국의 사회보장제도가 '모든 사람에게 사회보장을 제공한다'는 베버리지의 보편주의(universalism) 원칙에서 벗어나 '일할 수 없는 사람에게만 사회보장을 제공한다'는 선별주의(selectivism) 원칙을 강화하는 방향으로 바뀐다는 것을 의미한다(김종일, 2001: 119; 신동면, 2004: 28).

뉴딜은 신노동당 정부의 가장 대표적인 사회정책으로서, 각 대상자별로 다른 서비스를 제공하는 특징을 가지고 있다. 즉 뉴딜은 18~24세 청년실직자를 대상으로 하는 청년뉴딜(New Deal for Young People), 25~49세 장기실직자 대상의 25세 이상 뉴딜(New Deal 25 plus), 50세 이상 장기실직자 대상의 50세 이상 뉴딜(New Deal 50 plus), 장애인 대상의 장애인 뉴딜(New Deal for Disabled People), 한부모 대상의 한부모 뉴딜(New Deal for Lone Parents), 실직자의 배우자를 위한 배우자(동거인) 뉴딜(New Deal for Partners)과, 2004년부터 시작된 자영업자를 대상으로 하는 뉴딜(New Deal: self-employment)과 음악가를 대상으로 하는 뉴딜(New Deal for Musicians) 등이 있다. 이중에서도 청년 뉴딜, 25세 이상 뉴딜, 한부모 뉴딜, 장애인 뉴딜이 대표적인 사업이라고 할 수 있으며, 이중에서 청년 뉴딜과 25세 이상 뉴딜만 참여가 의무적(compulsory)이며, 나머지 대상자를 위한 뉴딜은 개인의 판단에 따라서 참여를 결정하게 되는 자발적(voluntary) 프로그램이다.

뉴딜 프로그램에 대해서는 상반된 평가가 이루어지고 있는데, 펙과 데오도르(Peck and Theodore, 2001)는 영국과 미국의 근로연계복지의 정책이전(policy transfer)에 대해 비판적인 분석을 통해, 최근 들어 영국 복지정책이 근로에 대한 의무를 강제화하는 미국의 영향을 받아 미국화(Americanized)되어 가고 있다고 비판하고 있다. 김종일(2001)은 영국의 뉴딜 정책이 청년실업자의 취업률 제고에는 가시적인 성과를 가지고 있으나 영국의 보편적 복지제도가 미국의 잔여적 복지제도로 수렴되는 경향을 보이고 있다고 비판하며, 영국의 성과는 경기호전에 힘입은 바가 크기 때문에 성과가 일정한 한계를 지닌다고 비판하고 있다. 김영순(2000)도 영국과 미국의 근로연계복지 정책을 분석하면서 노동강요적 근로정책들은 구빈법 이래 한 번도 소기의 목적을 달성한 바 없었다고 지적하면서, 근로연계복지정책이 추진되는 이유는 정치적 효용성 때문이라고 비판하고 있다.

그러나 아네스리(Annesley, 2003)는 1997년 이후 영국 신노동당의 사회정책의 미국화와 유럽화에 대한 연구를 통해 미국의 복지 이데올로기와 정책이 영국에

지속적인 영향을 미친 것은 부정하지 않지만, 신노동당의 뉴딜 프로그램은 미국의
근로연계복지(workfare)와는 몇 가지 점에서 다르다고 주장하고 있다. 특히 뉴딜
은 미국의 근로연계복지 프로그램과는 통합대상, 강제성의 정도, 제재의 엄격성 등
에서 차이를 보인다고 언급하고 있다.

신동면(2004)은 뉴딜 정책이 시행된 후 5년이 경과한 최근까지의 구체적인
성과를 토대로 뉴딜을 매우 성공적인 제도로 평가하고 있다. 그러나 많은 연구자들
은 영국의 뉴딜 정책의 내용에 대한 분석에 치중하고 있으며, 제도의 성공여부에
대한 평가는 유보하고 있다. 류진석(2004)도 근로연계복지의 경향과 특징에 대한
연구에서 복지개혁을 추구하는 과정에서의 근로연계복지의 확산과 모방은 상호의무
감 및 노동연계성에 기초한 정책유연화를 추가하고 있기 때문에 대다수의 복지국가
에서 일정한 흐름을 형성하고 있지만, 국가별로 근로연계복지전략상의 목적과 방법
에서는 질적 차이를 보이고 있으며, 이러한 분화양상은 권리의 약화 및 강제성에
근거한 이유로 근로연계복지에 대한 인색한 평가보다는 개별국가의 사회경제적 상
황과 복지급여방식의 맥락이 중요하다고 결론내리고 있다.

4. 미국사회복지의 역사

4.1 식민지 시대: 1776년 이전

초기식민지시대의 미국은 대부분의 사람들이 가난했다. 식민지에서의 생활, 특히
뉴잉글랜드를 중심으로 확장되고 있었던 퓨리턴(puritan)으로 대표되는 프로테스탄
트(protestant)의 생활은 근면과 절약을 최상의 미덕으로 여겼고 빈궁해지고 부랑화
되는 것을 죄악으로 간주하였다. 이러한 빈곤관으로 인해 식민지 시대의 미국에서는
구호에 의존하는 사람들은 별로 없었다. 예를 들면 메사츄세츠(Massachusetts)주
의 워터다운(Watertown)은 1708년에 인구가 1,000명이었는데 1700년부터 1709
년까지 단지 32명, 1700년에 인구가 2,500명이었던 세일렘(Salem)에서는 1690
년대에 단지 29명만이 공적인 구호를 받았다. 1784년의 메사츄세츠주에서는 전체
인구 중에서 0.88%, 1740년 이전의 뉴욕시에서는 0.9%, 1709년에 필라델피아시
에서는 0.52%만이 공적인 구호를 받았다. 이와 같이 이 시기엔 전체인구 중 1%

미만이 공적인 구호를 받았음을 알 수 있다(Morris, 1986: 146). 구호의 대상도 인디언의 습격과 학살에 의해 가족을 잃어버린 사람, 고아, 과부, 노인, 부상자, 재해로 인해 가난에 허덕이는 사람 등 노동능력이 없거나 일시적인 원조가 필요한 사람으로 제한되었다.

그러나 18세기에 접어들면서 특히 영국의 식민지인 북부와 중부의 도시에 빈궁자가 증가함에 따라 공공구빈원에 의한 원내 구호(indoor relief)가 시행되었다. 보스톤, 뉴욕, 필라델피아 등에 구빈원이 설치되었고, 1735년에 설립된 뉴욕 시립 구빈원은 나태한 방랑자에 대한 징계측면과 근로시설로서의 작업장적 측면을 함께 지니는 혼합형 작업장으로 주목받았다.

4.2 자본주의 성립기: 1777−1860년

미국의 독립혁명은 정치적인 독립뿐 아니라 경제적·사회적 변혁을 가져온 시민혁명이었다. 독립전쟁이 끝난 뒤에 사회전반에 걸쳐 많은 변화가 일어났다. 유럽의 나폴레옹전쟁과 1812년의 영국과의 전쟁으로 인해 경제가 침체해졌으며 유럽으로부터의 이민이 가속화되기 시작하였다. 그러나 모든 사람들이 새로운 환경에 적응하는 것은 아니었다. 어떤 사람들은 새로운 환경에 적응하지 못했고 미국의 풍부한 기회를 활용하지도 못했다. 이러한 사람들은 자연히 빈민이 되었으며, 미국은 이러한 사람들을 다루는 문제에 대해 골몰하기 시작하였다. 미국의 시각에서 보면 구호를 요하는 빈곤상태는 외국물품이었으며 수입된 질병이었다.

19세기의 미국을 이끈 정신은 개인의 성취와 자립을 강조하는 개인주의였다. 일찍이 1830년대에 토커빌(Tocqueville)이 미국의 민족정신으로 개인주의를 꼽았듯이 미국의 개인주의정신은 영국보다 더 강하였다고 할 수 있다(Rimlinger, 1971: 62). 개인주의는 공적(公的) 및 교회나 정부의 권위로부터 개인의 가족, 이웃, 직장 등과 같은 사적(私的)인 부문으로의 전환이라고 할 수 있다. 그러나 미국의 개인주의정신이란 이기주의나 반사회적인 탐욕이 아니라 상호존중과 이웃에 대한 관용을 지닌 개인적 책임성을 의미하는 것이었다. 이러한 개인주의정신을 바탕으로 공적인 구호는 별로 행해지지 않았다.

4.3 자유방임주의와 자선조직협회의 시대: 1860-1900년

이 시기에는 자유방임주의를 바탕으로 자선조직협회가 발달하기 시작했다. 사실상 1900년 이전의 미국사회정책의 방향과 빈민들을 위한 사회사업실천의 내용은 자선조직협회에 의해 설정되었다고 할 수 있다. 미국에서의 자선조직협회는 영국 런던의 자선조직협회의 자원봉사자로 일했던 적이 있는 거틴(Gurteen) 목사가 1877년 버팔로에 처음으로 창설한 이후 미전역에 퍼지기 시작하여 1890년대에는 100여 도시에 자선조직협회가 생겨났다. 자선조직협회는 세 가지의 단순한 가정에 근거하여 결성되었다고 할 수 있다. 첫째는 빈곤의 원인은 사회구조상의 모순에 있는 것이 아니라 빈민의 도덕적 혹은 성격적인 결함에 있다는 것이다. 둘째는 빈곤의 근절은 빈민들이 자신들의 성격적 결함을 인정하고 교정하려고 할 때 가능하다. 셋째는 이런 목적의 달성은 다양한 자선단체들의 협력에 의해 가능하다는 것이다(Boyer, 1978: 144). 빈곤에 대한 과학적 접근방법을 주요 장점으로 내세웠던 자선조직협회는 다윈의 진화론을 사회이론화시켜 주요 이론으로 사용하였다. 자선조직협회는 적자생존원칙을 바탕으로 '적자'(適者, the fittest)만이 부자가 된다는 자유방임경제이론의 필요성을 역설하였으며, 의존하는 것과 세상에 적응하지 못하는 자를 원조하는 것은 곧 인류의 쇠퇴를 의미한다고 경고하였다(Axinn and Levin, 1992: 99).

메리 리치몬드(Mary Richmond)[22]가 주도하였던 자선조직협회는 구호를 받고 있는 자의 생활은 구호를 받고 있지 않으면서 일을 하고 있는 자의 생활보다 덜 바람직스러워야 한다는 열등처우(less eligibility)의 원칙을 근간으로 하고 있는 영국의 신구빈법의 영향을 많이 받아서 무차별적으로 구호를 제공하는 것은 노동자들의 나태, 사치, 낭비를 조장한다는 근거로 모든 원외구호의 폐지를 주장하였다. 자선조직협회는 원조방법으로 우호적인 방문(friendly visiting)을 사용하였고, 빈민을 원조받을 가치가 있는 빈민(worthy poor)과 원조받을 가치가 없는 빈민(unworthy

---

22) 메리 리치몬드는 제인 애덤스와 함께 미국의 사회사업발전에 가장 많은 기여를 한 인물이었다. 제인 애덤스가 부유한 환경에서 성장한 것과는 달리 리치몬드는 매우 가난한 가운데 할머니에 의해서 양육된 고아였다. 그녀는 고등학교를 졸업하고 자선조직협회의 사무원으로 들어갔으나 승진을 거듭하여 자선조직협회의 최고위직까지 올라갔다. 여성은 결혼해서 어머니로서 아내로서 지내는 것이 주요 역할이라는 관념이 지배적이었던 당시에 그녀는 평생을 독신으로 지내면서 여성은 전문직으로도 성공할 수 있음을 보여주었다.

poor)으로 구별하였으며, 타파되어야 할 대상으로 원외구호를 주장하고, 인적자원
으로는 잘 훈련된 여성 신교도들을 사용하였다.

그러나 미국의 자선조직협회는 미국 사회사업의 전문화와 사회사업교육의 발
달에 크게 기여했다. 고졸학력인 사람이 저술한 것으로는 믿어지지 않을 정도의
사회사업에 대한 높은 지식과 기술을 기술한 리치몬드의 명저인 「사회진단」(Social
Diagnosis, 1917)은 미국사회사업의 전문화에 크게 기여하였다. 리치몬드는 케이
스워크의 본질은 자원봉사 우애방문원들이 좋은 일을 행하는(goodwill) 것이 아닌
기술(skill)이 되어야 한다고 생각하며 사회사업의 전문화에 기여했다. 또한 그녀는
사회사업가를 위한 공식적인 교육을 강조하여 후일 뉴욕의 컬럼비아 대학교 사회사
업대학원으로 발전한 뉴욕자선학교(New York School of Applied Philanthropy)
를 창설하는 데 기여했다.[23]

미국의 19세기는 자유방임주의가 절정을 구가했던 시기였다. 계층간의 구별이
분명하였던 영국에서는 19세기 후반 무렵부터 자유방임주의사상이 농촌의 지주들
과 도시의 노동자에 이르기까지 광범위한 계층으로부터 공격을 받기 시작하였으나,
봉건제도가 존재하지 않음으로 인해 계층간의 구별이 비교적 비공식적이었고 때로
는 막연하기도 하였던 미국에서는 영국에 비해 자유방임주의가 공격을 적게 받았으
며 심지어는 명백한 지배적인 이데올로기로 형성되었다. 미국인들은 자유방임사상
이 미국이 성장하는데 긍정적인 영향을 미쳤다고 생각하였기 때문에 자유방임주의에
대해 문제를 제기하거나 별로 비판하지 않았다. 미국에서의 자유방임주의는 유럽의
개인주의와는 확연하게 다른 미국의 개인주의에 쉽게 흡수되었다. 사회복지와 관련
지어 생각하면 미국의 이러한 측면이 자선과 교정에 있어서 자원주의(voluntarism)
를 예외적으로 강조하는 요인이 되었다고 할 수 있다(Leiby, 1978: 23-29).

그러나 영국보다 시기적으로 늦기는 하였지만 영국과 마찬가지로 미국도 20세
기가 가까워 오면서 사회적 위기감이 조성되면서 자유주의사상의 변화를 추구하는
진보의 물결이 다가오고 있었다.

---

23) 미국의 첫번째 공식적인 사회복지교육은 1889년 뉴욕자선조직협회(New York Charity Organization
Society)가 후원한 사회서비스 자원봉사자들을 위한 6주간의 여름학교(summer institute)이다. 이
학교는 몇몇 강의와 함께 기관 실습(agency internship)을 제공했다.

4.4 진보와 개혁의 시대: 1900-1929년

미국의 사회복지 발달사에서 19세기를 '자유주의와 자선의 시대'라고 부르는데 비해 1900년에서 1930년까지의 30년간을 '진보(progress)와 개혁(reform)의 시대'라고 부른다. 이것은 18세기 이후 자유방임주의 경제이론과 다위니즘을 배경으로 미국을 지배해 오던 전통적 자유주의사상(classical liberalism)[24]의 쇠퇴를 의미한다고 할 수 있으며, 사회복지 측면에서 보면 빈곤에 대한 새로운 진보적 개념의 형성을 의미한다고 할 수 있다. 1900년대 초반에 이르러서는 빈곤문제가 본격적으로 거론되면서 자유방임주의가 부적절한 경제이론으로 보여지기 시작했고, 자유방임주의를 대치하는 새로운 사회이론, 즉 법적인 규제와 보호를 통해 사회정의를 실현하려는 방안이 제기되기 시작했다.

20세기를 전후하여 빈곤의 실태가 벗겨짐과 동시에 나타났던 현상 중의 하나는 1890년대 초반까지만 해도 자유주의사상을 철학적 배경으로 하여 빈곤의 원인을 개인의 성격결함으로 규정지으면서 보스턴, 뉴욕, 브루클린, 볼티모어 및 기타 대도시에 4,000여명의 우애방문원을 둘 만큼 성황을 이루었던 자선조직협회의 쇠퇴였다.

1890년대부터 빈곤의 원인에 대해 자선조직협회와 상반된 주장을 하며 사회개혁을 주도한 것은 인보관운동이었다. 미국 최초의 인보관은 스탠튼 코이트(Stanton Coit)가 1886년 뉴욕에 설립한 Neighborhood Guild[25]가 최초이며, 제인 애덤스(Jane Addams)[26]는 1889년 시카고에 미국 인보관의 상징이라고 할 수 있는 「헐

---

24) 자유주의(liberalism)는 아마 가장 혼돈되기 쉬운 미국인의 이데올로기 중의 하나일 것이다. 이데올로기로서의 자유주의는 현대에 사용되고 있는 자유주의적(liberal) 정치이념과 구별하여 사용하여야 한다. 실제적으로 전통적인 자유주의(classical liberalism)는 현대의 정치적 자유주의(contemporary liberal political view)와 대조적인 개념으로 사용된다. 전통적 자유주의는 개인주의와 제한된 정부를 강조하며 소극적인 사회복지를 추구하는데 반해, 현대의 자유주의적 정치이념은 집단성과 규제자, 배분자로서의 확대된 정부의 역할과 적극적인 사회복지를 추구한다. 미국의 자유주의에 관한 자세한 내용은 Andrew W. Dobelstein, Politics, Economics, and Public Welfare (Englewood Cliffs, NJ : Prentice-Hall, 1986), pp.88-91을 참조하기 바람.

25) Neighborhood Guild는 후일 대학인보관(University Settlement)으로 명칭이 변경되었다.

26) 미국 사회복지발전에 가장 기여를 많이 한 인물로 평가되는 제인 애덤스(Jane Addams, 1860-1935)는 1860년 미국 일리노이주 시더빌(Cedarville)의 부유한 가정에서 태어났다. 그녀는 태어나면서부터 허약했으며 어머니마저 일찍 여의었으나 퀘이커교도인 아버지의 엄격한 교육을 받으면서 성장했다. 그녀는 어릴 때부터 가난한 사람들에 대해 관심이 많았다. 그녀는 래크포드 대학(Rackford College)을 졸업하고 다시 의과대학에 입학했으나 척추결핵의 재발로 학교를 중단하고, 병이 회복된 후 요양차 유럽여행을 떠났는데, 영국 런던의 빈민가로 알려진 이스트엔드(Eastend)를 지나던

하우스」(Hull House)를 설립했다. 그 후 인보관은 점점 더 증가하여 19세기 말에
는 100여개에 이르렀다.

인보관운동은 빈곤의 원인이나 인간의 본성을 보는 관점이 자선조직협회와 매
우 달랐다. 자선조직협회는 빈곤의 원인을 개인적 성격의 결함에서 찾는 데 비해
인보관운동은 환경에서 찾으려고 했다. 인보관운동은 자본주의의 틀 속에서 사회연
대의식을 기초로 한 사회개량주의의 입장을 취했다. 미국의 인보관운동은 두 가지
방향으로 사회개혁을 추구하였다. 첫번째는 서비스나 교육을 제공함으로써 빈민들
을 미국생활의 주류로 통합시키려고 하였으며, 두 번째는 저널에 논문을 게재하거
나 사회조사를 함으로써 상류층 사람들에게 빈민들의 생활을 알리려고 하였다. 이
러한 활동은 자연히 사회개혁으로 이어졌다. 인보관운동은 미국인들의 빈곤에 대한 의
식을 변화시키는 데 많은 기여를 하였다. 이러한 두가지 면 - 서비스 제공과 조직된
형태의 빈곤에 대한 자료제공 - 이 인보관운동의 가장 중요한 기능이었다(Levine,
1988: 122-123).

미국의 인보관운동은 영국의 영향을 많이 받았으나 영국의 인보관운동과는 다
른 점이 많았다. 미국과 영국의 인보관운동의 근본적인 차이점은 두 나라의 사회적
상황에서 비롯되었다. 영국과는 달리 미국의 인보관운동은 주로 미국생활에 잘 적
응하지 못하는 유럽에서 이민온 사람들을 대상으로 하였다. 인보관운동의 주요 관
심은 문화와 교육이었다. 인보관에서는 주로 유럽에서 이민 온 사람들에게 영어를
가르쳤으며, 예술전시회를 후원하였고,[27] 직업기술을 가르쳤다. 또한 탁아소를 운
영하였으며, 지역사회의 공립학교의 환경을 개선하려고 노력하였다. 각 인보관은 자
기가 속한 시나 지역사회의 개혁에 관심을 기울였다. 그렇기 때문에 인보관에서 주

중 빈민들의 비참한 모습을 보고 큰 충격을 받았다. 그녀는 빈민구제라는 어릴 적부터의 꿈을 실현
하기로 결심하고 영국의 「토인비홀」(Toynbee Hall)을 방문하여 인보관 사업을 면밀히 관찰했으며,
「토인비 홀」의 설립목적과 헌신적으로 일하는 사회사업가들의 모습에서 큰 감동을 받고 미국에도 「
토인비 홀」과 같은 인보관을 설립할 것을 결심한다. 애덤스는 귀국 후 학교 친구가 영국 여행을 같
이 한 엘렌 스타(Ellen Starr)와 함께 이민 온 사람들이 가장 많이 사는 시카고에 미국 최초의 인
보관인 「헐 하우스」(Hull House)를 세워 가난한 사람들을 위한 사업을 전개한다. 그녀는 헐 하우
스를 중심으로 소년 소녀들의 각종 클럽활동, 탁아소, 유치원, 토론회나 강습회, 음악 미술의 특별
학급, 운동장, 캠프 및 레크리에이션 등 각종 사업을 전개했다. 그녀는 제1차 세계대전 전에 실시된
각종 여론조사에서 미국에서 가장 존경받는 사람으로 뽑혔다. 그녀는 평생을 독신으로 지낸 75년의
생애중 45년간을 「헐 하우스」에서 지냈으며 금주법, 여성참정권, 임금이나 고용조건의 개선, 노동
시간의 단축, 안전한 공장, 세계평화에의 기여 등 지대한 업적을 남겼다. 그녀는 여성으론 처음으로
예일대학에서 명예박사학위를 받았으며, 1930년 세계평화에 기여한 공로로 노벨평화상을 수상했다.
27) 한 예로 시카고 필하모닉 오케스트라가 「헐 하우스」를 방문하여 연주를 하기도 하였다.

로 하였던 사업은 아동노동법, 주택개량, 여성의 노동조건완화, 공장검색, 여성들의
투표권에 관한 것이었다(Katz, 1986: 161).

엘리트 남성들이 주축인 영국의 인보관운동가들이 사회보장을 위한 사회개혁과
정에 적극적으로 참여한 것과는 달리, 여성들이 주축이었던 미국의 인보관운동가들
에게는 질병이나 노령으로 인한 소득의 상실에 대한 대책, 사회보험프로그램, 자선
기관을 행정하는 등의 사업들은 주요 관심사가 아니었다. 심지어 산업재해보험도
간간이 언급이 될 정도였다. 그들은 보편적인 사회보장보다는 여성과 아동들의 노
동문제에 더 많은 관심을 가졌다. 이것이 영국 인보관운동과의 근본적인 차이점이
었다. 미국의 인보관운동은 1930년 대공황이 엄습하기 전까지 준자선적인 성격을
유지하고 있었다. 이러한 면에서 볼 때 영국의 인보관과는 달리 미국의 인보관운동
의 목적은 사회정의였지 사회보장은 아니었다고 할 수 있다.

또한 이 시기에 미국에서는 전문사회사업이 발달되고 교육되기 시작하였다.
1898년 미국 최초의 사회사업 전문훈련 하계강습회가 뉴욕의 자선조직협회에 의해
서 개최되어, 원조를 담당하였던 사람들이 빈민에 대한 이해를 더욱 높이는데 기여
하였다. 1903년에는 시카고 시민박애학교(현재의 시카고 대학), 1904년에는 뉴욕
박애학교(현재의 컬럼비아대학교 사회사업대학원)가 설립되었다.[28] 미국의 전문사
회사업의 방법, 기술확립에 결정적인 역할을 한 사람은 당시 러셀 세이지(Russel
Sage)재단의 자선부장이던 메리 리치몬드(Mary Richmond)였다. 리치몬드는 자신
의 자선조직운동에서 체험한 사실들을 정리하여 「사회진단」(Social Diagnosis), 「케
이스워크는 무엇인가?」(What is a Social Casework?) 라는 책을 출판함으로써 자
선활동을 전문사회사업 기술로 승화시키는 데 결정적인 기여를 하였다. 그 후 1918
년 미국의료사회사업가협회, 미국사회사업가협회, 1926년에는 미국정신의학사회사
업가협회 등이 전문직 단체로서 창립됨으로써 미국의 전문사회사업이 정착되었다.

---

28) 뉴욕박애학교(The New York School of Philanthropy)는 1904년에 설립되었으나, 역사는 1898
년 뉴욕시 자선사업(Philanthropic Work)의 첫번째 여름학교(summer school)에서 시작되었다.
이 학교는 사회사업 분야에 종사하는 사람들을 위한 첫번째 고등교육프로그램이었으며, 뉴욕자선조
직협회(The New York Charity Organization Society)에서 6주간의 여름학교 프로그램을 제공했
다. 1904년, 이 사회사업가 훈련 프로그램은 뉴욕박애학교로 이름을 개칭하여 8개월짜리 프로그램
으로 확장되었으며, 그 후 2년 프로그램으로 더 확대되었다. 컬럼비아대학교(Columbia University)
와 긴밀한 관계를 유지한 뉴욕박애학교는 1917년 뉴욕사회사업대학원(the New York School of
Social Work)으로 개명하여 1963년까지 이 명칭을 사용했다. 그 후 1963년 뉴욕사회사업대학원
은 현재의 컬럼비아 사회사업대학원(Columbia University School of Social Work)이 되었다.

그러나 무엇보다도 미국 사회복지의 역사를 근원적으로 바꾸어 놓은 역사적인 사건은 1929년 10월 24일 증권시장의 붕괴로부터 시작된 대공황이었다.

4.5 대공황과 뉴딜정책의 시대: 1930-1940년

대공황은 미국경제전반의 신용구조를 파괴시켰으며 실업을 증가시켰고 소득을 격감시켰다. 예를 들면 1929년 대공황 이전 1,031억 달러에 달했던 GNP가 격감하여 1933년에 556억 달러로 줄어들었다. GNP는 1934년부터 증가하기 시작하여 1937년에는 904억 달러에 달했으나 그 다음해 1938년에 847억 달러로 다시 감소하였다. GNP는 1941년이 될 때까지 대공황 이전의 수준에 미치지 못하였다. 실업률도 급증하여 1920년대에는 4%로 안정을 보이던 실업률이 1930년에는 9%로 증가하였고 가장 경제가 침체하였던 1933년엔 25%의 실업률을 보였다. 경기회복 프로그램에 힘입어서 1937년에 실업률이 14%로 줄어들었으나 1938년에는 다시 19%로 증가하였다. 미연방정부의 연방비상구제청(Federal Emergency Relief Administration)의 통계에 의하면 가장 실업률이 높았고 소득이 격감하였던 1933년 10월에는 전 인구의 약 10%에 해당하는 300만 가구의 1,250만 명이 실업구호에 의존하였다(Axinn and Levin, 1992: 176).

비록 진보주의의 시대를 거쳐 오면서 빈곤의 원인이 개인적 성격의 결함이라는 자유주의 철학이 공격을 많이 받고 퇴조하였지만 이러한 자유주의 철학이 송두리째 파괴될 수 있었던 계기는 대공황이었다. 대공황은 극적으로 미국사람들의 사고방식을 바꾸었다. 즉 사람은 개인의 결함이 아니라 사회의 구조적 결함에 의해서도 가난해질 수 있고 실업상태에 놓일 수도 있다는 의식을 가져왔다.

1933년 3월에 대통령에 취임한 루즈벨트(Roosevelt)는 뉴딜(New Deal)이라는 대담한 정책을 펴나갔다. 뉴딜정책을 지탱하는 철학은 연방정부가 자유방임주의 철학을 탈피하여 공공복지에 더 많은 투자를 해야 한다는 것이었다. 루즈벨트 대통령[29]은 정부는 경제침체로 인해 고통받는 사람들을 인간적이며 자비롭게 다루어야 한다고 믿었다.

사회복지의 역사적 관점에서 볼 때 대공항의 결과는 뉴딜정책 내의 여러 가지

---

29) 루즈벨트 대통령은 자신은 진보주의와 사회정의주의의 계승자라고 주장하며, 대통령이 되기 전 뉴욕의 많은 중산층 개혁자들과 사회사업가들과 많은 친교를 맺어 왔다.

사회입법과 연방정부 주도의 경제보장제도의 수립 및 사회보험과 공공부조제도를 사회복지정책의 핵심이 되게 한 1935년 8월 15일 루즈벨트 대통령이 서명한 사회보장법(Social Security Act of 1935)이었다. 사회보장법은 미국의 사회복지역사로 볼 때 사회복지에 대한 확대된 연방의 책임으로 볼 수 있으며 동시에 빈곤에 대한 새로운 사회철학의 탄생으로 볼 수 있다.[30]

사회보장법은 소득보장을 세 가지 방법으로 접근하고 있다. 첫째는 연방정부가 운영하는 사회보험프로그램이고, 둘째는 연방정부가 재정보조하고 주정부가 운영하는 공공부조프로그램이며, 마지막 셋째는 주정부나 지방정부만이 재정 보조하는 프로그램이다. 사회보장법의 기본개념은 고용가능한 사람과 고용불가능한 사람의 구분에 있다. 고용이 가능한 사람이나 고용되어 있는 사람들에겐 두 가지의 위기상황들 - 실업과 노령 - 을 대비하기 위해 사회보험프로그램을 연방정부가 운영하며, 구호가 필요하고 고용불가능한 사람들을 원조하기 위해서 연방정부가 주정부나 지방정부의 프로그램에 보조금을 제공했다. 이러한 보조금은 단지 몇몇 범주의 사람들 - 65세 이상의 노인, 보호가 필요한 아동, 맹인 - 에게만 제공되었으며 주정부나 지방정부의 프로그램이 어떤 기준을 충족시킬 때만 제공되었다.

1929년부터 시작된 대공황과 뒤이은 뉴딜정책은 미국사회복지의 흐름을 바꾸어 놓았다. 그러나 뉴딜이 반드시 사회복지에 있어서 좋은 전통만을 남긴 것은 아니다. 뉴딜에 의해 나타난 사회복지프로그램들은 급여수준이 낮았을 뿐만 아니라 지역 간에도 차이가 많았다. 또한 의료부조나 의료보험, 공공주택정책이 발전하지 못해 미국을 오랫동안 사회복지후진국으로 남아 있게 하였다. 그리고 대다수의 유럽국가들이 가족, 의료, 주택, 부조를 함께 다루어 빈민이나 빈민이 아닌 사람을 함께 다루는 사회복지정책을 펴나가는 데 반해 미국은 뉴딜시대부터 사회복지프로그램을 사회보험과 공공부조로 나누어 공공부조프로그램에 낙인을 찍음으로써 일관성 있는 사회복지정책을 펴나가지 못하게 되었다고 할 수 있다(Patterson, 1986: 76).

그러나 이러한 부정적인 관점이 있기는 하지만 뉴딜이 낳은 가장 큰 사회복지유산은 빈곤의 원인을 개인이나 문화적인 관점에서부터 경제적 관점으로 보게 되었다는 것이다. 이와 같은 빈곤에 관한 관점의 변화는 위험하고 게으른 빈민개념과

---

30) 미국 사회보장제도의 역사와 내용에 대해서는 박병현, "미국의 사회보장", 신섭중 외 공저, 「세계의 사회보장 : 역사, 현황, 전망」 (서울: 유풍출판사, 2001), pp. 265-330을 참조하면 된다.

빈곤문화와의 단절을 의미하며 그 동안 미국을 지배해왔던 자유주의 사상의 쇠퇴를 의미한다. 또한 이러한 변화는 비로소 미국이 복지국가[31])의 대열에 서게 됨을 의미하기도 한다.

4.6 안정과 번영의 시대: 1940-1960년

미국의 1940년대와 1950년대는 안정과 번영의 시대로 일컬어진다. 1929년의 대공황으로 시작되었던 경기침체는 1940년대에 들어서면서 회복되어 번영의 길로 들어서게 된다. 이러한 회복과 번영은 제2차 세계대전 중에 정부의 지출이 많았기 때문이었다.

또한 제2차 세계대전은 사회복지에 대한 보수적인 관점을 더 강화시켰다. 대부분의 유럽국가들은 전쟁 중에 많은 인명과 재산피해를 입었다. 이들 국가들에 있어서는 전쟁으로 인해 증가된 사회복지서비스의 욕구를 충족시켜 줄 수 있는 사회복지제도의 확충이 있어야 한다는 공통된 여론이 있었다. 프랑스, 덴마크, 노르웨이 등은 1940년대와 1950년대에 사회보험제도를 확충했다. 영국도 모든 시민에게 최소한의 소득이 보장되는 베버리지 계획을 승인했다. 그러나 전쟁으로 인한 직접적인 피해를 보지 않았던 미국에서는 이러한 사회복지의 발전은 일어나지 않았다. 단지 퇴역군인들 - 가난하지 않은 - 을 위한 프로그램만이 만족스러울 뿐이었다. 대신에 뉴딜하의 구호기관을 괴롭혔던 기업, 군인 및 국회의 보수연합들의 힘이 세어졌다(Patterson, 1986: 83).

미국의 1940년에서 1960년에 이르는 기간은 경제적 번영과 안정으로 인해 빈곤문제가 잊혀진 시절이었다. 그러나 빈곤은 존재하고 있으나 보이지 않았다. 1960년대에 가까이 가면서 많은 학자들이 빈곤문제를 다루기 시작했다.

4.7 빈곤의 재발견과 "빈곤과의 전쟁"(War on Poverty)의 시대: 1961-1975년

마이클 헤링턴(Michael Harrington)은 1962년 「다른 미국」(The Other America)

---

31) 물론 미국을 복지국가라고 부르는 데는 많은 반론이 있다. 그래서 마이클 캐츠(Michael Katz)와 같은 학자는 미국을 준복지국가(semi-welfare state)라고 부르기도 한다.

이라는 책에서 대부분의 미국인들은 수백만 명의 빈민들이 처하고 있는 빈곤을 모르고 있다고 주장했다. 그는 미국은 두 개의 미국으로 구성되어 있는데 하나는 풍요로운 사람들이 사는 미국이고 다른 하나는 적절한 교육, 주택, 고용 및 의료보호를 받지 못함으로 인해 박탈감과 굴욕감으로 고통받고 있는 사람들이 사는 미국이라고 주장하였다. 또한 대부분의 미국인들은 빈민들이 풍요롭게 사는 사람들과 같이 살지 않고 같이 교육을 받고 있지 않기 때문에 빈곤의 실상에 대해 모르고 있다고 하였다. 헤링턴은 빈곤이 보이지 않는 이유를 네 가지로 분석하였는데 첫 번째는 농촌의 빈곤 - 특히 애팔래치아 산맥 주변에 위치한 웨스트 버지니아(West Virginia)주 - 은 농촌의 아름다운 경치에 가려서 보이지 않으며, 두 번째는 예전에 비해 빈민들이 상대적으로 옷을 잘 입기 때문에 사람들이 잘 살고 있는 것처럼 보이나 실제로는 이러한 옷에 가려 그들의 매우 열악한 주택문제나 의료보호와 같은 빈곤의 실상이 보이지 않으며, 세번째는 가난한 노인들은 그들의 나쁜 건강, 공포심, 교통시설의 결여 등으로 집에만 있기 때문에 빈민노인들이 보이지 않으며, 그리고 마지막으로 빈민들은 정치적인 힘이 없기 때문에 보이지 않는다고 하였다. 헤링턴은 이 책에서 미국 빈민들의 수는 4,000만 명에서 5,000만 명에 이른다고 주장하였다.

헤링턴의 책은 출판될 때에는 세인의 주목을 받지 못했다. 그러나 이 책은 서서히 미국의 풍요에 대한 자기만족적인 가정을 바꾸기 시작하였으며 지식층으로 하여금 빈곤에 대한 인식을 바꾸는데 많은 영향을 미쳤다. 특히 정치권에서도 빈곤에 대한 관심이 고조되기 시작하여 이미 대통령선거 유세기간 중 웨스트버지니아주에서 빈곤의 실상을 목격한 케네디 대통령은 헤링턴의 책의 영향을 받아 자신의 자문위원에게 빈곤문제를 연구하라고 지시하였으며 존슨대통령은 이를 이어받아 1964년 드디어 빈곤을 뿌리째 뽑아버린다는 목적을 지닌 '빈곤과의 전쟁'(War on Poverty)을 선언하게 된다.

사회복지에 대한 연방정부의 책임성을 강조하였던 '빈곤과의 전쟁'은 많은 프로그램에 의해 시행되었다. 그 구체적인 사업으로는 소수민족자녀의 조기교육프로그램인 Head Start, VISTA, Neighborhood Youth Corps, Job Corps, 직업훈련, 성인교육, 농촌주민에 대한 부조, 그리고 법률 원조(legal aid), 보건, 주택, 소비자교육 등에서 지역사회의 자치적 활동을 권장하는 지역사회개혁사업(Community Action Program) 등이 있었다.

1960년대의 '빈곤과의 전쟁'이 1930년대의 '뉴딜'과 다른 점은 1960년대는 1930년대와는 달리 경제적으로 매우 호황을 누리고 있던 시기였다는 것이다. 그러나 1960년대와 1970년대 초반 미국의 가장 대표적인 공공부조제도였던 AFDC프로그램의 팽창으로 대표되던 미국사회복지의 전성기도 1970년대 중반의 석유파동을 기점으로 서서히 쇠퇴하기 시작하여 1980년대에 들어와서는 신보수주의를 표방하는 레이건 행정부의 출현으로 위기에 봉착하게 된다.

4.8 사회보장제도의 위기와 신보수주의의 시대: 1975년 이후

1960년대의 빈곤과의 전쟁을 기점으로 절정을 이루었던 미국의 사회복지발전은 1973년에 일어난 석유파동을 기점으로 쇠퇴의 길을 걷기 시작하면서 사회보장제도의 위기가 닥쳐왔다. 위기의 극복과정 중에 1900년대 초반에 미국사회복지의 사상적 배경이었던 자유주의와 이념적 기조를 같이 하는 신보수주의가 미국의 지배적인 이데올로기로 등장하였으며 1980년대 레이건 행정부는 사회복지축소정책을 추진했다.[32]

1980년대에 사회보장의 위기가 닥쳐왔다. 1935년의 사회보장법의 원래 재정전략은 적립방식, 즉 노동자들의 보험기여금(사회보장세)으로 구성되는 신탁기금을 적립하여 이 원금과 이자를 합친 금액으로 후에 급여를 제공하는 것이었으나, 1939년 그 해의 사회보장세입은 적은 액수의 여유분만 남겨두고 그 해의 사회보장 급여로 지출하는 부과방식(pay as you go) 전략으로 바뀌었다. 그러나 그 후 사회보장세는 인상되지 않은 상태에서 급여가 급격하게 상향조정됨으로 인해 재정상태가 악화되기 시작하였다. 특히 1977년에는 사회보장급여가 소비자 물가지수에 따라 자동적으로 증가하도록 사회보장법이 개정됨으로 인해, 그리고 1970년대 말의

---

32) 1980년 로날드 레이건(Ronald Reagan)이 카터(Carter) 당시 현직 대통령을 누르고 미국 대통령에 당선되었을 때 워싱턴의 공화당원들은 환호를 올렸다. 칵테일 파티와 각종 모임에서 그들은 공화당의 승리를 자축하고 '레이거노믹스'(Reaganomics)를 통한 번영의 꿈에 부풀어 있었다. 흥미로운 것은 그 때 그들은 모두 하나같이 아담 스미스(Adam Smith)의 옆모습이 그려진 넥타이를 매고 있었다는 사실이다. 여기에서 레이건 행정부의 보수성을 엿볼 수 있다. Todd G. Buchholz, *New Ideas from Dead Economists*, 이승환 옮김, 「죽은 경제학자의 살아있는 아이디어」(서울: 김영사, 1996), p. 31 참조; 미국의 신보수주의적 재편에 대해서는 박병현, "레이건 행정부와 사회복지", 현외성 외 공저, 「복지국가의 위기와 신보수주의적 재편」(서울: 대학출판사, 1992), pp. 181-196를 참조하면 된다.

격심한 인플레이션으로 인한 급여의 대폭적인 인상으로 인해 사회보장제도의 재정 상태는 더욱더 악화되었다. 그래서 1975년부터 1980년대 중반까지 OASDHI는 지출이 수입보다 많아 적자를 벗어나지 못했다. 이러한 상황으로 인해 '사회보장의 위기'(social security crisis)가 닥쳐왔다. 사회보장의 위기는 사실상 1970년대와 1980년대의 경제침체, 사회보장적립기금에 대한 잘못된 예측, 전문가집단의 합의 실패, 그리고 여론 분산 등의 복합적인 요인에 기인하는 것이었다.

레이건대통령은 1980년 취임하자마자 대대적인 사회보장제도의 개편에 나섰다. 1981년 레이건대통령은 사회보장 재정적자의 해결을 모색하기 위해 당시 공화당 출신의 경제학자인 앨런 그린스팬(Alan Greenspan)을 위원장으로 기업체, 정치계, 노동계, 학계 등 다양한 배경을 지닌 15인으로 구성된 사회보장개혁위원회 (National Commission on Social Security Reform)를 구성하였다. 1983년에 레이건대통령은 사회보장개혁위원회가 많은 진통 끝에 제출한 건의안을 받아들여 사회복지급여 축소를 주요 내용으로 하는 사회보장제도개정 (1983 Social Security Amendments)을 단행하였다(박병현b, 2001: 283).

또한 레이건 행정부는 근로연계복지(workfare)를 강화하였다. 레이건 행정부는 1981년 총괄예산 조정법(Omnibus Budget Reconciliation Act : OBRD)을 도입하여 빈민을 위한 복지제도의 재정을 크게 감축시켰을 뿐만 아니라 요부양 아동이 있는 가정에 대한 부조(AFDC)의 수혜자격 요건을 크게 강화시켰다. 이 법은 주정부가 근로연계복지 프로그램을 운영할 수 있도록 선택의 여지를 주어 주정부는 부조 수혜자들이 일을 하여 임금을 벌면서도 부조 급여를 받아서 소득을 높일 수 있는 근로보충제도를 실시할 수 있었다. 이러한 경향은 근로연계복지의 등장을 재촉했다.

미국에서는 수급자격권리(entitlement)를 의미하는 사회보장(social security)과 AFDC로 지칭되는 복지(welfare)를 엄격하게 구분하는 전통이 있다. 미국에서는 OASDI를 의미하는 사회보장제도는 대중적 인기가 있으나 공공부조제도인 AFDC는 언제나 공격의 대상이 되어 왔다. 미국에서 '복지'는 도시내부(inner- city), 흑인 젊은 여성, 마약 중독여성, 복지수혜에 의존하여 자신의 아이를 키우는 여성, 범죄 집단을 부양하는 것, 하층계급(underclass) 등을 연상시키는 경향이 있다(Handler, 2004: 76).

따라서 미국에서 '복지'는 수급자격권리인 시민권 개념과는 거리가 멀며, 주로 부정적이고, 나약하며, 질이 떨어지는 것 따위의 의미로 이해되며, 이러한 '복지'의 핵심에 AFDC 제도가 있다. 사실 미국에는 AFDC 제도 외에 공공부조제도로서 빈민들에게 식료품을 제공하는 Food Stamp, 의료서비스를 제공하는 Medicaid, 주거보장을 제공하는 주거부조(housing assistance), 노인들에게 소득을 보장하는 SSI 등이 있다. 그러나 이러한 프로그램 중에서 가장 논란의 대상이 되어 온 제도는 AFDC 제도였다.

1992년 클린턴 대통령은 '기존 복지체제의 종식'(end welfare as we know it)을 선언했다. 클린턴 대통령의 이 선언은 복지 수급기간의 제한과 근로연계 복지로 방향을 바꾸는 매우 획기적인 것이었다. 이 선언은 4년 뒤 1996년 개인책임 및 근로기회조정법(Personal Responsibility and Work Opportunity Reconciliation Act, PRWORA)의 제정으로 연결되면서 60년 역사의 AFDC 제도를 폐지하였다. AFDC는 미국 사회복지의 상징이었다. AFDC 제도가 폐지되면서 대신에 '빈곤가구에 대한 일시적 지원 제도'(Temporary Assistance to Needy Families, TANF)가 도입되었다. 이는 근로능력자에 대한 현금지원 정책에서 파생되는 부정적 영향을 감소시키고 빈곤한 근로능력자들의 자립을 제고시키고자 하는 혁신적 개혁이라고 할 수 있다.

개인책임 및 근로기회조정법의 제1장은 AFDC 급여를 삭제하고 TANF로 대체하는 것을 주된 내용으로 하고 있지만 핵심 내용은 연방정부와 주정부와의 관계의 변화에 대한 규정이다. AFDC제도가 존속했던 과거에는 주정부는 연방정부가 정의한 원칙과 조건들의 범위 안에서 AFDC 행정을 실천하는 제한적인 역할을 수행했다. 그러나 개인책임 및 근로기회조정법에서는 연방정부 차원에서 정한 원칙과 지침의 범위 안이라는 조건이 있지만 주정부가 독자적으로 TANF 정책과 프로그램을 수립하고 집행하는 것이 가능하도록 주 정부의 역할과 기능을 강화하였다. 예를 들면 캘리포니아에서는 급여는 학교 출석과 관련이 있으며, 미시건에서는 요구받은 아동양육비를 주지 않는 아버지들은 운전면허증과 다른 전문직종 자격증을 잃게 된다.

개인책임 및 근로기회조정법에 의한 TANF의 수혜대상자 관련 조항의 핵심내용은 수급기간의 제한(time limit)과 근로규칙(work rule)이다. 최초의 제안에서는 수급기간제한 정책은 기간을 다한 수급자에게 정부가 최저임금수준의 공공근로기회를 제공한다는 구상과 결합되어 있었다. 그러나 근로기회에 대한 정부보증의 구상은 대체로 무시된 채, 기간제한의 조항만이 채택되었다(구인회, 2000: 10). 수혜자들은 평생 동안 최고 2년까지만 연방정부의 급여를 받을 수 있다. 포괄보조금 (block grant) 제도로 인해 주정부는 독자적인 프로그램을 만들 수도 있고 새로운 규제도 할 수 있게 되었다. 실제 많은 주들이 연방법에 규정되어 있는 것보다 TANF 수혜 기간을 더 줄었으며 더 엄격한 근로규칙을 정했다. 어떤 주들은 자기 주로 이주해 오는 사람과 오랫동안 자기 주에 거주한 사람들을 동일하게 취급하지 않았다.

개인책임 및 근로기회조정법으로 인한 TANF의 수혜 조건의 핵심 내용은 근로 의무이다. 연방정부의 법에 의하면 각주의 수혜자들 중에서 근로활동에 참여해야만 하는 최저기준(비율)을 정해놓고 이 기준을 초과 달성한 주에 대해서만 연방정부가 포괄보조금(block grant)을 제공한다. 뿐만 아니라 TANF 수혜자는 급여기간이 24개월을 초과하기 전에 소득 있는 일자리를 구하여 근로를 시작해야 한다. 또한 첫 번째 급여를 수령할 때 일자리를 구하지 못한 수급자들의 경우에는 지역사회차원에서 제공하는 여러 서비스 분야에서 근로해야만 할 의무가 있다.

개인책임 및 근로기회조정법으로 인해 초래된 주요 정책변화는 다음의 세 가지가 있다.

첫째, 개인 및 가족의 독립을 위한 기초로서 복지보다는 일이 더 중요시 되었다. 둘째, 복지 명부에 등록된 사람들이 숫자가 줄어들고 복지를 받는 어머니들이 일을 찾으러 나서게 되었다. 그러나 연방정부나 주정부는 그들에게 일자리를 찾아줄 의무는 없다. 셋째, TANF 급여는 어느 시점에서는 2년까지만, 일생을 통해서 5년이 초과할 수 없다.

개인책임 및 근로기회조정법이 초래할 미국 사회복지의 변화에 대한 평가는 현재 내리기 힘들다. 그러나 많은 학자들은 부정적으로 평가하고 있다. 예를 들면 프란세스 폭스 피븐(Frances Fox Piven, 1998)은 이러한 복지개혁으로 인해 여성들은 저임금이면서 안정적이지 못한 직종에 종사하게 될 것으로 주장한다. 또한 핸들러(Handler, 1995: 42)는 급료 수준도 문제지만 전일제 일자리에서 일시적 일자리로 직업 패턴이 변화하게 될 것이라고 지적한다. 많은 근로자들이 시간제, 일시적, 계약제로 일을 하게 되어 직업 안정을 얻지 못하고 있다. 특히 복지수혜 대상자들이 다른 일자리를 찾지 못할 경우에 투입되는 '지역사회 봉사'(community service) 일자리의 경우에는 더욱 더 그러하다. 그래서 밍크(Mink, 1998)는 뉴딜시대에 형성된 연방정부와 복지가 필요한 사람들 간의 관계가 종식되고 있다고 주장한다. 즉,

최근 미국의 사회복지는 민영화, 개인의 책임, 근로를 강조하면서 미국 복지국가의 시작이라고 할 수 있는 1935년의 사회보장법의 기본틀을 바꾸어 그 이전으로 돌아갔다고 볼 수 있다.

5. 한국사회복지의 역사

5.1 한국사회복지역사 연구의 한계

한국사회복지학에서 사회복지역사 연구는 매우 부진한 편이다. 그 이유로 다음과 같은 것들을 들 수 있다(남세진·조흥식, 1995: 82-84).

첫째, 한국사회복지학의 역사가 짧기 때문이다. 사회복지학이 사회과학의 독립학문으로 성립·발전하기 시작한 것은 외국의 경우 백년 정도 되나 한국의 경우에는 이화여자대학교에 기독교사회사업학과가 개설된 1947년으로 학문분야로 연구하기 시작한 지는 60여년밖에 되지 않는다.

둘째, 한국 사회복지학계 내에서 사회복지에 대한 개념정립이 이루어지지 않음으로써 사회복지학의 연구범위, 영역, 대상에 대한 합의점을 찾기 어려웠다. 이는 한국 사회복지의 역사를 고찰·분석하는 데 우리의 전통적인 상부상조제도 중에서 사회복지제도로서 간주될 수 있는 것은 무엇이고, 간주될 수 없는 것은 무엇인가를 판단해 주는 근거나 기준을 확립하는 것을 어렵게 만들었다.

셋째, 한국의 고대나 중세의 사회복지를 고찰하기 위해서는 그 당시의 기록들을 살펴보아야 하는데 그 기록들은 대부분이 한문으로 되어 있어서 한문에 대한 높은 지식을 갖춘 연구자가 요구된다. 그러나 이러한 자질을 갖춘 사회복지학도가 거의 없었다.

넷째, 사회복지역사에 대한 연구는 사회, 정치, 경제, 문화적 배경에 대한 고찰이 필수적인 작업이어서 인접학문과의 지속적인 상호교류가 필요하게 된다. 그러나 그 동안 한국의 사회복지학도들과 다른 인접분야의 학도들 간에 상호교류가 부족하였다.

5.2 한국사회복지의 역사

(1) 사회복지의 전사(前史): 1945년 이전

한국에서 사회복지적 사상의 근원은 고대, 삼국시대, 고려시대, 조선시대에 걸치는 약 2,000년간의 왕가의 인정(仁政)에 의한 민생구휼에서 찾아볼 수 있으며, 민간차원에서 행해진 두레, 품앗이, 향약, 계 등의 상부상조활동도 사회복지의 전사로서 의의를 지니는 활동이라 할 수 있다(남세진·조홍식, 1995: 84).33)

(2) 절대빈곤의 시대: 1945-1960년

이 단계는 정부수립 이후로부터 1961년 5·16 군사쿠테타 이전까지의 시기로서, 정부수립, 한국전쟁, 4·19혁명으로 인해 국가전체가 혼란과 절대빈곤 속에 있었다. 1948년 8월 15일 대한민국정부가 수립되자 미군정의 보건후생부 및 노동부를 병합하여 사회부로 개칭하고 보건, 후생, 노동 및 부녀 등에 관한 행정을 관장하게 하였다. 그 후 1949년 3월에 보건부가 창설되어 사회부에서 관장하던 보건행정을 분할하여 주관하게 되었다. 1955년 2월에 보건 및 사회 양부는 다시 보건사회부로 통합되어 양부의 관장사업은 보건사회부의 주관사업으로 되었다.

미군정기의 사회복지34)는 보건후생부를 중심으로 이루어졌다. 행정체계는 방대한 정책수요에 대응하여 기구의 비대화와 중앙집중을 특징으로 팽창의 양상을 보여 주었다. 보건후생 행정부서의 확대는 1945년 9월 24일 미군정법령 1호에 의해 경무국 산하의 위생과가 위생국으로 독립한 것을 출발로 하였다. 위생국은 1945년 10월 27일(법령 18호)에 보건후생국으로 그리고 1946년 3월 29일에는 법령 64호에 의해 부로 승격하였으며, 1947년 6월 3일에는 정식 출범하는 남조선 과도정부하의 13부 6처 중에서, 산하에 16개국을 거느린 최대의 부서가 되었다(이영환, 1989: 55). 일제식민시대에 하나의 과에 불과했던 행정부서가 최대의 부서로 개편된 변화는 보건복지정책의 발달사에 있어 의미 있는 사건이라고 볼 수 있으나, 이러한 변화가 결국 미군정의 중앙집권적 통치구조를 확립하는 과정의 일환이었다는 점과 정부예산 중 보건복지예산의 비중을 고려할 때 큰 의미를 부여하기는 어렵다

---

33) 여기에 관한 연구는 하상락 편, 「한국사회복지사론」(서울: 박영사, 1989). pp. 38-422를 참조할 것.
34) 미군정기의 사회복지는 이혜원·이영환·정원호, "한국과 일본의 미군정기 사회복지정책 비교연구", 한국사회복지학, 제36호, 1998, pp. 309-338를 참조하였음.

고 평가할 수 있다. 1946년과 1947년의 정부예산을 살펴보면, 보건후생부의 세출예산은 각각 전체 예산의 3.5%와 4.5%에 불과한 것으로 나타난다(조선경제연보, 1948: I-267). 이와 같은 정부 재정의 측면에서 볼 때 미군정의 복지정책은 매우 미온적이었다고 할 수 있다.

미군정하의 구호준칙으로는 후생국보 3호(1946. 1. 12)와 후생국보 3A호(1946. 1. 14) 및 후생국보 3C호(1946. 2. 7)를 들 수 있다. 후생국보 3호의 C항은 공공구호(public relief)를 규정하고 있는데 조선구호령과 유사하게 구호의 대상으로 ① 65세 이상의 노인, ② 6세 이하의 부양할 소아를 가진 모, ③ 13세 이하의 소아, ④ 불치의 병자, ⑤ 분만시 도움을 요하는 자, ⑥ 정신 또는 육체적 결함이 있는 자로서 구호시설에 수용되지 않고, 가족이나 친척의 보호가 없고, 노동할 수 없는 자로 규정하고 있다. 구호내용으로는 식량, 주택, 연료, 의류, 의료, 매장으로 분류하고 있다. 후생국보 3A호는 이재민과 피난민에 대한 구호를 규정하면서 구호 내용으로 식량, 의류, 숙사, 연료, 주택부조, 긴급의료, 매장, 차표제공 등을 들고 있다. 후생국보 3C호는 궁민과 실업자에 대한 구호규칙으로서 거택구호시 세대 인원에 대한 지급한도액을 규정하였다(장인협, 1982: 45).

이렇게 볼 때, 제도적인 측면에서 미군정기의 공공부조정책은 일제식민시대와 큰 차이가 없다는 것을 알 수 있다. 이는 제도의 주요 대상이 노동능력을 상실한 빈곤자로 제한되고, 최저생활보장의 개념이 규정되지 않음으로써, 욕구의 측면과 국가 책임성의 측면이 제도화되지 않는 등 자선과 시혜의 의미를 벗어나지 않았다는 점에서 그러하다.

최저생활의 보장이나 국가 책임성과 같은 주요한 원칙이 규정되지 않았다는 의미에서 미군정기의 공공부조정책은 자선과 구별되는 근대적 의미의 공공부조제도로 발전하지 못하였으며, 빈곤자에 대한 자선과 시혜의 성격을 벗어나지 못하였다는 의미에서 일제시대의 조선구호령과 근본적 차이가 없었다고 볼 수 있다.

미군정은 1946년 3월 29일 군정청의 각국을 부로 승격시키고, 1947년 2월 10일에는 정부 각 부서를 13부 6처로 확대개편하며, 이를 5월 17일에는 '남조선과도정부'로 명명하는 등 지속적인 확장과정을 거치게 된다. 이상과 같이 관료기구가 구축되는 과정에서 우리는 미군정의 사회복지정책이 민중의 욕구를 포섭하는 측면보다는 억압(repression)과 온정주의(paternalism)의 한계 안에 머무를 수밖에 없었던 태생적 한계를 읽을 수 있다.

미군정기 사회복지정책의 또 하나의 큰 특징은 사회통제적 성격이다. 즉 미온적이나마 미군정이 당시 시행하였던 복지정책은 복지이념에 근거하여 시행되었다기보다는 사회적 갈등을 무마하기 위한 통제적 목적으로 일관하였다는 점이다. 이러한 사정은 미국의 원조정책에서 단적인 예를 찾을 수 있다.

미군정은 1949년에 끝이 났으나 국가는 계속 빈곤상태를 벗어나지 못했다. 1947년의 제헌헌법에 국민의 생존권을 명시하였으나 그것은 선언적인 의미에 불과하였고 국가의 힘으로는 당시에 널리 퍼져 있던 절대적 빈곤상태를 해결할 수 없었다. 특히 6·25전쟁은 구호대상자들을 급격하게 증가시켰다. 1951년 3월에 전국난민 일제등록을 실시한 결과 전국적으로 782만 여명의 구호대상자가 생겼으며, 1952년과 1953년에는 더욱 증가하였다. 그러나 구호기준은 피구호자 1인당 1일 양곡 3합 또는 소맥분 250g을 지급하고, 시설수용에 한하여 그 외의 부식비 및 주택비 등을 약간 보조하는 것이었다. 부식비도 초기에는 불과 1인당 1일 3원을 지급하였으며, 그 후에 다소 인상되었으나 실비에는 크게 부족한 것이었다(하상락, 1989: 90).

이 시기에 사회복지교육이 시작되었는데 이러한 진전은 한국사회복지발전을 한 단계 높인 것이라고 할 수 있다. 1947년 우리나라 최초로 이화여자대학교에 기독교사회사업학과가 설치되었으며, 그 후 1953년에 YMCA연맹 후원으로 중앙신학교(강남대학교 전신)에 사회사업학과가 개설되었고, 국립대학으로는 최초로 서울대학교 대학원에 사회사업학과가 설치되었다.

한국사회복지역사의 특수성은 도입단계의 전개상황이 사회복지선진국들인 영국, 미국, 일본의 사회복지 전개과정과는 매우 상이하다는 점에 있다. 영국, 미국, 일본의 경우에는 대학이 사회사업이나 사회복지, 사회행정, 사회정책을 학문영역으로 인정하기까지는 상당한 실천실험과 연구, 운동의 경험을 가지고 있었다. 그러나 한국의 사회복지발달은 다음과 같은 특성이 있다. 첫째, 사회복지학의 연구대상인 사회복지제도나 사회사업실천의 현장이 형성되기 전에 학문으로서 먼저 소개되었다. 미국에서는 뉴욕자선조직협회(New York COS)가 1898년 처음 여름훈련학교를 시작하고 제1차 세계대전 후에야 뉴욕박애학교(New York School of Philanthropy)가 콜롬비아 대학에 사회사업대학원(School of Social Work)으로 소속되었다. 훈련학교들이 대학에 소속됨으로써 비로소 사회사업이 학문세계로의 진입이 시작되었다. 그러나 한국에서는 산업자본주의가 진전되어 사회복지라는 대안의 필요성이 인식되기 전에 사회복지가 학문으로서 도입되었다는 것이다. 둘째, 한국의 사회복지학은 사회정책이나 사회행정으로서가 아니라 미국의 전문사회사업으로서 처음 소개되었다는 점이다. 이 점은 향후 한국사회복지발전에 심대한 영향을 미쳤다. 그리고 셋째, 한국사회에서 학문의 본산이라고 할 수 있는 국립 서울대학교가 사회사업학을 미래지향적이고 실용주의적인 학문영역으로 인정하여 일찍이 학과를 설치하였다는 점이다(이혜경, 1995: 64).[35]

미군정이 끝나던 무렵부터 사회복지실천분야가 발전하기 시작했다. 1949년에는 대한적십자사가 창설되었고, 1952년에는 한국사회사업연합회가 창립되었고, 1957년에는 국립중앙사회사업종사자훈련소(현재의 한국보건복지인력개발원)[36]가 창설되었다. 그리고 비로소 이때부터 우리나라에는 사회복지라는 용어가 공식적으로 사용되기 시작했다.

이 기간 동안에 제정된 사회복지관련법으로는 미성년노동보호법(1947), 근로기준법을 들 수 있다. 이 외에 한국 사회보험의 효시로서 공무원연금법(1960)이 제정되었는데, 이것은 보편적인 국가복지의 성격보다는 고용주인 국가와 피고용인인 공무원 사이에 적용되는 일종의 직업복지의 성격을 지닌 것이었다.

(3) 군사정부(1961-1963): 대규모 사회복지 입법의 시대

1961년 5.16 군사쿠테타 이후 1963년 민정이양기까지의 박정희 군사정부 기간 동안 한국 사회복지역사에 있어서 가장 많은 19개의 복지입법이 무더기로 이루어졌다.[37] 19개의 복지입법 중에서 의미가 있는 것은 산업재해보상보험법이었다. 일반적으로 산업재해보상보험제도는 사회보험 중에서 가장 먼저 도입되는 경향이 있다.[38] 우리나라도 예외가 아니어서 산업재해보상보험제도는 사회보험제도 중에

---

35) 미국에는 최고명문대학으로 알려져 있는 아이비(Ivy)리그 8개 대학 중 실용학문을 중시하는 펜실베니아대학교와 콜롬비아대학을 제외한 6개 대학에는 사회사업대학원이 설치되어 있지 않으며, 영국의 대표적인 대학인 옥스퍼드대학과 캠브릿지대학, 일본의 동경대학도 사회복지학부나 사회사업학부를 두고 있지 않다.

36) 1957년 8월 창설된 국립중앙사회사업종사자훈련소는 1960년 국립사회사업지도자훈련원으로, 1977년 국립사회복지연수원으로 변경되었다가 2004년 국립보건원 훈련부와 국립사회복지연수원 통합하여 한국보건복지인력개발원으로 발전했다.

37) 이 법률들은 1961년에 제정된 「군사원호대상자정착대부법」, 「군사원호대상자입용법」, 「군사원호대상자고용법」, 「군사원호청설치법」, 「군사원호대상자녀교육법」, 「군사원호보상법」, 「수난구호법」, 「윤락행위 등 방지법」, 「군인연금법」, 「재해구호법」, 「군인보험법」, 「국가유공자 및 월남귀순자 특별급여원호법」, 「군사원호보상급여금법」, 그리고 1963년에 제정된 「사회보장에 관한 법률」, 「산업재해보상보험법」, 「의료보험법」 등이다(함철호, 1988).

서 1963년에 가장 먼저 도입되었다.[39] 외국과 비교하면 우리나라의 1960년대 초
반 산업재해보상보험제도의 도입은 상대적으로 빠른 편이다. 산업재해보상보험제도
가 도입된 1963년 당시 국민 1인당 국민소득은 $100이었는데, 콜리어와 메식
(Collier and Messick, 1975: 1307)의 연구에 의하면 1인당 국민소득이 $100
이하일 때 사회보험제도를 최초로 도입한 국가는 조사대상 36개국 중 9개국(25%)
에 지나지 않았다. 또한 1963년에 우리나라의 광·공업 종사인구는 8.7%였는데,
콜리어와 메식(1975)의 연구에 의하면 산업에 종사하는 인구가 10% 미만일 때
산업재해보상보험제도를 도입한 국가는 조사대상 58개국 중 13개국(22.4%)에 지
나지 않았다. 이러한 점으로 미루어 보아 우리나라의 산업재해보상보험제도의 시행
은 다른 나라들에 비해 빠른 편이라고 할 수 있다.

그러면 왜 권위주의적 군사정부 시절에 무더기 사회복지입법이 진행되었는가?
이 질문에 대해 답을 제공하기 위해서는 먼저 1961년부터 1963년까지 군사정
부 하에서의 정치, 경제, 사회적 상황을 고찰할 필요가 있다. 5.16 군사쿠데타로 집
권한 박정희 군사정부는 사회의 구악과 부패 일소, 자주경제재건, 혁명과업 성취 후
정권이양 등을 골자로 한 혁명공약을 내세웠다. 그러나 이러한 공약을 내건 군사정
부에 대한 국민들의 반응은 열광적인 환영이나 격렬한 저항 그 어느 쪽도 아닌 무
관심에 가까웠다. 따라서 군사정부는 그 정통성을 확보·유지하기 위해서는 그들이
내세운 혁명공약을 구체화하여 국민들의 요구를 충족시켜주어야 했다. 그들은 그
정통성 확보의 수단을 경제개발을 통한 조국 근대화 작업에서 찾으려 했다. 그래서
초기의 군사정부는 사회복지에 대해서는 별로 관심이 없었다(권문일, 1989: 490).
그러나 군사정부는 정권이양을 목전에 두면서 정치상황이 자신들의 의도했던 방향
으로 진행되지 않으면서[40] 사회복지에 관심을 가지기 시작했다. 군사정부가 사회복
지에 대한 관심을 가지고 이를 공식적으로 표명한 것은 1962년이었다. 박정희 의
장은 1962년 1월 5일 시정연설에서 "의료균점시책을 수립하고 부조와 보험을 근간

---

38) Collier와 Messick(1975: 1302)에 의하면 4대 사회보험과 가족수당제도가 도입되는 순서는 경향
    성을 보이고 있다. 일반적으로 가장 빨리 도입된 제도는 산업재해보상보험제도이며, 그 다음 연금제
    도, 건강보험제도, 실업보험제도 순서이며, 가족수당제도가 가장 늦게 도입되는 경향을 보인다.
39) 산업재해보상보험법은 1963년 11월 5일 제정되었고, 의료보험법은 이보다 한 달 뒤인 1963년 12
    월 16일 제정되었다. 그러나 의료보험제도는 강제가입조항이 없었기 때문에 1976년 의료보험법이
    개정되기 전까지는 유명무실한 제도였다.
40) 1963년의 대통령 선거에서 박정희 의장은 과반수에도 미치지 못하는 42.61%의 득표율로 윤보선
    후보를 불과 1.42% 차이로 눌렀다.

으로 하는 사회보장제도의 기틀을 마련하여 국민생활 향상과 복지사회 건설을 기할 것입니다"라고 사회복지에 대해 처음으로 언급하고 있다(권문일, 1989). 또한 1963년의 시정연설에서는 복지국가를 건설할 것과 영세민에 대하여 적극적인 구호 대책을 수립하고 실업자 구제를 위한 토목사업을 더욱 활발히 진행할 것을 천명했다.

이는 무엇보다도 비헌법적 쿠테타에 대한 정당성의 필요성과 동시에 군정직후 선거를 통해 정권창출을 해야 하는데 대한 대비책으로서 사회복지정책을 정치적으로 이용했기 때문이다. 이런 점에 있어서 군사정부의 사회복지정책은 산업화가 본격적으로 진행되기 전에 이미 지배를 위한 가장 정치화된 도구(politicized instrument)로 사용하면서 사회통제적인 성격을 지녔다고 할 수 있다. 사실 이 시기의 외형적인 사회복지정책의 확장은 6공화국의 전면적 복지공세(welfare offensive)의 전형이라고 할 수 있다(성경륭, 1991: 118-119).

(4) 박정희 정부(1963-1979): 사회복지 침체기

이 시기의 정치체제는 '제한적 민주주의'(limited democracy)의 형태를 띤 군부권위주의로 규정할 수 있다. 이 시기는 국가가 시민사회 내의 모든 정치세력에 대해 정치적 헤게모니를 행사하는 동시에 자본주의경제체제를 조직하면서 자본가계급을 양육하고 노동자계급에 대해서 억압적으로 통제하던 시기였다. 박정희 정부는 1963년부터 1972년까지의 기간과 1973년부터 1979년까지의 기간으로 나누어 기술한다. 1972년을 기점으로 삼은 것은 1972년이 장기집권을 목적으로 한 유신쿠테타가 일어난 해이며, 박정희 정부의 야심적인 중화학공업의 육성계획과 국민복지연금제도를 제정한 연도이기 때문이다.

1) 1963-1972

박정희 정부는 1960년대를 통하여 경제성장에 전력을 투구했고, 이를 통하여 정권의 정당성을 확보하는 데 상당히 성공하였다. 이 시기에는 노동시장이 항상 공급과잉이었기 때문에 임금상승은 자동적으로 억제되었고, 고용창출을 통해서 정치적 정당성을 확보해 나갔다. 또한 경제성장의 성공으로 박정희 정부는 군부권위주의 정부임에도 어느 정도의 정통성을 소유하면서 반대세력들의 통제에 성공함으로써 정치적으로 안정되어 있었다. 이러한 결과는 1967년 대통령 선거와 국회의원 선거의 득표율[41]을 보아서도 알 수 있다.

이러한 정치·경제적 환경은 사회복지에 어떠한 영향을 미쳤는가? 박정희 정부는 브라질 등과 같은 남미국가들의 권위주의 정권과는 달리 노동자 통제를 위하여 사회보장제도를 동원할 필요가 없었다. 다시 말해서 포괄적인 사회보장제도에 의존하지 않고도 통치에 자신을 가지게 된 것이다. 빠른 경제성장이 국민 대중의 일반적인 복지를 증진시킨다고 믿을 수 있었던 것이다. 즉 복지를 통하여 일반노동자들의 생산성을 높인다든가 정치적인 충성을 확보하는 데 별로 관심을 기울이지 않았다(이혜경, 1992: 378-9). 이러한 사실은 정치적 안정기에는 정부가 사회복지제도를 확충할 필요를 느끼지 않는다는 사회통제의 관점에서 이 시기를 볼 수 있다는 것을 의미한다.

경제성장의 성공으로 사회복지정책은 경제개발의 수단으로 보는 견해가 1960년대 후반까지 계속 되었는데 그 정도는 1960년대 초반보다 후반에 더 강화되는 경향을 보인다. 복지지출은 비생산적이고 낭비적인 유출로 간주되었으며, 빠른 경제성장을 통하여 소득을 증대시킴으로써 각자 욕구를 충족시킬 수 있게 하려 하였다. 공무원연금, 군인연금 등 전략적인 특수 직종에 사회보험제도를 도입하고, 사회보험의 변형이라 할 수 있는 산업재해보상보험제도의 도입으로 사회보장기제가 생산관계 내적인 영역으로 편입되기는 하였으나 아직 사회보장의 규모는 지극히 미미하였다. 특히 생활보호제도는 생존권의 보장과는 거리가 멀고, 오히려 초기 국민국가의 중앙집권적 통치기제로서의 구빈법적인 성격이 강했다(이혜경, 1992: 379).

그래서 이 기간 동안에는 자활이 가능한 집단에 대한 지도사업(자활지도사업에 관한 임시조치법, 1967), 타인의 재해를 구제하려다 입은 사상에 대한 구호(재해구제로 인한 의사상자 구호법, 1970), 그리고 사회복지사업의 기본적 사항과 제도에 대한 규정(사회복지사업법, 1970)의 단 3건의 복지관련 입법이 있었다. 그러나 이러한 복지관련입법은 사회복지의 핵심부분이 아니었다. 이 기간 동안 정부예산 대비 보건사회부 예산은 1963년을 정점으로 점차 감소하고 있다(부록 1 참조). 복지예산 면에서 보면 이승만 정권 기간보다 낮으며 유신체제보다는 높은 1.92%(1970)에서 3.98%(1963) 사이의 변이(연평균 2.94%)를 보인다. 그러나 유신체제보다 높은 복지예산은 비교적 정치적 위기를 강하게 느꼈던 1963년과 1971년 대통령 및 국회의원 선거 때의 복지예산 증가와 연계되어 있다고 할 수 있다(1963

41) 1967년 제6대 대통령 선거에서 박정희 후보는 상대후보를 51.4% : 40.9%로 제5대 대통령 선거 때 보다 많은 표 차로 승리했다.

년의 전년대비 43.7% 증가; 1971년 전년대비 54.9% 증가).

결과적으로 군부권위주의적 정부였던 박정희 정부 1기는 사회복지정책의 침체기였다. 만일 사회·경제적 발전이 사회복지의 발전을 초래한다는 산업화 논리와 수렴이론이 성립되려면 이 시기에 사회복지제도가 발전할 수 있는 발판이 마련되었어야 했지만 그렇지 못했다.

2) 1973-1979

야당후보와 접전을 벌였던 1971년의 선거 후 박정희대통령은 장기집권의 전망이 불투명해지고, 닉슨독트린으로 국가안보의 위기에 직면하자 그의 종신 집권을 가능하게 하는 유신체제를 1972년 도입하였다. 그리고 1973년 경제정책으로 중화학공업육성계획을 발표하였다. 중화학공업육성계획은 비내구성 소비재의 수출로부터 제철, 제강, 기계, 선박, 화학, 전기, 전자의 생산재 생산으로 경제정책목표의 전환을 의미했으며, 1973년부터 1978년의 기간 동안 평균 11.2%의 경제성장률을 기록했으며, 수출은 매년 평균 32.1%의 성장률을 기록했다.

이 시기에 중요한 사회복지정책의 변화는 1973년의 국민복지연금법의 제정과 1976년 의료보험법의 전면개정이었다. 국민복지연금제도의 도입 목적은 노후의 소득보장에 있기보다는 다른 곳에 있었다. 1973년 정부는 중화학공업육성계획과 국민연금제도의 도입을 동시에 발표하고, 그 해 12월 국민복지연금법이 국회를 통과했다. 당시의 중화학공업 육성계획의 재정정책은 외자도입이나 외국의 직접투자보다 국내저축으로 충당할 예정이었으며, 국내저축은 향후 20년 동안 계속 적립될 국민복지연금의 기여금으로 충당할 예정이었다. 한국개발연구원은 당초 국민복지연금으로 2년 내에 2조원을 동원할 수 있을 것으로 보았다. 그러나 1973년 10월 이후 석유파동으로 유가가 폭등하고 물가가 급등하였다. 제1차 석유파동 후 긴급조치 제3호의 정책과정 참여자들은 유신정부의 재정추출능력이 약화되었다고 인식하게 되었고, 국민복지연금제도의 시행은 연기되었다.

그러나 박정희 정부 후반기에 접어들면서 노동운동에 변화가 일기 시작하면서 정치적 위기감이 조성되었다. <부록 1>에서 보는 바와 같이 노사분규수가 증가하기 시작했다. 1973년까지만 하여도 거의 없었던 노사분규가 1970년대 후반기에 접어들면서 급증하기 시작했다. 또한 증가하는 소득격차와 권위주의적 정부에 대한 일반 국민들의 저항이 합쳐지기 시작했다. 이러한 시기에 권위적인 정부는 경제개

발 일변도에서 벗어나 사회개발에 관심을 가지기 시작했고, 보편적인 사회복지프로
그램의 도입을 고려하기 시작했다. 그 결과가 사회개발이라는 용어를 처음 사용한
제4차 경제개발계획(1977-1982)과 1976년의 의료보험법 개정이었다. 그러나 박
정희 정부는 제4차 경제개발계획이 시행 중이던 1979년 10.26 사태로 종말을 고
한다.

(5) 전두환 정부(1980-1987): 형식적 복지국가 구현의 시대

전두환 정부는 정권의 근간이 된 제5공화국헌법이 그 제정절차에 비민주적 요
소가 있었고, 또 헌법내용에 있어서도 대표성이 결여된 선거인단에 의한 대통령간선
제를 비롯하여 비민주적 요소가 있었다. 또 정치규제법을 통한 주도세력형성과정에
서 반대세력들의 조직화에도 작용함으로써 자생적인 야당조직의 형성을 제약하였다.

전두환 정부는 집권 초반 복지국가의 구현을 국정지표로 내세우면서 1982년에
는 전년대비 31.78%, 1983년에는 전년대비 21.0% 수준으로 복지예산을 대폭 증
가시켰다.[42] 그러나 전두환 정부는 사회복지의 획기적인 발달보다는 점진주의적이
고 소극적인 전개를 추진하였다. 즉 박정희 정부 시절에 시작된 의료보험제도의 적
용범위를 점진적으로 확대시키고 산업재해보상보험법을 개정하여(1982) 도급 및
건설공사를 일괄적용하고, 7일 이상의 요양을 요하는 질병 또는 부상을 4일 이상으
로 확대하였으며, 기타 사회복지서비스 관련법들이 정비되었다. 1981년 노인복지법
이 제정되고, 1984년 개정되었으나 한국사회의 전통적인 경로효친이 강조되면서
그 효과는 반감되었다. 아동복지법도 1981년 제정되어(1984년 개정) 아동복지서비
스의 보편주의적 접근이 수용되었다. 장애자복지법도 1981년 제정되었으며(1984년
개정), 1983년에는 사회복지서비스 각 분야의 전달체계를 합리화, 체계화하기 위하
여 사회복지사업법이 개정되었다. 그러나 이러한 사회복지제도의 시행은 실제에 있
어서 각종 서비스가 '제공되어야 한다'가 아니라 '제공될 수 있다'라는 규정에 머물
고 있어 실제 서비스 제공은 매우 제한적이었다.

그러나 80년대 중반에 들어와 노동자들의 저항이 점차 조직화, 표면화되는 기
미를 보이자 86년에 전두환 정부는 복지사회의 건설을 내세우며 국민연금제도, 의료
보험제도의 전국민 확대실시, 최저임금제도의 3대 복지정책의 실시를 발표하였으며,

---

42) 이 비율은 박정희 군정 시절인 1962년과 1963년의 전년대비 각각 37.6%와 43.7%의 증가율와
    비교된다.

이 정책들은 모두 노태우 정부 기간 동안 집행되었다. 전두환 정부의 3대 복지정책 실시 발표는 노동운동의 직접적 소득이라기보다는 국가의 선제소탕전략(preemptive strike)의 일환이었다. 기존의 정치·경제적 질서를 유지하는 대가로 약간의 물질적 양보를 하겠다는 용의의 표현이며 다른 말로 표현하면 비스마르크식의 정치공학적 사회정책이었다(김종일, 1992: 32). 즉 1980년대 중반의 3대 복지정책의 실시 발표는 당시의 노동자들의 저항을 필두로 한 정치적·사회적 위기를 모면하기 위한 사회통제의 수단으로 추진되면서 이러한 전략은 노태우 정부 시절로 이어진다.

(6) 노태우 정부(1988-1993): 형식적 민주주의와 복지폭증 의 시대

1986년의 민주화 대투쟁 이후 여러 정당의 참여 하에 민주국가로 이행하기 위한 준비작업을 진행하여, 1988년 6공화국의 출범과 함께 제한적 형태의 민주국가가 탄생하게 되었다. 이러한 제한적 민주국가로의 전환은 정치적 차원에서의 민주화뿐만 아니라 사회적·경제적 차원에서의 민주화도 동시에 수반하는 것이었다.

1987년의 제13대 대통령 선거는 우리나라 정치사상 최초의 평화적 정권이양이 이루어지는 계기가 되었다. 이 선거는 직선제로 치러졌고, 처음으로 야당으로부터 정당성을 인정받았다. 뒤이은 1988년의 국회의원 선거는 소선구제로 치르면서 집권 민정당과 두 야당인 통일민주당, 평민당의 득표율은 각각 34%, 29%, 24%로 여소야대의 결과를 나았다.

한국의 경우 1987년은 현대정치사에서뿐만 아니라 사회복지측면에서도 분수령이었다. 한국의 경우 1987년 이후 국가와 자본의 노동계급에 대한 일련의 복지제공은 노동운동이 폭발적이었던 것처럼 폭발적으로 이루어 졌고, 이런 점에서 이와 같은 유형의 복지제공은 노동계급에 대한 일종의 복지공세(welfare offensive)(성경륭, 1991: 135), 즉 복지폭증(welfare explosion)이라고 부를 수 있다. 이 복지폭증은 미국의 복지폭발의 시기인 1960년대와 비슷하다.[43]

이러한 복지폭증의 핵심은 제5공화국이 약속한 3대 복지정책인 보편적인 성격의 국민연금제도의 실시, 의료보험의 전국확대실시, 그리고 최저임금제도의 시행으

---

43) 미국의 1960년대는 경제적으로는 호황이었으나, 베트남전쟁반대운동과 인종문제로 인한 갈등이 극에 달했던 시기였다. 즉 사회불안이 극에 달했던 시기였다. 이 시기에 미국은 대빈곤전쟁을 필두로 대대적으로 사회복지가 팽창했다. 이 사회복지팽창은 복지폭발(welfare explosion)로 불렸다.

로 대표된다. 1986년 12월에 제정된 「국민연금법」은 1987년 8월과 10월에 각각 시행령 및 시행규칙의 제정을 거쳐 1988년 1월 1일을 기해 실시된 제도로서 노령연금, 장애연금, 유족연금, 반환일시금 등의 급여를 제공했다.

　1976년 개정된 이후 1977년부터 500인 이상을 고용하는 사업장에 대해서만 실시되던 의료보험제도는 1979년 7월부터 300인 이상, 1981년 1월부터 100인 이상, 1986년 4월부터 16인 이상의 사업장에 대한 당연적용 의무화 규정을 통해 점차 그 대상범위를 확대해 오다가, 1987년 12월의 개정을 통해 5인 이상의 상시 근로자를 고용하는 사업장으로 다시 당연적용의 범위를 확대했다. 그리고 1989년 7월부터는 도시지역에서도 의료보험이 확대 적용됨으로써 우리나라는 전국민이 의료보험의 혜택을 받을 수 있는 시대에 접어들었다.

　또한 1986년 12월에 제정된 「최저임금법」은 산업재해보상보험법과 함께 노동자들의 근로조건을 보호하는 가장 중요한 제도로서 1987년 7월과 11월에 각각 시행령과 시행규칙을 제정하여 「국민연금법」과 같이 1988년 1월 1일부터 실시되었다. 이러한 보편주의적 사회복지제도의 도입으로써 우리나라는 복지국가로 발전할 수 있는 기틀을 마련했다고 할 수 있다.

　노태우 정부의 사회복지정책은 노동자들의 복지향상에 초점을 두었다. 최저임금제와 국민연금제의 실시 외에도 노동복지와 관련되는 정책으로는 '사내근로복지기금법'(1991년 8월 제정, 1992년 시행), '중소기업근로자복지진흥법'(1993년 시행) 등이 있다. 또한 노동자들을 위한 주택정책도 수립되었는데, 1990년에 근로자 주택 25만호 공급계획이 발표·시행되었다. 또한 이 시기에 한계노동자라고 할 수 있는 장애인, 여성, 노인의 고용을 촉진시키기 위한 장애인고용촉진 등에 관한 법률 (1990년 1월), 영유아보육법과 시행령(1991년 1월), 고령자고용촉진법(1991년 12월)이 제정되었다. 그리고 1992년 3월에는 노동은행(평화은행)이 설립되었다.

　이러한 사회복지정책의 확대 시행과 함께 1987년 이후 국가의 복지비지출이 현저히 증가하였다. 특히 1990년의 복지비지출은 이승만 정권 하에서 전쟁과 관련된 구제사업을 위해 책정된 1960년의 복지비지출과 1997년 외환위기로 인한 경제위기 이후 대규모 복지사업으로 인한 2000년의 복지비지출을 제외하고는 가장 높은 수준의 지출이다. 일반회계 대비 보건사회부 예산은 6월 항쟁이 있었던 1986년 이전에는 2% 수준에 머물러 있었으나 이후 꾸준히 증가하여 1990년에는 1960년 이후 최대인 5.02%를 기록하였다.

그러나 1987년부터 시작된 복지폭증은 오래 지속되지 않았다. 1990년 당시 소수여당이었던 민정당이 민주세력을 대변하던 김영삼의 민주당과 보수세력을 대변하는 김종필의 공화당과 합당하면서 정치안정을 이루었다. 이른바 '보수대연합'으로 불리는 삼당 통합으로 인해 정통성의 문제를 지니고 있었던 노태우 정부는 정통성을 어느 정도 회복했으며, 때를 맞추어 노사분규수도 감소하였고, 노조 조직율도 감소했다(부록 1 참조).

이러한 정치환경의 변화는 사회복지의 발달을 저해했다. 시행이 임박한 것처럼 보이던 고용보험은 연기되었고, 분배와 복지를 경제성장의 장애물로 간주하는 경제성장제일주의가 다시 등장했으며, 자고 나면 하나의 사회복지프로그램이 생겨날 정도로 계속 확대될 것으로 보였던 복지의 구호 대신에 '일 더하기 운동'이 등장했다. 다시 말해 '근로연계복지'(workfare)가 등장했다. 이를 입증하듯 1990년 5.02%로 1960년 이후 최고를 기록했던 일반회계 정부예산 대비 보건사회부 예산비율은 1991년부터 계속 감소하기 시작했다. 그래서 1987년부터 시작되었던 '복지의 봄'은 1990년에 너무나도 빨리 끝났다.

(7) 김영삼 문민정부(1993-1998): 사회복지발전 정체의 시대

1993년에 집권한 김영삼 문민정부는 노태우 정부와 구별되는 뚜렷한 특징이 있었다. 첫째, 김영삼 문민정부는 수십 년 동안 민주화를 위해 투쟁해 온 정치세력들이 구성한 정부였기 때문에 민주적 정통성을 가지고 있었다. 둘째, 김영삼 문민정부는 국가-자본의 폐쇄적 지배연합 구조 속에서 노동계급과 일반국민을 배제와 통제의 대상으로 설정했던 노태우 정부와는 달리 폐쇄적 지배연합 구조를 상당히 개방하여 일반 국민과 노동계급의 요구 및 이익을 국가정책에 반영하는 높은 정치적 개방성과 반응성을 보였다. 셋째, 이러한 변화와 함께 국민들에 대한 복지혜택의 제공이 국가의 시혜가 아니라 주권자인 국민이 당연히 누려야 하는 사회적 권리라는 점이 폭넓게 인식되기 시작했다(김태성·성경륭, 2000: 416). 또한 1995년 지방자치제도를 전면적으로 시행함으로써 민주주의의 발전에 크게 공헌했다.

이와 같이 김영삼 문민정부는 정치적 민주화의 꽃을 피웠으며, 따라서 사회복지도 당연히 권리로서 누릴 수 있게 되리라는 기대를 가지게 했다. 그러나 김영삼 문민정부 시절의 사회복지의 변화와 성격을 보면 정치적 민주화는 반드시 사회복지 발전을 수반한다는 가설을 부정하고 있다.

1993년에 집권한 김영삼 정부는 1995년까지의 전반기 동안에는 경제활성화에 치중한 나머지 사회보장 부문과 보건복지 부문에 대한 예산의 상대적 비중을 점차 감축시켰다. 이러한 사실은 사회복지 분야에 투입된 예산의 변화를 보면 분명히 알수 있다. 그래서 1995년의 경우 보건복지부 예산의 비중은 중앙정부의 일반회계 예산 대비 3.82%에 불과한 수준으로 크게 줄어들었다. 이것은 노태우 정부가 1990년 보건복지 부문의 예산을 5.02%까지 상향조정한 것에 비하면 매우 낮아진 것이다. 비록 김영삼 정부 후반기인 1996년에 일반회계 대비 보건복지 예산을 4.03%, 1997년에 4.22%로 늘리기는 했으나 김영삼 정부 내내 보건복지부 예산은 노태우 정부 시절의 수준을 한번도 넘어본 적이 없다. 또한 김영삼 정부 출범 이후의 일반회계예산에 대한 사회보장예산 추이를 살펴보면 1992년 6.41%, 1993년 6.35%, 1994년 6.05%, 1995년 5.63%로 해를 거듭할수록 그 비율이 저하되었다 (이인재, 1997: 97).

김영삼 정부 사회복지정책의 특징은 중장기 사회복지발전을 위한 각종 위원회의 활동이 활발하게 이루어졌다는 것이다. 그 결과 여러 가지 장미빛 청사진이 제시되었으나 문제는 제도발전에 가장 중요한 재원마련에 대한 구체적인 계획이 미비했다는 것이다. 김영삼 정부는 집권 직후 제7차 경제사회개발 5개년 계획을 수정한 신경제 5개년 계획(1993~1997)에서 사회복지부문의 장기정책방향을 구상하였으며, 이어 1994년 1월 사회복지정책심의위원회가 구성되어 6개월 후 보고서 「사회복지정책과제와 발전방향」을 발간하였으나, 이 보고서의 내용은 보건복지사무소안 구상 외에는 노태우 정부 시기에 나온 제7차 경제사회발전 5개년 계획안과 거의 차별성이 없다. 1994년 의료보장개혁위원회도 구성이 되었으나 조합주의 방식의 의료보험 운영체계를 근본적으로 수정하지 못하고 현실 타협적인 대안만을 제시하고 있을 뿐이다.

이 시기의 본격적인 복지구상은 1995년 3월 유엔 사회개발정상회의 참석 후 나온 김영삼 대통령의 삶의 질 세계화 선언과 '복지구상'을 통해, 그리고 뒤이은 '국민복지기획단'의 보고서 「삶의 질의 세계화를 위한 국민복지 기본구상」(1996. 2) 에서 살펴볼 수 있다. 기본 구상은 '한국형 복지모형'으로 그 목표를 정하고 국민복지의 기본이념을 성장과 복지의 조화, 한국적 특수성의 반영, 생산적·예방적 복지의 강화, 복지공급 주체의 다원화, 물질적 만족과 정신적 행복의 추구의 다섯 가지로 제시하고 있다. 한국적 복지모형의 기본 원칙을 살펴보면, 최저수준보장의 원칙이란 절대빈곤 이하의 취약계층에 대해서만 국가가 책임을 지겠다는 잔여적 개념의 사회복지 원칙이 깔려 있다(이인재, 1997: 103).

이러한 한국적 복지모형의 기본원칙을 살펴보면, 먼저 최저수준보장의 원칙이란 절대빈곤 이하의 취약계층에 대해서만 국가가 책임을 지겠다는 잔여적, 선택주의적 원칙을 고수하는 것을 의미한다. 이것은 취약계층에 대해서만 책임을 지는 것으로, 근로능력자의 자기책임원칙과 더불어 사회보험제도와 사회복지서비스는 기본적으로 수익자부담의 원칙에 따르며, 복지를 시장원리에 맡긴다는 것으로 해석된다. 즉 국가는 사회복지에 대한 책임을 회피하면서 단지 효과적이고 효율적인 운영만을 책임진다고 하여 전통적인 규제적 관리를 하겠다는 것을 의미한다. 생산적 복지는 근로연계복지 등장의 서곡이었다. 공동체적 복지원칙은 복지제공 주체를 다양화함으로써 국가가 복지에 대한 책임을 민간에 전가하면서 회피해 보겠다는 것으로 볼 수 있다. 실제적으로 당시에 갑자기 강조되기 시작한 자원봉사정신과 번창했던 실버산업도 국가가 민간에 복지의 책임을 전가한 것으로 볼 수 있다. 따라서 김영삼 정부 시절에 제시되었던 '한국형 사회복지'는 그럴듯한 수사와는 달리 사회복지에 대한 투자를 오히려 억제하는 방향으로 작용했다고 할 수 있다.

그러나 김영삼 정부 말기인 1997년 12월 외환위기에서 시작된 경제위기는 한국 사회복지의 방향을 바꾸어 놓았다.

(8) 김대중 국민의 정부의 시대 (1998-2003): 사회복지개혁 의 시대

김대중 정부의 집권은 두 가지의 의미가 있다. 첫째는 우리나라 정치사상 처음으로 평화적인 선거를 통해 야당이 집권했다는 것이며, 두 번째는 집권시점이 최악의 경제위기였던 1998년 2월이었다는 것이다. 노태우, 김영삼 대통령보다 진보적인 성향이면서 복지친화적이었기 때문에 사회복지계에서 많은 기대를 하였던 김대중 정부는 집권한 후 대대적인 복지개혁을 시도하였다. 김대중 정부에서 가장 많은 제도적인 변화는 국민연금, 의료보험 등의 사회보험 분야와 실업대책을 포함한 공공부조 분야이다. 제도적인 변화는 다음과 같다.

첫째, 국민연금제도에서의 변화이다. 우리나라의 국민연금제도는 기초연금과 소득비례연금이 분리되어 있지 않은 소득비례 단일연금제이며, 공적관리, 확정급여, 부분적립방식으로 운영되고 있다. 김영삼 정부에서는 국민연금제도를 세계은행(World

Bank)이 제안하는 방식과 유사하게 기초연금과 확정기여방식과 완전적립방식이 결합된 소득비례 부문으로 이원화하려는 연금개혁안을 제시하였다. 이 개혁안은 1998년 국회에서 국민연금법이 개정될 때 상당히 유력한 대안으로 논의되었다. 그러나 김대중 정부는 이 대안을 받아들이지 않았으며, 소득대체율을 70%에서 60%로 낮추고 연금기금운용의 투명성과 가입자의 정책결정과정에의 참여를 골자로 하는 제도개혁을 단행하였다. 즉 공적관리, 세대간·계층간 연대, 관대한 급여수준, 임금근로자와 자영자의 통합관리라는 기본 골격이 손상되지 않았다. 다시 말하면 개혁된 국민연금제도는 세계은행이 제안한 신자유주의적 요소는 거의 발견되지 않으며 여전히 노후소득에 대한 국가책임의 원칙이 강하게 유지되었다(김연명, 2002: 120).

또한 1998년말에 국민연금법이 개정되어 1999년 4월 1일부터 연금의 대상이 도시지역주민으로 확대되어 전국민연금제도가 성취되었다. 지역, 공교, 직장의료보험으로 분리 운영되던 의료보험은 1997년에 제정된 '국민의료보험법'에 의거하여 공무원·교원 의료보험과 지역의료보험이 1998년에 일차 통합을 이루었으며, 다시 1999년에 제정된 '국민건강보험법'에 따라 직장의료보험까지를 포함한 모든 조합이 2000년 7월부터 국민건강보험공단으로 통합되었다.

둘째, 의료보험의 통합이다. 건강보험제도로 통합되기 전의 한국의 의료보험제도는 독일과 일본식의 조합주의방식이었다. 즉 직역과 지역에 따라 의료보험조합을 따로 구성하고 각 조합별로 보험료 수준을 달리하고 재정도 독립적으로 운영하는 방식이었다. 이 방식으로 인해 420개의 의료보험조합이 생겨났고 재정이 흑자가 되는 조합과 적자가 나는 조합이 발생하는 부작용이 일어났다. 김대중 정부는 독립채산제로 운영되던 420개 개별조합을 공적기관에서 관리하는 단일 건강보험제도로 일원화하고, 조합별로 상이하게 부과되던 보험료도 하나의 보험료로 통일하였다. 이러한 건강보험제도로의 통합은 소규모 조합으로 제한되던 연대를 전국민적 연대 차원으로 확대되었으며, 의료보장에 대한 국가의 책임이 강화되었다.

셋째, 고용보험과 산재보험의 사회보험 방식의 적용확대이다. 고용보험의 경우 1998년부터 1인 이상의 근로자를 고용하는 사업장까지 적용범위가 확대되었다. 이렇게 볼 때 경제위기가 진행된 지 2년 동안 사회보험 분야에서는 대대적인 대상자 확대조치가 이루어졌고, 제도적 측면에서는 중요한 사회적 위험의 대부분을 보호하는 거의 완벽한 사회보장제도가 우리나라에도 구축되었다고 할 수 있다.

넷째, 공공부조에서도 획기적인 진전이 있었다. 지금까지 우리나라 공공부조제도의 근간은 1961년에 제정된 「생활보호법」인데, 이 법은 시행된 40년 동안 보호대상자를 제한하는 등 잔여적, 시혜적 성격의 복지로서 많은 비판을 받았다. 그러나 1999년 9월에 제정되고 2000년 10월 1일부터 시행된 국민기초생활보장제도에서는 기존 생활보호법의 가장 큰 문제점으로 지적되어 온 65세 이상과 18세 미만이라는 인구학적 기준을 개선하여 근로능력의 유무와 관계없이 소득이 최저생계비에 미달하는 국민은 누구나 대상자로 선정될 수 있도록 하였다. 또한 소득과 급여를 합한 소득수준을 최저생계비 수준까지 보장함으로써 헌법이 보장하고 있는 모든 국민의 인간다운 생활을 할 권리와 생존권적 기본권을 보장하고 있다. 뿐만 아니라 시혜적인 성격의 생활보호법의 명칭을 「국민기초생활보장법」으로 변경하고, 법의 내용 중 보호, 피보호자 등의 시혜적인 문구를 보장, 수급자 등의 권리성 문구로 변경하고, 기초생활보장과 근로활동을 연계함으로써 국민최저생활보장을 위한 계기를 마련했으며, 공공부조제도를 특정집단이 아니라 모든 국민에게 적용되는 보편적 복지제도로 전환하였다.

다섯째, 노인, 장애인, 여성, 한부모 가정 등 사회적 취약계층에 대한 사회복지서비스에서 발전이 있었다. 사회복지서비스는 공공부문의 고용을 증가시킴으로써 소득불평등을 감소시키는 효과를 갖는다. 이 기간 동안의 경로연금 신설, 장애범주의 확대, 가정폭력방지법 제정, 저소득층 자녀를 위한 무상보육사업, 저소득 한부모 가정에 대한 생업자금 융자대상 확대, 사회복지관과 재가복지봉사센터 설치의 확대 등이 여기에 해당된다. 민간복지의 활성화를 위해 1998년 '사회복지공동모금법'을 제정하여 민간주도의 모금활동을 활성화하였다. 노인과 여성 등 취약계층을 위한 특별 취로사업을 실시하여 1998년에는 1만 7천명, 99년에는 6만 3천명에게 일자리를 제공하였다.

한편 복지예산의 측면에서도 증가하였다. 1998년 6.05%와 4.12%이던 일반회계 예산 중 사회보장예산과 보건복지예산이 차지하는 비중이 2000년에는 각각 7.27%와 5.23%로 증가하였다. 복지예산의 증가율 측면에서도 김대중 정부가 금융 및 기업 구조조정에 치중한 1998년을 제외하면 99년에 역대 최고수준을 보였고 (33.7%), 2000년의 경우 증가율은 8.8%에 불과하지만 일반회계 증가율(3.4%)의 2배를 상회하는 높은 수준의 증가율을 보였다.[44]

---

44) 김대중 정부의 복지정책의 성격에 대해서는 김연명 편(2002)을 참조하면 된다.

(9) 노무현 참여정부의 시대 (2003-2008): 사회복지의 지방분권화 시대

2003년 2월에 집권한 노무현 참여정부는 '전체 국민에 대한 보편적 복지서비스 제공, 상대비곤 완화, 풍요로운 삶의 질 구현'이라는 3가지 정책목표를 제시하고 사회복지공급주체로서의 국가역할 강화, 사회복지의 대상을 사회적 취약계층에서 전체 국민으로, 정책결정과정과 복지의 분배 및 소비영역에 관련 이해당사자의 참여를 보장하는 참여복지를 주장하였다.

또한 노무현 정부는 지방분권정책과 지역균형발전정책을 시도했다. 노무현 정부가 추진하는 지방분권정책과 지역균형발전정책은 상호 연계되어 있는 것으로 한편으로는 중앙의 권한을 지방정부로 이양함으로써 지방정부의 자율성을 강화하고, 다른 한편으로는 중앙정부에 집중된 사회적·경제적 자원을 지방으로 분산함으로써 지역 간 균형발전을 가져오게 한다는 것이다. 이러한 지방분권과 지역균형발전정책은 중앙과 지방의 이중적 불균등을 해소함으로써 균형적인 국가발전을 목표로 하고 있다.

노무현 정부는 지방분권을 위해 정부혁신지방분권위원회를 구성했으며, 이 위원회는 국고보조금제도를 선지방이양 후존치사업 선정방식으로 국고보조사업을 정비하고, 전체 보조사업의 완전이양 전제 하에 필수 존치사업을 선정하며, 지방이양 대상사업재원은 자치단체 일반재원으로 전액 보전하고, 나머지 존치사업도 가급적 '포괄지원방식'으로 전환하는 방식으로 전환했다.

사회복지의 지방분권으로 인해 2005년에 중앙정부에서 관리하던 138개 보건복지부의 국고보조사업 가운데 67개(41.1%)가 지방이양사업으로 분류되어 지방으로 이양되었다. 보건복지부의 경우 사업 수로는 거의 절반이 지방으로 이양되었지만, 예산을 보면 4조 9,368억원의 전체 예산 중 12.1%에 해당하는 5,959억원이 지방으로 이양되었다. 그러나 보건복지예산 중에서 중앙정부에서 반드시 시행해야 하는 사업인 기초생활급여(1조 6천 771억원)와 의료급여(1조 8천 807억원)를 제외하면, 1조 3천 790억원의 예산 중 43.2%가 지방으로 이양된 셈이 된다.

사회복지에 지방분권정책을 적용하면 긍정적인 면으로는 지역에 맞는 사회복지정책이 개발될 수 있어 지역복지의 발전에 기여하는 측면이 있다. 그러나 부정적인 측면도 있다. 지방분권정책을 사회복지 분야에 적용하면 정치적, 행정적, 재정적 측면에서의 분권화의 내용과 수준 및 방법에 따라 지방정부의 복지공급 역량이 영향을 받게 되어 지역 간의 복지의 균형 발전이 영향을 받게 된다. 따라서 지방의 행·재정 면에서 자율성 강화는 분권화의 조건인 동시에 결과이지만, 사회복지행정에서 지방정부의 복지행정과 재정에 대한 자율성과 책임성이 강조될 경우에 지방정부의 사회복지 공급역량이 오히려 약화되거나, 지역 간에 복지서비스 공급에 있어서 차이가 발생할 것이라는 주장이 제기되고 있다(이승종·김흥식, 1992; 박병현, 1993, 2006; 김수완, 1998; 김교성·이재완, 2000; 백종만, 2003; 윤찬영, 2003). 이러한 우려를 반영하듯 사회복지의 지방분권을 시행한지 3년 만에 사회복지의 지방분권정책의 실패론이 제기되고 있다(박병현, 2008; 이봉주, 2008).

노무현 정부는 급속한 고령화의 진행으로 인해 치매나 중풍 노인등에 대한 간병이나 수발의 수요가 급증함에 따라 인해 개인 또는 사회 전체의 복지 증진 및 삶의 질 제고를 위해 사회적으로 제공하는 사회서비스의 확충을 추진하고 있다. 이를 위해 사후대응 중심의 소비적 지원에서 벗어나 사회투자형 서비스를 개발하고, 사회서비스 확충을 통한 시장형성을 촉진하며, 고품질의 사회서비스 확충을 통한 발전전략의 구체화를 꾀하고 있다.

┃부록 1┃ 사회·경제적 변화와 사회복지의 발달

연도	비농업인구비율(%)	광·공업종사인구비율(%)	1인당GNI($)	대학진학률(%)	노사분규수	시외횟수	노조조직률(%)	실업률	복지제도	보사부예산비율(%)*	정치·경제·사회적 사건
1960	41.8	–	79	–	256	–	–	–	공무원연금법	4.76	4.19혁명
1961	43.7	–	82	–	122	–	–	–	생활보호법	2.56	5.16쿠테타
1962	43.1	–	87	29.8	0	–	–	–	재해구호법	2.28	
1963	44.0	8.7	100	30.0	70	–	20.3	8.1	산업재해보상보험법 의료보험법	3.98	대통령선거 국회의원선거
1964	44.4	8.9	103	30.6	7	–	23.3	7.7		3.62	
1965	44.9	10.4	105	32.3	12	–	22.4	7.3		3.34	
1966	46.4	10.8	125	28.2	12	–	22.7	7.1		3.06	
1967	46.6	12.7	142	30.8	18	–	22.2	6.1	재해구호법	2.97	대통령선거 국회의원선거
1968	48.4	13.9	169	29.5	16	–	21.1	5.0	자활지도사업	3.35	
1969	50.6	14.4	210	26.2	7	–	21.3	4.8		2.84	
1970	55.3	14.3	253	26.9	4	–	20.0	4.4	사회복지사업법	1.92	
1971	55.3	14.2	289	28.3	10	–	19.7	4.4		2.40	대통령선거 국회의원선거
1972	56.2	14.1	319	29.0	0	–	20.4	4.5		1.55	10월유신
1973	57.1	16.3	396	28.1	0	–	20.4	3.9	국민복지연금법	1.57	국회의원선거
1974	61.2	17.7	541	26.5	58	–	22.1	4.0		1.14	
1975	62.5	19.1	594	23.9	133	–	23.0	4.1		2.69	새마을사업확대
1976	64.3	21.8	802	23.8	110	–	23.3	3.9	의료보험법개정	1.83	
1977	66.2	22.4	1,011	21.4	96	–	24.3	3.8		1.94	
1978	68.8	23.1	1,400	22.0	102	–	24.0	3.2		1.89	국회의원선거
1979	71.0	23.6	1,647	25.9	105	–	23.6	3.8		2.52	10.26사건
1980	71.6	22.5	1,597	23.7	407	–	20.1	5.2		2.73	5.17쿠테타
1981	74.2	21.3	1,741	35.3	186	–	19.6	4.5		2.35	국회의원선거
1982	75.4	21.9	1,834	37.7	88	–	19.1	4.4		2.67	
1983	76.3	23.3	2,014	38.3	98	–	18.1	4.1		2.72	
1984	77.7	24.2	2,187	37.8	114	–	16.8	3.8		2.75	
1985	79.1	24.4	2,242	36.4	265	–	15.7	4.0		2.89	국회의원선거
1986	80.2	25.9	2,568	36.4	276	–	15.5	3.8	국민연금법 최저임금법	2.90	
1987	81.3	28.1	3,218	36.7	3,749	–	17.3	3.1	국민연금법시행령 최저임금법시행령 의료보험법확대개정	3.27	6월항쟁 대통령선거
1988	82.7	28.5	4,295	35.0	1,873	–	22.0	2.5		3.88	국회의원선거
1989	84.0	28.3	5,210	35.2	1,616	–	23.4	2.6	산재보험법개정	4.21	
1990	84.5	27.6	5,886	33.2	322	–	21.7	2.4	장애인고용촉진법	5.02	3당 합당
1991	86.0	27.2	6,810	30.4	234	3,293	19.8	2.3		4.66	
1992	86.9	25.9	7,183	31.1	235	892	–	2.4		4.66	대통령선거
1993	87.7	24.5	7,811	38.4	144	267	–	2.8	고용보험법	4.35	
1994	88.4	23.9	8,998	45.3	121	588	–	2.4		4.10	
1995	89.1	23.6	10,823	51.4	88	809	–	2.0	사회보장기본법	3.82	
1996	89.7	22.6	11,380	54.9	85	811	–	2.0		4.03	OECD 가입
1997	90.3	21.4	10,307	60.1	78	664	–	2.6		4.22	외환위기 대통령선거
1998	90.5	19.6	6,782	63.5	129	68	–	6.8	국민건강보험법제정	4.12	
1999	91.0	19.9	8,581	66.6	198	129	–	6.3		4.97	
2000	–	–	–	–	–	–	–	–	국민건강보험법시행 국민기초생활보장제도	5.23	

* 보사부예산(1961－1992) = (보사부예산/정부전체예산), 1993년부터는 보건복지부예산.
자료: 김태성, 성경륭, 복지국가론(서울: 나남), p.378, 390, 401, 한국통계연감, 2000.

참 고 문 헌 ⸺⸺⸺⸺⸺⸺●

강욱모. 2003. "영국의 복지개혁: 신자유주의에서 '제3의 길'로?".「해외지역연구」 7: 53−105.

강욱모. 2000. "영국 신노동당의 '제3의 길' 복지정책: 좌·우파 복지 모델과의 단절인가".「현상과 인식」 24(4): 62−81.

강원택. 1999. "영국 사회정책의 변화: 신노동당과 '일을 위한 복지'".「세계화와 복지국가」. 서울: 나남출판. pp. 177−200.

권문일. 1989. "1960년대의 사회보험". 하상락 편.「한국사회복지사론」. 서울: 박영사. pp. 467−513.

김교성·이재완. 2000. "지방정부의 사회복지비 지출수준의 결정요인 분석".「한국사회복지학」 41.

김동국. 1994.「서양사회복지사론 − 영국의 구빈법을 중심으로 −」. 서울: 유풍출판사.

김수완. 1998. "지방자치제는 지방정부의 예산을 증가시켰는가?".「상황과 복지」 4.

김연명. 2001. "DJ의 사회복지정책 : 신자유주의를 넘어서".「한국사회복지학회 춘계학술대회 자료집」.

김연명 편. 2002.「한국복지국가 성격논쟁 I」. 서울: 인간과 복지.

김영범. 2001. "경제위기 이후 사회정책의 변화".「한국사회학」 35(1): 31−57.

김영순. 2000. "소득 재분배자에서 고용 재분자로? − 미국과 영국의 '일을 위한 복지정책".「경제와 사회」 47: 123−149.

김영순. 1999. "'제3의 길'위의 복지국가: 블레어정부의「일을 위한 복지」 프로그램".「한국정치학회보」 33(4): 203−220.

김종일. 2001.「복지에서 노동으로−노동중심적 복지국가의 비판적 이해」. 서울: 일신사

김종일. 1992. "한국사회 복지정책의 흐름과 논리".「경제와 사회」 16: 26−45.

김태성·류진석·안상훈. 2005.「현대 복지국가의 변화의 대응」. 서울: 나남출판

김태성, 성경륭. 2000.「복지국가론」. 서울: 나남.

김형식. 1995. "T. H. Marshall의「시민적 권리」론에 관한 소고".「한국사회복지학」 26: 77−110.

남세진·조흥식. 1995.「한국사회복지론」. 서울: 나남.

남찬섭 역. 2001.「영국 사회복지발달사」. Karl de Schweinitz. 1947. England's Road to Social Security: 1349 to 1947. 서울: 인간과 복지.

남찬섭. 2001. "김대중 정부 복지개혁의 평가: 수사(rhetoric)와 실제".「한국사회보장학회 2001년도 학술대회 자료집」. pp. 297−322.

류진석. 2004. "노동연계복지의 경향과 특징".「사회복지연구」 25: 65−89.

문진영. 2004. "영국의 근로복지(Workfare) 개혁에 관한 연구: 노동당의 이념적 변화를 중심으로". 「한국사회복지학」 56(1): 45-70.

박능후. 2000. "생산적복지 - 복지이념으로서의 의의와 과제". 「2000년 한국사회복지학회 춘계학술대회자료집」. pp. 33-46.

박광준. 2002. 「사회복지의 사상과 역사」. 서울: 양서원.

박능후. 2000. "기초보장제도의 역사적 전개과정과 함의." 「보건사회연구」 29(2): 3-49.

박병현. 2008. "노무현 정부의 복지재정분권정책에 따른 지방정부 사회복지재정 실태 분석 및 정책적 개선방안". 「한국사회복지학」 60(1): 159-85.

박병현. 2006. "사회복지의 지방분권화에 대한 비판적 고찰". 「한국사회복지행정학」 8(2): 1-31.

박병현. 2005. 「복지국가의 비교: 영국, 미국, 스웨덴, 독일의 사회복지역사와 변천」. 서울: 공동체.

박병현a. 2001. "정치적 민주화의 진척과 한국의 사회복지". 「상황과 복지」 10.

박병현b. 2001. "미국의 사회보장". 신섭중 외 공저. 「세계의 사회보장 : 역사, 현황, 전망」. 서울: 유풍출판사. pp. 265-330.

박병현. 1997. "영국과 미국의 사회보장제도 발달비교: 1850-1930". 「사회복지연구」 7: 53-86.

박병현. 1993. "중앙과 지방간의 사회복지기능분담논의에 대한 일고 - 지방의 재정현황과 문제점을 중심으로". 「한국사회복지학회 93 춘계 학술대회 자료집」.

박병현a. 1992. "미국 AFDC프로그램의 변천과정을 통해서 본 빈곤문제와 자유주의사상과의 관계". 「부산대학교 사회과학논총」 11(1).

박병현b. 1992. "레이거노믹스와 복지개혁". 현외성 외 공저. 「복지국가의 위기와 신보수주의적 재편 -영국·미국·일본의 사회복지개혁-」. 서울: 대학출판사. pp. 181-253.

박정희 장군 담화문집. 1963.

박현수 역. 1991. 「거대한 변환: 우리 시대의 정치적·경제적 기원」. Karl Polanyi. *The Great Transformation : The Political and Economic Origins of Our Time*. 서울 : 민음사.

백종만. 2003. "한국사회복지에서 중앙정부와 지방정부간 역할변화." 「2003년 한국사회복지학회 춘계학술대회 자료집」. pp. 127-45.

문순영. 1993. "사회통제적 관점에서 본 제6공화국 사회복지정책에 관한 연구". 석사학위논문. 연세대학교대학원.

성경륭. 1991. "한국의 정치체제변동과 사회정책의 변화: 정치사회학적 분석." 「사회복지연구」 3: 109-146.

신동면. 2004. "영국의 근로연계복지에 관한 평가-신노동당 정부의 New Deal을 중심으로". 「한국사회복지학」 56(1): 23-43.

윤찬영. 2003. "지방분권론과 지역사회복지의 전망: 지방자치법과 사회복지법을 중심으로". 「사회복지정책」 16.

이명현. 1992. "한국빈곤정책의 변천과정에 관한 연구 - 사회통제관점을 중심으로 -". 행정학석사학위논문. 부산대학교대학원.

이봉주. 2008. "사회복지서비스 지방이양의 문제: 전제조건, 현황, 과제를 중심으로". 「한국사회복지정책학회 2008 추계학술대회 자료집」. pp. 57-83.

이승종, 김흥식. 1992. "지방자치와 지방정부의 정책정향-복지서비스 기능을 중심으로". 「한국행정학보」 26(2): 573-89.

이영환. 1989. "미군정기 전재민 구호정책의 성격 연구". 서울대학교 석사학위논문.

이인재. 1997. "1987년 이후 한국 사회복지의 변화와 과제". 「동향과 전망」 34: 96-117.

이인재·류진석·권문일·김진구. 1999. 「사회보장론」. 서울: 나남.

이혜경. 1992. "권위주의적 자본주의 사회에서의 복지국가의 발달: 한국의 경험". 「한국사회복지학회 국제학술대회 자료집」.

이혜경. 1995. "사회복지학의 정체성". 「한국사회복지학회 춘계학술대회 자료집」.

이혜원·이영환·정원호. 1998. "한국과 일본의 미군정기 사회복지정책 비교연구". 「한국사회복지학」 36: 309-338.

이장원. 2000. "생산적 복지의 추진방향". 「한국사회복지학회 춘계학술대회자료집」. pp. 9-31.

장인협. 1982. "공적부조제도에 대한 연구". 서울대학교 박사학위논문.

정무권. 2000. "국민의 정부의 사회정책". 안병영·임혁백 편. 「세계화와 신자유주의: 이념·현실·대응」. 서울: 나남. pp. 319-370.

조선경제연보. 1948. I-267

조영훈. 2000. "생산적 복지론과 한국 복지국가의 미래". 「경제와 사회」 45.

최균. 1988. "한국빈곤정책의 사회통제적 성격에 관한 연구". 석사학위논문. 서울대학교대학원.

하상락. 1989. 「한국사회복지사론」. 서울: 박영사.

함철호. 1988. "한국사회복지에 대한 사회통제이론적 고찰: 복지법과 복지비를 중심으로". 「한국의 사회복지」. pp. 169-200.

Annesley, Claire. 2003. "Americanized and Europeanised: UK social policy since 1997." *British Journal of Politics and International Relations*. 5(2): 143-165.

Aaron, Henry. 1967. "Social Security: International Comparisons." in *Studies in the Economics of Income Maintenance*. Edited by Otto Eckstein . Washington, D.C.: Brookings Institution.

Alber, J. 1983. "Some Causes of Social Security Expenditure Development in Western Europe 1949-1977." In M. Loney, D. Boswell, and J. Clarke (eds.). *Social Policy and Social Welfare*. Milton Keynes: Open University Press.

Axinn, June and Herman Levin. 1992. *Social Welfare: A History of the American Response to Need* (Third ed.). New York: Longman.

Baker, John. 1979. "Social Conscience and Social Policy." *Journal of Social Policy* 8(2): 177-206.

Beveridge, William. 1942. *Social Insurance and Allied Social Services*. HMSO.

Booth, Charles. 1970. *Life and Labor of the People of London*, 1st Ser. 1902−4(Reprint). New York: AMS Press.

Boyer, Paul. 1978. *Urban Masses and Moral Order in America 1820−1920*. Cambridge, Mass.: Harvard University Press.

Brewer M. et al. 2004. *Poverty and Inequality in Britain: 2004*. Institute Fiscal Studies.

Castles, F. 1982. "The Impact of Parties on Public Expenditure." In F. Castles (ed.). *The Impact of Parties*. London: Sage.

Castles, F. and R. D. McKinlay. 1979. "Public Welfare Provision, Scandinavia, and the Sheer Futility of the Sociological Approach to Politics." *British Journal of Political Science* 9: 157−71.

Clark, T. and A. Dilnot. 2002. *Long−Term Trends in British Taxation and Spending*. Institute Fiscal Studies. Briefing Note no. 25.

Collier, David and Richard E. Messick. 1975. "Prerequisites Versus Diffusion: Testing Alternative Explanations of Social Security Adoption." *The American Political Science Review* 69: 1299−1315.

Cutright, P. 1965. "Political Structure, Economic Development, and National Security Programs." *Journal of Sociology* LXX: 537−50.

Dahrendorf, R. 1969. Class and Industrial Society. Penguin Books.

Department for Education and Employment. 1998a. *New Contract for Welfare: Principles into Practice*. CM 4101. London : The Stationery Office.

Dodenhoff, David. 1998. "Is Welfare Really about Social Control." *Social Service Review* 72(3): 310−336.

Dunning, E. A. and E. I. Hopper. 1966. "Industrialization and the Problem of Convergence: A Critical Note." *Sociological Review* 14(2): 163−186.

Esping−Andersen, G. 1990. *Three Worlds of Welfare Capitalism*. Cambridge: Polity Press.

Flora, Peter and Jens Alber. 1981. "Modernization, Democratization and the Development of Welfare States in Western Europe." in P. Flora and A. J. Heidenheimer(Eds.). *The Development of Welfare States in Europe and America*. New Brunswick, NJ: Transaction Book. pp. 37−80.

Fraser, D. 1984. *The Evolution of the British Welfare State*(2nd ed.). London: MacMillan.

Friedlander, Walter A. 1980. *Introduction to Social Welfare*. Englewood Cliffs, NJ: Prentice−Hall.

Galbraith, J. K. 1972. *The New Industrial Society*. Harmondsworth: Penguin Book.

Giddens, Anthony. 1998. *The Third Way : The Renewal of Social Democracy.*

Hall, Penelope. 1952. *The Social Services of Modern England.* London: Routledge.

Harrington, Michael. 1962. *The Other America: Poverty in the United States.* New York: MacMillian.

Handler, J. 2004. *Social Citizenship and Warfare in the U.S. and Western Europe : The Paradox of Inclusion.* Cambridge, Cambridge University Press, U. K.

Higgins, Joan. 1980. "Social Control Theories of Social Policy." *Journal of Social Policy* 9(1): 1−23

Higgins, Joan. 1981. *State of Welfare: Comparative Analysis in Social Policy.* London: Basil Blackwell.

Hyde, M., J. Dixon, and M. Joyner. 1999. "Work for those that can, security for those that cannot: The United Kingdom's new social security reform agenda." *International Social Security Review* 52(4): 69−86.

Janowitz, M. 1976. *Social Control of the Welfare State.* Chicago: University of Chicago Press.

Katz, Michael. 1986. *In the Shadow of the Poorhouse; A Social History of Welfare in America.* New York: Basic Books.

Kerr, C., J. T. Dunlop, F. H. Harbison, and C. A. Myers. 1962. *Industrialism and Industrial Man.* London: Heinemann.

Leiby, James. 1983. "Social Control and Historical Explanation," in Walter Tratter et al., *Social Welfare or Social Control.* Knoxville: The University of Tennessee Press.

Leiby, James. 1978. *A History of Social Welfare and Social Work in the United States.* New York: Columbia University Press.

Levine, Daniel. 1988. *Poverty and Society: The Growth of the American Welfare State in International Comparison.* New Brunswick: Rutgers University Press.

Loch, C. S. 1892. *Old Age Pensions and Pauperism.* London.

Marshall, T. H. 1950. *Citizenship and Social Class.* Cambridge: Cambridge University Press.

Marshall, T. H. 1965. *Class, Citizenship, and Social Development.* New York: Anchor Books.

Marshall, T. H. 1975. *Social Policy.* London: Hutchinson.

Marshall, T. H. 1964. "Citizenship and Social Class," in *Class, Citizenship, and Social Development.* Garden City, N.Y.: Doubleday.

Midgley, J. 1984. "Diffusion and the Development of Social Policy." *Journal of Social Policy* 13: 167−184.

Mink, Gwendolyn. 1998. 2002. *Welfare's End.* Cornell University Press.

Monypenny, William Flavelle. 1910. *The Life of Benjamin Disraeli, Earl of Beaconsfield.* New York: Macmillian.

Morris, Robert. 1986. *Rethinking Social Welfare: Why Care for the Stranger?* New York: Longman.

O'Connor, J. S. 1988. "Convergence or Divergence? Change in Welfare Effort in OECD Countries, 1960−1980." *European Journal of Political Research* 16: 277−99.

Patterson, James T. 1986. *America's Struggle Against Poverty 1900−1985.* Cambridge, Mass.: Harvard University Press.

Peck, Jamie. and Theodore, Nik,. 2001. "Exporting workfare/importing welfare-to-work: exploring the political of Third Way policy transfer." *Policy Geography* 20: 427−460.

Peirce, F. J. 1974. "Functional Perspective of Social Welfare." in *Perspectives on Social Welfare.* ed. Paul E. Weinberger. New York: Macmillan.

Pemberton. A. 1983. "Marxism and Social Policy: A Critique of the 'Contradictions of Welfare." *Journal of Social Policy* 12: 289−308.

Piven, Frances Fox. 1998, "Welfare and Work." *Social Justice* 25(1): 67−81.

Piven, Frances Fox and Richard A. Cloward. 1971. *Regulating the Poor: The Functions of Public Welfare.* New York: Vintage Books.

Polanyi, Karl. 1944. *The Great Transformation : The Political and Economic Origins of Our Time.* Boston: Beacon.

Pryor, Frederic L. 1968. *Public Expenditures in Communist and Capitalist Nations.* Homewood, Illinois: Irwin.

Reinders, Robert C. 1982. "Toynbee Hall and the American Settlement Movement." *Social Service Review* 56.

Rimlinger, Gaston V. 1971. *Welfare Policy and Industrialization in Europe America and Russia.* New York: John Wiley & Sons.

Rochefort, David A. 1981. "Progressive and Social Control Perspectives on Social Welfare." *Social Service Review* 55: 568−592.

Rowntree, Benjamin Seebohm. 1902. *Poverty: A Study of Town Life.* London: Macmillan.

Roof, M. 1972. *A Hundred Years of Family Welfare.* London: Michael Joseph.

Rys, Vladmir. 1964. "The Sociology of Social Security." *Bulletin of the International Social Security Association* 17(1).

Schram, Sanford F., and J. Partick Turbett. "The Welfare Explosion: Mass Society versus Social Control." *Social Service Review* 57: 614−625.

Schweinitz, Karl de. 1947. *England's Road to Social Security: 1349 to 1947.* Philadelphia: University of Pennsylvania Press.

Sullivan, M. 1987. *Sociology and Social Welfare.* London: Allen & Unwin.

Thane, Pat. 1982. *The Foundations of the Welfare State.* London: Longman.

Titmuss, Richard. 1976. *Essay on the Welfare State*(third ed.). London: Allen and Unwin.

Wilensky, H. L. and C. N. Lebeaux. 1965. *Industrial Society and Social Welfare.* New York: Free Press.

Wilinsky, H. L. 1975. *The Welfare State and Equality.* Berkeley: University of California Press.

제2부

사회복지의 방법

제 4 장
사회복지실천

1. 사회복지실천의 정의와 본질

1.1 사회복지실천의 정의

사회복지실천은 일반적으로 심리·사회적 기능상의 문제를 가진 클라이언트들을 도움에 있어 사회복지사에 의해 사용되는 지식, 기술, 그리고 가치의 집합체로 정의된다. 사회복지실천은 또한 변화과정에 참여하는 사회복지사와 클라이언트에 의해 이루어지는 활동으로 개념화할 수 있다. 사회복지실천의 기본 아이디어를 '행동하는 사회복지사'에서 찾는 사람도 있다. 사회복지사에 의해서 이루어지는 활동은 사회에 의해서 인정을 받게 되고 전문적인 기본 목적과 관련된다. 마이어(Meyer, 1976)는 사회사업을 인간의 공통된 욕구를 해결함에 있어 사회의 제도화된 표현으로 개념화했다. 라인(Rein, 1983)은 실천을 독특한 활동의 특수체계, 그리고 제도적으로 인정되는 하나의 전문적인 역할로 정의했다. 라인의 견해에서 실천가, 즉 사회복지사들은 '행동하는 사람들'이다. 즉 실천가들은 실제적인 문제를 해결하는데 지식과 기술을 적용하는 전문가들이다. 본질적으로 사회복지실천은 클라이언트 체계를 위하여 사회복지사에 의해 이루어지는 활동이라고 정의내릴 수 있다. 만약 그 활동이 사회복지실천으로 정의된다면 그 활동은 사회복지실천에만 존재하는 지식, 가치, 그리고 기술로 구성되어야 한다.

지식은 경험적 조사로부터 도출된 정보로 구성이 되고 클라이언트 체계가 직면하는 문제의 본질과 원인을 이해함에 있어 사회복지사에 의하여 사용된다. 이 지식은 다른 학문으로부터 도입되고 또한 전문가에 의해 개발된다. 가치는 전문가에 의해서 인정되는 하나의 원리이고 사회복지사가 클라이언트 체계와 상호작용할 때에 사회복지사의 행동에 영향을 미치는 윤리적 행동강령이다. 기술은 심리·사회적 기능상의 장애를 가진 클라이언트를 원조할 때에 구체적인 기술을 적용함에 있어 어느 정도의 전문성을 가지고 수행하는 능력을 의미한다. 사회복지사에 의해서 이행되는 활동은 계획적인 방법으로 수행되고 항상 그 사회에서 사회사업의 전문적인 목적 및 기능과 관련되어 있다(Brown, 1992: 5-6).

요컨대, 사회복지실천이란 사회사업의 가치에 맞추어 사회서비스를 제공하기 위해 사회의 위임을 이행하는 데 있어 사회사업지식과 사회사업기술을 사용하는 것을 말한다. 이 실천은 개선, 회복 및 예방을 포함한다(Barker, 1995: 359).

1.2 사회복지실천의 본질

사회복지실천의 본질을 규명하기 위해 먼저 사회사업의 정의를 검토해 볼 필요가 있다. 일반적으로 사회사업의 정의들은 몇 가지 공통된 개념을 내포하고 있다. 즉, 인간과 환경 사이에 일어나는 상호작용에서의 사회적 기능을 개선하는 것, 사회적 관계를 강화하는 것, 스트레스를 완화하는 것 등이 포함된다. 한편, 사회복지실천의 초점은 클라이언트의 심리사회적 기능에 영향을 미치는 성격과 사회적인 조건이나 상태에 있다. 그리고 클라이언트의 심리사회적 기능을 개선하기 위하여 클라이언트를 도움에 있어서 사회복지사는 개인, 가족, 소집단, 조직과 지역사회를 대상으로 활동하게 된다. 사회복지사의 활동은 클라이언트의 잠재력을 극대화하는 데 있어 클라이언트 능력에 부정적으로 영향을 미치는 것과 스트레스에 영향을 미치는 조건을 제거하거나 개선하며 클라이언트의 열망을 성취하는 데 주된 관심이 있다. 또한 예방적 초점에는 1차, 2차, 3차적 차원의 활동이 포함되어 있다.

슈왈쯔(Schwartz, 1961)는 모든 전문직은 사회 내에서 수행할 특정한 기능을 가지는 것이라고 했다. 그의 실천접근방법에서는 사회복지사를 상호작용자 혹은 중재자로 보았고, 사회복지사에게 할당된 역할로서 중재자 혹은 '제3의 힘'을 수행하는 것이라고 생각했다. '제3의 힘'으로서 사회복지사는 상호작용체계의 상호작용을 특징지우는 스트레스적 상황을 고려하고 그 스트레스를 완화시키도록 시도한다. 이

완화의 기능이 사회복지사에게 적절한 활동이라고 했다. 인간과 환경간에 유발되는 상호작용에 초점을 둠에 있어 사회복지사는 체계의 충돌에 영향을 미치는 요인들을 파악하려고 노력한다. 일단 이것이 파악되면 상호작용하는 체계간의 조화가 어느 정도 회복되도록 현존하는 문제를 완화시키는 개입계획을 설정하여 이행한다(Brown, 1992: 6-7).

2. 사회복지실천관계론

2.1 관계의 정의와 특성

관계란 행동체계의 응집력의 속성을 지니고 있으며 두 사람간의 상호작용의 산물이다. 관계는 사회복지실천에서 역사적으로 매우 중요한 의의를 지니고 있는 용어로서 다양하게 정의를 내릴 수 있다. 시포린(Siporin, 1975: 202-208)은 원조관계란 두 사람 혹은 그 이상의 사람들간의 상호적 친화와 결속의 상태 및 그 과정이라고 했다.

비스텍(Biestek, 1957)은 1957년에 '케이스워크 관계'란 저서에서 케이스워크 관계란 개인과 환경간의 보다 나은 적응을 위해 클라이언트를 원조할 목적으로 하는 케이스워커와 클라이언트간의 태도와 정서의 역동적 상호작용이라고 정의내렸으며, 관계를 기술과 분리할 수 없는 것으로 보았다. 펄만(Perlman, 1978: 2)은 원조에 있어서 좋은 관계의 발전이 필수적인 요소라고 하였으며, 관계란 문제를 해결하고 도움을 활용함에 있어 사람들의 에너지를 방출케 하고 동기를 유발시키며, 지지와 양육에 있어 활력을 불어넣는 촉매라고 하였다. 또한 펄만(1982: 23)은 관계를 타인에 대한 개인의 감정적 혹은 정서적 결속이라고 했다. 그리고 관계는 구체적인 목적을 위하여 형성되고 시간제한적이며 통제적인 속성을 지니고 있다고 했다. 마이어(1976)는 원조관계를 클라이언트로 하여금 그의 목표를 달성하도록 도움에 있어, 그리고 목표 성취를 향한 문제 해결 과정을 촉진하도록 함에 있어 사회복지사에 의해 활용되는 도구라고 개념화했다. 에딩버그(Edingberg), 진버그(Zinberg) 그리고 켈만(Kelman, 1975: 127)은 원조 관계를 치료자와 클라이언트간의 활동협정(working agreement)으로 보았다. 이 활동협정은 변화 과정에서 참여자의 책임과 역할을 강조한다.

사회복지실천에서의 사회복지사와 클라이언트의 관계는 전문적인 원조 관계이다. 하나의 전문적 관계에는 동의된 목적이 있고 시간제한적이며 사회복지사는 클라이언트의 이익을 위해 전념하고 구체적인 지식, 전문적인 윤리 강령, 구체적인 기술 및 권위를 수반하고 있다. 더 나아가 전문적 관계에서 사회복지사는 사회복지사가 당면한 활동에 대한 객관성을 유지하며 자신의 감정, 반응 및 충동조절에 유의해야 한다(Perlman, 1978: 62). 키스-루커스(Keith-Lucas, 1972: 47)는 원조관계를 문제를 지닌 개인에게 제공되는 매개체로 보았으며 원조 관계의 특성을 다음과 같이 보고 있다. ① 상호성, ② 현실성, ③ 감정, ④ 지식, ⑤ 클라이언트에 대한 관심, ⑥ 목적, ⑦ 지금 바로 여기에 초점을 둠, ⑧ 비심판적 태도, ⑨ 얼마의 새로운 약속을 제공하는 것 등이다.

2.2 원조 관계의 전문적 지침

사회복지사가 클라이언트를 원조함에 있어 사회복지사와 클라이언트와의 관계를 효과적으로 유지, 발전시키기 위하여 다음과 같은 원조 관계의 전문적 지침을 고려할 필요가 있다(Pippin, 1980: 35-46).

(1) 원조 관계가 모두 전문적 관계인 것은 아니다. 사람들은 친구, 친척 및 동료와의 관계에서도 원조 관계를 이룬다.

(2) 전문적 관계는 항상 목적성을 지니고 있다.

(3) 전문적 관계는 시간제한적이다.

(4) 사회복지사와 클라이언트 관계를 종결하는 데는 세심한 주의가 요망된다.

(5) 전문적 관계는 일방적인 관계이다. 즉 이 관계는 클라이언트를 위한 것이며 사회복지사 자신을 위한 것이 아니다.

(6) 클라이언트의 사생활에 대한 비밀 보장이 되어야 한다.

(7) 가족 구성원 가운데 한 사람 이상의 클라이언트가 있을 수 있고, 한 사회복지사가 이들을 원조할 경우가 있다. 이 경우 사회복지사는 어느 한 편을 편들어서는 안 된다.

(8) 클라이언트로 하여금 지역사회서비스를 활용하게 한다. 의사, 변호사, 교사 등 다른 전문가들과 접촉하여 문제 해결에 도움이 되도록 한다.

2.3 원조 관계의 원리

비스텍(1957: 23-133)의 케이스워크 관계의 일곱 가지 원리는 사회복지사와 클라이언트 관계에서 사회복지사의 책임성을 규정하는 데 중요한 참고 사항이 될 수 있다.

(1) 개별화

개별화란 클라이언트의 독특한 자질을 인정하고 이해하는 것이며 보다 나은 적응을 하도록 클라이언트를 도움에 있어 각기 다른 원리와 방법을 활용하는 것이다. 개별화는 인간은 개별적이며, 일반적인 한 사람이 아니라 개인적인 차별성을 가진 특정한 인간으로 처우되는 인간의 권리에 기초를 두고 있다. 클라이언트는 특정한 개인으로서 인정되고 있다고 느끼며, 자신의 문제가 이해되고 있다고 느낄 때에만 원조 관계에 들어갈 수 있다. 그러므로 관계의 성공은 각 클라이언트의 개별화에 달려 있다.

(2) 의도적 감정표현

의도적 감정표현은 클라이언트가 자신의 감정, 특히 부정적인 감정을 자유롭게 표현하려는 그의 욕구에 대한 인식이다. 사회복지사는 의도적으로 경청하고 이러한 감정표현을 저해하거나 비난하지 말아야 하며, 때로는 사회사업 서비스의 일부로서 치료상 유용할 경우에는 적극적으로 자극을 주고 격려를 한다.

(3) 통제된 정서적 관여

통제된 정서적 관여란 클라이언트의 감정에 대한 사회복지사의 민감성과 감정의 의미에 대한 이해 그리고 클라이언트의 감정에 대한 의도적이며 적절한 반응을 말한다.

사회복지사의 통제된 정서적 관여의 구성 요소로는 민감성, 이해, 반응 등 세 가지가 있다.

(4) 수용

수용이란 사회복지사가 클라이언트의 장점과 단점, 바람직한 성질과 바람직하지 못한 성질, 긍정적 감정과 부정적 감정, 건설적 및 파괴적 태도와 행동을 포함하여 있는 그대로를 지각하고 다루어 나가는 하나의 행위 원칙이며, 클라이언트 행위의 존엄성과 인격의 가치에 대한 관념을 계속 유지해 나가는 것이다. 이 수용이란 클라이언트가 자신에 관해 말한 것을 사회복지사가 시인하든 안 하든 간에 사회복지사가 클라이언트에 대해 긍정적이며 이해하는 태도를 계속해서 표시하는 것을 의미한다. 결국 수용은 행위의 실행자에 대한 계속적인 선의의 표현이라고 볼 수 있다.

(5) 비심판적 태도

비심판적 태도는 사회사업 관계의 한 특성이다. 이 태도는 사회사업 기능이 문제나 욕구 발생의 원인에 대해서 클라이언트가 유죄인가 무죄인가 또는 클라이언트에게 어느 정도의 책임이 있는가 하는 것을 배제하는 것이다. 그러나 클라이언트의 태도, 기준 또는 행동에 대하여 평가적 판단은 내린다는 의미를 가지고 있다. 사고와 감정의 두 요소를 내포하고 있는 이 태도는 클라이언트에게 전달된다.

(6) 클라이언트의 자기 결정

클라이언트의 자기 결정의 원칙이란 사회복지실천과정에 있어서 클라이언트 자신의 선택과 결정을 하는 자유에 대한 클라이언트의 권리와 욕구를 실제로 인정하는 것이다. 이 원칙에 부합하는 사회복지사의 임무는 클라이언트가 지역 사회와 자신의 성격에서 활용이 가능한 적절한 자원을 발견하여 활용하도록 클라이언트를 원조함으로써 자기 스스로 나아갈 방향을 결정하는 클라이언트의 권리를 존중하며, 그 욕구를 인정하고, 잠재력을 발휘하도록 자극하고 돕는 것이다. 그러나 클라이언트의 자기 결정의 권리는 긍정적이며 건설적인 결정을 내릴 수 있는 클라이언트의 능력이다. 자기 방향 설정은 법률 및 도덕률의 테두리, 그리고 기관의 기능에 의하여 제한을 받는다.

(7) 비밀 보장

비밀 보장이란 전문 직업적 관계에서 나타나게 되는 클라이언트에 관한 비밀 정보의 보존이다. 비밀 보장은 클라이언트의 기본적 권리에 기초하고 있다. 비밀 보장은 사회복지사의 윤리적 의무이며 효과적인 사회복지실천을 위하여 필요한 것이다. 그러나 클라이언트의 권리는 절대적인 것은 아니다. 더욱이 클라이언트의 비밀은 종종 그 기관 내에서나 다른 기관의 전문 직원과 공유하게 되는데 이 경우도 역시 모든 직원은 비밀을 보장할 의무가 있다.

2.4 관계 확립의 장애

사회복지사와 클라이언트 관계를 건설적으로 확립해 나가야 하지만 이러한 관계 확립에는 장애 요인들이 있다. 효과적인 면접에 영향을 미치는 장애는 면접 자체뿐만 아니라 원조 관계의 확립에 부정적인 영향을 미친다. 사회복지사는 그들의 도덕적 가치에 따라 어떤 사람들 및 특정 장소에 대하여 정형화(stereotype)된 생각을 할 수 있다. 그리고 어떤 사람들은 더 열등하다고 느낄 수 있다. 만약 중산층에 속한 사회복지사가 그 자신의 중산층의 가치를 클라이언트에게 적용하려고 하면 사회 계층은 그 자체가 장벽이 될 수 있다.

만약 사회복지사가 클라이언트에 대해 선입견을 가지고 있다면 클라이언트의 장점을 볼 수 없을 것이며 단점에만 초점을 둘 것이다. 관계는 또한 권위가 형벌적인 방식으로 사용될 때 위협을 받을 수 있는데, 특히 아동 복지 및 교정 분야에서 더욱 그럴 수 있다. 인종, 성, 연령, 권위의 쟁점, 자기민족 중심주의, 전이와 역전이 현상은 치료적 관계를 확립하는 데 방해가 되는 사회복지사와 클라이언트간의 거리감 및 갈등을 자아낼 수 있다. 원조 관계에서 잠재적 및 실제적인 장애를 처리함에 있어 사회복지사는 장애의 존재를 의식해야 하며 이 장애를 건설적인 방법으로 처리하도록 시도해야 한다. 이를 위해서는 사회복지사의 자기 인식(self-awareness)이 중요하다(Biestek, 1957: 123).

3. 사회사업 면접

개인이나 집단의 문제해결을 위한 정보수집과 진단적 및 치료적 성격을 가진 면접은 여러 전문직에 종사하는 사람들에 의하여 널리 활용되고 있다. 특히 면접은 기본적인 사회사업 기술로서 개입결정을 하기 위한 자료수집이나 클라이언트의 문제파악과 해결을 위한 주요 도구이다. 많은 사회사업 전략이 면접에 의존하고 있기 때문에 면접은 사회복지실천에서 매우 중요한 기능을 하고 있으며 사회복지사는 많은 시간을 면접으로 보낸다고 할 수 있다. 따라서 클라이언트의 문제해결을 위한 사회사업 면접은 다양한 분야에서 활용되고 있으며 이와 같은 면접에는 각기 그 분야에 따라 구체적인 기술이 적용된다. 그리고 면접 기술의 적용은 사회복지사의 지식과 훈련 배경에 따라 다르다. 다음 사항들은 효과적인 면접에 영향을 미치는 것들이다(Brown, 1992: 101). ① 사회복지사의 자기인식의 정도, ② 주고받는 심리에 대한 고유한 역동성을 이해하는 것, ③ 원조관계를 발전시킬 사회복지사의 능력, ④ 클라이언트를 존중하며 클라이언트로 하여금 커뮤니케이션 과정에 적극적으로 관여하도록 하는 사회복지사의 능력, ⑤ 클라이언트에게 기술적으로 말을 하고 질문하는 사회복지사의 능력, ⑥ 면접의 목적, ⑦ 면접이 행해지는 분위기와 장(場), ⑧ 비밀보장의 정도, ⑨ 전이와 역전이 등과 같은 면접과정에서 유발되는 역동성에 대한 사회복지사의 인식 등이다.

효과적인 면접을 하는 것은 자료수집과 목표달성을 위하여, 변화과정에 클라이언트를 시종 잘 관리시키기 위하여 필수적이다. 사회복지사는 마음 속에 구체적인 목적을 가지고 얼마의 준비를 하여 면접을 하는 동안 클라이언트의 긴급한 문제 처리를 위해 내용을 융통성 있게 수정할 수도 있어야 한다. 긴급한 상황이 처리되지 않으면 클라이언트는 다른 영역을 논의하는 데 많은 어려움이 있을 수 있다.

3.1 면접의 정의와 목적

면접은 과학과 예술의 양 측면을 내포하고 있다. 면접은 지식 기반을 가지고 있기 때문에 과학이라고 할 수 있으며 사회복지사가 면접에서 창의적 방법을 활용하므로 예술이라 할 수 있다(Brown, 1992). 에딩버그, 진버그 그리고 켈만(1975)은 면접이란 치료적 개입의 기초라고 하였다. 면접은 목적이 있고 목표지향적 특성을 지닌 전문적인 대화 혹은 커뮤니케이션 과정이라고 정의를 내릴 수 있다(Brown, 1992: 101).

면접의 방법은 면접의 목적에 따라 상당한 영향을 받게 된다. 어떤 면접은 정보를 획득하는 것이 주 목적이 되고 또 어떤 면접은 도움을 주는 것이 주 목적이된다. 그러나 대부분의 경우 면접은 이 두 가지 목적을 다 가지고 있다. 사회사업면접의 목적은 해결되어야 할 문제를 알고 고통을 겪고 있는 사람과 그 상황에 대하여 충분히 이해함으로써 그 문제를 효과적으로 해결하는 데 있다(Garrett, 1972:

3). 사회사업 면접의 목적은 사회사업의 기능에 따라 결정된다. 대부분 사회사업 면접의 일반적 목적은 정보적인 것(사회조사를 위한 것), 진단적인 것(평가에 도달하기 위한 것), 치료적인 것(변화를 위한 것)으로 서술할 수 있다. 단지 분석을 할 목적으로 이와 같이 영역을 구별한다. 즉, 종종 동일한 면접이 하나 이상의 목적을 가질 수 있다. 예컨대 아동상담소에서의 정신보건사회복지사는 서비스를 받기 위하여 의뢰된 아동에 대해 더욱 자세한 정보를 수집하기 위해 부친과 면접을 할 수 있고 동시에 부모자녀 관계에 있어서 치료적으로 돕도록 추구하기도 한다.

카두신(Kadushin, 1990: 11-15)은 사회사업 면접의 목적을 정보수집 혹은 사회조사 면접, 진단적·결정적 면접, 치료적 면접의 세 가지로 설명하였다. 브라운(Brown, 1992: 102)은 면접의 목적을 ① 자료 수집, ② 치료 관계의 확립과 유지, ③ 클라이언트에게 정보 제공, ④ 원조과정에서 장애를 파악하고 제거하는 것, ⑤ 목표달성을 향한 활동을 파악하고 이행하는 것, ⑥ 원조과정을 촉진하는 것 등의 여섯 가지로 제시하였다.

3.2 사회사업 면접의 특성

사회사업 면접은 다음과 같은 특성을 가지고 있는 일련의 커뮤니케이션이다(Compton and Galaway, 1979: 205-206).

첫째, 사회사업 면접을 위한 장(場)이 있다. 즉, 클라이언트의 문제해결을 위하여 면접을 하는 일정한 기관이 있다.

둘째, 사회사업 면접은 구체적인 목표를 달성하기 위하여 의도적으로 이루어지며 방향을 이끌어간다.

셋째, 사회사업 면접은 불필요한 것을 제거하기 위해 제한되며, 계약성을 내포하고 있다.

넷째, 면접인과 피면접인은 특정한 역할을 가지고 있고 이 역할에 입각해서 상호작용을 한다.

요컨대, 사회사업 면접은 다른 많은 면접과 비교해서 산만하고 비표준화되고 목록이 정해지지 않으며 피면접인이 통제되고 감정적인 면에 초점을 두어 참여자의 상호작용에 관심을 가지는 경향이 있다. 사회사업 면접은 일반적으로 면접에서 해야 하는 것 중 많은 부분이 미리 결정될 수 없고 면접이 진행됨에 따라 그 상황에 대한 반응을 해야 한다. 면접인은 면접의 목적을 성취하도록 고도의 개별화된 상황하에서 그가 정당하다고 생각하는 것들을 행하는 데에 상당한 자유재량을 가지게 된다.

이러한 특성을 지닌 사회사업 면접의 면접 지속시간은 일반적으로 55분 정도이다(Brown, 1992: 112).

3.3 면접의 구조

면접은 시작, 중간 및 종결 단계로 구성될 수 있다. 벤자민(Benjamin, 1969)은 이들 단계를 시작과 사실의 서술, 발전과 탐구, 종결로 나누었다. 이들 구조적 측면은 원조과정 전체를 통해서뿐만 아니라 개별면접에서도 해당된다. 이들 각 단계는 구체적인 활동 및 목적의 성취와 관련된다.

실제적인 면접이 시작된 경우 사회복지사는 면접인의 이름을 부르면서 맞이할수 있으면 좋다. 의자를 제공하며 때로는 상의를 받는 등 관심을 기울이게 되면 클라이언트는 안정감을 갖게 된다. 이 초기단계에서는 특별히 공식적으로 정해진 역할이 별도로 있는 것이 아니고 일상적인 대화의 상호 작용에서 활용되는 양식이 적용된다. 서두의 준비를 위하여 기후, 경제, 교통 문제, 식사, 스포츠 등에 관해 이야기할 수 있다.

사회사업 면접의 서두에서는 클라이언트가 쉽게 반응할 수 있고 덜 위협적인질문을 하는 것이 좋다. 그리고 면접의 초기단계에서는 면접에 참여하게 되는 목적을 명확히 해야 한다. 초기단계의 면접에서 사회복지사는 클라이언트가 충분히 말을 하도록 해야 한다. 그러나 너무 많이 하게 해서는 안 된다. 그리고 사회복지사는 충분한 질문을 할 필요가 있지만 너무 많은 질문을 해서는 안 된다(Schubert, 1971: 5).

면접의 시작단계는 만남의 목적, 계약의 이유, 해야 할 일 등에 대하여, 그리고그 면접이 연속적으로 이루어지는 면접 가운데 하나라면 지난번에 이루어졌던 내용의 재검토에 대한 이야기를 한다. 시작단계에서 클라이언트는 사회복지사에게 그자신의 최근 상황을 말할 수 있고 사회복지사는 새롭거나 부가적인 정보를 클라이언트에게 제공할 수 있다. 일반적으로 면접의 시작에서 제시되는 자료는 클라이언트에게 감정적으로 덜 중요하고 더욱 익숙한 자료이며, 더욱 근래의 것이고, 일반적인 것들이다.

면접의 과정은 일반적인 것에서부터 개인적인 것으로, 근래에서부터 과거 발달 과정상의 생육력으로, 뚜렷하게 의식적이고 익숙한 것에서부터 덜 명확한 의식에 관한 내용으로 옮겨간다.

중간단계는 사회복지사와 클라이언트가 문제해결과정에 적극적으로 참여한다. 이들은 클라이언트의 상황에 관심과 에너지를 집중시키며 사회복지사와 클라이언트가 해야 할 것을 고려하고 케이스의 목표가 성취될 수 있도록 처리해야 한다. 한편, 중간 단계에서는 장애가 파악되고 이 장애를 처리하는 방법이 논의되기도 한다(Brown, 1992: 107-108).

면접의 마지막 단계가 종결이다. 이 종결의 준비는 면접의 초기에 이미 시작된다. 면접의 목적이 이미 성취되었을 때 그 면접은 종결해야 한다. 종결에서는 내용뿐만 아니라 감정면에서도 종결에 대한 준비가 있어야 한다. 면접이 종결될 때에 피면접인은 정서적으로 안정되어야 한다. 면접은 참여자가 신체적 또는 정서적으로 피로하거나 면접 자체가 괴로움을 주는 것이 되기 전에 종결해야 한다. 일반적으로 한 시간이 경과하면 대부분의 참여자들에게 긴 시간이다. 좋은 면접인은 참여자가 함께 면접이 언제 종결될 것이라는 것을 알도록 하고, 할당된 시간에 맞추어 진행하는 면접인이다. 클라이언트가 면접을 종결하는 시간을 의식하지 못하고 있으면 사회복지사는 상냥하게 종결 시간을 상기시킬 수 있다. 면접이 종결될 때가 되었다는 것을 비언어적 자세를 취해 알릴 수 있다. 즉 면접인이 의자를 움직이며 무릎에 손을 올리고 일어날 준비를 한다든가 면접중에 사용된 양식이나 서류를 정리하고 시계를 보기도 한다. 면접이 아무런 경고 없이 갑자기 끝나면 사회복지사는 클라이언트를 거절하고 실례를 하는 것이 된다. 약속 시간이 다 되어도 클라이언트가 계속 면접을 하려고 하면 일어날 준비를 하든가 문을 열 준비를 할 수 있다. 종결단계에서 사회복지사는 면접에서 취급했던 것, 결정을 한 것, 해결되어야 할 것은 어떤 것이 남아 있다는 것, 어떤 단계가 취해져야 된다는 것 등을 간략히 반복한다(Kadushin, 1990: 206-215).

3.4 면접의 형태

카두신(1990: 11-15)은 사회사업 면접의 목적을 정보수집 혹은 사회조사 면접, 진단적·결정적 면접, 치료적 면접의 세 가지로 설명하고 있는데 여기서는 이를 면접의 형태의 범주에 포함시켜 서술코자 한다.

(1) 정보수집 혹은 사회조사 면접

정보적 면접의 목적은 사회기능적인 면에서 개인, 집단, 지역사회의 중요한 사실을 수집하는 것이다. 이러한 정보수집의 주된 관심은 사회적으로 스트레스를 주는 상황이다. 스몰리(Smalley, 1972: 77-128)는 스트레스의 본질을 이해하는 것이 케이스워크 과정의 기본이라고까지 했다. 여하튼 클라이언트가 당면한 문제는 대부분 스트레스를 주는 것들이므로 이 정보수집에서는 스트레스의 정도를 파악할 필요가 있다. 정보적 사회조사 면접은 사회기능에 관련된 생육력의 자료에 관한 선택적 수집이다. 이와 같은 정보를 수집하는 것이 사회복지사가 사회문제상황에 관련된 클라이언트를 이해하는 데 도움이 된다. 그리고 클라이언트와 그의 상황에 대한 지식은 클라이언트를 이해하는 데 필수전제조건이고 이러한 이해는 효과적인 개입을 하는 데도 필수적인 조건이 된다. 정보수집의 파라미터는 이해에 관련된 정보와 기관이 제공할 수 있는 도움의 종류에 관련된 정보를 고려해서 설정된다. 면접에서는 모든 정보를 수집할 필요가 없고 단지 클라이언트를 효과적으로 돕기 위하여 이해하는 데 필요한 것을 수집한다. 그리고 사회복지사가 추구하는 정보는 객관적 사실과 주관적인 감정 및 태도를 포함한다.

이러한 정보수집은 클라이언트와의 계속적인 접촉을 통하여 축적이 된다. 면접 초기의 주된 목적은 사회조사(social study)를 위하여 더욱 명확한 정보수집을 하는 데 있다. 그리고 사회조사정보는 어떤 다른 목적을 달성하는 데 부수적이 되기도 한다. 예컨대 정신보건사회복지사는 가끔 환자의 치료를 위하여 다음 단계를 결정하는 직원회의에 발표를 위한 사회조사를 하도록 요구받는다.

(2) 진단적·결정적 면접

이 면접은 서비스의 적격성을 평가하고 결정하는 것이다. 예컨대 아동복지기관에 소속한 사회복지사는 위탁보호신청자나 입양신청자와 함께 기관이 그에게 아동을 위탁해도 좋을지 그렇지 않을지를 결정하기 위한 면접을 한다.

비록 이러한 면접은 고도로 개별화되어 있지만 이 면접은 사회복지사가 클라이언트의 어떤 특성을 평가하기 위하여 행하여진다. 평가 면접의 목적은 어떤 결정을 내리는 데 필요한 정보를 선택적으로 수집하는 데 있다.

(3) 치료적 면접

치료적 면접의 목적은 클라이언트 및 클라이언트의 사회적 상황이 효과적인 변화를 하게끔 하는 것이다. 그 목표는 치료적 변화의 결과로 클라이언트가 보다 나은 사회적 기능을 하도록 하는 것이다. 이와 같은 목적은 클라이언트의 감정, 태도 및 행동의 변화를 가져오도록 특별한 치료적인 도구를 활용한다. 또한 이 면접에서 클라이언트에게 미치는 사회적 압력을 개선하거나 감소하도록 사회적 상황을 변화시키는 노력을 할 수 있다. 이 면접은 정신치료적인 면접이다. 즉, 면접인은 피면접인의 감정, 태도, 행동의 효과적인 변화를 위한 목적으로 심리학적인 원리와 절차를 적용한다. 또한 이러한 면접의 목적은 치료적 관계의 커뮤니케이션을 통하여 돕는 것이고 치료를 하는 것이다. 예컨대 학교사회복지사는 아동으로 하여금 학교생활에 잘 적응하도록 돕는 면접을 한다.

3.5 면접의 기술

사회복지사는 면접의 목적을 달성하기 위하여 클라이언트와의 면접에서 다음과 같은 다양한 기술을 활용하게 된다(Kadushin, 1990: 106-114; Garrett, 1972: 47-49).

(1) 관심의 표현

(2) 명료화와 해석

(3) 요약

(4) 질문

1) 질문의 유형

질문은 여러 가지 유형으로 분류할 수 있다.

① 개방적 질문 : 개방적 질문은 광범위한 영역에 걸쳐 논의되도록 질문을 하는 것이다. 즉, 응답자가 원하는 방식대로 응답할 여지가 있는 질문 형식을 말한다. 예컨대, "어제 무슨 일이 있었는지 말씀해 주시겠습니까?", "어떤 일로 오늘 여기에

오게 되었습니까?"라고 질문을 한다.

② 폐쇄적 질문 : 폐쇄적 질문은 필요한 구체적 정보에 대한 질문을 하는 것이다. 즉, 응답의 선택이 한정되는 질문이다. 예컨대, "오늘 우리 기관에 처음 왔습니까?", "그 사람에게 전화를 했습니까?", "남편이 동의했습니까?"라고 질문을 한다.

(5) 허용과 일반화

(6) 면접내용의 변화

(7) 재초점화

면접이 본질을 이탈하였을 때 사회복지사는 논의했던 주제로 되돌아가거나 필요한 다른 주제를 논의하면서 초점을 다시 맞추게 된다.

(8) 경청과 관찰

4. 사회복지실천과정

4.1 초기단계

(1) 자료의 출처와 수집과정

1) 자료의 출처

일반적으로 사정에서 활용되는 자료는 다양한 출처로부터 얻어진다. 다음은 자료의 일차적 출처들이다(Zastrow, 1992: 58-62). ① 클라이언트 자신의 구두보고, ② 클라이언트가 작성한 양식, ③ 부대적 자료원(collateral sources), ④ 심리검사, ⑤ 클라이언트의 비언어적 행동, ⑥ 유의미한 타자(他者)와의 상호작용 및 가정방문, ⑦ 직접적 상호작용에 의거한 사회복지사의 직관, ⑧ 현존하는 기록문서 그리고 그 케이스에 대한 신문기사 등이다.

2) 자료수집과정

첫 면접 후에도 조사, 진단적 이해 그리고 치료는 계속된다. 각 면접에서 개인 및 개인상황 형태에 관한 새로운 측면이 나타나면 그 사항을 추구한다. 사람들은 상호신뢰적인 관계를 발전시킴에 따라 더 많은 사실들을 표현하게 된다. 비록 초기에 심리사회적 조사가 행하여졌더라도 사회복지사는 클라이언트와의 접촉을 통하여 중요한 새로운 정보에 대하여 민감해야 할 뿐만 아니라 클라이언트의 감정과 반응에 대해서도 민감해야 한다. 정보를 수집하는 전체의 양과 기간은 원조기간에 따라 다를 수 있다. 이들은 또한 문제의 복잡성과 관련되고 이 복잡성을 취급하기 위한 사회복지사와 클라이언트의 노력의 정도와 관련된다. 매우 간략한 접촉을 하기로 결정을 하였으면 1회 정도의 면접에서 정보수집을 끝낼 수밖에 없다. 그러나 장기간의 원조에서의 조사는 4회에서 6회의 면접이 소요된다. 이 초기탐구 기간 동안에 클라이언트 자신은 그의 장애에 대한 더 많은 이해를 하고 환기를 하며 사회복지사로부터 지지를 받는 경험을 한다(Sheafor and Horejsi, 1988: 222-223).

자료수집의 과정은 두 가지의 근원으로부터 영향을 받는다. 즉, 하나는 곤란에 대하여 이야기하려는 클라이언트의 욕구이고, 다른 하나는 클라이언트의 곤란이 무엇이며, 그 원인은 어떠한 것이며, 또 그 곤란을 처리하는 데 있어 존재하고 있는 동기, 능력, 기회 등을 이해하려는 사회복지사의 욕구이다. 사회복지사는 이 두 가지 측면의 관심을 고려하여 융통성 있는 면접을 한다. 사회복지사는 클라이언트의 마음에 자연적으로 떠오르는 그 문제에 관련된 사고의 흐름에 따르도록 클라이언트를 격려하며 그 사고를 더욱 발전시키도록 선도함으로써 중요한 사실들을 비교적 용이하게 파악할 수 있다. 동시에 사회복지사는 클라이언트가 자발적으로 소개하지 않는 면에 대해서도 민감한 배려가 있어야 한다.

사회복지사는 중요한 자료수집을 함에 있어 자유연상법에 의존할 수만은 없고 적극적인 입장을 취할 필요가 있다. 클라이언트 자기자신이 어떠한 정보가 필요한 것인지 완전히 알 수 없으며 도움 없이는 자신의 문제를 이해하는 데 관계가 깊은 고통스러운 자료에 대한 말을 하지 못할 수도 있다. 가끔 호기심에서 혹은 지나친 관심으로 인해 클라이언트의 당면문제와 관련이 없는 일상생활영역을 조사할 수도 있다. 따라서 사회복지사는 클라이언트에게 질문을 하기 전에 왜 이러한 질문을 하는지 이에 대한 사회복지사 스스로의 동기를 생각해 보아야 할 것이다.

어떤 나타난 문제영역에서 그 문제의 자세한 사항에 대한 질문이 필요할 뿐만 아니라 그 문제와 클라이언트의 관련성에 대한 사항도 알아본다.

(2) 사정

1) 사정의 정의

사회복지실천에서 사정은 많은 사람들이 다양하게 정의를 내리고 있다. 브라운 (1992: 150)은 사정과 진단의 용어를 상호교환적으로 사용하고 있다. 그리고, 사정은 자료분석의 결과이며 특정한 이론적 준거틀을 자료에 적용하는 것이라고 본다. 누라카와(Nurakawa, 1965: 10-11)는 진단이란 치료가 필요한지 어떤지를 암시하는 판단이라고 했다. 헤프워쓰(Hepworth)와 라센(Larsen, 1993: 192-193)은 사정을 사회복지사와 클라이언트가 참여하는 하나의 과정으로 보았다. 이 과정은 클라이언트의 공통된 욕구와 관련된 자료를 수집하고, 분석하며, 종합하는데 있어서 협동이 강조되는 것이 특징이다.

월터(Walter), 파르디(Pardee) 그리고 멜보(Melbo, 1976: 19) 등은 사정이란 병과 건강 양면에서의 클라이언트의 현재 기능이나 클라이언트에 대한 자료를 수집하고 분석하는 것이라고 언급했다. 그리고 진단은 사정의 다음에 있는 결과의 진술이라고 했다. 홀리스(Hollis)는 케이스워크에서 진단은 케이스워크 치료에 필요한 것으로서 문제의 본질, 문제의 원인적 요인 그리고 문제에 대한 개인의 태도를 정확하게 충분히 규정하는 하나의 시도라고 했다. 홀리스는 진단적 과정에 영향을 미칠 수 있는 다양한 조건들로서 동기, 인종, 민족적 배경, 계층, 직업과 교육 등을 제시했다. 홀리스(1990: 230)는 심리사회적 조사와 진단을 다음과 같이 구별하고 있다. 즉, 심리사회적 조사란 사실을 수집하는 과정이며 여기에는 클라이언트와 그의 상황을 관찰하고, 잘 정리하는 것이 포함된다. 한편, 진단적 이해란 사실에 대한 사회복지사의 사고를 표현하는 것, 즉 사실로부터의 추론을 말한다. 리치몬드 (Richmond, 1917: 347)는 사회조사(social study)에서는 눈을 뜨고 관찰하며, 진단에서는 눈을 감고 생각하는 것이라는 캐봇(Cabot)의 말을 인용한 바 있다. 세이퍼(Sheafor)와 호레찌(Horejsi, 1988: 222)는 자료수집과 사정은 밀접한 관련성이 있으며 내용은 중복성이 있다고 했다.

한편, 많은 학자들이 사정과 진단을 광범위하게 동일한 뜻으로 사용하지만 갬브릴(Gambrill, 1983: 33-34)은 사정과 진단의 차이를 다음과 같이 설명하고 있다. 진단이란 용어는 의학에서 빌려 온 용어로 의사는 환자의 상태를 진단하고 나서 이 진단에 근거하여 치료를 한다. 이 진단에서는 관찰된 행동을 관찰된 행동 이

외의 다른 어떤 저변의 과정, 특히 병리적 본질의 하나의 징후로 본다. DSM-Ⅳ[1])
에 클라이언트에게 라벨을 붙이는 수많은 용어들이 있으며 이를 많이 활용하고, 명
칭 부여를 강조한다. 즉, 라벨을 붙여서 분류하는 것을 강조한다. 사정에서는 관찰
되는 행동을 더욱 중요한 어떤 징후로 보는 것이 아니라 관련 행동의 표본으로서
그 자체를 중요시 한다. 행동은 확인할 수 있는 환경적 혹은 개인적 사건에 대한 반
응으로 간주된다. 특질 라벨(trait label)의 활용은 별로 강요하지 않는다. 로웬버그
(Lowenberg, 1983: 260)는 사정의 과정은 다음과 같은 단계로 구성된다고 했다.
① 탐구 및 정보수집, ② 정보의 분석과 해석, ③ 정보에 대한 결정, ④ 사정진술
(assessment statement)을 준비함, ⑤ 계약, ⑥ 평가이다.

　　커스트-애쉬만(Kirst-Ashman)과 헐 주니어(Hull, Jr., 1995: 149)는 사정을
적어도 다음과 같은 네 가지 점에서 진단과는 다르다고 했다. 첫째, 어떤 문제상황
을 이해하려고 할 때 클라이언트 상황에 대한 중간(Mezzo) 및 거시적 측면이 포함
되는 클라이언트의 환경적 측면도 적어도 미시적 측면만큼 고려된다. 둘째, 문제가
클라이언트 외부에도 존재한다고 인식하기 때문에 외부체계도 변화표적이 될 수 있
다. 즉 조직의 정책이나 공법(public law)이 문제의 근원이 될 수 있다. 따라서 사
회복지사는 클라이언트를 치유(cure)하기보다는 종종 이러한 법의 개정을 위한 노
력에 초점을 둔다. 셋째, 진단과 사정의 중요한 차이는 문제해결과정에 클라이언트
의 참여이다. 의료모델의 활용에서 클라이언트는 문제를 가진 것으로 진단된다.

　　따라서 사회복지사는 클라이언트 치유를 돕기 위하여 어떤 유형의 치료를 한
다. 클라이언트는 치료에 대한 반응을 하며 변화의 과정의 파트너가 되기보다는 변
화의 표적이다. 일반주의 실천에서 사정은 사회복지사가 클라이언트에 "관하여" 가
아니라 클라이언트와 더불어 활동한다는 것을 강조한다. 사회복지사는 클라이언트
변화과정에서 함께 활동한다. 문제사정 활동에는 개별클라이언트의 생활뿐만 아니
라 클라이언트 외계의 체계적 문제까지 포함하게 된다. 따라서 양자는 변화를 하고
문제를 해결하는 데 함께 활동할 수 있다. 네번째 차이는 클라이언트의 장점에 대
한 관심이다. 진단에서는 병리에 초점을 둔다. 무엇이 문제인가? 개별클라이언트에
게 무슨 이상이 있는가? 하는데 관심을 둔다. 한편 사정에서는 표적이 클라이언트
의 문제에만 있는 것이 아니다. 클라이언트의 장점에도 있다. 장점을 강조한다는 것

---

1) Diagnostic and Statistical Manual of Mental Disorders-Ⅳ: 미국정신의학협회의 정신장애 진
　단·통계편람 제4판으로 1994년에 출간되었다.

은 사회복지사로 하여금 클라이언트의 성장을 위한 잠재력을 발휘하게 하고 클라이언트의 자긍심을 제고시키도록 돕게 한다는 것이다. 요컨대, 사정은 광범위하게 보면 자료수집에서 자료분석의 결과까지 포함한다.

2) 사정의 내용

① 문제

다음과 같은 15개의 질문은 문제체계를 사정하는 데 유용한 지침이다(Zastrow, 1992: 64-70).

가. 구체적으로 무엇이 문제인가?

나. 클라이언트는 문제를 어떻게 보며 문제에 대한 정서적 반응은 어떠한가?

다. 문제체계에 누가 관련되어 있는가?

라. 참여자들이 어떻게 관련되어 있는가?

마. 문제의 원인은 무엇인가?

바. 문제행동이 어디에서 일어나는가?

사. 언제 문제행동이 유발되는가?

아. 문제행동의 빈도, 강도, 지속기간은 어떠한가?

자. 문제해결의 역사는 어떠한가?

차. 클라이언트가 원하는 것이 무엇인가?

카. 클라이언트는 문제해결을 위해 어떤 노력을 해왔는가?

타. 클라이언트가 문제에 대처하기 위해서 어떤 기술이 필요한가?

파. 문제에 대처하기 위하여 필요한 외적인 자원이 무엇인가?

하. 클라이언트 자신의 자원, 기술, 장점은 무엇인가?

까. 치료계획과 개입계획은 어떠한가?

② 촉진적 요인

최종적으로 도움을 요청하게 만든 사건과 문제의 응급성을 촉진시킨 사건을 파악하는 것이 중요하다.

③ 신체적 및 정서적 병

케이스조사의 영역에서 간과되어서는 안 될 사항이 클라이언트의 신체적 병이다. 사회복지사는 "생물·심리·사회적 조사"를 한다고 볼 수 있다. 또한 사회복지사는 정신적 혹은 정서적 병이나 증상에 대하여 알아본다.

④ **클라이언트의 장점**

장점에는 타고난 능력, 획득한 재능, 개발한 기술 등이 포함된다(Miley, O'Melia, DuBois, 1995: 195).

사회복지사가 확인할 수 있는 클라이언트의 구체적인 장점영역은 다음과 같다 (김융일·조흥식·김연옥, 1995: 222−223).

① 자신의 문제에 대한 인식정도, ② 자신의 행동에 책임을 지는 정도, ③ 타인의 조언과 지도를 요청하고 수용하는 정도, ④ 타인에 대한 원조의지, ⑤ 변화를 위한 위험을 감수하는 의지, ⑥ 타인에 대해 갖고 있는 애정, 관심, 동정심의 정도, ⑦ 취업에 대한 적극성, 직업과 고용주에 대한 책임감의 정도, ⑧ 가족에 대한 책임과 가계수입원으로서의 책임수행의지, ⑨ 가족, 친지, 친구들에 대한 애정과 관계에 대한 성실함의 정도, ⑩ 자기통제능력, ⑪ 계획과 의사결정능력, ⑫ 대인관계에서의 신뢰성, 공정성, 정직성, ⑬ 이웃과 지역사회에 대한 관심, ⑭ 타인에 대한 배려, ⑮ 타인의 다양성을 인정, 수용하는 정도, ⑯ 타인들과 유쾌한 시간을 갖는 정도, ⑰ 사회, 지역, 종교조직에의 참여정도, ⑱ 자신의 삶에 대한 꿈, ⑲ 남을 용서하는 태도, ⑳ 자신의 관점을 피력하는 능력, ㉑ 자신과 타인의 권리를 위해 투쟁하는 능력, ㉒ 타인을 위험으로부터 보호하려는 의지 등이다.

⑤ **클라이언트의 기능**

가. 신체적 기능

나. 인지적 및 지각적 기능

다. 정서적 기능

라. 행동적 기능

⑥ **동기**

클라이언트는 그의 문제를 인지해야 할 뿐만 아니라 문제해결활동에 기꺼이 참여해야 한다. 이러한 동기가 없이는 원조노력이 실패하기 쉽다. 그러므로 클라이언트의 동기를 평가하고 강화시키는 것이 사정과정에서 취급할 중요한 사항이다.

⑦ **환경적 요인**

클라이언트의 문제해결을 위해, 개인적인 요인뿐만 아니라 환경적인 요인은 대단히 중요하다. 따라서 문제와 관련되는 다양한 환경적 요인들에 대한 사정이 있어야 한다.

⑧ 클라이언트의 해결노력

클라이언트가 어떠한 해결을 추구해 왔는가? 비록 잠정적인 목표에 대한 것일지라도 그 해결을 위한 개방적 토의를 하는 것이 중요하다. 즉 클라이언트가 해결받기를 원하는 것과 기관이 제공할 수 있는 원조간에는 차이가 있을 수 있다. 따라서 개방적으로 의견을 교환할 필요가 있다. 우선 클라이언트가 무엇을 원하는지 탐구할 필요가 있다. 그리고 나서 이와 관련하여 기관이나 사회복지사가 무엇을 제공할 수 있을지에 대한 설명을 한다.

3) 사정의 유형

사정의 유형을 다음과 같이 여섯 가지로 나누어 볼 수 있다(Brown, 1992: 154-157).

① 잠정적 사정

잠정적 사정에서 사회복지사는 정보의 부족함을 인식하고 더욱 명확한 사정에 도달하도록 하는 데 더 많은 정보의 필요성을 인정한다. 따라서 사회복지사는 클라이언트가 직면하는 상황에 대한 보다 많은 이해를 할 수 있는 정보를 확보하는 동안에 개입을 위한 지침으로 제공될 잠재적인 사정을 하게 된다.

② 원인론적 사정

원인론적 사정은 본질적으로 사회사업실천의 문제해결의 모델과 심리사회적 모델에서 사용된다. 원인론적 사정은 일반적으로 근래의 원인보다는 문제발생의 시초와 생육력을 더욱 강조하며 클라이언트의 성격구성 혹은 기능에 내재해 있는 문제에 관심을 가진다.

③ 역동적 사정

역동적 사정은 클라이언트의 과거와 현재의 여러 가지 힘의 상호작용을 인식하고 이들이 클라이언트에 있어 현존하는 문제에 어떻게 영향을 미치는가를 규명하는 것이다.

④ 심리사회적 사정

심리사회적 사정은 원인론적, 역동적 및 임상적 사정을 통합할 수 있는 광범위한 사정이다. 사회복지사는 클라이언트에게 영향을 주고 스트레스를 유발하는 심리사회적 및 문화적 힘을 확인한다. 이 사정은 클라이언트 상황의 장점과 약점을 이해한다. 이러한 측면에서 이 심리사회적 사정은 가족치료에서 활용되는 생태도(ecogram)

와 유사하다.

⑤ **임상적 사정**(DSM-Ⅳ)

임상적 사정은 사회사업실천에서의 소위, 의료적 모델과 결부된 것이다. 이 의료적 모델은 병리지향적이며 개인이 문제에 대한 책임을 지는 것으로 보기 때문에 많은 사회복지사들은 이 임상적 사정을 받아들이기 어렵다고 본다. 그러나 이 사정이 사회사업실천에서 광범위하게 사용되지 않는다고 할지라도 사회복지사는 이 사정에 대한 지식을 소유하고 있는 것이 바람직하다.

⑥ **감별 사정**(differential assessment)

정신의학자들은 정신분열병의 진단을 감별 진단을 통해서 좀더 명확히 내릴 수 있다고 생각하여 다른 장애와 차별점을 제시하여 진단을 내리기도 한다. 사회복지사는 종종 나타나는 클라이언트의 상황과 많은 조건들 때문에 분명한 사정에 도달하기 힘든 상황에 직면할 때가 있다. 따라서 감별 사정을 하게 된다. 요컨대, 감별 사정이란 비교 및 독특한 특성에 기초하여 유사한 장애들 혹은 문제들 간을 구별하는 과정을 말한다.

(3) 목표설정

1) 목표의 정의

목표는 본질적으로 개입과정의 바람직한 결과 혹은 기대를 말한다(Brown, 1992: 165). 목표는 개입의 본질에 영향을 미치고 변화과정에 사회복지사와 클라이언트가 수행하는 역할, 바람직한 목표에 따라 이행되는 활동 유형에도 영향을 미친다.

2) 목표설정의 목적

목표는 개입과정의 방향을 제시해 주고 변화과정에 클라이언트를 적극적으로 참여시키는 수단으로 제공된다. 목표는 항상 명백해야 한다. 목표가 모호하게 설정되거나 비현실적으로 높게 설정되면 어려움을 겪게 되고 낙담, 좌절 등을 경험하게 된다. 목표가 명확하지 않으면 사회복지사와 클라이언트간의 접촉의 이유에 대한 오해가 있을 수 있다. 또한 목표는 계속성을 제공하며 개입의 방향 설정에 중요한 기능을 한다. 만약 사회복지사가 기관을 떠나게 될 경우나 케이스를 다시 담당하게 될 때 새로운 사회복지사는 이루어진 활동의 본질을 알며, 지향하고 있는 목표를 알게 된다. 컴프톤(Compton)과 갤러웨이(Galaway, 1989: 495)는 목표는 서비스 결과의 효과를 점검하고 측정하며 책임성을 확립하는 수단으로 제공된다고 했다. 만약 목표가 확립되지 않으면 개입의 구체적인 방향이 없는 것이다. 분명한 목표가 없다는 것은 분명한 목적지를 정하지 않고 여행을 떠나는 것과 같다. 허프워쓰와 라센(1968: 270-281)은 목표설정을 할 경우 원조과정에서 다음과 같은 좋은 점이 있다고 했다. ① 사회복지사와 클라이언트는 성취될 목표에 대한 동의를 확실시한다. ② 원조과정의 방향과 계속성을 제공하며 불필요한 방황을 예방한다. ③ 적절한 전략과 개입을 선정하고 발전시키는 것을 용이하게 한다. ④ 사회복지사와 클라이언트가 그들의 진행상황을 조절하는 것을 돕는다. ⑤ 구체적인 개입과 원조과정의 효율성을 평가하는 척도로 활용된다.

요컨대, 명확한 목표가 설정되지 않으면 개입의 방향이 모호하며 성취할 활동과 변화과정에서 수행할 역할을 확인할 수 없다.

3) 목표설정의 과정

사회복지사와 클라이언트가 참여하는 활동은 설정된 목표의 본질에 의해 영향을 받게 된다. 목표설정과정에서 새로운 정보가 발생했을 경우나 목표를 달성해 가는 도중에 극복하기 힘든 장애가 있을 때는 재협상될 수 있다는 것을 클라이언트에게 알리는 것이 중요하다. 클라이언트는 기관이 클라이언트에게 제공할 수 있는 것보다 더 많은 요구를 할 수도 있을 것이다. 이 경우 협상과 조정이 필요하다. 따라서, 목표설정과정은 협상적인 것으로 볼 수 있다. 목표설정을 위하여 다음과 같은 단계들이 포함된다(Brown, 1992: 164). ① 클라이언트의 문제 확인, ② 사정, ③ 개입활동의 예측, ④ 성취될 목표의 확인 등이다.

(4) 계약

웹스터 사전에서 계약은 어떤 것을 하거나 하지 않도록 하기 위해, 두 사람 혹은 그 이상의 사람들간의 서약, 협약 혹은 동의라고 하고 있다. 이들 단어들은 상호성, 참여 그리고 행동을 암시하고 있다. 컴프톤과 갤러웨이(1984: 395-396)는 사회사업의 목적을 위한 계약은 사회사업개입의 표적문제, 개입의 목표와 전략, 그리고 참여자들의 역할과 과업에 관하여 사회복지사와 클라이언트간에 명백하게 동의를 하는 것이라고 정의를 내렸다. 저메인(Germain)과 기터만(Gitterman, 1980:

53-73)은 계약은 클라이언트와 사회복지사가 그들의 목표, 과업, 각자의 역할 그리고 원조의 기간 등에 대한 명백한 상호동의와 문제의 규정에 도달하는 과정이라고 했다. 그리고 바커(Barker, 1995: 79)는 계약이란 개입과정 동안에 이행하게 될 목표, 방법, 약속시간, 의무 등에 대한 사회복지사와 클라이언트간의 서면이나 구두의 동의라고 했다. 마루치오(Maluccio)와 말로우(Marlow, 1974: 28-35)는 사회사업계약이란 표적문제, 목표, 사회사업개입의 전략, 그리고 참여자의 역할과 과업에 관한 사회복지사와 클라이언트간의 합의라고 했다.

이상의 네 가지 정의에서 계약의 주요 특성은 상호동의, 개입과정에서의 상이한 참여, 상호책임성과 의무 그리고 명확성 등이다. 계약은 목표와 과업을 설정하는 데 있어, 원조활동의 책임을 지는 데 영향을 미친다. 더욱이 계약은 서비스의 결과를 평가하고 서비스방향을 설정하는 기초가 될 수 있다. 그리고 이 계약은 모호성 및 미지의 두려움과 관련된 불안을 감소시키며 원조활동의 초점을 맞추는 데 도움을 준다(Germain and Gitterman, 1980: 53). 이 서비스계약은 사회복지사와 클라이언트 양자로부터의 투입, 의사결정, 계획 및 수행 등을 내포하고 있다. 서비스계약을 수행하는 과정은 클라이언트의 개별성을 보호하고 자기결정의 기회를 최대한 넓힌다(Compton and Galaway, 1984: 396).

계약을 할 경우에는 연령, 성, 문화적 규범, 인지유형, 사회적 기능의 차원 그리고 기관의 본질 등이 고려되어야 한다(Germain and Gitterman, 1980: 59). 예컨대, 인지적으로 손상된 클라이언트를 원조할 경우에 사회복지사는 적극적인 입장을 취한다. 한편 자율성과 자긍심이 강한 성인을 원조할 경우에 지시의 기술은 최소한으로 활용한다.

4.2 개입단계

개입은 사회복지사가 클라이언트의 심리사회적 기능에 좋지 않은 영향을 미치는 조건들과 클라이언트 사이에 들어간다는 것이다(Brown, 1992: 178). 이 개입은 이론적 준거틀이거나 실천이론에 따라 하게 될 것이다. 앤더슨(Anderson, 1981: 134)은 모든 실천은 이론에 기초한다고 했다. 실천이론과 이론적 준거틀은 바람직한 결과를 성취할 수 있도록 사회복지사가 활용할 수 있는 기술이 포함되어야 한다. 기술이란 변화노력에 있어서 사회복지사에 의해 활용되는 대인관계기술 혹은 사회복지사에 의해 이행되는 절차를 말한다(Brown, 1992: 181). 슐만(Schulman, 1984)은 변화과정에서 사회복지사에 의해 사용되는 행동이 기술이라고 했다.

(1) 사회복지실천에 있어서 개입(치료)의 분류체계

리치몬드(1922)는 클라이언트가 내적·외적 문제를 대처해 나가도록 돕기 위해 사회복지사에 의해 활용되는 네 가지 절차를 설명했다. 첫째, 개인적 특성에 대해 통찰력을 갖게 하는 것, 둘째, 자원, 변화 그리고 사회환경의 영향에 대해 통찰력을 갖게 하는 것, 셋째, 마음에 대한 마음의 영향 － 여기서는 클라이언트의 사고에 영향을 미치고 재조직하게 된다. 넷째, 간접적 활동으로써 클라이언트가 사회적 기능을 수행하는 데 있어 클라이언트를 돕기 위해 클라이언트와 유의미한 관계를 하고 있는 사람이 협력하도록 돕는 것이다.

헤밀톤(Hamilton, 1951: 242)은 케이스워크 치료를 세 가지 범주로 분류하고 있다. 첫째, 실제적 서비스의 관리이다. 즉 사회복지사는 클라이언트가 지역사회에 의해 제공되는 사회자원을 선택하고 활용하도록 돕는다. 둘째, 환경조정으로서 사회복지사는 클라이언트의 긴장과 압력을 감소시키도록 클라이언트의 사회적 상황을 교정하거나 개선하도록 한다. 셋째, 직접적 치료이다. 이는 정서적 평형상태를 유지하는 데 도움이 되는 태도를 갖게 하거나 재강화할 목적으로 시도되는 일련의 면접이다. 이 범주에서는 클라이언트의 감정과 사고의 명료화, 잠재적 사고나 행동의 해석 등과 같은 기술이 포함된다. 오스틴(Austin, 1978: 187－188)은 사회치료, 자아지지적 정신요법, 경험요법, 그리고 통찰요법 등 네 가지 범주로 나누었다.

비브링(Bibring, 1947: 203－211)은 상담과정에서 사회복지사와 다른 전문가들이 활용하는 다섯 가지 절차를 제시했다. 즉 이 절차는 암시, 정서적 완화, 직접적 영향, 명료화 그리고 해석이다.

홀리스(1949: 235－244)는 환경조정과 통찰의 개발로 분류했다. 그러나 나중에 홀리스는 심리사회적 모델에서 지지적 기술, 지시적 기술, 탐구서술환기법, 개인상황형태에 관한 반성적 토의, 유형역동적 및 발달과정상의 요인에 관한 반성적 고찰, 그리고 환경조정 등 6가지 절차를 제시했다.

1953년과 1958년에 미국가족봉사협회는 적응유형의 지속과 수정에 관한 치료분류를 제안했다. 클라이언트의 적응유형을 지속시키려고 할 때에는 사회복지사가 활용하는 일차적 기술로 환경조정을 제시했다. 본질적으로 적응유형(유형은 개인이 생활사건에 대처하는 방식)을 지속시킴에 있어 사회복지사는 클라이언트 상황이 더이상 어려워지지 않도록 서비스를 제공하도록 하는 것이다. 예컨대 근래에 이혼한 한 여성이 그 자신이 다시 안정될 때까지 그녀의 자녀를 위탁하도록 도울 수 있다. 만약 아동위탁이 안 되고 아동보호서비스가 안 되면 직장을 잃을 위험에 처한다. 통찰의 개발, 명료화, 해석 그리고 교정적 관계의 활용 등은 클라이언트의 적응유형을 수정하는 데 적용되는 기술이다.

리드(Reid, 1967: 11-19)는 클라이언트와의 접촉에서 케이스워크개입의 본질에 관하여 ① 클라이언트 환경과 그 환경에 대한 반응에 관한 탐구, ② 클라이언트 자신의 행동에 관한 탐구, ③ 치료관계의 구성, ④ 재보증, ⑤ 조언, ⑥ 논리적 토의, ⑦ 구체적 반응의 확인, ⑧ 직면, ⑨ 현재의 정신내적 원인을 명료화함, ⑩ 발달과정상 원인을 명료화함 등을 제시했다.

카두신(Kadushin, 1980)은 분류체계를 아동복지 실천을 위한 사회요법과 정신요법으로 분류한다. 그의 분류체계는 역할역기능의 개념에 기반을 두고 있다.

하나의 분류체계는 사회복지실천을 위하여 많은 유용성을 가지고 있으며 개입의 지침을 제공하고 있다. 이 영역에 대한 더 많은 연구가 필요하다. 오늘날 사회복지사가 직면하고 있는 복합적인 문제는 미시적인 것에서부터 거시적 실천을 하게 하는 광범위한 측면까지의 분류체계를 요청하고 있다. 생태학적 관점이 이러한 욕구를 어느 정도 충족시켜 준다.

문제의 근원이 조직의 역기능, 미해결된 사회적 욕구의 존재일 경우 사회구조적 변화를 가져오게 할 필요가 있다. 우드(Wood)와 미들만(Middleman, 1989)은 실천에 대한 구조적 모델은 개인의 환경적 욕구를 수정하도록 추구하고, 실천에 구조적 모델을 적용함에 있어 사회복지사는 클라이언트 체계가 직면하는 문제에 대한 구조적인 영향력에 초점을 두어야 한다고 했다. 만약 구조적 압력이 존재하지 않으면 사회복지사는 클라이언트의 정신생활(psychic life)에도 주의를 돌릴 수 있다.

(2) 개입기술

1) 지지적 기술, 지시적 기술 및 탐구-서술-환기법
① 지지적 기술
지지적 기술은 클라이언트가 직면하고 있는 외적 위협이 클라이언트 자신이 생각하고 있는 것만큼 위험하지 않다는 확신을 직접적으로 표현하고, 클라이언트에 대한 사회복지사의 관심과 수용 그리고 도우려는 사회복지사의 의지를 전달함으로써 클라이언트의 자신감과 자존심의 결여 및 불안감 등을 감소시켜 주는 것이다. 그리고 이 기술은 어디까지나 사회복지사-클라이언트 관계 및 사회복지사에 대한 클라이언트의 지각에 근거를 둔다. 이 지지적 기술 없이는 클라이언트의 장애의 본질을 탐구하는 것조차 곤란하기 때문에 케이스워크실천에서는 가장 기본적이고 필수적인 기술이다.

홀리스(Woods and Hollis, 1990: 111-116)는 지지적 기술을 세분화하여 다음과 같은 것들을 지지적 기술에 포함시키고 있다.

　가. 수용

　나. 재보증

　다. 격려

　라. 관심의 구체적 표현

　마. 비언어적 지지

　바. 2차적 지지

　② **지시적 기술**

지시적 기술은 고용주와 더욱 유익한 관계를 갖도록 제안을 하거나 조언을 하는 것, 의사의 자문을 받게 하는 것, 의학적인 충고에 따르도록 하거나, 어떤 특정한 방법으로 어린이를 다루게 하는 것 등과 같은 특정한 유형의 클라이언트의 행동을 촉진시키도록 노력하는 제방법이 포함된다.

　③ **탐구-서술-환기법**

이 기술은 단순히 클라이언트의 감정의 자유로운 표현을 격려하는 과정으로 탐구-서술 그리고 환기의 두 가지가 관련되어 있으면서 상이한 개념을 내포하고 있다. 서술 혹은 설명한다는 것은 단순히 사실을 아는 그대로 표명하는 것이고, 환기한다는 것은 사실과 관련된 감정을 표현하는 것이다. 그리고 탐구-서술은 클라이언트 자신과 상황 그리고 그의 딜레마와 관련된 상호작용에 관하여 클라이언트가 말하는 의미를 알아내는 심리사회적 조사의 일부이다.

2) 개인 상황형태에 관한 반성적 토의

이 치료유형은 케이스워크의 실천에서 기본이 되는 많은 유용한 절차를 내포하고 있다. 개인-상황의 반성에 활용되는 절차는 일반적으로 클라이언트의 근래 및 현재사건들의 반성을 촉진시키는 준언어적 커뮤니케이션, 논평, 질문, 설명 등이다. 개인-상황의 반성은 초기 생활경험과 관련된 발달과정상의 반성과는 구별된다.

개인상황형태의 반성적 토의는 여섯 가지 범주로 분류된다. ① 타인, 상황, 혹은 신체적 건강 등에 관한 클라이언트의 고찰, ② 결정, 효과 및 선택에 관한 자신의 행동의 고찰, ③ 클라이언트의 행동, 사고 및 감정의 본질에 관한 고찰, ④ 반응에 대한 현재의 내면적 이유나 외적 자극에 관한 고찰, ⑤ 평가적 입장에서의 그 자신의 사고, 감정 및 행동에 관한 고찰, ⑥ 사회복지사 및 치료과정에 관한 클라이언트의 반응의 고찰 등이다.

3) 유형역동적 및 발달과정상의 요인에 관한 반성적 고찰

반성적 커뮤니케이션의 나머지 두 형태는 역동적 및 발달과정상의 이해를 증진하기 위하여 추구하는 것이다. 개인은 자각하지 못하는 정신내면적 힘이 행동에 강하게 영향을 미치므로 개인상황 반성만으로 클라이언트의 문제를 효과적으로 해결하기 곤란하다. 가끔 클라이언트 자신의 성격의 저변의 역동성이나 현재의 적응에 나쁜 영향을 미치는 초기 생활경험에 자신의 관심을 기울이도록 하는 것이 도움이 된다.

4) 직면

직면이란 대담하게 얼굴과 얼굴을 마주 대하는 것 혹은 가까이에서 사물에 접한다는 뜻이다. 치료상황에서 직면이란 치료자가 클라이언트에게 어떤 것을 지적해 주는 행위를 말한다.[2] 직면은 클라이언트가 장애를 일으키거나 지속시키는 자신의 사고, 감정 혹은 행동의 어떤 측면과 직면케하는 것을 말한다. 직면의 목적은 사고나 행동의 과정을 해석하거나 전환시키는 데 있다(Fatout, 1975: 133).

5) 행동수정기술

행동수정은 부적응적 기능을 약화시키고 적응적 기능을 강화시키도록 도우며, 관찰할 수 있는 행동에 초점을 두고 있다. 그리고 이 행동적 접근방법은 연령적, 지적, 교육적 및 경제적인 측면에서도 아주 다양하게 적용되고 있다. 기본적으로 행동

---

2) 예컨대, "오늘 기분이 좋지 않는 것 같군요"라고 지적할 수 있다.

수정은 인간행동에 관한 환경의 영향에 많은 관심을 가지고 있으며, 인간의 행동은 상호영향을 미치고 있다고 본다. 사회사업에서도 오랫동안 인간과 그의 환경의 상호작용에 대하여 관심을 가져왔다. 그리고 행동수정과 사회복지실천은 지역사회, 가족, 친우집단 등에서 상호작용을 하고 있는 클라이언트에게 관심을 기울이고 있다. 따라서 행동수정이나 사회복지실천에서는 사회환경을 중요시하고 있다고 볼 수 있다.

행동수정기술은 크게 나누어 세 가지 범주로 생각할 수 있다. 첫째로는 빈도, 강도 및 기간을 증가시키도록 하는 것, 둘째로는 과잉행동, 즉 사회적으로 인정된 빈도, 강도, 지속성 등 여러 가지 기준에 비추어 보아 과도한 행동을 감소시키는 것, 셋째로는 동시에 증가와 감소를 시키도록 시도하는 복합기술이다.

6) 환경조정

환경조정은 여러 가지 용어로 사용되어 오고 있다. 즉 환경조정이란 용어는 간접적 치료, 환경수정, 간접적 원조, 간접적 행동, 사회요법, 사회적 중개 등과 유사하게 사용되고 있다. 또한 환경조정은 치료의 한 형태, 하나의 치료기술, 하나의 요법, 요법의 한 방법, 지지적 치료의 하나의 기술 그리고 하나의 과정으로 분류되어 왔다.

헤밀톤(1951)은 환경조정이란 클라이언트의 긴장과 압력을 감소시키기 위하여 사회적 상황을 교정하거나 개선하는 것이라고 했다. 환경조정에 관한 정의는 매우 다양하지만 적어도 하나의 특징을 가지고 있다. 즉 심리적 문제들에 대한 치료는 일반적으로 환경적 문제에 대한 치료와 구별시켜 왔다. 리치몬드(1922)는 마음에서 마음에 영향을 미치는 직접적 행동과 사회환경을 통한 간접적 행동의 두 가지 주요 케이스워크 과정을 제시했고 헤밀톤(1951: 237-270)과 홀리스(1990: 85-106)는 직접적 치료와 간접적 치료로 구별했다. 예컨대 홀리스(1990: 161-215)는 환경적 원조란 환경을 통한 치료(존재하거나 잠정적으로 가능한 자원의 활용)와 환경의 치료(압력을 줄이거나 기회와 만족을 증가시키도록 환경수정을 하는 것)로 구성된다고 보았다.

치료와 환경조정에 관해 유사한 구별이 오스틴(1948: 203-211), 비브링(Bibring, 1947: 203-211), 피셔(Fisher, 1978: 261-262), 로우리(Lowry, 1936: 1-13), 셀비(Selby, 1956: 400-414) 그리고 위테커(Whittaker, 1974) 등에 의해 시도되었다. 이러한 구별을 하면서도 동시에 많은 이론가들은 치료와 환경조정은

상호 배타적이 아니라는 것을 강조한다. 예컨대 홀리스는 직접적 원조는 심리적인 것이고 간접적 원조는 비심리적 혹은 사회적인 것이라는 견해에 대한 비판을 했다. 홀리스는 환경적 원조도 사람과 더불어 이루어지며 심리적 수단을 통하여 기능을 발휘하므로 이상에서 말하는 분류는 잘못된 가정이라고 했다(Wood and Hollis, 1990: 161-215).

그린넬(Grinnell)과 카이트(Kyte, 1975: 313-318)는 환경조정이란 실제적 서비스를 제공하거나 클라이언트와 상호작용을 하고 있는 타자(他者)의 행동을 변화시키는 기술이라고 했다. 이들은 환경조정을 구체적인 것과 사회심리적인 것 두 가지로 분류했다. 구체적인 것은 클라이언트로 하여금 주택이나 재정적 원조들과 같은 구체적인 서비스를 받도록 원조하는 것을 말한다. 그리고 사회심리적 기술은 클라이언트가 기능을 발휘하는 데 방해가 되는 압력을 제거하는 것과 관련되는 것으로, 클라이언트 환경의 변화를 가져오는 것이다.

4.3 종결단계

사회복지실천과정에서 활용되는 종결이란 용어는 슬픔, 최종, 포기, 종말, 상실, 분리 등의 의미를 내포하고 있는 반면 긍정적인 면에서 과정의 완료, 졸업, 승진, 완결, 회복, 재활의 의미도 내포하고 있다. 그리고 이 종결은 새로운 단계의 시작과 직결되는 것이기도 하다. 명칭의 변화는 현상에 대한 지각과 사고의 변화에 영향을 미칠 수 있으므로 명칭을 어떻게 부여하느냐 하는 것은 매우 중요한 사항이다. 이 종결이란 용어를 사회복지실천에서 활용하는 것이 만족스럽고 완벽한 것은 아니지만 이보다 더욱 적절한 용어를 발견할 수 없기 때문에 종결이란 용어를 사용하되 이 용어의 한계를 인식하는 것을 전제로 한다.

일반적으로 종결단계는 사회복지사와 클라이언트간의 개입과정의 종결을 말한다. 즉 종결이란 원조관계의 해제를 위한 체계적 절차이다.

종결의 경험과 그 의미가 무시되거나 잘못 조정되면 지금까지 성취되었던 이득이 상실 또는 감소될 수 있고, 장차 좋지 않은 결과를 가져올 수 있다. 한편 종결단계가 잘 이루어지면 이 종결은 클라이언트에게 적응과 성장의 기회가 될 수 있다. 또한 이 종결에서 클라이언트는 슬픔과 두려움을 갖게 되기도 하지만 성취한 사실에 대하여, 그리고 자율성이 증가한 데 대하여 즐거운 감정을 가질 수도 있다. 개인의 과거경험, 현재 생활상황, 실천의 장, 사회복지사와 클라이언트관계의 본질 등에 따라 종결반응이 다르다. 또한 시간적 요소가 종결단계에 영향을 미친다. 응급치료, 간략치료의 경우 관계의 종결은 강한 감정을 불러 일으키지 않는 반면, 장기치료의 경우는 클라이언트와 사회복지사 양자에게 강한 감정을 불러일으킨다. 그리고 서비스를 받는 집단의 속성도 종결과정에 영향을 미친다. 이와 같이 복합적인 요소를 내포하고 있는 종결단계를 효과적으로 처리하기 위하여 민감성, 지식, 주의 깊은 계획, 기술 등이 요청된다.

(1) 종결의 이유

종결의 이유는 여러 가지가 있을 수 있으나 일반적으로 종결은 개인, 가족 혹은 집단이 전문적인 서비스를 더 이상 받을 필요가 없을 경우에 이루어진다. 즉 정해진 목표가 달성되었을 때 도움이 종결된다. 한편 클라이언트에 대한 서비스가 더 이상 효과가 없고 진전이 없을 경우에도 종결이 되며 사회복지사와 클라이언트가 더 이룩할 기초로서 양자가 수용할 만한 초점의 변화가 없을 경우에 종결이 된다. 그리고 자신이나 타인을 해칠 위험이 있는 클라이언트는 이와 같은 행동을 통제할 수 있는 설비를 갖춘 기관으로 의뢰하는 것이 바람직하다. 또한 새로운 지역으로 이사를 가거나 직장의 이전, 장기적인 병, 양친에 의한 치료중단 등으로 치료가 종결될 수 있다.

시포린(1975: 339)은 다음과 같은 경우에 치료가 종결된다고 했다. ① 예정된 기간 내에 설정된 목표가 달성되었을 경우, ② 클라이언트가 종결을 원할 경우, ③ 클라이언트와 사회복지사가 외적인 이유로 계속하기 어려울 경우, ④ 이송이 필요할 경우, ⑤ 치료가 클라이언트의 생활양식이 되고 주요 이차적 이득의 근원이 될 경우 종결이 된다.

(2) 종결의 유형

1) 계획된 종결

계획된 종결에서 그 종결의 시기는 원조관계의 길이에 따라 다르다. 일반적으로 클라이언트가 면접으로부터 얻는 이득이 점차적으로 감소되어 그 의의가 작은 시점에서 종결을 시도한다.

2) 계획되지 않은 종결

계획되지 않은 종결에는 클라이언트에 의한 조기 및 일방적 종결이 있고, 사회복지사의 사정에 의한 조기종결이 있다.

(3) 종결반응

종결은 그 자체의 독특한 감정과 특성을 가지고 있다. 시작은 심리적으로 출생의 감정을 불어넣는 것처럼 종결은 분리의 감정 또는 죽음의 감정을 불러일으킨다. 따라서 종결은 두려움과 부정, 저항, 분노, 애도나 비탄 등의 반응을 동반할 수 있다(Smally, 1972: 102).

(4) 종결기술과 사회복지사의 역할

종결에 대한 클라이언트의 반응 범위가 넓고 다양하기 때문에 종결에서는 각 케이스를 개별화하여 사정을 해야 하며 다음과 같은 측면이 고려되어야 한다(Hellen-brand, 1987: 768). 취급해 온 문제의 본질, 접촉의 지속기간과 강도, 클라이언트와 사회복지사와의 관계, 이 종결이 자연적인 종결인지 혹은 강제적인 종결인지를 고려함, 클라이언트의 현재의 생활상황, 현 시점에서 특별한 스트레스, 지지의 가능성, 근래의 성공적인 사항, 접촉기간 동안에 성취한 이득과 목표 및 마지막 면접에서 얻을 수 있는 다른 이득은 무엇인가를 검토, 케이스를 종결할 것인지 혹은 다른 기관으로 이송할 것인지를 검토하는 것 등이다.

종결에서는 다음과 같은 기술이 활용될 수 있다(Schulman, 1984: 21-106; Germain, 1984: 164-169). ① 종결을 지적한다. ② 간접적인 암시에 대한 직접적인 반응을 한다. ③ 클라이언트의 종결감정을 인정하고 사회복지사의 종결감정을 클라이언트와 공유하는 것이다.[3] 전통적으로 전문인으로서 사회복지사 자신의 감정을 표현하는 것은 바람직하지 않은 것으로 간주되기도 했다. 이렇게 될 경우 전문가라는 이유로 자신의 모습을 감추고 클라이언트의 감정표현만을 요구하는 것이 된다. 사회복지사의 솔직성과 클라이언트·사회복지사의 동시적 감정표현의 기술을 활용하는 것은 치료에 도움이 된다고 보기도 한다(Schulman, 1984: 58-65). 즉 사회복지사가 전문적인 도움만을 주는 사람이기보다는 다차원적인 인간임을 보여주

---

3) 인정하고 공유하는 이 두 가지 기술은 슬픔의 단계에서 주로 활용된다. 종결에 대한 분노의 표현과 수용이 있게 되면 클라이언트는 저변의 슬픔이 표출된다.

는 경우 클라이언트에게 보다 많은 도움이 된다는 것이다. 특히 사회복지사와 클라이언트의 상호작용에서의 한계, 실망, 좌절을 공유하는 것은 클라이언트로 하여금 이러한 유의 자료를 어떻게 처리하는지를 알도록 하는데 도움을 준다(Green, 1962).

클라이언트를 신임하고 활동에 대한 긍정적 및 부정적 평가를 하는 것은 만족한 종결과정을 이룩하는 데 도움이 된다. 여기서는 특히 다음 사항이 고려된다. 첫째, 이득과 성취의 인정, 둘째, 종결 후에 끝나지 않은 어떤 과업을 이루도록 클라이언트와 가족이 계획하는 것, 그리고 다른 기관이나 사회사업가에게 이송하거나 지역사회 서비스를 받도록 조회하는 것을 포함한 다음 단계의 일, 셋째, 마지막 혹은 작별 등이다. 종결단계에서 어떤 클라이언트는 개인적인 차원에서 관계를 계속하기 원하고 또 다른 클라이언트는 감사의 표시로 선물을 할 수도 있다. 대체로 많은 기관에서 선물을 받거나 개인적 차원에서 계속적인 접촉을 하는 것을 엄격하게 금하고 있지만 어떻게 하는 것이 가장 적절한 것인가에 대한 기준을 설정하는 것이 용이하지는 않다(German and Gitterman, 1989: 275).

한편 종결에서 하지 말아야 할 몇 가지 사항을 검토하면 다음과 같다(Hamilton, 1951; Tilbury, 1977: 188-191). 첫째, "이제 당신은 필요 없다"는 식의 말을 하여 상처를 주는 거절이 되어서는 안 된다. 둘째, "당신 자신이 할 수 있다는 증거를 대시오" 라는 식의 도전적인 태도를 취하지 않아야 한다. 셋째, 전횡적인 행동을 하지 말 것, 즉 진단과 목표에 근거한 고려를 하지 않고 행정적인 또는 감정에 의한 결정을 해서는 안 된다.

종결과정에서 사회복지사는 클라이언트의 분리에 대한 저항을 인식 못할 수도 있고 종결에 대한 클라이언트의 상처, 분노, 실망 등에 대한 반응을 잘 처리하지 못할 수 있다. 더욱이 사회복지사는 종결과정의 한 부분으로서 처리될 수 있는 새로운 자료를 인식하지 못하고 오히려 이 자료를 더 계속하려는 클라이언트의 원망이나 종결에 대한 불확실성을 표현하는 것으로 인지할 수 있다. 이와 같이 마지막 단계에서 새로운 자료를 제시하기 때문에 관계를 지속시키도록 클라이언트를 격려하는 사회복지사는 의존감 및 자율성에 대한 두려움을 강화할 수 있다(Bolen, 1971: 519-527). 종결단계에서 사회복지사는 많은 과업을 이행하게 된다. 사회복지사는 종결에서 논의될 사항을 클라이언트에게 알린다. 나머지 시간을 잘 활용하도록 하고 바람직한 사후서비스 계획을 수락하도록 한다. 사회복지사는 클라이언트와 그의 상황에 관한 사정, 클라이언트의 성취도, 클라이언트가 생각하는 종결의 의미 등에 기초하여 활동계획을 수립하여야 한다(Streen, 1978: 181).

5. │ 사회복지실천모델

　여기에서는 여러 가지 사회복지실천모델 중 심리사회적 모델, 기능적 모델, 문제해결 모델, 과제중심 모델, 행동수정 모델, 인지 모델, 위기개입 모델, 생활 모델, 사례관리 그리고 집단중심 원조방법 등을 검토하고자 한다(Brown, 1992: 59-79; Anderson, 1981: 157-186).

5.1 심리사회적 모델

　심리사회적이란 용어는 사회사업문헌에서는 1931년 핸킨스(Hankins)에 의해 처음으로 사용되었고 1940년대에 헤밀톤이 활용하였다. 그리고 1940년대와 1950년대 동안에 심리학 및 사회학적 사고를 연결시키는 중요 개념으로 다른 사회과학자들에 의해 사용되었다. 역사적으로 이 모델의 출현과 발달은 리치몬드, 헤밀톤, 리비(Libby), 오스틴, 게레트(Garrett) 등의 연구와 연결된다. 이 모델은 진단주의 모델이 발전하여 만들어진 것이며 진단주의 학파의 전통은 1964년 홀리스의 케이스워크 저서가 나오기 전인 1950년대 후반까지 계속되었다(Turner, 1987: 397-403). 심리사회적 모델은 개인뿐만 아니라 환경과의 상호작용을 이해할 필요가 있다는 것을 주장한다. 그리고 이 모델은 개인의 장점과 한계, 각 상황 등을 이해할 필요성을 강조하지만 질병 혹은 병리지향적 모델로 알려져 있다. 이 모델에서는 인간발달이란 여러 가지 요인에 의하여 영향을 받는 것으로 보며 다양한 지식체계를 종합하여 받아들인다. 정신분석이론, 자아심리학이론을 많이 받아들였고 체계이론과 생태계이론, 커뮤니케이션이론, 역할이론, 가족이론, 소집단이론, 인지이론, 행동이론, 위기이론 등으로부터 지식을 도입하였다.

　이 모델은 개방체계로서 새로운 지식을 받아들여 발전의 기초로 활용하며 개인, 상황, 형태를 중요시한다. 근래에 와서는 클라이언트의 신체적 조건에 관한 전문적 이해의 폭을 넓히는 데 노력한다. 그리고 사회체계간의 상호관계의 복합성을 강조한다.

클라이언트들과 그들의 중요한 환경을 사정하는 데 있어 치료자의 책임을 강조하며, 관련된 자료의 수집과 진단과정이 필수적이다. 개인이 다양한 요인에 의해서 그의 발달 및 현재 기능에 영향을 받는 것과 마찬가지로 치료의 목표도 심리사회적 성장을 촉진시키는 것이다. 이같이 개입활동에는 개인, 소집단, 가족, 중요한 타자, 다른 전문가, 클라이언트 생활의 다양한 체계들이 포함될 수 있다.

5.2 기능적 모델

기능적 모델의 창시자는 태프트(Taft)이며 초기의 공헌자들로는 로빈손(Robinson), 프레이(Pray), 패쯔(Faatz) 등이 있다. 근래에는 스몰리, 루이스(Lewis), 키스-루카스(Keith-Lucas) 등이 이 모델의 발전에 기여를 했고, 예라자(Yelaja)는 비자발적 클라이언트에게 이 모델을 적용하는 데 기여했다. 이 모델의 일차적 주장은 만약 사회복지사가 개인에게 치료적 관계를 제공하기 위하여 기관의 기능을 효과적으로 활용할 수 있다면 개인은 성장을 하기 위한 구체적 원조상황을 활용할 수 있다는 것이다. 사회복지사의 주요 책임은 클라이언트가 구체적인 문제를 처리하는 데 자원을 동원하도록 하고, 자아의 성장을 도모할 수 있도록 원조하는 데 있다.

이 모델의 주요 목표는 '관계'에 있어서 클라이언트가 자아를 활용하여 성장을 도모할 수 있는 관계의 유지에 초점을 둔다. 클라이언트 성격의 정서적 및 대인관계차원에 역점을 둔다. 정서는 성장을 위한 에너지의 근원으로 간주된다.

기능적 모델은 개별성, 창의성을 중요시하고 있기 때문에 인간행동의 예측성(predictability)에는 별 가치를 두지 않는다. 통제된 정서적 관여와 의도적 감정표현이 실천에서 중요시된다. 사회복지사는 안내자의 역할을 수행한다.

기능적 모델의 기술은 지지, 탐구-서술-환기법 등이 있으며, 여기에서도 현재 관계가 중요시된다. 그리고 기술 그 자체보다도 클라이언트 자아에 역점을 둔다.

현실성, 감정이입, 지지가 중요한 원조요소이다. 언어내용보다 감정에 반응하고, 지시보다 경청을 하며, 사회복지사는 클라이언트가 할 결정을 떠맡아서 하지 않으며, 자신이 해 보려고 하면, 실패하더라도 한번 해 보도록 하는 것을 강조하고, 문제를 세분화하는 데 관심을 기울인다.

기능적 모델에서는 인테이크(초기), 관계의 확립, 종결 등 세 가지의 기본적인 실천단계가 있다고 본다. 태프트(Taft)는 개인이 그 자신의 성장에 대한 관심을 가지고 서비스를 활용할 때 이미 원조의 단계가 시작된다고 했다. 이 모델은 사정, 구체적 목표의 결정, 개입계획의 선별, 원조의 지속 및 원조에 대한 평가 등과 같은 단계를 강조하지 않으며 오히려 자기실현을 위하여 사회적 현실을 처리하는 관계를 활용하는 클라이언트 중심의 과정을 중요시한다.

5.3 문제해결모델

문제해결모델은 펄만이 발전시켰고, 퍼라드(Parad)는 위기개입에 이 모델을 응용하였고, 리드와 에프스타인(Epstein)은 단기치료모델에 이 모델을 활용하였다. 가족 및 다른 체계를 원조하는 데 이 모델을 확대 발전시켜 적용한 사람으로는 핼로위쯔(Hallowitz), 스피쩌(Spitzer)와 웰시(Welsh) 등이 있다. 이 모델이 일차적으로 주장하는 것은 만약 사회복지사가 현재 문제와 관련하여 클라이언트를 체계적인 문제해결과정에 관여시킬 수 있다면 그 클라이언트는 장차 행동과 관계상의 문제를 처리할 수 있는 문제해결기술을 개발시킬 수 있다는 것이다. 문제해결모델은 교육모델로 볼 수 있다. 이 모델의 과정과 결과는 생활상의 불가피한 문제를 처리하는 문제해결기술을 학습하는 것과 관련이 된다.

문제해결모델의 목표는 종종 기관의 기능에 따라 결정되기는 하지만 일반적으로 클라이언트의 문제와 그 해결의 기초로서 클라이언트의 통찰력을 증가시키는 것이다. 이 모델은 관계 및 사회적 역할에서 행동을 변화시키는 것을 강조한다. 문제해결모델의 일차적 목표는 클라이언트가 스트레스로 느끼고 외부의 도움 없이 극복하기 어렵다고 보는 현재의 문제를 효과적으로 처리할 수 있도록 원조하는 것이다.

이러한 목표를 달성하기 위하여 사회복지사는 클라이언트의 자아의 인지적 및 합리적 측면에 초점을 둔다. 활동은 주로 자아기능의 지지 및 강화에 역점을 둔다. 성격의 다른 측면 즉 정서적, 대인관계적, 정신내면적 및 행동적 측면은 그것이 단지 문제해결과정의 목표와 관련된 활동에 대한 클라이언트의 지각에 영향을 미칠 때에만 활용된다.

인간행동과 변화와 관련한 저변의 가치는 실용주의에 근거를 두고 있으며, 인간은 더욱 능력 있는 사람이 될 수 있다는 신념을 강조한다. 구체적인 행동보다는 문제해결의 과정을 중요시한다. 사회적 역할수행에서 개인의 자율성을 강조하며, 사회복지사와 클라이언트 관계를 문제해결과정에 기여하는 중요한 구성요소로 본다.

개별 클라이언트의 문제해결능력에 초점을 두고, 자기결정의 가치는 보통으로 강조되며, 이 가치는 또한 조건적이다. 사회복지사는 교육적 기능을 수행하며 원조자 및 안내자의 역할은 2차적인 것으로 간주된다.

사회복지사가 주로 활용하는 기술은 지지, 탐구−서술−환기법, 개인상황의 반성 등이다. 정보수집기술은 특히 초기단계에서 중요하며, 현재 문제의 주관적 및 객관적 측면을 파악한다.

개인의 동기와 능력을 강조하며 인테이크 단계에 많은 관심을 기울인다. 사정에서는 현재 문제와 관련되는 클라이언트의 동기, 능력, 기회 등이 강조되며, 사회복지사와 클라이언트관계는 현실에 기초를 두며 전이현상을 강조하지 않는다. 계약에서 역할과 책임에 대한 내용을 명확히 하며, 종결단계를 강조하지 않는다.

5.4 과제중심모델

과제중심모델은 1970년대 초에 출발한 사회복지실천의 한 방법이다. 이 모델은 특히 펄만(1957)의 문제해결이론을 많이 도입했다. 이러한 과제중심모델은 생활상의 문제를 가진 사람을 돕는 방법이다.

이 모델실천의 사정과정에서는 문제를 상세히 서술하는 것과 탐구를 하는 것이 강조되며 어떤 표적문제에 초점을 두고 문제감소 프로그램에 역점을 둔다. 표적문제는 일반적으로 하나 혹은 둘이며 세 개 이상 되지 않는다. 그러므로 클라이언트와 사회복지사의 과제활동은 단기간 내에 문제해결을 위하여 집중이 될 수 있다. 클라이언트와 사회복지사는 표적문제의 우선성, 목표설정 등에 상호동의를 하고 구체적 목표를 달성하기 위하여 수행하게 될 과제를 상술한다.

원조노력은 클라이언트가 지각하는 문제에 집중시킨다. 비록 사회복지사는 클라이언트의 지각에 영향을 미치는 자료를 제공하지만 클라이언트 체계는 문제를 인식해야 하고 서비스의 목표와 전략을 명확하게 이해하고 여기에 동의를 해야 한다. 이와 같이 클라이언트는 무엇을 변화할지를 결정할 권리를 가지는 서비스의 소비자로 간주된다. 사회복지사는 클라이언트를 비관적으로, 병리적으로, 혹은 환경의 희생자로 보기보다는 낙관적으로 잠재능력이 있는 문제해결자로 본다. 그러나 클라이언트체계 내 혹은 환경 내의 장애에 의해서, 그리고 자원의 결핍에 의해 해결이 잘 안 되는 경우가 있다는 것을 인정한다.

사회복지사는 클라이언트체계가 그의 문제를 규명하고 문제해결활동을 용이하게 하도록 도와야 한다. 이 과정의 일부로서 사회복지사는 문제에 관한 심리적 및 상황적 맥락을 탐구한다. 비록 사회복지사가 클라이언트 생활에 영향을 미치는 역사적 사건을 검토할 수 있지만 이 모델은 현재 지향적이다.

문제해결의 활동은 클라이언트 자신의 문제해결 능력을 지지하는 것을 강조하면서 협동적으로 진행된다. 클라이언트 과제성취를 위한 활동의 장애물을 파악하고 이들을 극복할 노력을 한다. 과제를 계획하고 이행하도록 클라이언트를 도움에 있어 사회복지사는 명료화, 시연 등과 같은 기술을 활용한다. 서비스의 지속기간은 초기단계에 계획된다. 대부분의 케이스에서 서비스는 1주일에 1회 정도로 하여 6회에서 12회로 구성되며, 일반적으로 전체기간은 2개월에서 4개월이 된다. 그리고 사정은 1회 내지 2회 면접으로 구성된다(Reid, 1987: 758).

문제해결과정에서 격려, 조언, 탐구 등과 같은 사회복지사의 구체적인 실천기술의 활용이 중요시되지만 사회복지사와 클라이언트의 합동 문제해결노력이 강조된다.

과제를 계획함에 있어 사회복지사의 중요한 기능은 클라이언트가 과제에 대한 잠재적 장애를 파악하도록 돕고 이들 장애를 피하거나 최소화하는 계획을 하도록 돕는다.

종결의 계획은 치료의 지속기간이 설정되는 때인 초기단계에 계획된다. 마지막 면접에서 사회복지사와 클라이언트는 과제의 진행사항을 검토한다. 그리고 클라이언트는 그 과제를 어떻게 계속하고 새로운 것을 개발할 것인가에 대한 도움을 받는다. 요컨대, 마지막에는 표적문제의 경감에 관한 사항을 검토한 결과, 문제가 해결되었으면 서비스는 계획된 기간에 종결되지만 예외적으로, 필요에 따라 1회 내지 4회의 면접이 추가될 수 있다. 그리고 클라이언트의 과제를 조정하는 사후처리가 있을 수 있다.

5.5 행동수정 모델

행동수정 모델의 선구자는 토마스(Thomas)이며, 그 외의 다른 공헌자로는 스튜워트(Stuart), 아르카바(Arkava), 제루(Jehru), 쉬워쯔(Schwartz) 및 골디아논드(Goldianond) 등이 있다. 그리고 대부분의 행동수정기술은 캔퍼(Kanfer), 필립스(Phillips), 밴두라(Bandura) 등과 같은 사회사업분야 이외의 다른 이론가들에 의해 개발되었다. 이 모델의 기본 입장은, 만약 사회복지사가 행동수정기술의 원리와 기술을 활용한다면 개인의 바람직하지 못한 행동이 감소되고 바람직한 행동이 증가한다는 것이다. 이러한 의미에서 행동수정 모델은 기술모델에 기초하고 있다. 사회복지사의 중요한 책임은 행동수정을 위해 적절한 행동수정 기술을 적용하는 것이다.

이 모델의 일차적 목표는 구체적인 행동적(증상) 변화이다. 이 목표는 환경의 어떤 측면의 변화도 부수적으로 강조한다.

이 모델의 일차적 가치는 행동변화의 예측성이다. 수용, 자기결정 등을 강조하지는 않는다. 그리고 감정을 표현케 하며, 통찰력을 갖게 하는 데는 별 비중을 두지 않는다. 사회복지사는 과정 지향적인 원조자이기보다는 교육자이며 전문적인 가이드 역할을 하는 사람이다.

행동수정기술에는 행동을 증가시키는 기술, 감소시키는 기술, 동시에 증감시키는 복합기술 등이 있다. 행동을 증가시키는 기술로는 정적 강화, 쉐이핑, 내적 강화, 부적 강화, 고취, 용암법, 연쇄화, 행동지연 등이 있으며, 행동을 감소시키는 기술로는 포화, 부적 연습, 정적 처벌, 부적 처벌, 타임아웃, 소멸, 체계적 탈감법, 반조건형성, 내적 증감법, 내폭치료, 접촉 탈감법, 사고중단 등이 있고, 복합기술로는 차별강화, 식별훈련, 주장훈련, 모델링, 충고 및 지시 등이 있다.

이 모델에서는 사정, 목표의 결정, 개입계획의 선택, 계약의 형성 및 평가 등이 강조되며 다음과 같은 단계가 있을 수 있다.

(1) 문제영역의 목록조사
(2) 선택 및 계약
(3) 협력을 위한 약속
(4) 문제의 구체화
(5) 문제행동의 기준
(6) 통제가능한 조건의 확인
(7) 환경적 자원의 사정
(8) 행동목표의 구체화(열거)
(9) 수정계획의 작성
(10) 개입
(11) 결과의 검토

⑿ 변화의 유지

5.6 인지모델

인지모델에서는 대부분의 인간의 정서와 행동은 합리적이든 비합리적이든, 기능적이든 역기능적이든 사고, 상상 혹은 믿음의 결과라고 본다(Sherman, 1987: 288-291). 즉 인간의 정서는 개인이 그 자신이나 그가 처한 상황에 대하여 어떻게 생각하고 믿는가에 대한 결과라는 것이다. 그리하여 인지모델의 본질은 클라이언트의 정서적 및 행동적 문제를 극복하도록 인지과정의 변화를 돕는 것이다.

인지모델의 기원은 고대 그리스시대까지 거슬러 올라가지만, 1960년대 초까지 현대적 의미에서 인지이론은 치료목적을 위하여 체계적으로 검증되지 않았다(Sherman, 1987: 230). 인지치료자는 인지모델을 통한 역기능적 인지과정의 변화에 의하여 역기능적 정서의 변화가 가능하다고 본다.

사정과정에서는 주로 문제상황과 역기능적 정서와 행동에 관련된 사고와 신념을 파악하고 밝힌다. 인지모델의 기본적인 개입전략에는 역기능적 사고, 신념 및 지각을 사정하고 변화(치료)시키는 전 과정이 포함된다.

치료과정의 핵심은 역기능적 사고를 매일 분석하는 것 등과 같은 방법을 계속 사용함으로써 클라이언트로 하여금 인지를 재구성케 하는 것이다.

이와 같이 사회복지실천의 인지적 모델에서는 인간의 인지(사고, 가정, 신념)가 개인이 경험하는 실제적 사건이나 상황보다 정서에 더욱 직접적으로 영향을 미친다고 보기 때문에 사건에 기여하는 의미, 상황 및 유의미한 관계를 하고 있는 사람 등을 강조한다(Sherman, 1979: 43-53).

5.7 위기개입 모델

위기개입이란 위기로 인한 불균형상태를 회복하기 위하여 일정한 원조수단을 개인, 가족 및 집단 그리고 지역사회 등에 적용하는 과정을 말한다(김기태, 1998: 19). 위기의 유형은 대체로 발달과정상의 위기와 상황적 위기로 대별할 수 있다. 위기상황의 시작과 마지막 해결간의 전체 시간의 길이는 위험한 사건의 심각성, 개인의 특정한 반응, 성취되어야 할 과업의 본질과 복잡성 그리고 가능한 상황적 지지 등에 따라 다르다. 그러나 실제적인 심한 불균형 상태는 일반적으로 4주에서 6주까지 지속된다. 위기상황을 해결하는 동안에 개인은 도움에 대해서 특별히 순종적이다. 습관적인 방어기제가 약화되고 자아는 외부의 영향과 변화에 대하여 더욱 개방적이다. 따라서 최소한의 노력으로 최대한의 효과를 거둘 수 있다. 위기개입 사회복지사의 역할은 수동적 혹은 중립적이라기보다는 적극적이다. 위기개입의 원리는 신속한 개입, 행동, 제한된 목표, 희망과 기대, 지지, 초점적 문제해결, 자기상, 자립 등으로 구성된다.

위기개입 모델을 적용하는 데 세 가지 핵심되는 지표는 ① 클라이언트의 현재의 불균형 상태에 직접적으로 관계가 있는 분명한 위험적 사건이 있을 것, ② 클라이언트가 변화를 위한 동기와 잠재적 능력을 가졌으며 불안과 고통이 심할 것, ③ 최근에 문제해결이 되지 않은 흔적이 있을 것 등이다. 위기개입은 기본적으로 두가지 목표를 가지고 있다. 첫째, 파괴적인 스트레스적 사건의 직접적인 영향을 감소시키는 것이며, 둘째, 직접적으로 영향을 받는 사람뿐만 아니라 사회환경에서 그와 유의미한 관계를 맺고 있는 사람들을 돕고 부적응적으로보다는 적응적으로 대처하기 위한 사회자원, 대인관계기술 및 그들의 심리적 능력을 동원하고 활용하는 것이다.

위기개입은 일반적으로 현재의 상황에 초점을 두는 현재지향적인 치료방법으로서 치료의 주된 과업 중의 하나가 위기상태를 유발하는 촉진적인 스트레스를 파악하는 것이다. 그리고 긴장, 불안, 죄악감 등을 제거해야 하며, 과거에 유용하게 사용된 적응유형을 탐구한다. 또한 갈등을 조정하는 현재의 방법을 수정하는 경우도 있고 확장하는 수도 있다. 위기개입의 기본적 기술을 다음과 같이 설명할 수 있다(France, 1982: 23-60). 첫째로 효과적인 커뮤니케이션이다. 여기서는 조언, 분석, 재보증, 반성, 탐문, 비언어적 커뮤니케이션 등이 포함된다. 둘째로 긍정적 관계의 발전이다. 위기개입에서 중요한 것은 라포르를 신속하게 형성하고 클라이언트의 정서와 사고에 대한 감정이입적 이해, 클라이언트에 대한 온정적인 긍정적 관심, 진실성 등을 전달하는 것이 중요하다. 이 긍정적 관계를 위한 가장 좋은 방법은 이해의 공감을 발전시키는 것이다. 셋째로 문제해결이다. 이 문제해결의 과정은 탐구, 선택의 고려, 행동계획의 발전, 의뢰, 종결, 후속접촉 등으로 분류할 수 있다.

5.8 생활모델(생태계적 접근법)

사회복지실천에서의 생활모델이란 용어는 사회복지와 밀접하게 활동을 한 정신의학자 반들러(Bandler)의 아이디어의 영향을 받아 저메인과 기터만이 처음으로 사용하였다.

(1) 생활모델의 개념

사회사업은 인간의 자연적인 성장과 발달을 촉진하고, 그러한 성장과 발달을 지지하도록 환경에 영향을 미치는 이원적이고 동시적인 기능을 가지고 있다. 따라서 실천의 초점은 인간의 대처유형과 적응적 잠재력, 그리고 영향을 미치는 환경의 특징들이 서로 접하는 공유영역에 있다. 이것은 환경과 클라이언트간의 상호교류를 향상시키기 위하여 사회복지사와 클라이언트의 노력이 클라이언트의 유형과 잠재력, 환경의 특징, 또는 이러한 사회적 목적으로부터 개인들의 사회적 기능을 향상시키고, 욕구에 더욱 민감하게 반응하기 위해 유추한 실천의 통합모델을 생활모델이라고 한다(장인협, 1990: 267).

생활모델은 개인과 환경에의 동시적인 초점을 제공할 수 있는 개념들과 조직적(organizational) 지역사회, 그리고 문화적 상황 안에서 개인, 가족, 집단과 같이 활동할 수 있는 실천원칙과 기술들을 통합하는 실천방법을 개발하려고 시도한다.

(2) 생활모델실천의 특성(Germain and Gitterman, 1996: 25-60)

1) 전문적 기능

생활모델실천의 목적은 사람과 환경간, 특히 인간의 욕구와 환경적 자원간의 적합수준(level of fit)을 향상시키는 것이다.

2) 다양성-민감성, 권리부여 및 윤리적 실천

대부분의 사회복지사는 "개인 잠재능력의 최대한의 발휘"라는 기본적 가치를 가지고 있다. 개인의 가치와 존엄, 자기결정, 정의와 평등이 사회복지실천의 기초적 가치를 이룬다.

사회복지사는 끊임없이 각 클라이언트의 사회경제적 지위, 종교, 성, 연령, 정신적 및 육체적 상태를 수용하고 존중해야 한다.

3) 클라이언트와 사회복지사간의 관계

생활모델실천에서 전문적 관계는 인본주의적 협동관계로 이루어진다. 즉, 클라이언트와 사회복지사간의 관계는 상호관계성으로 특징지워진다. 치료적 만남에서 사회복지사는 전문적 지식과 기술을 제시한다.

클라이언트는 자신의 목표와 과업을 이행할 책임이 있고 사회복지사는 클라이언트의 활동을 용이하게 할 조건을 만들 책임이 있다.

4) 합의, 생활상의 이야기(life stories) 및 사정

협정을 하는 것은 사회복지실천의 초기단계에서 대단히 중요한 사항이며 중간단계, 종결단계까지 지속된다.

사회복지사와 클라이언트간의 협정은 클라이언트의 개별성을 보호하며, 스스로 방향을 정하는 것을 강화하고, 대처기술을 강화한다. 협정을 하는 것은 활동을 구조화하며 초점을 맞추게 하고 미지에 대한 두려움과 관련된 불안을 감소시키며 활동을 위한 에너지를 동원한다.

사회복지사는 감정이입적이며 적극적인 경청을 하므로 생활상의 이야기를 잘 들을 수 있다. 생활상의 이야기, 혹은 생육력에 대한 사항을 정확하게 수집하기 위하여 신뢰적인 관계가 중요하다. 한편 사정은 모든 실천 접근법에서 본질적인 속성이다. 생활모델은 사정에서 클라이언트 참여를 강조한다.

5) 통합 양식(modality), 방법 및 기술

생활모델사회복지실천은 다음과 같은 8가지 양식으로 구성된다. 즉, 개인, 가족, 집단, 사회관계망, 지역사회, 물리적 환경, 조직 그리고 정치 등과 관련하여 원조한다.

현대의 사회복지사는 8가지 양식을 모두 구비하고 상황의 요구에 따라 그리고 클라이언트의 동의와 더불어, 한 양식에서 다른 양식으로 용이하게, 기술적으로 이동한다. 생활모델실천에서는 클라이언트의 욕구, 목표, 관심, 그리고 스트레스 요인들이 실천양식이나 방법과 기술의 선택에 영향을 미친다.

6) 실천은 개인 및 집단의 장점에 초점을 둔다

생활모델실천에서의 초점은 개인 및 집단의 결함보다는 장점에 초점을 둔다. 모든 사람은 장점이 환경에 의해 위축되기는 해도 장점과 회복력을 지니고 있다. 사회복지사는 사람들로 하여금 장점과 회복력(resilience)을 파악하고 동원하며 활용하게 해야 한다.

7) 클라이언트의 행동과 결정을 강조함

모든 사람은 그들 자신의 상황에 대한 결정을 하고 자신을 위한 행동을 할 기회를 가질 필요가 있다. 모든 사람들은 자신의 환경에 영향을 미치고, 그들의 상황의 한 측면에 대한 책임을 지며, 혹은 삶의 중요한 영역에서의 결정을 했을 때 자존심과 능력감(sense of competence)이 강화되고 기술이 개발된다. 생활모델실천에서 사회복지사는 개인, 가족, 집단으로 하여금 그들의 동기를 유발하고 행동을 하도록 돕는다. 과업, 활동 및 행동이 성취될 수 있게 하고 클라이언트의 생활형태, 취미 및 능력에 맞게 되도록 신중하게 고려된다. 실패의 위험을 최소화해야 한다.

8) 환경의 중요성

사회의 다양한 사회적 및 물리적 구조는 생활 스트레스를 부여한다. 근본적인 욕구를 해결하기 위하여 이루어진 조직(복지, 학교, 건강보호체계)이 그것들의 엄격하거나 둔감한 정책 및 절차 때문에 종종 생활 스트레스의 근원이 된다. 친척, 친구 등의 사회관계망은 정서적으로 또 물질적으로 지지적이 되기도 하고 둔감할 수도 있고 혹은 관계망이 대인관계 갈등의 근원이 되기도 한다.

물리적 환경은 인간욕구해결에 지지적이기도 하고, 한편 밀집해 있을 때, 위험한 범죄로부터 보호가 되지 않을 때, 가족생활을 지원하는 주택이 결핍될 때 스트레스가 된다.

9) 개인, 가족, 집단의 생활과정의 독특한 측면에 지속적 관심을 기울임

이들 생활과정에서는 어려운 생활과도기 및 충격적인 생활사건들이 있게 된다. 생활과정개념은 개인, 가족과 집단에 적용될 수 있고 집단과 지역사회에도 적용될 수 있다.

10) 실천의 평가와 지식에 대한 기여

생활모델실천의 종결단계에서 사회복지사는 만족 및 불만족요인을 포함하여 서비스평가에 클라이언트를 관여시킨다. 평가는 사회복지로 하여금 긍정적 측면을 더욱 발전시키고 부정적 측면을 교정하는 데 도움을 줄 수 있다.

5.9 사례관리

사례관리의 용어는 보호관리, 관리보호, 보호조정, 사례조정, 계속적 보호조정, 계속조정, 서비스통합, 그리고 서비스조정 등으로 다양하게 사용되며 상호교환적으로 사용되기도 한다.

사례관리란 정신치료자의 임상적 기술과 지역사회조직가의 옹호 기술, 이 두 가지가 함께 요구되는 실천의 한 분야라고 하는 견해가 있으며, 한편으로는 사례관리란 사회복지(사업) 학사학위를 가진 사람 혹은 사무직원에게 적합한 준전문직 활동이라는 견해도 있다.

사례관리의 적용대상, 즉 정신장애자, 노인, 아동 등에 따라서도 역시 다양한 정의가 제시되고 있다. 정신보건 분야에서의 사례관리에 관한 논의는 사례관리자-클라이언트 관계, 그리고 사례관리의 과정, 이 양자가 지니는 치료적 본질을 강조한다. 사회노년학 문헌에서는 특정 클라이언트의 욕구를 충족시키기 위하여 개별화된 한 패키지의 보건 및 사회적 서비스를 계획하고 조정하는 것으로서 사례관리자의 역할을 보다 더 강조한다. 사례관리는 분산된 서비스 전달체계를 조정하기 위한 하나의 방법으로 제공되어 왔다. 사회노년학자들은 노인사례관리를 심리사회적 차원에 초점을 두어 왔다. 그리고 아동복지와 보건 분야의 학자들은 개인에 초점을 두는 것과 환경에 초점을 두는 것간의 균형에 관심을 가지고 사례관리를 논의해 왔다 (김기태 외, 1997: 11-12).

사례관리에 관한 더욱 일반적인 정의는 개인에 표적을 둔 개입과 환경에 표적을 둔 개입간의 균형에 초점을 두고 있다. 로버츠-디제나로(Roberts-DeGennaro, 1987: 466-470)는 "사례관리의 개념은 특정한 위험에 처해 있는 대상을 위하여 최고의 직접적 서비스 실천 아이디어에 최고의 지역사회실천 아이디어를 결합시킨 것"이라고 지적했다. 오코너(O'Connor, 1988: 97-106)는 사례관리는 사회사업 핵심적 기법 중의 하나라고 언급했다. 그리고 루빈(Rubin, 1992: 5)은 사례관리는 복잡하고 다양한 문제 및 장애를 가진 클라이언트들이 필요로 하는 모든 서비스를 적시에 적절한 방법으로 공급받는 것을 보장하기 위한 서비스 전달의 한 접근법이라고 했다.

한 사람을 사례관리자로 지정하는 것은 클라이언트를 돕는 데 책임을 지고, 책임있는 서비스 전달체계를 유지하며, 만일 필요한 서비스가 신속 정확히 전달되지 않을 경우 그 책임을 타 기관이나 개인에게 전가할 수 없으며 책임을 확실히 지도록 하는 하나의 시도이다(Rose, 1992: 5-6).

한편 미국 사회사업가협회에서는 사회사업 사례관리를 다음과 같이 정의한다. 사례관리란 특정 클라이언트의 복합적인 욕구를 충족시키기 위하여 전문 사회사업가가 적절할 경우 클라이언트와 그 가족의 욕구를 사정하고 다양한 서비스 패키지를 배정하고 조정하며 점검하고 평가와 옹호를 하는 서비스 제공의 한 방법이다.… 사회사업 사례관리는 본질적으로 미시적 및 거시적 면을 내포하고 있다. 그리고 개입은 클라이언트와 체계측면에서 동시에 이루어진다(National Association of Social Workers, 1992)

기본적으로 사례관리 실천에 적용되는 단계는 다음과 같다.

(1) 클라이언트의 욕구를 사정함

(2) 서비스 계획을 개발함

(3) 클라이언트를 필요한 서비스와 연결함

(4) 이들 서비스를 조정함

(5) 서비스 이행정도와 성취도를 파악하기 위하여 점검함

(6) 이들 서비스의 효과성을 평가함

이들 사례관리는 기본적으로 두 가지 모델이 활용되고 있다. 이 중 한 모델에서는 사회복지사를 주요한 치료자 및 체계관리자로 활동하는 것으로 본다. 또 다른 모델에서는 사회복지사를 전적으로 체계관리자로 보고 클라이언트의 치료적 욕구는 사회복지사에 의해 조직된 광범위한 서비스 관계망에 관여되어 있는 다른 전문가에 의해 처리된다고 본다.

사례관리 모델을 좀더 구체적으로 보면 다음과 같다(이근홍, 1998: 293-308).

(1) 사례관리의 제공자에 따른 모델

1) 가족보호모델

가족보호모델은 부모, 성인자녀 또는 배우자에게 발달장애아동, 기능적 장애를 가진 노인, 신체장애인, 만성정신장애인 등을 적절히 보호할 수 있는 사례관리 과정에 대한 교육과 훈련을 시켜 적절한 보호를 연속적으로 제공할 수 있도록 하며, 가족성원이 제공하지 못하는 서비스를 보충적으로 사례관리자가 직접적 또는 간접적 방법으로 제공하는 것이다.

2) 지역사회지원모델

지역사회지원모델은 가족의 보호를 받지 못하는 발달장애아동, 기능적 장애를 지닌 노인, 만성정신장애인 등에게 사회적 지지와 필요한 서비스를 제공할 수 있도록 하기 위해서, 지역주민 중에서 그들을 보호할 수 있는 능력을 갖춘 자를 선정하여 일정기간 교육과 훈련을 통하여 그들에게 적절한 서비스를 제공할 수 있도록 하는 것이다.

3) 포괄모델

포괄모델은 가족과 지역사회의 지지적 보호자에 의해서 해결될 수 없는 다차원적이고 복합적인 욕구를 가진 만성정신장애인, 발달장애인, 지체장애인, 만성질환 노인 등에게 사례관리 기관이 포괄적인 서비스를 제공하는 것이다.

(2) 사례관리자의 역할에 따른 모델

1) 중개모델

중개모델은 사례관리 모델 중에서 가장 단순한 것으로, 사례관리자가 직접적으로 서비스를 제공하지 않고 클라이언트와 필요한 서비스를 단순하게 연결시키는 것이다.

2) 개발모델

개발모델은 클라이언트에게 제공할 서비스가 결핍되어 필요한 서비스를 제공할 수 없는 상황에서 사례관리자가 지역사회의 자원을 개발하고 조정하는 것이다.

3) 판매모델

판매모델은 사례관리자가 클라이언트가 필요로 하는 서비스를 사례관리 기관이
나 특수한 서비스를 제공하는 다른 기관에서 구매하여 일정한 계약을 통하여 클라
이언트에게 제공하는 것이다.

사례관리를 위하여 사회복지사는 여러가지 기술을 활용한다. 이들 가운데는 문
제해결, 옹호, 위기개입, 대중매체의 활용 등이 있다. 사례관리자로서의 사회복지사
의 역할은 중재자, 교육자, 서비스 조정자 등 매우 다양하다(Brown, 1992: 61).

5.10 집단중심 원조방법

(1) 집단중심 원조방법의 의의와 기본 전제

집단중심 원조방법은 '집단'을 중심으로 이루어지며 집단구성원의 교육, 발달
그리고 문화적 성장을 강조하며 사회복지사의 지도 아래 여가시간 동안의 자발적인
활동에 의해 수행된다. 집단중심 원조방법의 실천과정은 자발적인 집단활동과 집단
내의 타자(他者)와의 관계를 통한 개인의 사회적 적응과 발달의 가능성을 강조한
다. 이 과정은 기관의 목적, 집단 자체 내의 역동성과 적응노력, 사회복지사의 관찰
및 해석기술과 집단을 활용하는 효과적인 기술의 적용을 통해 결정된다(Friedlander
and Apte, 1974: 142-143).

집단중심 원조방법은 다음의 세 가지 가치를 전제로 깔고 있다. 첫째, 인간에게
는 사랑을 받고 싶어하는 기본적인 욕구가 있을 뿐만 아니라, 남을 사랑하는 역량
과 힘도 있다. 둘째, 인간은 일생 동안 건전하고 적절한 집단생활을 통하여 건강하
게 성장한다. 셋째, 모든 인간은 일생을 통해 집단생활을 해 나가야 한다. 따라서
다양한 집단경험을 필요로 하며 특히 가족 외에서의 대인관계가 만족스럽게 이루어
져야 한다.

(2) 집단의 개념과 유형

1) 집단의 개념

집단의 개념정의에 대해서는 학자들마다 다르지만 다음의 몇 가지 점들은 공통
적으로 가지고 있어야 한다.

첫째, 3인 이상의 집합체로서 일정한 구성원을 가져야 한다.

둘째, 성원들이 소속감을 가져야 한다.

셋째, 성원들이 공통의 목적이나 관심사를 가져야 한다.

넷째, 성원들끼리 정서적 결속과 함께 상호의존적이며, 상호작용이 이루어져야 한다.

다섯째, 성원의 기능과 역할을 규제하는 규범을 가져야 한다.

이렇게 볼 때 집단을 정의하는 주요 요소는 크기, 목표, 상호작용임을 알 수 있다.

① 크 기

상호작용이라는 점에서 두 사람은 집단이 될 수 없다. 최소한 세 사람이 함께 참여할 때 비로소 이 세 사람은 나머지 한 사람에게 영향력을 행사하려고 모인 다른 두 사람의 능력 때문에 특이한 환경을 창조하게 된다.

② 목 표

집단은 대개 문제를 공유하며 공통적으로 가지고 있는 욕구를 해결하기 원하고 공통적으로 가지고 있는 목표를 달성하려고 한다. 하나의 계획에 대해 함께 일하고자 하는 욕구를 경험하지 않은 사람들의 모임은 집단을 구성하지 못한다.

③ 상호작용

개개의 집단성원의 행동은 집단의 모든 성원에 영향을 미친다. 이것은 집단의 성원은 상호작용을 한다는 것을 말한다. 그들은 여러 가지 방법으로 서로에게 반응하며 상호 의존한다.

따라서 집단이란 3인 이상의 일정한 구성원을 갖고 있으며, 성원들이 소속감 및 공통의 목적이나 관심사를 가지며, 성원들끼리 정서적 결속과 함께 상호의존적이며 상호작용이 이루어지고 성원의 기능과 역할을 규제하는 규범을 갖고 있는 인간집합체를 말한다(남세진·조흥식, 1997: 4).

2) 집단의 유형과 목적

집단은 보통 활용하는 방법, 형태 그리고 목적에 따라 그 유형을 나눌 수 있다 (Coulshed, 1988: 160-162; Zastrow, 1995: 152-154; Hepworth and Larsen, 1993: 322-324; 권중돈, 김종옥 편저, 1993: 20-38). 쿨리(Cooley)는 1차집단과 2차집단으로 나누었으며, 페레스톤-슛(Pereston-Shoot)은 사회화 혹은 레크

리에이션집단, 집단정신치료, 집단상담, 교육집단, 사회치료집단, 토론집단, 자조집단, 사회행동집단, 그리고 자기지시집단으로 구분하였다. 집단구성방법에 따라서는 자연적 구성집단과 의도적 구성집단으로 나누어지고, 집단목적에 따라서는 크게 치료집단과 과업집단으로 나눌 수 있다. 치료집단 속에는 교육집단, 성장집단, 치료집단, 사회화집단이 있다. 또 과업집단에는 위원회, 행정집단, 협의회, 팀, 치료회의, 사회행동집단이 있다.

(3) 집단중심 원조방법의 세 가지 모델

집단중심 원조방법의 세 가지 실천모델 중 사회적 목표모델은 서비스 제공과 예방에 초점을 두고 있으며, 치료모델은 회복과 재활에, 그리고 상호작용모델은 두 모델을 포괄하여 중재하고 있다(이화여대 사회사업학과편, 1993: 300-319; 남세진·조흥식, 1997: 41-43).

1) 사회적 목표모델(social goals model)

이 모델은 집단을 활용한 실천의 초기 전통에 근거를 두고 있어서 민주주의를 유지 발달시키려는 사회적 목표를 강조한다. 인간관계의 의식적인 훈련, 지도력의 실험, 민주적 과정의 학습, 시민참여 등의 집단활동을 통해서 사회적 의식, 사회적 책임의 목적을 달성한다. 사회변화는 그 사회의 책임 있는 집단구성원들에 의해서 수행된다고 믿는다. 이 모델에서는 사회적 책임과 사회적 동일시는 집단지도전문가의 위치, 지역사회의 사회기관 속에 있는 힘의 분배, 그리고 시간조절 등에 관한 과학적으로 계획된 사업을 통해서만 성취될 수 있다고 주장한다. 그러나 이 모델은 아직 모든 구성 요소가 체계화된 중심이론을 가지고 있지 못하며 하나의 공식으로 나타나지도 못하고 있다.

2) 치료모델(remedial model)

이 모델에서는 집단은 개인의 치료를 위한 수단임과 동시에 상황으로서 개념화되고 있다. 집단지도전문가의 역할은 지시적이고 계획적이며 목표 지향적이다. 이 역할은 전문가와 집단구성원간에 개별적으로 체결한 치료계약에 근거를 둔다. 집단구성원은 전문가의 치료계획에 따라서 사전의 진단을 받아 선택되고 계약이 성립되며 이어서 치료적 집단활동을 경험하게 된다.

전문가의 개입전략은 집단구성원 개개인의 욕구와 집단의 욕구를 구체적 목표 달성과 관련시켜 파악한 후에 선택된다. 집단지도를 통한 치료의 최종목적이 되는 치료 외에도 두 가지 다른 목표를 설정한다. 그 하나는 중간 목표이며 다른 하나는 도구적 목표이다. 전자는 하위 목표로서 다양한 치료 목표를 달성하는 과정을 소단계로 나눈 것이다. 후자는 집단과정과 구조에 관련된 것으로서 집단이 치료를 위한 활력 있는 상황이 되도록 하는 것이다. 전문가의 개입과 결과에 대한 상호 평가를 통해서 사정은 계속되며, 이를 위해 과거의 경험, 이론적 지식, 현재의 관찰 등의 방법이 동원된다.

이 모델의 기초를 구성하고 있는 이론 및 경험적 지식은 집단과정과 집단구조 그리고 개인과 개인 행동변화에 관한 일련의 개념이다. 집단에 관한 것으로는 집단발달, 커뮤니케이션, 지도력, 갈등, 규범 등이 중요한 개념이다. 행동수정이론과 자아심리학도 개인과 개인행동에 관한 주요한 이론이다.

3) 상호작용모델(reciprocal model)

이 모델에서 집단은 전문가와 모든 집단구성원을 포함한 하나의 사회적 체계로 개념화된다. 각 체계 또는 집단은 그 자체가 유기체이므로 하나의 실체로서만 이해되어질 수 있다. 개인은 고유하지만 각자 구성원들과 전문가 사이의 상호관계에 의해 영향을 받는다. 이 모델의 이론적 기초는 체계이론과 장이론(field theory)이다.

전문가의 역할은 집단구성원과 사회간의 중개인으로서 활동하는 것이다. 그 초점은 본인과 집단구성원 그리고 사회 등, 삼자의 체계적 상호의존성에 둔다. 집단활동 이전에 구체적 집단목표는 설정하지 않는다. 목표설정은 전문가와 집단구성원간의 상호관계 속에서 이루어지는 상호작용의 중요한 한 부분으로 인식된다. 그러므로 전문가나 집단구성원이 독립된 실체로서 가지는 목표란 아무런 의미가 없다. 이 모델의 목적은 대인관계를 형성하는 것이다. 구체적인 목표가 사전에 설정되지 않았기 때문에 집단회합에서 무엇이 일어날 것인가를 예측하기 위해 이 모델에서는 평가나 진단이 사용되지 않는다. 다만 전문가는 과거에 일어났던 일들을 기초로 한 예비적 통찰력을 활용함으로써 어떤 행동이 발생했을 때 이를 보다 잘 이해할 수 있다.

(4) 집단중심 원조방법의 기본 요소

집단중심 원조방법의 기본 요소는 집단, 집단성원, 사회복지사 그리고 프로그램이다(남세진·조홍식, 1997: 54-94).

1) 집단성원

집단성원들은 집단경험을 통하여 자신이 필요한 기능적 역할을 수행해 나간다. 집단성원들은 크게 나누어 집단과업역할, 집단형성 및 유지역할, 그리고 자기중심적 역할 등 세 가지 역할을 수행한다.

① 집단과업역할

집단과업역할은 집단이 소기의 목표를 성취하는 것을 돕는 일정한 역할이다. 어떤 집단성원들은 질서잡힌 형식을 제공하고 어떤 사람들은 제안들을 비판하고 평가하며, 어떤 사람들은 발언된 것들을 요약한다. 여기에 해당되는 역할들은 발기자, 정보탐구자, 정보제공자, 여론탐구자, 여론제공자, 정교자-명료자(elaborator-clarifier), 조정자, 진단자, 방향지시자-요약자, 활력제공자, 진행보조자, 서기-기록자, 평가자-비평자 등 13가지가 있다. 여기에 제시된 역할들은 집단의 효율성에 필수적이다. 집단성원들은 아이디어를 도출하고 정보와 알려진 의견들을 공급해야 한다. 이미 제공된 정보나 의견이 고도의 분석과 결정에 충분하지 못하다면 구성원들이 그 이상의 것들을 탐색하는 일도 역시 중요하다.

② 집단형성 및 유지역할

시기가 안 좋을 때 집단성원들은 집단목표달성보다 오히려 자신들의 상호관계에 대해 초점을 맞출 필요가 있다. 즉 집단 의사소통의 사회적 또는 관계적 차원에 관심을 두어야 한다. 이런 일들은 집단형성 및 유지 역할이라고 한다.

가. 지지자-격려자(supporter-encourager): 이 역할을 하는 사람은 따뜻함, 단결, 인정을 집단성원들에게 제공한다.

나. 조화자(harmonizer): 조화자는 집단이 갈등을 조절하는 데 도움을 주는 사람이다.

다. 긴장 감소자(tension releaser): 긴장 감소자는 집단의 긴장을 이완시키는 것이다.

라. 타협자(compromiser): 집단이 잘 진행되기 위해서는 타협을 제공하는 사

람이 필요하다.

마. 인도자(gatekeeper): 각각 발언자에게 주어지는 시간을 적절하게 조절하는 일을 담당한다.

바. 감정표현자(feeling expresser): 감정표현자는 집단 내의 감정, 분위기, 관계를 주시한다. 감정표현자는 적절하다고 여겨질 때 집단의 감정, 자신의 감정을 잘 표현한다.

사. 기준 설정자(standard setter): 집단이 성취해야 할 기준을 제안하는 역할이다.

아. 추종자(follower): 추종자는 집단의 움직임에 따라간다. 그런 사람은 주의 깊게 경청하며 다른 이들의 아이디어를 받아들인다.

2) 사회복지사

집단지도를 담당하는 사람을 사회복지사(집단지도전문가)라고 한다. 그의 역할은 집단성원과의 상호작용 속에서 이루어지며 전문가로서 기대되는 일련의 행동유형과 속성으로 구성된다. 집단 속에서 그의 행동은 집단성원의 기대와 그가 발전시킨 집단체계의 성격에 의해서 영향을 받는다. 그는 전문적 권위를 가지며 이것이 집단성원으로 하여금 태도와 행동상의 변화를 일으키도록 영향을 주며 집단 자체의 조직과 과정에 영향을 준다. 이 권위를 어떻게 발휘하느냐가 매우 중요하다. 전문가의 권위는 전문가가 자기에게 미치는 영향을 집단성원이 받아들이는 정도에 의해서 그 효율성은 결정된다.

사회복지사의 역할은 다음과 같다.

① 가능케 하는 사람(enabler)

전문가는 집단성원이 다루고자 하는 과제를 측면에서 도와서 이것을 가능케 하는 역할을 담당한다. 이 역할은 주로 사회적 목표모델에서 이루어지며 프로그램 활동에서 많이 활용된다.

② 변화를 일으키는 사람(change agent)

집단성원들에게 요구된 변화를 가져오게 하는 역할이다. 개인과 집단은 물론 환경이나 제도의 변화까지도 관계한다. 치료모델에서 주로 이루어진다.

③ 중재자 또는 자료제공자(mediator or resource person)

집단성원간의 상호작용, 상호부조를 중시하며 필요에 따라 집단성원과 사회자원 사이에서 매개자 또는 자료제공자의 역할을 한다. 상호작용모델에서 주로 이루어진다.

위의 일반적 역할 외에도 상황과 집단, 그리고 구성원의 특수성에 따라 여러 가지 역할이 있을 수 있다. 집단성원의 사회적 성숙도, 집단 내의 조직, 그리고 집단참가에 대한 열의 등을 중심으로 생각해 본다면 다음과 같은 역할이 있다.

가. 지도자: 집단활동의 경험이 적은 유아나 노인, 아동 또는 청소년이 새로운 활동을 시작했을 경우, 집단이 가진 문제해결 능력을 넘어선 갈등에 집단이 직면했을 경우에는 전문가가 리더로서의 역할을 담당해서 집단의 분위기를 조정하고 집단구성원의 참가를 촉진시킨다.

나. 관찰자: 집단성원 가운데서 나온 리더가 중심이 되어 집단활동을 전개하고 있는 건전집단인 경우 전문가는 관찰자로서의 역할을 한다.

다. 유도자: 집단성원의 자연적인 움직임을 유발하도록 자극을 주는 역할이다.

라. 조언자: 필요에 따라 조언을 하고 원조도 해주는 역할이다.

마. 교사: 여러 가지 지식이나 기술을 전달하는 역할이다.

3) 프로그램

집단과정은 구체적인 활동 속에서 전개된다. 이 구체적 활동을 기획, 실시, 평가하는 전 과정을 프로그램이라 한다. 집단지도전문가의 실제적 활동내용은 대부분 프로그램을 어떻게 조직하고 전개하느냐로 구성된다. 집단지도에서 프로그램이 최고의 가치를 발휘하려면 인간중심이며 특정의 욕구에 대응하는 것, 집단구성원의 관심과 욕구에서 나온 것, 구성원의 능력을 최대한으로 프로그램 활동과 계획에 개입시킨 것, 전문가를 제공자로서가 아니라 조언자로서 이용하는 것이어야 한다.

프로그램의 활용원칙으로는 첫째, 자유스러운 자기표현의 가능성이 무엇보다 중요하게 고려되어야 한다. 집단지도에서는 구성원 한 사람 한 사람의 욕구를 명확히 하고 이것을 집단의 욕구와 연결시켜 나감으로써 가능하다. 모든 구성원의 욕구가 충분히 표현되지 못하고 지도자나 유력한 집단구성원이 제안하는 방향에 휩쓸릴 가능성은 항상 있다. 이것을 방지하기 위해서는 자유스러운 자기표현의 기회가 쉽게 얻어질 수 있어야 한다.

둘째, 집단을 안정시키는 기능도 고려해야 한다. 일시적으로 특정 집회에서 안정을 얻기 위한 것과 장기적으로는 집단 자체를 안정시키는 것을 구분할 수 있다.

전자를 위해서는 집단에서 구성원 각자의 역할을 일시적으로 확정하고, 각자가 수행할 행동을 구체적으로 파악할 수 있게 하고, 상대방의 행동을 기대할 수 있게 하는 단순한 규칙을 설정하면 효과적이다. 후자를 위해서 유효한 것은 집단의 상징을 만드는 것이다. 공통의 감정을 담고 있는 노래를 부른다거나 집단에 독특한 전통을 만든다거나 기록이나 역사를 남긴다거나 하는 활동도 여기에 속한다.

셋째, 새로운 집단과정을 전개할 가능성도 찾아보아야 한다. 집단은 자체의 발전을 위해 어느 정도의 안정성을 가지지 않으면 안된다. 그러나 집단과 구성원의 성장을 위해서 어떤 면에서 불안정, 모순, 긴장이 있는 것이 전제된다. 집단적으로 한 새로운 경험, 다른 집단과의 접촉, 집단이 직면한 문제에 대한 토론, 집단구성원 개인의 문제를 집단에서 협의하는 일 등이 이에 속하는 활동이다.

넷째, 프로그램을 실시하기 위해서 필요로 하는 집단의 조직정도에 대한 고려도 해야 한다. 집단과 집단성원의 목표, 이들의 인간적 속성, 사회적 배경 등에 따라 필요로 하는 조직의 정도가 다르다. 그러나 전혀 조직이 없는 프로그램 활동은 바람직하지 못하다. 집단이 발달함에 따라 점차 복잡하고 수준이 높은 집단조직을 필요로 하는 프로그램을 활용한다.

(5) 집단발달의 단계와 사회복지사의 과업

집단은 단계를 거쳐서 나아간다. 발달단계는 성원의 행동, 지도자의 개입과 과업이나 활동의 성취에 영향을 미친다.

학자들마다 집단발달의 단계에 대하여 다른 주장을 하고 있다. 트렉커(Trecker)는 집단발달을 6단계로 주장한다. 즉 ① 시작단계, ② 약한 집단감정, 조직 및 프로그램의 출현단계, ③ 유대, 목적 및 응집력의 발달단계, ④ 강한 집단감정 및 목표달성단계, ⑤ 흥미저하-집단감정의 감소단계, 종결단계이다. 하트포드(Hartford)는 ① 집단전단계, ② 집단형성단계, ③ 통합, 분열, 갈등의 재통합, 재조직단계, ④ 집단기능 및 유지단계, 그리고 ⑤ 종결단계의 5단계의 집단발달단계를 설명하였다. 갈랜드(Garland), 존스(Jones)와 콜로드니(Kolodny)는 집단발달을 ① 회원가입전단계, ② 권력과 통제단계, ③ 친숙단계, ④ 변별단계, ⑤ 분리단계라는 5단계로 제시하였다(이화여대 사회사업학과편, 1993: 247-257).

위테커는 ① 형성단계, ② 확립단계, ③ 종결단계에 관해 말하였다. 여기서는 턱만(Tuckman)과 젠센의 집단발달단계에 맞추어서 사회복지사의 활동과 과업을 설명하고자 한다(Coulshed, 1991: 163-166).

1) 형성단계(forming stage)

이 단계에서 성원들은 사회복지사에게 머물러 있는 오리엔테이션과 탐색에서 나아가 서로에 대한 의사소통이 더욱 많아진다. 집단과 사회복지사는 신뢰를 형성할 수 있을 것인가를 생각하게 된다. 사회복지사의 과업은 사람들과 연관을 맺으며, 사람과 공통적인 관심사를 연계하도록 돕고, 집단결속력의 발달을 격려한다. 사회복지사는 비슷한 흥미와 문제를 공유하면서 그들이 어떻게 이해할 수 있는가에 대한 기회를 제공한다. 초기모임에서의 사회복지사의 기술과 과업을 요약하면 다음과 같다.

① 사회복지사 자신을 소개한다.
② 성원들도 똑같이 소개하도록 요구한다.
③ 합류하기 전 성원들에게 주어진 정보를 재검토한다.
④ 목적을 수정하고 동의를 구한다.
⑤ 초기의 불확실성을 인정한다.
⑥ 성원들이 집단 밖으로 나가고 싶으면 말하라고 한다.
⑦ 제기된 쟁점들을 요약한다.
⑧ 경청과 수용에 대한 규범을 확립한다.
⑨ 상호작용을 촉진한다.
⑩ 결석한 성원들에게 역할을 준다.
⑪ 각 개인에 대한 관심을 보여 준다.
⑫ 질문에 대해 균형 있게 응답한다.

2) 격정단계(storming stage)

이 단계 동안에는 하위집단과 짝이 만들어진다. 내가 속할까에서 내가 어떤 영향력을 지닐까로 대치되는 것이 이 단계의 특징이다. 권력과 통제를 위한 투쟁이 의사소통 밑에 깔려 있으며 성원들은 어떤 쟁점을 둘러싸고 양극화하는 경향이 나타난다. 그리고 더 많은 탐색과 시험이 있게 된다. 집단은 잘 깨어지기 쉬우며 지도력이 충분한 안전감을 주지 못하면 집단은 계속되지 못할 것이다. 요구되는 기술과 과업은 다음과 같다.

① 성원-성원, 성원-지도자 갈등에 처할 때 침착하게 행동한다.

② 사회복지사의 권위가 도전을 받을 경우 보복하지 않는다. 그런 행동은 양가감정이나 전이에서 나올 수 있다.

③ 모델수용과 사람들이 다르다는 것을 터 놓고 인정한다.

④ 고립되거나 관계형성이 어려운 성원을 끄집어내지 않는다.

⑤ 촉진할 수 있을 때와 조용히 있을 때를 알고 보조에 맞추어 행동을 취한다.

⑥ 성원들에게 책임을 부여하기 시작한다.

3) 규범단계(norming stage)

이 단계는 집단응집성이 형성되는 것을 알 수 있다. 즉 성원들은 서로에게 친밀함과 개인적 의견을 표현한다. 사람들은 '애정'을 살피기 시작한다. 협동, 정보의 공유 그리고 합의에 의한 의사결정은 더 좋은 결과를 가져온다. 사람들은 집단과 집단의 미래를 동일시하고 '우리'라는 감정이 발달한다. 높은 출석률, 자기 자리의 지정과 배타성은 새로운 성원이 합류하기 어렵게 만들 수 있다. 집단규범에 대한 순응이 부족하면 속죄양이 되거나 집단압력이 따른다. 집단 내에서의 새로운 지도력은 기본적 집단규칙을 바꾸는 결과를 초래할 것이다. 사회복지사를 위한 과업은 다음과 같다.

① 지시하는 역할에서 경청자의 역할로 물러남으로써 사람들이 서로를 돕게 한다.

② 어떤 일이 일어나는지를 관찰하고 언급할 때 자신의 생각을 제안하는 것뿐만 아니라 지각이 무엇인가를 집단에게 물어보는 것이 중요하다.

③ 내용뿐만 아니라 과정을 더 잘 인식한다. 자문자답해 보는 것이 도움이 된다.

4) 실행단계(performing stage)

실행이 된다는 것은 집단이 문제를 해결하기 위해서 함께 행동하는 것을 의미한다. 집단은 더 이상 지도자의 집단이 아니며 사회복지사는 주변인물이 된다. 성원들은 '이것은 우리 집단이야'라고 지각한다. 개인과 집단목표는 도전받는다. 성원들은 대처기제를 모방하고 서로에게 가치를 부여한다. 내가 맡았던 집단에서 한 성원은 늘 '능력 있고 책임감 강한' 역할에 의지해 오다가 이 단계에서 때때로 자신이 신뢰했으며 신뢰를 느끼지 못했던 것을 용감하게 밝힘으로써 나머지 성원들에게 촉진자로서 행동한다. 사회복지사는 다음과 같은 과업을 행한다.

① 집단이 서로 과업을 어떻게 다루는가를 관찰한다.

② 관심을 보여 주고 노력에 칭찬과 인정을 표시한다.

③ 확신, 태도 그리고 문제해결과 관련하여 계속하여 모방한다.

5) 해산단계(adjourning stage)

종결단계이기도 한 이 단계는 보통 과업의 성취 뒤에 오며 관계로부터 분리된다. 모든 집단들은 언젠가는 끝내야 한다. 시간제한이 있으므로 사회복지사가 집단을 지속해야 한다는 죄의식을 방지할 수 있다. 상실감과 아마도 거부감이 있을 것이지만 또한 성취감도 있을 것이다. 사회복지사는 다시 더욱 적극적으로 행동할 수 있다.

① 집단과 협력하여 남은 시간에 맞는 목표를 설정한다.

② 상실감뿐만 아니라 이익을 강조하면서 경험을 재검토한다.

③ 집단 밖에서 흥미를 강화한다.

④ 집단이 어떤 다른 목적을 갖고서 계속하기를 원하면 계획단계로 돌아가도록 돕는다.

⑤ 셋션(session)을 평가하고 피드백을 요청한다.

6. 사회복지기록

기록은 사회복지실천에 있어서 필연적인 구성요소가 되어 왔으며 이 기록에 대한 역사도 사회복지실천의 역사와 그 맥락을 같이 한다. 사회사업 기록은 클라이언트 서비스에 대한 증빙자료로서뿐만 아니라 교육과 연구 등 다양한 목적에 활용되고 있다. 리치몬드(1917)는 케이스 기록을 실천을 위한 기초자료로 활용하였고 헤밀톤(1936)은 기록은 실천을 위한 학습의 기초자료가 되며 효과적인 서비스를 위한 기초자료가 된다고 했다. 근래에 와서 사회복지사들은 기록이 더욱 광범위하게 활용될 수 있다는 것을 인식하게 되었으며 그 활용도 점차적으로 증가되고 있다.

사회복지사들과 사회복지기관은 그들이 무엇을 하는가에 대하여 기록을 할 것에 대한 요청을 받을 뿐만 아니라 그들이 하는 활동을 정당화할 필요성을 가진다.

사회사업기록은 클라이언트 서비스과정에서 강조되는 광범위한 개인적 및 사회적 욕구를 반영하는 것이기 때문에 종종 광범위한 자료를 포함한다. 사회사업기록의 복합성은 사회사업 실천의 넓이와 깊이를 반영하는 것이 된다. 이 기록에는 현재 필요한 내용만을 포함시키는 것이 아니라 장차 활용될 내용을 포함시키기도 한다. 즉 사회복지사는 현재 상황과는 분명히 관련되지 않은 정보를 포함시키기도 하여 기록에는 많은 내용이 포함되어야 한다는 견해가 있다. 한편 기록의 보관에는 비용이 많이 들며 클라이언트의 비밀정보가 누설될 가능성이 많다는 이유로 가능한 한 기록을 단순화시키고 제한을 해야 한다는 견해도 있다.

여하튼 효과적인 서비스를 위하여 기록이 잘 되어야 한다는 것은 주지의 사실이다. 그런데 기관에서 사회복지사들이 기록에 최신자료를 자세히 첨가하지 않는 경우도 있으며 기록을 소홀히 하는 경우도 있기 때문에 기록이 빈약하게 된다는 지적도 있다. 이렇게 되는 것은 사회복지기관 내의 구조적 원인에 기인한다고 보기도 하고 사회사업교육에서 기록에 관한 적절한 기술습득을 못했기 때문이라고 보기도 한다.

6.1 기록의 정의와 기록사유

(1) 기록의 정의

사회복지실천에 있어서의 케이스기록이란 일반적으로 특수한 서류철에 철해 둔 성문화된 증빙서류를 말한다. 여기에는 기록된 노트, 편지, 관련된 양식의 복사, 그리고 클라이언트나 클라이언트 집단에게 주어진 서비스에 관한 다른 기록자료들이 포함되어 있다. 오늘날 기술발달과 더불어 케이스기록의 정의는 기록형태로서 녹음기를 사용한 면접, 마이크로필름, 비디오테이프, 컴퓨터에 입력된 자료 등도 포함하는 것으로 확대되었다(Wilson, 1978: 31). 전통적으로 사회복지실천에서 케이스기록이란 인간의 기쁨, 성취, 악전고투, 슬픔 등을 증명하는 문서의 편집을 말한다(Wilson, 1978: 32). 종합적으로 보면 사회사업에서 기록이란 클라이언트 문제, 예후, 개입계획, 치료진행, 상황에 영향을 미치는 사회적·경제적 및 건강상의 요인 그리고 의뢰 등에 대하여 중요하고 적절한 정보를 글로 표현하고 정리 보관하는 과정이다. 기록에는 많은 다른 형태가 있는데 기관의 요구, 사회복지사의 스타일 그리

고 개입의 유형에 따라 다르다. 기록유형에는 기술요약형, 문제중심기록, SOAP[4]
기록방법 등이 포함된다(Barker, 1995: 350).

(2) 기록사유

사회복지실천에서 기록을 하게 되는 사유는 여러 가지가 있을 수 있다. 일반적
으로 대부분의 기관에서 다음 사항 중 하나가 발생했을 때 어떤 유형의 기록이든
기록이 요청된다(Wilson, 1980: 110-111). ① 새로운 케이스를 취급하게 될 때,
② 케이스가 한 사회복지사로부터 다른 사회복지사에게 넘겨지거나, 여러 분야의
전문가들이 함께 종사하는 기관 내에서 한 전문가에게서부터 다른 전문가에게로 넘
겨질 때, ③ 기록에 삽입할 필요가 있는 새로운 정보가 발생했을 때, ④ 상황에 관
한 사회복지사의 진단적 사정을 변경시키거나 치료계획을 수정할 필요가 있을 때,
⑤ 보고서를 다른 기관이나 전문가에게 보내게 될 때. 외부에 보내기 위해 현재자
료를 단순히 복사하는 것은 바람직하지 않다. 이렇게 되면 비밀보장이 되지 않을
수도 있고 삼자에게는 부적절한 자료를 제공하게 되기도 한다. 일반적으로 외부기
관의 요청이 있을 경우 별도의 요약기록을 보내는 것이 좋다. ⑥ 기록상의 정보를
기관외부의 어떤 사람에게 공개할 때, ⑦ 케이스가 종결될 때 등이다.

이상과 같은 기록사유는 각 기관의 정책이나 기록의 필요성에 대한 사회복지사
자신의 판단에 따라 어느 정도 융통성 있게 다루어져야 할 것이다.

6.2 기록의 목적

전통적으로 사회복지기록은 여러 가지 상이한 목적을 달성하기 위하여 작성되
어 왔다(Kadushin, 1983: 250). 사회사업에서의 기록의 목적을 한 마디로 표현할
수 없으며 어느 정도의 복잡성을 내포하고 있다. 사회사업기록은 사회사업의 효과
적인 실천과 매우 중요한 관련성을 가지고 있다. 기록에는 여러 가지 유형이 있고
이 유형에 따라서 기록의 목적이 다르기도 하다. 요컨대 과정기록은 상호교환에 대
해서 자세히 열거하며 이 과정기록은 주로 학생들의 교육에 활용된다. 한편 요약기

---

4) 보건 및 정신보건기관에서 사회복지사, 의사, 간호사, 그리고 다른 전문가들이 의료기록을 작성하는
데 이용하는 체계. 이는 문제중심기록의 일부로 Subjective information(주관적 정보), Objective
information(객관적 정보), Assessment(사정), Plan(계획)의 머리글자 SOAP에 따라 정보를 분
류해서 기록한다.

록은 이와는 전적으로 다른 형태의 기록으로 인테이크와 종결을 포함하여 사회사업 실천에 많이 활용된다.

의료사회사업의 기록목적을 커뮤니케이션, 치료 및 종합적 치료의 계속성, 책임성, 입증문서의 구비 등의 관점에서 분류·제시하기도 하나(Schlesinger, 1985: 354), 일반적으로 사회사업 실천에서의 기록의 목적을 다음과 같이 정리할 수 있다(Kagle, 1991: 3-6; Wilson, 1978: 3-6).

① **클라이언트 자신 및 클라이언트 욕구의 파악을 위함**

클라이언트에 대한 서비스를 위하여 클라이언트와 클라이언트의 욕구에 관하여 기록하는 것은 서비스의 자격요건을 갖추는데 뿐만 아니라 적절한 서비스를 위하여 필요하다.

② **사회복지활동에 대한 증빙자료로 활용함**

기록은 케이스를 취급하는 단계에서부터 종결단계에 이르기까지 수행되는 활동과 클라이언트에 관한 정보의 보관이므로, 이러한 정보는 보험회사, 정부기관 등에 보험비, 보상금, 기타 자금을 요청하는 데 활용될 수 있다. 또한 법원에서 서비스에 대한 증언을 요청받을 경우 증거서류로 활용된다.

③ **서비스의 계속성**

기록의 가장 중요한 기능 가운데 하나는 담당 사회복지사의 부재시에 클라이언트의 서비스를 전달하는 다른 사람 혹은 다른 사회복지사가 참고할 수 있도록 하는 것이다. 서비스의 목적, 계획 그리고 진행과정에 대한 정보는 다른 사회복지사가 그 케이스를 인수받을 때 특히 유용하다.

④ **다른 전문가와의 커뮤니케이션을 하기 위함**

인접분야의 전문가와 협동을 할 경우에 기록은 전문가간의 협동의 수단으로 활용된다. 기록은 클라이언트의 허락하에 기관상호간의 협동을 하는 데에도 사용될 수 있다.

⑤ **지도감독 및 자문에 활용됨**

기록은 클라이언트·상황에 대하여, 그리고 서비스의 과정과 진행에 대하여 지도감독을 하거나 자문을 하는 입장에 있는 사람에게 그 내용을 알리는 수단으로 사용된다. 일반적으로 지도감독자는 그 업무의 질과 양을 사정하는 데 기록을 활용한다. 그리고 자문을 하는 사람은 서비스에 대한 자문을 하기 전에 기록을 읽게 된다.

⑥ **교육 및 훈련의 자료로 활용됨**

기록은 교육과 훈련을 위한 기초자료로 활용된다. 특히 기록은 사회복지 교육을 받고 있는 학생, 기관에서 초보 사회복지사들의 교육과 훈련을 위하여 활용된다. 또한 일반 사회복지사들의 계속교육에도 활용된다.

⑦ **조사연구의 자료로 활용됨**

기록은 케이스워커의 이론 및 실천기술의 개발을 위한 자료로 활용된다. 이 기록은 인간행동, 사회적 욕구, 사회복지실천 등을 이해하며 연구하는 데 도움을 준다.

⑧ **통계보고서로 활용됨**

기관이 그들의 서비스에 대한 통계적 보고를 하게 되는 경우 기록은 통계를 위한 기초자료로 활용된다.

⑨ **행정적 의사결정의 자료로 활용됨**

클라이언트 기록에 대한 정보는 클라이언트의 욕구, 서비스유형, 자원의 분배 등에 대한 결정을 하는 데 활용될 수 있다. 이러한 정보를 수립하기 위하여 대부분의 기관들은 특별히 고안된 기록서식을 활용한다.

⑩ **클라이언트와 정보를 공유함**

기록은 클라이언트와의 커뮤니케이션의 수단으로 활용될 수 있다. 클라이언트가 기록을 볼 수 있게 하여 사회복지사와 클라이언트간의 상호이해를 돕게 한다. 한편 클라이언트가 기록을 볼 수 있게 하는 것은 바람직하지 않다는 견해도 있다.

⑪ **사회복지사의 사고를 조직화함**

공식적인 기록은 사회복지사가 그의 사고를 조직화하는 수단으로 사용된다. 사실적 자료와 관찰의 조직적인 제시는 더욱 철저한 진단적 사정과 치료계획을 수립하게 한다. 너절한 기록과 비조직화된 사고는 종종 공존하게 된다. 이 결과 클라이언트에 대한 원만한 서비스를 못하게 되고, 한편 이러한 기록은 원만한 서비스가 안 되었다는 것을 나타낸다.

⑫ **서비스의 과정과 영향의 평가**

기록은 서비스를 사정하고 개선하는 데 유용한 도구가 된다. 클라이언트에게 제공되는 서비스를 재검토하여 서비스 체계의 장점과 약점을 파악하며 서비스의 방향을 재조절한다. 일단 서비스가 시작되면 기록의 초점은 서비스의 활용내용과 과정에 둔다. 서비스는 클라이언트의 욕구를 해결하고 있으며 목표를 성취하고 있는가? 현재 적용하고 있는 모델 이외의 다른 어떤 모델을 시도해야 하는가? 등의 문제를 검토하는 데 있어 기록은 중요한 자료로도 활용된다.

요컨대, 이상에서 여러 가지 목적을 달성하기 위한 가장 효과적인 수단이 기록이라고 할 수 있다.

6.3 기록의 내용

사회복지사와 클라이언트와의 면접에서 어떠한 내용들을 기록해야 할지 모호할 경우 다음과 같은 사항들을 참고하면 도움이 될 수 있을 것이다. ① 개인에 관한 서술 - 키, 몸무게 등에 관한 사항을 서술함, ② 옷에 관한 서술 - 옷차림은 개인의 태도를 나타내는 것과 관련이 될 수 있고 유아의 경우 옷차림은 어떻게 보호를 받고 있는지를 알 수 있는 척도가 되기도 한다. ③ 가정에 관한 서술 - 빈곤, 위생, 가족관계 등 몇 가지 특별한 사항들을 선택하여 기술함 ④ 얼굴 표정에 관한 서술 - 얼굴 표정이 감정에 의해서 침울 혹은 분노한 것으로 보이는지 선천적인 얼굴 모습에 의한 것인지 잘 구별할 필요가 있다. 사회복지사가 클라이언트의 얼굴표정을 표현할 경우 어떤 자극에 의해 변화가 왔다는 것을 분명히 관찰했거나, 그것이 과거의 경우와 매우 다르다는 것을 알았을 때만 서술해야 한다. ⑤ 몸짓과 움직임에 관한 언급 - 습관적인 안면경련, 잦은 한숨, 손톱을 물어뜯음, 말더듬 등을 기술한다. 그런데 이러한 것들이 만성적일 경우 매 면접마다 기술하지 않고 더 두드러진다든지 변화가 있을 경우에 기술을 한다. ⑥ 면접의 마지막 부분 - 다음 면접은 어떻게 되는지 분명한 이해를 하고 종결지워져야 하므로 이 사항이 기술에 나타나야 한다. 즉 7월 6일 10시에 다음 면접을 하기로 했다는 등 다음에 이루어질 사항을 기록한다(Nicholds, 1966: 37-39).

틸베리(Tilbury, 1977: 195-197)는 사회복지실천을 위한 기록에는 다음과 같은 요소들이 포함될 필요가 있다고 지적했다. ① 사실 - 일반적으로 페이스시트에 포함되는 것으로는 성명, 연령 혹은 출생일, 주소, 보호자의 이름과 주소, 의뢰처, 현재 요청사항, 직업, 수입, 병 혹은 장애, 교육정도 등이다. 기록에 필요한 사실은 기관과 케이스의 본질에 따라 다양하다. 즉 초점을 물질적 원조에 두느냐 심리적 문제해결에 두느냐에 따라 다르다. ② 진단적 자료 - 사회복지사는 초기 사회진단의 자료로 제공하기 위해 그가 들은 것, 관찰과 인상 등을 기록할 필요가 있다. ③ 과정자료 - 이는 시간 경과에 따른 사건들(실제적, 사회적 및 정서적)을 기록하게 될 것인데, 이 자료는 진행의 파악 및 진단 목표, 치료계획과 방법의 개선에 도움이 된다. ④ 요약—초기요약은 초기 사회진단이 이루어질 무렵에 완성될 수 있다. 계속해서 케이스 처리과정에 따른 요약과 종결에 대한 요약을 하게 된다. 브라운(1992: 132)은 기록에는 다음과 같은 내용이 반영되어야 한다고 했다.

① 의뢰의 근원과 기관에 접촉하게 된 이유

② 문제의 본질

③ 기관에 대한 클라이언트의 기대

④ 클라이언트의 동기 및 기관의 서비스를 활용할 능력

⑤ 사회적 자료

⑥ 클라이언트상황에 대한 사정

⑦ 목표

⑧ 계약

⑨ 개입전략

⑩ 클라이언트와 사회복지사의 상호작용정도, 케이스진전사항, 목표달성에 잠재적 혹은 실제적 장애

⑪ 장차의 계획

사회복지기록은 매우 다양하며 각 기록은 클라이언트상황의 특성과 서비스거래의 특성을 묘사한다. 기록은 서비스조직의 특성에 따라 다르다. 특히 서비스책임의 구성, 서비스 전달유형, 클라이언트 등에 따라서도 다르다. 그리고 기록은 활용되는 방법에 따라, 그 내용을 사정하는 사람에 따라 다르게 구성된다.

사회복지기록은 매우 다양하기 때문에 그 내용에 대하여 일반화시켜서 말하기는 어렵다. 이러한 일반화는 너무 피상적이기 때문에 유용하지 않을 수도 있고 때로는 지나치게 특수한 것이어서 정확하게 되기 어렵다. 그럼에도 불구하고 기록에는 차이가 있는 한편 거기에는 공통된 특성이 있다.

6.4 기록의 유형

(1) 강의 · 학습기록

강의 · 학습기록은 사회복지기관에서 사회복지를 전공하는 학생들의 특정한 학

습 욕구를 충족시키기 위하여 개발되었다. 이 강의·학습기록은 인지적 및 대인관계 기술과 서술기록기술에 관한 강의와 학습을 도우려는 의도로 만들어진다. 학생들은 기관에서 일반적으로 수집하는 것보다 더 광범위하게 서비스거래에 관한 기록을 한다. 그리하여 이 기록은 실천기술의 개발을 위한 기초로 제공된다. 이 기록을 통하여 학생은 클라이언트·상황, 서비스거래 그리고 그 자신의 실천기술을 서술하고 사정할 기회를 가지게 된다. 또 이 기술은 실습지도자가 학생과 더불어 서비스에 대한 결정을 하는 데 사용되고 학생들의 지식과 기술의 개발에 도움을 준다.

(2) 시계열적 기록

시계열적 기록은 사회사업개입의 표적인 행동, 태도 혹은 관계에 관하여 반복적으로 측정을 하여 증빙하는 것이다. 이러한 측정은 우선 클라이언트·상황에 관한 사정, 서비스의 목적이나 목표달성의 활동을 평가하는 데 사용된다. 이 기록의 주된 기능은 서비스의 효과를 증빙하는 것이고 주로 행동수정 분야에서 활용된다. 이 시계열적 기록의 예를 보면 다음과 같다.

성명 : ○○○

날짜	시 간	상 태
5월 5일 (화)	10시 10분	동생과 다툼
5월 9일 (토)	11시	만화책을 보고 있음
5월 10일 (일)	11시	혼자 앉아 있음
5월 12일 (화)	11시 10분	친구들과 놀이터에서 놀고 있음
5월 14일 (목)	11시 20분	혼자서 놀고 있음

(3) 목표달성척도

목표달성척도는 서비스의 구체적인 목표를 달성하는 활동에 대하여 입증할 문서를 마련하고 평가하기 위한 방법이다. 목표달성의 5단계법은 다음과 같다.

-2 = 가장 바람직하지 않는 결과
-1 = 기대수준보다 좀 못함
 0 = 기대한 정도로 됨
+1 = 기대수준보다 높음
+2 = 가장 바람직한 결과

클라이언트와 양친과의 관계에서 하루 세 번 이상 다툼을 하는 경우는 -2, 하루 두 번 다툼을 할 경우 -1, 하루 한 번 다툼을 할 경우 0, 이틀에 한번 다툴 경우 +1, 3일에 한번은 +2 등으로 표시할 수 있다.

이러한 기록의 형태는 기록의 모든 요소를 내포할 수 없기 때문에 서비스에서 여러 개의 목표를 달성하려고 하는 경우 여러 개의 척도를 개발하여 활용할 수 있다.

(4) 문제중심기록

문제중심기록은 의료보건분야에서 활용하기 위하여 특별히 개발된 것이다. 이 문제지향의 기록형은 여러 인접분야의 전문가와 함께 동일한 문제를 취급하는 장에서 유용하게 활용된다.

문제지향적 기록은 기초자료(data base), 문제목록, 초기계획, 진행노트 등의 네 가지 영역으로 구분된다.

(5) 과정기록

과정기록은 면접에서 일어난 역동적 상호작용에 관한 성문화된 서술이라고 정의를 내릴 수 있다. 이 서술에는 사실정보, 사회복지사의 관찰 그리고 클라이언트 및 사회복지사의 활동에 관한 설명 등이 포함된다(Morales·Sheafor, 1977: 125-126). 이러한 과정기록은 사회사업역사에서 중요한 위치를 차지해 왔다. 과정기록은 사회복지실천의 주요 목적이 사회조사였을 때 클라이언트와 그 상황을 조정하는 데 처음으로 사용되었고 그 후 전문직의 변화방향에 따라 변해왔다. 과정기록이 활용될 초기에는 사회복지사들이 기억할 수 있는 모든 것 즉 클라이언트가 말하고 행한 것, 사회복지사가 말하고 행한 것, 또 그들이 관찰하고 믿고 추측한 것들에 대하여 기록을 했다. 헤밀톤이 케이스기록에 관한 연구를 할 때까지 과정기록은 사회조사의 목적으로만 사용되지 않고 치료적 경험을 하는 동안 자신과 타인의 관계를 나타내는 방법을 제시하기 위하여 더욱 중요하게 사용되었다. 과정기록의 관심 영역은 클라이언트·상황에서부터 서비스거래에 이르기까지 광범위하였다. 사회복지사는 클라이언트를 개별화하고 특수화하는 것이 중요하기 때문에 과정기록에서 특별한 정보를 선택하게 되고 거래에서 일어나는 모든 것을 기록하지는 않았다. 이 과정기록에서 제외되는 부분들은 요약을 하게 되었다. 점차 시간의 흐름에 따라 사회복지사는 과정기록에서 정보의 양을 감소시키고 요약기록을 많이 하게 되었다. 그리하여 오늘날에 와서, 사회복지실천의 과정에서는 과정기록이 많이 사용되지 않고 있다.

(6) 요약기록

요약기록은 일상적인 사회복지실천에서 주로 사용되는 기록유형이다. 정규적인 진행노트, 인테이크 혹은 이송보고서 등과 같이 주기적으로 실시하는 요약 그리고 특정보고서는 일반적으로 요약형으로 기록을 한다(Wilson, 1980: 111).

요약형의 기록은 수집된 자료를 열거하는 것일 뿐만 아니라 그 자료의 의미와 상대적 중요성을 나타낸다. 적절한 시간적 간격을 두어가며 요약기록을 하는 것은 케이스기록의 분량을 줄이고 케이스 진행방향을 명확하게 하며 사회복지사의 시간을 절약하게 된다. 일반적으로 요약기록은 기록상에 이미 나타나 있는 자료를 검토하거나 그 요점을 되풀이하는 것이라고 생각한다. 그런데 케이스노트에 모아둔 것으로 이전에 기록되지 않은 사항은 기록자의 판단에 의해 요약기록에 삽입해야 한다(Hamillton, 1946: 22-23)

참 고 문 헌

권중돈·김종옥 편저. 「집단사회사업방법론」. 서울: 홍익제.

김기태. 1998. 「위기개입론」. 서울: 대왕사.

김기태 외. 1997. 「사례관리실천의 이해」. 부산: 도서출판 만수.

김융일·조흥식·김연옥. 1995. 「사회사업 실천론」. 서울: 나남.

남세진·조흥식. 1997. 「집단지도방법론」. 서울: 서울대학교출판부.

문인숙. 1981. 「집단사회사업방법론」. 서울: 이화여자대학교출판부.

이근홍. 1998. 「케이스 매니지먼트」. 서울: 대학출판사.

이화여대 사회사업학과편. 1993. 「집단사회사업실천방법론」. 서울: 동인.

장인협. 1990. 「사회사업실천방법론(하)」. 서울: 서울대학교출판부.

Anderson, J. 1981. *Social Work Methods and Processes*. Belmont, LA: Wadsworth Publishing Co..

Austin, L. N. 1948. "Trend in Differential Treatment in Social Casework." *Social Casework 29* (June): 203–211.

Barker, R. 1995. *The Social Work Dictionary*. Washington, D.C.: NASW.

Benjamin, B. 1969. *The Helping Interview*(Second Edition). New York: Houghton–Mifflin.

Bibring, G. L. 1947. "Psychiatry and Social Work." *Social Casework 28* (June): 203–211.

Biestek, F. P. 1957. *The Casework Relationship*. Chicago: Loyola University.

Bolen, J. K. 1971. "Easing the Pain of Termination for Adolescents." *Social Casework* 53: 519–527.

Brown, J. A. 1992. *Handbook of Social Work Practice*. Springfield, Illinois: Thomas Publisher.

Compton, B. R. and B. Galaway. 1989. *Social Work Processes*(4th edition). Belmont, CA: Wadsworth Publishing Co..

_____. 1984. *Social Work Processes*. Homewood, Illinois: Dorsey Press.

_____. 1979. *Social Work Process*. Homewood, Illinois: The Dorsey Press.

Coulshed, Veronica, 1991. *Social Work Practice*(2nd. ed.). London: Macmillan.

Edingberg, G., N. Zinberg, and W. Kelman. 1975. *Clinical Interviewing and Counseling: Principals and Techniques*. New York: Appleton-Century-Crofts.

Fatout, M. F. 1975. "A Comparative Analysis of Practice Concepts Described in Selected Social Work Literature." DSW Dissertation. University of Southern California.

Fisher, J. 1978. *Effective Casework Practice: An Electric Approach*. New York: McGraw-Hill.

France, K. 1982. *Crisis Intervention: A Handbook of Immediate Person-to-Person Help*. Springfield, Illinois : Charles C. Thomas Publisher.

Friedlander, Walter A. and Robert Z. Apte. 1974. *Introduction to Social Welfare*. Englewood Cliffs, NJ: Prentice-Hall.

Gambrill, E. 1983. *Casework: A Competency-Based Approach*. Englewood Cliffs, NJ: Prentice-Hall.

Garrett, A. 1972. *Interviewing: Its Principles and Methods*. New York: Family Service Association of America.

Germain, C. B. 1984. *Social Work Practice in Health Care: An Ecological Perspective*. New York: Free Press.

Germain, C. B. and A. Gitterman. 1996. *The Life Model of Social Work Practice: Advances in Theory and Practice*. New York; Columbia University Press.

_____. 1980. *The Life Model of Social Work Practice*. New York: Columbia University.

Green, R. 1962. "Terminating the Relationship in Social Casework: A Working Paper." *Annual Institute on Corrections*. April. University of Southern California.

Grinnell, R. and N. Kyte. 1975. "Environmental Modification: A Study." *Social Work* 20: 313-318.

Hamilton, G. 1951. *Theory and Practice of Social Case Work*. New York: Columbia University Press.

____. 1946. *Principles of Social Case Recording*. New York: Columbia University Press.

____. 1936. *Social Case Recording*. New York: Columbia University Press.

Hellenbrand, S. 1987. "Termination in Direct Practice." In *Encyclopedia of Social Work*. Vol. 2. edited by Minahan, A. Silver Spring, Maryland : NASW.

Hepworth, Dean H. and Jo Ann Larsen. 1993. *Direct Social Work Practice: Theory and Skills*(4th ed.). CA: Brooks/Cole Publishing Co.

_____. 1982. *Direct Social Work Practice*. Homewood, Ⅲ. : Dorsey Press.

_____. 1968. *Direct Social Work Practice.* Homewood, Ⅲ.: Dorsey Press.

Hollis, F. 1972. Casework: *A Psychosocial Therapy.* New York: McGraw-Hill Publishing Company.

_____. 1949. "The Techniques of casework." *Social Casework* 30: 235-244.

Kadushin, A. 1990. *Social Work Interview* (3rd ed.). New York: Columbia University Press.

_____. 1983. *The Social Work Interview.* New York: Columbia University Press.

_____. 1980. *Child Welfare Services* (3rd ed.). New York: MacMillan Co..

Kagle, J. D. 1991. *Social Work Records.* Belmont, California: Wadsworth Publishing Company.

Keith-Lucas, A. 1972. *The Giving and Taking of Help.* Chapel Hill, NC: University of North Carolina Press.

Kirst-Ashman, K. K. and G. H. Hull, Jr. 1995. *Understanding Generalist Practice.* Chicago: Nelson-Hall..

Lowenberg, F. M. 1983. *Fundamentals of Social Intervention.* New York : Columbia University Press.

Lowry, F. 1936. "The Clients Needs as the Basis for Differential Approach in Treatment." In *Differential Approach in Casework Treatment.* New York: Family Welfare Association of America. pp. 1-13.

Maluccio, A. and W. Marlow. 1974. "The Case for the Contract." *Social Work* 19: 28-35

Meyer, C. 1976. *Social Work Practice: A Response to the Urban Crisis.* New York: Free Press.

Miley, K. K., M. O'Melia, and B. L. DuBois. 1995. *Generalist Social Work Practice: An Empowering Approach.* Boston: Allyn and Bacon.

Morales. A. and B. W. Sheafor. 1977. *Social Work: A Profession of Many Faces,* Boston: Allyn and Bacon, Inc..

Nee, R. H. ed. 1972. *Theories of Social Casework.* Chicago: The University of Chicago Press.

Nicholds, E. 1966. *In-Service Casework Training.* New York: Columbia University Press.

Nurakawa, W. Ed. 1965. *Human Values and Abnormal Behavior.* Atlanta, GA: Scott Foresman.

O'Connor, G. 1988. "Case Management: System and Practice." *Social Casework* 69(2): 97-106.

Perlman, H. H. 1982. "The Relationship." In *Things That Matter*. edited by Rubenstein, H. and Bloch, M. New York: MacMillan.

_____. 1978. *Relationship: The Heart of Helping People*. Chicago: University of Chicago Press.

_____. 1957. *Social Casework : A Problem-Solving Process*. Chicago : University of Chicago Press.

Pippin, J. A. 1980. *Developing Casework Skills*. Beverly Hills, CA : Sage Publications.

Reid, W. J. 1987. "Task-Centered Approach." In *Encyclopedia of Social Work*. Vol. 2. edited by Minahan, A. et al., Siliver Spring, Mayland : NASW.

____. 1967. "Characteristics of Casework Intervention." *Welfare in Review* 5: 11-19.

Reid, W. J. and L. Epstein. ed. 1977. *Task-Centered Practice*. New York: Columbia University Press.

Rein, M. 1983. *From Policy To Practice*. New York: M.E. Shayeres.

Richmond, M. E. 1922. *What is Social Case Work?*. New York: Rusell Sage Foundation.

_____. 1917. *Social Diagnosis*. New York: Russell Sage Foundation.

Roberts-DeGenarro, M. 1987. "Developing Case Management as a Practice Model." *Social Casework* 68(8): 466-470.

Rose, S. M. 1992. *Case Management & Social Work Practice*. New York: Longman.

Rubin, A. 1992. "Case Management." In *Case Management & Social Work Practice*. edited by Rose, S. M. White Plains, New York: Longman Publishing Group.

Schlesinger, E. G. 1985. *Health Care Social Work Practice*. ST. Louis: Times Mirror/Mosby College Publishing.

Schwartz, W. 1961. "The Social Worker in Group." In *Social Welfare Forum*. New York: Columbia University Press.

Schulman, L. 1984. *The Skills of Helping Individuals and Groups*. Itasca, Illinois: F. E. Peacock Publishers.

Schubert, M. 1971. *Interviewing in Social Work Practice*: An Introduction. New York: Council on Social Work Education.

Selby, L. 1956. "Supportive Treatment: The Development of a Concept and a Helping Method." *Social Service Review* 30(4): 400-414.

Sheafor, B. W., C. R. Horejsi, and G. A. Horejsi. 1988. *Techniques and Guidelines for Social Work Practice*. Boston: Allyn and Bacon.

Sherman, E. 1987. "Cognitive Therapy." In *Encyclopedia of Social Work*. Vol. I. edited by Mindhan, A. et al., Silver Spring, Maryland: NASW. pp.288-291.

_____. 1979. "Cognitive Approach to Direct Practice with the Aging." *Journal of*

Gerontological Social Work 2(1): 43-53.

Siporin, M. 1975. *Introduction to Social Work Practice*. New York: Macmillan Publishing Co., INC..

Smalley, R. E. 1972. "The Functional Approach to Casework Practice." In *Theories of Social Casework*. edited by Roberts, R. W. and Nee, R. H. Chicago: The University of Chicago Press. pp.77-128.

Streen, H. S. 1978. *Clinical Social Work: Theory and Practice*. New York: Free Press

Tilbury, D. E. F. 1977. *Casework in Context: a Basis for Practice*. Oxford: Pergamon Press.

Turner, F. J. 1987. "Psychosocial Approach." In *Encyclopedia of Social Work*. Vol. 2. edited by Minahan, A. et al., Silber Spring, Maryland: NASW. pp. 397-403.

Walter, J., G. Pardee and D. Melbo. 1976. *Dynamics of Problem-Oriented Approaches to Patient Care and Documentation*. Philadelphia : J. P. Lippincott.

Whittaker, J. K. 1974. *Social Treatment: An Approach to Interpersonal Helping*. Chicago: Aldine Publishing Company.

Wilson, S. J. 1978. *Confidentiality in Social work: Issues and Principles*. New York: The Free Press.

_____. 1980. *Recording: Guidelines for Social Worker*. New York: Free Press.

Woods, M. and F. Hollis. 1990. *Casework: A Psycosocial Therapy*. New York: McGraw-Hill Publishing Company.

Wood, G. and R. Middleman. 1989. *The Structural Approach to Direct Practice*. New York: Columbia University Press.

Zastrow, Charles, 1995. *The Practice of Social Work*. 5th. CA: Brooks/Cole Publishing Co.

_____. 1992. *The Practice of Social Work*. Fourth Edition. Belmont, California: Wadsworth Publishing Company.

제 5 장
지역사회복지

1. 지역사회복지의 정의와 등장배경

　　개별사회사업(casework)과 집단사회사업(groupwork)은 개인과 가족의 복지를 위해서 개인이나 집단 속의 개인에만 초점을 둔다. 그러나 지역사회는 개인과 개인의 상호작용을 변화시키는 데 중요한 역할을 한다. 특히 산업화·도시화된 사회에서는 서비스를 필요로 하는, 지역사회차원에서 대처되어야 할 「문제」가 지역사회에 존재한다. 여기에는 빈곤문제, 주택문제, 비행문제, 정신건강문제 등 다양한 문제들이 있다. 이러한 문제를 해결하기 위해 필요한 수단, 재료 등 통칭하여 사회자원이 지역사회에 있으며, 이러한 자원들을 적절히 동원할 수 있는 숙련된 조직가가 필요하게 된다. 즉 지역사회의 다양한 문제들을 해결하기 위해 지역사회복지가 필요하며, 이러한 문제들을 해결하기 위해 설립된 민간기관을 운영하는 데 필요한 자금을 모금하고 분배하는 일도 필요하게 되었다. 즉 지역복지 분야에 있어서 구제와 부조라는 전통적인 범위를 넘어선 보건, 의료, 정신건강, 평생교육, 주택, 도시계획과 지역사회개발 등에 초점을 두는 사회사업방법이 필요하게 되었는데, 이러한 사업을 지역사회복지라 한다.

　　여러 학자들이 지역사회복지의 정의를 내렸는데, 여기에서는 가장 대표적인 학자들인 로스(Ross), 던햄(Dunham), 브레거와 스펙트(Brager and Specht)가 내린 정의를 살펴보고자 한다. 먼저 로스(1955: 39)는 지역사회복지란 지역사회가 ① 충족되지 않는 욕구나 달성하고자 하는 목표를 찾아내고, ② 이들 욕구나 목표의 우선순위를 정하며, ③ 이들 욕구나 목표를 달성하고자 하는 자신감과 의지를 발전시키고, ④ 이들 욕구와 목표를 성취하는 데 필요한 자원을 찾아내고, ⑤ 이들 욕구나 목표를 달성하기 위한 실천을 하며, ⑥ 이렇게 함으로써 지역사회 내에 협력적이고 협동적인 태도와 실천력을 증대·발전시키는 과정이라고 정의 내리고 있다.

던햄(1970: 4)은 지역사회복지사업이란 사회적인 상호작용의 의식적인 과정이고 다음에 열거되는 세 가지 활동의 하나 혹은 전부를 목적으로 하는 사회복지서비스의 방법이라고 정의 내리고 있다. ① 지역사회는 그들 자신의 욕구와 자원간의 조정을 도모하고 유지시킴으로써 광범위한 욕구를 충족시킨다. ② 사람들을 원조하여 그들이 지니고 있는 문제와 목적에 보다 효과적으로 대처할 수 있게 하는 활동이다. 이것은 주민들의 참여, 자기결정, 협력 등의 능력을 발전시키고 강화하며 유지할 수 있게 원조함으로써 달성된다. ③ 지역사회와 지역간의 관계 혹은 사회적 의사결정의 권력구조에 변화가 일어나도록 하는 활동이다.

또한 브레거와 스펙트(1973)는 지역사회복지는 케이스워크, 집단사회사업과 함께 전문사회사업의 한 방법으로서, 지역사회를 구성하는 개인, 집단, 이웃의 복지를 원하는 방향으로 향상시키기 위해 지역사회 수준에서 전개되는 일련의 활동이라고 정의 내리고 있다.

2. 지역사회복지의 역사[1]

미국 지역사회복지의 발전과정을 기술하고 있는 많은 문헌들은 지역사회복지는 남북전쟁이 끝난 후 등장했으며, 자선조직운동과 인보관운동이 지역사회복지의 전문화에 기여하였다고 기술하고 있다. 여기에서는 가빈과 콕스(Garvin and Cox, 1987: 26-63)가 나눈 네 단계로 구분하여 살펴보고자 한다. 제1단계는 남북전쟁이 끝난 1865년부터 제1차 세계대전이 시작되는 1914년까지, 제2단계는 1914년부터 대공황이 시작되는 1929년까지, 제3단계는 1929년부터 대법원이 공립학교에서 인종차별의 금지판결을 내린 1954년까지, 그리고 제4단계는 1954년부터 현재

[1] 지역사회복지의 역사부분은 Charles D. Garvin, and Fred M. Cox, "A History of Community Organizing Since the Civil War With Special Reference to Oppressed Communities," Fred M. Cox, *et al*., eds.. *Strategies of Community Organization: Macro Practice*. (Itasca, Ill.: F. E. Peacock, 1987), pp. 26-63을 참조하였다.

까지이다.

2.1 자선조직운동시기: 1865-1914년

남북전쟁이 끝나고 제1차 세계대전이 시작되는 약 50년 동안 미국에서는 사회복지에 영향을 미치는 많은 사회변화가 있었다. 가장 영향력이 있는 사회변화는 산업화, 도시화, 이민문제, 흑인문제였다. 이러한 사회변화는 빈곤문제, 주택문제, 질병 등의 다양한 사회문제를 야기시켰다. 이러한 사회문제들에 대한 인도주의적인 양심과 절망상태에 있는 빈민들이 사회질서를 파괴할지도 모른다는 두려움에서 빈민들의 상황을 개선시키려는 사회복지기관들이 설립되었다. 그러나 구빈을 위한 사회복지기관과 단체들이 대거 나타나자 서비스를 여러 기관으로부터 중복으로 받는 빈민들이 나타나는 등 많은 부작용이 발생하였다. 이러한 이유로 빈민들에 대한 효율적 원조제공을 위해 수혜자들에 대한 개별 조사와 구호제공단체간의 연락 조정을 맡을 조직이 필요하게 되었으며 이러한 목적에서 자선조직협회가 설립되었다.[2]

자선조직협회는 지역사회복지에 많은 영향을 미쳤다. 그 중에서 가장 의미 있는 공헌은 지역사회계획전문가를 탄생케 한 것과 사회조사의 기술을 발전시켰다는 것이다. 초기에 행해진 사회조사 중에서 가장 대표적인 것은 1907-1908년에 행해진 '피츠버그 조사'(Pittsburgh Survey)를 들 수 있다. 이 피츠버그 조사를 토대로 해서 사회복지기관협의회(Council of Social Agencies)가 만들어졌는데, 이 협의회는 조사에서 건의된 사항을 실천에 옮기고 계속적인 연구와 개혁을 행했다.

또한 이 시기에 자선조직협회와는 다른 접근방법으로 사회문제를 해결하려 했던 인보관운동이 등장했다. 자선조직협회는 개인적인 속성에서 문제가 발생된다고 보았으나 인보관운동은 문제의 근원으로 환경적인 요인을 중시하였다. 자선조직협회는 사회진화론적 사상에 동조하였으나 인보관운동은 급진주의사상에 동조하였다. 뿐만 아니라 자선조직협회에 참여하는 사람들은 주로 상류층이었으나 인보관운동에 참여하는 사람들은 교육을 받은 중류층이었다. 또한 자선조직협회가 서비스의 조정에 관심을 두었다면 인보관운동은 서비스 자체에 중점을 두었다. 그래서 인보관운

---

2) 자선조직협회는 1869년 영국에서 시작된 자선조직협회운동에서 비롯되었다. 미국에서는 1873년에 이르러 자선조직협회가 설립되는 분위기가 조성되어 1877년 버팔로에 최초의 자선조직협회가 창설되었다.

동은 유치원, 아동을 위한 클럽활동, 여가프로그램, 야간성인학교, 공중목욕탕, 예술
활동 등을 추진하였다.

　　인보관운동은 지역사회 주민과 인보관 워커들간에 대화를 토대로 하여 주민들
의 욕구와 그들이 필요로 하는 서비스를 발견하려고 노력하였다. 또한 주민 상호간
의 관계를 저해하는 요인들을 제거하려고 하였다. 뿐만 아니라 인보관은 주민들이
그들의 잠재능력을 최고도로 발휘하도록 하기 위해 교육에 많은 관심을 두었다. 저
소득층 밀집지역에 위치해 그들에게 여러 가지 종류의 서비스를 제공하는 우리나라
의 지역사회복지관은 그 근원을 인보관운동에서 찾을 수 있다.

2.2 지역공동모금과 협의회 발전시기: 1914-1929년

　　이 시기는 제1차 세계대전의 종식과 대공황으로 이어지는 기간으로 지역사회
공동모금운동과 사회복지기관협의회가 발전하였다. 이 기간 동안에 그 전부터 지속
되어 온 산업화와 도시화 현상의 가속화로 인해 산업이 발전하였다. 그리고 인종간
의 대립과 갈등이 더욱 가속화되고 심화되어 갔다. 1920년까지는 전국민의 반 이
상이 도시에 거주하게 되었고 세계대전으로 인해 생산품의 수요가 증대됨에 따라
산업도 발전하였다. 이 시기는 풍요의 시대였으며 사회환경은 사람들에게 충분한
기회를 제공한다고 믿었고 문제란 개인의 실패에서 파생된다고 보았다.

　　도시화가 가속화됨에 따라 도시빈민을 다루는 사회복지기관들이 계속 증가되었
고, 이들 기관들은 재정난에 허덕이게 되었다. 사회복지기관들의 지원요구가 증가하
게 되자 자선가들과 전문가들은 구호방법을 개선할 필요성을 느꼈다. 이러한 재정
적인 문제를 해결하기 위해 지역사회공동모금제도(community chest)가 생겨났다.
특히 제1차 세계대전은 공동모금제의 발전에 촉매가 되어 해외에서 구호와 전쟁으
로 야기된 복지수요는 거의 400개의 '전시모금'(war chests)을 탄생시켰다.

　　20세기에 접어들면서 빈민을 돕는 사람들 사이에 점차 전문성이 생겨났다. 그
증거로는 첫째, 우호방문원이 유급워커로 대체되었다. 둘째, 자선조직협회들이 자
선학교를 세웠는데 이 학교들이 후에 사회사업대학원(graduate school of social
work)이 되었다. 셋째, 사회계획에 필요한 자료를 얻기 위해 행해진 각종 사회조사
도 사회사업의 전문화를 나타냈다.

　　또한 수많은 사회복지 전문가들이 자선단체의 이사로서 활약하고 있는 자원봉

사자들의 협력을 얻어 지역사회의 복지욕구에 합리적이고 체계적인 접근을 하려 했고, 지역사회에서 제공하는 서비스의 부족을 보완하려 했으며, 지역사회가 당면한 문제와 앞으로의 욕구를 미리 찾아내려고 하였다. 전문가들의 이러한 관심으로부터 사회복지기관협의회가 창설되었다.

자선조직협회는 사회복지기관협의회 설립의 선구자적 역할을 하였다. 사회사업가들이 협의회를 조직한 이유는 사회복지사업을 합리적으로 조직화하고, 지역공동모금회의 모금능력을 강화하기 위한 것이었다. 그래서 사회복지기관의 일차적인 목적이 지역사회의 문제와 욕구를 충족시키기 위해서 복지사업을 계획하고 조정하는 것이었다.

2.3 공공복지사업의 발전시기: 1929–1954년

이 시기는 대공황과 제2차 세계대전이라는 역사적 사건으로 인해 사회사업분야뿐 아니라 모든 사회제도가 큰 변화를 겪어야 했다. 대공황은 빈곤의 원인을 개인책임에서 사회제도의 책임으로 옮기는데 많은 기여를 했으며 경기를 회복시키기 위한 많은 연방정부 차원의 공공복지사업이 출현하였다.

지역사회의 민간복지단체들은 그들의 사업을 확장해서 확대된 복지수요에 대처하고 긴급구호활동을 전개하기도 하였다. 또 그들은 사회문제의 진상을 파악하고 문제의 심각성에 대해 일반의 관심을 환기시키며 사업용도에 필요한 지침서를 만들어 내고, 서비스를 조정하는 활동을 전개하였다. 이 기간 동안에는 지역사회조직에 관한 관심이 지방에서 국가적인 차원으로 확대된 것 이외에는 사업과 활동 면에서 획기적인 변화는 없었다. 그러나 지역사회조직 사업의 성격을 개념화하려는 전문분야의 활동은 활발하였다.

2.4 지역사회조직의 정착시기: 1955년 이후

이 기간 동안에는 사회문제를 해결하는 데 있어서 연방정부의 역할이 증가되었는데 주로 주정부와 지방정부에 대한 보조금(grants-in-aid) 지급 형식으로 행해졌다. 이는 지역사회복지의 실제에 많은 영향을 미쳤다. 예를 들면 1950년대 말에 연방정부는 정신건강분야의 조사연구, 전문훈련, 병원설립을 위한 예산을 크게 늘였으며, 70년대에는 지역사회복지의 기술을 요하는 지역사회정신건강(community mental health) 분야에서 정신병의 예방과 치료를 위해 많은 예산을 투입했다. 1960년내에는 '對빈곤전쟁'(War on Poverty)으로 인해 사회복지를 위한 연방정부의 역할이 더욱더 증대되었으며 특히 빈곤문제 해결을 위한 각종 프로그램들이 시행되었다.

이와 같은 사회복지 전반에 걸친 양적인 성장과 병행하여 지역사회복지가 사회사업의 전문분야로 인정받기 위한 노력이 전개되었다. 즉 지역사회복지의 성격을 명확히 하고 지역사회복지의 워커가 알아야 할 것이 무엇인가를 찾아내고 지역사회복지를 사회사업의 전문분야로서 인정하려는 노력들이 있었다. 1950년대에 사회사업교육협의회가 실시한 사회사업대학원의 교과과정에 대한 연구에서 지역사회복지가 독자적인 전문영역으로 취급되었다. 그리하여 1962년에 사회사업교육협의회는 지역사회조직을 개별사회사업(casework), 집단사회사업(groupwork)과 함께 사회사업의 방법으로 공식 인정하였다. 1800년대 말의 자선조직협회와 인보관운동에 의해 창설되고 발전되어 왔던 지역사회복지는 1960년대를 전후하여 사회사업의 전문분야로서 위치를 확보하면서 이론적인 면에서도 발전하게 되었다.

그러나 1970년 중반에 들어서면서 심한 인플레이션과 석유파동 등으로 사회복지프로그램들이 축소되어 갔다.

3. 지역사회복지의 유형

3.1 지역사회복지의 유형

미국 미시간대학교 사회사업대학원의 교수인 잭 로스만(Jack Rothman, 1987: 3-17)은 1968년 지역사회복지의 유형을 지역사회개발(locality development), 사회계획(social planning), 사회행동(social action)의 3가지로 나누어 설명하였다.[3]

---

3) Rothman은 1968년 이 세 가지 유형을 콜롬비아대학에서 발행하는 *Social Work Practice*에 처음으로 게재하였으며, 그 후 「지역사회조직의 전략」이라는 단행본에 추가로 약간씩 수정하여 게재하였다. 세 가지 유형에 대해서는 최일섭·류진석, 「지역사회복지론」(서울: 서울대학교출판부, 1997), pp. 44-58에 잘 나와 있다.

UN(1955: 6)은 1955년 "지역사회개발은 지역사회주민의 적극적인 참여와 주민들이 가능한 한 최대의 주도권을 가지고, 전 지역사회의 경제적·사회적 조건을 향상시키기 위한 한 과정"이라고 잠정적으로 정의 내리고 있다. 즉 지역사회개발이란 광범위한 주민들을 변화를 위한 목표결정과 실천행동에 참여시켜 지역사회를 변화시키는 것이다. 여기에는 주민들의 자발적 참여 및 협동, 민주적인 절차, 자조의식, 주민 전체의 합의, 토착적인 지도력 배양 등이 강조된다. 지역사회개발의 예로서는 인보관이나 지역복지관, 지역개발사업, 1960년대 성행했던 평화봉사단(Peace Corps) 등이 있다. 한국의 경우 1970년대에 성행했던 새마을운동이 지역사회개발 유형에 속한다고 할 수 있다.

사회계획은 비행, 주택, 정신건강과 같은 지역사회의 실제적인 문제를 해결하고자 하는 기술적인 과정이다. 여기에서 강조되는 것은 합리적인 계획수립과 통제된 변화이다. 지역사회주민들의 참여도 지역사회개발과는 달리 문제의 성격에 따라 광범위할 수도 있고 제한될 수도 있다. 사회계획에서는 복잡한 산업사회에서의 계획된 변화는 거대한 관료적인 조직을 움직일 수 있는 능력을 포함한 고도의 기술과 식견을 지니고 있는 전문가가 할 수 있다고 본다. 여기에서는 지역사회개발에서처럼 지역사회의 문제해결능력을 배양한다든가, 사회행동에서처럼 근본적인 사회변혁을 추구하는 것은 별로 중요하지 않다.

사회행동은 사회정의와 민주주의에 입각하여 지역사회에서 불이익을 받고 있는 집단들이 보다 많은 자원과 향상된 처우를 받아야 한다는 전제에서 출발한다. 이 유형에서는 권력이나 자원의 재분배, 의사결정 과정의 변화, 지역사회 기존제도의 변화를 추구한다. 여기에는 소비자 권익옹호단체, 환경보호단체, 여권운동단체, 민권운동단체 등이 속한다.4)

3.2 각 유형의 속성(Rothman, 1987: 3-17)

(1) 목표

지역사회개발은 과정(process)중심의 목표에 초점을 둔다. 이 유형은 지역사회가 기능적으로 통합을 이루고, 자발적으로 문제해결에 참여하도록 하고, 민주적인

---

4) 미국의 미주리대학은 지역사회개발연구로, 브렌다이스대학교 사회사업대학원의 박사과정은 사회계획연구로, 시라큐스대학은 사회행동연구로 유명하다.

절차를 이용하는 능력배양에 그 목적을 둔다. 이 유형에서는 근면, 자조, 협동을 강조한다.

사회계획에서는 과정보다는 과업(task)의 완수가 더 중요시되며, 실제적인 문제의 해결이 목표이다. 사회계획을 담당하는 기관과 단체들은 구체적인 사회문제를 해결하도록 특수임무를 지역사회로부터 위임받는다.

사회행동은 지역사회복지의 과정이 목표가 될 수도 있고 과업이 목표가 될 수도 있다. 민권운동단체, 복지권운동단체, 노동조합 등과 같은 사회운동단체들은 불이익을 받는 집단들의 권익을 신장하기 위한 특정입법이나 복지혜택을 추구하기도 하고, 공공기관의 정책을 변화시키고자 하는 과업을 실천하기도 한다. 이와 동시에 사회행동단체들은 그들이 대표하는 집단성원의 정치적 영향력을 증대시키려는 과정 중심의 목표에 초점을 두기도 한다.

(2) 지역사회의 구조와 문제 상황에 관한 전제

지역사회개발에서는 지역사회주민들은 그들이 안고 있는 문제를 해결할 수 있는 능력과 기술이 결여되어 있을 뿐만 아니라, 주민들 간에 의사소통이 없어 서로 소외되어 있다고 본다. 또한 지역사회는 전통을 고수하고 소수의 전통적인 지도자에 의해서 지배되고 있으며, 문제해결능력이 없고, 민주적인 과정에 대한 이해가 별로 없는 사람들로 구성되어 있다고 본다.

사회계획에서는 지역사회가 주택문제, 고용문제, 건강문제, 여가문제 등 많은 문제들을 지니고 있으며, 이러한 문제들은 주민들의 자발적인 참여를 통해서나 급진적인 문제해결단체에 의해서보다는 문제해결능력이 있는 전문가가 해결하는 것이 합리적이라고 본다.

사회행동에서는 지역사회가 혜택과 권한의 분배에 있어 불합리한 점이 많아 억압받고, 박탈당하고, 무시당하고 있는 주민들이 많다고 본다. 또한 이들은 정부나 대기업, 사회의 기득권 세력들에 의해 억압받고 있으며, 부조리와 착취에 의해 고통을 받고 있다고 본다.

(3) 변화를 위한 기본 전략

지역사회개발에서의 기본 전략은 "자, 우리 모두 함께 모여서 얘기해 보자" (Let's all get together and talk this over)라고 표현할 수 있다. 즉 광범위한 주민들이 참여해서 의견을 교환하고 토론을 통해서 자신들의 문제를 해결하려는 것이다.

사회계획에서의 기본 전략은 "진상을 파악해서 논리적인 다음 조치를 강구하자"(Let's get the facts and take the logical next steps)라고 할 수 있다. 즉 문제에 관한 적절한 자료를 수집하여 문제해결을 위한 합리적이고 가능한 방안을 찾자는 것이다. 이 때 전문가는 자료를 수집하고 분석하는데, 적절한 서비스나 프로그램 혹은 사업을 결정하는데 중심적인 역할을 한다.

사회행동에서의 기본 전략은 "우리들의 억압자를 분쇄하기 위해 규합하자"(Let's organize to destroy our oppressors)라고 표현할 수 있다. 즉 불이익을 받는 처지에 놓여 있는 주민들의 합법적인 적이 누구인가를 찾아내고, 대항집단을 조직하여 그들에게 압력을 가하는 것이다.

(4) 변화를 위한 전술

지역사회개발에 있어서 변화를 위한 전술은 합의(consensus)이다. 이 모형에서는 광범위한 개인, 집단, 파당(factions)들간의 의견교환과 토의가 강조된다.

사회계획에서는 사실 발견(fact-finding)과 같은 분석상의 기술이 중요시된다. 이 모형에서는 전문가의 상황 분석에 따라 갈등 유발이나 합의의 전술이 사용되기도 한다.

사회행동에서는 갈등 유발이나 대결의 전술이 사용된다. 이 모형에서는 정면대결, 파업, 직접적인 시위 등과 같은 실력행사가 사용되기도 한다.

(5), (6) 사회복지사(실천가)의 역할과 변화의 수단

지역사회개발에 있어서 사회복지사(실천가)의 역할은 조력자(enabler)나 격려자(encourager)이다. 조력자의 역할이란 문제해결의 과정을 용이하게 하는 것으로서 주민들로 하여금 그들의 불만을 토로하게 하고, 서로 좋은 관계를 갖도록 하고, 공동의 목표를 강조하는 등의 행위를 하는 것을 말한다. 이 역할은 과정에 역점을 두며, 어떤 사업목표를 정할 것인가 혹은 어떻게 구체적으로 해결할 것인가 하는 것은 중요시되지 않는다.

사회계획에서는 사실발견, 프로그램의 실시, 여러 관료조직 및 여러 분야의 전문가들과의 관계수립과 같은 보다 기술적(technical) 혹은 전문가(expert) 역할이 강조된다. 전문가로서의 역할에는 지역사회진단, 조사기술, 다른 지역사회에 대한 지식, 조직의 방법과 절차에 대한 충고, 기술상의 정보, 평가능력 등이 포함된다.

사회행동에서 사회사업가는 대변자(advocate), 행동가(activist)의 역할을 수행한다. 대변자의 역할을 하는 사회사업가는 사회갈등적 상황에서 그의 전문가적 역량을 오로지 불이익을 당하고 있는 클라이언트의 이익을 위해서 사용하는 자이다.

(7) 권력구조에 대한 견해

지역사회개발에서는 지역사회 전체를 클라이언트시스템으로 보며, 권력을 가진 사람들도 전 지역을 향상시키는 목적을 위해 공동의 노력을 기울인다고 본다. 따라서 주민들간에 상호 의견의 일치가 있을 때만 그 목표를 합법적이며 적절하다고 받아들이고, 의견이 상충되는 목표는 부적절하다고 해서 무시한다.

사회계획에서는 권력을 가진 사람이나 기관이 전문가의 후원자나 고용기관이라고 본다. 이때 후원자는 조직의 이사들이나 정부나 시의 관료들일 수도 있다.

사회행동에서 권력구조는 행동의 표적이라고 본다. 즉 권력구조는 클라이언트 집단 밖에 존재하며, 클라이언트 집단에 대한 반대세력이나 강압세력으로 간주한다.

(8) 클라이언트나 수혜자의 범위

지역사회개발에서는 지역사회 전체를 클라이언트로 본다.

사회계획에서는 클라이언트 집단은 지역사회 전체가 될 수도 있고, 지역사회 내의 특수지역이나 일부계층이 될 수도 있다.

사회행동에 있어서 클라이언트는 지역사회의 일부로서 전문가의 특수한 지원을 필요로 하는 집단이다. 사회행동에 있어서 클라이언트는 후원이나 치료의 대상이 아니라 사회행동가의 동지로 간주된다.

(9) 지역사회 집단 간의 이해관계에 관한 전제

지역사회개발에서는 지역사회 내에 있는 상이한 집단과 계층들의 이익이 합리적인 설득이나 대화를 통해 상호조화를 이룰 수 있다고 본다. 즉 지역사회개발가들은 사람들이 집단노력을 통해서 그들의 문제를 해결할 수 있는 방안을 찾을 수 있다고 본다.

사회계획에서는 지역사회 내의 집단 간의 갈등에 크게 개의치 않고 특정문제의 해결에 대해서만 관심을 갖는다.

사회행동에서는 지역사회 내의 집단 간에는 이익이 상충되며, 서로 조화를 이룰 수 없다고 본다. 따라서 집단 간에 상호절충을 이루기 위해서는 입법이나 동조행위, 거부행위, 정치적 혹은 사회적 봉기와 같은 강한 영향력을 제시해야 한다고 본다.

(10) 클라이언트 집단의 개념

지역사회개발에서는 잠재력은 지니고 있으나 아직 완전히 개발되지 않은 보통사람을 클라이언트로 보며, 그들이 이 잠재력을 발휘할 수 있도록 전문가로부터의 도움을 필요로 한다고 본다.

사회계획에서는 서비스의 소비자를 클라이언트로 본다. 클라이언트들은 사회계획의 결과로 나오는 프로그램이나 서비스를 이용하거나 받는 자로서, 공공부조의 수혜자, 공공주택 이용자, 여가프로그램의 이용자들이다. 이 모형에서는 클라이언트(client)라는 용어보다 소비자(consumer)라는 용어를 선호한다.

사회행동에서 체제의 희생자를 클라이언트로 본다. 이 경우의 체제란 정부나 기업 등 클라이언트 집단에 불이익을 준다고 생각되는 모든 조직과 제도를 포함한다.

(11) 클라이언트나 구성원의 역할의 개념

지역사회개발에서는 클라이언트를 지역사회의 문제해결과정에 적극적으로 참여하는 사람으로 본다. 이 모형에서 클라이언트는 자기들의 욕구를 표출하고, 바람직한 목표를 정하며, 적절한 조치를 찾는데 참여한다.

사회계획에서 클라이언트는 서비스의 수혜자로 간주된다. 지역사회개발에서와는 달리 클라이언트는 정책이나 목표의 결정과정에는 참여하지 않고 서비스를 이용하는 소비자로서의 역할을 한다.

사회행동에서 클라이언트를 혜택을 받는 자로 간주될 수 있고, 노동조합의 활동에서와 같이 회원으로서 적극 참여하기도 한다.

위의 내용을 정리하면 <표 5-1>과 같다.

｜표 5-1｜ 지역사회복지의 세 가지 모델의 비교

	모델 A (지역사회개발)	모델 B (사회계획)	모델 C (사회행동)
지역사회행동의 목표분류	자조, 지역사회의 능력배양과 통합(과정목표)	지역사회의 실제적인 문제해결(과업목표)	권력관계와 자원의 이동, 기본적인 제도의 변혁(과업 혹은 과정목표)
지역사회의 구조와 문제의 상태에 관한 전제	지역사회의 소외상태, 관계의 부족과 민주적 문제해결능력의 결여, 정적(靜的)인 전통적 지역사회	실제적인 사회문제: 정신적 및 신체적 건강, 주택, 여가문제	불이익을 받고 있는 인구집단, 사회적 불공평, 박탈
기본적인 변화전략	문제를 해결하고 규정함에 있어서 광범위한 사람들의 참여	문제에 대한 사실의 발견과 가장 합리적인 행동방향의 결정	이슈를 구체화하고, 타파되어야 할 표적에 대항하기 위해 사람들을 조직
변화전술과 기술	합의: 지역사회의 여러 집단과 이익집단간에 대화, 집단토의	합의 혹은 갈등	갈등 또는 대항, 대결, 직접적인 행동, 협상
실천가의 역할	촉매자, 조정자, 문제해결 기술과 가치를 가르치는 교사	사실의 수집가, 분석가, 프로그램 수행자, 촉진자	행동자, 대변자, 선동자, 중재자, 협상자, 일파의 이익을 도모하는 자
변화의 매개체	과제 지향적인 소집단의 조종	공식적인 조직의 조종과 자료의 조작	대중조직과 정치적인 과정의 조종
권력구조에 관한 의견	공동사업의 협력자로서의 권력구조의 일원	고용자, 또는 후원자로서의 권력구조	타파되어야 할 행동표적, 전복되어야 할 대상.
클라이언트로서의 지역사회와 대상주민의 범위	지리상의 전체 지역사회	전체지역사회 또는 지역사회의 일부(기능적 지역사회를 포함)	지역사회의 일부
지역사회 구성집단들의 이해관계에 관한 전제	공통적인 이익 또는 의견차이의 조정 가능성	조정 가능한 이해관계 또는 갈등적인 관계	쉽게 조정될 수 없는 갈등적인 이익관계: 자원의 부족
클라이언트 집단의 개념	시민	소비자	희생자
클라이언트 역할에 관한 개념	문제해결을 위한 상호작용과정의 참여자	소비자 또는 수혜자	피고용자, 선거구민, 일원들

자료: Jack Rothman, "Models of Community Organization and Macro Practice Perspectives: Their Mixing and Phasing," Fred. M Cox, John L. Erlich, Jack Rothman, & John E, Tropman(eds.), *Strategies of Community Organization: Macro Practice*(Itasca, Ill.: F. E. Peacock, 1987), p. 10.

4. 지역사회복지의 기능과 원리

4.1 지역사회복지의 기능

지역사회복지는 일차적으로 문제해결을 취급하는 것으로 항상 문제나 욕구에 대한 반응에서 시작한다. 지역사회조직은 자주 사회변화를 추구하는데 이것이 지역사회복지에 있어서 가장 중요한 기능이며 오늘날 가장 강조되는 기능 중의 하나이다(김영모, 1985: 41). 던햄(Dunham, 1970: 209-214)은 지역사회조직기관과 사회복지사가 행하는 지역사회조직의 기능을 ① 계획 ② 프로그램의 운영 ③ 사실발견과 조사 ④ 공적 관계형성 ⑤ 기금증액과 배당 ⑥ 근린집단사업 ⑦ 지역사회개발 ⑧ 사회행동 ⑨ 기타 교육과 자문에 응하는 일을 포함하는 아홉 가지로 지적하고 있다. 머피(Murphy, 1954: 287-301)도 지역사회조직사업이 추진하는 일련의 활동, 기능을 ① 동원 ② 위원회 활동 ③ 집단회의 ④ 협의 ⑤ 협상 ⑥ 해석 ⑦ 조사연구 ⑧ 행정 ⑨ 기록이라는 아홉 가지 기능을 말하고 있다. 이러한 내용에 바탕하여 지역사회복지의 기능을 다음의 일곱 가지로 정리할 수 있겠다.

1) 진단적 기능: 지역의 욕구와 문제를 정확하게 파악한다.
2) 연락조정 기능: 각종 휴먼서비스 간의 조정연계가 가능하게 한다.
3) 조직화 기능: 자조집단의 조직·유지를 지원한다.
4) 정보제공과 홍보 기능: 지역복지는 지역사회의 불특정 다수의 주민을 대상으로 한다.
5) 개발 기능: 지역사회의 문제나 과제의 해결방법이나 욕구를 충족하기 위한 서비스의 개발이 필요하다.
6) 계획 내지 정책화 기능: 사회자원을 유용하게 활용하기 위한 계획과 정책을 수립한다.
7) 교육·계발·자문 기능: 홍보활동 이외에 학습회, 강연회 등의 주민교육을 실시한다.

4.2 지역사회복지의 원리

　지역사회복지는 이념적·이론적 관점에 따라 매우 다양한 방법과 형태가 존재할 수 있다. 또한 지역사회복지의 원리도 지역사회복지를 연구하는 학자들에 따라 다양하게 제시되고 있다. 맥나일(McNeil, 1954: 123)은 지역사회조직의 원리를 일곱 가지로 제시하고 있고 존스와 데마르크(Johns & Demarche, 1951: 235-239)도 지역사회조직의 일반적 원리에 관하여 구체적으로 설명하고 있다. 이들 주장들이 다소의 차이는 있지만 모두 종합하여 중요한 네 가지 원칙을 제시하면 다음과 같다.

　(1) 개별화의 원칙: 각각의 지역특성에 맞는 접근방식이어야 한다. 즉 지역사회복지는 개인과 집단과의 사회복지실천에서와 마찬가지로 지역사회를 이해하고 있는 그대로 수용하고 그 특성을 개별적으로 대응해야 한다.

　(2) 전체성의 원칙: 지역의 문제를 지역의 전체적 구조와 관계 속에서 이해하고 해결해 나가려고 노력해야 한다.

　(3) 주민참여의 원칙: 문제나 니드의 발견, 해결과정에 주민들이 스스로 참여하게 한다. 즉 지역사회의 문제해결에는 주민의 광범위한 참여가 있어야 한다. 그리고 이러한 참여는 자발적으로 일어나야 한다.

　(4) 과정중시의 원칙: 지역사회의 문제해결은 단기적인 해결이 아니라 지속적인 해결노력이 필요한 경우가 많으므로 궁극적인 문제해결이라는 결과의 성취도 중요하지만 그에 못지 않게 과정을 중시하여 앞으로의 문제해결 역량을 높여 나가는 것이 아주 중요하다.

참 고 문 헌 ───────────────────●

김영모 편. 1985. 「지역사회복지론」. 서울: 한국복지정책연구소출판부.

최일섭·류진석. 1997. 「지역사회복지론」. 서울: 서울대학교출판부.

Brager, George and Harry Specht. 1973. *Community Organizing*. New York: Columbia Univesity Press.

Dunham, Arthur. 1970. *The New Community Organization*. New York: Association Press.

Garvin, Charles D. and Fred M. Cox. 1987. "A History of Community Organizing Since the Civil War With Special Reference to Oppressed Communities." Fred M. Cox, *et al.*, eds. *Strategies of Community Organization: Macro Practice*. Itasca. Ill.: F. E. Peacock. pp. 26-63.

Johns, Ray and D. F. Demarche. 1951. *Community Organization and Agency Responsibility*. New York: NASW Press.

McNeil, C. F. 1954. "Community Organization for Social Welfare." *Social Work Year Book*, New York: NASW Press.

Murphy, Campbell G. 1954. *Community Organization Practice*. Boston: Houghton Press.

Ross, Murray G. 1955. *Community Organization: Theory and Principles*. New York: Harper & Brothers.

Rothman, Jack. 1987. "Three Models of Community Organization and Macro Practice." Fred M. Cox, John L. Erlich, Jackl Rothman, & John E. Tropman (eds.). *Strategies of Community Organization: Macro Practice*. Itasca, Ill.: F.E. Peacock Publishers. pp. 3-17.

United Nations. 1955. *Social Progress through Community Development*. New York: United Nations.

제6장

사회복지조사

1. 사회복지학에서 조사방법론 연구가 필요한 이유

1.1 사회복지학문의 과학성 제고

사회복지 혹은 사회사업은 학문의 성격상 응용과학에 속하기 때문에 사회학, 경제학, 정치학, 의학, 심리학, 인류학 등 인접기초과학분야로부터 많은 지식과 기술을 빌려온다. 사회복지조사방법론(Social Welfare Research)은 그 내용 중 많은 부분을 계량사회학에서 빌려와 사용하고 있다. 사회조사란 어떤 사회현상을 객관적으로 정확하게 파악하여 현상 속에 내재하는 법칙을 규명하는 것이다. 이러한 의미의 조사방법론은 사회복지 또는 사회사업의 본질과 별로 연관 없어 보일지도 모른다. 그러나 사회복지라는 학문이 단순히 도움을 필요로 하는 사람에게 사회복지서비스나 원조를 제공하는 것을 넘어 과학성과 논리성을 보유한 사회과학의 한 학문적인 영역으로 계속 발전하기 위해서는 사회조사방법론에 관한 지식과 기술의 축적이 필요하다고 할 수 있다. 예를 들면, 사회복지나 사회사업과 관련되는 현상에 대한 가설이 이론으로 발전하기 위해서는 사회조사를 통한 증거제시가 필요하게 되고, 사회복지기관의 프로그램개발을 위해서는 지역사회주민들의 욕구조사가 필요하게 된다. 또한 어떤 사회복지제도나 정책의 효과를 측정하기 위해서도 사회조사방법론에 관한 지식과 기술이 요구된다. 즉 사회복지조사는 사회복지실천의 토대가되는 지식이나 기술을 이론으로 정립시킴으로써 사회복지학을 보다 학문화, 체계화,

과학화하는 기능을 한다고 할 수 있다.

1.2 사회복지관련 논문의 정확한 이해

사회복지학과 학생이나 사회복지사는 논문을 읽고 그 내용이 무엇을 의미하는 지를 알아야 한다. 이 논문의 분석단위는 무엇이며, 어떤 설계를 사용했고, 어떤 통계분석방법을 사용했는지, 분석 결과가 의미하는 바가 무엇인지, 그리고 그 논문의 장점과 단점을 지적할 수 있어야 한다.

한국사회복지학계는 최근에 와서 조사방법론과 통계기법을 이용한 연구가 급증하고 있다. <표 6-1>에서 보는 바와 같이 1979년 창간호로부터 2001년의 46호에 이르기까지 한국사회복지학회지1)에 실린 논문의 총수는 456편이며, 이중 조사방법론을 사용한 경험분석연구논문은 총 227편으로 49.8%의 점유율을 보였다. 이는 같은 사회과학분야인 정치학분야에서 1980년에서 1995년에 발표된 논문 중 경험연구의 점유율이 28.4%인데 비하면(김연옥, 1998: 88) 매우 높은 편이다.

학회지가 연 1회 발간되었던 1987년 이전, 연 2회 발간되었던 1988년부터 1994년까지, 연 3회 발간되었던 1995년부터 1999년까지, 그리고 연 4회 발간되었던 2000년 이후를 비교하면 조사방법론을 사용한 논문의 발행비율이 증가함을 알 수 있다. <표 6-1>에서 보는 바와 같이 학회지가 연 1회 발간되던 1987년까지는 조사방법론을 사용한 논문의 비율이 21%로 그다지 활발하게 이루어지지 않았다. 그러나 연 2회 발간되기 시작한 1988년 이후로 이 비율은 계속 증가하여 1988년부터 1994년까지는 46%의 점유율을 보였다. 학회지가 연 3회 발간되기 시작한 1995년부터는 더 증가하여 1995년부터 1999년까지의 학회지 게재 논문 중 조사방법론을 사용한 논문비율은 58.3%가 되었으며, 이 비율은 연 4회 발간되기 시작한 2000년 이후에는 64.3%까지 치솟았다. 조사방법론과 통계기법을 사용한 경험연구비율이 최근에 와서 급증한 이유는 1990년대 이후 외국, 특히 미국에서

---

1) 한국의 사회복지학계에서 가장 권위 있는 논문집으로 인정받고 있는 한국사회복지학회지는 1979년 「사회사업학회지」로 창간되었고, 1984년 제6호부터는 「사회복지학회지」로 개칭되었다. 1985년 한국사회복지학회라는 동일한 이름의 학회가 발족되면서 「한국사회복지학」 1,2호를 발간하였다. 1987년 두 개의 학회를 통합함과 동시에 기존의 두 개의 학회지도 통합하여 「한국사회복지학」이라는 명칭으로 통합본인 제11호를 발간하면서 연 2회 발간하기 시작하였고, 1995년부터는 연 3회 발간되기 시작하였으며, 2000년부터는 논문게재신청의 폭주로 연 4회 발간하고 있다.

| 표 6-1 | 연도별 한국사회복지학회지 게재 논문편수와 경험분석연구의 점유율

간행연도(호)	총게재논문수(A)	경험분석연구논문수(B)	비율(B/A×100)
1979(창간호)	12	2	16.7
1980(2)	7	1	14.3
1981(3)	9	1	11.1
1982(4)	8	0	0.0
1983(5)	6	2	33.3
1984(6)	11	4	36.4
1985(7)	8	1	12.5
1986(8, 9)	15	3	20.0
1987(10)	5	3	60.0
소계(연 1회 발간)	81	17	21.0
1988(11, 12)	18	6	33.3
1989(13, 14)	14	5	35.7
1990(15, 16)	17	13	76.5
1991(17, 18)	16	6	37.5
1992(19, 20)	12	6	50.0
1993(21, 22)	16	5	31.3
1994(23, 24)	18	10	55.6
소계(연 2회 발간)	111	51	46.0
1995(25, 26, 27)	25	10	40.0
1996(28, 29, 30)	30	25	83.3
1997(31, 32, 33)	46	22	47.8
1998(34, 35, 36)	40	20	50.0
1999(37, 38, 39)	39	28	71.8
소계(연 3회 발간)	180	105	58.3
2000(40, 41, 42, 43)	42	29	69.0
2001(44, 45, 46)	42	25	59.5
소계(연 4회 발간)	84	54	64.3
합 계	456	227	49.8

자료: 김연옥, "우리나라 사회복지학 연구경향에 관한 연구", 한국사회복지학, 제35호, 1998, p. 89
(1997년 이전). 1998년 이후는 한국사회복지학 34호에서 46호까지를 참조하였음.

유학한 신진학도들이 귀국하여 저술활동에 적극 참여하였기 때문으로 파악된다. 이러한 조사결과는 앞으로 사회복지관련 논문을 이해하기 위해서 조사방법론과 통계학의 이해가 필요함을 보여 준다.

1.3 사회사업개입의 책임성

사회복지사 혹은 기관은 자신의 개입방법에 대해 책임을 져야 한다. 즉 전문가로서 사회복지사는 자신의 프로그램에 참가한 클라이언트가 프로그램으로 인해 변화를 보였다는 것을 증명하여야 한다. 클라이언트가 변화되었다는 것을 증명할 수 있는 가장 유용한 방법은 조사방법론을 사용하여 연구하는 것이다. 또한 사회복지기관에서도 그 기관이 클라이언트들의 욕구를 충족시켜 주고 있으며, 클라이언트들도 기관의 서비스에 만족하고 있고, 기관의 운영도 생산적이며 효율적이라는 것을 증명하여야 한다. 사회복지정책관련 기관에 고용된 사회복지사들도 정부의 사회복지에 대한 재정감축이 어떤 결과를 초래할 것인가에 대한 조사연구를 할 수 있어야 한다.

2.   사회복지조사의 단계[2]

2.1 문제제기 단계

사회복지조사 단계의 제일 첫 단계는 문제제기 단계이다. 아이디어는 클라이언트를 관찰하거나, 개인적인 경험, 동료들과의 대화, 주어진 문제에 대한 문헌연구를 통해서 얻어진다. 조사문제는 기존의 이론이나 일반적인 원칙에 근거하여 새로운 예측을 하거나 어떤 사례에 적용하는 연역적인 방법으로 도출될 수도 있고, 한 가지 혹은 그 이상의 사례를 관찰하는 과정에서 새로운 이론이나 원칙이 발견되는 귀납적인 방법으로 도출될 수도 있다. 사회복지분야에서는 주로 다루어지는 문제들이 실제로 해결될 필요가 있는 문제이기 때문에 귀납적인 것보다는 연역적인 방법을

---

2) 사회복지조사의 단계에 관한 사항은 David Ryose, *Research Methods in Social Work*(Chicago: Nelson-Hall, 1991), pp. 37~52를 참조하면 된다.

취하는 경우가 많다.

2.2 문헌연구 단계

사회복지조사의 두 번째 단계는 문헌연구이다. 연구질문이 설정되면 그 연구문제와 관련되는 문헌을 조사하는 것이다. 이 과정 중에 연구문제가 이미 다른 사람에 의해 연구되었다는 사실을 발견하게 되기도 하고, 이와 비슷한 문제가 연구되었다는 사실도 발견할 수 있다. 가장 중요한 것은 "내가 생각해 낸 문제가 전혀 새로운 문제가 아니다"라는 사실을 발견하는 것이다. 연구문제에 관해 광범위한 문헌연구를 하는 가운데 새로운 아이디어를 생각해 낼 수도 있고 새로운 연구방향을 생각해 낼 수도 있다. 조사과정에서 문헌연구는 아무리 강조해도 지나친 것이 아닐 정도로 중요하다.

2.3 조사설계 단계

이 과정은 자료가 수집되는 방법, 연구대상자를 설정하는 방법, 연구방법을 결정하는 단계이다. 연구설계를 하기 전에 "나는 무엇이 필요한가?"와 "그것을 어떻게 수집할 수 있는가?" 하는 질문을 자신에게 물어볼 필요가 있다. 이 두 가지 질문에 완벽하게 대답할 수 있다면 연구설계는 완료되었다고 할 수 있다.

2.4 조작화 단계[3]

자료수집에 앞서 연구대상에 대한 개념정리가 이루어져야 한다. 이 단계에서는 조작적 정의(operational definition)가 주요 과제가 된다. 즉 변수가 추상적인 의미에서 측정될 수 있는 형태로 정의 내려져야 한다. 연구주제의 주요 개념들이 관찰되고 측정이 가능하도록 구체화시키는 것이 조작화 작업이다.

---

3) 조작화에 대한 보다 자세한 내용은 Allen Rubin and Earl Babbie, *Research Methods for Social Work*(1997). 성숙진·유태균·이선우 역, 사회복지조사방법론(서울: 나남, 1998), pp. 163-194를 참조하면 된다.

2.5 자료수집 단계

사회복지조사에서 필요한 자료는 신뢰할 수 있고(reliable) 타당한(valid) 자료이다. 즉 자료는 믿을 수 있어야 하고 마땅해야 한다. 타당한 자료는 신뢰할 수 있다. 그러나 신뢰성이 있는 증거가 반드시 타당하다고는 할 수 없다. 즉 타당성 없이 신뢰성이 있을 수 없다. 그 이유는 다른 개념이 대신 측정된다면 본래의 개념이 정확하게 측정될 수 없기 때문이다.

2.6 자료분석과 해석 단계

자료수집이 끝나면 자료를 분석하고 해석하게 된다. 여기에서 주의할 점은 다음과 같다. 첫째, 과도하게 일반화를 해서는 안된다. 몇 가지 비슷한 사건을 보고 과도하게 일반화를 하지 말아야 한다. 둘째, 선택적인 관찰을 해서는 안 된다. 셋째, 비논리적 추론을 해서는 안 된다. 넷째, 자아개입을 피해야 한다.

2.7 보고서 작성 단계

사회복지조사의 제일 마지막 단계는 보고서 작성 단계이다.

3. 조사의 유형

3.1 조사의 종류에 따른 유형

(1) 탐색적 조사

조사분야가 비교적 새로운 분야이거나 연구되지 않은 분야일 때 혹은 비교적 새로운 아이디어를 조사할 때 탐색적 조사(exploratory research)를 하게 된다. 탐색적 조사의 주요 목적은 ① 단순히 연구자의 호기심을 보다 잘 이해하기 위한 희망을 충족시켜주는 것, ② 연구의 가능성을 검증하는 것, ③ 미래의 연구방법을 개발하기 위한 것, 그리고 ④ 미래의 연구가설을 개발하기 위한 것이다. 예를 들면 노인의 재가보호에 관한 것을 연구할 경우 노인의 수, 노인 중 서비스가 필요한 노인의 비율 등을 조사하게 되면 이 조사 연구는 탐색적 조사에 해당된다고 할 수 있다. 탐색적 조사에서는 개방식 면접조사가 주로 사용된다.

(2) 기술적(記述的) 조사

기술적 조사(descriptive research)란 관찰한 것을 기술(記述)하는 조사이다. 이때에는 세심하고 정확한 기술이 요구된다. 인구조사(census)는 지역별, 연령별, 계층별 인구특징을 정확하게 기술할 수 있다는 점에서 기술적 조사라고 할 수 있다. 여론조사나 시장조사도 기술적 조사에 해당된다.

(3) 설명적 조사

설명적 조사(explanative research)는 단순한 기술(記述)에서 "왜"를 설명하는 것이다. 선거에서 갑이라는 후보에게 투표한 사람의 경향을 단순히 기술하는 것은 기술적 조사에 해당되며, '왜 어떤 계층은 갑을 지지하고 어떤 계층은 을을 지지하는가'를 연구하게 되면 설명적 조사이다. 범죄율의 도시간 비교를 기술하면 기술적 조사이며, '왜 차이가 있는가'를 연구하면 설명적 조사라고 할 수 있다. 사회사업 치료의 영향을 탐색하는 조사는 탐색적 조사, 회복률을 기술하면 기술적 조사, '왜 어떤 사람에게 효과적인가'를 설명하려 하면 설명적 조사이다.

3.2 시간적 차원에서의 조사유형

(1) 부문간의 횡단적 조사

어떤 현상을 연구할 때 여러 부분(계층, 연령, 성 등)에 걸쳐 분석하도록 설계하는 것이 부문간의 횡단적 조사(cross sectional study)이다. 주로 탐색적, 기술적 조사는 부문간의 횡단적 연구이다. 인구조사는 특정시간의 우리나라 인구에 대한 기술적 조사이며 횡단적 조사이다. 설명적 조사도 부문간의 횡단적 조사에 해당되는 경우가 있지만, 설명적 조사의 목적은 주로 시간대에 걸쳐 일어나는 인과관계의 규명이다.

(2) 종단적 연구

종단적 연구(longitudinal study)는 여러 시점에 걸쳐서 관찰하는 것이다. 여기에는 세 가지 종류가 있다.

1) 경향연구

경향연구(trend study)는 광범위한 인구집단 속에서 시간에 따라 일어나는 변화를 연구하는 것이다. 예를 들면 1990년의 인구조사와 2000년의 인구조사의 시간대 차이를 비교하거나 선거기간 중 매월 1회씩 여론조사를 하여 매월별로 비교하는 것이다.

2) 동년배집단연구

특별히 지정된 어떤 인구집단의 변화를 연구하는 것이 동년배집단연구(cohort study)이다. 보통 나이별 집단으로 나누는 경우가 많다. 1990년에 빈곤했던 사람들을 대상으로(반드시 동일인일 필요는 없다) 2000년에 생활의 변화를 조사 연구하는 경우, 또는 전쟁 중에 출생한 사람들을 대상으로 전쟁 30년 후에 어떠한 생활을 하고 있는지를 조사연구 할 경우는 동년배집단연구이다.

3) 반복연구

동일인을 반복해서 연구하는 것이 반복연구(panel study)이다. 1990년에 빈

┃표 6-2┃ 시간적 차원에서의 조사유형의 종류

부문간의 횡단적 연구	경향연구		동년배집단연구		반복연구	
1998년	1990년	2000년	1990년	2000년	1990년	2000년
21-30	21-30 ↔	21-30	21-30	21-30	21-30*	21-30
31-40	31-40 ↔	31-40	31-40	31-40	31-40*	31-40*
41-50	41-50 ↔	41-50	41-50	41-50	41-50*	41-50*
51-60	51-60 ↔	51-60	51-60	51-60	51-60*	51-60*
						+61*

↔ : 비교   * : 동일인

곤했던 사람들을 2000년에 다시 조사 연구하는 경우, 또는 선거기간중 동일 유권자에게 누구에게 투표할 것인지를 매월 조사 연구하면 반복연구가 된다. 예를 들면 박병현(1997)은 빈곤의 지속기간을 조사하기 위해 1992년에 자활보호대상가구로 선정된 가구를 대상으로 1997년까지 매년 조사 연구하였다. 이 연구는 동일인을 대상으로 6년간 반복해서 조사 연구했기 때문에 반복연구라고 할 수 있다.

<표 6-2>는 시간적 차원에서의 조사 유형을 나타내고 있다.

(3) 유사종단적연구

유사종단적연구(approximating longitudinal study)란 횡단적 자료만으로 여러 시간에 걸친 과정에 관한 결론을 얻을 수 있는 것을 말한다. 때로는 횡단적 자료만으로 종단적 시간대의 변화예측이 가능할 수 있다. 약물 남용자를 대상으로 사용한 적이 있는 약물을 조사하면 약물 사용 순서를 알 수 있는 경우가 있다. 예를 들어 대학생들의 약물남용에 관한 조사연구를 하면서 금지된 약물을 남용한 적이 있는지에 대한 질문에 어떤 학생들은 마리화나는 사용한 적이 있으나 LSD는 사용한 적이 없다고 응답했으나, LSD만을 사용한 적이 있다는 학생은 없었다. 이러한 결과로 마약남용자들은 마리화나를 LSD보다 먼저 사용한다고 추론할 수 있다.

4. 조사설계[4]

조사설계(research design)란 과학적 탐구를 계획하는 것을 말한다. 즉 과학적 발견을 위한 전략을 짜는 것이다. 여기에는 실험조사설계와 의사실험조사설계, 전실험조사설계, 비실험조사설계, 단일사례조사설계 등이 있다.

4.1 실험조사설계

실험조사설계(experimental design)란 대상집단을 난선화를 통해 선정하여

---

4) 조사설계에 대한 자세한 내용은 남세진·최성재, 「사회복지조사방법론」 (서울: 서울대학교출판부, 1988), pp. 81-131; Donald Campbell & Julian Stanley, *Experimental and Quasi-Experimental Designs for Research*(Chicago: Rand McNally, 1963)을 참조하면 된다.

실험의 원리를 적용해서 독립변수와 종속변수에 영향을 미칠 가능성이 있는 다른 변수들의 영향을 통제하여 독립변수가 종속변수에 인과적인 영향을 미치고 있는가를 확인하는 탐구방법이다. 실험조사설계의 단계는 ① 연구대상자를 선정하여 난선화 방법에 의해 실험집단과 통제집단에 배치하고, ② 종속변수에 대한 사전 검사를 실험집단과 통제집단에 실시하고, ③ 실험집단에 대해서만 실험조치를 하고 통제 (비교)집단에 대해서는 실험조치를 하지 않고, ④ 종속변수에 대해 사후조사를 하여, ⑤ 실험집단과 통제집단 간의 차이를 조사하는 것이다. 실험조사설계의 종류로는 통제집단전후비교설계, 솔로몬식 4개집단비교설계, 통제집단후비교설계가 있다.

4.2 유사실험조사설계

유사실험조사설계(quasi-experimental design)란 난선화의 방법이 아닌 방법에 의하여 조사대상자가 선정되고 실험변수의 조작이 가능한 상태에서 관찰 또는 검사를 여러 번 할 수 있도록 된 조사설계의 형태이다. 유사실험조사설계의 종류에는 시간연속설계, 복수시간연속설계, 비동일통제집단비교설계, 분리표본전후비교설계가 있다.

4.3 전실험조사설계

전실험조사설계(pre-experimental design)는 다른 조건은 의사실험조사설계와 같으나 관찰을 한 번밖에 할 수 없는 설계이다. 전실험조사설계의 종류로는 1회 검증사례연구, 단일집단전후비교설계, 정태적 집단비교가 있다.

4.4 비실험조사설계

비실험조사설계(nonexperimental design)는 독립변수가 이미 나타나 버렸거나 본질적으로 조작될 수 없기 때문에 연구자가 독립변수를 직접적으로 통제할 수 없는 경우의 체계적인 경험적 연구로서, 변수간의 관계는 독립변수와 종속변수의 동시적인 변화로부터 추정되는 설계이다. 비실험조사설계의 종류에는 일원적 설계, 상관관계설계 등이 있다.

4.5 단일사례연구

대규모 연구를 원하지 않으며 즉각적인 연구결과가 나올 수 있고 비용이 별로 들지 않는 연구를 하고 싶은 연구자들은 단일사례연구(single system design)를 채택하는 경우가 있다. 여기서 system이란 지역사회가 될 수 있고, 조직체, 가정, 부부, 혹은 개인이 될 수도 있다. 이런 형태의 연구는 N=1 연구, case studies, single case, single subject 연구라고도 불린다.

단일사례연구는 행동과학에서 유래되었다. 파블로프(Pavlov)는 단일 유기체에서 발견한 사실을 일반화시켰다. 피아제(Piaget)는 그의 자녀를 연구대상으로 삼아 연구하여 연구결과를 발견하였고, 프로이드(Freud)의 심리학 연구대상은 그의 11세 된 자녀 알버트 프로이드(Albert Freud)였다.

단일사례연구는 집단을 대상으로 연구하는 것이 아니라 개인에게 초점을 두어 연구한다. 집단을 대상으로 연구하는 것은(실험조사설계) 조사대상 집단에 대한 개입결과에 관한 조사자료를 이용하여 개입 후의 변화 평균(average)을 조사하여 연구한다. 그러나 단일사례연구는 시간이 흐름에 따라 어떤 특정 클라이언트의 변하는 행동을 반복하여 관찰함으로써 연구하는 것이다.

단일사례연구의 종류로는 사례연구 혹은 B설계, AB설계, ABA설계, ABAB 설계, ABC설계, ABCD설계 등이 있다.[5] ABCD설계를 이용한 연구로는 뉴어링과 파스콘(Nuerhring and Pascone, 1986)이 직장여성의 초기단계 알코올중독 치료과정에 관한 연구가 있다.

---

5) 단일사례연구설계에 대한 자세한 내용은 남세진·최성재, 「사회복지조사방법론」(서울: 서울대학교출판부. 1988), pp. 132−159를 참조하면 된다.

참 고 문 헌 ────────────────────────●

김연옥. 1998. "우리나라 사회복지학 연구경향에 관한 연구". 「한국사회복지학」. 35.

박병현. 1997. "빈곤의 지속기간에 관한 연구 −자활보호대상자를 중심으로−". 「한국사회복지학」. 32: 45−67.

남세진·최성재. 1988. 「사회복지조사방법론」. 서울: 서울대학교출판부.

Allen Rubin and Earl Babbie. 1997. *Research Methods for Social Work*. 성숙진·유태균·이선우 역. 1998. 「사회복지조사방법론」. 서울: 나남.

Campbell, Donald and Julian Stanley. 1963. *Experimental and Quasi−Experimental Designs for Research*. Chicago: Rand McNally.

Nuehring, E. M. and A. B. Pascone. 1986. "Single−subject Evaluation: Tool for Quality Assurance." *Social Work* 33(4): 357−361.

Royse, David. 1991. *Research Methods in Social Work*. Chicago: Nelson−Hall.

제 7 장
사회복지정책[1)]

1. 사회복지정책의 개념

　　사회복지정책은 공공정책, 사회정책 등과 혼용해서 사용되는 포착하기 어려운 개념이다. 사회복지정책의 재정은 공공재정의 지출을 수반하기 때문에 공공정책과 혼용하여 사용할 수 있다. 그러나 공공정책은 사회복지의 활동 이상의 것을 포함하기 때문에 사회복지정책보다 더 포괄적이다. 예를 들면 공공정책은 국방, 환경, 우주, 교통 등 공공재정의 보조를 받는 많은 활동들을 포함하고 있다. 사회정책도 인간관계, 삶의 질, 또는 사회전체에 영향을 미치는 행동과정을 포함하고 있기 때문에 사회복지정책보다 더 포괄적인 개념이라고 할 수 있다(Gilbert and Specht, 1974: 2).

　　그러면 사회복지정책이란 무엇인가? 사회복지정책은 '사회복지'와 '정책'이라는 두 용어의 합성어이다. 사회복지가 무엇인가에 관한 논의는 이 책의 제일 첫부분에 언급되어 있기 때문에 여기서 따로 논의하지 않기로 하고, 정책에 관한 논의만 하고자 한다. 정책(policy)이란 특정한 목적을 이루기 위해 필요한 행동들에 대한 원칙(Titmuss, 1979), 지침(guide), 일정한 계획(standing plan)(Kahn, 1979), 혹은 조직화된 노력(Burns, 1961) 등으로 정의된다. 마샬(Marshall, 1955: 7)은 '사회정책이란 서비스 혹은 소득을 제공함으로써 사람들의 복지에 직접적인 영향을 미치는 정부의 정책'이라고 정의 내리고, 여기에 해당되는 핵심 프로그램들로 사회

---

1) 제7장의 내용은 박병현, 「사회복지정책론」(서울: 현학사, 2006)의 내용을 참조하였다.

보험, 공공부조, 건강 및 복지서비스, 그리고 주택을 들고 있다. 본서에서 사용되는 사회복지정책의 정의는 마샬의 사회정책의 정의와 비슷한 것으로 사회복지정책이란 서비스나 소득을 제공함으로써 시민들의 복지에 영향을 미치는 정부의 정책이며, 여기에 해당되는 핵심 프로그램으로는 사회보험, 공공부조, 사회복지서비스 등이 있다.

2. 사회복지정책의 영역

사회복지정책의 영역을 좁게 본다면 인간의 최소한의 생활유지에 필요한 욕구를 충족시키기 위한 정부의 정책으로 볼 수 있을 것이다. 이렇게 볼 경우 사회복지정책의 주요 영역은 소득보장, 의료보장, 그리고 주택보장이 될 것이다. 그러나 영국의 베버리지(Beveridge, 1942: 2)는 빈곤, 질병, 무지, 불결, 나태라는 5개의 사회악을 퇴치하기 위한 방법으로 사회정책을 제시하면서, 사회정책의 영역으로 사회보장정책, 의료보장정책, 교육보장정책, 주택보장정책, 그리고 고용보장정책을 포함시켜 사회복지정책의 영역을 보다 넓게 보고 있다. 영국의 타운젠드(Townsend, 1970)는 사회정책의 영역으로 소득보장을 비롯한 건강, 교육, 주택, 그리고 아동, 노인, 장애인 등 사회적 약자들의 비물질적인 욕구의 해결을 위한 개별사회적서비스(personal social services) 등 다섯 가지를 꼽고 있다. 즉 타운젠드는 고용보장 대신에 개별사회적서비스를 사회정책의 영역으로 포함시키고 있다.

한편 미국의 디니토(DiNitto, 1995)는 사회복지정책의 영역으로 소득유지(income maintenance), 영양(nutrition)보충, 의료보장, 사회적 서비스 등 네 가지 영역으로 나누고 있다. OECD(2001)에서는 사회복지정책이라는 용어 대신에 사회정책을 사용하면서 사회정책을 구성하는 주요정책들로 아동발달과 가족친화적인(family friendly) 정책, 고용지향적인(employment-oriented) 사회정책과 노동인구에 대한 사회지원정책, 장애정책, 연금 등의 노령관련정책들로 분류하고 있다. OECD는 이 중에서 고용지향적인 사회정책을 개인의 삶의 질을 향상시키는 최상의 방법으로 보면서 가장 중요시하고 있다.

그러나 사회복지정책을 보다 넓게 보는 사람은 여기에 조세정책(Titmuss, 1969)이나 노동시장정책(Kahn, 1979; Hill, 1980)을 포함시키기도 한다. 그 이유는 조세정책의 경우, 비록 소득보장정책과 같이 직접적인 급여를 통하여 소득을 보장하지는 않는다 하더라도 직접적으로 소득의 재분배에 크게 기여하기 때문에 실질적으로는 소득보장의 기능을 하기 때문이다. 또한 노동시장정책의 경우에도 이들 정책들이 저소득계층이 시장에서 얻는 일차소득을 높이는 데 크게 기여하기 때문에 전체적인 소득보장이라는 차원에서 본다면 이차소득과 관련된 소득보장정책과 더불어 필요하다. 즉 노동시장정책과 소득보장정책은 서로 밀접한 관련을 갖고 있기 때문에 소득보장정책이 성공하기 위해서는 노동시장정책의 성공이 필수적이기 때문이다(김태성·송근원, 1998: 30-31).

본서에서는 사회복지정책의 영역으로 소득보장정책, 의료보장정책, 사회복지서비스정책, 주택정책, 조세정책, 노동시장정책을 포함하는 것으로 본다. 그러나 본서에서는 주로 소득보장정책, 의료보장정책, 사회복지서비스정책을 중심으로 기술하고자 한다. 소득보장정책에서는 노후의 소득보장을 위한 국민연금정책과 저소득층의 기초생활보장을 위한 국민기초생활보장정책을 중심으로 기술할 것이며, 의료보장정책에서는 국민건강보험정책을 중심으로 기술할 것이다. 사회복지서비스정책에서는 장애인복지정책, 아동복지정책, 그리고 노인복지정책을 중심으로 기술할 것이다.

┃표 7-1┃ 사회복지정책의 영역

정책의 종류	사회복지제도
소득보장정책	국민연금 고용보험 산업재해보상보험 공공부조
의료보장정책	국민건강보험 의료급여
사회복지서비스정책	아동을 위한 정책 장애인을 위한 정책 노인을 위한 정책 여성을 위한 정책
주거정책	저소득층을 위한 임대주택
노동시장정책	고용보장 직업훈련
조세정책	소득재분배 목적의 누진과세

3.	사회복지정책의 철학적 배경

사회복지정책의 철학적 배경을 알기 위해서는 사회복지정책이 지향하는 사회적 목적이 무엇인가를 살펴볼 필요가 있다. 사회복지정책의 일반적인 철학에는 소득의 재분배, 자유시장에의 개입, 공공재(public good)의 증진, 사회정의의 실현 등이 있다(Fink, Pfouts, and Dobelstein, 1985: 111-115).

3.1 소득의 재분배

사회복지정책의 첫 번째 철학적 배경은 소득의 재분배이다. 소득재분배는 시간적 소득재분배와 사람간의 소득재분배로 나눌 수 있다. 시간적 소득재분배는 근로자가 자신의 일생의 소득을 전체 인생으로 나누어 소득을 재분배하는 의미를 갖는 것으로 인생의 기간 중 소득이 높은 시기에서 낮은 시기로, 건강한 시기에서 병약한 시기로, 안정적 근로생활 시기에서 불안정한 소득시기로 소득을 이전함으로써 소득재분배에 의해 생애 전반에 걸쳐 안정적인 생활을 영위하도록 하는 기능을 말한다(김태성·김진수, 2003: 76).

사람간의 소득재분배 형태는 수직적 재분배(vertical redistribution), 수평적 재분배(horizontal redistribution), 세대간 재분배(inter-generational redistribution)로 구분하여 설명할 수 있다. 수직적 재분배는 소득계층 간의 재분배형태로서 고소득층에서 저소득층으로 소득이 재분배되는 형태를 의미한다. 수직적 재분배를 수행하는 제도의 대표적인 예는 일반조세가 재원인 공공부조제도이다. 수평적 재분배는 집단 내에서 위험발생에 따른 재분배형태이다. 예를 들면, 건강보험제도는 동일한 소득계층 내에서 건강한 사람으로부터 질병이 있는 사람으로 소득의 재분배를 가능하게 하며, 고용보험제도는 취업자로부터 실업자에게로 소득의 수평적 재분배를 가능하게 한다. 세대간 재분배는 근로세대와 노령세대, 또는 현 세대와 미래세대간의 소득을 재분배하는 형태로, 세대간 재분배를 수행하는 대표적인 제도는 공적연금제도이다. 특히 연금제도의 재정조달방식이 부과방식(pay-as-you-go)[2]인 경우에

---

2) 부과방식은 그 해 연금보험료 수입을 그 해 연금급여로 지출하는 것을 말한다. 즉 일정기간에 지출될 급여를 동일 기간의 보험료 수입으로 충당하는 재정운영방식이다.

현 노령세대는 현재의 근로세대가 납부한 갹출금으로 급여를 지급 받고, 현 근로세대는 미래세대가 납부할 갹출금으로부터 급여를 지급 받는 것이 기대되기 때문에 세대간에 소득이 재분배된다. 세대간 소득의 재분배는 특정 세대가 자신이 기여한 것보다 급여를 많이 받을 수도 있고, 반대로 기여한 갹출금보다 더 작은 급여를 받을 수도 있기 때문에 공평(equity)의 관점에서 논쟁의 소지를 안고 있다.

소득재분배의 효과는 급여지출의 크기, 보호하는 위험종류의 범위, 적용범위에 따라 상이하게 나타나지만 급여지출의 크기가 크면 클수록 급여산정방식이 저소득층에 유리하게 설계되어 있기 때문에 수직적 소득재분배의 효과는 크다. 또한 사회적 위험에 노출될 가능성이 높은 사람들은 소득이 낮은 계층에 집중되어 있기 때문에 사회보장제도에서 보호하고 있는 사회적 위험의 종류가 많을수록 소득재분배의 효과는 증대하는 경향이 있으며, 사회보장제도의 적용범위(특정산업, 직종, 계층)가 넓으면 넓을수록 소득재분배 효과는 크게 나타난다.

3.2 자유시장에의 개입

사회복지정책의 두 번째 철학은 정부의 자유시장(free market)에의 개입이 필요하다는 것이다. 자유시장의 기본전제는 본질적으로 정부의 개입이나 조정 없이 개인의 소비결정이 개인의 생산결정과 연결될 때 가장 잘 작동한다는 것이다. 이러한 전제는 '경제제도는 정부가 개입하지 않아도 자율적으로 조절된다'고 주장하는 아담 스미스(Adam Smith)의 자유방임경제 이론의 현대적 해석이다.

그러나 자유시장체계는 자율적으로 조절되지 않는 경우도 있다. 대공황은 경제제도를 시장경제에 자유롭게 맡겨 두었을 때 제대로 작동하지 않은 대표적인 예이다. 즉 시장이 실패했을 경우(market failure)에는 자유시장이 제대로 작동하지 못한다. 오늘날에는 자유시장에 맡겨 두었을 경우 빈곤이나 노령, 장애 등으로 자기 자신을 유지하지 못하는 경우가 많다. 이런 상황에서 정부는 현재의 시장상황에서 제대로 적응하지 못하는 사람들을 위해 개입해야 한다.

3.3 공공재의 증진

공공재(public good)는 그 재화를 소비하는데 있어 비경합적이고 비배제적인 성격을 지니고 있기 때문에 시장에만 맡겨두었을 경우 효율적으로 제공되지 않는 특징이 있다. 여기서 배제성(excludability)이란 일단 재화가 한 사람의 소비자에게 공급되었을 때, 그 혜택을 타인으로부터 배제시킬 수 있는 것을 말한다. 어떤 재화에 대한 시장이 이루어지려면, 그 재화에 대한 비용을 지불하지 않은 사람들은 그 재화의 사용에서 배제될 수 있어야 한다. 그렇지 않으면 합리적 개인은 그 재화에 대한 비용을 지불하지 않고 무임승차(free-riding)하려고 할 것이기 때문이다. 그렇지만 일단 어떤 재화나 서비스가 공급되면, 그 공급비용을 부담하지 않은 사람들에 의한 그와 같은 재화와 서비스의 사용을 금지시킬 수 없는 상황도 발생할 수 있다. 이러한 상황을 비배제성(nonexcludability)이라고 한다. 어떤 재화나 용역이 비배제성이라는 성격을 띠면 그것들의 시장이 구성될 수 없기 때문에, 그 재화나 용역은 정부에 의해서 공급되거나 아니면 전혀 공급되지 않을 수도 있다(전상경, 1997: 9).

비경합성(nonrivalry)이란 어떤 재화나 용역에 대한 한 사람의 소비가 그 재화나 용역에 대한 다른 사람들의 소비를 방해하지 않음을 의미한다. 비경합성을 순수 공공재 판단기준의 하나로 요구하는 것은 효율성 때문이다. 만약 어떤 재화가 비경합적이라면, 그 재화에 대해 조그만 효용이라도 느끼는 사람이면 누구든지 그것을 이용할 수 있도록 허용되어져야 한다는 것이 효율성의 논지이다.

사유재는 사용하는 개인만이 그 비용을 지불해야 하며 비용을 지불하지 않는 개인에 대해서는 그 사용을 막을 수 있다. 그러나 공공재는 일단 그 재화가 제공되면 다른 사람들이 그 재화를 소비하는데 드는 추가 비용이 없고 또한 다른 사람들이 그 재화를 사용하는 것을 막기도 어려운 재화를 말한다. 예를 들면 등대가 있다. 등대의 불빛은 항해자들에게는 생사가 걸린 문제이지만 해변가의 휴양객들에게는 조그마한 즐거움거리일 뿐이다. 그렇다고 해서 해변가의 휴양객들로 하여금 이러한 불빛을 즐기지 못하도록 금지해야 할 이유는 조금도 없다. 왜냐하면 휴양객들이 등대의 불빛을 즐긴다고 그것이 다른 사람들의 등대사용을 방해하지는 않기 때문이다.[3] 그러므로 공공재에 대해서는 사람들에게 비용을 지불하도록 만들 수 없기 때문에 국가가 세금의 형태로 강제적으로 국민들에게 그 재화에 대한 사용을 지불하도록 하여야 한다.

사회복지서비스는 사유재보다는 공공재에 가깝다. 그 이유는 사회복지서비스의

---

3) 이것을 다른 말로 표현한다면 다른 사람들의 등대사용에 대한 한계비용이 제로라는 것이다. 즉, 비경합적인 재화의 효율적 가격은 제로이다. 그러나 재화가 제로의 가격으로는 시장에서 공급될 수 없기 때문에 정부에 의한 공적인 공급이 필요하다

제공은 다른 사람에게 아무런 영향을 주지 않으면서 모든 사람들에게 혜택을 줄 수 있기 때문이다. 예를 들면, 국가가 어떤 사회복지프로그램을 통하여 그 나라 모든 아동들의 건강과 교육수준을 높이면 그 아동들이 건전한 시민으로 성장하여 생산성을 높일 수 있고 사회전체가 이익을 보게 되고, 이러한 혜택은 그 나라 국민 모두가 받게 된다. 그러나 사람들에게는 자발적으로 아동을 위해 자선을 할 동기는 제한되어 있다. 소득재분배를 추구하는 프로그램은 공공재로 볼 수 있다. 즉 한 나라의 소득이 공평하게 분배되면 사회 구성원 모두는 좋은 사회에서 사는 것으로부터 만족을 얻고 어떤 사람도 그러한 만족에서 배제되지 않는다. 또는 어떤 형태의 소득분배가 이루어진 사회에 사는 곳에서 오는 만족감은 다른 사람들의 만족감에 영향을 주지 않기 때문에 비경쟁적 공공재로 여길 수 있다. 윌렌스키는 공공재의 증진을 제도적 사회복지를 실현하는 것으로 보았다.

3.4 사회정의의 실현

사회복지정책의 철학 중에는 사회정의(social justice)의 실현, 즉 옳은 일을 한다는 것이 있다. 사회복지정책을 수행함으로써 모든 사람들이 보다 평등하게 살 수 있게 되고, 특히 사회적 약자들의 삶의 질을 향상시킴으로써 사회정의를 실현할 수 있다.

4. 사회복지정책의 형성과정[4)]

4.1 사회복지정책 문제의 형성

사회복지정책의 재료로 쓰이는 문제는 어떤 부류의 사람들이 인간으로서의 기

---

4) 사회복지정책형성과정에 관해서 많은 학자들의 주장이 있다. 길버트(Gilbert)와 스펙트(Specht)는 ① 문제의 발견, ② 문제의 분석, ③ 대중에게 전달, ④ 정책목표의 개발, ⑤ 대중지지와 정당성의 확보, ⑥ 프로그램 설계, ⑦ 실행, ⑧ 평가 등 여덟 단계로 구분하여 설명하고 있으며, 펄만(Perlman)과 구린(Gurin)은 ① 문제의 정의 내리기, ② 문제를 고려하기 위한 구조적 관점과 의사소통의 확립, ③ 대안연구와 정책채택, ④ 프로그램계획의 집행, ⑤ 평가 및 피드백 등 다섯 단계로 설명하고 있고, 프리만(Freeman)과 셔우드(Sherwood)는 ① 기획, ② 프로그램개발 및 집행, ③ 평가 등 세 단계로 설명하고 있으나, 여기서는 송근원과 김태성이 나눈 ① 정책문제의 형성, ② 정책아젠다의 형성, ③ 정책대안의 형성, ④ 정책의 결정과정, ⑤ 정책의 집행과정, ⑥ 정책의 평가과정 등 여섯 단계를 중심으로 논의한다.

본적인 생활을 누리지 못하고 고통을 받고 있는 경우, 상당수의 사람들(significant number of people)이 그러한 상황이나 조건을 해결해야 할 문제로 인식할 때 비로소 성립한다고 볼 수 있다. 그러나 이러한 문제가 존재한다고 해서 모두 다 사회복지정책의 문제로 발전하는 것은 아니다. 사회복지정책의 문제가 의제로 성립되기까지에는 많은 과정을 거치게 된다. 먼저 문제가 이슈화되어야 한다. 사회복지문제가 정책 아젠다 위에 오르도록 하기 위해서는 정치적 논점으로 부각시킬 필요가 있다. 이때 정치적 논점으로 부각된 문제를 이슈라고 부른다(김태성·송근원, 1995: 39). 사회복지문제 가운데 어떤 것은 이슈화되지만 어떤 문제는 이슈화되지 못한다. 많은 경우 사회복지문제는 이슈화되지 못하는 경우가 많다. 그 주된 이유는 사회복지문제는 주로 정치적으로 경제적으로 가지지 못한 자들의 문제이며, 그들은 자기들의 문제들을 이슈화시킬 돈, 지식, 조직, 사회적 지위 등을 가지고 있지 못하기 때문이다.5)

사회복지정책 문제가 이슈화되기 위해서는 첫째, 공공의 관심을 끌어야 하고, 둘째, 공공정책상의 논점으로 제시되어야 한다. 그렇게 되기 위해서는 클라이언트, 사회복지전문가, 언론, 정치인들의 노력이 필요하다고 하겠다.

4.2 사회복지정책 아젠다의 형성

사회복지문제가 정책문제로서 이슈화되는 경우, 그 문제는 많은 사람들이 관심을 갖게 되고 정책을 심의하는 사람들에 의해 논의된다. 이러한 과정이 사회복지정책 아젠다 형성과정이다. 아젠다(agenda)란 공공정책으로 전환되기 위하여 정책결정자들의 관심을 불러일으키고 논의될 수 있는 상태에 있는 문제나 이슈, 곧 의제들의 목록을 말한다(김태성·송근원, 1995: 62). 아젠다는 문제나 이슈로 구성되며, 이러한 문제나 이슈는 공공의 관심을 불러일으키거나 정책 심의자들의 관심을 불러일으켜서 논의의 대상이 될 수 있는 위치에 있어야 한다.

---

5) 예를 들면 1994년 심창섭 할아버지와 이금순 할머니가 "생계보조비를 지나치게 적게 규정한 생활보호법은 모든 국민은 인간다운 생활을 할 권리가 있다고 규정한 헌법에 위배된다"고 위헌소송을 냈으나 97년 5월 헌법재판소로부터 기각판정을 받았다. 이와 같은 판결이 나오게 된 데는 이 문제가 이슈화되지 않았기 때문일 수도 있다.

4.3 사회복지정책대안의 형성

정책대안의 형성과정이란 '정책문제가 무엇인지를 파악하고 문제를 둘러싼 상황을 파악하여 정책목표를 세우고, 그 목표를 달성할 수 있는 정책수단으로서의 정책대안들을 개발하며, 어떠한 정책대안이 가장 바람직한 것인가를 분석하는 과정'을 말한다. 즉 정책대안의 형성과정은 문제의 해결방안에 관한 모색과정이자 정책결정자를 위해 정보를 제공하는 과정이다. 또한 문제를 해결하는 가장 효과적인 정책대안들을 개발하여 비교·검토하는 과정이므로 비교적 비정치적 성격을 띠며, 합리적·기술적 성격을 띤다(김태성·송근원, 1995: 94-95).

4.4 사회복지정책의 결정

정책결정이란 권위 있는 정책결정권자가 문제해결을 위해 제시된 여러 가지 대안들 가운데 하나를 선택하는 행위 또는 과정을 말한다. 일반적으로 이러한 과정에는 정책대안의 비교분석 행위나 과정이 포함된다. 이 과정은 정책결정권자가 하나의 대안을 정책으로 채택하는 행위나 과정 자체가 될 수도 있지만, 대안간의 비교분석 행위 및 과정이 포함되는 것이 보통이다.

정책결정에 관한 대표적인 이론적 모형으로는 합리모형(rational model)과 점증모형(incremental model)이 있다. 합리모형은 인간의 이상과 합리성을 전제로 한 정책결정 과정을 말한다. 곧, 정책결정권자나 정책분석가가 고도의 합리성을 가지고 있고, 주어진 상황하에서 주어진 목표 달성을 극대화할 수 있는 최선의 정책대안을 찾아낼 수 있다고 보는 정책결정모델이다. 반면에 점증모형은 린드블롬(Lindblom, 1959, 1970)과 와일답스키(Wildavsky, 1979) 등이 주장하는 정책결정모형으로서 이 모형에서 정책결정과정은 과거의 정책결정을 기초로 하여 점증적 차이가 있는 정책대안을 검토하고 과거의 정책을 약간 수정한 정책결정이 이루어지며, 이루어진 정책결정에 대한 여론의 반응을 보고, 다시 정책을 결정하며 이전과는 약간 다른 정책결정을 내리는 과정이 반복하여 이루어진다고 본다.

4.5 사회복지정책의 집행

정책집행이란 의도된 정책목표를 달성하기 위하여 결정된 사항들을 실행하는 활동을 의미한다. 사회복지정책의 집행은 정책집행자인 관료들과 클라이언트의 직접적인 상호작용을 통하여 정책목표를 구체화시켜 나가는 과정이다. 이 단계에서의 주요 과업은 프로그램을 조직하고, 정책을 보다 구체화하고, 서비스나 급여를 클라이언트에게 전달하는 것인데, 이 과정에서는 해결하려는 복지문제와 관련된 이해집단들도 관여하게 된다.

4.6 사회복지정책의 평가

정책평가란 정책활동에 관한 평가를 말한다. 정책집행 결과에 대한 정보를 수집하고 분석하며 해석함으로써 그 가치를 판단하는 것이다. 따라서 정책평가란 정책활동의 가치를 따져보기 위해서 정보를 수집, 분석, 해석하는 활동이다. 사회복지정책에서 정책의 평가가 중요한 이유는 사회복지정책의 개선에 필요한 정보를 얻기 위해서, 그리고 정책활동에 대한 책임성이나 근거를 확보하기 위해서이다.

참 고 문 헌 ───────────────────────●

김태성·김진수. 2003. 「사회보장론」. 서울: 청목출판사.

김태성·손병돈. 2002. 「빈곤과 사회복지정책」. 서울: 청목출판사.

김태성·송근원. 1995. 1998. 「사회복지정책론」. 서울: 나남.

류기형·남미애·박경일·홍봉선·이경희·장중탁. 1999. 「자원봉사론」. 서울: 양서원.

박병현. 2004. 「사회복지정책론: 이론과 분석」. 서울: 현학사.

성명재·전영준. 1998. 「소득세제의 개편방향」. 한국조세연구원.

송근원. 1994. 「사회복지와 정책과정」. 서울: 대영문화사.

전상경. 1997. 「정책분석의 정치경제」. 서울: 박영사.

전수일·봉민근. 1995. 「지방자치와 복지행정」. 서울: 홍익재.

한동우. 2002. "사회복지의 재정". 강욱모 외. 「21세기 사회복지정책」. 서울: 청목출판사.

Babbie. E. 1986. *The Practice of Social Research*. Belmont, CA: Wadsworty Publishing Co.

Beveridge, William. 1942. *Social Insurance and Allied Social Services*. HMSO.

Burns, Eveline M. 1956. *Social Security and Public Policy*. New York: McGraw-Hill, 1956).

Burns, E. 1961. "Social Policy: The Stepchild of the Curriculum." *Proceedings*. New York: Council on Social Work Education.

Cameron, David. 1978. "The Expansion of Public Economy: A Comprative Analysis." American Political Science Review 72: 1243-1261.

DeViney, Stanely. 1983. "The characteristics of the states and the expansion of public social expenditures." *Comparative Social Research* 6: 152-173.

DiNitto, Diana M. 1995. *Social Welfare: Politics and Public Policy* (4th ed.). Boston: Allyn and Bacon.

Dobelstein, Andrew W., 1986. *Politics, Economics, and Public* Welfare. Englewood Cliffs, NJ: Prentice-Hall, 1986.

Dror, Y. 1971. *Design for Policy Sciences*. N.Y.: Elseview.

Eckstein. H. and D. Apter. 1963. *Comparative Politics*. New York: Free Press.

Fink, Arthur E. Jane H. Pfouts, and Andrew W. Dobelstein. 1985. *The Field of Social Work*. Beverly Hills: Sage.

Gilbert, Neil and Harry Specht. 1974. *Dimensions of Social Welfare Policy*. Englewood
Cliffs, NJ: Prentice—Hall.

Gilbert, Neil and Paul Terrell. 1998. *Dimensions of Social Welfare Policy* (Fourth ed.).
Boston: Allyn and Bacon.

Hefferman, Joseph. 1979. *Introduction to Social Welfare Policy : Power, Scarcity, and
Common Human Needs. Itasca*, IL : F. E. Peacock.

Higgins, Joan. 1981. *State of Welfare: Comparative Analysis in Social Policy*. London:
Basil Blackwell.

Hill, M. 1980. *Understanding Social Policy*. Oxford: Basil Blackwell.

Kahn, Alfred. 1979. *Social Policy and Social Services*. New York: Random House.

Myrdal, Alva. 1968. *Nation and Family*. Cambridge, MA : MIT Press.

Lindblom, Charles E. 1959. "The Science of Muddling Through." *Public Administration
Review*.

Lindblom, Charles E. and David K. Cohen. 1970. *Usable Knowledge: Social Science and
Social Problem Solving*. New Haven: Yale University Press.

Marshall, T. H. 1955. *Social Policy*. London: Hutchinson University Library.

Pechman, Joseph. 1968. *Social Security: Perspectives for Reform*. Washington D.C.:
Brookings Institution.

Peterson, Paul and Mark Rom. 1989. "American Federalism, Welfare Policy and
Residential Choices." *American Political Science Review* 83: 711–718.

Piven, Frances Fox and Richard A. Cloward. 1971. *Regulating the Poor : The Functions
of Public Welfare*. New York : Pantheon Books.

Quade, E. S. 1982. *Analysis for Public Decision*. N.Y. : Elsevier.

Rimlinger, Gaston V. 1971. *Welfare Policy and Industrialization in Europe America and
Russia*. New York: John Wiley and Sons.

Rogers, B. 1979. *The Study of Social Policy: A Comparative Approach*. London: George
Allen and Unwins.

Skidmore, F. 1981. *Social Security Financing*. Cambridge, Mass.: The MIT Press.

Swanson, G. 1971. "Frameworks for Comparative Research: Structural Anthropology and
the Theory of Action." Ivan Vallier (ed.). *Comparative Methods in Sociology :
Essays on the Trends and Applications*. Berkeley: University of California Press.

Titmuss, Richard. 1969. *Commitment to Welfare*. New York: Pantheon Books.

_____. 1979. *Social Policy*. London: George Allen and Unwin.

_____. 1958. *Essays on the Welfare State*. London: Allen and Unwin.

Townsend, Peter et al. 1970. *The Fifth Social Service*. London: Fabian Society.

Wildavsky, Aaron. 1979. *The Politics of the Budgetary Process*(3rd ed.). Little, Brown and Company.

Wildavsky, Aaron. 1979. *Speaking Truth to Power: The Art and Craft of Policy Analysis*. Boston: Little, Brown and Company.

Wilinsky, H. L. 1975. *The Welfare State and Equality*. Berkeley: University of California Press.

Witte, J. F. 1988. "The Growth and Distribution of Tax Expenditure." Danziger, S. H., and Ke. E. Portney (ed.). *The Distribution Impacts of Public Policies*. New York: St. Martin's Press. pp. 171-201.

제8장
사회복지행정

1. 사회복지행정의 필요성

신복기, 박경일, 장중탁, 이명현(2002: 14-16)은 사회복지행정의 필요성을 기관 중심의 사회복지활동의 측면과 행정 없는 사회복지활동의 어려움 측면에서 기술하고 있다.

1.1 기관 중심의 사회복지활동

사회복지사가 수행해야 하는 원조활동에는 클라이언트에 대한 심리적인 지원 이외에도 클라이언트의 서비스 혹은 정보에 대한 접근성을 제공하거나, 클라이언트가 서비스를 제공받을 수 있도록 보장하는 것, 클라이언트의 사회적 지지망을 강화하는 것, 클라이언트의 사회적 환경을 변화시키는 것, 그리고 클라이언트가 필요로하는 서비스를 제공할 수 있는 여타 조직 및 요원들과 관련업무를 조정해 나가는 것 등 많은 활동이 필요하고 이를 수행해야 한다. 사회복지사는 대부분 기관을 통해 활동하고 있기 때문에 기관이 어떠한 기능을 수행하는지에 대한 이해도 필요하다. 기관의 조직구조나 구성원과 같은 요소들은 효과적인 서비스를 제공하는데 직·간접적으로 많은 영향을 미치게 된다.

1.2 행정 없는 사회복지활동의 어려움

웨인바크(Weinbach, 1990: 19-20)는 사회복지행정활동이 수행되는 사회복지조직에서 행정이 없다면 일어날 수 있는 일에 대해 다음과 같이 설명하고 있다(신복기 외, 2002: 15에서 재인용).

① 클라이언트와 직원들은 기분내키는 대로 나타나기도 하고 사라지기도 한다.

② 직원들은 매일 업무를 시작할 때 하고자 하는 것을 결정할 것이며, 그들의 업무는 다른 직원들과 활동과는 어떤 유기적인 관련 없이 이루어질 것이다.

③ 아무도 자신의 업무 또는 다른 사람의 업무에 대해 책임지지 않을 것이다.

④ 아무도 다른 사람의 업무 또는 어떤 프로그램 및 서비스를 평가하지 않을 것이다.

⑤ 아무도 지역사회 내에서 조직의 현재 역할에 대해 알지 못할 것이고, 조직의 미래에 대해서도 관심을 갖지 않을 것이다.

⑥ 아무도 다른 직원과 어떤 정보를 함께 나누려 하지 않을 것이다.

⑦ 어떤 확실한 지도자도 없을 것이며, 또한 직원들에 대한 분명한 역할 기대도 없을 것이다. 모든 결정은 일방적으로 될 것이다.

⑧ 행동을 지도할 목표도 사명도 없을 것이다. 모든 행동은 제멋대로 될 것이다.

⑨ 직원들의 지식과 기술을 향상시키는 것을 도울 어떤 수단도 없을 것이다.

⑩ 과업의 위임도 전혀 없을 것이다.

즉 사회복지행정은 다양한 사회복지조직 내에서 이루어지는 다양한 사회복지활동을 조정하고, 클라이언트에게 효율적으로 서비스를 제공하고, 사회복지조직의 유지와 발전을 위해 필요하다고 할 수 있다.

2. 사회복지행정의 정의

최근 우리나라에서는 사회복지조직이 늘어나면서 조직을 유지·발전시켜 나가기 위한 행정의 중요성이 인식되고 있다. 사회복지행정은 두 가지 측면에서 정의를 내릴 수 있다. 첫 번째는 추상적인 사회복지정책을 구체적인 사회복지서비스로 전

┃표 8-1┃ 사회복지(사회사업)행정에 대한 학자별 정의

학 자	정 의	핵심내용
Kidneigh (1950)	"사회사업행정은 사회정책을 사회적 서비스로 전환시키는 과정이며 … ① 정책을 구체적인 사회적 서비스로 전환시키고, ② 그 경험을 정책의 수정을 건의하는 데 활용하는 쌍방의 과정(two-way process이다"	정책관계 중시 전환과정
Spencer (1961)	목표달성을 향해 내적 관계와 사업활동을 의식적으로 지향하고 또한 기관과 기관이 속한 지역사회간의 상호작용과정에 의식적으로 개입하는 것	목표달성 상호작용 개입활동
Dunham (1962)	사회복지기관의 직접적 서비스 제공을 위해 필요하거나 부수적인 활동을 지지하거나 촉진시키는 과정	간접적 혹은 지지적 과정
Warham (1967)	조직의 목적과 목표를 위해서 이루어지는 조직의 모든 활동과정	목표지향적 과정
Stein (1970)	체계화된 조정과 협력노력을 통해 조직의 목표를 규정하고 이를 달성하는 과정	조정과 협력
Trecker (1971)	지역사회가 필요로 하는 서비스와 사업을 제공하려는 의도로 이용 가능한 모든 자원을 주민들이 사용할 수 있도록 그들의 에너지를 방출하고 관련시키면서 주민들과 같이 일하는 과정	협력과정
Titmuss (1974)	단순히 사회복지기관이나 시설의 행정과는 달리 사회적 서비스의 관리운영이며, 사회복지서비스를 대상자에게 전달되도록 인적 구성과 서비스의 선택문제를 검토하는 것	서비스의 관리
Skidmore (1983)	사회복지기관의 사회적 정책을 사회적 서비스로 전달되도록 전환시키기 위해 사회적 과정을 활용하는 기관 요원들의 활동	전환활동
Patti (1983)	조직의 목적과 목표 달성을 위해 관리담당자들이 활용하는 일련의 상호, 의존적인 과업과 기능 및 관련 활동들로 구성된 하나의 체계적인 개입활동	사회복지실천의 한 방법
Ambrosino 외 (2001)	문제해결과정에서 기관(조직) 자원의 효과적인 활용을 극대화시키려는 사회사업의 한 방법	자원활동 사회사업방법

자료: 신복기, 박경일, 장중탁, 이명현. 2002. 「사회복지행정론」. 서울 : 양서원. p. 17.

환하여 서비스를 필요로 하는 사람에게 전달하는 과정에 관한 활동으로 정의내리는 것이며, 두 번째는 사회복지행정을 관리기술이나 관리과정으로 정의내리는 것이다.

첫째, 사회복지행정을 사회복지정책을 구체적인 사회복지서비스로 전환하는 활동으로 정의내리면 사회복지행정은 원조의 한 기술로 간주된다. 이러한 관점에서는 사회복지행정은 사회복지서비스의 제공이라는 사회복지조직의 목적을 달성하기 위한 과정에 필요한 조건을 제공하고 조직을 효율적으로 운영할 수 있는 방법을 포함하는 원조기술로 볼 수 있다. 둘째, 사회복지행정을 관리과정으로 정의내리게 되면 사회복지행정은 조직의 목표 달성을 위해 필요한 서비스와 프로그램을 운영하는 것을 그 핵심기능으로 보며, 이 경우에는 조직의 관리나 목표의 달성을 위한 자원들의 관리가 중요시된다.

사회복지행정에 관한 여러 학자들의 정의는 <표 8-1>에 나와 있다.

3. 사회복지행정의 역사

사회복지행정의 역사는 사회복지전문직의 발달과 함께 사회복지행정이 독립된 분야로 발달하기 시작한 미국의 사회복지행정의 역사와 우리나라의 사회복지행정의 역사를 살펴본다.

3.1 미국 사회복지행정의 역사

(1) 행정의 인식과 전문직의 발달: 19세기 후반 - 1930년대 초반

미국에서 근대적인 의미의 사회복지가 발달하기 시작한 것은 19세기 중반부터이나 사회복지에서 사회복지행정에 관심을 갖기 시작한 것은 제인 애덤스(Jane Addams), 메리 리치몬드(Mary Richmond), 해리 홉킨스(Harry Hopkins) 등이 사회복지프로그램을 개발하고 관리하기 시작한 19세기 후반 이후라고 할 수 있다. 남북전쟁 후 산업화와 공업화로 인해 인구의 도시집중, 일부 도시의 슬럼화, 실업자와 빈민의 발생, 범죄의 증가, 정신질환의 증가 등과 같은 사회문제가 발생하기 시작했으며, 이러한 문제들은 가족이나 이웃 등과 같은 비공식적 안전망으로 해결하기에는 범위가 너무 광범위했다.

20세기 초반에 들어서자 산업화와 공업화로 인한 사회문제를 해결하기 위한 사회복지전문직이 발달하기 시작했다. 사회복지전문직은 빈민들의 사회적 환경을 개선하고, 사회사업시설들을 관리하기 시작하면서 사회사업시설들을 효율적으로 관리하기 위한 방법인 사회복지행정에 직접 혹은 간접적으로 간여하기 시작했다. 그러나 당시 미국의 사회사업은 자선조직협회(COS)에서 발전한 케이스워크가 주도하고 있었으며, 사회복지행정은 그 때까지는 전문직으로서 인정을 받지 못하고 있었다. 그러나 케이스워크는 클라이언트를 위한 서비스를 제공하기에는 범위가 너무 좁다는 인식이 생겨나기 시작했으며, 보다 광범위한 접근, 즉 사회복지행정을 전문직화해야 한다는 주장이 등장하기 시작했다.

사회복지행정을 전문직화해야 한다는 주장을 편 학자들은 애보트(Abbott)와 던햄(Dunham), 그리고 해거티(Hagerty)이었다. 애보트(1931)는 1927년 미국사회사업가협회(American Association of Social Workers)의 사회사업전문교육이 케이스워크에 초점을 둔 고도의 기술적이고 전문적인 과정으로 되어 있음을 비판하면서 케이스워커들은 이후에 주 사회복지이사회나 혹은 사회복지기관협의회의 간부가 될 자격을 갖추어야 한다고 주장하였다. 던햄(1939)은 사회복지행정과 직접적 실천을 분리된 기능으로 생각해서는 안 된다고 하면서 케이스워크의 지식과 기술은 모든 형태의 전문적 실천의 기초가 되므로 사회사업가들은 이러한 기초를 성취한 후에 비로소 효과적으로 관리하는 데 필요한 것들을 배워야 한다고 주장했다. 그러나 던햄은 사회복지행정을 간접적인 방법, 즉 실천적 방법을 보조하는 방법으로 인식했다. 또한 해거티(1931)도 사회사업대학의 첫째 임무가 행정가들의 교육에 있고, 이러한 교육을 위해서는 교과과정 속에 행정에 관한 내용을 필수과목으로 포함시켜야 한다고 주장했다(신복기 외, 2002: 24). 이러한 과정을 거치면서 1914년 사회사업대학의 교과과정 속에 사회복지행정이 등장하게 되었고, 사회복지행정이 사회복지를 실천하기 위한 핵심교과로 인식되기 시작했다.

(2) 팽창기: 1930년대 중반 - 1950년대 후반

1930년대의 대공황은 미국의 사회복지의 역사를 극적으로 변화시켰다. 대공황 이전까지는 민간기관이 사회복지의 핵심 주체였으나 대공황이 엄습한 후에는 민간기관으로는 대공황이 초래한 사회문제를 해결할 수 없어 공공기관이 사회복지의 핵심 주체로 등장했다. 후버(Hoover) 대통령의 후임으로 대공황이 극에 달했던 1933년 3월에 취임한 루즈벨트(Roosevelt) 대통령은 사회 및 경제문제에 연방정부의 개입을 주 내용으로 하는 뉴딜(New Deal)정책을 과감하게 펴 나갔다. 루즈벨트 대통령은 경제회복을 위해 공공사업을 추진하면서, 이 사업을 추진하도록 1933년

5월 연방긴급구호청(Federal Emergence Relief Administration)을 창설하고 연방긴급구호청장으로 뉴욕에서 주정부 구호업무를 관장하던 인보관 출신의 사회사업가인 해리 홉킨스(Harry Hopkins)를 임명하였다. 연방긴급구호청의 주요 임무는 연방정부 차원의 빈민구호사업이었다. 홉킨스의 첫 번째 중요한 결정은 연방정부의 재원이 공공기관에 제공되어야 하는 것이었다. 당시 많은 지역에서는 자선조직협회가 구호를 요청하는 빈민들을 조사하고 구호수급자격을 심사하였으며 그 재원은 민간단체에서 충당하였다. 그러나 홉킨스는 구호를 받는 것은 권리이며 민간재원에 의존해서는 안 된다고 주장하였다(Leiby, 1978: 224-225). 그는 연방긴급구호청장에 임명된 지 두 시간만에 빈민에게 5억 달러 이상을 현금으로 원조하였다(Patterson, 1986: 21). 이와 같은 연방긴급구호청의 설립과 공공구호의 급격한 확대는 주정부와 지방정부에 공공구호를 집행하는 기관의 설치와, 이 업무를 담당할 엄청난 수의 직원들의 창출을 요구했다. 뿐만 아니라 연방정부로부터 지원되는 구호자원에 의한 공공부조 프로그램들을 기획하고, 전달, 감독하는 관리자들에 대한 수요가 급증했다.

이러한 대공황 중에 연방정부의 사회복지역할과 공공구호의 강조로 인해 사회사업의 무게중심이 케이스워크를 정점으로 진행되어 왔던 사회사업실천에서 사회복지정책과 정책을 집행하는 역할을 하는 사회복지행정으로 옮겨왔다. 따라서 사회사업대학들은 케이스워크를 중심으로 하는 사회사업실천가의 양성에서 공공복지를 집행할 행정전문가들을 양성하기 위한 방향으로 교과과정을 개정하기 시작했다. 행정과 정책이 추가된 새로운 교과과정을 이수한 사회사업가들은 연방긴급구호청과 주정부와 지방정부의 긴급구호기관 등에서 기관의 효율적 구호활동에 공헌하였고, 사회복지행정은 그 입지가 단단해졌다.

(3) 정체기: 1960년대

대공황을 겪으면서 사회복지행정의 중요성이 증가해 오고, 1960년대의 '빈곤과의 전쟁'(War on Poverty) 시기 동안 지역사회 행동(Community Action) 프로그램하에서 대규모 프로젝트들이 실행되면서 기관 관리자들의 역할이 중요시되었다. 예를 들면 1960년대 초반 전미사회사업가협회(NASW, National Association of Social Workers)의 후원하에 사회복지조직 및 행정에 이용할 수 있는 많은 이론들이 연구되었고, 1961년 전미사회복지협의회(NCSW, National Council of Social Welfare)가 사회복지행정에 관한 요소를 다룬 많은 논문들을 발표하고, 1961년 사회사업교육협의회(CSWE, Council of Social Work Education)는 사회사업대학의 교과과정에 사회복지행정을 포함시켰다(신복기 외, 2002: 28).

그러나 이러한 사회복지행정의 중요성의 증가세는 계속 이어지지 못하고 정체기를 겪게 되었다. 그 주된 이유는 사회의 변화요구에 사회복지기관들이 적절히 대처하지 못했기 때문이었다. 특히 '빈곤과의 전쟁' 기간 동안 연방정부의 많은 투자에도 불구하고 사회복지프로그램들과 기관들은 빈곤문제에서 비롯된 많은 사회문제들을 해결하지 못했다는 비판을 받기 시작했다. 또한 정부가 지원하는 지역사회정신건강센터(CMHC, Community Mental Health Centers)가 개소하면서 사회사업가들을 포함한 다양한 분야의 배경을 지닌 관리자들이 조직의 발전과 프로그램 혁신 등에 관한 경영 리더십이라는 새로운 영역에 참여하는 기회를 갖게 되었다. 이들 프로그램에 지원되었던 자원들의 성격상 기업가적이고, 성장지향적이고, 정치적으로 활발한 유형의 조직관리 리더십이 요구되었다. 이러한 경향은 전통적인 케이스워크 실천방법에 입각한 지식이나 기술들의 범위를 벗어나는 것이었다. 그래서 사회사업 전문직 내에서 행정이 과연 사회사업실천의 한 전문적인 형태가 될 수 있는가에 대한 논란이 제기되었다. 이러한 사회복지행정의 한계를 반영하듯 1971년에 미국 사회사업대학원 석사과정 학생들 중 2%에 불과한 271명만이 사회복지행정을 전공했다(김영종, 2003: 60-61). 이러한 과정에서 사람들은 당시 새로 등장하기 시작했던 역동적이고 개혁적인 성격을 지니고 있던 지역사회조직사업을 사회복지행정의 대안으로 생각하기 시작했다.

(4) 발달기: 1970년대

미국의 1960년대는 '빈곤과의 전쟁' 프로그램의 일환으로 사회프로그램이 폭발적으로 증가했다. 특히 1962년에 개정된 사회보장법하의 공공부조 관련법으로 인해 공공부조와 관련된 프로그램들은 폭발적으로 증가했다. 특히 당시의 대표적인 공공부조 프로그램인 AFDC 수혜가정은 1950년대에는 단지 110,000가정(17%)만이 증가했으나, 1960년부터 1969년 2월 말까지 무려 800,000 가정(107%)이 증가할 정도로 폭발적으로 급증했으며, 1967년부터 1972년까지는 두배로 증가했다. 그래서 피븐과 클로워드(Piven and Cloward, 1971)는 이러한 현상을 '복지폭발'(welfare explosion)이라고 불렀다(박병현, 1992).

그러나 1970년대에 들어서자 사회복지프로그램에 대한 공공의 관심 증대로 말미암아, 사회복지 프로그램의 효과성, 효율성, 그리고 사회적 책임성이 등장하기 시작했다. 즉 사회복지 프로그램의 확대에만 치중했던 상황에서 효율성과 책임성을 강조하는 조직관리 쪽으로 방향이 선회했다. 사회사업대학들도 이러한 요구들을 반영하기 위한 방향으로 교과과정을 개편하였다. 그 결과 1975년에 이르러 미국 전체 84개의 사회사업대학들 중 19개, 1977년에는 35개 대학이 사회사업행정에 대한 교과과정을 개설했다. 또한 이 시기에 사회사업행정(Social Work Administration: A Resource Book), 사회사업행정사례집(A Casebook in Social Work Administration) 등과 같은 행정자료집과 사회사업행정 발달에 많은 기여를 한 저널인 사회사업행정(Administration in Social Work) 등 사회복지행정을 주요 주제로 하는 많은 문헌들이 출판되었다.

(5) 도전과 응전기: 1980년대 이후

1980년 레이건 행정부의 집권은 연방정부의 사회복지역할 축소라는 사회복지환경의 급격한 변화를 가져왔다. 1980년대와 1990년대의 사회복지환경의 변화는 ① 기획에서 서비스전달까지를 직접 담당했던 거대 공공관료조직들이 퇴조하고, ② 계약이나 서비스 구입 등의 방법이 활성화됨에 따라 직접서비스전달부문에서 민간의 역할이 증대하고 있으며, ③ 공공과 민간 조직들간에 엄격한 조직적 구분이 퇴조하고, ④ 느슨하게 연결되어 있던 다양한 서비스조직들을 연계하기 위해 서비스전달체계의 통합이 필요하다는 인식과 네트워크의 방법이 확산되었으며, ⑤ 사회복지서비스의 책임성을 구체화할 수 있는 행정 실천 노력을 강화하는 것 등이었다(김영종, 2003: 66).

이와 같은 변화는 사회복지행정에도 많은 변화를 초래했는데 첫째는, 사회복지에의 민간참여를 강화시켰으며, 둘째는 서비스 연계조직의 출현과 지원제공처의 다양화였다. 먼저, 사회복지에의 민간참여는 민영화를 가속화시켰다. 즉 정부의 부담을 줄이면서 서비스의 다양성과 범위를 확보할 수 있도록 하기 위해 정부재원으로 공공복지조직을 운영하는 대신 민간 사회복지 프로그램에 대해 정부가 보조금을 지급하거나 정부가 민간서비스 구입계약을 체결하는 방법으로 사회복지에 민간부문을 적극 참여시켰다. 그 결과 이 시기에는 서비스를 판매하거나 정부 보조금에 의해 운영되는 많은 민간복지기관들이 설립되었고, 심지어 이윤추구를 목적으로 하는 기업들까지 사회서비스 조직 및 프로그램에의 참여에 가담하여 결과적으로 그것을 효율적으로 관리할 행정적 전문지식과 기술을 겸비한 행정가를 요구하게 되었다(신복기 외, 2002: 33).

중앙정부의 사회복지 역할 축소와 민영화의 가속화는 직접적 서비스에 관한 지식과 기술보다는 구입이 필요한 서비스의 선택과 계약의 체결, 서비스의 조정 및 연계, 직접서비스 기관의 지도 감독과 통제, 평가 등에 대한 지식과 기술을 더욱 중요하게 만들었고, 지역사회를 중심으로 제공되는 서비스들을 연계하면서 그 효과성과 효율성을 제고시킬 수 있는 네트워크의 구축을 가져왔다.

3.2 한국 사회복지행정의 역사

신복기 외(2002: 36-48)는 한국 사회복지행정의 역사를 각 공화국별로 아래와 같이 기술하고 있다.

(1) 1948년 이전: 일제와 미군정하의 사회복지행정

1921년 일본은 한국에 조선총독부 내무국에 사회과를 신설하여 사회복지사업을 감독하였다. 이것이 한국 사회복지행정 실천의 첫 단계로 볼 수 있으나 광복되기 전까지의 공적 조직의 사회복지활동은 시혜적인 활동에 국한되어 공적인 사회복지행정이라고 보기는 힘들다. 그 후 1944년 3월 전문 33조로 된 조선구호령이 공포되어 실시되었다. 동 영에는 국민의 빈곤, 불구, 폐질에 대처하는 구호의 종류로 생활부조, 의료부조, 조산부조, 생업부조의 네 가지를 규정하였고, 특정한 피보호자에게는 매장부조도 규정하였다. 구호의 방법은 거택구호와 수용구호로 구분하였으나 거택구호를 원칙으로 하였다. 그러나 조선구호령은 조선총독부가 국민들을 회유하여 종속시키기 위한 정략적인 목적에서 시행한 법령상의 명문규정에 지나지 않았기 때문에 그 실현을 위한 구호행정도 형식적이며 명목적인 것에 불과하였다.

미군정은 1945년 10월 27일 군정법령 제18호로 보건후생국을 설립하였으며 보건후생국은 1946년 3월 2일 보건후생부로 승격되었다. 보건후생국은 1946년 1월 12일 후생국보 3호를 발표하여 1944년 일제가 제정 공포한 조선구호령과 함께 시행하였다. 또한 1946년 9월 18일의 후생국보 제3A호에는 재해민과 피난민 구호계획이 발표되고 그들에게 식량, 의류, 긴급의료, 매장, 치료 등의 편의를 제공했다. 이 시기의 구호행정의 특성은 적극적이고 계획적이거나 장기적인 관점에서 이루어지지 못하고 주로 과도기에 대처하기 위한 기아의 방지, 최저생계 유지, 의료보호 등에 중점을 둔 임시방편적인 것이었다.

(2) 1948-1960: 제1, 2 공화국 시대의 사회복지행정

제1공화국은 미군정 당시 보건후생부와 노동부를 병합하여 사회부로 개칭하여, 보건, 위생, 노동, 부녀 행정을 관장하게 하였다. 그 후 1949년 3월 사회부의 관장 하에 있던 보건행정을 분리하여 보건부를 신설하였다. 1955년 2월 다시 보건부와 사회부를 보건사회부로 통합하여 우리나라의 사회, 복지, 보건, 부녀행정을 총괄하는 중심 부서를 창설하였다.

제헌헌법 제19조에 근거하여 이러한 공적 조직을 신설하였으나 공적 조직의 사회복지활동은 월남피난민과 전쟁고아 및 피해자의 긴급구호에 급급한 상황이었기 때문에 현대적 사회복지 개념에 입각한 행정은 이루어지지 못했다. 그러나 사회부는 당시 매우 열악하였던 육아시설의 설비를 충실히 하고 그 운영의 강화 및 적정을 기하기 위하여 1950년 2월 27일 후생시설설치기준령을 마련하였고, 1952년 10월 4일에 급증한 전쟁고아의 수용보호시설을 비롯하여, 전란으로 인해 혼란에 빠진 기존 각종 구호시설의 운영과 지도·감독의 준칙으로 삼기 위해 전문 7장 33조로 된 '후생시설 운영요령'이란 훈령을 제정하였다.

6.25 전쟁 이후에는 급증한 전쟁피해자들을 구호하기 위한 외국의 원조기관들이 들어오면서 현대적인 민간 사회복지기관들이 설립되어 사회복지행정 실천의 장이 마련되었다. 그러나 이러한 외원기관들의 활동은 전쟁피해자인 고아, 미망인, 무의탁 노인, 빈민들에 대한 긴급구조를 위주로 하였기 때문에 조직적인 원조활동과 전문적 사회복지활동을 수행할 수 없는 상태였다. 따라서 민간 사회복지행정도 단순한 기관의 운영 외에는 체계적으로 시행되지 못했다(최성재·남기민, 2000: 53).

제1공화국 중반부터 말엽까지 실천 현장에서의 필요성은 인정되지 않았지만, 1947년 이화여자대학교에 기독교사회복지학과가 설치되면서 전문적 사회사업교육이 시작되었다. 그 후 1953년에는 중앙신학교(현재의 강남대학교)에 사회사업학과가 설치되었고, 1956년 사회복지 전문인력 단기양성소인 국립 중앙사회사업종사자훈련소(후에 국립중앙사회복지연수원으로 개칭되었다가 현재 보건사회연구원에 소속되어 있음)가 창설되었다. 1958년에는 이화여자대학교의 기독교사회사업학과에서 사회사업학과가 분리되어 독립학과로 되었고, 같은 해 서울대학교 대학원에 사회사업학과가 설치되었고, 다음 해인 1959년에 서울대학교 문리과대학에도 사회사업학과가 설치되었다. 그러나 당시의 사회사업학과에서 사회사업행정 교과목이 개설되었는지는 명확하지 않다.

(3) 1961-1979: 제3, 4공화국의 사회복지행정

5.16 군사쿠테타로 집권한 제3공화국 정부는 시급한 민생고의 해결을 위해 경제개발을 최우선 목표로 설정하고 절대빈곤의 탈피에 주력하였다. 아울러 그 당시의 생활무능력자들에 대한 생계보호를 체계적으로 시행하기 위해 생활보호법(1961. 12. 30. 법률 제913호)을 제정하였다. 생활보호법에 따라 정부의 사회복지행정은 저소득층에 대한 공공부조를 위주로 하는 생활보호행정 중심이었다. 그러나 정부재정의 부족으로 긴급한 사회복지 문제나 욕구는 주로 민간 외원단체의 원조로 해결하였다. 또한 생활보호법은 일제의 조선구호령 내용을 크게 벗어나지 못하였기 때문에 그 행정에 있어서도 질적인 개선은 없었다.

주무부서인 보건사회부의 역할도 전반적으로 생활보호 위주의 정책수행이었고, 123개 외원기관도 거의 전부 저소득층에 대한 원조를 위주로 하였다. 이러한 상황에서 공적 사회복지행정조직의 역할은 단순한 정책적 계획과 비전문적 활동이 위주였으며 사회복지서비스의 효과성과 효율성을 생각할 수 있는 정도가 전혀 되지 못하였다. 그리고 공공부조행정과 관련된 군사원호보상법 및 재해구호법이 있었으나 이것 역시 군사정부의 특성을 반영하고 사회질서 유지에 일차적 목적이 있어 사회복지행정으로 보기는 어렵다.

1960년대에는 3개 대학에 사회사업학과가 설치되어 총 10개 대학에서 사회사업 전문교육이 실시되었다. 1961년에 서울대학교에서 사회사업행정 교과목을 개설한 것을 시작으로 각 대학의 사회사업학과에서 사회사업행정 교과목 교육이 시작되었다. 따라서 이때부터 사회사업행정의 중요성이 사회사업 교육계를 중심으로 인식되기 시작했다고 할 수 있다.

1970년은 한국 최초로 사회사업에 대한 기본적인 사항을 규정한 사회복지사업법이 제정되었기 때문에 한국 사회복지행정 역사에서 매우 중요한 의미를 갖는 해이다. 동법은 사회복지사업의 정의와 범위를 명확히 함과 동시에 민간 사회복지사업의 주체로 사회복지법인 제도를 도입하고 법인이 시설을 설치하게 하여 민간 사회복지사업의 체계를 확립하였다. 또한 국가와 지방자치단체가 법인에 대해 보조할

수 있도록 함과 동시에 사회복지법인과 시설에 대한 지도·감독을 할 수 있는 권한
을 강화하였다. 결과적으로 사회복지사업법의 제정은 민간 사회복지행정과 그것의
지도·감독을 포함한 공공사회복지행정의 발전 토대가 되었다고 할 수 있다.

(4) 1980-1986: 제5공화국의 사회복지행정

제5공화국은 출범과 함께 복지사회의 구현을 사회목표로 설정하였기 때문에
건국 이래 사회복지에 대한 논의가 가장 활발했던 시기였다. 복지국가의 건설은 민
주주의의 토착화, 정의사회의 구현, 교육혁신 및 문화창달과 함께 제5공화국의 국
정지표가 되었다. 제5공화국은 헌법에서 '국가는 사회보장, 사회복지의 증진에 노력
할 의무를 진다'고 하여 제3, 4 공화국에 비해 사회복지에 대한 국가의 책임을 명
백히 하였다. 또한 제5공화국 정부는 사회보장정책과 함께 당시 심각한 국민욕구로
표출되었던 아동, 노인, 장애인 등에 대한 사회복지서비스 정책의 중요성을 인식하
고 이에 대한 국가와 지방자치단체의 책임을 강화하는 조치를 시행하여 사회복지행
정의 범위를 보다 확장시켰다. 또한 생활보호급여에 교육보호와 자활보호를 추가하
여 공공부조행정의 범위를 확대하고 종래의 생계 중심의 보호목적과 자활목적을 병
행하는 행정을 추진했다.

그러나 제5공화국의 사회복지행정은 그 이전과 비교해서 진일보한 측면이 있
었으나, 다양한 사회복지 욕구를 가진 국민들의 인간다운 생활보장 목적을 달성하
는 데에는 한계가 있었으며, 당시 심화되었던 국민생활의 불안정과 계층간의 갈등
해소에는 공헌하지 못했다.

이 시기에는 사회복지의 전문성과 행정의 효율성과 효과성을 제고하기 위해서
사회복지 전달체계를 개선해야 한다는 주장이 제기되었는데, 이러한 주장들은 공공
행정조직과 학계 및 민간 사회복지 실무현장에서도 사회복지행정에 대한 관심을 고
조시키는데 일조했다(최성재, 남기민, 2003: 56).

(5) 1987년 이후

제6공화국은 그 이전부터 시행되어 오던 저소득층 밀집지역을 중심으로 읍·
면·동 단위에 배치되기 시작한 사회복지전문요원을 본격적으로 배치하여 공공복지
행정의 획기적 변화를 가져왔다. 그러나 당시 심각한 사회복지 욕구와 문제에 대처
하기 위한 다양한 사회복지정책 및 프로그램의 개발과 공공복지행정의 확대가 요청

되었으나 신보수주의라는 이데올로기의 영향으로 사회복지의 민간참여가 강조되었다. 따라서 정부의 지원을 받는 국내 사회복지법인들이 사회복지관을 중심으로 하는 민간 사회복지관을 설립하여 민간 사회복지행정을 실천하기 시작했다.

또한 이 시기에 중앙정부는 사회복지조직의 변화가 있었다. 정부는 1990년 공공사회복지를 담당할 뿐만 아니라 민간 사회복지를 감독하는 중앙정부의 사회국과 가정복지국을 통합하여 사회복지정책실로 개편하였다. 이러한 개편은 2000년대의 선진 복지행정의 수요와 증대하는 사회복지 욕구에 효율적으로 대처하기 위한 사회복지정책 기능과 증가된 민간복지사업의 감독기능을 강화하기 위한 것이었다. 또한 사회복지정책실에 실장을 보좌하는 심의관제를 도입하고 사회복지의 주요 분야별로 과를 두었다. 이러한 변화는 협의의 사회복지에 관련되는 공공행정이 따로 분리된 독자적인 부서를 마련함과 동시에 그 유기적 관련성을 제고하여 종합적인 복지행정을 수행할 수 있는 계기를 마련하였다.

1997년 8월의 사회복지사업법 전면 개정과 11월부터 시작된 경제위기는 사회복지환경의 급격한 변화를 가져왔다. 건국 이후 처음으로 경험하는 갑작스런 대량실업으로 인해 각종 사회복지정책이 절실히 요구되었다. 당시 생활보호제도를 대신하여 제정된 국민기초생활보장제도는 사회복지행정의 역사에 획기적인 전환점이 되었다. 과거 시혜대상으로서의 보호대상자들이 수급권자가 되어 권리성이 강화되었고, 수급범위의 확대로 인해 그 수가 급증하고 있을 뿐만 아니라 신청자들의 소득과 재산을 정확히 파악하고 자활지원계획과 연계한 적절한 서비스를 제공하기 위해서는 체계적인 복지행정이 필요했다.

2000년대에 들어와서는 사회복지행정의 효율성과 전문성이 강조되기 시작하면서 사회복지사무소의 설치 주장이 제기되어, 2004년 7월 1일에 서울 서초구와 부산광역시 부산진구와 사하구 등 전국 9개 시·군·구에 시범사회복지사무소가 시범 운영되기 시작했다. 사회복지사무소의 설치는 사회복지행정 발전에 있어서 전환점이 될 수 있다는 점에서 그 중요성이 있다.

사회복지사무소 설치의 목적은 시·군·구 단위의 복지사무 전담기구로 사회복지사무소를 설치하여 복지업무를 효율화·전문화하고 주민에 대한 복지서비스 제공체계를 보완하여 선진화된 사회복지행정체계를 구축하는 데 있다. 이러한 사회복지행정체계의 선진화는 최근 사회문제로 등장하고 있는 신빈곤층의 대두, 가족해체 및 위기가정의 증가 등 다양한 사회문제에 사회복지사들이 효과적으로 대응할 수

있게 하는 사회복지시스템의 획기적인 변화라고 할 수 있다. 뿐만 아니라 사회복지
사무소 설치로 인해 최근 진행되고 있는 지방화에 따른 중앙정부 사회복지업무의
지방정부로의 이양에 대해서도 효과적으로 대처할 수 있게 된다.

현재의 중앙정부-시·군·구-읍·면·동으로 이어지는 획일적인 사회복지행정
체계는 효율성과 전문성 측면에서 여러 가지 문제점을 지니고 있었다. 시·군·구의
복지조직은 중앙정부에서 수립된 정책을 읍·면·동에 전달하는 역할만 수행하여 왔
으며, 읍·면·동의 사회복지전담공무원은 혼자 기초생활보장·노인·장애인·아동복
지 등 모든 복지업무를 전담하여 행정업무 처리에만 급급하였다. 따라서 현재의 시
스템으로는 취약계층을 발굴하여 상담이나 전문적 서비스를 제공하는 데에 한계가
있었다. 또한 공공부문과 민간분문 간에 정보 공유와 연계·협력체계가 구축되지 않
아 각 부문이 개별적으로 대응함으로써 복지서비스가 중복으로 제공되거나 누락되
곤 했다. 뿐만 아니라 사회복지담당 공무원은 잦은 인사이동으로 인하여 전문성을
발휘할 수 있는 기회가 없어 지역특성을 반영한 복지행정이나 정책을 수립하기 어
려웠다.

새로 출범한 사회복지사무소에는 복지상담실을 설치하고 전담상담요원을 배치
하여 초기상담을 전문화하게 하며, 복지기획팀을 두어 지역사회 주민들을 대상으로
하는 복지욕구조사, 지역복지계획 등을 수립하고, 통합조사팀을 두어 보호가 필요한
사람을 적극 발굴하여 지원하고 부정수급자는 제외하는 등 보호의 객관성과 공정성
을 확보하게 한다. 또한 서비스연계팀을 두어 복지자원의 개발, 서비스 연계와 조
정, 방문서비스 등을 실시하게 한다. 이렇게 되면 지역차원에서 지역주민의 복지욕
구를 충분히 반영하는 복지정책을 수립하여 지역주민의 삶의 질의 제고에 기여하는
사회복지시스템이 구축될 수 있다.

우리나라는 사회복지서비스를 전달하는 행정체계의 비효율성으로 인해 수급자
격이 있음에도 불구하고 복지서비스를 받지 못하는 사각지대가 여전히 존재하고 있
으며, 사회복지서비스의 질적인 수준도 낮아 전반적인 복지체계는 후진국 형태를
벗어나지 못했다. 이제 전문성과 효율성을 겸비한 사회복지사무소가 일선행정단위
에 설치됨으로써 우리나라 사회복지의 수준은 한 차원 높아질 수 있으며, 주민들은
양질의 사회복지서비스를 신속하게 받을 수 있게 되었다. 정부는 시범사무소 운영
평가위원회를 구성하여 이번에 출범한 시범사회복지사무소를 앞으로 2년간 평가하
여 지역 유형별로 적합한 사회복지사무소 운영 모델을 제시하고 2006년부터 전국

으로 확대 시행할 예정으로 있다.

4. 사회복지행정의 이론

사회복지행정의 주된 과제는 사회복지정책을 사회복지서비스로 전환시키기 위해 효율적으로 사회복지조직을 운영·관리하는 것이다. 조직관리에 관한 이론에는 고전모형, 인간관계모형, 그리고 구조주의모형 등 세 가지 기본적인 모형이 있고, 이 세 가지 모형들을 하나로 절충한 체계모형이 있다. 여기에서는 이 모형들을 살펴보기로 한다(최성재·남기민, 2003: 66-84).

4.1 고전모형

고전모형(classical model)은 조직 구성원들이 주로 경제적으로 동기부여된다는 데서 시작한다. 개인들은 그들에게 경제적 유인이 주어질 경우에 조직의 목표를 위해 노력한다는 것이다. 따라서 조직이 개인에게 경제적인 보상을 할 수 있다면 개인의 목표와 조직의 목표가 일치할 수 있다고 본다. 고전모형은 과학적 관리학파, 공공행정학파, 관료제 모형으로부터 제반 가정을 빌려오고 있는데, 그 핵심적 가정은 조직이란 합리적 체계이며 기계와 꼭 같이 계획될 수 있다는 것이다. 고전모형은 조직의 연구 및 조직의 실제적 기능보다는 이상적인 조직은 어떤 것이어야 한다는 예측에 기초를 두고 만들어졌다.

그러나 고전모형은 조직에 미치는 환경의 중요성을 간과하고 있으며 조직 내의 인간적 요소, 또는 하위체계 및 비공식적 체계를 고려하고 있지 않다는 비판을 받기도 하며, 특히 사회복지조직에는 부적절한 것으로 평가되기도 한다. 그러나 조직관리 분야에서는 아직도 지배적인 모형으로 남아 있다.

4.2 인간관계모형

인간관계모형(human relationships model)은 고전모형에서 나타난 여러 가지 결함을 보충하기 위해 개발된 모형이다. 이 모형은 메이오(Mayo)를 중심으로 미국

시카고 근처에 있는 웨스턴 일렉트릭(Western Electric)회사의 호쏜(Hawthorne) 공장에서의 실험을 통해서 만들어진 것인데, 조직에서의 인간적 요소의 중요성을 강조하고 있다. 이 모형은 개인의 욕구를 충족시키기 위하여 조직 내에서 비계획 적·비합리적 요소에 강조를 두고 있다. 그러나 인간관계 모형과 고전모형의 차이점 에도 불구하고 인간관계모형은 만약 개인의 욕구가 충족된다면 조직 내의 개인은 조직의 목표를 위해 일할 것이라는 기본적인 가정에서는 고전모형과 같다. 개인의 욕구에 관심을 보여 준다면 조직의 목표와 개인의 목표는 일치될 수 있는 것이다. 그래서 인간관계모형은 사회복지조직의 관리자들에게는 각광을 받고 있다.

인간관계모형의 특징은 다음의 네 가지이다. 첫째, 근로자의 작업능률은 물리 적 환경조건에 의해 좌우되는 것이 아니라 집단내의 동료 또는 윗사람과의 인간관 계에 의해 크게 좌우 된다. 둘째, 조직에는 비공식 집단이 별도로 존재하는데 이 비 공식 집단은 개인의 태도와 생산성에 강력한 영향을 미친다. 셋째, 근로자는 개인으 로서가 아니라 집단의 일원으로서 행동하며, 집단내의 인간관계는 일련의 비합리 적·정서적 요소에 따라 이루어진다. 넷째, 근로자는 경제적인 욕구나 동기에 입각 한 합리적 행동보다는 비경제적 요인인 사회적·심리적 욕구나 동기에 입각한 행동 을 중시한다(신두범, 1980: 130).

그러나 인간관계모형이 조직의 인간적인 측면을 중요하게 부각시켰다는 점에서 큰 의미를 지니지만 인간의 비합리적·정서적 측면만을 강조하는 편협적인 인간관 을 견지하고 있다는 점에서 고전모형의 인간관에 가해진 비판과 동일한 논리에서 비판의 대상이 된다. 실제의 인간은 합리적인 면과 비합리적인 면의 두 가지를 동 시에 복합적으로 가지고 있는 것으로 보는 측면으로부터 비판을 받고 있다(안해균, 1982: 116).

4.3 구조주의모형

구조주의모형(structuralist model)은 고전모형과 인간관계모형의 총합(synthesis) 이다. 구조주의모형은 그것이 인간관계모형에 대하여 제기한 비판으로부터 발생한 것이다. 구조주의자들에 의하면 인간관계적 접근은 조직에 대한 완전한 시각을 제 공해 주지 못하고 있으며 그 부분적 시각은 관리자들을 유리하게 하는 반면 근로자 들을 잘못 인도하고 있음을 제시하고 있다. 구조주의모형은 개인과 조직의 목표가 일치할 수 있다는 가정을 하지 않는다는 점에서 인간관계모형 및 고전모형과 다르다. 오히려 구조주의는 조직에서의 갈등은 불가피하다는 것을 강조한다.

구조주의모형에서는 고전모형 및 인간관계모형과는 대조적으로 갈등을 역기능적인 것이라기보다는 순기능적인 것으로 보고 있다. 갈등은 문제를 노출시키고 그에 따른 해결책을 찾게 함으로써 사회적 기능을 할 수 있다는 것이다. 노동조합, 고충처리위원회, 기타 재판 판결절차는 조직 내 갈등의 불가피성으로 인해 이를 중재하기 위한 기제로서 발생한 것으로 보고 있다. 그러나 사회복지 분야에서 문제해결을 위한 건설적 전략으로서 갈등을 사용하는 것에 대한 광범위한 저항이 있다.

그러나 인간관계모형을 주장하는 사람들은 구조주의모형이 인간적 요소를 충분히 고려하지 못한다고 비판한다. 인간관계론자들은 조직에서의 갈등이 일어나기는 하지만 그 갈등은 공개적인 의사소통과 신뢰를 통해 해결될 수 있다고 주장한다.

4.4 체계모형

체계모형(system model)은 앞서 논의한 고전모형, 인간관계모형, 구조주의모형이라는 세 가지 모형이 하나의 모형으로 통합될 수 있다는 가정에 기초를 두고 있다. 체계모형은 조직이란 다양한 역동성과 메커니즘에 기초를 둔 구체적 기능을 수행하는 많은 하위체계들로 구성된 복합체라고 보고 있다. 체계모형은 관리자에게 조직의 문제를 분석하고 진단하기 위한 방법을 제공해준다. 이 모형은 조직의 어느 부분이 잘못 기능하고 있는가를 찾아내어 고치도록 하는데 사용될 수 있다. 즉 조직의 각각의 하위체계들이 어떠한 기능, 역동성 및 기제를 수행하는가의 표준을 제시함으로써 특정 조직의 성과를 그 표준과 비교평가해 볼 수 있다.

참 고 문 헌

김영종. 2003. 「사회복지행정」. 서울: 학지사.

박병현. 1991. "미국 AFDC 프로그램의 변천과정을 통해서 본 빈곤문제와 자유주의사상과의 관계". 「사회과학논총」11(1): 189-217.

안해균. 1982. 「현대행정학」. 서울: 다산출판사.

신두범. 1980. 「행정학원론」. 서울: 유풍출판사.

신복기·박경일·장중탁·이명현. 2002. 「사회복지행정론」. 서울 : 양서원.

장인협·이정호. 1992. 「사회복지행정」. 서울: 한국사회복지협의회.

최성재·남기민. 2003. 「사회복지행정론」. 서울: 나남.

Ambrosino, Rosalie, et al. 2001. *Social Work and Social Welfare*. Brooks/Cole.

Leiby, James. *A History of Social Welfare and Social Work in the United States*. New York: Columbia University Press.

Patterson, James T. 1986. *America's Struggle Against Poverty 1900-1985*. Cambridge, Mass.: Harvard University Press.

Patti, Rino J. 1983. *A Social Welfare Administration*. Englewood Cliffs, NJ: Prentice Hall.

Skidmore, Rex A. 1983. *Social Work Administration*. New York: Allyn and Bacon.

Spencer, S. 1959. *The Administration Method in Social Work Education*. New York: Council on Social Work Education.

Warham, Joyce. 1967. *An Introduction for Administration for Social Workers*. New York: Routedge & Degan.

제3부

사회복지의 분야

제9장
사회보장

1. 사회보장의 개념과 방법

1.1 사회보장의 개념

사적소유와 시장경제체제 중심의 자본주의 사회에서 개인의 생활보장문제는 자조(自助)의 원칙하에 개인의 책임으로 귀결된다. 그러나 산업화와 도시화에 따른 사회경제구조의 변화로 인해 개인이 일상생활중에 당면할 수 있는 사회적 위험의 범위가 확대되었다. 또한 인구의 노령화와 핵가족화는 각종 복지수요를 증대시켰고 전통적인 가족간 연대감이나 부양의식을 약화시켰다. 이러한 사회·경제적 변화는 개인의 생활보장문제를 전적으로 개인에게만 의존할 수 없는 상황을 초래하여 국가가 개인의 생활을 보장하는 사회보장제도가 등장했다.

사회보장(social security)이라는 용어는 1935년 미국이 뉴딜정책의 일환으로 사회보장법을 제정하면서 처음으로 쓰여지기 시작했다. 그러나 그 제도의 시원(始原)은 19세기 말 「노동자보험」(Arbeiterversicherung)을 최초로 실시했던 독일 비스마르크(Bismarck)의 사회정책에까지 거슬러 올라간다. 이후 세계 대공황과 제2차 세계대전을 겪으면서 사회보장의 적용대상과 위험의 범위가 크게 확대되었다.

사회보장의 구체적 개념은 사회보장이 갖는 의의나 내용이 국가나 그 국가가 처한 시대적 상황에 따라 상이하므로 획일적으로 정의하기는 매우 힘들다. 일반적으로 사회보장제도란 국가가 국민의 생존권을 보호하기 위해 소득이나 의료의 보장을 도모하는 총체적인 국가정책을 의미한다. 즉 국가 및 사회가 국민에게 닥친 사회적 위험과 그로 인한 생활의 불안을 경감 혹은 해소해 주기 위한 공공적 장치라고 할 수 있다. 이 때 제기되는 문제는 보장의 범위와 정도이다. 즉 개인의 생활을 어느 정도까지 그리고 어느 수준까지 보장해주어야 하는가 하는 문제이다.

사회보장을 좁게 해석하면 국가 및 사회가 질병, 산업재해, 노령, 폐질, 사망, 빈곤 등 고전적인 사회적 위험으로부터 국민생활을 제도적으로 보호해 주는 것이라고 할 수 있다. 이와 같은 관점 하에서 베버리지(Beveridge, 1942: 120)는 제2차 세계대전 후의 영국사회보장제도의 기초가 되었고, 영국뿐만 아니라 자본주의국가의 사회보장제도에 큰 영향을 미쳤던 자신의 보고서인 「사회보험과 관련서비스」 (Social Insurance and Allied Service)에서 사회보장을 ① 실업, 질병 또는 부상으로 인하여 수입이 중단된 경우에 대처하며, ② 노령에 의한 퇴직이나 본인 이외의 다른 사람의 사망으로 인한 부양의 상실에 대비하고, ③ 나아가서는 출생, 사망 및 결혼 등에 관련된 예외적 지출을 보충해 주기 위한 일종의 소득보장수단이라고 정의하고 있다.

베버리지가 비교적 좁게 사회보장을 정의 내렸다면, 1945년 프랑스 사회보장 계획의 중심인물이었으며 당시 프랑스 노동성의 총무장관이었던 삐에르 라로크 (Pierre Laroque, 1966)는 비교적 넓은 의미의 사회보장을 제시하고 있다. 그는 "사회보장이란 근로자 대중에 대한 생활수단의 영속성의 보장이며, 국민의 연대책임 하에 모든 구성원의 모든 경우에 있어 적당한 최저생활을 보장해 주어야 한다" 고 주장했다. 그는 사회보장의 구성요소로서 취업의 보장, 소득의 보장, 노동능력의 보장 세 가지를 들고, 사회보장은 이들 정책의 결합이며 이들의 통일 및 정합으로서 성립되는 것이라고 보고 있다. 즉 그는 ① 완전취업을 목적으로 하는 경제정책, ② 의료정책, ③ 소득분배정책의 3자가 통합되는 곳에 사회보장이 있다고 했다.

사회보장제도는 연금제도, 산업재해보상보험제도, 고용보험제도, 의료보험제도 등 4대 사회보험과 아동수당(가족수당), 그리고 공공부조로 구성된다. 사회보험제도가 도입되는 순서는 대체로 산업재해보상보험제도, 연금제도, 의료보험제도, 고용보험제도 순서이다. 우리나라에서는 산업재해보상보험제도(1963년 11월 입법, 1964년 시행), 의료보험제도(1963년 12월 입법),[1) 연금제도(1986년 제정, 1988

---

1) 우리나라에서 의료보험제도가 제정된 것은 1963년 12월이나 강제가입조항이 없었기 때문에 유명무실했다. 그러다가 1976년 500인 이상 사업장 근로자를 대상으로 하는 강제가입 성격의 의료보

년 시행), 고용보험제도(1993년 제정, 1995년 시행) 순서로 시행되고 있으며, 아동수당제도는 아직 시행되지 않고 있다.

우리나라에서는 사회보장기본법 제3조에 사회보장을 질병, 장애, 노령, 실업, 사망 등의 사회적 위험으로부터 모든 국민을 보호하고 빈곤을 해소하며 국민생활의 질을 향상시키기 위하여 제공되는 사회보험, 공공부조, 사회복지서비스 및 관련복지제도로 규정함으로써 비교적 넓은 의미로 사회보장을 정의 내리고 있다.

1.2 사회보장의 방법

국가가 국민들의 소득과 건강을 보장하는 사회보장의 방법은 ① 비기여(non-contributory)·비자산조사(no-means test) 프로그램, ② 비기여·자산조사 프로그램, 그리고 ③ 기여·비자산조사 프로그램으로 나눌 수 있다(김태성·김진수, 2001: 19-24).

(1) 비기여·비자산조사 프로그램

이 유형에 속한 프로그램들은 한 나라의 국민이면 누구나 일정한 인구학적 조건(노인, 아동, 장애인 등)만 갖추면 기여하지 않고(보험료를 내지 않고), 그리고 수급자의 소득과 자산조사를 하지 않고 급여를 제공하는 프로그램을 말한다. 흔히 이러한 프로그램을 보편적 프로그램(universal program)이라고 부른다.

이러한 프로그램들 가운데 가장 널리 알려진 것은 오늘날 선진 산업국가들에서 실시하고 있는 아동수당(혹은 가족수당), 고도로 발전된 복지국가에서 실시하고 있는 보편적 연금, 그리고 장애수당 등이 있다. 이러한 프로그램들에 의해 아동이 있는 가구는 그 가구의 소득이나 자산 수준에 관계없이, 그리고 과거에 보험료를 납부한 경험과 관계없이 일정한 수당을 국가로부터 지급받으며, 일정한 나이(대부분의 경우 65세)에 도달하면 노령연금에 대한 보험료 납부와 관계없이 일정한 액수의 연금을 국가로부터 지급받는다.

이러한 유형의 프로그램들은 가장 늦게 발전한 사회보장의 유형이나 가장 발전된 형태라고 할 수 있다. 왜냐하면 이러한 프로그램들은 국민이 국가로부터 권리로

험법이 개정되고 1977년에 시행되면서 제 기능을 수행하기 시작했다.

서 사회보장을 받는 면을 강하게 지니고 있기 때문이다. 그래서 이러한 프로그램들은 사회복지의 주요한 목적인 인간의 존엄성 향상과, 무엇보다도 수급자와 납세자 사이의 연대의식을 증가시켜 사회통합의 목적에 기여할 수 있다.

현재 우리나라에서는 이러한 유형의 프로그램들을 가지고 있지 않다. 노인과 장애인을 위한 노인수당과 장애인수당이 있으나, 이러한 프로그램은 후술할 비기여·자산조사 프로그램(공공부조에 해당)에 속한다고 볼 수 있다.

(2) 비기여·자산조사 프로그램

여기에 해당되는 프로그램은 공공부조제도로서 사회보장제도 중에서 가장 역사가 오래되었다. 공공부조제도는 ① 소득이나 자산이 일정한 수준 이하인 모든 사람에게 급여를 제공하는 공공부조, ② 소득이나 자신이 일정한 수준 이하이면서 동시에 어떤 특정의 기준(예를 들면 아동, 노인, 장애인)에 속하는 사람에게만 급여를 제공하는 범주적 공공부조(categorical public assistance)(예를 들면 우리나라 과거의 생활보호제도)가 있다.

이러한 공공부조 프로그램은 주어진 자원으로 가난한 사람들에게 집중적으로 급여를 제공할 수 있기 때문에 경제적 효율성이 높으며, 소득재분배의 효과도 높일 수 있다. 그러나 공공부조 프로그램은 수급자들에게 낙인을 찍음으로써 수치심을 유발하여 인간의 존엄성을 훼손할 수 있으며, 수급자와 납세자 사이에 대립을 유발시켜 국민연대감을 해칠 수 있다. 또한 이러한 프로그램은 수급자가 권리보다는 시혜로서 급여를 제공받기 때문에 가장 낙후된 사회보장제도라고 볼 수 있다. 그래서 사회보장의 역사를 살펴보면 초기에는 이러한 공공부조 프로그램이 중요한 역할을 담당했으나, 보편적 프로그램이나 사회보험제도가 성숙하면서 그 비중이 줄어드는 경향이 있다.

(3) 기여·비자산조사 프로그램

오늘날 대부분의 산업국가에서 시행하고 있는 가장 중요한 사회보장제도인 사회보험제도가 여기에 해당된다. 공공부조가 빈곤의 문제를 해결하는 최후의 안전망(safety net)이라면, 사회보험제도는 사람들이 빈곤에 떨어지는 것을 예방하는 프로그램이라고 할 수 있다. 사회보험제도는 사람들이 일생 동안 부딪칠 수 있는 위험의 종류를 노령, 장애, 사망의 위험(국민연금), 질병의 위험(의료보험), 실업의 위험(고용보험), 그리고 작업중 장애의 위험(산업재해보상보험) 등 크게 네 가지로 구분하고, 이러한 각각의 위험에 대비하여 국가가 운영주체가 되는 보험이다. 이러한 네 가지 사회보험 프로그램들은 국가마다 차이가 있지만, 기본적으로 미래에 부딪칠 수 있는 위험에 대비하여 평소 경제생활을 통하여 소득이 있을 때, 그 소득의 일부를 강제로 갹출하여 미래에 대비하는 것이다.

2. 산업재해보상보험제도

2.1 산업재해와 산업재해보상보험의 정의

산업화의 급속한 진전은 사업체의 증가와 근로자수의 증가를 초래했고 이에 수반하여 산업재해의 발생이 증가하였다. 산업재해(industrial accidents)란 공장·사업장에 있어 건조물(建造物)·기계·장치나 원료·재료·가스·증기·분진(粉塵) 등에 의하여, 또는 근로자의 작업행동에 의하여 근로자가 부상당하거나 질병에 걸리거나 사망하거나 하는 것을 말한다. 초기의 산업재해는 건설현장과 위험한 기계기구를 설치·사용하는 사업장에서 주로 발생하였으나, 산업사회의 현대화, 고도화, 정보화 등으로 재해 발생원인도 신종 직업병과 과로, 스트레스 등에 기인한 재해가 증가하는 추세이다. 산업재해보상보험은 이러한 근로자의 업무상의 부상, 질병, 신체장애, 또는 사망에 대하여 재해보상을 행하며, 근로자의 복지에 필요한 서비스를 행함으로써 근로자와 그 가족을 보호하는 것을 목적으로 하는 제도이다. 산업재해보상보험은 피재(被災) 근로자에게 재해보상을 보장하기 위하여 국가가 책임을 지는 의무보험이다. 국가는 산재보험 상 적용대상이 되는 사업주로부터 소정의 보험료를 징수하여 법령이 정한 바에 따라 피재 근로자에게 보상을 한다.

산업재해보상보험의 목적은 크게 다음의 세 가지로 나눌 수 있다. 첫째, 산재근로자에 대하여 신속하고 공정한 재해보상을 실시하는 것이다. 둘째, 필요한 보험시설의 설치·운영과 재해 예방이나 각종 근로복지사업을 추진함으로써 재해를 입은 근로자나 그 가족의 인간다운 생활을 보장하는 데 있다. 셋째, 불의의 재해로 사업주가 과중한 경제적 부담을 지게 되는 위험을 분산·경감시켜 안정된 기업활동을 할 수 있도록 도와주는 데 있다.

우리나라의 산업재해보상보험법(법률 제4826호)은 제1조에서 산업재해보상보험법은 산업재해보상보험사업을 행하여 근로자의 업무상의 재해를 신속하고 공정하게 보상하고, 이에 필요한 보험시설을 설치·운영하며 재해예방 기타 근로자의 복지증진을 위한 사업을 행함으로써 근로자 보호에 이바지함을 목적으로 한다고 규정하고 있다. 즉 산업재해보상보험은 노동재해에 대해 피재 근로자와 그 가족의 생활보장을 확보하기 위하여 급여를 제도화한 사회보장의 한 부분이다. 우리나라에서는 사회보험제도 중에서 가장 빠른 1963년에 입법되어 1964년부터 시행되었다.

2.2 산업재해보상제도에 있어서 무과실배상책임이론

산업화 초기까지는 산재보험의 사회보험제도화는 배상책임과 밀접한 관련이 있었다. 초창기 근로자의 재해에 대한 문제는 과실책임주의에 입각하여 근로자는 자신이 입은 재해가 사용자의 부주의와 과실에 기인하였음을 증명해야만 사용자로부터 산재에 대한 보상을 받을 수 있었다. 그러나 실제적으로 산재근로자나 그 가족이 사용자측의 과실을 입증하는 것은 거의 불가능하였기 때문에 업무상의 재해로 근로자가 보상을 받는 경우가 거의 없었다. 그러나 산업화의 진전에 따라 근로자의 정치적 권리가 향상되고, 사용자와 근로자간의 민법상의 관계는 근로자의 재해에 대하여 우선적으로 사용자의 책임을 원칙으로 하되, 사용자가 산재의 원인이 순수한 근로자의 부주의나 과실에 기인하였음을 증명하여야 배상책임에서 벗어날 수 있는 무과실책임주의로 전환되었다(김태성·김진수, 2001: 283).

이러한 무과실배상책임이론은 자본주의 경제, 더 나아가 대기업의 발전에 따라 직장의 위험을 내재하면서 조업하여 막대한 이익을 올리는 기업에 대하여 고의·과실을 묻지 않고 근로자가 입은 재해에 대하여 배상책임을 지우는 것이 공평과 정의에 부합된다는 것이다. 오늘날 현행 산업재해보상제도에 있어서의 사용자의 재해보상책임은 생존권보장의 이념에 입각하고 있다고 할 수 있다.

2.3 산업재해보상의 원칙

산업재해보상보험에 있어서 모든 피재근로자가 해고나 생활의 위협을 받는 일이 없이 안심하고 치료를 받으며 직장에 복귀할 수 있고, 근로자가 재해로 사망했을 경우에는 유족의 생활이 충분히 보상되어 정신적 고통 등의 손해가 보상되는 완전보상의 기본이념에 입각하여 다음과 같은 산업재해보상의 원칙이 있다(社會保障事典編輯委員會, 1979: 231).

첫째, 산업재해의 인정에 관한 원칙으로 산업재해에 있어서는 무엇보다 피재근로자와 그 가족의 구제라는 기본에 입각하여 「의심나는 것은 보상해야 한다」는 원칙이다. 이를 위해서는 당면한 업무상 또는 업무 외의 결정에 있어 의사선택의 자유보장, 업무 외 상병에 대한 기업보상의 확립 등이 필요하다.

둘째, 산업재해의 치료와 보상의 원칙으로 ① 장기요양 중 또는 상병치유 후에도 장애가 남아 노동능력이 저하되었을 경우 해고제한 및 직장복귀의 권리가 보장되어야 하며, ② 휴업 또는 취업제한시의 임금의 감수(減收)는 완전히 보장되어야 하며, ③ 요양에 필요한 비용 및 치료행위 그리고 재활은 모두 보상되어야 한다.

셋째, 유족보상의 원칙으로 유족에 대한 보상은 먼저 유족이 안심하고 생활할 수 있는 임금보상이 이루어져야 한다.

2.4 우리나라 산업재해보상보험의 현황

(1) 적용대상

먼저 산업재해보상보험의 적용대상과 그 확대현황을 보면 <표 9-1>에서 보는 바와 같이 1964년에 광업과 제조업 등 2개 업종에 걸쳐 근로자 500인 이상의 64개 적용사업장에 8만 1,000명에게 적용되었던 것이 10년 후인 1974년에는 근로자 16인 이상의 17,551개 적용사업장의 151만 7천명에게 적용되어 적용사업장수에 있어 274.2배, 그리고 적용근로자수에 있어서는 18.7배의 증가를 보였다. 1976년에는 광업과 제조업 중에서 화학, 석유, 석탄, 고무 및 플라스틱 제조업은 5인 이상의 근로자가 산재보험의 적용을 받게 되었다. 그리고 2000년부터는 1인 이상 사업장이 산재보험의 적용을 받게 되었다. 연도별 산재보험 적용확대 상황은 <표 9-1>과 같다.

▌표 9-1▌ 연도별 산재보험 적용확대상황			
연 도	적용기준	적용사업장수	근로자수(천명)
1964	500인 이상	64	81
1974	16인 이상	17,551	1,517
1976	16인 이상	28,445	2,269
1977	10인 이상	38,889	2,646
1983	10인 이상	60,213	3,941
1986	10인 이상	70,865	4,794
1987	10인 이상	83,536	5,356
1991	10인 이상	146,284	7,922
1992	5인 이상	154,826	7,058
1993	5인 이상	163,152	6,943
1994	5인 이상	172,871	7,273
1995	5인 이상	186,021	7,894
1996	5인 이상	210,226	8,157
2000	1인 이상	706,231	9,485
2001	1인 이상	909,461	10,581
2002	1인 이상	1,002,263	10,571
2003	1인 이상	1,006,549	10,559
2004	1인 이상	1,039,208	10,473
2005	1인 이상	1,175,606	12,069
2006	1인 이상	1,265,411	11,498
2007	1인 이상	1,399,608	12,342
2008	1인 이상	1,565,189	13,297
2009	1인 이상	1,532,242	13,699
2010	1인 이상	1,578,685	13,983
2011	1인 이상	1,703,453	14,138
2012	1인 이상	1,786,880	15,271

자료: 고용노동부, 「산재보험 사업연보」.

(2) 급여의 종류

산업재해보상보험의 급여의 종류는 요양급여, 휴업급여, 장해급여, 유족급여, 상병보상연금, 간병급여, 직업재활급여, 장의비가 있다.

1) 요양급여

요양급여는 업무상 부상 또는 질병에 걸렸을 때 의료기관에서 상병의 치료에 소요되는 비용을 치유될 때까지 지급하는 현물급여로서, 공단이 설치한 보험시설 또는 공단이 지정한 의료기관에서 요양을 하게 한다. 급여지급은 부상 또는 질병이 발생한 후 3일이 경과한 후부터 지급된다. 요양급여가 지급되는 동안에 근로자는 해고로부터 보호된다.

2) 휴업급여

휴업급여는 업무상 부상 또는 질병으로 인하여 취업하지 못한 기간에 대해 피재 근로자와 그 가족의 생활보호를 위하여 임금 대신 지급하는 현금급여로서, 요양으로 인하여 취업하지 못한 기간에 대해서는 지급하되 1일당 지급액은 평균임금의 70/100에 상당하는 금액으로 한다.

3) 장해급여

장해급여는 상병이 치유된 후 장애가 신체에 남아 있을 경우에 그 장애의 정도에 따라 지급되는 급여로서, 이는 업무상 재해에서 비롯된 소득능력의 감소 혹은 상실에 대한 소득보장급여로서의 성격을 지니고 있다. 장해급여는 장애등급(1급에서 14급)에 따라 차등지급된다.

4) 유족급여

유족급여는 업무상 재해로 인하여 근로자가 사망했을 경우, 그 유족의 생활보장을 목적으로 하는 소득보장의 성격을 띤다. 수급권자의 선택에 따라 유족보상연금 또는 유족보상일시금을 지급한다. 유족보상일시금은 평균임금의 1,300일분에 상당하는 금액으로 한다.

5) 상병보상연금

2년 이상 장기요양을 하는 피재 근로자가 폐질등급 1~3급으로 판정된 경우에 휴업급여 대신 보상수준을 상향조정하여 지급되는 연금이다. 상병보상연금을 받게 되면 휴업급여와 장애연금지급은 중지된다. 상병보상연금은 장애등급에 따라 차등지급된다.

6) 간병급여

간병급여는 요양급여를 받은 자 중 치유 후 의학적으로 상시 또는 수시로 간병이 필요하여 실제로 간병을 받는 자에게 지급하는 급여로서, 간병급여의 지급 대상

█ 표 9-2 █ 산업재해보상보험의 급여의 종류와 수준		
급여의 종류	수급조건	급여수준
요양급여	업무상 부상 또는 질병의 치료를 위하여 요양비를 지불(3일 이내에 치유되는 부상이나 질병일 경우에는 산재보험급여를 지급하지 않고 근로기준법에 의하여 사용자가 재해를 보상)	치료비 전액
휴업급여	업무상 부상 또는 질병으로 인한 휴업기간에 대해 임금 대신 지급하는 급여(요양급여와 같이 '3일 이내'라는 예외규정을 둠)	미취업기간 1일당 평균임금의 70/100
장해급여	업무상 재해의 치유 후 장애가 남게 되는 경우, 장해등급 1-3급은 연금으로, 4-7급은 연금, 일시금 중 선택, 8-14급은 일시금으로 지급	일시금: 평균임금의 1,474일분(1급)-55일분(14급) 연금: 평균임금의 329일분(1급)-138일분(7급)
유족급여	재해근로자 사망시 유가족에게 연금 또는 일시금으로 지급	일시금: 평균임금의 1,300일분 연금: 유족 1,2,3,4인 연소득의 52%, 57%, 62%, 67%
상병보상 연금	2년 이상 장기요양을 하는 피재 근로자가 폐질등급 1-3급으로 판정된 경우 휴업급여 대신 보상수준 상향지급 - 휴업급여, 장애연금은 지급중지	장애급여 1-3급과 동일
간병급여	요양급여를 받은 자 중 치유 후 의학적으로 상시 또는 수시로 간병이 필요하여 실제로 간병을 받는자에게 지급	직종별 월급여총액 등을 기초로 하여 노동부장관이 고시하는 금액
직업재활 급여	· 장해급여를 받은자 중 취업을 위하여 직업훈련이 필요한 자에 대하여 실시하는 직업훈련에 드는 비용 및 직업훈련수당 지급 · 업무상의 재해가 발생할 당시의 사업장에 복귀한 장해급여자에 대하여 사업주가 고용을 유지하거나 직장적응훈련 또는 재활운동을 실시하는 경우에 직장복귀 지원금, 직장적응훈련비 및 재활 운동비	1일당 지급액: 최저 임금액에 상당하는 금액(직업훈련으로 인한 미취업 기간에 한하여 지급)
장 의 비	업무상 재해사망시 장제소요비 지급	평균임금액의 120일분
특별급여	사업주의 고의, 과실로 인한 재해 시 산재보험법에 의한 보상 외에 사업주에 대한 민사상 손해배상청구를 할 수 있는데, 이에 갈음하여 산재보험에서 유족특별급여, 장애급여를 대불해주고 그 지급상당액을 사업주가 직접 납부하는 제도	평균임금의 1,000일분

에 해당되는 사람이 실제로 간병을 받는 날에 대하여 지급한다. 노동부장관이 작성하는 고용형태별근로실태조사의 직종별 월급여총액 등을 기초로 하여 노동부 상관이 고시하는 금액으로 지급하며 수시 간병급여의 대상자에게 지급할 간병급여의 금액은 상시 간병급여의 지급 대상자에게 지급할 금액의 3분의 2에 해당하는 금액으로 한다.

7) 직업재활급여

직업재활급여는 장해급여를 받은 자 중 취업을 위하여 직업훈련이 필요한 자에 대하여 실시하는 직업훈련에 드는 비용 및 직업훈련수당, 장해급여자에 대하여 사업주가 고용을 유지하거나 직장적응훈련 또는 재활운동을 실시하는 경우에 지급하는 직장복귀지원금, 직장적응훈련비 및 재활운동비를 포함한다. 직업훈련비용을 지급하는 훈련기간은 12개월 이내로 하며 직업훈련수당은 직업훈련으로 인하여 취업하지 못하는 기간에 대하여 1일당 최저임금액에 상당하는 금액을 지급한다.

8) 장의비

근로자가 직무수행 중 사망한 때에는 그 장의를 행하는 자에게 평균임금의 120일분에 해당하는 금액을 장의비로 지급한다.

9) 특별급여

특별급여란 근로자가 업무상 사유로 사망하거나 신체장애를 입은 경우 사업주를 상대로 하는 민사상 손해배상의 번거로움을 방지하고 신속한 해결을 위해 산재보험에서 대불해 주고 그 지급상당액을 사업주가 직접 납부하는 제도이다.

급여의 종류에 따른 수급조건과 급여수준은 <표 9-2>와 같다.

(3) 재정

산업재해보상보험제도는 산재보험료로 비용을 충당한다. 산재보험료는 근로복지공단이 보험사업에 소요되는 비용으로 사용하기 위해 보험가입자(사업주)로부터 징수하는 금액으로 사업주가 전액 부담하는 것을 원칙으로 한다.

보험료 산정은 산재보험의 보험 연도의 임금총액에 보험료율을 곱한 금액을 보험료로 하는데, 산재보험료 산정식은 다음과 같다.

> **보험료 = 당해보험 연도의 임금총액 X 보험료율**

보험연도는 매년 1월 1일(보험관계성립일)부터 12월 31일(사업폐지 종료일) 까지를 말하며, 임금총액을 추정하기 어려울 때(예를 들면 건설공사 또는 벌목업의 경우)에는 노동부 장관이 따로 정하여 고시하는 노무비율에 의하여 산정한 임금을 임금총액의 추정액으로 하여 보험료를 산정한다. 임금총액에서 제외되는 것은 근로 의 대가가 아닌 은혜적, 호의적, 복리후생적 금품이다. 보험료율은 보험가입자의 보 험료 부담과 직결되는 것으로 보험료 부담의 공평성을 위하여 매년 9월 30일 현재 과거 3년간의 임금총액에 대한 보험급여총액의 비율을 기초로 보험급여 지급률을 동등하다고 인정되는 사업집단별로 보험료율을 67개로 세분화하여 매년 12월 31 일 적용한다.

3. 연금제도

3.1 연금의 정의, 종류, 기능 및 운영

(1) 연금의 정의 및 종류

연금이란 일반적으로 가장이 폐질, 노령, 퇴직 및 사망에 의하여 소득이 상실되 는 경우를 대비해 미리 갹출한 보험료를 기초로 하여 제공되는 현금급여를 말한다. 연금은 지급하는 주체 또는 연금제도를 운영하는 주체에 따라 공적연금(public pension)과 사적연금(private pension), 그리고 개인연금(personal pension)으로 나누어진다.

연금은 재원조달의 방법에 따라 기여(contributory)연금과 비기여(non-contributory)연금으로 나눌 수 있다. 기여제도는 연금재원을 노·사의 공동부담 혹은 노·사·정의 3자 부담에 의해 조달하는 것을 말하며, 비기여제도는 수급자의 직접 기여 없이 전액 국가재정으로 재원을 조달하는 것을 말한다. 연금제도의 역사적 발 전과정을 보면 비기여 연금제도는 기여제연금이 완전히 정착되지 않은 단계에서 공 공부조의 형태로 도입되어 실시되었다. 즉 적립식 기여제연금은 제도도입에서부터

급여지급이 개시될 때까지 장기간이 필요하므로 현재의 빈곤노령자를 보호할 수 없다는 문제가 있는데, 이러한 문제를 해결하기 위해 비기여제 연금제도가 도입되었다. 우리나라의 국민연금제도는 기여제 연금제도이다.

연금의 종류는 다양한데, 일정 기간의 갹출과 일정 연령 이상을 전제로 하여 퇴직을 요건으로 지급되는 퇴직연금(retirement pension), 일정 연령 이상과 생활의 곤궁을 요건으로 하여 지급되는 노령연금(old-age pension), 피보험자의 사망으로 그 유족에게 지급되는 유족연금(survivors pension), 그리고 영구적인 심신장애에 의한 노동불능에 대하여 지급되는 폐질연금(invalidity pension) 등이 있다.

우리나라의 국민연금제도는 국가가 법령에 의하여 운영하는 제도이기 때문에 공적연금제도이다. 국민연금제도는 1986년 12월 31일 법률 제3902호로 입법된 국민연금법에 따라 법인체인 국민연금관리공단에 의하여 운영된다. 국민연금제도는 기여제에 의하여 재원을 조달하며 국민연금법 제45조에 규정된 급여의 종류에 따라 노령연금, 장애연금, 유족연금, 반환일시금을 지급하게 되어 있다.

(2) 연금의 기능

연금제도는 다음과 같은 사회·경제적 기능을 가지고 있다. 첫째, 경제적 기능으로서 경기순환과정에서 경기안정의 자동장치(built-in stabilizer)의 기능을 한다. 자동안정장치란 인위적인 재정규모의 변화를 꾀하거나 적극적인 재정정책을 시행하지 않아도 국민연금의 재정구조 자체가 경기변동에 부응해 자동적으로 작용하여 경기변동에 상당한 영향을 미치는 것을 말한다. 예를 들면 불황기에는 국민의 일반적 소득수준이 하락되어 자발적 또는 비자발적 고용이 감소함으로써 조기 퇴직 근로자에 대한 사회보장급여가 증가된다. 이러한 현상은 국민소비수준을 안정적으로 유지할 수 있어 경기하강을 완화시키는 역할을 한다. 반대로 호황기에는 실업률이 낮아지고 국민의 일반적 소득수준이 증가하여 연금보험료의 수입이 증가하므로 일시금이나 조기퇴직근로자에 대한 연금급여가 감소한다. 이러한 결과는 인플레이션의 진행을 억제하는 효과가 있다.

둘째, 노후의 생활설계를 세울 경우에 있어서 미리 보장된 일정 수준의 소득을 계획의 기초로 삼을 수 있다. 즉 고령이 되어 노동능력이 쇠퇴하거나 상실되어 임금소득이 상실되었을 때 자산조사 없이 권리로서 최저한의 소득을 보장할 수 있다.

셋째, 소득의 재분배 기능을 한다. 연금제도의 소득재분배효과는 수평적(horizontal)

재분배, 수직적(vertical) 재분배, 그리고 세대간(inter-generational) 재분배로 나누어질 수 있다. 수평적 재분배는 동일소득계층간의 소득의 재분배로서 건강한 사람으로부터 병든 사람으로, 피부양자가 없는 근로자로부터 피부양자가 많은 근로자로, 근로계층으로부터 노령퇴직자에게 혹은 각종 사고로 불리한 입장에 처한 사람에게로의 소득의 이전을 말한다. 수직적 재분배는 각기 다른 소득계층간의 소득이전으로서 누진세 등과 같은 방법을 사용한 고소득층으로부터 저소득층으로의 소득이전을 말한다. 세대간 소득의 재분배란 국민전체의 소득수준이 낮은 시기에 보험료를 내던 세대가 퇴직 후에는 사회의 전반적인 소득수준의 향상에 힘입어 인상된 연금을 받게 된다. 이때 인상된 연금은 보험료를 낸 세대에 의해 축적된 재정으로 충당되기보다는 새로 노동시장에 진입한 젊은 계층이 낸 보험료로 충당된다. 이러한 결과로 젊은 세대로부터 노령세대로의 소득의 재분배가 이루어진다. 이러한 현상으로 인해 연금제도는 세대간 소득이전계약제도라고 일컬어지기도 한다.

(3) 연금재정의 운영

연금재정의 운영은 기본적으로 적립방식(funded system), 부과방식(pay-as-you-go), 그리고 부분적립방식이 있다. 이 세 가지 방식 중 어느 것을 선택하느냐에 따라 국가경제 전반에 미치는 효과가 다를 수 있다.

적립방식은 장래에 지급하게 될 연금급여를 제도에 가입하고 있는 동안에 보험료, 국고출연금, 누적기금 등을 적립하는 재정방식이다. 이 경우 제도시행 초기에는 지출보다 보험료수입이 크기 때문에 적립금이 계속 누적되고 수입이 지출을 지속적으로 상회하게 된다. 그러나 제도가 점차 성숙되어감에 따라 지출이 증대하고 결국에는 지출이 수입을 초과하는 시점에 이르면 적립금으로서 초과지출을 보충하게 된다. 적립방식의 장점은 첫째, 연금지출이 적은 초기부터 제도가 성숙하여 지출액이 증가될 때까지 보험료를 평준화할 수 있어 세대간의 공평한 보험료부담이 가능하다. 둘째, 가입자의 저축이 강제화되어 누적기금에 의해 형성된 자본을 활용할 수 있다.

기업연금과 같은 사적연금의 경우 적립방식을 채택하는 경향이 많은데, 그 이유는 첫째, 수급권에 상응하여 사전에 기금을 적립하고 있으면 기업이 도산했을 때에도 현재 및 미래 수급자들의 수급권을 충실히 보호할 수 있기 때문이고, 둘째, 기업과 근로자 양측 모두 연금기금의 소득과 지출 측면에서 세제혜택을 누릴 수 있기 때문이다.

그러나 공적연금에서 직립방식을 채택하고 있는 국가는 쿠웨이트[2] 외에는 없다. 공적연금에서 적립방식을 채택할 필요성이 낮은 이유는 첫째, 사적연금에서는 기업의 파산으로 인해 제도가 종결될 경우 신규가입자가 더 이상 발생하지 않기 때문에 신규가입자의 기여금을 연금재원으로 상정할 수 없다. 반면 공적연금에서는 제도의 종결을 상정하기 어렵고 또한 가입이 강제적이어서 신규가입자가 계속 발생하기 때문에 이들의 기여금을 연금재원으로 활용할 수 있다. 둘째, 정부는 공적연금이 재정문제에 직면할 경우 기여율을 높여 추가수입을 확보할 수 있는 권한을 가지고 있다. 셋째, 경제적 관점에서 볼 때 급여수준이 동일한 한 적립방식에서는 제도 초기단계부터 높은 기여율을 부과해야 함으로써 경기침체를 유발하고 그에 따라 실업률을 증가시킬 수 있다(Rejda, 1988: 24-25).

부과방식은 한 해 지출액 정도에 해당하는 미미한 보유잔고를 남겨두고 그 해 연금보험료 수입을 그 해 급여의 지출로 써 버리는 것을 말한다. 일정기간에 지출될 급여비를 동일기간의 보험료 수입으로 충당하는 재정운영방식이다. 부과방식을 적용하면 적립금이 거의 없다. 부과방식의 장점은 첫째, 시행 초기에 적은 보험료로 제도를 운영할 수 있고, 둘째, 연금수지차가 거의 없어 연금의 실질가치유지대책이나 연금수리의 장기추계가 불필요하다. 단점으로는 첫째, 제도가 성숙하여 연금수급권자가 증대하게 되면 보험료 부담이 증가되어 후세대의 가입자가 전세대의 가입자나 가입했던 자들의 부담분까지 가중 부담해야 한다. 둘째, 노후를 대비한 저축요인이 적다.

부분적립방식은 부과방식을 주로 하되 부분적으로 적립금을 유지하는 경우이다. 부분적립방식은 완전부과방식에 비해 몇 가지 장점이 있다. 첫째, 기금의 운영수익을 통해 완전부과방식에 비해 기여율을 다소 낮게 유지할 수 있다. 둘째, 세대 간 재분배라는 관점에서 보다 공평할 수 있다. 셋째, 인구학적·경제적 위험에 직면했을 때 대처능력이 상대적으로 높다. 넷째, 국가 전체의 저축률을 높일 수 있다. 그러나 부분적립방식은 이와 같은 장점에도 불구하고 법적으로 유지하고자 하는 적립기금 규모를 명확히 규정해 놓지 않을 경우에는 정치가들이 기여율 인상이 국민들로부터 인기가 없음을 이유로 기여율 인상을 지연하는 대신 그에 따른 부족재원

---

2) 쿠웨이트는 막대한 석유자금을 이용하여 완전적립방식을 채택하고 있다. 이는 석유잉여자금이 바닥났을 때에도 연금약속을 이행하기 위한 것이다(Gillion, et al. 2000).

을 연금기금에서 충당할 수 있거나 공적연금기금을 연금목적 외 다른 공공목적이나 정치적 목적을 위해 기금을 활용할 수 있다. 그렇게 되면 적립기금이 점차 소진될 수밖에 없게 되어 부분적립방식에서 완전부과방식으로 전환될 수밖에 없는 사태를 맞이하게 된다(권문일, 2001: 160).

사회보험을 도입하고 있는 서구의 경우, 연금제도의 시행 초기에는 대부분 적립방식을 채택하다가 제도가 성숙하는 20-30년 후에는 가중되는 인플레와 연금액의 실질가치유지를 위한 슬라이딩 제도를 통해 수지균형을 유지할 수 있어 수정적립방식이나 부과방식으로 변경운영하는 경향이 있다. 적립방식과 부과방식의 장·단점은 <표 9-3>에 나와 있다.

구 분	장 점	단 점
적 립 방 식	보험료의 평준화 제도성숙기의 자원 활용 (적립기금조성) 연금재정의 안정운영 개인별 저축 강조	제도초기부터 과중부담 장기적 예측곤란 (평균보험료 산정곤란) 인플레이션에 취약
부 과 방 식	시행 초의 적은 부담 인플레이션 고려 안함 연금수리추계 불필요 세대간의 소득재분배 효과	후세대에 부담과중 연금재정운영 불안 인구구조변화에 영향 받음

┃표 9-3┃ 연금재정운영방식의 장·단점

(4) 급여방식

연금의 급여방식은 확정급여제도(defined benefit)와 확정갹출제도(defined contributory)가 있다. 확정급여제도는 미래의 연금급여를 확정된 급여방식에 의하여 결정하고 그것을 위한 비용을 산정하여 보험료를 결정하는 제도이며, 확정갹출제도는 연금급여의 수준을 결정하기 이전에 일정한 갹출방식에 의하여 기여금을 정하고 이를 기초로 가입자의 연금급여액을 결정하는 제도이다.

따라서 확정급여제도는 연금가입자가 정상적으로 수급자격을 획득할 경우에 받을 수 있는 급여수준을 미리 약속하는 제도라 할 수 있다. 따라서 이 제도에서는 탈퇴율, 퇴직률, 이직률, 투자수익률 등과 같은 여러 변수들의 동향을 포괄적으로 고려하는 엄밀한 연금수리기법을 통해 가입자가 매 시기에 적립하여야 하는 금액(보험료)을 산정하게 된다. 이때 급여는 일반적으로 두 부분, 최소급여(minimum benefit)와 소득비례급여(earning-related benefit)로 구성되는데, 최소급여의 수준은 최소한의 적정 소득수준(최저생계수준)을 기준으로 하며, 소득비례급여는 다음과 같은 세 가지 산식이 이용된다. 즉 가입자의 경력에서 최종 몇 년간의 평균소득, 전가입기간의 평균소득, 또는 경력평균소득에 의한 급여산식이 적용된다(국민연금관리공단, 1998: 37).

반면에 확정갹출제도는 가입자가 받는 급여의 수준이 급여산식이 아니라 가입자의 기여에 일차적으로 의존한다. 일반적으로 이러한 제도를 운영하고 있는 국가에서는 가입자 개인의 연금계좌를 만들어서 기금운용수익률에 근거하여 급여액을 결정한다. 확정갹출제도에서 기금적립률은 항상 100%이므로 기금적립의 문제 또는 수지불균형의 문제는 발생하지 않으나 가입자는 일정한 투자위험을 항상 감수해야 한다.

우리나라의 연금제도는 노·사 공동부담에 의한 기여식 확정급여제도의 성격을 가지고 있으며, 퇴직금제도는 기여금을 사용자가 전액부담하고 평균임금에 근속연수를 기초로 한 일정률을 곱해서 퇴직금이 결정됨으로 비기여 확정급여제도의 성격이 있다.

3.2 국민연금제도의 역사 및 현황

대부분의 경우 사람들은 일정한 나이가 되면 생산성이 떨어지게 되고, 여러 가지 이유로 퇴직을 맞이하게 된다. 퇴직을 하게 되면 젊은 시절에 저축을 많이 해 두었을 경우나 원래 재산이 많은 경우는 예외겠지만 대부분의 경우 소득원이 없어짐으로 인해 빈곤에 처할 가능성이 많아진다. 또한 사람들은 자신이 노인이 되었을 때 생활이 빈곤해지는 것을 대비해 자발적으로 저축을 하지 않는 경우가 많다. 그래서 사람들의 자발적 행위에 맡겨두게 되면 많은 수의 빈곤한 노인이 발생할 가능성이 많아지고 이렇게 될 경우 노인빈곤문제를 해결하기 위해 국가가 세금으로 부담해야 하는 경제적 비용[3]이 너무 크기 때문에 노령연금 형태의 강제저축을 하게

---

3) 이러한 유형의 경제적 부담은 공공연금제도가 없을 경우 부자들이 낸 세금으로 충당하게 된다. 이런 점에서 보면 공공연금제도는 빈자보다 부자에게 유리하다고 할 수 있다. 그렇기 때문에 연금제도는 소득재분배의 효과가 있도록 설계된다.

한다. 이러한 형태의 연금제도가 국민연금제도이다.

(1) 국민연금제도의 역사

연금제도는 사회보장의 핵심부문임에도 불구하고 우리나라에서는 제3차 경제 개발 5개년계획이 추진되던 1970년대 이전에는 연구과제에서 제외되어 있었다. 당시 우리나라에서는 사회보험제도로서 1960년부터 시행된 공무원연금제도와 1963년부터 독립운영된 군인연금제도가 있었고, 일반근로자들을 대상으로는 1963년에 입법되어 1964년부터 시행된 산업재해보상보험제도가 실시되고 있었다. 연금제도는 1973년 1월 31일 연금법의 초안을 마련하기 위한 실무작업팀이 만들어지고 활동에 들어갔다. 이후 연금제도에 대한 공청회를 거쳐 1973년 11월 11일 국무회의에서 의결된 국민복지연금법안과 국민복지연금 특별회계법안은 동년 12월 1일 국회 본회의에서 통과되었다(국민연금관리공단, 1998: 66).

그러나 노후의 소득보장을 주목적으로 하는 국민복지연금제도의 도입은 산업화와 도시화, 노인인구의 증가 등 사회적 진보의 관점에서 설명하는 증가하는 노인인구로 인한 사회문제에 대응하기 위한 것이라고 보기는 힘들다. 1973년 국민복지연금법이 제정될 당시의 우리나라의 65세 이상 노인인구는 3.3%로, 독일의 1890년 5.1%(노령연금법 1889년), 영국의 1911년 5.2%(최초의 공적연금 도입은 1908년), 미국이 사회보장제도인 OASI를 도입하기 5년 전인 1930년 노인인구 5.4%보다 훨씬 적었다. 또한 그 때까지만 해도 유교적인 문화가 많이 남아 있었기 때문에 노인부양은 자녀의 책임이라고 느꼈으며, 근로기준법에 의한 퇴직금 제도도 운영되고 있었다(이혜경, 1992: 381).

그러므로 1973년의 국민복지연금제도의 도입은 산업화나 도시화의 결과로 인한 사회문제를 해결하기 위해 도입되었다기보다 다른 목적이 있었다고 보아야 한다. 1973년 정부는 중화학공업육성계획과 국민연금제도의 도입을 발표하였다. 그해 12월 국민복지연금법이 국회를 통과했다. 당초 중화학공업 육성계획의 재정정책은 외자도입이나 외국의 직접투자보다 국내저축으로 충당할 예정이었다. 이를 위해 20년간의 갹출을 필요로 하는 국민복지연금 기금에 근로자들이 참여하도록 한 것이었다. 한국개발연구원은 당초 국민복지연금으로 2년 내에 2조원을 동원할 수 있을 것으로 보았다(이혜경, 1992: 381).

그러나 1973년 말 중동전쟁으로 촉발된 제1차 석유파동과 경제불황, 연평균

16%에 달하는 물가상승 등으로 인해 제도의 시행이 어렵게 되자 1974년 1월 14
일 대통령 긴급조치 제3호와 동 긴급조치 제18호에 의한 긴축정책의 하나로 국민
복지연금법의 시행이 1년간 유보되었다. 하지만 석유파동으로 촉발된 경제불황이
단기간에 끝날 조짐이 보이지 않고 장기화될 전망이 보이자 정부는 연금제도의 시
행을 다시 1년간 연기하였으며, 1975년 12월에는 그 실시 시기를 대통령령에서 정
하도록 함으로써 사실상 무기연기하였다.

1980년대 중반에 접어들자 평균수명의 연장과 출산율 및 사망률의 저하로 인

┃표 9-4┃ 국민연금제도의 역사

연 도	내 용
국민복지연금 1967.	대통령 지시로 사회보장심의위원회에서 노령연금법 초안작성 (이후 사장됨)
1973. 1.	연금보험법안 기초작업 착수
1973. 12. 24.	국민복지연금법 제정(1974년 1월 1일 실시예정)
1974. 1.	국민생활안정에 관한 대통령 긴급조치 제3호에 의거 1년간 실시 보류
1974. 12. 31.	국민복지연금법 제1차 개정에서 재차 1년간 실시 보류
1975. 12. 31.	국민복지연금법 제2차 개정에서 실시 무기연기
국민연금제도 1984. 9.	국민연금실시준비위원회 구성(대통령령 제11496호)
1986. 8. 11.	대통령 하계기자회견, 1988년부터 국민연금제도 실시 천명
1986. 9. 4.	입법예고, 1988년 1월 1일 시행예정 공포
1986. 12. 17.	국민연금법안 국회 본회의 통과
1987. 8. 14.	국민연금법 시행령 공포
1988. 1. 1.	국민연금법 시행(10인 이상 사업장 적용)
1991. 8. 10.	5인 이상 사업장으로 적용대상 확대
1993. 1. 1.	보험료율조정 및 퇴직금 전환금제도 실시
1995. 7. 1.	농어민연금제도 실시
1999. 4. 1.	도시지역 자영자 적용대상 확대(전국민 연금제도로 확대)
2000. 7. 1	농어촌지역 특례노령연금 지급
2001. 11. 1	텔레서비스 시스템 전국 확대 운영
2003. 7. 1	사업장 적용범위 확대(근로자 1인 이상 사업장) － 5인미만 사업장 중 법인, 전문직종 사업장 － 5인이상 사업장의 비정규직 근로자
2004. 4. 1.	도시지역 특례노령연금 지급 개시
2004. 7. 1.	당연적용사업장 확대 적용(2단계) － 5인미만 국민건강보험·고용보험 가입 사업장
2006. 1. 1.	당연적용사업장 확대 적용(3단계)－근로자 1인 이상 사업장
2008. 1. 1.	완전노령연금 지급 개시

구구조가 서구형의 소산소사(小産小死)형이 되고 노령화 속도가 급속하게 증가되었다. 또한 젊은 층의 노인부양의식도 점차 약화되었다. 이에 따라 국민연금제도의 시행여건이 성숙되어 1984년 8월 16일 「국민복지연금실시준비위원회」가 발족되었다. 1986년 8월 11일 대통령은 하계기자회견을 통해 제5차 사회경제발전 5개년 계획의 일환으로 검토되던 정책과제 중에서 전국민의료보험의 확대방안, 최저임금제도의 도입방안, 국민연금제도의 실시방안 등을 포함한 국민복지 3대 정책을 발표하였으며, 국민연금법안은 1988년부터 실시할 예정으로 1986년 12월 국회를 통과하였다.

1973년의 국민복지연금법에는 30인 이상 사업장을 당연적용하여 점차적으로 대상을 확대하여 정착시킨다는 것이었으나, 1986년의 국민연금제도는 10인 이상의 사업장을 당연적용대상으로 하였다. 이후 대상사업장은 점차 확대되어 1992년 1월 1일부터 5인 이상 사업장으로 확대 적용되었으며, 1995년 7월부터는 농어촌지역으로 확대되었다.[4]

1998년 12월 외환위기로부터 촉발된 경제위기 전까지 연금제도의 가장 큰 과제는 도시지역 자영업자들에 대한 국민연금의 확대적용이었다. 그러나 경제위기로 인해 이 시기가 앞당겨져 1999년 4월부터 자영자들에게까지 가입대상을 확대하여 시행하였다. 국민연금제도의 역사는 <표 9-4>와 같다.

(2) 국민연금제도의 현황

1) 적용대상

① 국민연금제도 대상자

국민연금법 제6조에 의거하여 국내에 거주하는 18세 이상 60세 미만의 대한민국 국민이면 누구나 국민연금 가입대상이 된다. 그러나 공무원, 군인, 사립학교 교직원 등 특수직역연금 가입자나 퇴직연금 등 수급권자는 국민연금에서 제외된다. 따라서 실질적으로 국민연금제도에 가입이 제외되는 경우는 국민기초생활보장법에 의한 수급자, 18세 이상 27세 미만인 자로 학생이거나 군복무 및 가사노동 등으로 소득이 없는 자로 국민연금 보험료를 납부한 사실이 없는 경우이다. 또한 국민연금의 당연적용 사업장에 근무하는 외국인이나 국내에 거주하는 외국인도 의무가입 대

---

4) 농어민연금제도의 첫 수혜자는 전북 부안군 주산면 동정리 김순덕(53)씨이며, 남편 김희국(59)씨가 급성췌장염으로 사망함에 따라 96년 7월부터 매 분기당 287,640원의 유족연금을 받았다.

상이 된다. 그러나 국민연금제도는 처음부터 가입대상이 18세 이상 60세 미만의 국민은 아니었다. 1988년 도입 당시에는 10인 이상 사업상 근로자로 한정되었으나, 1992년 5인 이상 사업장 근로자, 1995년 농어촌 주민과 당연적용사업장의 외국인 근로자, 1999년 도시지역주민과 국내거주 외국인, 2003년에 1인 이상 사업장 근로자로 확대되었다. 이와 같이 국민연금제도는 몇 가지 적용제외 대상을 두기는 하였으나, 기본적으로 소득활동의 유무나 소득액에 관계없이 일정 연령에 해당하는 모든 국민 및 특정 외국인을 적용대상으로 하고 있다. 2013년 10월 현재 국민연금 가입자는 약 2,071만명이다.

② **국민연금 가입자의 종류**

국민연금 가입자는 사업장가입자, 지역가입자, 임의가입자, 임의계속가입자로 분류된다. 사업장 가입자는 상시 1인 이상의 근로자가 고용되어 있는 사업장의 18세 이상 60세 미만의 근로자와 사용자로서 이들은 당연적용 사업장가입자이다. 당연적용사업장 외의 사업장의 사용자는 18세 이상 60세 미만의 근로자 2/3이상의 동의로 가입이 가능하다.

지역가입자는 사업장가입자가 아닌 자로서, 18세 이상 60세 미만인 자는 원칙적으로 지역가입자에 해당된다. 그러나 사업장가입자·지역가입자·공무원연금수급권자 등의 무소득 배우자나, 18세 이상 27세 미만인 자로서 학생이거나 군복무 등으로 소득이 없는 자는 지역가입대상에서 제외된다.

임의가입자는 사업장가입자나 지역가입자의 의무가입 대상이 아닌 18세 이상 60세 미만인 자로서, 본인의 신청에 의하여 국민연금에 가입할 수 있다. 가령, 사업장가입자의 무소득 배우자의 경우 대납의 형태를 통해 가입이 가능하고, 공무원연금을 받는 퇴직공무원도 가입할 수 있다.

임의계속가입자는 60세에 도달했지만 가입기간이 20년 미만인 가입자 혹은 특례노령연금 수급권을 취득한 자로서, 본인의 희망으로 65세에 이를 때까지 국민연금에 계속 가입할 수 있다. 종류로는 사업장임의계속가입자, 지역임의계속가입자, 임의계속가입자가 있다.

2013년 10월 기준 연도별 사업장 및 가입자 추이를 보면 다음 <표 9-5>와 같다.

③ **납부예외자**

사업장가입자나 지역가입자로서 연금보험료를 납부할 수 없는 사유가 발생할

▮표 9-5▮ 연도별 사업장 및 가입자 추이

(단위: 개소, 명)

구분 / 연도별	총 가입자	사업장가입자		지역가입자			임 의 가입자	임의계속 가입자
		사업장	가입자	계	도 시	농어촌		
88. 12	4,432,695	58,583	4,431,039	–	–	–	1,370	286
92. 12	5,021,159	120,374	4,977,441	–	–	–	32,238	11,480
95. 12	7,496,623	152,463	5,541,966	1,890,187	–	1,890,187	48,710	15,760
96. 12	7,829,353	164,205	5,677,631	2,085,568	–	2,085,568	50,514	15,640
99. 04	16,268,779	174,496	4,992,716	11,113,148	9,045,812	2,067,336	34,250	128,665
99. 12	16,261,889	186,106	5,238,149	10,822,302	8,739,152	2,083,150	32,868	168,570
00. 12	16,209,581	211,983	5,676,138	10,419,173	8,381,451	2,037,722	34,148	80,122
01. 12	16,277,826	250,729	5,951,918	10,180,111	8,132,036	2,048,075	29,982	115,815
02. 12	16,498,932	287,092	6,288,014	10,004,789	7,997,593	2,007,196	26,899	179,230
03. 12	16,498,932	423,032	6,958,794	9,964,234	7,902,223	2,062,011	23,983	234,767
04. 12	17,181,778	573,727	7,580,649	9,412,566	7,403,424	2,009,142	21,752	55,250
05. 12	17,124,449	646,805	7,950,493	9,123,675	7,154,658	1,969,017	26,568	23,713
06. 08	17,587,950	755,231	8,454,978	9,084,910	7,113,501	1,971,409	26,792	21,270
07. 12	18,266,742	856,178	9,149,209	9,063,143	1,976,585	7,086,558	27,242	27,148
08. 10	18,414,445	915,593	9,515,138	8,840,376	1,950,377	6,889,999	27,492	31,439
09. 12	18,623,845	979,861	9,866,681	8,679,861	1,925,023	6,754,838	36,368	40,935
10. 12	19,228,875	1,031,358	10,414,780	8,674,492	1,951,867	6,722,625	90,222	49,381
11. 12	19,885,911	1,103,570	10,976,501	8,675,430	1,986,631	6,688,799	171,134	62,846
12. 12	20,329,060	1,196,427	11,464,198	8,568,396	1,956,215	6,612,181	207,890	88,576
13. 10	20,715,284	1,286,350	11,897,360	8,522,524	1,957,480	6,565,044	183,289	112,111

자료: 국민연금공단, 「월별 국민연금 통계」.

▮표 9-6▮ 급여종류별 수급자 수(2013. 10)

(단위: 명)

연 금							계
노 령					장애	유족	3,381,234
가입기간 20년~	가입기간 10~19년	조기	특례	분할	70,002	511,822	
123,892	710,593	395,187	1,560,095	9,643			

일 시 금			계
장애	반환	사망	15,801
249	14,516	1,036	

자료: 국민연금공단, 「월별 국민연금 통계」

경우에는 신청을 통해 일정기간 납부예외자가 될 수 있다. 병역의무 수행, 재학, 교도소 수용, 행방불명, 재해·사고 등으로 소득이 감소되거나 기타 소득이 있는 업무에 종사하지 않을 경우이다.

④ **연금급여 수급자 수**

전체 연금급여 수급자 수는 2013년 10월 현재 339만명에 이른다. 이들 중 연금수급자는 338만명 정도이며, 1만명은 반환일시금 수급자이다. 우리나라는 국민연금제도를 도입한지 20년이 지나 2008년부터 완전노령수급자가 생겼다. 연금급여와 일시금 수급자 수는 <표 9-6>과 같다.

2) 급여의 종류와 산정방법

① **급여의 종류**

국민연금에서 제공되는 급여는 노령연금, 장애연금, 유족연금, 반환일시금으로 되어 있다. 급여의 종류, 수급조건 및 급여수준에 대한 설명은 <표 9-7>과 같다.

연금급여 종류별 지급현황을 살펴보면, 국민연금제도는 1988년에 도입되어 2008년부터 완전노령연금 수급자가 나오게 되었다. 급여종류별 연금지급 평균액은 2013년 기준 완전노령연금이 월 약 84만원, 특례노령연금[5]이 월 약 20만원, 조기노령연금이 월 약 47만원이 지급되고 있으며, 일시금은 장애일시보상금이 약 1,020만원이다. 급여종류별 연금지급 평균액은 <표 9-8>과 같다.

---

5) 연금급여를 받기 위한 최소 가입 기간은 특례노령연금의 5년이다. 2006년 월드컵 축구팀의 딕 아드보카트 감독(2006년 현재 59세)은 소득이 있는 외국인은 국민연금에 의무적으로 가입해야 한다는 규정에 의해 2006년 2월부터 국민연금 지역가입자로 가입했으며, 월급이 360만원을 초과하여 국내 지역가입자 최고등급인 324,000원을 매달 납부하고 있다. 그러나 아드보카트 감독은 2006년 6월의 독일 월드컵 이후 감독직을 사임하게 되면 최소 가입 기간을 채우지 못해 연금을 받지 못하게 된다. 외국인의 경우에는 최소가입기간을 채우지 못해 연금을 못 받더라도 그동안 납부한 국민연금 보험료를 일시에 돌려받는 반환일시금 조항이 있다. 우리나라는 미국 등 30개국과 이런 내용을 골자로 하는 '사회보장 협정'을 맺었다. 그런데 공교롭게도 그의 모국인 네덜란드와는 이 협정을 맺지 않고 있다. 그의 전임인 네덜란드 출신의 요하네스 본프레레 전 국가대표 감독의 경우 5개월간 162만원의 보험료를 냈으나 반환일시금을 받지 못했다. 아드보카트 감독은 건강보험에는 가입하지 않은 것으로 알려졌다. 외국인이라도 국내에 있는 직장에 취업하면 건강보험에 반드시 가입해야 한다. 그럼에도 아드보카트 감독이 건강보험에 가입하지 않은 '한국축구 국가대표팀 감독'은 '직장'이 아니라 '자영업'으로 간주되며, 자영업자는 건강보험법상 본인 의사에 따라 건강보험 가입을 결정할 수 있기 때문이다(조선일보, 2006년 3월 9일).

┃표 9-7┃ 급여종류별 수급요건 및 급여수준

연금의 종류		수급권자	수 급 요 건	급 여 수 준
노령연금	완 전 노령연금	본 인	• 20년 이상 가입하고 60세에 달한 경우(선원 및 광부는 55세에 달한 경우)	• 기본연금액의 100%+가급연금액
	감 액 노령연금	본 인	• 10년 이상 20년 미만 가입하고 60세에 달한 경우	• 기본연금액의 47.5-92.5%+가급연금액
	재직자 노령연금	본 인	• 10년 이상 가입하고 60세 이상 65세 미만인 자로서 소득이 있는 업무에 종사할 경우	• 기본연금액의 50-90%
	조 기 노령연금	본 인	• 10년 이상 가입하고 55세 이상 60세 미만인 자로서 소득이 있는 업무에 종사하지 않는 경우 본인이 희망할 경우	• 기본연금액의 75-95% +가급연금액
	분할연금	배우자	• 혼인기간이 5년 이상인 자로서 배우자와 이혼, 60세 도달, 배우자의 노령연금 수급권을 취득한 경우	• 배우자였던 자의 노령연금액중 혼인기간에 해당하는 연금액을 균분한 금액
	특 례 노령연금	본 인	• 가입기간 5년 이상이고 다음에 해당하는 자 -1988.1.1 현재 45세-60세 미만 -1995.7.1 현재 45세-60세 미만 -1999.4.1 현재 50세-60세 미만	• 기본연금액의 25-70% 가급연금액
장애연금		본 인	• 가입 중 질병, 부상이 발생하여 완치 후에도 장애가 있는 경우 그 장애가 존속하는 동안 장애정도에 따라 지급	• 기본연금액의 60-100% +가급연금액 • 장애4급은 기본연금액의 225% 일시금지급
유족연금		유 족	• 가입자가 사망한 때(단, 가입기간이 1년 미만인 경우 가입 중에 발생한 질병이나 부상으로 사망한 경우에 한함) • 노령연금 수급권자가 사망한 경우 장애등급 2급 이상의 장애연금 수급권자가 사망한 경우	• 기본연금액의 40-60% +가급연금액
반환일시금		본 인 또는 유 족	• 가입기간이 10년 미만인 자로서 60세에 달한 경우 • 가입자 또는 가입자였던 자가 사망한 경우(단, 유족연금이 지급되지 않는 경우에 한함) • 국적상실, 국외이주한 때 • 공무원, 군인, 사립학교교직원, 별정우체국 직원이 된 경우	• 납부한 연금보험료+이자 +가산이자

※ 장애연금, 유족연금은 연금보험료를 납부하여야 할 기간의 2/3에 미달하는 경우 지급되지 아니함

| 표 9-8 | 급여종류별 연금지급 평균액(2008)

(단위: 원)

연 금									평균
노 령						장 애		유 족	
가입기간 20년~	가입기간 10~19년	소득활동	조 기	특 례	분 할	1급	2급	3급	313,090
								248,320	
847,070	411,930	527,690	476,780	203,170	159,990	573,930	455,360	352,130	

일 시 금		
장 애	반 환	사 망
10,200,035	3,976,586	1,813,699

자료: 국민연금공단, 「월별 국민연금 통계」.

3) 급여의 산정방법

국민연금급여는 기본연금액과 부양가족연금액을 합한 금액이다. 기본연금액은 노령연금, 장애연금, 및 유족연금의 산정기초가 되며 이 급여는 가입자의 소득수준과 관계없는 균등부분, 가입자의 소득에 비례하는 소득비례부분, 그리고 가입자의 가입기간에 비례하는 가산부분으로 구성되어 있다. 부양가족연금액은 수급권자가 연금수급권을 취득할 당시에 그 수급권자(또는 가입자)에 의하여 생계가 유지되고 있던 배우자, 자녀, 부모에게 지급되는 일종의 가족수당이다.

기본연금액은 아래의 산정공식에 의해 계산된다.

연 금 액 = 기본연금액 × 연금종별 지급률 및 제한율 + 부양가족연금액

$$\text{기본연금액} = \underset{\text{1988-1998년}}{[2.4(A+0.75B)\times P1/P} + \underset{\text{1999-2007년}}{1.8(A+B)\times P2/P} + \underset{\text{2008년}}{1.5(A+B)\times P3/P} +$$

$$\underset{\text{2009년}}{1.485(A+B)\times P4/P} + \cdots + \underset{\text{2028년 이후}}{1.2(A+B)\times P23/P} + \underset{\text{출산크레딧}}{X(A+A)\times C/P} +$$

$$\underset{\text{군복무크레딧}}{X(A+1/2A)\times 6/P]} \times (1+0.05n/12)$$

A = 사업장가입자 및 지역가입자 전원의 소득월액의 평균액
B = 가입자 개인의 가입기간 중 소득월액의 평균액
N = 20년 이상 갹출한 연도(노령연금액 산정시에만 출산 및 군복무 크레딧을 포함한
　　전체 가입월수)
P = 가입자의 전체 가입월수(노령연금액 산정시에만 출산 및 군복무 크레딧을 포함한
　　전체 가입월수)

구 분	1988-1998년	1999-2007년	2008-2027년	2028년 이후
상　수	2.4	1.8	1.5(매년 0.015씩 감소)	1.2
소득대체율	70%	60%	50%(매년 0.5%p씩 감소)	40%
가입월수	P1	P2	P3 … P22	P23

X = 1.5-1.2까지의 비래상수 중 노령연금 수급권 취득시점의 상수
C = 추가가입기간 12, 30, 48, 50 (균분하는 경우에는 6, 15, 24, 25)
　(출산 및 군복무크레딧으로 인한 연금액 및 증가되는 가입기간은 노령연금액 산정시에만 적용됨)

　이 기본연금산정공식을 설명하면 다음과 같다. 첫째, '상수'는 연금에 가입한 연도에 따라 소득대체율을 달리 하기 위하여 1988년부터 1998년까지는 2.4, 1999년부터 2007년까지는 1.8, 2008년부터는 매년 0.015씩 감소하여 2028년부터는 1.2에 도달하게 된다. 둘째, 'A'는 연금을 최초로 수급하게 되는 연도의 이전 3년간 사업장 및 지역가입자 전체의 평균소득월액의 평균액으로서, 소득이 높은 사람에게서 낮은 사람에게로 소득을 수직적으로 재분배하는 기능을 하는 균등부분이다. 균등부분은 국민연금제도가 평등의 가치를 반영하고 있다는 것을 보여준다. 셋째, 'B'는 가입기간 중 본인이 신고한 소득전체를 현재 가치로 재평가하여 평균한 금액으로, 기본연금액의 소득비례부분을 결정하는 요인이며, 가입자의 소득수준이나 연금보험료 부담액에 비례하여 차별적으로 결정되므로 가입자의 가입기간 중 근로의욕을 고취하는 데 기여한다. 소득비례부분은 국민연금제도가 공평의 가치를 반영하고 있다는 것을 보여준다. 넷째, '0.05N'은 가입기간 20년을 초과하는 매 1년마다 기본연금액이 5%씩 증가함을 의미한다. 이 부분은 국민연금제도는 가입기간이 20년이 초과할 때 급여수준이 높아진다는 것을 의미한다. 다섯째, 'X(A+A)×C/P'은 2자녀 이상 출산 시 가입기간을 추가로 인정하는 출산 크레딧 계산식이다. 2자녀일 때 12개월, 3자녀일 때 20개월, 4자녀 일때 48개월, 5자녀 이상일 때 50개월을 인정한다. 여섯째, 'X(A+1/2A)×6/P'은 병역의무를 이행한 자에게 6개월의 가

입기간을 추가로 인정하는 군복무 크레딧의 계산식이다. 해당기간의 소득은 평균소득월액(A값)의 1/2을 인정한다.

국민연금은 가입기간 동안의 소득을 연금수급 전년도의 현재가치로 재평가하여 산정되며, 최초 산정된 연금액도 평생 동안 동일한 액수가 지급되는 것이 아니라 인플레이션에 대비하여 연금의 실질가치를 보장하기 위한 제도적 장치가 마련되어 있다.[6] 우리나라의 연금액의 조정 방법으로는 소비자 물가지수, 임금상승률 등에 연금 급여를 연동시키는 방법이 사용되는데, 법적으로 전국소비자물가변동률을 적용토록 되어 있고 실무적으로는 통계청이 발표하는 전국소비자물가지수를 적용한다.[7]

국민연금 급여는 국민의 최저생활보장(소득보장)을 목적으로 하며 그 연금급여액은 전체가입자의 평균소득(균등부분)과 개인의 연금보험료를 결정하는 각자의 소득(비례부분)에 의하여 결정되므로 사적계약에 의한 민간보험과는 달리 소득계층간에 상당한 정도의 소득재분배가 이루어진다. 즉 저소득층 가입자의 최종소득대비 연금수급액 비율이 고소득자보다 높으므로 저소득자가 상대적으로 유리하다.

또한 연금액의 최초 결정시는 가입기간중의 소득월액을 임금인상률에 의하여 연금수급 개시일 현재가치로 환산하고, 연금을 받는 동안에는 전국 소비자물가변동률에 따라 연금액이 조정되므로 연금급여액의 실질가치는 항상 보장된다. 한편 국민연금법에 의하여 지급받는 각종 연금급여에 대하여는 소득세, 주민세가 면제되며, 기업측이 부담하는 연금보험료에 대해서도 법인세 및 소득세법에 의거 손비처리 되기 때문에 세제상의 혜택이 주어진다.

부양가족연금액은 수급권자가 연금수급권을 취득할 당시에 그 수급권자에 의하여 생계가 유지되고 있던 배우자, 자녀(18세 미만 또는 장애 2급 이상), 부모(60세 이상 또는 장애 2급 이상)에게 지급되는 일종의 가족수당 성격의 부가급여로서,

---

6) 예를 들면, 2003년의 물가상승률이 3.6%에 달해 2004년 4월부터 국민연금 수령자 107만명은 3.6% 인상된 금액을 받았다. 예를 들어 2003년에 매월 연금 293,700원을 받던 수령자들은 2004년 4월부터 308,230원을 수령했다. 2004년 4월부터 새로 연금을 받게 된 사람들은 2003년도 수령자보다 3.5%가 더 많은 연금액을 받았다. 그 이유는 연금액수 결정에 영향을 미치는 지난 3년간 전체 가입자들의 평균 소득금액이 141만 2,428원으로 전년의 132만 105원보다 7% 올랐기 때문이다. 2005년에는 연금지급액과 가급연금액이 각각 3.6%씩 인상되었다.

7) 일본은 소비자물가지수(CPI)를 적용하고, 독일은 임금상승률을 적용하며, 미국은 처음에는 소비자물가지수를 적용했으나 후에 소비자물가지수와 임금상승률 중에 낮은 것을 적용하는 것으로 바뀌었다.

2012년 4월 현재 배우자에게 연236,360원, 자녀 및 부모에게는 연 157,540원이 지급되고 있다.

4) 급여의 전달방법

국민연금제도는 보건복지부가 관장 부서이며, 국민연금관리공단이 보건복지부 장관의 위탁을 받아 국민연금제도를 집행한다. 보건복지부는 국민연금제도의 적용 및 적용시기, 연금보험료의 부과기준 및 보험료율, 수급요건 및 지급수준, 장기재정 추계 및 기금운용계획, 가입자 및 수급자의 복지증진 사업 등에 대한 정책을 계획 하고 수립하는 정책결정과 감독업무를 수행한다. 국민연금관리공단은 국민연금법에 의하여 설립된 무자본특수법인이다. 국민연금관리공단은 국민연금사업의 위탁수행 자로서, 연금사업을 보다 효율적으로 추진하기 위해서 전문성과 자율성을 갖춘 독 립된 관리기관이 주체가 되어 사업을 수행한다. 국민연금관리공단의 업무로는 자격 관리(가입자에 대한 기록의 관리 및 유지), 징수관리(연금보험료의 징수), 연금급 여관리(급여의 결정 및 지급), 기금관리(자금의 대여사업 및 복지사업의 수행), 그 리고 기타 국민연금사업에 관하여 보건복지부장관이 위탁하는 사업이다.

5) 국민연금제도의 재원
① 국민연금제도의 재원

국민연금제도에 소요되는 재정은 원칙적으로 가입자, 사용자, 정부가 부담하도 록 되어 있으며, 지역가입자의 경우 사용자가 없으므로 가입자가 사용자 몫을 부담 하여야 한다. 2006년 현재 사업장가입자의 연금보험료는 근로자, 사용자가 각각 소 득월액의 4.5%씩 부담한다. 1995년 7월 농어촌지역부터 시작하여 1999년 4월 도 시지역까지 확대된 지역가입자는 제도 시행 초기부터 소득월액의 9%를 부담했어야 하나, 제도시행 초기라는 점을 고려하여 제도의 조기정착을 도모하도록 최초 3%에 서 시작하여 2000년 7월부터 1%씩 매년 상향조정되어 2005년 7월 이후에 사업 장가입자와 같이 9%를 부담하도록 설계되었다. 연도별 연금보험료율 내역은 <표 9-9>과 같다.

그러나 국민연금의 재원은 저소득층에 불리한 역진성이 있다는 지적이 있다. 그 이유는 첫째, 국민연금의 보험료는 근로소득에 대해서만 동일한 비율로 부과되 기 때문에 부동산과 같은 자산소득이 적은 저소득층이 고소득층보다 총소득에 대해

▍표 9-9 ▍ 국민연금보험료율				

(단위: %)

구 분		1988~1992	1993~1997	1998~1999.3	1999년 4월 이후
사업장 가입자	계	3.0	6.0	9.0	9.0
	근 로 자	1.5	2.0	3.0	4.5
	사 용 자	1.5	2.0	3.0	4.5
	퇴직금전환자	–	2.0	3.0	–
사업장임의계속가입자		3.0	6.0	9.0	9.0

구 분	1995.7~2000.6	2000. 7~2005 .6	2005. 7월 이후
지역가입자 임의가입자 지역 임의계속가입자 일반 임의계속가입자	3.0	4.0 – 8.0 (매년 1%씩 상향조정)	9.0

부담하는 비율이 높다. 그래서 영국에서는 소득계층별로 보험료율에 차등을 두기도 한다.[8] 둘째, 국민연금의 보험료는 가족의 수나 욕구를 고려하지 않고 모든 근로소 득에 부과하기 때문에 저소득층의 부담률이 상대적으로 높다. 셋째, 국민연금의 보 험료는 사용자와 피고용자가 같은 비율로 부담하게 되는데 이 때 사용자 부담이 실 질적으로 피고용자의 부담이라면, 즉 피고용인의 보험료를 일정 부분 부담하는 대 신 피고용인의 임금을 감소시킨다면 재원의 역진성이 커질 수 있다. 넷째, 국민연금 의 보험료는 근로소득에 부과됨으로써 저소득층이 주로 고용되어 있는 노동집약적 인 산업이 자본집약적인 산업에 비하여 총 노동비용 측면에서 불리할 수 있다. 즉 노동집약적인 산업의 쇠퇴로 야기되는 임금하락이나 실업 등은 주로 저소득층들에 게 일어날 가능성이 많기 때문에 소득재분배에 역진적이 될 수 있다. 그러나 이러 한 역진성은 급여계산 방식에 의해 어느 정도 상쇄될 수 있다. 다섯째, 국민연금의 보험료는 부과 대상소득의 일정한 상한액(ceiling)내에서 부과되어 고소득층의 부 담을 상대적으로 낮추는 효과가 있어 역진적이다.

② 국민연금제도의 재정방식

국민연금의 재정방식은 가입자들로부터 보험료를 받아 기금을 형성하고 이를 운용해서 생긴 이익 등을 미래의 연금지급에 사용하지만, 미래의 연금지급액을 완 전히 적립하지 않기 때문에 '부분적립방식'이라 불리는 형태를 취하고 있다. 보건복

---

8) 우리나라에서는 이러한 점을 시정하기 위해 자동차와 집에 대한 과세를 시범사업으로 시행하고 있다.

지부장관은 국민연금사업에 필요한 재원을 원활하게 확보하고, 급여에 충당하기 위한 책임준비금으로서 국민연금기금을 설치하도록 규정하고 있다. 국민연금기금은 2003년에 100조원을, 2005년 9월말에 150조원을 돌파하였으며, 2013년 10월말 현재 422조원이다. 국민연금 기금의 규모는 지속적으로 증대되어 2020년 847조원을 돌파할 것으로 전망되며, 2043년에 2,561조원으로 최고조에 이를 것으로 예상된다.

4. 국민건강보험제도

4.1 의료보장의 정의 및 방법

사회보장의 한 축을 점하고 있는 의료보장은 그것을 실현하는 기술적 수단이 어떠한 것이든 간에 모든 사람들의 건강하고 쾌적한 생활보장을 위하여 소득수준의 높고 낮음이나 거주지역에 관계없이 예방, 치료, 재활 등의 의료서비스가 필요할 때는 언제 어디서나 무상 또는 경제적 부담을 주지 않는 적절한 비용 부담으로 서비스를 받을 수 있도록 정부가 제도로서 보장하는 것이라고 할 수 있다.

의료보장을 제공하는 방법은 크게 두 가지로 나누어진다. 첫 번째는 국민연대성의 원칙에 기초하여 통합 일원화된 재정 및 행정체계로 국가 또는 공공단체가 운영을 책임지는 의료보장제도이다. 이러한 방법은 공공보건서비스의 방법으로 비용의 전부 또는 대부분을 공비(公費)로 부담하며 급여의 범위도 치료뿐만 아니라 예방 및 건강증진의 도모를 포함한다. 영국과 뉴질랜드는 "국민보건서비스"(National Health Services, NHS)제도를 택하여 조세로 전국민에게 무료에 가까운 서비스를 제공하고 있다. 이와 같은 방법으로 의료보장을 제공하는 경우는 의료의 형평성은 문제가 되지 않으나 지나친 형평성의 추구로 효율성을 저해하여 서비스 수준과 환자의 만족도 측면에서 문제가 제기되기도 한다.

두 번째는 사회보험의 원리를 기초로 한 의료보험의 방법으로 모든 사람이 의료보험에 강제로 가입하도록 하여 피보험자에게 질병, 부상 등의 사고가 발생한 경우에 요양 또는 요양비를 제공하는 방법이다. 우리나라는 의료보험의 방법으로 의료보장을 제공하고 있다.

4.2 국민건강보험제도

(1) 의료보장정책의 방법

공공의료보장제도는 국가마다 고유한 가치와 문화를 배경으로 다양한 방식을 택하고 있으나 일반적으로 사회보험(NHI, National Health Insurance) 방식과 국민보건서비스(NHS, National Health Services) 방식의 두 가지로 분류된다.

사회보험 방식은 국가관리하에 보험에 가입한 자가 보험료를 갹출하여 재원을 마련하여 의료서비스를 받는 방식으로 독일의 비스마르크가 창시하여 비스마르크 방식이라고도 불린다. 사회보험은 보험원리에 의해 국민의 보험료로 재원을 조달하고 국가는 지원과 지도기능을 수행함으로써 국민의 정부에 대한 의존을 최소화할 수 있다. 의료보장을 시행하고 있는 82개국 중 57개국이 사회보험방식을 채택하고 있으며, 대표적인 국가로는 독일, 일본, 프랑스 등이 있다. 우리나라의 국민건강보험제도는 사회보험 방식이다.

국민보건서비스 방식은 국민의 의료문제는 국가가 책임져야 한다는 관점에서 정부가 일반조세로 재원을 마련하여 모든 국민에게 무상으로 의료를 제공하는 방법으로 베버리지 방식이라고 불리기도 한다. 국민보건서비스 방식은 소득수준에 관계없이 모든 국민에게 포괄적이고 균등한 의료를 보장함으로써 의료의 사회화를 가능하게 한다. 국민보건서비스 방식은 정부가 관리주체가 되어 의료비 증가를 통제하며, 조세로 재원을 조달함으로써 소득의 재분배를 가능하게 한다. 반면에 국민보건서비스 방식이 추구하는 의료의 사회화는 상대적으로 의료의 질을 저하시키며 조세에 의한 의료비 재원조달로 인해 정부의 과다한 복지비용 부담이 문제가 되고 있다. 의료보장을 시행하고 있는 82개국 중 25개국이 국민보건서비스 방식을 채택하고 있으며, 대표적인 국가로는 영국, 스웨덴, 이탈리아 등이 있다.

(2) 국민건강보험제도의 역사

1) 제도 도입기 (1963-1975)

우리나라 의료보험은 1963년 12월 16일 법률 제1623호로 산업재해보상보험법보다 한 달 늦게 제정되었다. 1963년 이전에는 국민의 건강을 위한 의료정책이 존재하지 않았다. 일제시대의 경우 일본은 본국에서는 의료보험제도를 실시하면서도 우리나라에서는 그 제도를 실시하지 않았다.[9] 해방 이후 1960년대 초반까지는 6.25 전쟁 이후의 정치적 격변, 경제적 빈곤, 사회적 불안 등으로 의료보험제도를 추진할 만한 여유를 갖추지 못했다.

이러한 여건 위에서 1963년 의료보험법이 제정되었다는 것 자체가 중요한 의의를 지니고 있다. 그러나 1963년 말에 의료보험이 제정되었으나 법률의 제정과정에서 강제가입 성격의 의료보험제도가 임의가입 성격으로 바뀌었고, 시행 후에도 임의적용방식의 의료보험마저 제대로 실시되지 않았으며 전국적으로 소수의 의료보험조합이 결성되어 시범사업 정도로 실시되었을 뿐이었다. 1965년 이후 1976년 말까지 전국적으로 조직된 임의방식의 의료보험조합은 모두 11개였으며 그 피보험자는 1976년 말까지 67,929명(전 인구의 0.2%)에 지나지 않았다(이두호 외, 1992: 258). 그나마 1965년 9월 호남비료주식회사 의료보험조합, 1969년 7월 부산청십자의료보험조합 정도만 명맥을 유지했다. 1970년에 의료보험법의 1차개정을 통해 피용근로자에 대한 의료보험을 강제적 성격으로 전환하였으나 실제로는 강제가입 의료보험은 실시되지 않았다.

2) 제도 발전기 (1976-1987)

1976년 박정희 정부는 기존의 의료보험법을 전면 개정하고, 1977년 7월 1일을 기하여 500인 이상 사업장 근로자를 대상으로 강제가입 성격의 의료보험제도를 실시했다. 1970년대 말엽은 점증하는 소득격차와 권위주의적 정부에 대한 저항이 겹쳐져서 권위적인 정부는 의무적인 사회복지프로그램을 실시하지 않을 수 없었다. 4차 경제개발 5개년 계획(1977-1982)은 사회개발과 형평의 제고를 목표로 하였으며, 그 첫 번째 선택이 의료보험이었다. 의료자원배분의 왜곡은 당시 사회적 이슈였다. 1975년과 1976년 사이에 16명의 의사와 병원장이 구속되었다. 마침 남북대화가 시작되던 터라 더욱 정치적인 의미가 부여되었다. 중화학공업 육성을 위한 내자 동원 방안으로 고려되었던 국민연금의 경우처럼 적극적이지 않았던 박정희 대통령은 영국의 NHS와는 다른 재정방식에 의한다는 것을 확실히 한 뒤 의료보험실시에 동의했다(이혜경, 1992: 381-382).

이때 개정된 의료보험법의 가장 큰 특징은 대상 인구를 직업과 지역에 따라 의

---

9) 일본은 1922년 건강보험법을 제정하여 1926년부터 근로자 의료보험제도를 실시하였고, 1937년 국민건강보험법을 제정하여 자영자 의료보험제도를 실시하였다.

료보험조합이 독립적으로 설립되어 조합자율주의를 기초로 운영토록 하였다. 즉 의료보험법의 적용대상자는 생활보호대상자를 제외한 전국민으로 하되 공무원, 사립학교 교직원, 군인은 별도 적용하기 위해 의료보험법의 적용대상에서 분리하였다. 이러한 의료보험제도는 기업중심의 조합주의원리에 의해 재원은 피고용인과 고용인이 반반 부담하고 국가는 행정비용만을 부담하면서 관리하는 형식이었다. 그러나 이러한 조합주의 방식에 근거한 의료보험제도는 국가재정개입을 최소한으로 하면서 제도를 즉각 실시할 수 있는 기술관료적 행정편의주의가 반영되어 있었으며 사회보험의 기본원리인 소득재분배와 사회통합과는 거리가 먼 의료보험제도였다. 결국 이러한 초기 시행방식은 두 차례의 의료보험논쟁을 가져왔으며, 현재의 의료보험재정 불안정을 초래했다고 할 수 있다.

3) 전국민 의료보장기 (1988–1997)

이 시기는 1988년 농어촌 주민 대상 지역의료보험, 1989년 도시지역 자영자 대상 의료보험의 실시로 전국민을 대상으로 의료보험제도가 확대된 시기이다. 이 시기에 큰 의미를 지니는 것은 그 때까지 의료보장의 수혜권에서 제외되었던 자영자 계층에 대한 의료보험을 확대하여 전국민 의료보장을 달성하였다는 점이다. 의료보험제도의 가입대상자 변화를 살펴보면 1977년 7월 1일부터는 500인 이상 고용사업장을, 1979년 7월 1일부터는 300인 이상, 1981년 1월 1일에는 100인 이상, 1983년 1월 1일부터는 16인 이상, 1988년 8월 1일부터는 5명 이상 고용사업장으로까지 의료보험의 가입대상자를 확대해 왔다. 그리고 1989년 7월 1일부터는 도시 자영민에게까지 의료보험의 적용이 확대되어 전국민 의료보장의 시대에 들어서게 되었다.

이와 같이 의료보험 적용인구를 확대해 나가는 과정에서 1984년 12월 31일 의료보험법 제6차 개정에서 의료보험의 적용구분의 명칭을 실제에 부합하도록 하기 위해 제1종 의료보험법이 직장의료보험법으로, 제2종 의료보험은 지역의료보험으로 각각 바뀌어졌고, 특히 직장의료보험은 조합의 통폐합이 이루어지게 되었다.

그러나 조합방식으로는 소규모 조합들과 지역단위 의료보험조합들이 재정적으로 홀로서기를 할 수 없을 뿐 아니라 조합간 급여내용의 차등화를 초래할 위험이 있다는 시범사업 결과가 나오면서 재정상태가 비교적 견실한 조합들과 취약한 조합들을 통폐합시킴으로써 전국민 의료보험의 실시라는 원래 국가목표의 달성은 물론

이에 소요되는 비용을 정부가 부담 없이 해결하자는 의료보험 통합주장이 제기되었다. 의료보험을 조합주의로 할 것인가 아니면 통합할 것인가 하는 논의는 첨예한 찬반논쟁(2차례의 의료보험논쟁)을 불러일으켰으나, 정부는 통합화로 인한 의료보험체계의 경직화와 조합자율주의의 소멸, 정부의 과다한 재정지출 그리고 기업과 근로자 부담의 증가 등을 이유로 의료보험을 통합하는 데 반대하였으며(나병균, 1995: 176), 이로 인해 조합주의가 1998년까지 유지되었다.

4) 의료보험 통합과 국민건강보험법 제정(1998-   )

조합주의의 고수로 결말이 난 1차와 2차 의료보험 논쟁을 거치면서 의료보험 통합은 어려울 것으로 예상되었으나, 의료보험의 통합을 선거공약으로 내세운 김대중 정부가 집권하면서 의료보험 통합이 시도되었다. 1998년 10월 1일 이전에는 227개의 지역의료보험조합, 1개의 공무원 및 사립학교 교직원 의료보험공단(공교의보공단), 140개의 직장의료보험조합으로 나누어져 각각의 조합이 각각의 금고를 소유하면서 분리관리운영체계를 유지해 왔다. 그러나 1998년 2월 김대중 정부 집권 후 1기 노사정위원회에서 의료보험통합법의 연내 제정을 합의하고, 1998년 10월 1일 227개의 지역의료보험조합과 공교의료보험관리공단과 통합하여 국민의료보험관리공단이 발족되었으며, 1999년 2월 8일에는 2002년까지 의료보험 완전통합[10) 시행을 골자로 하는 국민건강보험법이 국회에서 통과되고, 2000년 7월 1일부터 시행되었다. 그래서 4대 사회보험 중 유일하게 분산관리운영체제를 유지해 왔던 의료보험은 재정이 완전히 통합되어 중앙집중관리운영체제를 유지하게 되었다. 국민건강보험제도의 관리통합단계와 재정통합단계는 <표 9-10>과 <표 9-11>와 같다.

의료보험의 통합과 국민건강보험법의 제정은 많은 변화를 가져왔다. 첫째, 통일된 보험료의 부과기준은 의료비용부담의 형평성과 분배정의를 가져왔다. 국민건강보험법에서는 지역의보에서 부과되는 세대나 가족 수에 따른 보험료 등 정액의

---

10) 의료보험 완전통합 혹은 통합 의료보험이란 다음과 같은 세 가지 내용이 포함된 의료보험제도의 내용을 의미한다. 첫째, 관리운영기구 통합으로 368개 직장, 지역 조합별 피보험자 관리체계를 전국적으로 단일화된 단일 보험자 관리체계로 일원화한다. 둘째, 재정통합으로 368개 직장, 지역조합별로 독립 채산제로 운용되던 의료보험 재정을 하나의 통합된 기금으로 일원화하여 운용한다. 셋째, 보험료 부과체계 통합으로 임금근로자와 자영자에게 별도로 적용되던 보험료 부과체계를 소득(혹은 소득+재산)비례보험료로 일원화한다(김연명, 2000: 1).

‖표 9-10‖ 건강보험 관리통합단계

종류	종류	1998. 10. 1 이전	1998. 10. 1	2000. 7. 1
조직	지역	지역의보조합(227개)	국민의료보험 관리공단(1개)	국민건강보험공단 (1개)
	공교	공교의보공단(1개)		
	직장	직장의보조합(140개)	직장의보조합(140개)	

‖표 9-11‖ 건강보험 재정통합단계

종류	종류	1998. 10. 1 이전	1998. 10.1	2001. 1. 1	2003. 7. 1
재정	지역	지역의보재정 (227개)	지역의보재정 (1개)	지역건보재정 (1개)	건강보험재정 (1개)
	공교	공교의보재정 (1개)	공교의보재정 (1개)	직장건보재정 (1개)	
	직장	직장의보재정 (140개)	직장의보재정 (140개)		

기본보험료를 폐지하고 보험료 산정기준을 소득으로 일원화함으로써 능력비례 보험료 부담원칙이 지켜지게 되어 분배정의를 실현할 수 있게 되었다.

둘째, 개별 의료보험 조합들이 별도로 관리해 오던 기금들을 단계적으로 통합함으로써 조합간 재정수지의 불균형 문제를 근본적으로 해결하고, 급여수준을 상향 조정할 수 있는 여건이 조성되었다. 기존의 조합방식 의료보험의 급여수준은 재정이 열악한 지역의료보험에 맞추어졌기 때문에 직장의료보험은 수조원의 적립금이 남아 있음에도 급여의 하향평준화 현상이 나타났고, 보험급여 확대정책을 추진하기 어려웠다. 그러나 재정이 통합됨으로써 적정보험료 부담, 적정급여 수급, 적정본인 부담이라는 내실 있는 건강보험을 구축할 수 있게 되었다.

셋째, 건강보험이라는 명칭의 변화에서 알 수 있듯이 예방관련 급여가 대폭 늘어남으로써 질병의 예방사업과 재활사업이 상호 유기적으로 연계될 수 있게 되었다. 국민건강보험법에서는 예방·재활이 진료급여의 하나로 명문화되었고, 건강검진이 법정급여로 규정되었으며, 장애인보장구 지급과 상병수당도 실시근거가 마련되었다.

넷째, 보험진료비의 심사와 진료의 평가업무가 심사평가원으로 독립됨으로써 심사의 공정성과 진료의 적정성을 확보할 수 있다. 따라서 진료비 심사의 공정성,

‖표 9-12‖ 국민건강보험제도의 발달과정	
일 시	의료보험제도의 발달 및 변화
1963. 12. 6	**의료보험법 제정**(정부가 제출하고 국가재건최고회의에서 의결하여 제정되었으나 임의가입형식을 채택함으로써 사문화되었음)
1965. 9. 25	호남비료의료보험조합 설립(최초인가 피용자조합)
1968. 5. 13	부산청십자의료보험조합 설립(최초인가 자영자조합)
1977. 7. 1	**500인 이상 사업장 근로자대상 의료보험실시**
1977. 12. 31	공무원 및 교직원 의료보험법 제정
1979. 1. 1	**공무원 및 교직원 의료보험 실시**
1979. 7. 1	300인 이상 사업장 근로자 적용 확대
1981. 1. 1	100인 이상 사업장 근로자 적용 확대
1981. 7. 1	지역의료보험 시범사업실시(홍천, 옥구, 군위)
1987. 2. 1	한방의료보험 전국 확대실시
1987. 4. 1	16인 이상 사업장 의료보험 당연적용
1988. 1. 1	**농어촌 지역의료보험 전국 확대실시**
1988. 7. 1	5인 이상 사업장 의료보험 적용확대
1989. 7. 1	**도시지역 의료보험 시행(전국민 의료보험 실현)**
1989. 10. 1	약국 의료보험 실시
1996. 1. 1	요양급여기간 연간 240일로 연장(C/T 보험급여 적용)
1996. 8. 1	분만급여대상 범위 확대(2자녀 제한 기준 폐지)
1997. 12. 31	국민의료보험법 제정
1998. 2. 6	제1기 노사정위원회 의료보험 통합 합의
1998. 10. 1	**지역의료보험과 공교의료보험 통합**
1999. 1. 1	요양급여기간 연간 330일로 연장
1999. 2. 8	**국민건강보험법 제정**
2000. 1. 1	요양급여기간 제한 철폐
2000. 7. 1	**국민건강보험법 시행**
2001. 7. 1	5인미만 사업장 근로자 직장가입자 편입
2002. 1. 19	국민건강보험재정건전화특별법 제정
2003. 7. 1.	직장재정과 지역재정 통합(실질적인 건강보험 통합)
2005. 7. 1.	노인장기요양보험 시범사업 실시
2007. 4. 2.	노인장기요양보험법 제정
2008. 7. 1.	노인장기요양보험 실시
2011. 1. 1.	사회보험 징수통합(건강보험, 국민연금, 고용보험, 산재보험)

객관성 및 전문성과 관련하여 의료계의 보험자단체간에 형성된 갈등구조가 어느 정도 해소될 것으로 보인다. 또한 조직기구의 경량화, 보험업무의 혁신, 자격관리·부과자료·급여관리 등에 대한 정보공유시스템 등을 통해 효율적인 관리운영체계의 구축이 가능해질 것으로 보인다.

국민건강보험제도의 발달과정은 <표 9-12>에 나와 있다.

(3) 국민건강보험제도의 내용

1) 급여의 대상

강제가입[11])을 원칙으로 하는 국민건강보험의 적용대상은 의료급여대상자를 제외한 모든 국민이며, 대상자들은 직장가입자와 지역가입자로 구분된다. 2008년 현재 대상자는 4,816만 명(전체 인구의 96%, 나머지 4%는 의료급여 대상자)이다. 직장가입자(63%)는 근로자, 사용자, 공무원, 교직원 및 그 부양가족이며, 지역가입자(37%)는 직장가입자와 그 피부양자 및 의료급여대상자(184만 명)를 제외한 도시 및 농어촌 지역주민이다.

2) 급여의 종류

건강보험에 있어서 보험급여의 원인이 되는 것을 보험사고라고 하며, 이 보험사고에 대하여 급여하는 것을 보험급여라고 한다. 건강보험의 급여는 제공형태에 따라 현물급여와 현금급여로 나눌 수 있다.

현물급여는 가입자 및 피부양자에게 요양기관을 통하여 직접 의료서비스를 제공하는 것으로 요양급여와 건강검진이 있다. 요양급여는 가입자 및 피부양자의 질병·부상에 대한 예방·진단·치료·재활과 출산에 대하여 요양기관으로부터 치료·예방·재활·입원·간호·이송 등에 대하여 직접 의료서비스를 제공받는 것을 말한다. 요양비의 지급기간은 1999년까지는 연간 300일로 제한하고 그 이상일 경우에는 보험자가 부담하는 연간 요양급여비용이 150만원까지 제한하였으나, 2000년부터는 이를 철폐하여 연중 급여를 받도록 확대되었다. 건강검진은 가입자 및 피부양자에 대한 질병의 조기발견과 그에 따른 요양급여를 하기 위하여 2년마다 1회 이상 건강검진을 실시한다.

현금급여에는 긴급 기타 부득이한 사유로 인하여 지정된 요양기관 이외의 의료기관이나 약국에서 진료를 받았거나 분만하였을 경우 등에 대하여 공단에서 현금으

---

11) 2000년 7월 14일 서울행정법원 제4부(재판장 趙炳県 부장판사)는 김모씨(54)가 개인의 의사와 무관하게 강제로 가입하도록 하는 것은 부당하다며 국민건강보험공단을 상대로 낸 보험료부과처분 취소청구소송에서 탈퇴청구부분을 각하하고 보험료부과처분을 취소해 달라는 부분을 기각했다. 재판부는 판결문에서 "모든 국민이 의료보험혜택을 받을 수 있도록 보험 강제가입 및 보험료 부과·징수에 따른 개인의 계약체결의 자유 및 재산권을 제한한 것은 적법하다"고 판결을 내렸다(법률신문, 2000년 7월 24일).

로 진료비를 지급받는 것을 말하며, 요양비, 분만비, 장제비, 분만수당, 본인부담액 보상금,[12) 장애인 보장구 급여비 등이 있다.

건강보험 급여 종류 및 수급권자는 <표 9-13>과 같다.

	급여종류	수급권자	비 고
현물급여	요양급여	가입자 및 피부양자	법정급여*
	건강검진	가입자 및 피부양자	법정급여
현금급여	요양비	가입자 및 피부양자	법정급여
	장제비	사망시 장제를 행하는 자	임의급여**
	본인부담액보상금	가입자 및 피부양자	임의급여
	장애인보장구급여비	장애인복지법에 등록한 장애인	법정급여

┃표 9-13 ┃ 건강보험 급여 종류 및 수급권자

 * 국민건강보험법에 의하여 당연히 공급해 주어야 하는 급여.
** 법에 의하여 강제로 지급되는 급여가 아니고 정관이 정하는 바에 따라 임의로 지급되는 급여이다.

4) 관리운영체계

국민건강보험의 관리운영은 1977년 7월 500인 이상의 사업장 근로자를 대상으로 조합주의 원칙의 의료보험이 실시되면서 1998년 10월 1일 이전에는 227개의 지역의료보험조합, 1개의 공무원 및 사립학교 교직원 의료보험공단(공교의보공단), 140개의 직장의료보험조합으로 나누어져 각각의 조합이 각각의 금고를 소유하면서 분리관리운영체계를 유지해 왔다.

그러나 1988년 10월 1일 227개의 지역의료보험조합과 공교의료보험관리공단을 통합하여 국민의료보험관리공단이 발족되었으며, 2000년 7월에는 사업장의 근로자를 대상으로 하고 있는 직장조합과 국민건강보험공단을 통합하여 국민건강보험공단을 발족시켜 중앙집중관리방식으로 전환하였다.

5) 재 정
① 수 입
국민건강보험의 수입은 가입자와 사용자가 내는 보험료, 국가의 재정지원으로

---

12) 본인부담액 보상금은 가입자 또는 피부양자의 진료비용이 너무 과다하여 가계지출을 위협할 경우에 이를 보상하기 위하여 지급하는 현금급여를 말한다. 가입자의 과중한 본인부담을 방지하기 위하여 본인부담액의 일정한 한도를 정한다.

구성된다. 근로자는 보수의 5.99%를 직장과 본인이 각각 50%씩 보험료를 부담한다. 공무원은 본인이 보수의 2.995%를 부담하고 국가가 2.995%를 부담한다. 사립학교교원은 보수의 2.995%는 본인이, 1.797%는 사용자가, 1.198%는 국가가 부담한다. 국민건강보험 보험료율은 <표 9-14>와 같다.

┃표 9-14┃ 국민건강보험 보험료율

(2014년 1월 시행)

구 분	계	가입자 부담	사용자 부담	국가 부담
근 로 자	5.99(100%)	2.995(50%)	2.995(50%)	-
공 무 원	5.99(100%)	2.995(50%)	-	2.995(50%)
사립학교교원	5.99(100%)	2.995(50%)	1.797(30%)	1.198(50%)

② 지 출

국민건강보험제도의 지출로는 보험급여와 관리운영비가 있다. 보험급여는 질병, 상병, 분만 또는 사망 등의 보험사고가 발생했을 때 피보험자가 지불한 보험료에 대한 반대급여로서 가입자 및 피부양자 등 수혜대상자에게 제공되는 의료서비스를 의미한다.

관리운영비는 의료보험을 운영하는데 소요되는 경비를 말하는데 의료보험제도를 통합체제로 전환하면서 이슈로 등장하였다. 의료보험 통합을 주장하던 학자들은 의료보험 관리운영기구가 다보험자 방식에서 단일보험자 방식으로 전환되면 기존에 수백 개의 의보조합에서 행해지던 중복, 잉여 업무를 줄임으로써 인건비 등 관리운영비를 줄일 수 있고, 조합을 변경할 때마다 발생하는 번거로운 신고절차를 없앰으로써 국민들의 불편을 줄일 수 있다고 주장했다. 의료보험 통합의 효과를 설명한 정부 자료에 의하면 의료보험 통합으로 관리운영비가 상당 폭 감소되어 1997년 총 재정 대비 관리운영비 비율이 9.1%에서 99년에는 7.0%로 떨어졌다. 관리운영비 감소를 절대액으로 보면 1999년의 경우 1998년에 비해 인력 감축 등으로 약 516억원의 인건비가 감소되었다.

5. 고용보험제도

5.1 고용보험의 정의

1993년 12월 27일 법률 제4644호로 제정되고 1995년 7월 1일부터 시행된 우리나라의 고용보험법은 제1조(목적)에서 「이 법은 고용보험의 시행을 통하여 실업의 예방, 고용의 촉진 및 근로자의 직업능력의 개발·향상을 도모하고, 국가의 직업지도·직업소개기능을 강화하며, 근로자가 실업한 경우에 생활에 필요한 급여를 실시함으로써, 근로자의 생활의 안정과 구직활동을 촉진하여 경제·사회발전에 이바지함을 목적으로 한다」라고 규정하고 있다. 즉 고용보험은 실직근로자에게 실업급여를 지급하는 소극적이고 사후적(事後的)인 실업보험의 역할을 넘어 근로자의 직업능력을 개발하고, 노동시장의 구조조정 과정에서 실업을 예방하기 위한 각종 지원사업을 복합적으로 실시하는 사전적(事前的)이고 적극적인 고용정책적 사회보장제도라고 할 수 있다.

5.2 우리나라 고용보험제도의 현황

(1) 적용범위

고용보험사업에는 실업급여, 고용안정사업, 직업능력개발사업, 육아휴직급여가 있으며, 이러한 보험사업의 당연적용사업은 그 동안 사업규모에 따라 점차 확대되어 왔다. 실업급여는 1995년 7월 1일부터 30인 이상 사업장에 적용하였으며, 1998년 1일 1일부터는 10인 이상 사업장으로, 다시 1998년 3월 1일부터는 5인 이상 사업장으로 확대 적용되어 왔다. 고용안정사업과 직업능력개발사업은 1995년 7월 1일부터 70인 이상 사업장에 적용되었으며, 1998년 1월 1일부터는 50인 이상 사업장으로, 다시 1998년 7월 1일부터는 5인 이상 사업장으로 확대 적용되어 왔다. 그 후 1998년 10월 1일부터는 근로자를 고용하는 모든 사업장에 고용보험의 세 가지 사업이 확대 적용되고 있다.

(2) 고용보험제도의 사업체계

고용보험제도의 사업내용은 고용안정사업, 직업능력개발사업, 실업급여, 육아휴직급여 네가지로 나누어진다. 사업체계는 <그림 9-1>과 같다.

┃그림 9-1┃ 고용보험제도의 사업체계

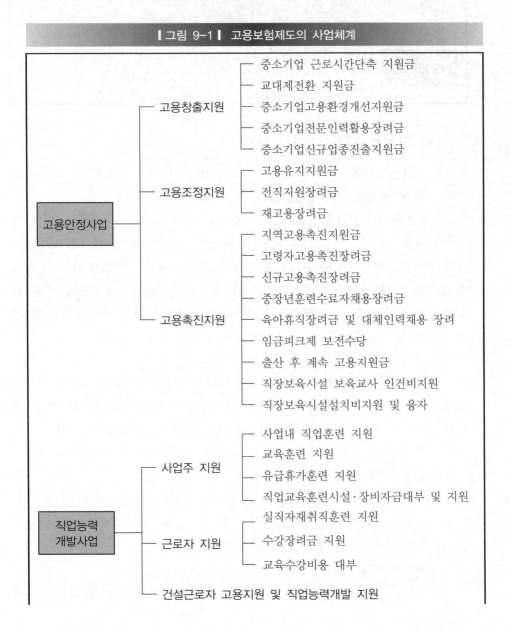

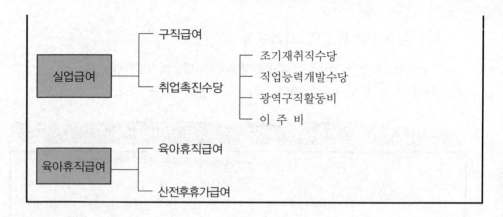

(3) 고용보험제도의 사업내용

1) 고용안정사업

① 중소기업근로시간단축지원금

중소기업근로시간단축지원금제도는 법 제20조에 따라 우선지원대상기업에 해당하는 사업주가 법률 제8372호 근로기준법 전부개정법률 부칙 제4조의 시행일 6개월 전에 같은 법 부칙 제 5조에 따라 개정규정을 적용받은 후 분기마다 그 사업의 월평균 근로자 수가 근로시간을 같은 법 제 50조의 개정규정에 따른 근로시간으로 줄인 날이 속한 달의 직전 3개월의 월평균 근로자 수를 초과하는 경우에 중소기업 근로시간단축 지원금을 지급하는 제도이다.

② 교대제전환지원금

교대제전환지원금제도는 법 제20조에 따라 사업주가 근로자를 조별로 나누어 교대로 근로하게 하는 교대제를 새로 실시하거나 조를 늘려 교대제를 실시하고, 교대제전환 이후 분기마다 그 사업의 월평균 근로자수가 교대제전환을 한 날이 속한 달의 직전 3개월의 월평균 근로자 수를 초과하는 경우에 지급하는 제도이다.

③ 중소기업고용환경개선지원금

중소기업고용환경개선지원금제도는 사업주가 고용기회를 확대하기 위하여 고용환경의 개선에 필요한 시설이나 설비를 설치하고, 고용을 늘린 경우에 그 비용과 임금의 일부를 예산의 범위에서 지원하는 제도이다.

④ 중소기업전문인력활용장려금

중소기업전문인력활용장려금제도는 사업주가 기업의 경쟁력을 높이기 위하여 노동부장관이 정하여 고시하는 전문인력을 신규로 고용하거나 우선지원대상기업이 아닌 다른 기업으로부터 전문인력을 지원받아 사용하고, 고용 또는 사용 전 3개월부터 고용 또는 사용 후 6개월까지 근로자를 고용조정으로 이직시키지 아니한 경우에 지급하는 제도이다.

⑤ **임금피크제 보전수당**

임금피크제 보전수당 제도는 사업주가 근로자대표의 동의를 받아 노동부령으로 정하는 나이 이상까지의 고용보장을 조건으로 일정 나이, 근속 시점이나 임금을 기준으로 임금을 감액하는 제도를 시행하는 경우에 임금피크제를 적용받는 근로자에게 임금피크제 보전수당을 지급하는 제도이다.

⑥ **임신·출산 후 계속고용지원금**

임신·출산 후 계속고용지원금 제도는 근로자가 보호휴가 중이거나 임신 16주 이상인 여성근로자의 그 휴가기간이나 임신기간 중에 근로계약기간이나 파견계약기간이 끝나는 경우 당초의 근로계약기간이나 파견계약기간이 끝난 즉시 그 근로자와 근로계약기간을 1년 이상으로 하는 근로계약을 체결하는 사업주에게 노동부장관이 정하여 고시하는 금액을 6개월 동안 지급하는 제도이다.

2) 직업능력개발사업

① **직업훈련에 대한 지원**

고용보험법의 규정에 의하여 근로자에게 직업훈련을 실시하는 기업에게는 훈련비용을 지원한다. 지원금 지급률은 자체훈련의 경우 대규모기업에 80%, 우선지원대상 기업에 전액을 지급하며, 위탁훈련인 경우에는 대규모 기업에 70%, 우선지원대상 기업에 90%를 지급한다.

② **교육훈련에 대한 지원**

고용보험법의 규정에 의하여 근로자의 직업능력개발을 위한 수강비용을 지원한다. 지원대상과정은 전문대학 이상의 교육기관에 개설된 교육과정중 노동부장관이 정하는 과정이나, 노동부장관이 지정하는 교육훈련기관의 교육훈련과정이다. 비용지원기준은 사업주가 교육훈련기관에 납부한 교육훈련 비용의 70%(우선지원 대상 기업은 90%)이다.

③ **유급휴가에 대한 지원**

유급휴가에 대한 지원으로 지원대상은 1년 이상 재직근로자를 대상으로 30일

이상의 유급휴가를 부여해 교육훈련 또는 직업훈련을 실시하며, 훈련기간중 통상임금 이상의 임금을 지불한 사업주이다. 지원대상과정은 지정교육훈련기관 및 교육기관의 교육과정·직업훈련시설의 훈련과정 중 총 교육훈련기간이 30일 이상이고 총 교육훈련시간이 120시간 이상인 과정이다. 비용지원기준은 대규모기업에 대해서는 지불임금과 사업주가 교육훈련기관에 지급한 수강료의 70%, 우선지원 대상 기업에 대해서는 90%이다.

④ **기능·기술장려를 위한 우대 지원**

노동부 장관이 선정·관리하는「중소기업현장 산업기술인」이나 기능장려법 제8조 2항의 규정에 의하여 선정된 기능장려우수사업체에서 생산 및 그 관련직에 종사하는 근로자(선정된 연도의 다음연도 1월 1일부터 3년간)를 대상으로 교육훈련 또는 사업내 직업훈련을 실시한 사업주를 대상으로 한다. 우대지원 내용은 사업 내 직업훈련·교육훈련비용의 전액 지원이다.

⑤ **건설근로자의 직업능력개발을 위한 지원**

지원대상은 일정한 사업장에 고용되지 아니한 건설근로자를 대상으로 사업내 직업훈련 또는 교육훈련을 실시한 사업주이다. 우대지원 내용은 사업 내 직업훈련·교육훈련비용의 70/100~전액지원이며, 훈련수당은 실업자재취직훈련수당에 준용한다.

⑥ **직업훈련시설·장비설치비용의 지원 및 대부**

직업능력개발사업 적용 사업체의 대부분이 자체훈련실시능력이 결여되어 있어 여건 조성을 통한 훈련실시업체의 확대가 필요하여 훈련실시능력에 맞추어 훈련체제를 정비할 수 있도록 훈련시설·장비에 대한 비용대부를 실시한다. 지원대상으로는 직업훈련 또는 교육훈련을 실시하거나 실시하고자 하는 우선지원 대상 기업의 사업주 또는 사업주단체이다. 지원한도는 20억 이내에서 소요자금액의 50%이다. 대부대상으로는 직업훈련 또는 교육훈련 실시에 필요하다고 인정되는 직업훈련 또는 교육훈련시설·장비 및 기타 편의시설을 설치하고자 하는 사업주 또는 사업주 단체이다.

⑦ **실직자재취직훈련**

실직자재취직훈련은 재취업에 필요한 기능·기술의 습득을 필요로 하는 실직근로자에게 직업훈련 또는 교육훈련기회를 제공함으로써 실업자의 재취직촉진과 생활안정을 도모하는 것이 목적이다. 훈련대상자는 고용보험 피보험자였던 실업자 중

지방노동관서에 구직등록하고 재취직훈련을 희망하는 자이거나 재취직을 위한 훈련이 필요하다고 지방노동관서의 장이 인정하는 자, 훈련기관에서 실시하는 실업자재취직훈련과정에 등록한 고용보험 피보험자였던 실업자로서 직업안정기관에 구직등록을 한 자이다.

3) 실업급여

실업급여는 근로자가 실직하였을 경우 일정기간 동안 실직자 및 그 가족의 생계안정을 도모하는 것을 목적으로 한다. 실업급여는 실직자에 대한 구인·구직정보의 체계적인 제공으로 재취업을 촉진함은 물론 인력 이동상황의 파악으로 실효성 있는 고용정책의 수립을 가능하게 하고, 불황기에는 유효수요를 창출하여 고용을 증대시키고 호황기에는 보험기금의 적립을 통해 유효수요를 억제하는 자동적인 경기조절기능을 수행하는 효과가 있다. 실업급여에는 구직급여와 취직촉진수당의 두 가지 종류가 있다. 구직급여는 실직자의 생계안정을 위하여 지급하는 급여이고, 취직촉진수당은 구직급여를 지급받고 있는 근로자가 빠른 시일 내에 새로운 직장을 구하는 것을 도와주기 위하여 지급하는 급여이다.

① 구직급여

구직급여의 수급조건은 고용보험법 제31조에 의거하여 피보험 단위기간이 충족되어야 한다. 즉 ① 실직 전 18개월(기준기간) 동안에 고용보험이 적용되는 사업장에서 근무한 기간(피보험단위기간)이 180일 이상이 되어야 하고, ② 근로의 의사와 능력을 가지고 적극적으로 구직활동할 때, ③ 개인사정(전직·가사·자영업 등)이나 본인의 중대한 잘못으로 해고되지 않았을 때, 그리고 ④ 이직 후 10개월 이내에 수급자격 신청하였을 때 구직급여가 제공된다. 그러나 이직당시 1억원 이상을 지급 받아 급여지급이 3개월 유예되는 경우는 실업급여 수급기간도 그만큼 연장된다.

구직급여의 수급기간은 고용보험법 제41조에 의거하여 피보험기간 및 이직시의 연령에 따라 90일~240일간 지급한다(표 9-15 참조).

구직급여의 수준은 고용보험법 제36조에 의거하여 이직 전 직장에서 지급 받던 평균임금의 50%이다.[13] 지급절차는 고용보험법 제34조에 의거하여 수급자격자

---

13) 일일구직급여액의 상한액은 35,000원이며 최저액은 시간급최저임금의 70%이다. 예를 들면 1일 4시간 최저임금일액을 받고 근무한 시간제근로자의 경우 4시간×1,525원×70%=4,270원이다.

┃표 9-15┃ 구직급여의 소정급여일수

연 령 〳 피보험기간	1년 미만	1년 이상 3년 미만	3년 이상 5년 미만	5년 이상 10년 미만	10년 이상
30세 미만	90일	90일	120일	150일	180일
30세 이상~50세 미만	90일	120일	150일	180일	210일
50세 이상 및 장애인	90일	150일	180일	210일	240일

※ 장애인은 장애인고용촉진등에관한법률에 의한 장애인을 말함.

가 실업신고 후 매 2주마다 1회씩 지방노동관서에 출석하여 구직활동 노력을 입증하고 실업의 인정을 받아야 한다. 직업능력개발훈련 수강자의 경우에는 월1회 직업능력개발훈련기관의 장이 발행하는 수강증명서를 제출하여 실업의 인정을 받아야 한다.

② **취직촉진수당**

취직촉진수당의 종류로는 조기재취직수당, 직업능력개발수당, 광역구직활동비, 이주비 등이 있다.

조기재취직수당은 실업급여 지급으로 인한 실업의 장기화를 막고 적극적인 구직활동을 촉진하기 위한 것이다. 조기재취직수당은 수급자격자가 대기기간 경과 후 구직급여의 미지급 일수를 소정급여일수의 1/2 이상을 남긴 상태에서 안정된 직업에 재취직한 경우 잔여기간중 받을 수 있는 구직급여액의 1/2을 일시불로 지급한다.

직업능력개발수당은 구직급여 수급자격자가 지방노동관서장이 지시하는 직업능력개발훈련 등을 받는 경우, 그 기간중 실제로 직업능력개발훈련 등을 받은 자로써 구직급여의 지급대상이 되는 날에 지급된다. 직업능력개발훈련 수강자는 월 1회 구직급여를 지급받기 위해 수강증명서 제출시 직업능력개발수당도 함께 청구한다.

광역구직활동비는 구직급여 수급자격자가 대기기간 경과 후 지방노동관서의 소개에 따라 주거지에서 50㎞ 이상 떨어진 곳의 직장에 구직활동을 하게 될 때 소요비용을 지급한다. 이주비는 취직으로 거주지를 이전하거나 지시한 훈련을 받기 위하여 이사를 하여야 하는 경우에 지급된다.

4) 육아휴직급여

① **육아휴직급여**

육아휴직급여는 남녀고용평등법 제19조의 규정에 의한 육아휴직을 30일(근로기준법에 의한 산전후휴가 기간 90일과 중복되는 기간을 제외)이상 부여받은 피보험자 중 ① 육아휴직개시일 이전에 피보험단위기간이 통산하여 180일 이상이고 ② 동일한 자녀에 대해서 피보험자인 배우자가 육아휴직(30일 미만은 제외한다)을 부여받지 않고 있으며 ③ 육아휴직개시일 이후 1월부터 종료일 이후 6월 이내에 신청한 경우에 지급한다. 현재 육아휴직급여액은 월 50만원이다. 생후 3년 미만의 영유아를 가진 근로자가 신청할 수 있고, 육아휴직기간은 1년 이내로 한다.

② 산전후휴가급여

산전후휴가급여는 남녀고용평등법 제 18조의 규정에 의하여 피보험자가 근로기준법 제72조의 규정에 의한 산전후휴가 또는 유산·사산휴가를 부여받은 경우로서 ① 휴가종료일 이전에 피보험단위기간이 통산하여 180일 이상이고 ② 휴가개시일 이후 1월부터 종료일 이후 12월 이내에 신청한 경우에 지급한다.

산전후휴가급여는 근로기준법 제72조의 규정에 의한 산전후휴가 기간 전체기간에 대하여 근로기준법상 통상임금(산전후휴가 개시일을 기준으로 산정)에 상당하는 금액을 지급한다. 피보험자에게 지급하는 산전후휴가급여액의 상한액은 통상임금에 상당하는 금액이 135만원을 초과하는 경우에는 135만원, 하한액은 통상임금에 상당하는 금액이 피보험자의 휴가개시 전 1월간의 소정 근로시간에 휴가개시일 당시 적용되던 최저임금법에 의한 시간단위에 해당하는 최저임금액을 곱한 금액(최저기준월액)보다 낮은 경우에는 최저기준월액을 지급한다.

6. 공공부조제도

6.1 공공부조의 개념

흔히 공공부조란 생활곤궁자에 대한 공적인 경제적 보호를 말한다. 즉 공공부조는 빈곤이 자본주의의 구조적 모순에 의해 발생한다는 것을 전제로, 국가의 책임하에 법령에 입각하여 공비(公費)로서 생활이 곤궁한 자에게 최저한의 생활을 보장해 주는 제도를 말한다. 공공부조의 재원은 국민의 세금과 그 밖의 국가 및 지방공공단체의 수입으로 조달되며, 급여수급의 자격은 생활곤궁이란 사실에 의거하여 정해지고 급여의 기간은 특별히 고정되지는 않는다. 자산조사를 급여의 전제조건으로 하며, 어디까지나 보족적인 급여를 조건으로 하는 무상급여이다.

우리나라의 사회보장기본법은 동법 제2조에서 사회보장을 사회보험에 의한 급여와, 무상으로 행하는 공공부조라고 정의 내리고 있다. 즉 우리나라의 사회보장제도는 사회보험과 공공부조를 그 양대 지주로 하여 구성된다고 할 수 있다. 공공부조제도는 1998년까지 생활보호법을 일반법으로 하였기 때문에 생활보호제도라고도 불려졌으나, 1999년 1월 생활보호법을 대체하는 「국민기초생활보장법」이 제정되면서 공공부조제도는 변화를 겪게 된다.

6.2 공공부조의 원리와 원칙

(1) 공공부조의 원리(신섭중, 1998: 338-343)

1) 생존권 보장의 원리

생존권 보장의 원리는 국가가 생활이 곤궁한 모든 국민에 대하여 그 곤궁의 정도에 따라 필요한 보호를 하며 그 최저한의 생활을 보장하는 생존권 보장이라는 이념의 실현으로서 국민에게 보호받을 권리를 보장하는 것이다. 따라서 국민은 누구나 생활이 곤궁하게 되었을 때 국가에 대하여 보호를 법적으로 청구할 권리가 있으며, 국가는 보호를 제공할 법적인 의무가 있다.

2) 국가책임의 원리

국가책임의 원리란 생활이 곤궁한 모든 국민에 대하여 공공부조를 통해 생존권의 실현을 기하는 것을 국가의 책무로 하는 원리이며 공공부조제도의 실시에 대한 궁극적인 책임을 국가가 지는 것을 말한다. 이와 같은 원리의 귀결로서 생활보호의 실시에 있어 첫째, 국가는 생활보호법상의 국가책임을 민간단체 등 다른 자에 전가하거나 또는 이들로부터 재정적인 원조를 구해서는 안 되며, 둘째, 국가는 행정 및 재정제도상 생활보호의 실시책임체제를 확립해야 한다는 원칙 등이 파생된다. 물론 생활보호의 실시가 국가의 사무이기 때문에 비용도 국가가 전액 부담해야 하는 것이지만 다른 한편으로는 지방공공단체도 그 관내(官內)의 생활보호에 대하여 어느 정도는 책임을 분담하는 것이 당연하다고 하겠다.

3) 최저생활보호의 원리

최저생활보호의 원리란 공공부조제도가 보장해야 하는 생활의 내용을 말하는 것으로, 보호를 받는 자에게 최저한의 생활을 보장해야 한다는 것을 말한다. 여기에서 말하는 최저한의 생활은 단순한 최저생활이 아니라 건강하고 문화적인 생활수준을 유지시키기에 충분한 것을 말한다. 따라서 최저생활보장의 원리는 건강하며 문화적인 생활수준을 유지할 수 있는 최저한도의 생활이 공공부조에 의하여 보장되어야 한다는 것이다. 최저생활보장의 원리는 공공부조제도에 있어서 그 첫째의 조건이기 때문에 사회보장의 일환으로서 공공부조의 적극적인 이념을 나타내고 있다. 따라서 재정적인 고려나, 그 밖의 사정을 충족시킨 뒤에 고려한다거나, 재정의 측면에서부터 보호수준을 정하는 것은 본말의 전도(顚倒)라고 할 수 있다.

4) 무차별 평등의 원리

무차별 평등의 원리란 모든 국민에 대해 그의 생활의 곤궁에 즉응(即応)하여 포괄적인 보호를 해야 하는 생존권보호의 이념에 입각하여, 모든 국민은 공공부조의 법률적 요건을 충족하는 한 요보호상태에 빠지게 된 원인이나 인종, 성별 및 사회적 신분의 여하를 불문하고 생활보호법상의 적용에 차별적인 취급을 받지 않는다는 것을 말한다. 이 무차별 평등의 원리도 최저생활보장의 원리와 더불어 공공부조의 적극적인 이념의 일면을 보여 주고 있다.

5) 보족성의 원리

공공부조제도는 여타의 사회보장제도에 대하여 보족적인 역할을 한다고 할 수 있다. 그것은 첫째 사회보장제도는 어느 것이든 간에 획일적인 운영을 피할 수가 없기 때문에 개별적인 특수한 사례의 경우에는 공공부조제도가 이를 보족한다는 것이고, 둘째 사회보장제도에 있어 특히 사회보험재정의 경우 수급요건이 정해져 있는 것이 통례인데, 수급요건이 충족되지 못하여 이 제도로부터 배제되거나 수급이 통제되는 경우에는 공공부조제도에 의하여 보족되지 않으면 안되기 때문이다. 그러나 공공부조제도는 생활이 곤궁한 요보호자가 이용할 수 있는 그의 자산, 능력 및 그 밖의 모든 것을 최저한도의 생활유지를 위해 활용함을 요건으로 하여 행해지며, 이와 같은 공공부조의 원리를 보족성의 원리라고 말한다.

보족성의 원리에 있어 민법상의 부양이나 다른 법률에 의한 보호는 공공부조에 의한 생활보호에 우선하기 때문에 공공부조에 있어 보족성의 원리는 자산과 능력 등의 활용의무의 원칙과 더불어 친족부양우선의 원칙과 타법우선의 원칙 등으로 구성된다고 볼 수 있다. 보족성의 원리가 적용되는 범위와 정도는 보호기준의 내용 및 수준과 더불어 요보호자가 현실적으로 얼마만한 수준과 내용의 생활을 확보할 수 있는가 하는 생존권 보장의 내용 및 수준과 불가분의 관계가 있다. 이와 같은 보족성의 원리에 입각하여 보호를 실시함에 있어서는 자산조사(means test)가 행해진다.

그러나 보족성의 원리를 강조하면 강조할수록 생존권 보장이 훼손되는 경우가 발생하기 때문에 보족성의 원리는 생존권 보장의 원리와 상충되는 모순적 관계에 빠지기도 한다.[14]

6) 자립조장의 원리

자립조장의 원리란 공공부조제도에 의하여 보호를 받는 자에게 내재하고 있는 가능성을 끌어내어 육성함으로써 그 피보호자가 혼자 힘으로 사회생활에 적응해나갈 수 있도록 하는 원리이다. 즉 경제생활에 있어 피보호자가 공사(公私)의 보조를 받지 않고도 자력으로 정상적인 사회인으로 생활해 나갈 수 있도록 원조하는 것을 말한다.

(2) 공공부조의 원칙(신섭중, 1998: 343-348)

1) 신청보호의 원칙

생활의 보호는 요보호자와 그의 부양의무자 또는 그 밖에 동거하는 친족의 신청에 의하여 개시하는 것을 원칙으로 하며, 이와 같이 보호가 실시기관의 직권에 의하지 않고 요보호자의 신청에 의하여 개시되는 원칙을 일반적으로 신청보호의 원칙이라 말한다. 이 원칙은 보호가 국민의 권리이지 은혜적인 구제가 아님을 표현한

---

14) 보족성의 원리는 생존권의 원리와 모순적 관계에 있을 수도 있다. 사회보험제도의 경우 자조적 갹출원칙과 사회적 보장이라는 모순적 관계가 있을 수 있으며, 공적부조의 경우에는 의무로서의 자산조사 및 선별적인 처우라는 측면과 권리로서의 국민최저생활의 보장이라는 모순적 관계가 있을 수 있다. 즉 사회복지제도가 생존권 보장을 위한 자립을 그 목적으로 하면서도 제도운용에서는 개인의 도덕적 해이를 막는 장치로서 보호억제의 역할을 하는 것이다. 즉 권리로서 자립을 보장하는 생존권 보장과 개인의무로서의 자립논의를 추구하는 보족성의 원리는 모순적 관계에 있을 수 있다. 보다 자세한 내용은 이명현, "일본 생활보호제도의 보족성 원리 적용분석을 통한 한국 생활보호제도의 개혁방향", 행정학박사학위논문, 부산대학교 대학원, 1998 참조 바람.

것이라고 할 수 있다. 따라서 요보호자가 그 신청 수속을 모르는 경우에는 보호실시의 관계기관이 본인 또는 가족에게 신청을 촉구할 필요가 있다. 그러나 혼자 사는 노인의 의료부조 등에 있어서와 같이 요보호자가 급박한 상황에 처했을 때에는 요보호자의 생활실태를 고려하여 신청이 없더라도 보호를 제공할 수 있는 직권보호도 필요하다.

나아가서는 공공부조제도가 생활이 곤궁한 국민에 대하여 국가가 최저한의 생활을 보장함을 목적으로 하고 있음을 감안할 때, 보호의 실시기관은 결코 수동적이거나 소극적인 입장이어서는 안 된다. 따라서 보호의 실시에 관여하는 자는 언제나 그 지역 내 거주자의 생활상태에 세심한 주의를 기울여 급박한 사정의 유무에 관계없이 보호에 누락됨이 없도록 하는 특별한 배려가 요망된다.

2) 기준 및 정도의 원칙

공공부조에 있어 생활의 보호는 보호의 기준에 의하여 측정된 요보호자의 수요를 기본으로 하여, 그 가운데 본인이 수입이나 자산으로 충당할 수 있는 부분을 뺀 부족분만을 보충하는 정도로 해석하는 것이 바람직하다. 이와 같이 보호기준은 요보호자의 연령별, 성별, 세대구성별, 소재지역별 및 기타 보호의 종류에 따라 필요한 사정을 고려한 최저한도의 생활의 수요를 충족시키기에 충분한 것인 동시에 이를 초과하지 않는 것이라야 한다.

3) 필요즉응(必要卽應)의 원칙

공공부조에 있어서의 부조는 요보호자의 연령별, 성별, 건강상태 등 그 개인 또는 세대의 실제 필요의 상태를 고려하여 유효적절하게 행해져야 한다는 원칙이다. 이 원칙은 구체적인 보호가 보장의 필요도에 따라 개별화되지 않는다면 유효적절한 것이 되지 못한다는 것을 기본전제로 하고 있다. 이 원칙은 공공부조제도에서 일어나기 쉬운 기계적인 운영의 폐단을 미연에 방지하고자 하는 것이다. 이 원칙은 수급권의 무차별 평등의 원칙과 일견 서로 모순되는 것처럼 생각되지만, 필요즉응의 원칙은 보호가 배분적 정의라는 의미의 평등에 따라 유효 적절하게 행해져야만 한다는 것을 뜻하는 것이기 때문에 결국은 무차별 평등의 원칙의 일면을 상세히 다룬 것이라고 볼 수 있다.

4) 세대단위의 원칙

공공부조에 있어 보호의 급여단위, 즉 수요인정의 단위를 어떻게 정하느냐 하는 것은 보호의 보족성과 매우 밀접한 관계가 있다. 일반적으로 공공부조에 있어 보호는 세대를 단위로 하여 그 보호의 필요여부 및 정도를 정해야 함을 원칙으로 하고 있다. 세대는 현실적으로 생활의 단위를 이루는 것이기 때문에 최저생활수준 이하의 생활여부의 판정도 세대단위로 하여 보호하며 그 정도를 결정한다는 것이 세대단위의 원칙이다. 생계와 거주를 함께 하는 세대에 있어서는 각 구성원간에 있어 일상의 소비생활면에서 공통하는 부분이 있으므로 세대를 별도로 정하는 경우에 비해 1인당 생활비가 일정한 한도 내에서 감소하며, 세대에 있어서 이와 같은 공통이익을 세대의 이익이라고 한다. 세대단위의 원칙은 이와 같은 세대의 이익의 범위 내에서 그 합리성을 갖는다고 할 수 있다.

5) 금전부조의 원칙

공공부조의 급여지급 방법에 있어 의료부조의 현물급여 이외에는 급여를 현금 또는 수표에 의한 금전급여의 방법으로 제공하는 것을 금전부조의 원칙이라고 한다. 현금으로 급여를 제공하는 것을 꺼리는 경우는 현금으로 지급된 급여가 생활보조금으로 사용되지 않고 음주나 도박 등에 오용할 가능성이 있기 때문이다. 그러나 현금으로 지급하는 경우 수급자의 신분을 노출시키지 않아 수급자로부터 낙인을 제거할 수 있다. 또한 급여를 제공하는 데 있어서 행정상의 수속이 간단한 장점도 있다.

6) 거택보호의 원칙

보호의 제공은 피보호자가 거주하는 자택에서 행하는 것을 원칙으로 한다. 그러나 피보호자가 주거가 없어 거택보호가 불가능하거나 보호의 목적달성에 부적당한 경우, 또는 피보호자가 희망하는 경우에는 구호시설이나 갱생시설 등의 보호시설에 수용 보호하거나 또는 개인의 가정에 위탁하여 보호할 수도 있다. 그러나 특히 요부양아동의 보호에 있어 가정생활은 아동의 정신과 성격을 형성하는 위대한 힘이기 때문에 아동은 긴급 또는 부득이한 이유가 없는 한 가정생활로부터 떼어 놓아서는 안 되며, 부모와 함께 가정에서 보호하여야 한다.

6.3 우리나라의 공공부조제도

(1) 국민기초생활보장제도[15]

1) 국민기초생활보장법의 제정배경

국민기초생활보장제도는 국가의 보호를 필요로 하는 최저생계비 이하의 모든 국민에 대하여 국가가 생계, 교육, 의료 등 기본생활을 제도적으로 보장하는 공공부조제도이다. 우리나라는 1961년 생활보호법 제정 이래 40년간 빈곤계층을 보호하기 위하여 생활보호제도를 실시하여 왔다. 그러나 생활보호제도로는 1997년 말 외환위기로 인한 경제위기로 인해 고통을 받고 있는 저소득실직자 등 최저생계비 이하의 많은 국민들을 보호하기에는 미흡한 점이 많았다. 그래서 국가의 보호를 필요로 하는 최저생계비 이하의 가구에 대하여 최저수준 이상의 생활을 제도적으로 보장하고, 스스로 자립할 수 있도록 지원하는 생산적 복지를 실현하기 위하여 정부는 1999년 8월 12일 국민기초생활보장법을 제정하고,[16] 2000년 10월부터 시행하였다.

2) 국민기초생활보장법 제정의 의의

국민기초생활보장은 모든 국민에 대한 기초생활의 보장을 국가의 책임으로 명시하면서, 생활보장의 내용을 현실화하는 등 공공부조의 질적 향상을 이루었다고 할 수 있다. 구체적으로 국민기초생활보장법 제정의 의의를 살펴보면 다음과 같다.

① 복지수급권의 강화

국민기초생활보장법에서는 저소득층에 대한 기본시각이 시혜적인 보호의 개념에서 수급권을 인정하는 보장의 개념으로 바뀌었다. 생활보호제도에서는 빈곤의 책임을 개인에게 있다고 보는 구빈법적 성격을 지녔다면, 국민기초생활보장제도에서는 빈곤에 대한 사회적 책임을 인정하면서 국민의 최저생활보장이 국민의 권리이자

---

15) 국민기초생활보장제도에 대한 자세한 내용은 박병현, 사회복지정책론 : 이론과 분석(서울: 현학사, 2011)을 참조하기 바란다.

16) 국민기초생활보장법의 제정과정에 대해서는 박윤영, "국민기초생활보장제도 결정과정에 관한 연구 : 법 제정을 중심으로", 2001년 한국사회복지학회 춘계학술대회 자료집, pp. 381-407과 안병영, "국민기초생활보장법의 제정과정에 관한 연구,"「행정논총」, 38(1), 2000, pp. 1-50을 참조하면 되고, 국민기초생활보장법 제정의 쟁점과 운영방안에 관해서는 문진영, "국민기초생활보장법 제정의 쟁점과 운영방안에 관한 연구",「한국사회복지학」, 제38권, 1999, pp. 100-125를 참조하면 된다.

국가의 의무로 인정하고 있다. 이러한 수급자 권리인정은 법률 용어에서도 나타나는데 생활보호법에서의 보호, 피보호자, 보호기관 등의 용어가 사용되었으나, 국민기초생활보장법에서는 보장, 수급권자, 보장기관 등의 용어로 변경되었다. 이는 이제까지 개인 책임으로 보았던 빈곤문제를 사회구조적인 문제로 인식하고 그 해결에 대한 사회적 책임을 강조하는 방향으로 사회복지정책이 전환됨을 의미한다고 할 수 있다.

② **적용대상의 보편성**

생활보호법에서는 부양의무자 요건을 충족하고 소득·재산기준에 부합하는 자 중 ① 65세 이상의 노인, ② 18세 미만의 아동, ③ 임산부, ④ 질병·사고 등의 결과로 인하여 근로능력을 상실하였거나 장애로 인하여 근로능력이 없는 자, ⑤ 이들과 생계를 같이 하는 자로서 이들의 부양·양육·간병, 이에 준하는 사유로 생활이 어려운 자, ⑥ 기타 생활이 어려운 자로서 자활을 위하여 보호의 일부가 필요한 자를 보호대상자로 규정하여, ①~⑤의 자로만 구성된 가구, 즉 근로능력이 없다고 판단되거나 근로를 할 수 없는 상황에 있는 사람으로만 구성된 가구는 거택보호대상자로, ⑥의 자가 포함되어 있는 가구는 자활보호대상자로 구분하였다. 이에 따라 실직자 또는 취업상태에 있으나 그 소득만으로는 최저생활을 유지하기 어려운 저소득 근로자는 의료·교육 등의 최소한의 지원만을 받을 뿐, 생계유지를 위한 현금급여의 대상에서는 제외되었다.

이러한 생활보호법의 거택·자활의 구분은 근로능력이 있는 사람은 자신의 능력으로 생계를 유지하여야 한다는 이념을 반영하고 있었다. 이러한 이념은 고성장·완전고용상태의 과거 경제상황에서는 타당할 수도 있었으나, 비자발적 실업자가 양산된 1997년 말 이후의 경제위기 상황에서는 적용되기 어려워졌다. 이러한 상황을 반영하여 국민기초생활보장법에서는 이러한 인구학적 기준이 철폐되고 최저생계비 이하의 모든 저소득층은 국가로부터 최저생활을 보장받게 되었다.

③ **급여의 포괄성 및 적정성 확보**

생활보호제도에서는 거택과 시설보호대상자에게는 생계보호, 의료보호, 자활보호, 교육보호, 해산보호, 장제보호 등 6가지의 보호를, 자활보호자에게는 생계보호를 제외한 5가지 보호를 제공하였다. 그러나 국민기초생활보장제도에서는 저소득층의 주거안정을 위한 유지수선비, 임차료 등을 지원하는 주거급여를 신설하고 있으며, 모든 수급권자에게 생계급여를 제공한다. 또한 급여의 기준은 수급자의 연령,

가구규모, 거주지역, 기타 생활여건 등을 고려하여 설정되고, 급여의 수준은 수급자의 소득인정액을 포함하여 최저생계비 이상이 되도록 규정함으로써 급여의 포괄성 및 적절성이 어느 정도 확보될 수 있는 기틀이 마련되었다.

④ 자활지원정책의 강화

국민기초생활보장제도에서는 근로능력이 있는 사람에게는 능력개발을 통한 자립과 연계된 조건부지원을 제공하도록 하여 고용과 복지를 연계하고 있다. 이 제도에서는 근로능력이 있는 사람에게는 근로활동을 조건으로 생계급여를 하도록 하고 있다. 그리고 보장기관은 수급자 개별가구에 대해 자활지원계획을 수립하고 각종 자활지원사업을 실시하여 수급자의 자활 지원이 체계적으로 이루어지도록 하고 있다. 국민기초생활보장제도에서는 연령, 근로능력 유무에 관계없이 최저생계비 이하의 모든 가구에 대한 지원이 가능하게 됨으로써 지원이 확대된 반면, 근로능력이 있는 자에 대하여 자활계획 수립의 조건을 붙임으로써 근로유인을 시도하고 있다.

3) 국민기초생활보장제도의 내용
① 급여의 대상

국민기초생활보장제도에서는 이전의 생활보호제도에서 시행되었던 거택, 자활보호의 구분을 없애고 근로능력 여부, 연령 등에 관계없이 국가의 보호를 필요로 하는 최저생계비 이하의 모든 가구가 급여의 대상이 된다. 국민기초생활보장법에 의한 수급자의 범위는 부양의무자가 없거나 부양의무자가 있어도 부양능력이 없거나 또는 부양을 받을 수 없는 자로서, 소득인정액이 최저생계비 이하인 자이다. 수급자로 선정되기 위해서는 소득인정액 기준과 부양의무자 기준을 동시에 충족시켜야 된다.

국민기초생활보장제도 수급자의 수는 <표 9-4>와 같으며, 수급자의 수는 국민기초생활보장제도 시행 이후 급격하게 증가했다. 생활보호제도가 시행되었던 1999년에는 54만명만이 생계급여를 받았으나 국민기초생활보장제도가 시행된 2000년 10월에는 149만명으로 급격하게 증가하였다. 국민기초생활제도 시행이후 2002년까지 조금씩 수급자수가 감소하다 2003년부터 다시 증가하였고 2009년 157만명을 정점으로 다시 감소하고 있는 상태이다. 국민기초생활보장제도 수급자 수의 추이는 <표 9-16>과 같다.

┃표 9-16┃ 국민기초생활보장제도 수급자 수

(단위: 만명)

구분	2000년	2001년	2002년	2003년	2004년	2005년	2006년
수급자	149 (10월)	142	135	137	142	151	153

구분	2007년	2008년	2009년	2010년	2011년	2012년	-
수급자	155	153	157	155	147	139	-

② 급여의 종류

ⓐ 생계급여

생계급여는 일반생계급여와 긴급생계급여로 나누어진다. 일반생계급여는 의료·교육·자활급여의 특례자·에이즈쉼터 거주자·노숙자쉼터 등 거주자를 제외한 모든 수급자에게 의복·음식물 및 연료비, 기타 일상생활에 기본적으로 필요한 금품이 지급된다. 일반 생계급여는 현금급여기준[17])에서 가구의 소득인정액과 주거급여액을 차감하여 현금으로 지급한다. 2013년도 일반 생계급여기준은 <표 9-17>과 같다.

┃표 9-17┃ 일반 생계급여기준(2013년)

(단위: 원)

구 분	1인 가구	2인 가구	3인 가구	4인 가구	5인 가구	6인 가구	7인 가구
최저생계비(A)	572,168	974,231	1,260,315	1,546,399	1,832,482	2,118,566	2,404,650
타 지원액(B)	103,715	176,595	228,453	280,310	332,167	384,025	435,882
현금급여기준 (C=A−B)	468,453	797,636	1,031,862	1,266,089	1,500,315	1,734,541	1,968,768
주거급여액(D)	90,636	154,327	199,645	244,963	290,281	335,599	380,917
생계급여액 (E=C−D)	377,817	643,309	832,217	1,021,126	1,210,034	1,398,942	1,587,851

※ 8인 이상 가구의 최저생계비 : 1인 증가시마다 286,084원씩 증가(8인 가구 : 2,690,734원)
※ 8인 이상 가구의 현금급여기준 : 1인 증가시마다 234,226원씩 증가(8인 가구 : 2,202,994원)

---

17) 현금급여 기준이란 최저생계비에서 현물급여형태로 지급되는 의료비·교육비 및 타법지원액(주민세, TV수신료 등)을 차감한 금액으로서, 소득이 없는 수급자가 받을 수 있는 최고액의 현금급여(생계·주거급여)수준을 의미한다. 개별가구는 이 현금급여기준에서 해당가구의 소득인정액을 차감한 금액을 매월 생계비 및 주거비로 지급받게 된다.

ⓑ 주거급여

주거급여는 수급자의 주거실태에 따른 적정한 급여가 이루어지도록 하고 수급자가 보다 나은 주거환경에서 거주할 수 있도록 유도하기 위하여 현물급여와 현금급여를 분리하여 지급하고 있다. 자가가구 등[18])에 해당하지 않는 수급자는 주거급여를 100% 현금으로 지급하고, 자가가구 등에 해당하는 수급자는 현금급여(70%) 및 현물급여(30%)를 병행 실시한다. 주거현물급여는 저렴한 비용으로 자가가구 등의 주거환경을 개선하고, 수급자가 참여하는 집수리사업단을 활성화하기 위해 자가가구 등의 주거 현금급여액 중 공제된 30% 등을 재원으로 하여 도배, 집수리 등의 사업을 시행하고 있다. 2013년도 주거급여액은 <표 9-18>과 같다.

┃표 9-18┃ 2013년 주거급여액

(단위: 원)

대상	구분	1인가구	2인가구	3인가구	4인가구	5인가구	비고
일반 수급자	현금급여(원)	90,636	154,327	199,645	244,963	290,281	전월세 세입자등
자가가구 등	현금급여(원)	63,636	108,327	139,645	171,963	203,281	자가가구, 주택전체 임차가구 등
	현물급여(원)	27,000	46,000	60,000	73,000	87,000	

ⓒ 교육급여

저소득층 자녀에 대하여 적정한 교육기회를 제공함으로써 자립능력을 배양함과 동시에 빈곤의 세습을 차단하기 위해서 제공된다. 지원대상자는 수급자중 초·중등교육법 제2조의 규정에 의한 중·고등학교에 입학 또는 재학하는 자 및 이와 동등한 학력이 인정되는 각종학교, 평생교육법 제20조(학교형태의 평생교육시설)에 의한 평생교육시설의 학습에 참가하는 자와 의·사상자 예우에 관한 법률 제10조에 의한 의·사상자의 자녀이다. 지원내용 및 지원기준은 입학금·수업료의 경우 연도별·급지별·학교장이 고지한 금액 전액을 지원하고, 고등학생 1인당 연1회 103,000원의 교과서대와 중·고등학교에 재학 중인 수급자 전원에 대해 1인당 42,400원(학기당 21,200, 연2회)의 학용품비, 의무교육대상자인 중학생에게 연1회 1인당 31,000원의 부교재비를 지원한다.

---

18) 수급자 본인 소유 주택 거주자, 주택전체 무료임차자, 미등기주택 소유거주자, 무허가주택소유 거주자, 기타 시장·군수·구청장이 자가 거주자로 인정하는 자

ⓓ 해산급여

수급자가 출산한 경우 조산, 분만전과 분만후의 필요한 조치와 보호를 위해 출산여성에게 1인당 50만원을 현금으로 지급하며, 추가 출생영아 1인당 25만원이 추가(쌍둥이 출산시 75만원)된다.

ⓔ 장제급여

수급자가 사망한 경우 또는 의사상자 예우에 관한 법률 제12조(장제보호)에 의한 의사자 사체의 검안·운반·화장 또는 매장 등 기타 장제조치를 행하는 데 필요한 지원을 하기 위하여 근로능력이 없는 자로만 구성된 가구는 구당 50만원, 근로능력이 있는 가구원이 있는 경우는 구당 40만원을 현금으로 지급한다.

ⓕ 자활급여

근로능력 있는 저소득층이 스스로의 힘으로 자활할 수 있도록 안정된 일자리 제공 및 자활능력 배양을 목적으로 하고 있으며, 자활사업에 참여할 것을 조건으로 생계급여를 지급받는 조건부 수급자 등에게 제공된다.

ⓖ 의료급여

국민기초생활보장 수급자는 의료급여 대상자가 된다. 의료급여의 기간은 매년 급여기간을 연장하고 있다. 1997년에는 270일, 1998년에는 300일, 1999년에는 330일, 2000년부터는 의료급여를 받을 수 있는 일수를 연간 365일로 하고 있다. 정신 및 행동장애(간질 포함), 뇌성마비 및 마비성증후군 등 보건복지부장관이 정하여 고시하는 질환을 가진 자에 대하여는 365일의 상한일수에 30일을 추가할 수 있으며, 상한일수를 초과하여 의료급여를 받고자 하는 자는 보건복지부장관이 정하는 기준에 따라 미리 시장·군수·구청장의 승인을 얻어야 한다.

③ **급여의 전달체계**

국민기초생활보장제도의 전달체계는 보건복지부가 정책을 수립하면 행정자치부 산하의 시·도와 시·군·구를 통해서 읍·면·동사무소의 사회복지전담공무원에 의해 수급자에게 전달된다.

사회복지전담공무원은 1987년 49명을 5대 광역시에 별정직 사회복지전문요원으로 배치하기 시작하였으며, 2000년에는 과거 별정직 공무원을 일반 사회복지직 공무원으로 전환하고 기초생활보장제도 시행과 함께 대폭적으로 인원이 증원되어 2012년 현재 14,125명의 사회복지전담공무원이 기초생활보장 업무를 비롯한 노인복지, 장애인복지, 아동복지, 여성복지 업무 등을 수행하고 있다. <표 9-19>은 연도별 사회복지전담공무원 정원 현황이다.

| 표 9-19 | 연도별 사회복지전담공무원 정원 현황

(단위: 명)

구 분	1987년	1991년	1992년	1994년	1999년	2000년	2001년	2002년	2003년
정원	49	2,000	2,481	3,000	4,200	4,800	5,444	7,144	9,830
구 분	2004년	2005년	2006년	2007년	2008년	2009년	2010년	2011년	2012년
정원	7,159	9,920	10,110	10,515	10,706	12,270	11,634	11,170	14,125

자료: 보건복지부, 「보건복지통계연보」.

④ 급여의 재정

국민기초생활보장제도 급여의 재정은 전액 일반조세에서 충당되는데, 중앙정부와 지방정부가 비용을 분담하고 있다. 서울의 경우 중앙정부가 총액의 50% 이하를 부담하고, 나머지의 50% 이상을 광역자치단체인 서울시가, 나머지의 50% 이하는 기초자치단체인 구가 부담하도록 규정되어 있다. 부산시를 포함한 기타 지역의 경우 총액의 80% 이상을 중앙정부가 부담하고, 나머지의 50% 이상을 광역자치단체가, 나머지의 50% 이하를 기초자치단체가 부담하도록 하고 있다. 예를 들면 부산시의 경우 국비 : 시비 : 구비의 비율이 8 : 1 : 1로 구성된다. 2000년 이후의 생활보호 및 기초생활보장제도의 예산 변화추이는 <표 9-20>과 같다.

| 표 9-20 | 기초생활보장제도 예산 추이

(단위: 억원)

연 도 / 구분	2000	2001	2002	2003	2004	2005	2006
기초생활보장	22,453	26,934	32,350	33,560	35,358	43,561	53,720
자활	779	924	1,476	1,493	1,933	2,021	2,337
연 도 / 구분	2007	2008	2009	2010	2011	2012	2013
기초생활보장	65,831	72,644	71,355	73,045	75,240	79,100	85,604
자활	2,883	3,168	3,284	3,984	4,203	4,430	4,723

자료: 기획재정부, 「나라살림 예산개요」.

(2) 의료급여

1) 의료급여의 역사

의료급여제도의 역사는 1961년에 제정된 생활보호법으로 거슬러 올라간다. 당시 생활보호법에는 의료보호에 관한 규정이 포함되어 있었으나 시행령이 마련되지 않아 의료보호는 실시되지 못했다. 그 후 1977년 사회취약계층에 대한 보호의 필요성이 부각되어 독자적인 법률 마련의 필요성이 제기되면서 1977년 12월 의료보호법이 제정되었고, 1979년부터 의료보호를 실시하여 생활보호대상자, 시설수용자, 이재민, 국가유공자, 무형문화재에 대하여 1종은 무료, 2종의 경우에는 1차 진료는 무료, 2차 진료는 70%를 본인이 부담토록 하고 진료지구제를 시행하였다. 1979년 이후 의료보호제도가 빈곤층 중심적인 의료보장제도의 역할을 수행하여 왔으나 진료지역이 정해져 있고, 진료기관이 제한되는 등 건강보험에 비하여 제약이 많았다 (문창진, 2003: 13).

김대중 정부가 집권한 이후인 2000년 5월에 의료보호법이 의료급여법으로 전면 개편되었고, 의료급여는 국민기초생활보장법상의 수급자에게 생계급여, 주거급여, 교육급여와 함께 제공되었다. 의료급여법으로의 전환과 함께 1997년에 270일이던 의료급여기간을 1998년에 300일, 1999년에는 330일로 연장하였고, 2000년에는 기간제한을 폐지하였다. 그러나 의료급여 대상자의 의료남용 등의 문제가 발생되어 2002년 1월부터 365일로 급여기간을 다시 제한하면서 필요한 경우에는 급여 연장 승인을 받아 급여를 받을 수 있도록 하였다. 2003년 1월부터 수급자의 연령도 61세에서 65세로 늘어났다. 1997년에 116만명이었던 의료급여 수급자 수는 국민기초생활보장법상의 수급자 수가 늘어남에 따라 2001년에 150만명으로 늘어났다. 특히 1997년 말 경제위기를 맞아 빈곤층이 양산되자 1999년에는 한시적 보호제도를 시행하였고, 그 결과 보호인원이 164만명으로 늘어났다.

또한 2002년 5월에는 보건복지부에 의료급여과를 신설하였으며, 2002년 4월에는 건강보험심사평가원에 의료급여실을 신설하여 의료급여제도 관리체계를 대폭 강화하였다. 2003년 1월부터 2종 수급자의 의료비 부담 경감을 위하여 입원 시 본인부담액이 매 30일간 30만원 초과시 그 초과금액의 50%를 경감해 주고 있다(문창진, 2003: 14).

2) 의료급여의 내용

① 급여의 대상

의료급여의 대상자는 매년 보건복지부장관이 책정기준을 각 시·도지사에게 시달하여 거주지를 관할하는 보장기관장이 세대를 기준으로 소득이 없거나 일정한 소득이 있어도 생계유지가 곤란한 저소득층 및 타 법률에 의한 의료급여가 필요하다고 요청한 자 중 보건복지부장관이 인정한 자이다. 의료급여 대상자는 2010년 현재 약 167만이다.

② 급여의 내용

의료급여의 급여범위는 '건강보험 요양기준에 관한 규칙'의 해당 규정을 준용하도록 되어 있다. 따라서 의료급여의 급여내용은 건강보험과 거의 같다. 의료급여는 현물급여와 현금급여로 나눌 수 있다. 현물급여는 요양기관을 통하여 직접 의료서비스를 제공하는 것이다.

③ 급여의 전달체계

수급권자가 의료급여를 받고자 할 때에는 응급환자, 분만, 혈우병환자가 의료급여를 받고자 하는 경우를 제외하고는 제1차 의료급여기관에 의료급여를 신청하여야 한다. 제1차 의료급여기관은 진찰결과 또는 진찰 중에 제2차 의료급여기관의 진료가 필요하다고 판단한 경우와 제2차 의료급여기관은 제3차 의료급여기관의 진료가 필요하다고 판단을 한 경우에는 수급권자는 의료급여의뢰서를 발급 받아 의료급여의뢰서에 정한 제2차 의료급여기관 또는 제3차 의료급여기관에서 진료를 받을 수 있다.

④ 급여의 재정

의료급여 예산은 2000년에서 2001년에 이르는 기간 동안 연 54% 증가하고

┃표 9-21┃ 의료급여예산 추이

(단위: 억원, %)

구 분	1999	2000	2001	2002	2003	2004	2005
예산액(국고)	8,098	10,320	15,893	16,901	17,612	18,807	22,145
전년대비 증가율	34.0	27.4	54.0	6.3	4.2	6.8	17.7
구 분	2006	2007	2008	2009	2010	2011	2012
예산액(국고)	26,621	35,927	37,908	34,186	35,002	36,718	39,812
전년대비 증가율	20.2	34.9	5.5	−9.8	2.3	4.9	8.4

자료: 신현웅, "의료급여 진료비 지출실태 및 효율화 방안", 「보건복지 Issue&Focus」, 2012. 04.

난 후 3년 동안 크게 증가하지 않다가 2005년부터 다시 두 자릿수 증가세를 회복하여 2006년부터 2007년에 이르는 기간에는 연 35% 가까이 증가하는 모습을 보였다. 2009년에 증가세가 주춤하다가 2010년부터 다시 증가하고 있다. 의료급여 예산은 <표 9-21>에서 보는 바와 같이 2012년 현재 4조원에 육박하고 있다.

(3) 이재민, 의·사상자 및 귀순동포 보호

1) 이재민 구호

정부는 재해구호법의 규정에 따라 재해로 인하여 불의의 재난을 당한 이재민에게 응급적인 구호로서 사망자, 실종자에 대해 위로금(장의비 포함)을 지급하고 생계구호, 생계보조비 및 주택복구비 등을 지원하여 이재민의 조속한 생활안정을 도모하고 있다.

2) 의·사상자 보호

정부는 의·사상자예우에 관한 법률(법률 제5225호)에 의거하여 직무 외의 행위로서 타인의 급박한 위해를 구제하다가 사망한 자의 유족 및 신체의 부상을 입은 자와 그 가족에게 필요한 보상 등 국가적 예우를 함으로써 그들을 보호하고 있다.

3) 귀순북한동포 보호

정부는 귀순북한동포보호법에 따라 조국의 평화적 통일이 달성될 때까지 북한에서 대한민국으로 귀순한 동포들이 자유롭게 생업에 종사할 수 있도록 하기 위하여 정착금 및 보조금의 지급, 주거지원, 취업알선, 교육보호, 의료보호 및 기타 생활보호 등을 행하여 이들이 조기에 사회에 정착할 수 있도록 하고 있다.

참 고 문 헌 ●

국민연금관리공단. 1998. 「국민연금 10년사」. 서울: 한국컴퓨터산업.

권문일. 2001. "공적연금 재정건전성에 대한 탐색적 고찰 : 국민연금을 중심으로". 「한국사회복지
학」 46: 7-35.

김태성·김진수. 2001. 「사회보장론」. 서울: 청목출판사.

나병균. 1995. "의료보험의 통합주의와 조합주의". 남세진 편. 「한국사회복지의 선택」. 서울: 나남.
pp. 171-183.

문진영. 1999. "국민기초생활보장법 제정의 쟁점과 운영방안에 관한 연구". 「한국사회복지학」 38:
100-125.

박병현. 2004. 「사회복지정책론 : 이론과 분석」. 서울: 현학사.

박윤영, 2001. "국민기초생활보장제도 결정과정에 관한 연구: 법 제정을 중심으로". 「한국사회복지
학회 춘계학술대회 자료집」. pp. 381-407

신섭중. 1998. 「사회보장정책론」. 서울: 대학출판사.

이명현. 1998. "일본 생활보호제도의 보족성 원리 적용분석을 통한 한국 생활보호제도의 개혁방
향". 행정학박사학위논문. 부산대학교 대학원.

이두호. 1992. 「국민의료보장론」. 서울: 나남.

이혜경. 1992. "권위주의적 자본주의 사회에서의 복지국가의 발달: 한국의 경험". 「복지국가의 현
재와 미래」. 한국사회복지학회 국제학술대회 자료집.

社会保障事典編輯委員会 編. 1979. 「社会保障事典」. 東京: 大月書店.

Beveridge, W. 1942. *Social Insurance and Allied Services.* New York: The Macmillan.

Gillion, C., T. Turner, C. Bailey, and D. Latulippe. 2000. *Social Security Pensions:
Development and Reform.* International Labor Office. Geneva.

Laroque, P. 1966. "Social Security and Social Development." *Bulletin of I.S.S.* Vol. 19.
Nos. 3-4. March-April.

Rejda, C. 1988. *Social Insurance and Economic Security.* N.J.: Prentice-Hall.

제 10 장
아동복지

1. 아동복지의 개념

1.1 아동의 정의

아동복지의 대상은 전체 아동이지만 아동에 대한 한계를 짓는 것이 실정법마다 각기 다르다. 그 대상이 되는 아동의 연령구분을 보면, 민법에서는 20세 미만을 미성년이라고 규정하고 있다. 형법에서는 14세로 규정하며, 근로기준법에서는 13세 이하를 연소자, 20세 미만을 청소년이라고 규정하고 있다. 그리고 국민기초생활보장법에서는 18세 미만을 아동으로 규정하며 소년법에서는 20세 미만을 소년이라고 하는 반면, 아동복지법에서는 아동을 18세 미만으로 규정하고 있다.

아동복지의 대상은 18세 미만의 아동, 임신중이거나 출산 후 6개월 이내의 임산부 등으로 보며 특히, 요보호아동 및 요보호임산부에 대한 급여 및 보호가 이루어지고 있다. 요보호아동은 보호자로부터 유실, 유기 또는 이탈된 경우, 보호자가 아동을 양육하기에 부적당하거나 양육할 능력이 없는 경우 등에, 요보호임산부는 아동의 건전한 출생을 기할 수 없는 경우에 보호받을 수 있도록 정하고 있다(오정수·장인협, 1993: 3-4).

1.2 아동의 제 특성

아동에게는 다음과 같은 특성이 있다(오정수·장인협, 1993: 3-6).

첫째, 의존성이다. 의존에는 생존을 위한 의존과 사회적 존재로 커 나가기 위한 학습으로서의 의존이 있다. 아동은 타인에게 의존하여 그 욕구를 충족하고 생존을 도모하게 되고 그 욕구가 충족되면 건전하게 성숙·발달하게 된다. 그러므로 부모가 없는 아동은 이러한 의존의 욕구를 충족시킬 대상이 없게 되므로 생존은 물론이요, 정체감의 확립에 지장을 받게 되어 아동이 어려움을 갖게 된다.

둘째, 미성숙이다. 성숙은 나이에 맞는 정신적·심리적·정서적 측면의 발달을 의미한다. 아동은 미성숙한 존재, 즉 성장하면서 성숙해 가는 존재라는 뜻으로 아동은 단계별로 발달하고 성숙한다는 의미이다. 그리고 아동이 성숙해 가는 과정에는 격려와 지도가 필요하다. 인간의 지능은 격려와 지도를 통하여 더욱 발달하게 되며 실수가 있을 때에도 격려를 해줌으로써 자신감을 갖게 할 수 있다.

셋째, 민감성이다. 이것은 감정이 풍부해지는 것을 말한다. 유아는 즉각적으로 만족을 얻고 싶어 한다. 욕구충족이 잘 이루어지지 못하면 좌절감이나 불신감, 타인이나 환경에 대한 적개심을 갖게 되는 경우가 있다.

넷째, 욕구이다. 욕구에는 본능적이며 1차적인 생리적 욕구와 2차적인 인격적(사회적) 욕구가 있고 이러한 욕구들이 균형을 이룰 때 바람직한 인격발달이 이루어진다.

다섯째, 적응으로 아동은 자기 스스로는 환경에 적응할 수 없고, 성장하고 성숙되면서 환경에 대한 생활적응을 높여나가게 된다. 최초로 적응하는 환경집단은 가족이며 이웃, 학교, 사회의 순서에 따라 독립된 개체로서 각 환경(대인관계)에 적응할 수 있도록 부모는 발달단계에 따라 적절하고도 충분한 지도를 해 주게 된다.

1.3 아동복지의 이념

아동복지의 이념은 인간의 존엄성을 인정하면서 아동의 권리를 찾는 것을 말한다. 이러한 아동복지의 이념은 1922년에 제정된 독일 아동법에서 아동은 신체적, 정신적 및 사회적 양육을 받을 권리를 갖고 있다고 규정한 것에서 나타나고 있다. 그리고 1909년 제1차 백악관회의에서 아동보호에 관한 이념을 정립할 것을 제창하였으며, 1924년 국제연합(UN)의 아동권리헌장에서도 나타나고 있다. 우리나라의 경우는 1959년 아동권리선언에 아동복지의 이념을 명시하고, 1957년 5월 5일에 제정된 어린이헌장을 1987년에 개정하여 선포하는 등 아동복지의 이념을 구현하여 왔지만 이러한 선언은 상징적인 수준에 그치고 있다(김현용 외, 1997: 22-24).

1.4 아동복지의 정의

아동복지(child welfare)는 아동의 욕구나 아동의 문제를 해결하기 위한 서비스를 말한다. 카르테우스(Carsteus)는 아동복지를 아동에게 이익을 제공하는 사회적·지역적 활동의 모든 노력이라고 했고, 프리드랜더(Friedlander)는 아동복지란 단지 빈곤이나 방치, 유기, 질병, 결함 등을 지닌 아동(현재 문제를 가지고 있는 아동, 1차적 대상) 혹은 환경에 적응을 하지 못하는 비행아동에게만 관심을 두는 것이 아니라, 모든 아동이 신체적·지적·정서적 발달에 있어서 안전하며 행복할 수 있도록 위험에서 지키며, 보호하기 위하여 모든 공적·사적 기관에서 실시하는 제반 활동이라고 했다. 장인협은 특수한 장애를 가진 아동(정신적·신체적 문제가 있는 아동)은 물론이고, 모든 아동들이 가족 및 사회의 일원으로 육체적으로나 정신적으로 건전하게 성장하고 발달할 수 있도록 지역사회나 사회복지분야에 있는 공사(公私) 단체나 기관들이 협력하여 아동의 복지에 필요한 사업을 계획하며 실행에 옮기는 조직적인 활동이라고 했다.

이를 종합해 보면, 아동복지란, 전체 아동을 대상으로 모든 아동들이 가족 및 사회의 일원으로서 신체적·정신적 및 사회적으로 건전하게 성장·발달할 수 있도록 지역사회나 사회복지 분야에 있는 공적단체 혹은 기관들이 협력하여 아동의 권리에 필요한 사업을 계획하고 실행에 옮기는 조직적인 활동이라 할 수 있다(오정수·장인협, 1993: 13-14).

2. 아동발달이론

2.1 정신분석학적 이론

프로이드의 정신분석이론은 인간의 정신은 의식과 무의식적 부분으로 이루어져 있으며, 인간의 정신구조는 원본능(id), 자아(ego), 초자아(super-ego)의 3부분으로 구성되어 있다고 보았다. 그리고 개인의 성격은 이 3자의 내적 상호관계에 의해 차이가 난다고 했다. 이를 기초로 한 사람의 성격발달은 주로 초기아동기의 경험에 의해 결정되고, 그것은 구순기(출생-12개월), 항문기(12개월-3세), 생식기(3세-5/6세), 성기기(5/6세-사춘기)의 4단계로 발달한다고 가정하였다(Heffernam et al., 1997: 84-85).

2.2 사회심리학적 이론

에릭슨의 사회심리적 이론은 정신분석이론에서 유래하지만 원본능, 자아 및 초자아 사이의 상호작용에 반대하면서 강한 자아의 발달에 중점을 두고 있다. 이 관점은 인간과 환경 사이의 교류와 건전한 자아발달에 있어 환경의 영향을 강조하지만 체계이론보다는 환경에 초점을 덜 두고 있다. 발달단계적 측면에서 볼 때, 건전한 퍼스낼리티의 형성은 개인이 전생애에 걸쳐 성장하는 과정에서 달성하여야 할 발달과업을 잘 수행한 결과라고 하면서 한 시기에서의 발달과업이 원만하게 달성되지 못하면 다음 시기의 성격발달에 커다란 지장을 준다고 보았다(Erikson, 1959). 예를 들어 영아기에 영아가 부모에게 신뢰감을 갖는 관계를 형성하지 못하면 아동기에 신뢰감을 발달시키지 못하게 되고 결국 나중에 다른 사람들과 대인관계를 맺을 때 신뢰할 수 있는 관계를 형성하는 데 어려움을 갖게 된다는 것이다.

2.3 인지이론

인지이론은 개인의 생활경험이나 생물학적 측면에는 거의 강조점을 두지 않고 환경이 인지와 행동에 영향을 미친다고 가정한다. 이 이론에서는 아동의 발달단계

를 인지의 발달에 초점을 두면서 감각·운동기, 전조작적 사고기, 구체적 조작기, 형
식적 조작기로 나누고 있다. 첫째, 감각운동기(출생-약 2세)는 감각과 신체적 운동
의 경험에 따라 이루어지는 아동의 발달단계 중 최초의 단계로서 이는 반사기(출생-
1개월경), 1차 순환반응(1개월-4개월경), 2차 순환반응(4개월-10개월), 2차 도
식의 협응(10개월-12개월), 3차 순환반응(12개월-18개월), 사고의 시작(18개월-
24개월) 단계로 나누어진다. 둘째, 전조작적 사고기(2세-7세)에는 상징적인 양식
으로 기능을 수행하게 되는데 이 단계는 언어와 사고, 사고의 특성, 비보존을 수행
하는 단계라 할 수 있다. 셋째, 구체적 조작기(7세-11세)는 자기중심성과 사회화,
중심화의 경향, 가역성과 보존(7-8세: 수 보존, 9-10세: 질량 보존, 11-12세:
부피 보존인식), 논리적 조작을 수행하는 특징을 가지고 있다. 넷째, 형식적 조작기
(11세-15세)는 상징적 추론가능, 가설을 세우고 체계적으로 검증하며 추상적 개념
을 사용하여 여러 가지 사태를 일반화시키는 특징을 가진다(오정수·장인협, 1993:
45-63)

3. 아동복지의 기본적 제요소

모든 아동은 자신과 사회를 위해서 그들의 욕구가 충족되어 자신이나 사회에
유익한 영향을 미칠 수 있는 경험과 기회를 가지면서 성장해야 할 필요가 있다. 이
러한 목표를 달성하기 위해서 그 이전에 갖추어져야 하는 것으로는 다음의 7가지
요소를 들 수 있다(오정수·장인협, 1993: 94-100; 남세진, 1992: 190-191).

3.1 안정된 가정생활

모든 아동들에게 가정보다 더 좋은 곳은 있을 수 없다는 전제하에 가정이 없는
아동인 경우에는 가정과 비슷한 환경에서 자랄 수 있는 복지 서비스가 이루어져야
한다는 것이다. 그러나 가족의 형태나 성격, 그 기능은 그 시대의 사조 및 사회체제
에 따라 많은 변화를 겪고 있다.

3.2 경제적 안정

아동의 건전한 육성은 가정생활의 경제적 안정여부에 좌우된다고 해도 과언은 아닐 것이다. 그리고 아동이 안정감을 갖도록 하기 위해서는 그 가정에서 필요로 하는 최소한의 물질적 욕구가 충족되어야 한다. 특히 이들에게는 의·식·주의 문제가 심신의 발달에서 가장 필수적인 요소이며, 오늘날 가정의 빈곤에서 오는 가출, 비행, 범죄, 윤락 등의 영향은 큰 사회문제로 대두되고 있으므로 이러한 문제를 예방하기 위해서는 최저생활의 보장, 공공부조제도 그리고 고용기회의 확대 등을 통하여 모든 아동에게 경제적 혜택과 안정이 보장되어야 할 것이다.

3.3 보건 및 의료보호

모든 아동의 건전한 성장과 발달을 위해서는 아동의 보건이나 의료문제가 국가나 사회의 가장 중요한 관심사가 되어야 한다. 사실상 보건 및 의료보호는 경제적 측면의 연장선이라고 할 수 있다. 그리고 아동복지의 기반은 아동의 보건에 달려 있으며, 또한 아동의 건강은 어머니의 신체적 및 정신적 건강에 비례한다고 볼 수 있다.

3.4 교   육

모든 아동에게는 그 개인의 욕구에 따라 적절한 교육의 기회와 함께 양질의 프로그램이나 서비스가 주어져야 한다. 헌법 제27조에는 '모든 국민은 능력에 따라 균등하게 교육을 받을 권리를 가진다'라고 규정하고 있고 무엇보다도 교육은 국가 구성원인 인적자원의 개발과 직결되어 있으므로 교육에 더 많은 투자가 필요하다.

3.5 노동으로부터 보호

모든 아동은 연소노동 및 유해노동으로부터 보호되어야 한다. 그러나 산업혁명 이후 연소자나 부녀자에게 노동을 강요하게 되었는데, 그 원인으로는 기계의 발명으로 힘과 숙련된 기술을 가진 노동력보다는 단순한 작업에 필요한 사람(아동, 부녀자)들이 필요해졌고, 연소자의 임금은 성인보다 낮으므로 생산비가 절감되며, 성인보다 복종적이면서도 이윤추구에 대한 경쟁심이 약한 점을 들 수 있다. 따라서 근로기준법에서 노동으로부터 아동을 보호하기 위해 13세 미만의 자는 근로자로 고용하지 못하며, 여자와 18세 미만자는 도덕상·보건상 유해·위험한 사업에 고용하지 못하고, 15-18세 미만자의 근로시간은 1일 7시간, 일주일 40시간을 초과하지 못하도록 하여 아동의 보호를 명시해 두고 있다.

3.6 오 락

모든 아동에게는 마음껏 놀고 성장에 도움이 될 수 있는 지적·신체적 관심을 추구할 기회와 자기만족과 자신감을 줄 수 있는 다양한 집단활동을 통한 오락의 기회가 주어져야 한다. 아동의 놀이는 아동에게 가정 이외의 집단을 활용할 수 있는 기회를 제공함으로써 새로운 성장단계로의 진입을 가능케 하며, 아동은 놀이를 통해 사회화의 과정을 밟으며 대인관계의 기술을 습득하게 된다. 또한 놀이는 자기의 욕구나 감정발산을 촉진시키며 신체적으로나 정신적으로 건전하게 성장할 수 있는 촉진제가 된다.

3.7 특수보호

일반아동이 아닌 특수한 요구를 지닌 아동에게는 그에 맞는 복지서비스가 주어져야 한다. 그 예로는 비합법적 결혼에 의해 태어난 아동, 취업모의 아동, 장애아동(지체부자유아, 언어·청각장애아, 시각장애아, 정신지체아, 결핵, 심장병, 자폐아 등 성격 및 행동장애를 나타내는 아동), 소수집단에 속하는 아동 등을 들 수 있다.

4.   아동복지와 부모역할

4.1 부모역할

가정복지와 아동복지는 분리될 수 없다. 아동의 문제는 곧 가정의 문제이고 가정의 문제는 또한 아동에게 문제를 일으킨다. 따라서 아동복지는 가정을 이끌어 나가는 부모에게 자녀의 양육에 대한 책임감을 일깨워주고 바람직한 역할수행을 할 수 있도록 계몽과 교육을 실시하는 부모교육적 측면에서 접근하는 것이 필요하다고 할 것이다.

4.2 육아방식과 아동의 성격

아동의 성격형성에 절대적 영향을 미치는 것이 바로 유아기 부모의 양육태도이다. 부모의 육아방식에 따라 다르게 형성되는 아동의 성격특성은 다음과 같다.

수용적 육아형은 언제나 사랑을 주고 아동을 하나의 인격체로 대하는 육아방식으로 이런 가정에서 자란 아동은 자신과 타인을 존중할 줄 알고 긍정적이고 책임감이 강하며 정서적으로 안정된 사람으로 성장하게 된다. 익애적 육아형은 부모가 아동에 대한 사랑과 관심을 지나친 방법으로 표현하는 육아방식으로 이런 가정에서 자란 아동은 의존성, 학습의욕의 부진, 사회성의 결여, 불안, 열등감, 용기부족, 도피적 태도 등의 성격특성을 보인다. 허용적 육아형은 부모가 아동에게 모든 것을 허용하는 육아방식이다. 이러한 가정에서 자란 아동은 권위를 무시하고 공격적이며 부주의하고, 집 밖에서는 지나친 두려움을 갖거나 반대로 지나친 자신감을 갖게 된다. 거부적 육아형은 아동을 소홀히 대하며 방치해 두는 태도로 그 결과 아동들은 안정감이 부족하고 자신감이 결여되어 있으며 사회생활에서 적응에 어려움을 보인다. 따라서 이들은 저항적이며 반사회적인 행동을 시도하는 경향이 있다. 지배적 육아형은 아동을 지나치게 엄격하게 대하는 방식으로 이러한 가정에서 성장한 아동은 온순하고 순종적이며 사회생활에 잘 적응하나 주변에 의해 지배당하기 쉽다.[1] 과잉

---

1) 자녀양육을 위한 신체적 학대를 한국인은 '사랑의 매'로 미화하는 경우가 있으나, 외국에서 사회문제가 되는 경우도 있다. 2005년 3월 13일자 조선일보에 보도된 바로는 캐나다 밴쿠버에 유학 중인 16세 한인 고교생이 한국에서 방문한 기러기 아빠로부터 수백대의 '사랑의 매'를 맞은 사건으로 밴쿠버와 교민사회에서 큰 논란이 되었다. 일간 글로브 앤 메일은 12일 이 사건을 '한국인 아버지의 회초리 교훈'이라는 제목으로 크게 보도했다. 이 신문보도에 따르면 회사의 최고 경영자인 이 아버지는 2002년 아들과 딸을 밴쿠버에 보내 아내에게 뒷바라지하게 하고 자신은 한국에서 일하며 자주 방문해 자녀의 학업을 점검해왔다. 그는 1월 7일 아들이 수업을 빼먹고 늦게 귀가하고 어머니에게 대드는 등 말썽을 피운다는 것을 알고 처음으로 회초리를 들어 100대를 때렸다. 아들은 한국으로 데려가겠다는 아버지의 말을 듣고 용서를 빌어 위기를 모면했으나 아버지가 한국으로 돌아간 뒤 다시 일탈을 계속해 같은 달 19일 캐나다로 급히 날아온 아버지로부터 무려 300대의 매를 맞았다. 이 사건이 알려져 아버지는 경찰에 체포돼 재판을 받아 폭행죄를 인정했지만 "이는 사랑의 매로 한국가정의 전통적인 교육방식"이라고 법정에서 진술했다. 검찰은 6개월의 징역형을 구형했지만 법원은 자녀교육 등 정상을 참작 2년간의 보호관찰을 선고하고 아동학대 구호기관에 2천 500

기대적 육아형은 아동에게 지나친 기대와 포부수준을 갖고 대하는 방식이기 때문에 이렇게 자란 아동들은 개성이 없고 독특한 취미나 다양한 관심과 흥미를 발달시키지 못하는 경향이 있다.

5. 아동복지의 원칙[2]

5.1 권리와 책임의 원칙

청소년을 위한 건전한 육성정책은 아동, 부모, 사회가 각각의 권리와 책임의 확립에 기반을 두고 있어야 한다는 원칙을 가지고 있다. 이 3자는 계속적인 균형과 적절한 상호작용관계를 유지해야 한다. 어느 한 부분의 권리나 책임에서 야기되는 갈등이나 부적응 또는 지나친 욕구 등은 아동들이 어려운 문제점을 갖게 하는 원인이 된다. 아동은 건강하고 건전하게 자랄 권리와 책임을 가지며, 부모는 아동의 보호육성을 위한 1차적 권리(종교, 교육, 건강 등의 질적 측면)와 책임을 가지며 자신들에게서 태어났다는 사실로 후견인의 권리를 가지고 있다. 아동에 대한 부모의 책임에는 재정적인 지원, 신체적 보호, 정서적 교양보호 등이 있다. 사회 또한 아동의 욕구를 충족시킬 수 있는 적절한 재원 및 전문적 서비스를 제공해야 하는 권리와 책임을 가지고 있다.

5.2 보편성과 선별성의 원칙

우리나라의 사회복지는 그 동안 협의적이며 보완적인 관점에서 이루어졌기 때문에 일부 선별된 특수대상을 위한 복지대책에 치중하여 왔다. 따라서 어떤 조건이

달러 기부, '사랑의 매'를 주제로 현지신문에 ·기고할 것 등의 의무를 부가했다. 그러나 아동학대 방지를 위해 일하는 시민단체는 "어린이를 그렇게 심하게 구타한 것은 심각한 사안"이라며 판결에 이의를 제기하는 등 한국인의 교육방식을 이해할 수 없다는 반응이다. 이 사건으로 밴쿠버 교민사회도 당혹스런 표정이다. 아버지의 심정은 이해하지만 체벌이 캐나다에서 불법이라는 사실은 알아야 한다는 의견이다. 이 가족의 남매는 현지 홈 스테이 가정에 남아 학업을 계속하고 있으나 어머니는 정신적인 충격으로 치료를 받기 위해 남편과 함께 귀국했다고 신문은 전했다(조선일보, 2005년 3월 13일자).

2) 아동복지의 원칙은 오정수·장인협, 「아동·청소년복지론」(서울: 서울대학교출판부, 1993), pp. 114-121와 남세진, 「인간과 복지」(서울: 한울아카데미, 1992), pp. 191-192를 참조하였음.

나 제한을 두지 않고 모든 아동을 보편적 대상으로 하는 제도적인 기능은 미비한 편이었다. 그리고 우리나라 사회복지사업은 특히 아동이나 청소년복지사업에 있어서는 외국원조단체를 통한 사업이 주가 되어 오면서, 부분적 보완프로그램에 초점을 두었기 때문에, 아동에 대한 대책은 보호와 치료를 중심으로 하는 보완적 기능의 발휘에 머물렀다. 그러다가 1980년대에 들어와 지역사회에 사회복지관이 세워지고 각 지역에 청소년상담실 등이 설립되면서 전체 아동이나 청소년을 대상으로 하는 예방과 개발을 중심으로 하는 제도적인 차원의 기능이 조금씩 확대되고 있다. 우리나라도 영국의 아동수당이나 무상의무교육, 보편적 국민보건서비스 등과 같은 제도로 확대되어야 한다.

5.3 개발적 기능의 원칙

아동은 미성숙하고 판단력이 부족하며, 자력에 의한 생활이 불가능하거나 어렵고, 또 자신의 권익을 위한 하기가 불가능하므로 최우선적인 보호와 구호의 대상이 된다는 이전의 보호지향적 복지체계에서 삶의 질을 중요시하는 개발지향적 복지체계를 향하여 나아가야 한다는 원칙을 말한다. 복지문제와 개발프로그램은 전혀 별개가 아니고 서로 상호작용한다. 아동보호사업은 고아, 기아 등을 위한 구호적이며 사후대책적인 기능이 주가 되어 왔으나, 앞으로는 보다 적극적이고 예방적인 변화를 가져올 수 있는 개발적 기능이 아동을 위해 수행되어야 한다.

5.4 포괄성의 원칙

아동도 하나의 전체성을 지닌 인간으로서 그들에게 직접적으로 관련되는 제측면들이 상호보완되는 가운데 건전한 성장과 발달을 도모할 수 있다. 경제적인 부분들과 아울러 교육, 보건, 주택, 노동, 오락 및 사회복지 등 각 부분의 포괄적인 대책이 수반되어야 한다. 그러므로 아동복지의 기본 전제가 되는 안정된 가정생활, 경제적 안정, 교육, 보건, 노동, 오락 및 특수보호에 대한 프로그램이나 서비스가 포괄적으로 제공되어야 한다.

5.5 전문성의 원칙

아동들의 건전한 성장과 발달을 위해서는 이들을 위한 전문기구와 인력만으로
는 부족하다. 많은 아동관련단체들이 아동복지를 위한 조직의 목적을 명확히 하고
있지만 조직 자체를 위한 행정운영에만 관심을 가질 뿐, 아동복지를 위한 조직의 목
적을 달성할 수 있는 전문 담당 인력에 대한 관심은 극히 미약하고 실제 담당 전문
가도 극히 부족한 실정이다. 따라서 전문성을 지닌 지도자를 양성하여야 할 것이다.

6. 아동복지관계법

아동복지관계법은 아동복지정책을 실시하기 위한 법적 근거를 제공해 주는 것
으로서 국가가 아동의 복지를 보장하고 건전하게 육성시키려는 공적인 차원에서 제
정된 것이다. 아동복지관계법은 아동복지의 영역으로서 아동복지관계법 체계에 따
라 아동만을 직접 대상으로 하는 법인 유아교육진흥법, 아동복지법, 영유아보육법
등이 있으며, 아동만을 직접 대상으로 하는 법은 아니지만 아동을 법적 대상으로
포함하는 법인 모자보건법, 한부모가족지원법, 국민기초생활보장법, 장애인복지법이
있고, 아동복지를 실시하기 위해 여러 가지 행정사항을 규정하는 법으로서 사회복
지사업법, 지역보건법 등이 있다. 또한 기타 아동에 관련된 법률로는 청소년육성법
(1987)이 제정되었다가 청소년기본법(1991)의 제정으로 폐기되었고, 청소년보호
법(1997), 청소년복지지원법(2004), 청소년활동진흥법(2004), 아동청소년의성보
호에관한법률(2000) 등이 있다.

7. 아동복지사업의 종류[3]

아동복지사업의 종류는 어떤 입장에서 구분하느냐에 따라 달라질 수 있다. 가장
크게는 가정 내 서비스와 가정 외 서비스로 분류(Suppes and Wells, 1996: 108-

---

3) 아동복지서비스의 종류에 관해서는 신재명, 「사회복지학총론」(서울: 청목출판사, 1997), pp.
173-174와 남세진, 「인간과 복지」(서울: 한울아카데미, 1992), pp. 193-195를 참조하기 바람.

141)하고 있지만, 여기서는 아동문제를 예방하기 위한 지지적 서비스(supportive service), 아동문제에 대처하기 위한 보조·보완적 서비스(supplementary service), 그리고 부모·자녀관계가 임시적 또는 영구적으로 해체되었을 때 아동을 보호하기 위한 대리적 서비스(substitute service)로 나누어 살펴본다.

7.1 지지적 서비스

지지적 서비스란 가정 밖에서 도와주는 서비스로 기본적인 부모와 자녀의 관계는 그대로 유지하면서 가정 밖에서 지원을 해 주는 것을 말한다. 지지적 서비스는 다른 서비스와는 달리 아동들이 자신의 가정에 머물면서 받을 수 있는 서비스이며, 이러한 서비스를 제공하는데 있어서 아동복지기관은 부모나 아동의 역할기능을 대행해 주는 것이 아니라, 외부에서 역할기능이 제대로 수행되도록 원조해 주는 역할만을 한다.

지지적 서비스를 제공하는 기관은 가정복지기관, 아동상담소, 지역사회정신보건센터, 학대방임아동보호, 미혼부모상담 등이 있다. 지지적 서비스를 필요로 하는 상황으로는 부모가 그의 자녀를 훈육하는데 어려움이 있는 경우, 부모가 부모로서의 역할에 스스로 아무런 만족을 느끼지 못하는 경우, 부모가 자녀의 친구관계나 학교생활에 문제가 있다고 여기고 관심을 가질 경우, 형제간의 갈등으로 인하여 가정이 파괴된 경우, 불만스러운 부부관계로 인하여 자녀들에게 행동장애가 발생할 경우, 학대받는 아동, 방치된 아동인 경우 등이 있다.

지지적 서비스는 밖에서 도와주는 형태이므로 직접적인 서비스라기보다는 간접적 서비스라 볼 수 있다. 지지적 서비스는 개별적인 접근을 통해서 제공되며, 가족이 처한 특수한 현실적 문제에 초점을 두고 제공됨으로써 부모나 아동이 직면하고 있는 사회적·정서적 문제에 대한 압력을 감소시키고, 그들이 만족스러운 사회적 기능을 할 수 있는 능력을 향상시켜 준다.

7.2 보완적 서비스

보완적 서비스란 양친의 양육이 부분적으로 결여되고 충분한 양육을 할 수 없는 경우, 그 부족한 부분을 보충하는 서비스라고 할 수 있다. 이러한 서비스를 통하여 가정의 양육기능에서 결여된 부분이 보충되어 아동은 자택에서 친자관계를 유지할 수 있다. 그 종류로는 사회보험, 공공부조, 보육사업 등이 있다.

7.3 대리적 서비스

대리적 서비스란 아동의 개별적인 욕구나 문제에 대응해서 부분적 혹은 전면적으로 양친의 양육을 대신하는 서비스를 말한다. 아동의 가정환경에 문제가 있거나 아동 자신에게 장애가 있는 경우 이들에게 제공될 수 있는 서비스에는 시설보호서비스, 가정위탁서비스, 공동생활가정(그룹홈), 입양서비스, 교호서비스 등이 있다.

8. 아동복지사업의 현황

아동복지사업의 현황을 살펴보기 전에 먼저 아동복지의 대상이 되는 아동현황에 대해 살펴본다. 2000년 아동인구는 전체인구의 27.5%인 1,290만 4천명, 2005년에는 전체인구의 24.4%인 1,172만 9천명, 2012년에는 전체인구의 20.6%인 1,027만 6천명으로 추계되고 있다. 전체아동 가운데서 부모의 사망, 질병 등으로 가족의 생계를 책임지는 20세 이하의 소년소녀가장 가구는 2004년 3,504가구(총 5,444명, 미취학 87명, 초등학생 1,244명, 중학생 1,681명, 고등학생 2,331명, 기타 101명), 2008년에는 1,337가구(총 2,058명, 미취학 12명, 초등학생 292명, 중학생 621명, 고등학생 1,080명, 기타 53명)이며, 2012년에는 483가구(총 796명, 미취학 3명, 초등학생 77명, 중학생 206명, 고등학생 456명, 기타 54명)로 지속적으로 감소하는 추세를 보였다(보건복지부, 2013:272). 이들은 국민기초생활보장 수급자로 우선 선정하여 생계보호, 의료보호 및 교육보호를 실시하고, 피복비, 영양급식비, 학용품비, 교통비, 부교재 및 교양도서비 등을 추가 지원하고 있다.

8.1 아동상담사업

2012년 말 일시보호시설을 갖추지 아니한 아동상담소는 10개소(1997년까지는 13개소 였음)이며, 일시보호시설을 갖춘 상담소는 3개소가 설치·운영되고 있다. 시·군·구 및 공립아동상담소 등에 아동복지지도원[4]을 배치하여 상담·지도를 담당하게 하고, 읍·면·동에는 아동위원을 위촉하여 아동문제에 대한 일차적 상담 체계를 마련하고 시·군·구에서 필요한 조치를 취하도록 하고 있다.

8.2 가정보호

우선 소년소녀가장가구의 자립능력 배양을 위하여 소년소녀가장가구를 국민기초생활보장제도의 생계급여, 교육급여를 지급하고, 의료급여 및 월 12만원 이상의 부가급여(2012년 기준)를 제공한다. 교육급여의 지급내용을 살펴보자면, 입학금·수업료는 연도별·급지별로 학교장이 고지한 금액 전부를 지원하며, 교과서 대금은 고등학생의 경우 1명당 1,259,000원(연 1회 일괄지급), 부교재비는 초등학생·중학생의 경우, 1명당 375,000원(연 1회 일괄지급)을 지급한다. 학용품비는 중학생·고등학생에 한하여 1명당 51,000원(학기초 1/4, 3/4분기 일괄지급)을 지급한다. 정부는 가정위탁, 아동공동생활가정(그룹홈) 보호 등을 활성화하여 장기적으로는 소년소녀가장이 감소되도록 노력하고 있다. 그 결과, 소년소녀가장은 2004년 3,504세대, 5,444명에서 2012년 483세대 796명으로 줄었다. 또한 직업훈련을 지도하고, 지역사회 내의 후원자를 발굴하여 결연을 통해 지원받을 수 있도록 하고 있다.

요보호아동을 시설에서 보호하거나 소년소녀가장으로 성장하게 하기보다는 가정에서 양육되도록 가정위탁사업을 활성화하기 위하여 전국에 17개소의 가정위탁지원센터를 운영하고, 중앙가정 위탁센터를 설치하여 지역의 가정위탁지원센터를 지원하고 있다. 위탁가정에 양육보조금을 지급(2012년 기준 아동 1인당 월 12만원 이상)하고, 2006년부터는 가정위탁아동의 상해보험가입을 통하여 위탁아동의 질병 발생시, 위탁가정의 부담을 완화시키고 있다. 또한 2010년부터는 과잉행동장애(ADHD), 정서불안장애 등으로 치료가 필요한 위탁아동을 대상으로 심리정서치료비를 지원하고 있다. 국토해양부는 대리양육과 친인척 위탁가정에 한해 일반주택 전세자금 및 공공임대주택 임대보증금을 지원한다. 2012년 11,030세대 14,502명의 아동이 가정위탁보호를 받고 있다.

아동공동생활가정(그룹홈)은 보호를 필요로 하는 아동에게 가정과 같은 환경과 보호를 제공하는 것을 목적으로 2012년 489개소가 설치되어 있다. 2004년 60개

---

4) 2000년 7월 13일부터 아동복지지도원이 별정직공무원에서 지방일반직공무원으로 전환되어 신분상의 불이익을 받지 않게 되었으나 이에 맞는 역할수행이 요구된다.

소, 280명의 아동을 보호하던 것에 비해 2012년에는 489개소, 2,438명의 아동을 보호하고 있으며 지속적으로 증가하고 있는 추세이다.

8.3 시설보호

아동복지시설은 아동양육시설, 아동일시보호시설, 아동보호치료시설, 공동생활가정, 자립지원시설, 아동상담소, 아동전용시설, 지역아동센터로 구분된다. 전국 아동복지시설수 및 보호아동현황은 2004년 279개소 19,014명이며, 2012년 말 현재 281개소에서 15,916명의 아동이 수용되고 있다.

시설보호아동의 건전 육성을 위하여 시설아동의 보호수준을 1999년 309만 9천원에서 2000년 325만 4천원(1인당 연간)으로 올리고 시설아동의 자립을 위해 직업훈련(4개) 및 자립지원시설(12개)의 운영을 지원하고 있다.

아동복지시설의 아동이 18세 혹은 연장보호를 받아 20세에 퇴소하게 되면 기본생활을 위한 일정액을 지원하고, 연장기간 동안 직업훈련을 시키거나 자립생활관 8개소를 그 기간 동안 숙소로 사용할 수 있도록 하고 있다(보건복지부, 1997, 2000, 2004, 2012).

개정아동복지법에 의하여 아동이 학대를 당할 때 사회의 보호책임을 규정하여 이에 따라 전국에 아동보호전문기관이 설립되고 있으며 2012년 현재 전국 16개 시도에 51개소의 아동학대예방센터가 설치되어 있다.

8.4 아동결연사업

불우아동결연사업은 시설보호아동, 소년소녀가장가구, 모자가정 등 불우아동을 대상으로 후원자를 개발하기 시작하였으며, 1981년부터는 어린이재단(구 한국복지재단)이 보건복지부의 위탁을 받아 운영하고 있다.

8.5 입양사업

아동입양사업은 미혼부모에 의하여 혹은 아동복지시설에 수용중인 아동들을 대상으로 하여 본래의 가정환경에 부합하는 조건에서 양육될 수 있고 또 자녀가 없는 가정이나 자녀를 잘 키울 수 있는 가정에는 자녀를 훌륭하게 키우는 보람을 제공하기 위하여 이루어지고 있는 아동복지사업의 중요한 내용이다. 2012년 말 현재 아동입양사업을 담당하고 있는 기관으로는 국내입양만을 실시하는 곳이 16개소가 있으며 국내입양과 국외입양을 담당하고 있는 기관이 3개소 있다. 2012년, 이들 기관을 통하여 국내입양이 이루어진 아동이 326명, 국외입양은 755명으로 총 1,081명이 입양되었다. 국내입양을 활성화하기 위하여 정부는 2007년 국내입양 우선추진제(아동 인수 후 5개월간 국내입양만을 추진)를 시행하고, 국내입양이 어려울 경우에 국외입양을 추진하도록 하고 있다. 정부는 입양아동에게 의료급여 1종의 혜택을 제공하며, 13세 미만의 아동을 입양한 국내입양가정에 한해 1인당 월 15만원의 양육수당을 지원하고 있다. 그리고 입양기관에 지급했던 입양가정의 수수료를 국가가 전액 지원하고 있다. 또한 장애아동을 입양한 가정에 매월 중증장애 62만 7천원, 경증 및 경증 및 기타장애 55만 1천원의 양육보조금과 연간 의료비 260만원을 지원한다. 그리고 2011년 「입양특례법」을 개정하여 출산 후 7일 이후에 입양동의의 효력을 인정하는 '입양숙려제'를 도입하였다. 이는 아동이 우선적으로 원가정에서 보호될 수 있도록 하며 입양아동의 권익을 보장하였다.

8.6 보육사업 및 보육시설 지원

2012년 보육아동 수는 1,487,361명으로 2008년 이후 연평균 9.4%의 증가률을 보이고 있다. 사회의 변화에 따른 다양한 보육욕구에 부응하고 보육에 대한 국가의 책임을 강화하기 위해 2012년부터 만 0~2세 및 만 5세 아동에 대해 소득 계층에 구분 없이 보육료를 지원한다(만 0세 394,000원, 만 1세 347,000원, 만 2세 286,000원, 만 3~5세 연령별 누리과정에 따라 만 3세~만 5세 각 220,000원). 또한 양육부담 완화를 위하여 오전(07:30 이전)부터 밤(24:00시 이전)까지 보육서비스를 제공하는 시간연장보육서비스를 제공하고 2012년에는 교사 10천여 명(107억 원)을 지원하였다. 그리고 만 0~12세의 미취학 장애아동이 어린이집을 이용하는 경우에는 무상보육대상자로 월 394,000원의 보육료를 지원받을 수 있다. 또한 다문화가족자녀 중 취학전 만 0~5세 아동이 어린이집을 이용하는 경우에는 소득·재산수준과 관계없이 연령, 보육시간(종일, 야간, 24시간)에 따라 보육료를 지원받을 수 있다.

참 고 문 헌 ●────────────────────

김현용 외. 1997. 「현대사회와 아동-아동복지의 시각에서-」. 서울: 도서출판 小花.

남세진. 1992. 「인간과 복지」. 서울: 한울아카데미.

보건복지부. 1997. 「97 주요업무자료」.

보건복지부, 2000. 「보건복지통계연보」.

보건복지부, 2003. 「보건복지통계연보」.

보건복지부, 2004. 「보건복지통계연보」.

보건복지부, 2000. 「보건복지백서」.

보건복지부, 2003. 「보건복지백서」.

보건복지부, 2004. 「보건복지백서」.

보건복지부, 2012. 「보건복지백서」.

보건복지부, 2013. 「보건복지통계연보」

보건복지부, 2001. 「2001년도 아동복지시설일람표」.

보건복지부, 2013. 「2013년도 아동복지시설일람표」

오정수·장인협. 1993. 「아동·청소년 복지론」. 서울: 서울대학교 출판부.

정영숙 외. 1997. 「아동복지론」. 서울: 양서원.

한국보건사회연구원. 1999. 저소득 생활안정 및 DB 구축사업실무교재.

Heffernam, J., G. Schuttlesworth, and R. Ambrosino, 1997. *Social Work and Social Welfare: An Introduction*(3th ed.). New York: West Publishing.

Erikson, E. 1959. *Identity and The Life Cycle: Psychological Issues*, Monograph No. 1. New York: International Universities Press.

Suppes, M. A. and C. C. Wells. 1996. *The Social Work Experience*(2th ed.). New York: McGraw-Hill Companies.

제 11 장
가족복지

1. 가족복지의 개념 및 대상

1.1 가족복지의 개념

가족은 사회의 가장 기본단위이다. 개인은 가족을 통하여 자신의 다양한 욕구를 충족시켰으며 가족 속에서 아동의 성격이 형성되었다(Friedelander and Apte, 1980: 201). 특히 전통사회에서는 가족생활이 인간생활의 주요한 기반이었으며, 가족을 중심으로 발생하는 문제들은 주로 가족, 이웃, 친척, 종교단체 등에 의해서 해결되었다. 그러나 산업화됨에 따라 개인주의, 자유경쟁주의, 업적주의, 합리주의 등이 팽배해진 사회에서는 개인문제들이 원초적인 인간관계 및 가족관계로서는 해결될 수 없을 정도로 점차 사회적인 성격을 띠게 되어 전문적인 서비스를 필요로 하게 되었다. 따라서 약화된 가족의 기능을 회복하거나 지지하고 가족문제로 인한 사회문제를 해결·예방하기 위하여, 사회복지사업의 일환으로서 가족복지가 필요하게 되었다.

가족복지의 개념은 문화적 양상에 따라 다양하게 정의될 수 있는데, 학자별 정의를 살펴보면 다음과 같다. 펠드만과 셰르쯔(Feldman and Scherz, 1968)는 가족복지란 전체로서의 가족은 물론 그 구성원들의 사회적 기능수행을 효과적으로 증진시킴으로써 가족구성원 모두에게 행복을 도모하도록 하기 위한 사회복지의 한 분야라고 하였고(조흥식 외, 1997: 51), 김영모(1990: 61)는 가족복지란 가족의 생활을 강화하고, 가족 내의 관계를 강화시키며, 가족성원의 사회적응기능을 강화시키기 위하여 정부와 민간이 개입을 행하는 사회적 대책이라고 정의했고, 김만두와 한혜경(1998: 421)은 가족복지란 가족전체를 대상으로 하여 보다 통합적이고 예방 중심적인 서비스를 제공하기 위하여 공적 차원에서 수행하는 조직적 활동을 의미한다고 했다.

조흥식 외(1997: 52)는 학자들의 다양한 정의를 검토한 후 종합하여 "가족복지란 목적 면에서는 국민 생활권의 기본이념에 입각하여 가족의 행복을 유지시키고자 하는 것이며, 주체 면에서는 가족을 포함한 사회구성원 전체가 되며, 대상 면에서는 가족구성원 개개인을 포함한 가족전체를 대상으로 하며, 수단 면에서는 제도적, 정책적, 기술적 서비스 등 조직적인 제반활동인 사회복지분야"라고 규정하였다.

가족복지사업(family social work, family social welfare, family service)은 가족복지의 개념을 협의로 해석한 것이다. 가족복지사업은 실제로 가족이 일시적 혹은 장기적으로 당면하고 있는 생활상의 곤란함, 즉 빈곤, 질병, 실업, 가족관계의 붕괴, 행동상의 문제, 신체적 혹은 정신적 장애 등으로 가족의 기능이 상실되어 중대한 위기에 처한 가족을 대상으로 하여, 가족의 긴장을 완화하고 문제를 해결하며 가족의 기능을 강화하는 것을 목적으로 하는 사회적 조직활동을 의미한다. 이러한 가족복지사업과 다른 사회복지분야와의 차이점은 아동복지, 청소년복지, 장애인복지, 부녀복지, 노인복지 등은 문제를 갖고 있는 개인을 대상으로 하고 있는데 비하여 가족복지는 전체로서의 가족(family as a whole)을 서비스 대상으로 하고 있는 것이다.

1.2 가족복지의 대상영역과 기능

(1) 가족복지의 대상영역

1970년대까지 가족복지의 대상은 가족의 스트레스적 상황, 경제적 곤궁 및 사회자원 도입의 곤란 등 경제적·사회적 요구를 충족할 수 없는 상황이나, 가족관계, 가족구성원의 개인적 기능의 장애상황이었다(조흥식 외, 1997: 54). 그러나 최근에 와서 가족복지의 대상영역은 부부불화, 부모자녀관계의 장애, 부모가 없는 가족, 청소년 문제, 미혼모, 신체장애인, 별거의 문제, 노인, 경제, 주거, 실업, 직장 적응

의 문제 등으로 확대되고 있는 경향이다. 그 한 예로 김성천(1989: 113-114)은
① 가족 전체성에 영향을 주는 빈곤, 불평등, 실업, 무주택, 교육기회의 박탈, 의료
기회의 박탈, 이사와 같은 환경적 문제, ② 가족 전체성에 영향을 주는 가족성원의
역할 불이행, 갈등, 가족성원의 증가나 감소, 별거 등의 가족결손요인과 같은 가족
성원간의 문제, ③ 가족의 전체성에 영향을 주는 가족성원의 적응능력, 인격, 행동
상의 장애와 같은 가족성원의 내적 문제 등을 가족복지의 대상으로 보고 있다.

장인협(1985: 93)은 가족복지의 개념에 따라 가족복지에서 다루어야 하는 문
제와 서비스 대상을 다음과 같이 세 가지 측면으로 분류하였다.

① 개인과 가족의 기능과 가족관계에 관한 문제로서 부부갈등, 별거, 이혼, 부
모-자녀관계, 청소년 문제, 직장 부적응, 일탈행동, 미혼모 문제, 아동학대, 아동유
기, 가족유기, 부랑아, 고아 등과 같은 문제.

② 빈곤이나 사회자원의 결핍에 관한 문제로서 경제문제, 직업문제, 주택문제,
건강문제 등을 의미하는 것으로 저소득, 실업, 만성질환, 신체장애, 정신장애, 세대
주의 사망, 편부모가족, 청소년 가장가족, 노인문제 등과 같은 문제.

③ 일시적 긴장에 의한 문제로서 가족성원들이 정상적인 생활능력을 가지고 있
으나 일시적으로 긴급하거나 긴장상황 때문에 역할수행이 어려운 것을 말하는 것으
로서 실직, 질병, 사업실패, 이민, 이주, 불의의 사고, 가족원의 자살, 수감 등과 같
은 문제이다.

(2) 가족복지의 기능

가족복지의 기능은 가족복지의 대상영역을 어떻게 결정하는가에 따라 달라지는
데, 펠드만과 셰르쯔(1967: 44-45, 송성자, 1997: 87에서 재인용)는 가족복지의
기능을 ① 가족성원이 갖고 있는 잠재력을 최대화시켜 그들의 생활주기에 부딪칠
위험과 긴장에 잘 대처할 수 있는 능력을 증진시키는 예방적 기능, ② 발생한 문제
를 해결하는 치료적 기능, ③ 파괴 또는 손상된 가족의 기능을 이전의 형태로 환원
시키기 위한 재활적 기능으로 구분하여 제시하고 있다.

이와 같은 가족복지의 기능들을 종합하여 보면, 가족복지는 ① 전체로서의 가
족이 역기능이나 문제를 일으키는 것을 예방하고 가족기능을 강화하기 위한 지지적
기능, ② 가족 내적 요인과 가족 외적 요인 그리고 이들 요인들간의 상호작용에 의
하여 전체로서의 가족기능 중 일부가 손상되었을 때 이를 보완하고 보충해 줌으로

써 전체로서의 가족을 유지시키는 보완적 기능, 그리고 ③ 전체로서의 가족기능이 심하게 손상되었거나 완전히 상실되었을 때 가족의 기능을 대행해 주는 대리적 기능을 한다고 볼 수 있다.

이와 같은 가족복지의 기능은 가족복지의 방법과도 직결된다. 가족문제를 예방하고 해결하기 위해 취해진 다양한 가족복지 접근방법들은 크게 거시적 접근방법(macro approach)과 미시적 접근방법(micro approach)으로 분류할 수 있다. 가족문제를 해결하기 위한 거시적 접근방법은 가족외적 요인, 특히 산업화·현대화에 따른 사회 경제적 조건의 변화로 인하여 가족문제가 야기되었다고 보고, 가족이 처한 사회적 조건과 환경을 개선하려고 하는 가족정책으로 대표되는 환경적·예방적 접근방법이라 할 수 있는 데 반하여, 미시적 접근 방법이란 가족의 문제가 가족내적 요인, 즉 가족의 구조적 결손, 역기능적인 가족관계, 가족기능의 약화, 가족생활 주기상의 발달과업의 미성취 등으로 인하여 야기되었다고 보고, 전체 가족 또는 가족성원간의 문제나 역기능을 해결하는 데 초점을 두는 접근방법이다(송성자, 1997: 85-88)

2. 가족복지정책과 가족사회사업

2.1 가족복지정책

가족복지정책은 가족문제를 사회 전체의 제도 및 구조와 관련하여 파악하고 국가가 개입하는 제도를 의미한다. 그리고 가족복지정책은 가족기능의 사회적 의미, 가족과 지역사회와의 관계, 개인과 가족문제에 대한 국가와 사회의 개입증가, 모든 사회제도와의 상호의존적인 관계 등에 대한 가치를 근거로 하고 있다. 따라서 가족복지정책은 가족 구성원의 복지를 증진시킬 수 있는 핵심적인 사회제도가 되며 이것은 현대가족의 사회적 기능을 유지·보완·대치하기 위한 사회적 조력이라고 할 수 있다(김영모·남세진·신섭중, 1982: 149). 더 확대하면 가족정책이란 정부가 가족에게 그리고 가족을 위하여 실시하는 모든 활동을 말하는데, 현대 산업국가는 산업화를 지속 내지 발전시켜야 하는 동시에 가족문제에 대처 또는 해결하여야 한다는 이중적인 과제를 가지고 있다.

가족정책의 주된 관심은 아동이나 아동을 가진, 특히 어린 아동을 가진 가족이다. 국제적으로 가족정책의 특징은 ① 비록 빈곤가정이나 문제가족이 특별한 관심을 받기는 할지라도 요보호 가정만이 아닌 모든 아동과 모든 가족에 관심을 두며, ② 아동들이 더 잘 자라기 위해서는 부모들과 가족단위를 돕는 것 또한 필요하다는 것을 인식하고 있다는 점이다. 따라서 가족정책은 명시적으로 가족을 위한 정책으로 나타날 수도 있고, 명시적이지는 않지만 가족에게 도움을 주는 정책의 형태를 띠는 수도 있다(Kamerman, 1995: 929).

유럽의 가족복지정책은 첫째로 대가족을 위한 소득재분배정책의 일환으로 가족수당, 소득세 정책 등이 실시되었고, 둘째로 인구정책과 장기적 인구계획이 실시되었으며, 셋째로 고아, 장애인, 노인, 빈곤자, 무주택자와 같은 피부양자와 가족성원으로서의 역할과 기능수행에 있어서 부적절한 가족성원들에게 지원적·대리적 보호를 위한 공공정책이 실시되었다(Kamerman and Kahn, 1978: 3). 이러한 정책은 산업사회에 있어서 사회문제를 예방하기 위한 개념인데 특히 영국, 미국, 캐나다에서 볼 수 있는 보완적 정책이 그런 예에 해당된다. 그러나 최근에는 가족복지정책의 관심이 아동, 부녀 및 노인에게까지 확대되고 있다(송성자, 1997: 89).

2.2 가족사회사업

가족사회사업은 주로 인간관계에 관한 과학적 지식과 기술에 기반을 둔 전문적 서비스로 사회복지기관에 의해서 실시되며, 그것은 가족의 기능회복과 사회적응 능력의 향상을 위해 원조하는 것을 의미한다. 사회복지기관은 민간기관이라고 하더라도 순수한 민간재원에 의해서만 운영되는 일은 거의 없다. 많은 민간기관들은 정부가 제공하는 재정적 보조에 의해 운영되거나 정부가 민간기관에 운영을 위탁하여 서비스를 제공하기도 한다. 우리나라의 경우 가족사회사업을 실시하는 공립사회복지기관이나 시설은 극소수인 반면에 대부분의 사회복지기관이나 시설은 민간기관으로서 운영되며, 시설운영 자금의 80% 이상을 국고에 의해 지원받고 있다.

사회복지기관에서의 가족사회사업의 목표는 개별 클라이언트나 가족의 구성원이 하나의 단위로서 조화로운 관계를 이루고, 그들의 사회적 기능이 원만하게 수행될 수 있도록 돕는 것이다. 그것은 최근 가족들 사이의 관계를 강화하는 하나의 과정으로 교육에 점차 강조점을 두고 있는 가족생활교육이나 가족을 하나의 사회체계로 보고 접근하는 사회체계 및 생태체계론적 접근으로 나타나고 있다(Friedelander and Apte, 1980: 206).

가족사회사업은 가족구조, 가족관계와 가족기능상에 발생하는 부부문제, 자녀문제, 부모-자녀문제, 소년비행, 정서장애, 이상행동, 학교부적응, 약물상습, 알코올중독, 미혼모, 아동학대, 이혼 등에 관한 문제들을 갖고 있는 개인과 가족을 돕기 위한 방법으로서 개별상담, 집단상담, 가족치료, 부모교육, 청소년을 위한 프로그램 등의 접근방법이 있는데 주로 민간가족복지기관에서 사용하고 있다(송성자, 1997: 93).

가족사회사업의 내용을 기능별로 구분하였을 때 한국에서의 가족사회사업은 주로 보조적 서비스와 대리적 서비스가 중심적이었으며, 지원적 서비스는 국가의 정책적 접근보다는 민간기관의 전문적·기술적 서비스에 의존하여 왔다고 볼 수 있다. 그러나 점차 심각해지고 있는 가족의 제문제, 특히 부부갈등, 별거, 이혼, 청소년문제, 미혼모와 그 자녀문제, 맞벌이 부부, 노인가족, 경제적 문제 등을 해결하기 위해서는 현재의 가족복지정책만으로는 부족하다. 또한 현대인들에게 증가하고 있는 심리사회적 욕구가 물리적 욕구를 능가하고 있으므로 여기에 대처하는 전문기술과 서비스를 필요로 하고 있다. 현대사회에서 발생하고 있는 제반 가족문제 해결을 위하여 인간관계를 이해하기 위한 기초이론, 즉 임상심리학, 성격이론, 정신의학, 사회심리학, 사회문제, 이상행동, 가족의 역동성, 행동수정이론, 개별 및 집단상담이론, 가족치료이론 등 관련이론에 관한 학습이 필요하며, 상담기술습득을 위한 훈련과 경험이 필수적이다.

2.3 가족복지서비스 현황

현재 우리나라에는 가족문제에 대해 체계적이고 종합적으로 대응하는 가족복지정책은 없으며, 가족과 관련된 정책 및 프로그램과 서비스가 산재하고 있는 상황이다. 가족과 관련된 주요 사회정책과 프로그램은 크게 소득보장, 의료보장, 주택보장으로 나뉜다(김혜란, 1995: 197).

일반가족에 대한 대표적인 소득보장프로그램으로는 국민연금과 공공부조사업을 들 수 있고, 의료보장으로 의료보험과 의료급여사업, 주택보장사업으로 저소득층을 위한 영구임대주택사업 등이 있다. 그러나 저소득층을 위한 공공부조의 경우 2013

년 4인가구 기준 급여수준을 154만원 6,399원으로 결정하였지만 최저생활수준의 보장에 미흡한 실정이다(보건복지부, 2012: 74). 또한 주택프로그램은 영구임대주택에 입소할 수 있는 자격을 부여하여 왔으며 2001년부터 국민기초생활보장제도에 의해 주거급여 서비스가 제공되고 있다. 주요 대상별 프로그램으로는 아동을 위한 모(부)자보호와 소년소녀가장보호, 노인을 위한 고용촉진, 장애인을 위한 의무고용 등으로 요약할 수 있다. 가족상담 혹은 가족치료는 사회복지관, 가정상담소, 아동상담소, 청소년상담소, 병원 등에서 실시되고 있지만, 전문인력이 부족한 실정이다(최일섭·최성재, 1995: 197-198)

3. 가족치료의 모델

가족치료의 모델은 다양한데 여기에서는 구조적 가족치료모델, 전략적 가족치료모델, 정신역동적 가족치료모델, 보웬(Bowen)의 가족체계치료모델, 경험적 가족치료모델에 대해서 살펴보기로 한다(송성자, 1997: 119-170; 신재명, 1997: 205; 김혜란, 1997: 364-365; Franklin and Jordan, 1999: 21-225).

3.1 구조적 가족치료모델

구조적 가족치료모델(structural model)은 미누친(Minuchin)이 중심이 되어 개발되었다. 구조적 가족치료에서는 가족단위의 기능과 가족구성원의 안녕에 가족의 조직이 중요한 역할을 한다고 본다. 모든 가족은 구조를 가지며, 기능, 하위체계, 경계, 위계질서, 규율에 의해 유지되며, 운영된다는 것이다. 즉, 가족은 사회적인 체계, 특수한 사회적 상황 내에서 상호작용하는 체계의 개념으로 본다.

구조적 가족치료 이론의 기본이 되는 가정의 특성을 보면 첫째, 가족의 구조는 상황(내적 및 외적 요인)에 따라 변형하는 사회문화적인 개방체계이다. 둘째, 가족은 재구조화를 필요로 하는 연속적인 단계를 거쳐 발달되어 시간이 지나면서 발달을 거듭한다. 셋째, 가족은 고유성과 지속성이 유지되며, 이와 동시에 구성원들의 사회심리적인 성장이 이루어지는 가운데 변화된 환경에 적응해 나간다.

이 모델에서 정상적인 가족이란 경계가 명확하고 견고하며, 부모가 강한 위계

질서 체계를 유지하고, 체계가 융통성과 유연성을 가짐으로써 구성원들이 자주성과
독립성을 가진 개인으로 성장할 수 있고 내적 및 외적 변화에 따라 적응하며 유지
되는 가족을 말한다. 이 모델의 목적은 가족구조의 재조직에 있으며, 가족구조의 역
기능적 형태를 변화시키기 위해 가족원 위치의 변화와 부모 위치의 강화, 명확하고
융통성 있는 경계의 구성, 적응적이며 대치적인 행동형태의 동원 등을 도모하는 데
있다.

3.2 전략적 가족치료모델

이 모델은 와쯔라윅(Watzlawick)이 중심이 되어 개발하고, 제이 헤일리(Jay
Haley)와 문제해결접근학파 등이 주축이 되어 발전시켰다. 헤일리는 "가족을 하나
의 체계이며 또한 가족구성원의 전 관계에 있어서 서로 통제하려는 노력이 내재하
며 그 구성원 각자가 어떤 특수한 목적을 위해 힘쓰는 조직체"라고 규정했다. 헤일
리는 의사소통이론과 행동이론을 기초로 하여 문제의 원인을 심리내적인 것보다 의사
소통에서 찾으려 하였고 다른 사람들과의 관계를 중요시하고 있다. 그 주요 개념으로
는 세력과 통제(power and control), 메타커뮤니케이션(meta communication)과
역설적 커뮤니케이션(paradoxical communication), 이중구속(double bind) 등이
있다.

이 모형의 치료목표는 가족구성원들 간의 세력 다툼을 해결하는 것이다. 보다
구체적인 치료목표로는 의사소통행위에 나타나는 증상을 해결하는 것, 피드백 사이
클(feedback cycle)을 변화시키는 것, 역기능적 가족형태를 변경시키는 것 등이
있다.

3.3 정신역동적 가족치료모델

정신역동적(psychodynamic) 모델을 주장하는 애커만(Ackerman)은 가족을
"그 자체가 심리적이며 사회적인 생명을 가진 단위"라고 정의하였다. 즉 가족단위는
정적이지 않고 역동적이기 때문에 시간이 지남에 따라 여러 가지 내적 및 외적 압
력에 의해 그 자신도 변화한다고 했다. 그리고 그는 "개인, 가족, 사회 사이에는 계
속적인 상호작용이 일어나고 있어서 이 모든 측면에서 개인을 이해하는 것이 필요

하며, 이들은 분리되어 있는 요소가 아니라 항상 상호작용하고 서로 영향을 미친다"라고 했다. 애커만모델에서 가족치료의 특징은 ① 역할개념이 치료의 근간이 되며, ② 치료에 있어서 가치체계를 강조하며, ③ 의사전달과정도 중요하지만 긍정적인 생활목표를 향한 자유목적에 치료의 기반을 두어야 하며, ④ 가족균형과 가족항상성을 강조한다는 점이다.

애커만의 가족치료기법은 두 가지 방향으로 구분할 수 있다. 첫째, 문제의 원인이 되는 갈등과 공포의 소멸이며 둘째, 보다 긍정적이고 건전한 상태로 남아 있는 능력을 증진시키는 것이다. 그 구체적인 기법으로는 통찰을 가지게 하며, 자기인식, 지지, 격려, 관계형성 등을 들 수 있다. 따라서 정신역동적 가족치료의 목표는 단순히 문제를 제거하거나 성격을 환경에 적응시키는 것이 아니라, 새로운 생활방식을 창조하는 것이다. 정신역동적 가족치료는 가족의 과정과 정신적 병리를 부모의 개인적인 역동성의 상호연결이라는 범주에서, 그리고 과거에서부터 주어진 무의식적인 역할과업과 전이에 중점을 둔다. 여기에서는 무엇보다도 궁극적으로 성장을 장려하며, 통찰을 가지게 하고, 직접적인 의사거래를 장려하며, 관계의 평등성을 주장한다.

3.4 보웬의 가족체계치료모델

보웬은 정신분석에서 시작하여 부부단위 치료로, 그리고 점차적으로 체계(system)입장에서 가족치료를 시도했다. 보웬은 가족이란 일련의 상호 관련된 체계와 하위체계로 이루어진 복합적 총체이며 생물학적 본성에 근원을 두고 있는 정서적 관계체계라고 정의하고 있다. 보웬은 한 가족을 이해하며 치료하기 위해서는 그의 원가족(family of origin)을 아는 것이 매우 중요하며, 최소한 2대에 걸친 가족력 조사를 통해 가족자아군에 대한 전반적인 기능형태를 파악해야만 한다고 주장한다.

보웬의 핵심적인 개념은 ① 자기분화척도(differentiation of self scale), ② 핵가족의 정서체계(nuclear family emotional system), ③ 가족의 투사과정(family projection process), ④ 다세대간의 전달과정(multigenerational transmission process), ⑤ 형제 자매의 위치(sibling position profile), ⑥ 삼각관계(triangles), ⑦ 정서적 차단(emotional cut off), ⑧ 사회적 퇴행(social regression)이다.

따라서 보웬의 치료적 목표는 가족군으로부터 자아를 분화시키는 것이며, 그리하여 체계에 반응(react)이 아닌 대응(respond)하는 성숙한 개인을 만드는 데 있다. 견고한 삼각관계를 깨뜨리는 것, 즉 탈삼각관계가 가장 중요한 치료기법이 된다. 이외의 치료기법으로는 지지적 기법, 가족력(genogram)의 활용, 행동의 교습 등이 있다. 치료자의 역할은 가족과 분리된 상태에서 지도하며 모범이 되는 것이다.

3.5 경험적 가족치료모델

사티어(Satir)와 위테커(Whitaker)가 경험적 가족치료모델(experiential model)의 대표자라 할 수 있는데, 사티어의 이론적 배경은 행동이론, 학습이론, 의사소통이론을 기초로 하며 그의 개념은 가치체계, 성숙, 자기존중, 의사소통, 가족규율로 구성되어 있다고 할 수 있다. 사티어는 의사소통과정을 중요시하고 메시지의 일치성과 불일치성을 강조하며 역기능적인 의사소통을 회유(placating), 비난(blaming), 평가(computing), 산만(distracting) 등의 개념으로 구분했다. 사티어의 가족치료 목표는 가족원들이 분명하고 명확한 의사소통을 하고, 경험을 통하여 개인과 가족원이 성장하도록 하는 데 있다. 사티어의 기법은 가족조각(sculpture), 비유(metaphor), 연극, 재구성(reframing), 유머, 접촉(contact) 등이 있다. Satir는 그 자신의 독특한 기법으로 모형가족(semulated), 구조게임(system game), 의사소통게임 등의 치료기법을 사용했다. 따라서 사티어는 치료자의 역할을 교사, 지도자, 모델, 촉진자, 관찰자로 규정하며 치료자는 통솔력이 있고 인간적이어야 함을 강조하고 있다.

경험적 모델의 치료목적은 문제의 제거에 중점을 두는 것이 아니라 개인 및 가족의 성장에 중점을 둔다. 또 과거보다는 현재에 관심을 가지며 공감된 정서적 경험과 상호작용하는 자신의 힘으로 운영되는 체계로서 가족의 전체성을 중요시한다.

4. 가족치료의 과정

4.1 초기접촉 및 정보수집

　초기접촉 및 정보수집(intake)은 치료작업의 기초를 확립하기 위한 연구의 단계로, 클라이언트의 가족에 대한 사항으로서 가족구조, 구성원, 가족의 기능, 가족관계, 가족의 배경 및 발달사 등에 관한 상세한 정보를 획득해야 한다. 정보를 수집하는 방법으로는 치료자와 초기에 접촉하는 가족구성원들의 면접, 진술 및 관찰을 통해서 정확하고 객관적인 정보수집에 기여하되, 클라이언트의 사생활을 존중하며 낙인을 찍는 결과를 초래하지 않도록 해야 한다. 치료자는 수집된 정보에 근거하여 먼저 가족치료의 실시여부를 결정해야 한다.

4.2 진단 및 사정

　가족진단이란 가족문제의 해결뿐만 아니라 클라이언트 개인문제를 해결하는 데 필수적인 과정이다. 가족진단을 위한 방법으로는 역동적 면접과 직접관찰을 통하여 에코맵(Eco-map), 가족력(genogram), 그리고 사정목표를 그리거나 체크하는 것이 유용하다. 초기단계에서 체계로서 가족의 진단은 가족사정을 돕는 준거틀로서 변화표적을 모색하고 중재적인 전략을 선택하며, 중재결과를 평가하기 위해서는 구체적이고 고도의 기술적인 내용이 요구된다. 따라서 가족진단 내용에서 고려해야 할 사항은 가족의 역동적 병리와 그 영향력이다.

　사정은 사실, 감정, 개인과 환경 등과 관련하여 사람과 상황을 감정하는 것을 말하며, 또 문제가 무엇이며, 그 문제의 원인이 무엇이며, 어떠한 것이 문제에 영향을 미치며, 무엇이 변화 혹은 수정될 수 있는가를 이해하는 노력으로 구성된다. 사정과정에서 주의할 점은 구성원 한 개인에게 있어서는 기능적인 것이 전체가족에게는 오히려 역기능적인 것일 수도 있으며, 또 전체로는 가족에게 기능적인 것이 개인에게는 매우 유해한 영향을 미칠 수도 있기 때문에 가족의 역할을 고찰할 때 개인의 차원에서가 아니라 관계면에서 다루어야 한다는 것이다.

　가족치료의 실시를 위한 사정단계에서 사정되어야 할 내용은 어떤 모델을 사용하여 치료할 것인지에 따라 달라질 수 있지만 그 기본적 내용은 다음과 같다(Brock and Barnard, 1999: 38-63).

① 치료받으려는 준비의 정도

② 가족 내의 지배적인 규칙

③ 가족이 가지고 있는 미신이나 신화

④ 가족의 행사나 의식

⑤ 가족의 유리와 밀착

⑥ 부모역할을 맡고 있는 아동의 존재여부

⑦ 성기능

⑧ 가정 내 폭력

⑨ 약물과 알코올 사용

⑩ 생활상의 스트레스 정도와 내용

⑪ 직장문제

⑫ 성적 학대 혹은 신체적 학대

⑬ 외상후스트레스장애(PTSD)

4.3 가족치료의 실시

(1) 1회 치료시간의 길이

셋션의 효과를 최대화하기 위하여 보통 한 번의 시간을 1시간에서 1시간 30분 정도로 잡는 것이 좋다. 이보다 짧으면 시간이 충분하지 않으며 너무 길면 모두가 집중을 하기가 어려워진다. 항상 길다고 좋은 것이 아니라 위기를 해결할 수 있을 만큼만 길면 된다.

(2) 어떻게 시작할 것인가?

Insoo Kim(1994: 120-131)은 치료자는 먼저 자신을 소개하고, 왜 치료모임을 소집했는가, 그리고 무엇을 성취하고 싶은가를 가족들에게 먼저 설명하도록 권유한다. 가족들이 참여한 것에 대하여 감사를 표시하고 치료자는 가족들이 '문제'라고 생각하고 있는 것이 무엇인지 그리고 무엇을 걱정하고 있는가를 물어볼 수 있다. 또한 모임을 통하여 가족 각자가 달성하고 싶은 것이 무엇인가를 파악한다.

처음에 가족들이 갖고 있는 견해를 파악하기 위하여 치료자는 당분간 누구의 편도 들지 않고 중립적인 입장을 견지하는 것이 중요하다. 모든 구성원들과 접촉을 하여 그들이 갖고 있는 흥미와 재미거리, 그리고 무엇을 좋아하는가를 물어봄으로써 개인에게 골고루 관심을 두어야 한다. 때로 치료자는 가족원들 사이의 의사소통 가운데서 교통경찰의 역할을 맡아야 할 때도 있다. 그리고 가족의 장점이 무엇인지, 누가 도움이 될 것인지, 가족의 견해가 무엇인지를 명확하게 하는 것이 좋으며, 이 때 치료자는 가족의 위계구조와 질서를 존중하는 것이 중요하다. 치료자가 필요에 의해 다루거나 충분히 다룰 수 있는 역량을 가진 경우가 아니면 가족 내에서 너무 강력한 감정이 야기되지 않도록 잘 조정하는 것이 필요하다. 가족들은 그 동안 쌓여온 긍정적 및 부정적 감정들이 있기 때문에 촉발만 되면 폭발할 수 있는 여지를 항상 가지고 있다. 따라서 치료자는 가족간에 파괴적인 상호작용이 일어나지 않고 안면몰수의 의사소통이 되지 않도록 도와 주어야 한다.

(3) 개입방법의 선택

개입이 시작되면 치료자로서의 사회복지사는 가족과 그들이 제기하는 문제에 가장 적합한 개입방법을 선택해야 한다. 가족중심의 개입을 설명하는 많은 문헌들은 다양한 구체적 방법들을 기술하고 있는데, 가족에게 가장 널리 사용되고 있는 개입방법들 가운데에는 다음과 같은 것들이 있다.

① 재구조화
② 역설적 개입(증상을 도리어 증폭시키는)
③ 가족원에게 직접 지시를 하는 것
④ 역할놀이
⑤ 문제해결기술의 훈련
⑥ 인지치료
⑦ 부모훈련(아동을 관리하고 아동의 행동을 이해할 수 있게)
⑧ 지지를 제공하는 것

4.4 종   결

치료관계를 종결시키는 방법은 치료결과에 있어 매우 중요하다. 그것은 치료에서 얻어진 진보된 것을 계속 유지시키고 사후치료에서의 계속적인 성장을 증진시키는 정도에 중요한 영향을 미치기 때문이다. 즉, 종결이란 치료과정에서 단순히 치료의 종료를 상징하는 것 이상의 의미를 포함하고 있다. 종결이 이루어지는 상황으로는 ① 예정된 기간 내에 설정된 목표가 달성되었을 때, ② 클라이언트가 종결을 원할 때, ③ 클라이언트와 사회복지사가 외적인 이유로 계속하기 어려울 때, ④ 이송이 필요할 때, ⑤ 치료가 클라이언트의 생활양식이 되고 주요 이차적 이득이 될 때 이루어진다.

참 고 문 헌

김만두·한혜경 공저. 1998. 「현대한국사회복지개론」. 서울: 홍익제.

김성천. 1989. "가족복지의 이론체계구성을 위한 연구". 사회복지. 통권 101호.

김영모·남세진·신섭중. 1982. 「현대사회복지론」. 서울: 한국복지정책연구소 출판부.

김혜란. 1995. "가족문제". 최일섭·최성재 공저. 「사회문제와 사회복지」. 서울: 나남. pp. 185-
205.

_____. 1997. "개별사회사업과 가족치료". 남세진 편. 「한국사회복지의 선택」. 서울: 나남. pp.
359-369.

보건복지부. 2012. 「보건복지백서」.

송성자. 1997. 「가족과 가족치료」. 서울: 법문사.

신재명. 1997. 「사회복지총론」. 서울: 청목출판사.

장인협. 1985. "가족복지의 과제와 전망". 제3회 전국사회복지대회: 2000년대를 향한 사회복지과
제. 한국사회복지협의회.

조흥식 외. 1997. 「가족복지학」. 서울: 학지사.

최일섭·최성재. 1995. 「사회문제와 사회복지」. 서울: 나남출판.

Brock, G. W. and C. P. Barnard. 1999. *Procedures in Marriage and Family Therapy*(3rd).
Boston: Allyn and Bacon.

Franklin, C. and C. Jordan. 1999. *Family Practice: Brief Systems Models for Social
Work*, New York: Brooks.

Friedelander, W. A. and R. Z. Apte. 1980. *Introduction to Social Welfare*(5th ed.). N.J.:
Prentice-Hall, Inc.

Kamerman, S. B. 1994. "Families Overview." Richard L. Edwards et al.. *Encyclopedia of
Social Work*(19th ed.). Washington, DC: NASW Press.

Kamerman, S. and A. Kahn. 1978. *Family Policy: Government and Families in Fourteen
Countries*. NY: Columbia University Press.

Kim, Insoo. 1994. *Family Based Services: A Solution-Focused Approach*. New York:
W.W. Norton & Company, Inc.

제12장
노인복지

1. 노인복지의 개념과 필요성

인간의 생애주기에서 마지막 단계에 해당되는 노년기에는 생리적·육체적으로 약화되고, 사회적·경제적인 지위가 하락되며, 정서적으로 불안정해진다. 아울러 조기퇴직, 노후생계대책의 미흡, 질병 및 장애발생률의 증가와 이에 따른 보호의 어려움, 주거문제, 역할상실과 여가문제, 고독, 소외 등의 문제도 등장한다. 특히 우리나라에서는 산업화과정에 따른 이동 및 도시화 현상 등으로 가족의 형태가 핵가족화 양상을 띠면서 전통적인 대가족제도와 경로효친사상을 기초로 해 온 노인에 대한 가족부양기능의 약화현상은 노인문제를 더 이상 가족이나 개인문제로 돌릴 수 없는 사회문제로 대두시켰고 이는 국가나 민간부문이 담당해야 하는 노인복지의 필요성을 증가시켰다.

노인복지는 노인의 건강유지 및 생활안정에 필요한 조치를 강구함으로써, 건전하고 안정된 생활, 적당한 일과 사회활동에 참여할 기회 등을 갖도록 하는 것이다. 이를 위하여 국가와 지방자치단체는 65세 이상 노인 및 보호자에 대한 상담지도, 건강진단, 노인복지시설의 설치·운영 및 입소·위탁 등을 실시해야 하고, 재가노인복지 증진사업, 노인여가사업 지원, 경로우대, 노인을 위한 주택건설 촉진 등을 도모하고 있으며, 노령수당 지급, 생업지원 등을 실시하고 있다.

노인복지는 "노인이 인간다운 생활을 영위하면서 자기가 속한 가족과 사회에 적응하고 통합될 수 있도록 필요한 자원과 서비스를 제공하는 데 관련된 공적 및 사적 차원에서의 조직적 제반활동"이라 할 수 있다. 여기서 인간다운 생활이란 그 노인이 속한 국가사회의 발전적 수준에 비추어 의식주의 기본적인 욕구를 충족하고 건강하고 문화적인 삶을 사는 것을 뜻하며, 가족과 사회에 적응하고 통합되는 것은 노인이 그가 속할 수 있는 사회적 조직망에서 사회적·심리적으로 소외감을 느끼지 않게 되는 것을 의미한다. 자원과 서비스를 제공하는 것은 이용가능한 인적 및 물적 자원을 찾아 연결시켜 주거나 또는 보충하여 주며, 사회적 적응에 있어서의 문제를 해결해 주고, 나아가서 개인의 발전을 위한 욕구충족에 필요한 서비스까지 제공해 주는 것을 의미한다. 노인복지에 관련되는 활동은 공적 차원뿐 아니라 사적 차원(민간적 차원)에 있어서의 활동을 포함하며, 그것은 간헐적이고 무계획적으로 이루어지는 것이 아니라 계획에 의해서 조직적으로 이루어지는 활동이어야 한다(장인협·최성재, 1992: 266-267).

2. 노인문제를 설명하는 이론

2.1 현대화이론

현대화이론(modernization theory)은 카우길(Cowgill)과 홈스(Holmes)가 1972년에 처음 발표한 이론으로서 현대화나 산업화는 노인의 사회적 지위 하락과 사회통합을 초래한다는 이론이다. 이 이론에 의하면 전통적인 농경사회에서는 노인들이 확대가족 혹은 친족조직의 중요한 일원으로서, 그리고 생존에 유용한 경험과 지혜를 겸비한 존재이자 재산의 소유주로서 높은 지위를 누렸고 많은 권한을 행사할 수 있었다. 그러나 임금을 중심으로 하는 산업사회로의 전환은 기존의 가족, 경제, 사회제도의 붕괴를 가져왔다. 이러한 사회에서는 노인들은 생산기술 및 생산체계의 변화와 관련된 지식 및 기술의 습득이 뒤지게 되어 경제적 지위가 하락하게 되고, 노령화에 따른 건강의 악화, 노후생활대책의 미비, 사회적 역할의 감소 또는 상실, 사회적·심리적 소외 현상이 나타나게 된다. 이러한 요인 등으로 인해 노인들은 이른바 노인의 삼고(三苦)라 하는 '질병', '고독', '빈곤'의 문제에 봉착하게 된다.

현대화이론은 오늘날 산업사회의 노인문제의 원인을 이해하는 데 가장 설득력 있는 이론이고 노인문제의 원인과 양상을 이해하는 기본적인 이론으로 이용하고 있으나 다음과 같은 비판도 있다. 첫째, 현대화 이전에는 노인의 지위가 높았다는 가정에서 출발한다는 점이다. 인류학적 연구에 의하면 현대화 이전에 노인의 지위가 낮은 사회가 상당히 있으므로 이 이론을 일반화하는 데 문제가 있다는 것이다. 둘째, 산업사회에서는 노인의 지위가 낮지만 후기산업사회에서는 오히려 노인의 세력이 증대되어 지위도 높아질 것이므로 현대화에 따른 계속적인 지위의 하락은 논리적으로 맞지 않는다. 셋째, 현대화의 부정적인 영향만을 고려했지 가족제도의 유지, 경로(敬老)의 가치관 유지, 사회복지제도의 발전 등 노인의 지위하락을 막는 요인들을 고려하고 있지 못하므로 일반화시키는 데는 문제가 있다는 것이다(장인협·최성재, 1992: 111-112). 특히 유교문화가 많은 영향력을 미치고 있는 중국, 한국, 일본에서는 노인들은 계속해서 정치, 경제, 사회 각 영역에서 영향력을 지니고 있다. 예를 들면 팔모어(Palmore)와 마에다(前田大作)는 일본노인들의 삶의 질과 생활실태를 연구한 *The Honorable Elders Revisited*(1985)에서 후기산업사회인 일본에서의 노인들의 높은 지위와 역할 등을 예로 들면서 현대화이론을 반박하고 있다.

그러나 이러한 비판에 대해 이 이론의 창시자인 카우길은 현대화와 산업화를 같은 것으로 혼동한 데서 오는 것으로 반박하고 있다. 현대화는 산업화보다 훨씬 더 넓은 개념이고 보다 긴 역사적 발전의 전망을 갖고 있다. 그러므로 보다 넓은 개념 속에서 긴 시간적 전망(과거 및 미래까지의) 속에서 보면 결국 현대화는 노인지위의 상대적인 하락을 가져오고 있다고 논박한다(Cowgill, 1986: 161-164).

2.2 분리이론

활동이론의 상대적 이론으로 평가받고 있는 분리이론(disengagement theory)은 커밍과 헨리가 미국의 캔사스시에 살고 있는 50세에서 90세 사이의 노인으로서 신체적 및 경제적 자립상태에 있는 279명을 선정하고 횡단적인 조사(cross-sectional study)에서 발견된 결과에서 발전시킨 이론이다. 그들에 의하면 노년기에 이르는 대부분의 노인들은 젊은 시절보다 자기 주위의 삶에 덜 연루됨으로써 생활상의 만족을 추구한다고 한다(Cumming and Henry, 1961: 14).

이 이론은 노년기의 분리는 세 가지 수준에서 일어난다고 설명한다. 첫째는 신체적 분리현상으로 신체적인 활동량이 감소하고 신체적 에너지가 줄어든다. 노인은 젊은이에 비하여 건강이 약화되고 죽음에 임하게 되는 확률이 높으므로 개인의 입장에서의 최적의 만족과 사회체계의 입장에서의 중단 없는 계속을 위하여 노인과 사회는 상호간에 분리되며 이러한 분리는 정상적이고 피할 수 없는 것이다.

둘째는 심리적 분리현상으로 세계를 보던 넓은 시야가 좁아져서 개인의 감정이나 사고에만 관심을 가지게 된다는 것이다. 노인이 건강의 약화와 죽음의 가능성이 많아진다는 것을 느낄 때, 또는 스스로 에너지를 보존하고 자신의 내적인 면을 돌아볼 수 있는 시간을 갖기 원할 때 심리적 분리현상이 일어난다. 즉 노화와 더불어 사회적 활동을 적게 할수록 노인의 심리적 분리현상이 일어나고 그에 따라 심리적 안정감을 제공한다.

셋째는 사회적 분리현상으로 사회활동이 감소하게 되어 사회와 노인간에 분리현상이 생기기 된다는 것이다. 사회적 분리현상은 사회의 입장에서 보면 노인의 사회에 대한 공헌의 가능성이 작아지고, 지식과 기술이 퇴화된 노인을 훈련시키는 것보다는 노인을 훈련된 젊은이들로 교체하는 것이 훨씬 유리하다고 판단될 때 일어난다. 그래서 사회가 노인에게서 분리되는 것(사실은 사회가 노인을 분리시키는 것)이 사회의 기능과 안정을 유지하는 데 필요하게 된다.

2.3 활동이론

활동이론(activity theory)은 해비거스트(Havighurst)와 그의 동료들이 1953년에 처음으로 주창한 이론이며, 이후 1972년 레몬(Lemon)과 그의 동료들에 의해 상징적 상호작용주의적 관점에 입각한 이론으로 공식화되었다.

활동이론은 기본적으로 사회적 활동의 참여 정도가 노인생활의 만족도를 좌우한다고 한다. 즉 노인의 사회적 활동의 참여 정도가 높을수록 노인의 심리적 만족감 또는 생활만족도는 높다는 것이다. 이와 같은 주장은 "생물학적 측면과 건강의 불가피한 변화를 제외하고는 노인은 근본적으로 중년기와 다름없는 심리적 및 사회적 욕구를 지니고 있다"는 가정에서 나온 것이다(Havighurst, Neugarten, and Tobin, 1968: 160-175). 따라서 활동이론에서는 노인이 사회활동을 하기를 원하고 다른 사람과 상호작용을 함으로써 집단활동과 지역사회의 일에 참여하는 것은 자연스러운 일이라고 본다. 그러나 이와 같은 욕구의 충족은 강제적인 퇴직이나 건강의 저하로 인하여 장애를 받게 되고, 사회적 활동에의 참여가 제약을 받으면 자기정체성의 위기를 초래하고 부정적인 자아상을 형성할 가능성이 커진다. 이로 인하여 노인의 심리적 만족감 또는 사회적 만족감이 낮아지게 된다.

활동이론은 처음 제창되었을 때에는 그 내용이 명확하지 않았다. 이러한 문제점을 개선하고 사회적 활동의 상징적 상호작용주의적 특성을 고려하여 레몬과 그의 동료들이 다음과 같은 설명을 덧붙임으로써 이 이론을 더 정교하게 다듬었다.

활동은 개인의 자아개념을 재확인하는 데 필요한 역할지지를 제공한다. 활동이 친밀하고 빈번할수록 역할지지는 더욱 구체적으로 확실해지게 된다. 역할지지는 긍정적인 자아상을 유지하는 데 필요하고, 긍정적인 자아상은 생활만족도를 높게 유지하는 것과 연관되어 있다(Lemon, 1972: 515). 여기서 보면 활동참여 → 역할지지 → 긍정적 자아상 유지 → 높은 생활만족도의 인과적인 심리적 메커니즘이 가정되고 있는 것이다. 상징적 상호작용주의적 관점에서 활동은 구체적인 지위에 따른 역할뿐만 아니라 행위자가 의미를 부여하고 타인의 반응을 통해 자신의 입장을 확인할 수 있는 모든 사회적 행위를 포함하는 것으로 볼 수 있다. 즉 우연한 만남이 아닌 의미 있고 목적 있는 대인관계의 모든 활동을 포함한다(장인협·최성재, 1992: 115).

2.4 교환이론

교환이론(exchange theory)은 호만스(Homans)가 1961년에 발간한 「사회적 행동: 그 기초형태」(*Social Behavior: Its Elementary Forms*)라는 저서에서 처음으로 소개하였다. 이 이론의 사상적 기원은 주로 고전경제학, 기능주의적 인류학 및 행동주의 심리학으로 볼 수 있다. 교환이론에서는 사회적 행동을 "적어도 두 사람 사이의 활동의 교환"(Homans, 1961: 13)으로 보고 대인관계는 "사람들 사이에 보상을 반복적으로 교환하는 것"(Homans, 1974: 51)으로 본다. 이러한 사회적 행동 또는 대인관계가 이루어지는 기본조건은 주는 것(투자)보다도 받는 것(보상)의 가치가 크게 되는 것인데 그러한 조건이 구비되었을 때 사회적 교환행동이 계속된다는 것이다. 또한 교환관계에 들어가는 행위자는 가능한 한 대등한 입장에서 교환관계를 형성·유지하려고 한다. 그러나 교환관계는 교환조건이 동등하지 못한 상태에서 시작되는 경우가 많다. 교환이 불가피하게 이루어져야 하는 관계에서는 교환자원(지식, 기술, 금전, 사회적 승인, 복종, 존경 등)의 가치가 높거나 교환자원이 풍부한 쪽이 교환자원의 가치가 낮거나 부족한 쪽을 지배하게 되며, 불균형적인 교환 관계가 반복적으로 이루어지고 이것이 하나의 교환형태로 굳어져서 제도화되는 경향이 있다(장인협·최성재, 1992: 118).

교환이론은 노화 및 노인에 관련된 모든 문제를 다 설득력 있게 설명할 수는 없지만 많은 부분의 노인문제를 잘 설명할 수 있다. 예를 들면 퇴직제도, 경제적 문제, 역할 상실, 사회적 고립 및 소외, 근린 및 친구관계문제 등을 설득력 있게 잘 설명할 수 있다. 교환관계균형과 전략은 노인문제를 정책적인 면에서 그리고 임상적인 면에서 서비스를 제공하는 데도 중요한 이론적 기반이 될 수 있다.[1] 그러나 교환이론에 입각한 노화 및 노인문제는 이론적인 차원에서 이제 그 적용을 시도하고 있는 단계에 있고 구체적이고 실증적인 조사연구가 거의 없는 상황이다.

3. 한국 노인문제의 양상

3.1 고령화의 심화

(1) 인구의 급격한 고령화

한국에서 노인들과 관련된 가장 중요한 인구학적인 변화는 인구의 급격한 고령화이며, 인구 고령화의 주된 이유는 많은 노인들이 점점 더 오래 산다는 것이다. <표 12-1>에서 보는 바와 같이 1960년의 65세 이상 노인은 2.9%에 불과했으나 2000년에는 7.2%에 도달하여 고령화사회(aging society)에 도달했다. 그러나 이것은 문제의 시작에 불과하다. 베이비붐 세대가 60세가 되는 2018년경에는 65세 이상의 노인인구는 14.3%가 될 것으로 전망되어 고령사회(aged society)에 도달하게 된다. 또한 2026년이 되면 65세 이상의 노인인구는 20.8%에 이르러 초고령사회(超高齡社會)에 도달하게 된다. 이러한 현상이 나타나게 되는 주된 이유는 지난 40년간에 걸친 출산율의 감소와 평균수명의 연장에 있다. 우리나라 합계 출산율은 1970년에는 4.53명이었으나 2003년에는 1.19명, 2005년에는 1.08명, 2010년에는 1.22명으로 다소 상승하지만, 2013년에는 1.18명으로 낮아져 세계에서 여

---

1) 교환균형화전략을 노인문제해결에 적용하는 설명은 최성재, "교환이론적 관점에서 본 노인문제", 사회복지학회지, 제7호, 1985, pp. 160-1를 참조하면 된다.

┃표 12-1┃ 연령계층별 인구 및 구성비 추이(1980-2026)

(단위: 천명, %)

	1960	1970	1980	1995	2000	2004	2005	2010	2018	2026
총인구	25,012	32,241	38,124	45,093	47,008	48,082	48,294	49,220	49,934	49,771
0-14세	10,588	13,709	12,951	10,537	9,911	9,417	9,240	8,013	6,495	5,796
15-64세	14,258	17,540	23,717	31,900	33,702	34,483	34,671	35,852	36,276	33,618
65세 이상	726	991	1,456	2,657	3,395	4,182	4,383	5,354	7,162	10,357
구성비	100.0	100.0	100.0	100.0	100.0	100.0	100.0	100.0	100.0	100.0
0-14세	42.3	42.5	34.0	23.4	21.1	19.6	19.1	16.3	13.0	11.6
15-64세	57.0	54.4	62.2	70.7	71.7	71.7	71.8	72.8	72.6	67.5
65세 이상	2.9	3.1	3.8	5.9	7.2	8.7	9.1	10.9	14.3	20.8

자료: 통계청. 「장래인구특별추계」. 2005.

성 출산률이 가장 낮은 국가에 속한다.[2]

　　<표 12-2>에서 보는 바와 같이 1960년의 평균수명은 남자는 51.1세 여자는 53.7세였다. 그러나 2010년에는 남자는 76.2세, 여자는 82.6세로 연장되었으며, 2020년이 되면 남자 78.2세, 여자 84.4세로 연장될 것으로 보인다. 이처럼 평균수명이 연장된 것은 1960년대에는 유아사망률의 감소였으나 최근에는 의학의 발달이 더 중요한 원인으로 작용하고 있다.

　　<표 12-1>과 <표 12-2>에서 나타난 인구학적 변화가 함축하고 있는 것을 살펴보면 다음과 같다.

┃표 12-2┃ 평균수명 추이

(단위: 세)

	1981	1991	2001	2002	2010	2020	2030	2050
계	66.2	71.7	76.5	77.0	79.1	81.0	81.9	83.3
남　자	62.3	67.7	72.8	73.4	76.2	78.2	79.2	80.7
여　자	70.5	75.9	80.0	80.4	82.6	84.4	85.2	86.6
차이(여-남)	8.3	8.2	7.2	7.1	6.4	6.2	6.0	5.9

자료: 통계청, 「장래인구특별추계」, 2005; 「2002년 생명표」, 2004.

---

2) 합계출산율(total fertility rate)은 여성 한명이 가임기간(15-49세) 동안 평균적으로 낳은 자녀수를 말하며, 2008년의 각국의 합계출산율은 미국 2.1명, 프랑스 2.1명, 스웨덴 1.9명, 일본 1.3명이며, OECD 평균은 1.71명이다.

첫째, 1960년에는 전체 인구 중에서 0-14세 사이의 인구집단이 차지하는 비율은 42.3%였고, 65세 이상이 차지하고 있던 비율은 2.9%였다. 그러나 0-14세 인구집단이 차지하는 비율은 점점 감소하는 반면에 65세 이상의 집단이 차지하는 비율은 점점 커져서 2017년경이 되면 65세 이상 인구집단이 차지하는 비율이 0-14세 인구집단이 차지하는 비율을 추월하게 될 것으로 추산되고 있다.

둘째, 1960년에서 2005년 사이에 전체 인구는 193% 증가하였으나, 65세 이상 인구는 무려 604% 증가하였다. 노인인구의 이와 같은 증가비율은 세계에서 노인인구비율이 가장 높은 일본의 경우보다 빠르다.

셋째, <표 12-3>에서 보는 바와 같이 현재 65세 이상의 노인들이 차지하는 비율이 2000년 7.2%(2012년 11.78%)로 일본, 이탈리아, 프랑스 등 선진국 수준에 비해 낮으나 2030년에 이르면 23.1%로 프랑스(23.2%) 등과 비슷한 수준에 이르면서 OECD 국가들의 평균을 상회할 것으로 전망된다. 더욱이 2050년이 되면 한국은 OECD 국가 중에서 노인인구 비율이 가장 높은 국가가 될 것으로 전망된다.

넷째, 현재의 노인인구비율은 서구의 국가들이나 일본보다는 낮지만 노령화되는 속도가 다른 어느 국가들보다 빠를 것으로 예상된다. 한국의 노인인구는 2000년 이미 7.2%로 고령화사회로 진입하였다. 이 시기는 서구의 국가들이나 일본과 비교해 보면 늦다고 할 수 있다. 그러나 노령화사회로 진입하는 시기는 늦었으나

┃표 12-3┃ OECD 국가의 노인인구 비율 추이 및 예상

국 가	1990	2000	2010	2020	2030	2040	2050
미 국	12.4	12.5	13.2	16.6	20.6	21.5	21.7
일 본	12.0	17.1	21.5	26.2	27.3	30.2	31.8
독 일	15.0	16.4	19.8	21.6	26.1	28.8	28.4
프 랑 스	14.0	15.9	16.6	20.1	23.2	25.3	25.5
영 국	15.7	16.0	17.1	19.8	23.1	25.0	24.9
캐 나 다	11.2	12.8	14.3	18.2	22.6	23.7	23.8
호 주	11.1	12.1	13.4	18.2	20.0	22.0	22.6
스 웨 덴	17.8	17.4	19.5	23.1	25.5	27.2	26.7
한 국	4.9	7.2	10.9	15.1	23.1	30.1	34.4
OECD 평균	11.6	13.0	14.5	17.5	20.9	23.3	24.4

자료: OECD, 2003.

	도달연도			증가소요연수	
	7%	14%	20%	7%→14%	14%→20%
일 본	1970	1994	2006	24	12
프 랑 스	1864	1979	2020	115	41
독 일	1932	1972	2012	40	40
영 국	1929	1976	2021	47	45
이탈리아	1927	1988	2007	61	19
미 국	1942	2013	2028	71	15
한 국	2000	2018	2026	18	8

┃표 12-4┃ 인구 고령화 속도 추이

자료: UN, *The Sex and Age Distribution of World Population*, 각 연도; 일본 국립사회보장·인구
　　　문제연구소,「인구통계자료집」, 2000

　노인인구 14%의 고령사회로 진입하는 시기는 2019년으로 매우 빠를 것으로 전망
된다. 이것은 한국에서 고령화사회에서 고령사회로의 진입하는 데 걸리는 기간이
17년이란 것을 의미하며, 이 기간은 프랑스의 115년, 미국의 71년, 영국의 47년,
독일의 40년보다 훨씬 짧으며, 현재 최고령국가인 일본의 24년보다 5년이 짧다. 또
한 노인인구 14%에서 20%(초고령 사회)가 되는 데 소요되는 기간은 불과 8년에
불과하여 이 또한 일본의 12년보다 훨씬 짧아 빠른 속도로 고령사회로 진입될 것으
로 전망된다(표 12-4 참조).3)

　　다섯째, 노인복지에서 고려하여야 할 사항 중의 하나는 초고령 노인들(the
very old)의 급격한 증가이다. 1960년에는 80세 이상의 노인은 59,000명에 지나
지 않았으나, 2013년에는 1,182,515명에 이르렀다. 특히 80세 이상의 여자노인들
의 증가추세는 매우 빠르다. 초고령 노인은 본인이 가진 개인적인 자원이 적고, 공
적 혹은 사적인 연금 수혜자격도 제한되어 있다. 또한 젊은 노인들(the young
old)에 비해 보건서비스나 사회서비스에 대한 욕구가 더 많다. 이러한 상처받기 쉬
운 노인들은 한 가지 이상의 만성적인 질병을 지니고 있는 경우가 많아 사회복지서
비스가 매우 필요하다고 할 수 있다.

---

3) 2009년에 발표된 통계청 장래인구 추이에서는 고령화사회에서 고령사회로 진입하는 데 걸리는 기
　간은 18년, 고령사회에서 초고령사회로 진입하는 데 걸리는 기간은 8년으로 예측되었다.

(2) 노인인구 부양부담의 급격한 증가

노인인구 부양비는 단순히 65세 이상의 인구수를 15세에서 64세 사이에 있는 생산가능 인구수로 나눈 것을 말한다. <표 12-5>와 <그림 12-1>에서 보는 것처럼 한국에서는 노령인구 부양비는 1960년에는 5.1%이었으나 2010년에는 14.9%로 증가하였다. 이러한 사실은 1960년에는 15세에서 64세 사이에 있는 생산 가능 연령층의 19명이 65세 이상의 노인 1명을 부양해야 했던 것이 2010년이 되면 생산가능 인구 6.7명이 65세 이상의 노인 1명을 부양해야 하는 것을 의미한다. 그리고 1950년대 후반기와 1960년대 전반기의 베이비붐 세대가 퇴직하게 되는 2020년이 되면 노인인구 부양비는 21.8%, 2030년이 되면 37.3%로 각각 치솟아,

▌표 12-5▐ 노년부양비 및 노령화지수

	1970	1980	1990	1995	2000	2005	2010	2020	2030
노년부양비(%)	5.7	6.1	7.4	8.3	10.1	12.6	14.9	21.8	37.3
노령화지수	7.2	11.2	20.0	25.2	34.3	47.4	66.8	124.2	214.8
노인1명당 생산가능인구(명)	17.7	16.3	13.5	12.0	9.9	7.9	6.7	4.6	2.7

자료: 통계청, 「장래인구특별추계」 2005.
주: 노년부양비 = (65세이상 인구 / 15-64세 인구) × 100
      노령화지수 = (65세이상 인구 / 0-14세 인구) × 100
      노인 1명당 생산가능인구 = (15-64세 인구 / 65세 이상 인구)

▌그림 12-1▐ 노인부양비 및 노령화지수

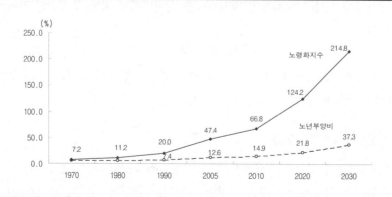

2020년에는 생산가능 인구 4.6명, 2030년에는 생산가능 인구 2.7명이 65세 이상의 노인을 부양해야 한다는 것을 의미한다.

또한 2005년 노령화지수는 47.4로 유년인구(0-14세) 100명당 노인인구가 47명이지만, 2010년에 66.4, 2020년에는 124.2로 크게 높아질 것으로 전망된다. 특히, 2017년 노령화지수는 104.7로 노인인구가 유년인구를 초과할 것으로 보인다.

3.2 노인문제의 양상

한국에 있어서는 급속한 산업화, 도시화 및 핵가족화의 진전은 전통적인 대가족으로부터 핵가족으로의 가족구조 및 기능의 변화를 가져와 대가족제도하에서 높은 지위와 권한을 행사해 오던 노인들의 위치에 변화를 가져오고 있다. 한국에서의 노인과 관련된 문제의 양상은 다음과 같은 것들이 있다.

(1) 역할상실

현대산업사회로 접어들면서 생산체계는 가정중심에서 공장중심으로 변모하였다. 생산기술이 현대화되고 기계화됨으로써 이전에는 손으로 하던 일들이 기계로 대치되고 이로 인하여 생산에 필요한 노동력이 감소되게 되었다. 노인세대와 젊은 세대는 취업 및 직업역할 수행에 있어 경쟁이 생기게 되었고, 신체적 정신적 기능이 약화된 노인세대는 젊은 세대와의 경쟁에서 뒤쳐지게 되었다. 이에 따라 노인은 직업적 역할을 상실하게 되고 이는 곧 가정의 생계유지자로서의 역할상실을 가져오게 된다. 직업적 역할은 자아 또는 사회적 자아를 지켜 주는 지지체계였는데 이러한 지지체계의 상실은 자아의 지지기반을 잃어버리게 하고 부정적인 자아상을 형성하게 한다.

한국은 지난 약 30년간 급속히 진행된 산업화와 이에 따른 퇴직의 제도화로 정년 퇴직한 노인인구를 배출하기 시작하였다. 이러한 퇴직자들은 자기들의 역할이 제대로 규정되지 않음으로 인해 많은 혼란을 느끼게 된다.

(2) 수입의 경감

직업역할의 상실, 즉 퇴직은 수입의 경감을 가져온다. 비록 연금, 퇴직금 등으로 수입이 대치되기는 하지만 노령연금제도가 이제 막 시작이 된 한국에서는 퇴직

후의 수입은 퇴직 전의 수입과 비교하면 매우 적다. 많은 경우 퇴직금의 혜택까지 받지 못하여 수입상태가 더욱 악화된 경우도 있다. 이러한 수입의 경감은 많은 노인들을 빈곤상태로 빠뜨리고 자녀에게 의존하는 생활을 하게 한다. 이로 인해 노인들은 물질적인 빈곤뿐만 아니라 심리적인 고통도 갖게 된다.

(3) 건강보호문제

생물학적인 노화현상으로 인한 건강상태의 악화로, 그에 따른 건강보호가 필요함에도 불구하고 상당수의 노인들은 수입의 경감으로 인해 적절한 건강보호를 받지 못하고 있다. 이와 같은 이유로 노인의 건강상태는 경제적 수준과 상관관계가 있다고 할 수 있다. 또한 노인은 젊은이에 비해 유병률이 2-3배 높으며, 만성적인 질병과 합병증이 발생할 가능성이 매우 높기 때문에 접근성이 용이한 적절한 의료서비스가 필요하다. 그러나 대부분의 의료시설은 대도시에 편중되어 있어 중소도시나 농촌의 노인들이 의료서비스를 제공받는데 어려움이 많다.

(4) 부양 및 보호문제

한국에서는 전통적인 유교문화의 영향으로 노인의 부양은 가정 내에서 행해졌다. 그래서 가정 자체가 하나의 사회보장제도의 역할을 수행하였다고 할 수 있으며, 이러한 현상 때문에 공적인 사회보장제도의 도입이 늦어졌다고 할 수 있다. 그러나 최근에 와서 젊은 세대의 가치관 변화로 노부모를 가정 내에서 부양하는 비율이 줄어들기 시작했고, 노인세대 또한 퇴직 후 자녀와 같이 살기보다는 자녀를 분가시키려는 경향을 보이고 있다. 그러나 노후의 생활보장을 위한 노령연금제도인 국민연금제도가 있기는 하지만, 실시된 지가 오래되지 않아 연금제도가 현재의 노인에 대해서는 제 기능을 다하지 못한 상태에서 가정 내의 부양 비율이 낮아지는 것은 노인세대의 빈곤화를 가속화시킬 수 있다.

(5) 사회적·심리적 고립과 고독

교육의 대중화로 인하여 일반적으로 자녀세대는 부모세대보다 교육수준이 높게 된다. 자녀의 교육수준이 높음으로 인하여 부모세대의 지식수준은 낮고 또한 뒤쳐지게 된다. 세대간의 갈등과 고립은 가정과 사회에서의 세대간의 고립과 소외를 낳게 되며, 이로 인하여 부모와의 동거, 별거문제, 부모부양문제 등의 심각한 문제를 가져오게 된다. 현대화의 핵심적인 요소인 도시화는 사회적 이동과 지리적인 이동을 가능케 한다. 이러한 사회적 이동은 사회적 지위의 전위 등을 통하여 사회적 거리감을 크게 만들고 이는 세대간의 고립, 즉 노인의 고독 현상을 초래한다.

4. 노인복지정책

여기에서는 소득보장정책, 의료보장정책, 주거정책 그리고 노인복지서비스에 대해서 알아본다.

4.1 소득보장정책

(1) 직접적 소득보장정책

1) 연금제도

우리나라에서 시행되고 있는 연금제도는 공무원연금(1960년 실시), 군인연금(1963년 실시), 사립학교 교원연금(1975년 실시), 국민연금(1988년 실시)이 있다. 이 중에서 국민연금제도는 1999년부터는 도시의 자영자까지 확대되어 전국민을 대상으로 하고 있다. 국민연금은 1988년부터 시행되었기 때문에 20년 후인 2008년부터 완전노령연금 수급자가 나오고 있다. 따라서 국민연금은 현재의 노인들을 위한 제도라기보다 미래의 노인들을 위한 제도라고 할 수 있다. 연금제도는 제9장에서 자세히 논의했기 때문에 여기서는 따로 논의하지 않는다.

2) 기초노령연금제도

기초노령연금이란 국민연금과 국민기초생활보장제도로부터 배제된 저소득 노령계층에게는 유일한 공적인 소득보장정책이라는 점에서 중요한 의미를 지니고 있는 제도로 65세 이상 전체 노인의 70%(2009년)에게 매월 일정액의 연금을 지급하여, 국가발전과 자녀양육에 헌신 온 노고에 보답하고자 2007년부터 시행되고 있는 제도이다(현외성, 2010: 174). 기초노령연금은 1998년부터 「노인복지법」에 따라 지급되던 경로연금제도를 흡수통합한 제도이다. 기초노령연금은 공공부조 수급 노령 계층에 대한 노령수당 성격과 1988년 국민연금제도 도입당시 노령으로 가입기회를 갖지 못한 현 노령계층 중 저소득 노인을 위한 공적 연금의 보완적인 무기여 연금제도로서의 성격을 복합적으로 지니고 있다(석재은, 2002: 48-49).

① 대 상

기초노령연금의 지급 대상은 65세 이상의 전체 노인 중 소득과 재산이 적은 70%(2009년)의 노인이며, 2012년 390여 만명이 해당된다. 기초노령연금은 국민기초생활보장제도와는 달리 소득과 재산기준 두 가지를 만족시키면 대상자로 선정된다. 기초노령연금의 수급조건의 산정기준액은 월소득평가액에 재산의 월 소득환산액(재산가액에 연리 5%로 계산한 월액)을 합한 것이 전체 노인의 70%인 경우 결정되며, 2012년 기준으로는 <표 12-6>과 같다.

┃ 표 12-6 ┃ 기초노령연금 수급자격 기준(2012년 서울시 기준)

구 분	선정기준액	해당 여부	
		소득기준	재산기준
노인단독	83만원	830,000원 이하	3억 2천 720만원
노인부부	132만 8천원	1,328,000원 이하	4억 4천 672만원

자료: www.mw.go.kr.

② 급 여

기초노령연금의 급여수준은 국민연금가입자의 연금수급 전 3년간 평균소득월액(A값)의 50% 기준으로 책정된다. 2013년 12월 현재 단독수급자 매월 최고 94,800, 부부수급자 매월 최고 154,000(노인단독연금액에서 20% 감하여 지급)이

┃ 표 12-7 ┃ 기초노령연금 지급수준(2013 서울시 경우)

노인단독가구

소득인정액		75만원미만	75만원이상- 77만원미만	77만원이상- 79만원미만	79만원이상- 81만원미만	81만원이상- 83만원미만
선정기준액 차액		8만원 초과	6만원초과- 8만원이하	4만원초과- 6만원이하	2만원초과- 4만원미만	0원이상- 2만원초과
연금액	1~3월	94,600원	80,000원	60,000원	40,000원	20,000원
	4~14.03	97,100원	80,000원	60,000원	40,000원	20,000원

자료: www.bop.mw.go.kr.

다. <표 12-7>은 2012년 기준 노인단독가구 수급의 경우 소득인정액, 선정기준액 및 연금액을 예시한 것이다.

③ 전달체계

기초노령연금의 운영은 별도의 전담기구가 설치되어있지 않고 공공부조사업 담당부서가 함께 업무를 담당한다. 보건복지부가 정책을 수립하면 행정자치부 산사의 시·군·구를 통하여 읍·면·동사무소가 집행업무를 수행한다.

④ 재원

기초노령연금의 재원은 전액 공공부문 재원으로 충당되며 공공부문 중 정부의 일반예산인 조세로 충당된다. 중앙정부와 지방이 재원을 분담하는데, 재원의 편성비율을 보면, 서울은 중앙정부와 지방자치단체 비율이 50:50, 지방은 70:30이며, 지방자치단체 부담금 30%는 시·군·구 부담 비율에 의해 편성된다.

(2) 간접적 소득보장정책

1) 경로우대제도

노인복지법 제26조에 의거하여 65세 이상의 노인이 전철, 도시철도, 고궁, 능원, 국·공립 박물관원, 국공립공원, 국공립미술관, 국공립국악원을 이용할 경우는 무료이고, 철도의 경우 새마을호와 무궁화호는 운임의 30% 할인을 적용한다. 국내 항공기는 운임의 10%를 할인하고, 국내여객선은 운임의 20%를 할인하는 등 우대제도를 시행하고 있다.

2) 고용증진제도

고용증진제도는 노인이 자신의 능력을 살려 그 능력에 맞는 일을 할 수 있도록 지원해주고 촉진시켜 노인의 고용안정과 국민경제발전에 기여하도록 고안되었다. 이를 위해 노인복지법 제25조와 1992년부터 실시된 노인고용촉진법에 의해 고령자고용촉진장려금제도를 운용하고, 대한노인회 산하에 노인취업알선센터(고령자직업능력개발), 고령자인재은행, 노인복지시설 부설 노인공동작업장 등을 통하여 노인의 취업을 알선하고 있다. 또한 노인일자리사업을 크게 세 가지로 나누어 실시하는데, 사회공헌형태로 공익형, 교육형, 복지형으로 실시하고 시장진입형으로 인력파견형, 시장형, 창업모델형으로 실시하고, 시장자립형으로 시니어인턴십, 고령자친화기업, 시니어직능클럽의 운영을 지원함으로써 있어 노인들의 일자리 창출에 크게 기여하고 있다(보건복지부, 2012: 302).

3) 세제혜택제도

노인을 위한 세제혜택제도로서 3대 이상 대물림한 주택이나 노인과 5년 이상 동거하는 가족의 경우 주택상속세 공제, 60세 이상인 자에 대하여 상속세 인적공제, 60세 이상 직계존속 부양자에게 부양가족 공제, 65세 이상 노인을 부양하는 자에 대한 경로우대 공제, 직계존속과 2년 이상 동거하는 세대주에 대한 주택자금 할증지원 등의 혜택이 제공된다.

4.2 건강 및 장기요양보장정책

1) 국민건강보험제도

현재 우리나라에는 노인만을 위한 의료보장제도는 없으며, 노인들은 국민건강보험제도의 대상자로서 의료보장을 받고 있다. 현재 국민건강보험제도에서는 65세 이상 단독가구 중 보험료 부담이 어려운 가구에 대한 보험료를 반으로 할인하고, 70세 이상의 노인에 대한 치료비는 본인부담을 2,000원으로 감해주고 있다. 또한 저소득층 노인을 위한 의료급여제도가 시행되고 있다.

2) 노인장기요양보험제도

노인장기요양보험제도는 고령이나 노인성 질병 등을 사유로 일상생활을 혼자서 수행하기 어려운 노인 등에게 제공하는 신체활동 또는 가사활동지원 등의 장기요양급여를 통하여 노후의 건강증진 및 생활안정을 도모하고 그 가족의 부담을 덜어 줌으로써 국민의 삶의 질을 향상시키는데 목적을 두고(현외성, 2010: 188) 2008년 7월에 전면 시행된 제도로 사회보험방식을 채택하고 있다. 노인장기요양보험제도의 주요내용은 다음과 같다.

첫째, 제도의 적용대상은 전국민이지만 장기요양 신청대상자는 65세 이상 노인과 65세 미만이라도 노인성 질환을 가진 국민으로 6개월 이상 혼자 일상생활이 어려운 자로 장기요양등급판정위원회에서 등급판정을 받은 국민이다.

둘째, 급여종류는 재가급여와 시설급여, 그리고 특별현금급여로 구분된다. 재가급여는 요양보호사, 간호사 등이 수급자의 가정을 방문하여 신체활동 및 가사활동

등을 지원하는 서비스로 방문요양, 방문목욕, 방문간호, 주야간보호, 단기보호, 기타 재가급여(복지용구) 서비스가 있다. 시설급여는 수급자가 노인요양시설 등에 장기간 입소하여 신체활동지원 등의 서비스를 제공받는다. 그 외에도 특별현금급여인 가족요양비 등이 포함된다.

셋째, 노인장기요양보험의 운영에 필요한 재원은 장기요양보험료, 국가지원, 본인일부부담금(시설급여이용시 20%, 재가급여이용시 15%, 국민기초생활수급자는 무료임)으로 구성된다.

4.3 주거보장정책

노인들을 위한 주거보장정책은 재가주거보장과 입소주거보장으로 구분할 수 있다. 재가주거보장은 일반가정에서 생활하는 재가노인들을 위한 주거관련 프로그램으로 실비노인복지주택, 유료노인복지주택, 노인의 집 등 노인용 주택건설 및 공급에 의한 주거보장제도가 있다(김영란, 2002: 381).

입소주거보장정책은 노인을 시설에 입소시켜 보호하는 것을 목적으로 하는 정책이다. 우리나라에는 입소보호를 위한 시설로는 양로시설, 요양시설, 전문요양시설이 있으며, 입소자의 비용부담정도에 따라 무료, 실비 및 유료로 구분된다.

4.4 노인복지서비스

노인복지서비스는 노인을 대상으로 하는 사회복지서비스로 노인들이 사회적으로, 심리적으로 적응하고, 일상생활의 문제들을 잘 해결하도록 비물질적 서비스를 제공하는 것을 말한다.

(1) 노인재가복지서비스

노인재가복지서비스는 자신의 가정에 거주하고 있는 노인을 대상으로 제공되는 서비스이다. 노인재가복지서비스에는 방문요양서비스, 주·야간보호서비스, 단기보호서비스, 방문목욕서비스, 노인돌봄기본서비스, 노인돌봄종합서비스 등이 있다(현외성, 2010: 195-198; 보건복지부, 2012: 320-322).

1) 방문요양서비스

가정에서 일상생활을 영위하고 있는 노인으로서 신체적·정신석 장애로 혼자 일상생활을 영위하기 곤란한 노인에게 지역사회 안에서 건전하고 안정된 노후를 영위하도록 장기요양요원(요양보호사)이 가정을 방문하여 신체활동 및 가사활동 등 필요한 각종 서비스를 제공하는 활동을 말한다. 구체적인 서비스의 내용은 신체활동지원서비스, 가사활동지원서비스, 개인활동지원서비스, 정서지원서비스이다.

2) 주·야간보호서비스

주·야간보호서비스는 가족의 보호를 받을 수 없는 심신이 허약한 노인과 장애노인을 대상으로 주간 또는 야간 동안 보호시설에 입소시켜 필요한 각종 서비스를 제공하는 것이다. 주요 대상은 중풍, 치매 등 만성질환이나 심신허약 노인과 장애노인으로서 노인의 생활안정과 심신기능의 유지·향상을 도모하고, 부양가족의 신체적·정신적 부담을 덜어준다. 주로 재가노인복지시설 이용대상자가 이용하며, 서비스 내용은 다양하다.

3) 단기보호서비스

단기보호서비스는 부득이한 사유로 가족의 보호를 받을 수 없는 심신이 허약한 노인과 장애 노인을 보호시설에 단기간 입소시켜 필요한 각종 편의를 제공함으로써 노인의 생활안정과 심신 기능의 유지·향상을 도모하고, 부양가족의 신체적·정신적 부담을 덜어주기 위한 서비스이다(노인복지법 제38조 3항). 보호기간은 1회 90일, 연간 이용일수는 180일을 초과할 수 없다.

4) 방문목욕서비스

방문목욕서비스는 목욕장비를 갖추고 재가노인을 방문하여 목욕서비스를 제공하는 것을 말하며, 이용대상자는 장기요양급여수급자와 심신이 허약하거나 장애가 있는 65세 이상의 노인이 해당한다. 서비스 내용은 목욕준비, 입욕시 이동보조, 몸 씻기, 머리 말리기, 옷갈아 입기 등이며, 목욕 후 주변정리까지를 포함한다.

5) 노인돌봄서비스

노인돌봄기본서비스는 혼자 힘으로 일상생활을 영위하기 어려운 노인과 독거노인에게 욕구에 따라 안전확인, 생활교육, 서비스 연계, 가사지원, 활동지원 등 맞춤형 복지서비스를 제공하는 것을 말한다. 요양서비스가 불필요한 독거노인에게는 기본서비스를 제공하며, 요양서비스가 필요한 노인에게는 종합서비스를 제공하는데, 여기에는 기본서비스와 더불어 생활지원서비스가 제공될 수 있다.

(2) 노인여가복지서비스

노인여가복지서비스에 해당하는 시설로는 노인복지회관, 경로당, 노인교실, 노인휴양소 등이 있다.

5. 노인의 사례관리

노인복지분야에서 사례관리는 복합적인 문제를 나타내고 있는 노인들이나 취약한 노인들의 욕구를 충족시키는 데 매우 중요한 기능을 한다. 노인사례관리의 핵심 기능들은 케이스발견, 사정, 케어계획, 조정, 사후관리, 재사정으로 구성될 수 있다. 일반적으로 사례관리자는 문제해결자, 중재자, 자원할당자, 골키퍼, 자료수집자, 프로그램변화자, 서비스관리자, 협상자, 상담자, 자문인, 기록보관자, 옹호자의 역할을 한다고 본다. 노인사례관리에 있어서도 이러한 역할들을 이행할 때 사례관리자는 노인들에 대해 진정한 존중감을 지니며 클라이언트의 참여를 최대화시키도록 하며 의사결정과정의 원칙을 철저히 준수하고 비밀보장 및 자기결정권과 같은 가치들을 항상 유념해야 한다.

사례관리 분야에는 다양한 모델들이 있다. 각 모델들이 강조하는 점은 사례관리체계와 대상집단에 따라 다르다. 사례관리모델 가운데 중개모델은 환경조정을 매우 강조하는 것으로 클라이언트와의 접촉은 거의 하지 않고 서비스배열에 강조점이 주어진다. 한편 혼합모델은 환경조정과 개인의 내면적인 면 모두를 강조하는 것으로, 사례관리자는 사례관리는 물론, 정신치료에 대한 책임도 진다. 취약한 노인들에 대한 사례관리실천은 대체로 중개모델보다는 혼합모델에 더 가깝다(Morrow-Howell, 1992: 119-131).

참 고 문 헌

보건복지부. 2013. 「2012 보건복지백서」.

이혜원. 1998. 「노인복지론-이론과 실제-」. 서울: 유풍출판사.

장인협·최성재. 1992. 「노인복지학」. 서울: 서울대학교출판부.

최일섭·최성재 공편. 1995. 「사회문제와 사회복지」. 나남출판.

최성재. 1993. "노인복지정책의 장기적 발전방향". 사회복지. 봄호.

현외성. 2010. 「노인복지학 신론」. 서울: 양서원.

Cowgill, D. O. 1986. *Aging Around the World*. Belmont, C.A.: Wadsworth.

Cowgill, D. O. and L. D. Holmes. 1972. *Aging and Modernization*. New York: Appleton-Century-Crofts.

Cumming, E. and W. Henry. 1961. *Growing Old*. New York: Basic Books.

Havighurst, R. J. and R. Albrecht. 1953. *Older People*. New York: Longman.

Havighurst, J. H., B. L. Neugarten, and S. S. Tobin. 1968. "Disengagement Pattern of Aging." In *Middle Age & Aging*. edited by Neugarten, B. L. Chicago: University of Chicago Press.

Homans, G. C. 1974. *Social Behavior: It Elementary Forms, Revisited Edition*. New York: Harcourt Brace Javanovich.

_____. 1961. Social Behavior: *Its Elementary Forms*. New York: Harcourt Brace Javanovich.

Lemon, B. W., V. L. Bengtson, and J. A. Peterson. 1972. "An Exploration of the Activity Theory of Aging: Activity Types and Life Satisfaction among In-Movers to a Retirement Community." *Journal of Gerontology* 27: 511-523.

Morrow-Howell, N. 1992. "Clinical Case Management: The Hallmark of Gerontological Social Work." *Geriatric Social Work Education*.

Palmore, Erdman B. and Daisaku Maeda. 1985. *The Honorable Elders Revisited*. Durham: Duke University Press.

제13장
장애인복지

1. 현대사회와 장애인 문제

UN에서는 세계인구의 약 10%를 장애인으로 추정하고 있다. 우리나라의 2011년 장애 출현율은 한국보건사회연구원의 조사(2011: 5-6)에 의하면 5.61%(인구 1,000명당 56.1명)[1]로 2005년 4.59%보다 1.02%가 증가하였으며 전국 인구 46,136천 명에 따른 추정 장애인 수는 2,683,477명으로 추정되어, 2005년의 2,148,686명에 비해 약 54만 명이 증가하였다고 볼 수 있다. 이들 중 지역사회에 거주하고 있는 재가장애인은 2,611,126명이며, 시설에 거주하고 있는 장애인은 72,351천 명이다. 장애인등록 현황은 2005년에 1,777,400명에서 2010년 2,517,312명으로 증가하였고, 2012년에는 2,511,159명으로 증가하고 있다.

우리나라의 장애인 인구(출현율)에는 지체, 정신지체, 시각, 청각, 언어장애, 뇌병변장애, 발달장애, 정신장애, 신장장애, 심장장애만 대상으로 하고 있지만 복지선진국에서는 내부장애(신부전증, 심근경색증 등의 심폐질환, 만성기관지염 등)와 만성 정신질환을 포함시키고 있어 그 차가 특히 컸다.[2] 이에 따르면 연령이 증가할수록 장애 출현율은 높으며 남자가 여자보다 평균 1.3배 정도 높게 나타났다. 특히

---

1) 한국보건사회연구원에 의하면 1990년 장애출현율은 2.23%이고 추정장애인 수는 937,224명이었으며, 1995년 출현율은 2.37%이고 추정장애인 수는 1,028,837명이었다.
2) 국가별 장애인 출현율은 법정장애의 범주 및 정의가 국가마다 다르기 때문에 큰 편차를 보이고 있다. 참고로 일본 4.8%, 독일 8.4%, 미국 20.6%, 호주 18.0%로 2011년도 우리나라의 장애인 출현율 5.61%에 비해 높게 나타나고 있다.

20-29세 연령층에서 남자가 여자보다 약 3배 정도 높게 나타났으며 전체적으로는 약 2배 정도 남자가 여자보다 높게 나타났다. 장애인 수가 해마다 갈수록 증가하고 있다(한국보건사회연구원, 2001).

2012년 등록장애인의 종류별로는 년 지체장애인이 전체(2,511,159명)의 약 53.1%(1,322,131명)로 다른 장애의 추가로 인해 그 차지하는 비율이 다소 낮아졌으며, 노인인구 증가와 관련이 있는 뇌병변장애인이 257,797명인 것으로 나타났다. 장애의 발생 중 96.2%가 후천적인 각종 질병, 산업재해, 교통사고와 안전사고로 인한 것이다. 원인별로는 선천성(유전적 및 환경오염)과 후천성(골관절염, 중이성질환, 뇌졸중, 사무재해, 교통사고, 약품공해 등)으로 나눌 수 있는데 선천성은 약 10%에 지나지 않고 후천적 장애가 전체의 90.5% 이상을 차지하고 있다. 후천성 장애 중에서 교통사고로 인한 장애가 전체의 약 35.4%를 차지하며 산업재해와 직업병으로 인한 장애도 점차 늘어나고 있는 추세이다. 업무상의 재해건수는 경제성장기부터 증가경향을 나타낸다. 또한 뇌혈관질환, 척수손상, 뇌성마비 등에 의한 장애나 노령화에 수반하는 장애, 중복장애인이나 중증장애인의 증가가 많다. 이런 측면에서 장애인에 대한 대응은 개인이나 가족의 책임으로 돌려질 성질이 아니라 사회적인 의미를 내포하고 있으므로 사회적 보상과 대책이 요구되어진다. 그리고 시대에 따라서 장애를 유발하는 질병패턴이 달라지고 있음을 볼 때 재활프로그램의 변화가 시급한 실정이다.

장애인의 연령구조를 보면 남자들은 50대와 60대에서 그 수가 많고 전체적으로 65세 이상의 신체장애인이 약 38.8%를 차지하고 있어 장애인의 문제가 노인문제의 성격을 띠게 되어 보호를 필요로 하는 비율이 높다. 이런 문제는 노령화 현상3)이 심해짐으로써 더욱 심각해질 전망이다. 장애인의 취업률도 매우 낮아 자립을 하는 것이 쉽지 않으며 그나마 취직을 할 때에도 임금 등의 노동조건이 열악한 경우가 대부분이다. 국민기초생활보장 수급자 중에서 장애인이 차지하는 비율이 17.0%로 2008년 19.1%에 비해 2.1% 감소하고 있지만, 장애인의 빈곤문제가 중요한 문제임을 알 수 있다.

---

3) 우리나라는 2000년에 전체인구 중에서 노인인구가 차지하는 비율이 7%를 넘어서 고령화사회로 들어섰으며 2022년에는 노인인구비율이 14%를 넘어 고령사회로 진입할 것으로 추정된다.

2. 장애인복지의 개념

2.1 장애의 개념

유엔의 장애인의 권리선언(1975) 제1조에는 "장애인"이란 선천적이든 후천적이든 간에 신체적·정신적 능력의 불완전으로 인하여 일상의 개인 혹은 사회생활에 필요한 것을 자기 스스로 완전히 혹은 부분적으로 수행할 수 없는 사람이라고 하였다. 즉 장애인을 규정할 때 원인이나 병명은 관계가 없이 능력의 불완전으로 인한 생활능력의 유무가 중요한 판단기준이 되고 있다.

세계보건기구(1980)는 장애를 분류하는 국제장애분류(International Classification of Impairment, Disabilities and Handicaps, ICIDH)에서 계층적 개념을 제안하여 장애인의 상태에 따른 재활활동의 유용성을 언급하고 있다(上田敏, 1990).

① 기능·형태장애(impairment): 개인의 특질인 기능과 형태장애는 장애의 1차적 수준이다. 직접 질환에서 생기며 장애 발생 부위나 기능에 착안하여 생물학적 수준(장기레벨)에서 파악한 장애(I코드)이다.

② 능력장애(disability): 인간으로서 정상적인 생활 범위에 있어서의 활동을 형성하는 능력이 기능·형태장애에 의해서 제한 또는 결핍되어 있는 상태가 능력장애로 장애의 2차적 레벨이다. 개체로서 수행이 가능한 능력에 착안하여 인간개체의 수준에서 파악한 장애(D코드)이다.

③ 사회적 장애(handicap): 장애의 3차적 레벨로 질환, 손상 또는 사회적 불리함에서 생긴 것으로 능력장애의 사회적 결과(H코드)이다. 즉 능력장애는 같더라도 사회의 장애인에 대한 이해도(理解度), 행동하기 쉬운 도시환경, 사회복귀나 재활에 관한 제반시책 등이 충분히 취해지고 있는 사회와 그렇지 못한 사회에서는 장애인이 실제로 생활을 하는 데 큰 차이가 생긴다. 이러한 사회적 존재로서의 장애인이 갖는 불리함에 착안하여 사회적 수준에서 파악한 장애를 사회적 장애라고 부른다.

이러한 관점은 장애인이 심신의 장애를 가진다는 점뿐만 아니라 사회생활을 영위한다는 관점을 취하고 있다. 즉 하지의 절단이라든가 정신발달지체 그 자체는 기능·형태장애, 즉 손상이다. 이러한 손상은 그 사람이 한국인이든 미국인이든 동일

하다. 그러나 같은 손상이지만 신체 가운데 하지가 없는 사람도 그 사람에게 교육
이나 훈련이 행해지거나 의욕이 증가하면 보행이나 취업이 가능하게 된다. 또한 정
신발달지체일지라도 보호 없이 신변의 처리를 행할 수 있는 경우도 있다. 다른 한
편으로는 같은 정도의 손상이라도 그 사람의 의욕이나 교육의 기회 등이 충분하지
않고 그 사람의 가능성이 충분하게 발휘되지 않는 경우가 있다. 양자 중 후자보다
전자의 사람 쪽이 손상은 가볍다. 또한 손상의 정도가 같더라도 예를 들어 실내개
조 등 물적 환경보전이나 사회적 편견의 제거가 이루어지면, 그 사람이 사회생활에
서 안고 있는 사회적 장애는 감소할 것이다. 요컨대 장애인의 생활을 보다 편리하
게 만드는 것은 사회적 노력에 의해서 충분히 가능한 것이다. 즉 사회적 시책의 진
전 비율, 특히 생활조건 및 환경개선의 비율이 장애인의 사회적 장애를 경감시키게
되는 것이다.

  그러나 1980년의 WHO 분류는 장애를 질병의 결과로 보며 장애의 부정적 측
면만을 부각시키고 있어 장애인을 부정적인 존재로 인식하게 하는 경향이 있었다.
그래서 이 분류를 사용한 지 20여 년이 지난 최근에는 새로운 의료서비스가 개발되
고, 장애에 대한 이해가 변화되면서 세계보건기구는 국제적 합의를 통해 2001년
새로운 국제장애분류(ICIDH-2)를 만들었다. 여기서는 불능과 불리가 활동과 참여
란 개념으로 대체하여 장애의 '맥락적 요인'을 강조하고 그에 따라 장애문제를 사회
통합적으로 접근하는 것이 중요하다는 것을 보여주고 있다(김기태 외, 2013: 35).

  우리나라에서는 장애인에 대한 규정이 없다가 1977년에 처음으로 특수교육진
흥법 제3조에서 "장애인"의 범위를 시각장애인, 청각장애인, 정신지체인, 지체부자
유인, 정서장애인, 언어장애인, 기타의 심신장애인으로 분류하였다. 1989년 장애인
복지법(1981년에 심신장애자복지법으로 제정)에서 "장애인"을 5개의 범주(지체장
애, 시각장애, 청각장애, 언어장애, 정신지체)로 규정하였으나 1999년 장애인복지
법을 개정하여 동법 제2조에서 장애인에 대하여 다음과 같이 규정하고 있다. 즉 제
1항에서 장애인은 신체적·정신적 장애로 인하여 장기간에 걸쳐 일상생활 또는 사
회생활에 상당한 제약을 받는 자를 말한다. 제2항에서 이 법의 적용을 받는 장애인
은 제1항의 규정에 의한 장애인 중 다음 각 호의 1에 해당하는 장애를 가진 자로서
대통령령이 정하는 장애의 종류 및 기준에 해당하는 자를 말한다고 되어 있어 비로
소 내부장기장애인이나 정신질환을 가진 자도 장애인의 범주에 포함될 수 있게 되
었으며, 이에 따라 신규로 확대되는 대부분의 장애는 내부장애 및 정신장애로서 기

존의 외부 신체장애 중심의 장애와는 차이를 보이고 있다.

1. 신체적 장애라 함은 주요 외부신체기능의 장애, 내부기관의 장애 등을 말한다.
2. 정신적 장애라 함은 정신지체 또는 정신적 질환으로 발생하는 장애를 말한다(시행일 2000·1·1).

이 규정에 따른 장애의 종류는 지체장애, 뇌병변장애, 시각장애, 청각장애, 언어장애, 신장장애, 심장장애, 호흡기장애, 간장애, 안면변형장애, 장루·요루장애, 간질장애, 정신지체, 정신장애, 발달장애(자폐증) 등으로 분류되고 있으며 계속하여 장애의 범주가 늘어나고 있다.

기존의 외부 신체장애의 경우 질병이나 손상으로 인한 병리적 현상은 조기에 중단되고 장애와 불리가 지속되는 경우가 많은 반면, 내부의 신체장애와 정신장애는 질병에 의한 손상과 장애 및 불리가 동시에 지속되는 경우가 많아 장애의 정도 또는 기능수준이 질병의 치료수준에 따라 많은 영향을 받고 있다.

과거에는 장애인의 기준을 주로 신체적 또는 지적 결함의 정도에 두었으나 근래에 와서는 오히려 일을 할 수 있는 능력과 가정생활 및 사회생활의 불편 정도 등으로 장애인을 판정하고 구분하려고 하고 있으며 우리나라도 이런 추세를 반영하여 장애인을 규정하고 있다.

2.2 장애인복지의 개념

장애인복지를 생각할 때 우리는 능력과 업적의 원리에 의해서보다는 형평의 원리 곧 정의의 원리를 고려해야 한다. 왜냐하면 복지사회의 실현은 곧 사회정의의 실현에서 비롯되기 때문이다.

장애인은 인간으로서 존엄과 가치를 가지므로 이에 상당하는 처우를 받아야 한다. 그런 점에서 볼 때 장애인복지는 장애인에게 인간다운 생활을 보장하고 그들의 생활의 질을 향상시키기 위한 제도적·정책적 및 임상적 차원의 복지서비스를 말한다. 이러한 장애인복지는 인간권리의 존중에서 비롯되며 인간존중사상을 토대로 한 인도주의에 기초한다. 기회의 평등이라는 민주주의 실현을 위해서도 장애인복지는 중요하다(박옥희, 1998: 34)

장애인복지의 개념을 규정하는 데에는 두 가지 시각이 있다(신섭중, 1993: 382).

첫째, 목적개념으로서의 장애인복지이다. 즉 장애인에게 있어서 바람직한 사회적 상태(사회적 상황)를 가리키는 것으로서 이념이나 목표라고 하는 목적개념이다. 어떤 장애를 가지고 있더라도 인간의 생명 그 자체가 가치 있는 것이며 자신의 능력을 발휘하며 충실한 삶을 영위하는 것이 이상인 것이다. 그러기 위해 인간의 전체적인 발달의 기회를 보장한다는 것이 장애인복지의 이념이며 목표가 된다.

둘째, 실체개념으로서의 장애인복지이다. 이는 정책·제도·원조활동 등의 사회적 시책의 체계를 가리키며, 이것은 다시 현행의 복지정책·제도·원조활동 등의 협의의 장애인복지와 교육·위생·노동 등 관련 제반 시책을 포함하는 광의의 장애인복지로 구분된다.

우리나라 장애인복지의 기본법인 장애인복지법은 제1조에서 장애인복지를 장애발생의 예방과 장애인의 의료, 훈련, 보호, 교육, 고용의 증진, 수당의 지급 등 장애인 복지대책의 종합적 추진을 도모하여 장애인의 자립 및 보호 등을 꾀하는 것으로 규정하고 있다.

따라서 장애인복지란 장애인의 인격의 존엄성, 인간적 권리의 회복, 자립하려는 노력 및 사회참여의 기회보장 등의 이념에 입각하여, 장애인 본인의 노력뿐만 아니라 국가 및 지방자치단체가 장애인의 재활을 원조하며 필요한 보호를 행하고, 국민도 장애인의 재활에 협력하는 책무를 짐으로써 장애인의 핸디캡을 가능한 한 경감시켜 일반인과 같은 생활조건과 생활안정을 도모할 수 있도록 하는 것이다.

사회복지라는 것은 단순히 그 사회의 복지 총량을 말하는 것이 아니라 개인의 복지가 보장되는 모습을 가리킨다고 볼 때, 장애인복지는 전자의 이념·목표에 비추어 장애인이 갖는 불리함을 인적, 물적, 사회적 자원의 활용과 협력을 통해서 가능한 경감·해소하고, 다른 모든 사람과 동등한 생활조건 및 생활의 안정을 확보케 하고, 더 나아가서는 그 핸디캡 때문에 갖게 되는 사회적·심리적·물리적 장애와 이와 같은 사회적 상황을 만들어 내고 있는 사람들의 장애인에 대한 가치관(편견과 차별)의 극복과 개선 내지 제거에 깊은 관련을 갖고 있는 활동(김중대, 1991: 37)이라고 할 것이다.

3. 장애인복지의 이념

'우리는 왜 장애인을 보호해야 하며 무엇 때문에 더불어 살아가야 하는 것인가?' 이 물음에 대한 대답을 찾아보는 것이 장애인복지의 이념을 살펴보는 것이다. 장애인이 느끼는 가장 큰 어려움 중의 하나는 소외와 불평등한 처우이며, 사회공동체 안에서 동등한 이웃으로 인정받고 평등한 기회를 누리는 것, 즉, '완전한 참여와 평등'이 오늘의 장애인이 가장 원하는 바일 것이다.

이러한 사회통합 그 자체에 대해서는 논란의 여지가 없으며, 문제가 되는 것은 사회통합을 이루기 위한 방법이라 하겠다. 왜냐하면 사회통합은 장애인복지의 궁극적인 결과이지 방법이 아니기 때문이다. 즉, 사회통합을 이루는 3가지 과정을 주류화(mainstreaming), 정상화(normalization), 그리고 평등화(equalization)로 구분할 수 있다. 사회통합은 장애인이 사회의 중심권에서(외곽이 아닌) 일반적 형태로(특수화되지 않은), 평등화(이상도 이하도 아닌)를 이룰 때 비로소 그 실질적 완성을 달성할 수 있음을 의미한다.

장애인의 사회통합은 장애인이 평등의 기초 위에서 사회의 일부분이 되어 장애인이 속한 사회적 그리고 문화적 모든 활동에 참여하는 것을 의미한다. 장애인이 비장애인에 비해 열등하다거나 이탈된 계층으로 취급되지 않고 이들이 신체적 장애는 가졌으나 지역사회의 한 구성원으로서 책임과 의무를 실천할 능력이 있는 평범한 인간으로 인식될 때 비로소 우리는 장애인이 사회에 완전히 통합되었다고 말할 수 있다. 장애인복지의 궁극의 목표는 바로 이러한 형태로 장애인의 '완전한 참여와 평등'을 이루는 데 있는 것이다. 장애인복지에 집결된 이념들을 정리해 보면 다음과 같다.

3.1 인권 대등성의 원칙

장애인에 대한 사회의 의식은 오랫동안 차별과 편견이 베일에 감추어져 있었다. 이러한 문제에 대하여 UN의 "장애인에 관한 세계행동계획" 제2항에서는 '정신·신체 또는 감각의 손상 결과로서 장애를 갖고 있는 사람도… 다른 모든 사람들과 동일한 권리를 가지고 있고, 평등의 기회를 보장받지 않으면 안 된다'라고 지적하고 있으며, 제26항에서는 '장애인은 평등한 권리를 가짐과 동시에 의무를 지고 있다'라고 명시하고 있다. 그리고 대한민국 헌법 제34조 제1항에 의하면 '모든 국민은 인간다운 생활을 할 권리를 가진다'라고 규정하여 생존권을 보장하고 있으며, 제10조에서는 '모든 국민은 인간으로서의 존엄과 가치를 가지며 행복을 추구할 권리를 가진다'라고 규정하고 있다. 또한 "장애인복지법" 제3조 제1항에서는 '장애인은 개인으로서의 존엄과 가치를 존중받으며 이에 상응하는 처우를 받는다'라고 규정하여 그 근본이념으로써 인간의 존엄과 가치를 선언하고 있다. 이와 같이 장애인을 특별취급하지 않고 권리와 의무의 주체로 생각하는 것이 대등한 인간으로서 대응의 원점이라고 하는 것이다.

3.2 장애의 개별화 원칙

동일한 장애 명칭을 가진 부자유와 장애원인을 가진다 하더라도 각기 다른 개성·상황·인생의 과제를 가지는 개인에게 있어서 그것이 결코 같은 의미를 지니지는 않는다. UN의 "장애인에 관한 세계행동계획" 제8항에서 '장애인에게는 동질의 그룹은 없다. 예를 들어 정신장애·정신지체·시각·청각·언어장애 및 이동이 부자유한 소위 의학적 장애인은 모두 다른 성질을 가지고 있으며, 각기 다른 방법으로 그것을 극복하지 않으면 안 되는 것이다'라고 말하고 있는 바와 같이 본인에 대한 장애의 의미 부여와 문제해결 수단에는 참으로 높은 개별성이 있음을 암시하고 있다. 장애인의 처우과정에 있어서도 개인에게 장애가 갖는 개별적인 의미를 파악하고, 그 사람에게 적합한 해결방법을 찾아내어, 자원을 조달하고 조정활동을 행하는 것이 대단히 중요하다. 따라서 같은 종류의 장애라고 낙인을 찍어 버리거나 충분히 파악도 하지 않고 무책임한 처우(서비스)를 하는 것은 절대적으로 없어져야 하는 것이다.

3.3 발달보장의 원칙

심신의 기능에 장애가 발생하였다 하더라도, 예를 들어 시각장애인에게는 시각 이외의 청각·촉각·후각의 발달이 잘되는 바와 같이, 인간은 보상기능에 의해서 생존에 필요한 능력 즉 타 기관(organ)의 기능을 총체적으로 높여 가는 것이다. 또한 지적발달이 지체된 사람은 그 발달이 완만하지만 그 사람 나름대로의 '성장'은 하는 것이다. 따라서 처음부터 포기해 버리는 것이 아니고 개성적인 발달, 남아 있는 능력의 성장 가능성을 찾아내는 자세가 매우 중요하다. 장애인올림픽(paralympics) 스포츠의 창시자인 구드만 박사는 '잃어버린 것을 시기하여 다른 것과 비교해서 한 탄하는 것이 아니고, 무엇이 가능한 것인가를 찾아보자'라고 그 중요성을 지적하고 있으며, 한 사람 한 사람의 개성과 특성을 전인적으로 보고 그 가능성을 신장시켜 가는 것이야말로 재활 철학이라 보고 있다. 모든 개체는 변화·발달해 간다. 그 가능성을 신뢰하고 인간의 잠재력에 개입해 가는 노력이야말로 '발달 보장'을 지향하는 Habilitation과 Rehabilitation의 원칙인 것이다.[4]

3.4 욕구의 공통성 원칙

일반적으로 사람들은 장애라고 하는 보통 인격의 속성 부분의 차이에 주목하지만, 그것보다는 장애인과 비장애인이 공통적으로 가지고 있는 인간 욕구의 공통성이 오히려 더 큰 것이라는 사실을 알지 않으면 안 된다. 진학·취업·결혼 등에 대한 모든 사람들의 공통적인 니드를 장애인은 공부 등 다른 수단으로 달성하려고 노력한다. 자신의 힘으로 노력하는 것에 한계가 있을 경우 연구된 다른 수법을 개발·원

---

4) 콕스(Cocks, 1994)는 Rehabilitation과 Habilitation을 구분하였다. 일반적으로 의학적 모델에 기반을 둔 것을 Rehabilitation이라 하고 지역사회 혹은 교육적 환경에 기반한 것을 Habilitation이라 하였다. 급성적인 장애가 해결된 후 Rehabilitation model보다는 Habilitation model이 생태학적 관점에서 더 적합하다는 것이 그의 주장이다. 다음의 표는 두 모델 사이의 성격상 차이점들과 용어 사용에서도 다른 점들을 보여준다. 앞으로 병원 중심에서 지역사회 중심으로 재활서비스가 변혜간 다고 예측을 한다면 Rehabilitation Model보다는 Habilitation Model이 가지는 성격과 용어들이 더 적합하게 많이 사용될 것이라고 볼 수 있다. 현재 사회복지관이나 장애인복지관에서 이루어지는 재활 프로그램들이 Habilitation Model의 성격을 많이 가지고 있다고 볼 수 있다.

Rehabilitation Model	Habilitation Model
단기적	장기적
기능의 회복	새로운 기능의 개발
의학적 초점	교육적, 환경적 초점
의료환경 내에서	교육적, 지역사회적 수준
진단	사정
치유	성장, 결과
질병	문제, 조건
치료/요법	서비스, 티칭, 훈련, Guidance

조하는 것이 장애인이 바라고 있는 장애인복지의 원칙이다.

3.5 참여와 평등의 원칙

자기의 존엄에 눈 뜬 장애인들은 영원한 차별적 취급을 배제하고 '우리들도 동일한 인간입니다', '수족(手足)이 자유스럽지 못할지라도 일반 학교에서 다른 어린이들과 함께 공부할 수 있습니다'라고 하는 사회에 대한 통합, 즉 대세의 흐름을 주장하여 왔다. 그럼에도 불구하고 학교·직장·공공시설 등에서는 장애인이라고 하는 소수자의 존재를 간과하여 공존을 거부하는 물심양면의 틀을 만들고 존속시켜 왔다. 그러한 배려 없는 사회에 대항하는 '참여와 평등'의 사상이 장애인들의 자기해방 목표로서, 장벽을 가진 사회에 도전하기 시작하였다.

장애인의 완전참여와 평등이 진행될 때 장애인도 비장애인도 분리되지 않고 친구가 되어 혼연 일체의 체계가 형성되는 상태를 통합이라 한다. 그러나 누구든지 평등이라고 하는 전제하에서의 참가가 없는 한 실현될 수는 없는 것이다. 사회가 모든 사람들을 받아들이는데 실패할 경우 장애인을 배제하는 사회조직이 되고, '장애인을 배제하는 사회'는 결국 '결함을 가지는 사회'가 되어 버린다고 UN은 경고하고 있다. "장애인복지법" 제3조 제2항에서는 '누구든지 장애를 이유로 정치적·경제적·사회적·문화적 생활의 모든 영역에 있어 차별을 받지 아니한다(평등)'라고 규정하고, 제3항에서는 '모든 장애인에게는 국가·사회를 구성하는 일원으로서 정치·경제·사회·문화 기타 모든 분야의 활동에 참여할 기회가 보장된다(참여)'라고 규정하여 장애인복지의 실천이념으로서 '완전한 참여와 평등'을 제시하고 있다.

3.6 기회의 균등화와 정상화의 원칙

기회의 균등화란 '물리적 환경, 주택과 교통, 사회적인 서비스와 보건서비스, 교육과 노동의 기회, 스포츠와 레크리에이션의 시설을 포함한 문화·사회생활이라고 하는 사회 전체적인 기구를 모든 사람들이 이용할 수 있게 하는 과정이다'(UN '세계행동계획' 제12항)라고 하였다.

모든 사람들이 공유하는 이 사회는 장애인에게도 개방되어져야 하며, 별도의 생활의 장과 특별한 시설에만 장애인을 수용·격리하는 것은 바람직하지 않은 것이다. 기회균등의 원칙에 기초해 보면 일반의 사회관계를 장애인에게 개방해 가는 것이 장애인복지의 사명인 것이다.

정상화(normalization)란 장애인이 사회 속에 있는 것이 당연하다는 사고방식으로 이른바 비장애인과 똑같이 존재하고 인간으로서 취급받아야 한다는 사실이다. 즉 장애인이 그 사회의 다른 사람과 다른 욕구를 가진 특별한 집단이라고 생각해서는 안 되고 그 보통 인간적인 욕구를 충족시키는 데 특별한 곤란을 가진 보통 시민이라고 생각해야 한다는 것이다. 장애인은 교육, 노동을 비롯하여 많은 사회생활에서 거부당해 왔다는 것에 대한 비판이 정상화이다.

예를 들어 학교·직장·공공교통기관 등에서 기회의 균등화가 이루어질 경우, 장애인은 일반사회의 작용을 자연스럽게 경험할 수 있게 된다. 기회 균등화의 원리에 의해 실현된 차별이 없는, 모든 사람에게 열려진 상태를 정상화라고 부르는 것이다. 한편 정상화가 일정한 발전단계에 도달하게 되면 장애인에 대한 특별한 배려는 오히려 장애인을 차별적으로 취급하는 의식의 잔존물이라 하여 장애인과 장애인 그룹 자체가 그것을 부정하는 일도 생길 것이다.

주류화(main streaming)는 미국에서 장애아를 가능한 보통교육의 장에 넣는다는 사고방식과 그 과정을 의미한다. 1954년에 최초로 논의되어 1975년 10월부터 [Education for all Handicapped Children Act]가 적용되어 모든 장애아는 그 장애의 정도에 관계 없이 가능한 한 최대로 제한이 적은 환경에서 교육받아야 한다. 이 법은 교육 가능한 정신지체아를 특수학급에서 보통학급으로 되돌아가게 하고 있다.

3.7 사회적 역할정상화의 원리

월펜스버거(Wolfensberger, 1983)는 모든 휴먼 서비스가 정상화의 원리에 입각하여 검토되어야 함을 주장하면서 사회적 역할정상화(social role valorization)의 원칙을 제시하였다. 이것은 가치 이하로 평가받는 자들에 대하여 사회적으로 가치 있는 생활조건과 가치 있는 역할을 부여하는 것이다. 첫째 전략은 가치 이하로 평가된 사람들의 "사회적 이미지"를 증진시키는 것이다. 둘째 전략은 그들의 실제적인 능력을 강화시키는 것이다.

4. 장애인복지의 대상

장애인복지의 대상은 넓은 의미에서 볼 때 당연히 장애인이다. 제2절에서 장애의 개념과 장애인의 규정을 살펴본 바와 같이 장애가 있다고 모든 장애인이 장애인복지의 대상이 되는 것은 아니다. 우리나라 특수교육진흥법(1977) 제3조에서는 "장애인"의 범위를 시각장애인, 청각장애인, 정신지체인, 지체부자유인, 정서장애인, 언어장애인, 기타의 심신장애인으로 분류하고 있다. 장애인복지법(1981년의 심신장애자복지법에서 1989년에 개정) 제1장 제2조에서 "장애인"이란 지체장애, 시각장애, 청각장애, 언어장애 또는 정신지체 등 정신적 결함으로 인하여 장기간에 걸쳐 일상생활 또는 사회생활에 상당한 제약을 받는 자로서 대통령령으로 정하는 기준에 해당하는 자를 말한다고 하였다. 이 정의에 따라 1999년까지는 우리나라의 경우 내부장기장애인이나 정신질환을 그 장애인복지의 대상에서 제외시켜 왔다.

그러나 1999년의 개정된 장애인복지법에서는 장애를 크게 신체적 장애와 정신적 장애로 구분하고, 다시 신체적 장애를 외부장애와 내부장애로, 정신적 장애를 정신지체, 정신장애, 및 발달장애로 구분하고 있다. 또한 장애인복지법시행령에서 10종류(지체장애, 시각장애, 청각장애, 언어장애 또는 정신지체, 뇌병변장애, 발달장애, 정신장애, 신장장애, 심장장애)를 장애인의 범주에 포함시켜 장애인복지 서비스의 대상이 확대되었으며, 향후 단계적으로 그 범위를 확대할 계획으로 되어 있다. 2003년에는 장애인의 종류를 안면변형장애, 간장애, 호흡기장애, 장루·요루장애, 간질장애를 추가하여 15개의 종류로 확대하였다. 장애인복지법시행령 제2조 별표1에 각 종류의 장애인의 기준을 제시하고 있으며 보건복지부령에서는 장애의 정도에 따라 그 등급을 6등급으로 나누어 놓고 있다.

그러나 과거에는 장애인을 판정할 때에도 지나치게 의학적인 기준에 따라 주로 신체적 또는 지적 결함의 정도에 두고 판단하게 되어 실질적인 생활의 내용을 무시하게 되는 경우가 많았으나 근래에 와서는 오히려 일을 할 수 있는 능력과 가정생활 및 사회생활의 불편 정도 등으로 장애인을 판정하고 구분하려고 하므로 이런 측면에서 우리나라의 장애인 판정기준도 그에 맞게 변화되어 가고 있다.

5. 장애인복지의 내용

5.1 소득보장

장애인에 대한 소득보장대책은 크게 직접적 소득보장대책과 경제적 부담경감을 통한 간접적 소득보장대책으로 나눌 수 있다(박옥희, 1998: 159-160). 그리고 직접적 소득보장대책으로는 사회보험에 의한 것과 공공부조에 의한 것이 있다. 사회보험에 의한 것으로는 산업재해보상보험법(1963년)에 의한 급여와 장애보상급여가 실시되고 있으며, 그외 공무원연금법(1960년), 군인연금법(1963년), 사립학교교원연금법(1973년), 국민연금법(1987년)에 의한 장애연금제가 실시되고 있다. 중증장애인의 생활안정을 지원하고 복지증진을 도모하고자 생활이 어려운 중증장애인에게 매월 일정액의 연금을 지급하는 장애인연금제도가 2010년 7월부터 시행되고 있다. 종전에 장애수당이 기초생활수급자 및 차상위계층에게만 지급되던 것에 비해 장애인연금은 중증장애인 중 차상위계층(소득하위 63%)까지 지급대상을 확대하였다.

장애인연금은 18세 이상의 등록 중증장애인(장애등급 1급, 2급 및 3급 중복장애인) 중 본인과 배우자의 소득에 재산을 합산한 금액(소득인정액)이 선정기준 이하인 대상자가 된다. 장애인연금은 소득보전을 위한 기초급여와 장애로 인한 추가비용 보전을 위한 부가급여로 구성되며, 이는 소득과 연령에 따라 차등 지급된다(보건복지부, 2013: 230).

공공부조부문에서는 장애인 중 생활능력이 없는 자에 대해서 국민기초생활보장법(1999년)에 의한 생계급여를 포함한 생활보장이 이루어지고 있으며, 그 외 자립자금 대여(1992년), 생업지원, 자립훈련비의 지급이 이루어지고 있다. 또한 장애인복지법에 의하여 1990년부터 생계보조수당이 지급되고 있다. 2000년부터는 이 생계보조수당을 장애수당으로 전환하여 국민기초생활보장제도의 생계급여 수급자인 1, 2급 장애인과 3급 정신지체 또는 자폐장애인 중 중복장애인에게 장애수당을 지급하고 있다. 이는 2010년 장애인연금이 도입됨에 따라 장애연금 대상인 중증장애인을 제외한 경증 장애인을 중심으로 수당을 지급하고 있다. 현재 장애수당 지급대상은 국민기초생활보장법에 따른 수급자 및 차상위 계층으로 18세 이상의 경증

(3~6급) 등록 장애인이다.[5)]

2002년에 장애아동 부양수단에서 2007년 장애아동수당으로 명칭을 변경한 장애아동수당은 장애아동의 양육에 소요되는 추가비용 및 장애아동의 건강한 성장을 지원하고자 마련되었다. 장애아동수당은 2007년에 지원대상자를 기존 기초생활수급자에서 차상위계층까지 확대하고, 지급액도 기초중증 20만원, 차상위중증 15만원, 기초 및 차상위경증 10만원으로 차등지급하고 있다.

경제적 부담 경감을 통한 간접적 소득보장대책으로는 소득세 및 상속세 공제, 증여세 면제, 장애인용 수입물품 관세감면, 보장구에 대한 부가가치세 감면, 승용차에 대한 특별소비세, 자동차세, 교육세 감면, 주차료, 전화료, 철도요금, 상수도요금, 국내항공료등 할인, 지하철도요금, TV수신료 면제, 고궁, 국·공립박물관, 공원 등의 입장료 면제 등을 실시하고 있다(보건복지부, 1997; 2000; 2004).

5.2 의료보장

장애인 의료보장제도로는 사회보험제도인 국민건강보험과 공공부조제도인 의료급여제도, 저소득장애인에 대한 의료비지원과 보장구 무료교부사업 등이 있다(박옥희, 1998: 175-176). 건강보험 지역가입자의 경우 건강보험료 책정시 자동차분 건강보험료 전액을 면제해준다. 의료급여제도는 국민기초생활보장 수급자로 책정된 장애인에 한하여 의료급여혜택을 받을 수 있게 하는 것이다.

의료비지원은 의료급여법에 의한 2종 수급권자 및 건강보험 차상위 본인부담금경감 대상(만성질환, 18세 미만) 중 등록장애인이 의료기관 이용시 발생하는 본인부담금 중 일부 또는 전액을 장애인의료비로 지원하고 있다. 또한 2차·3차 진료기관 진료시 의료급여 적용 본인부담 진료비를 전액 지원한다. 장애인 보장구 중에서 의료급여 대상인 품목[6)]의 구입시 상한액 범위 내에서 전액을 지원한다.

장애인에게 의료재활서비스를 제공하는 기관으로는 일반병원의 재활의학과, 국

---

5) 2012년 현재 장애수당은 매월 2~3원 정도가 지급되고 있다.
6) 보장구 지원대상 품목은 다음과 같다.

분　류	유　　　　　형
지체장애인용	상하지의지, 보조기, 지팡이, 목발, 휠체어
시각장애인용	돋보기, 저시력보조안경, 망원경, 의안, 콘택트렌즈, 흰지팡이
청각장애인용	보청기
언어장애인용	체외용 전기후두

립재활병원 및 정부지원 재활병·의원, 장애인종합복지관, 장애인 수용 및 요양시설 등이 있다. 의료재활 서비스를 강화하기 위하여 300병상 이상의 종합병원에 재활의학과의 설치를 유도하고, 재활 병·의원의 설치를 연차적으로 확충해 나가며, 장애인복지시설에 물리치료사, 작업치료사 등 전문인력을 확대 배치해 나가고 있다(보건복지부, 2013).

5.3 주택보장

현재 실시되고 있는 장애인을 위한 주거보장시책으로는 수급자인 장애인에게 국민기초생활보장법에 의한 주거급여가 2000년부터 제공되고 있으며, 영구임대주택 입주대상자 선정시 가산점을 부여하는 제도와 정신지체인 및 발달장애인(만20세~27세)을 위한 공동생활가정(group home) 운영(1997년부터), 무주택 세대주 장애인에게 국민주택과 공공기관에서 분양하는 85㎡ 이하의 공동주택 공급시 전체 물량의 일부를 특별 분양해 주는 제도 등이 실시되고 있다(보건복지부, 1997). 그러나 장애인을 위한 주거보장정책은 대단히 미흡한 실정이다.

5.4 사회적 서비스

(1) 재가서비스

정부에서는 장애인이 집에서 생활하면서 치료와 교육, 직업훈련서비스 등을 받을 수 있도록 통원가능한 이용시설을 설치, 운영하는 것을 지원하고 있다. 2012년 현재 운영되고 있는 장애인 지역사회재활시설로는 장애인종합 및 장애종별복지관, 의료재활시설, 주간보호시설, 단기보호시설, 공동생활가정, 체육관 등이 운영되고 있으나 그 이용욕구에 부응하지 못하고 있는 실정이다(보건복지부, 2013). 또한 일반사회복지관에서도 장애인복지사업을 실시하고 있으며 재가복지봉사센터의 재가복지 서비스 중에서 장애인이 자주 이용하는 서비스로는 장애인을 위한 가사서비스, 간병서비스, 정서서비스, 결연, 의료서비스, 자립지원서비스 등으로 나타나고 있다(한국사회복지관협회, 1994). 최근에는 자애인의 자립생활지원모형에 입각하여 중증장애인자립지원센터가 많이 생겨나고 있고, 또한 장애인활동 지원제도를 2007년부터 시행하고 있어 장애인 본인과 가족의 부담을 많이 경감시켜 주는데 기여하고 있다.

(2) 시설서비스

장애인 수용 및 요양시설은 2006년 말 현재 288개소가 운영되고 있으며, 이 들 시설을 이용하고 있는 장애인은 20,598명이다. 장애유형별로는 정신지체인 수 용시설이 97개로 가장 많고, 그 다음으로 지체장애인시설 34개, 청각·언어장애인 시설 12개, 시각장애인시설 12개가 운영되고 있다. 다른 유형의 시설들은 변화가 별로 없는 반면 정신지체인 수용시설은 꾸준히 증가하였으며, 중증장애인 요양시설 은 크게 증가하였으나 부족한 실정이다(보건복지부, 2004).

6.   장애인과 재활

6.1 장애의 재활개념

재활이란 장애인이 자신의 장애를 극복하고 잔존기능을 최대한으로 살려 사회 의 구성원으로 자립생활을 하도록 원조하는 것이다. 이 목표에 도달하기 위해서는 장애인을 전인적인 관점에서 평가 판정하고 그 결과에 따라 재활실시계획을 일관된 체계 하에서 실시해야 할 것이다. 이를 위해서는 의료, 교육, 심리, 직업, 사회복지, 재활공학 등 전문분야의 종합적인 팀워크(team work)에 의한 재활과정을 필요로 한다. 이것을 도표로 나타내면 아래와 같다.

심신장애인은 신체적·정신적 결함으로 인하여 혼자 일상생활을 해 나가는데 필요한 기능을 충분히 발휘하지 못하기 때문에 특별한 도움이 필요하게 되며, 이 특별한 도움이란 그들이 처해 있는 환경을 그들의 능력에 알맞게 바꾸어 주어 그들 의 능력을 최대한으로 개발시켜 줌을 말하며, 이것이 장애인 재활사업이다.

재활(Rehabilitation)은 "사람답게 살 권리와 자격과 존엄을 회복하는 것"을 의 미한다. 이러한 의미의 재활을 미국재활협회는 "심신장애인의 신체적, 정신적, 사회 적, 직업적, 경제적 가용능력을 최대한으로 회복시켜 주는 것"이라고 정의하고 있다 (박옥희, 1998: 223). 이러한 재활의 과정은 대단히 광범위하며, 재활의 목표를 달

성하기 위해서는 ① 기본적 욕구와 특수욕구를 충족시키는 일, ② 사회통합, ③ 정
상화(normalization)의 실현이 고려되어야 한다.

재활사업의 영역은 장애발생 면과 장애의 치료적인 면으로 크게 나눌 수 있으
며 치료적인 면은 다시 보호기능 중심(care)과 기능개발 중심(rehabilitation)으로
구분할 수 있다. 이러한 기능은 장애가 무거울수록 보호기능이 크고 가벼울수록 재
활의 비중이 강조된다.

6.2 종합재활과정

장애인이 가지고 있는 장애의 상태를 최소화하고 잔존능력을 개발하여 장애의
극복과 최대한의 자립적 생활에 접근시키기 위하여 의료, 교육, 직업, 사회, 심리,
재활공학 등 전문분야와의 종합적인 팀웍에 의한 재활과정이 요구되며, 이것을 전

┃그림 13-1┃ 장애인의 전인재활 과정

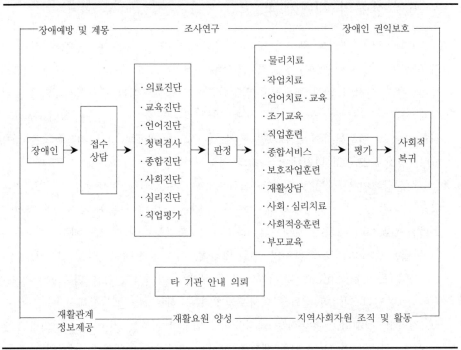

자료: 손광훈. 2005. 249.

인재활 과정이라고 한다(<그림 13-1> 참조)

재활은 많은 전문가의 협력을 필요로 하는 과학적인 행위인 동시에 분리할 수 없는 한 사람의 인격체로서의 전 인간적인 복권을 위한 통합적인 접근이어야 한다.

6.3 재활의 영역

(1) 의료재활

의료재활은 장애상태를 최소한으로 줄이고 잔여능력을 최대한으로 증진시켜, 사회에 복귀시키는 데 궁극적 목표를 두는 재활과정으로서 장애화의 예방, 정확한 진단, 치료, 청력검사 및 청능훈련, 직업재활에 필요한 기능검사와 적응훈련, 보장구·보조기의 착용 및 사용지도 등의 역할을 담당한다(전용호, 1995: 51-53).

치료방법으로는 약물투여 및 수술 등의 병적 요인에 대한 치료와 기능을 향상시키기 위한 물리치료, 작업치료 및 언어치료 등이 있다. 이러한 의료재활을 담당하는 전문가들로는 의사, 간호사, 물리치료사, 작업치료사, 언어치료사, 보조기제작자 등이 있다.

(2) 교육재활(특수교육)

인간 존재의 존엄성에 입각한 특수교육은 장애아동 개인이 가지는 능력의 정도나 장애의 심각성을 문제삼지 않고 모든 장애아동이 스스로 행복한 삶을 느끼고 살아갈 수 있도록 하는 데 기본이념을 두고 있다. 우리나라 헌법 제31조에서 모든 국민은 '능력에 따라' 균등하게 교육 받을 권리를 갖는다고 규정하고 있다. 국민으로서 마땅히 누려야 할 교육권이 장애인이라는 이유로 보장되지 않아서는 안 된다.

특수교육이란 심신의 결함으로 인하여 유·초·중·고등학교 등의 일반교육 기관에서 교육을 받기 곤란한 특수한 교육욕구를 가진 사람에게 그 특성에 적합한 교육과정·교육방법 및 교육매체 등을 통하여 교과교육·치료교육(심리치료·언어치료·물리치료·작업치료·보행훈련·청능훈련 및 생활적응훈련 등의 교육활동) 및 직업교육 등을 실시하는 것을 말한다.

특수교육 대상은 시각장애·청각장애·정신지체·지체부자유·정서장애·언어장애·학습장애 등으로 인하여 특수교육을 필요로 하는 사람으로 선정된 사람을 말한다. 다른 관점에서 특수교육의 대상을 세 가지로 분류하면 첫째, 일반아동과 똑같은 교육과정을 이수할 수 있는 지능을 가지고 있으나 신체적 혹은 일시적 치료나 훈련을 위하여 정규과정의 일반교육 기관을 활용할 수 없는 경우이고 둘째, 지적능력의 저하로 인하여 일반아동과는 다른 교과과정과 교육재료를 요하는 경우이며 셋째, 시각장애·청각장애 등의 장애로 특수한 교과와 교재를 요하는 경우이다.

상기 대상의 특수성에 따라 학령기 아동은 특수학교, 일반학교 특수학급·학습도움실, 재택교실(순회교육)의 방법으로 지원하고 있다. 그리고 취학 전 아동은 장애아동 유치원(일명 조기특수교육교실 → 조기교육실)에서 교육하고 있다. 우리나라의 특수교육은 초등학교 및 중학교 과정의 교육을 의무교육으로 하고, 유치원 및 고등학교 과정의 교육은 무상교육으로 실시하고 있다(특수교육진흥법, 1995).

장애아동의 교육을 위해서는 특수교사, 생활지도교사, 치료교육사(심리치료사·언어치료사·물리치료사·작업치료사·보행훈련교사·청능훈련교사 등), 직업평가 및 훈련교사, 학교 사회사업가·임상심리가 등 다양한 전문요원들의 팀 접근이 필요하다.

(3) 사회심리재활

사회심리적 재활은 장애인이 그 장애를 극복하고 사회에 복귀하여 사회의 일원으로 원만히 적응해 나갈 수 있는 정신적 재활을 의미한다. 의료적 기능개발이나 직업훈련을 통한 기술습득만으로 완전한 의미의 사회통합이 어렵기 때문에, 사회사업가는 장애로 인한 장애인의 심리적 열등감, 소외감, 사회적 장애를 해소시켜 자신감을 심어 주고 강화하며, 환경에 대한 적응력을 배양해 주는 역할을 담당한다(박옥희, 1998: 238-243).

사회심리재활의 방법으로는 ① 장애인이 자기 자신을 있는 그대로 받아들일 수 있어야 하고, ② 자신의 문제를 정확히 판단하고 스스로 해결하고자 하는 강한 동기를 조성하며, ③ 자기의 왜곡된 성격 및 행동의 교정에 스스로 참여하도록 도와주며, ④ 사회로 하여금 장애인에 대한 올바른 인식을 고쳐시켜 편견을 버리도록 함으로써 재활사업의 사회적 여건도 조성하여야 한다.

이러한 사회·심리적 재활의 내용은 재활상담, 집단지도, 사회적응을 위한 집단활동, 가족치료, 심리요법 등의 방법을 통해 수행된다. 이것을 담당하는 전문가들로는 사회복지사, 임상심리가 등이 있다.

(4) 직업재활

직업재활이란 심신의 결함을 지닌 장애인의 직업적·경제적 능력을 최대한으로 찾고 길러줌으로써 일할 권리와 의무를 일반인과 똑같이 갖게 하는 것이라 할 수 있다. 장애인이 직업을 갖고 자립생활을 영위하는 것이 사회통합을 위한 최대 과제라 한다면, 직업재활은 모든 재활과정의 최종적 목표라 할 수 있는 것이다.

장애인의 직업재활을 위해서는 장애의 종류 및 정도에 따라 각종 선택 및 훈련 형태가 구별되어야 한다. 직업재활을 위한 과정은 다음과 같다(정순민, 1994: 183-207).

① 직업/직능평가

② 직업전 훈련/직업훈련

③ 보호고용

④ 지원고용

직업능력평가, 직종의 개발 및 선택, 직업훈련, 취업알선, 사후지도 등의 절차를 밟게 되는데 특히 중증의 장애인에게는 생활교육, 직업전 교육, 단순작업, 적응훈련을 실시하여 자립작업장에서 일할 수 있도록 한다. 직업재활을 위한 요원으로는 직업평가사, 직업상담가, 직업훈련교사, 특수교사, 작업치료사, 직업보도교사(취업담당자) 등이 있다.

참 고 문 헌

경제기획원. 1997. 2000.「예산개요」.

김기태·황성동·최송식·박봉길·최말옥. 2013. 정신보건복지론 제3판. 서울: 양서원.

김동국. 2013.「동양적 패러다임으로 쓴 장애인복지론」. 서울: 학지사.

김용득·김진우·유동철 편. 한국 장애인복지의 이해. 서울: 인간과 복지.

김중대. 1991.「장애인복지론」. 서울: 홍익출판사.

교육부. 특수교육진흥법.

박옥희. 1998.「장애인복지의 이론과 실제」. 서울: 학문사.

손광훈. 2005.「장애인복지론」. 서울: 학현사.

신섭중. 1993.「한국사회복지정책론」. 서울: 대학출판사.

보건복지부. 1997.「장애인복지사업지침」.

_____. 1996.「보건복지통계연감」.

_____. 1997.「보건복지통계연감」.

_____. 2003.「보건복지통계연감」.

_____. 2000.「보건복지백서」.

_____. 2000.「보건복지백서」.

_____. 2003.「보건복지백서」.

_____. 2004.「보건복지백서」.

_____. 2013.「보건복지백서」.

보건복지부. 2001.「21세기 장애인 복지 정책」.

정순민.「장애인의 재활·복지」. 서울: 중앙경제사.

한국보건사회연구원. 1995.「1995년도 장애인실태조사」.

한국보건사회연구원. 2001.「2000년도 장애인실태조사」.

한국보건사회연구원. 2012.「2011년도 장애인실태조사」.

한국사회복지관협회. 1994.「재가복지봉사센터 현황조사 보고서」.

전용호. 1995.「장애인복지론」. 서울: 학문사.

황의경·배광웅. 1993.「심신장애인재활복지론」. 서울: 홍익제.

上田敏. 1990.「リハビリテーションを 考える」. 東京: 青木書店.

제 14 장
의료사회사업

1. 의료사회사업의 개념과 기능

1.1 의료사회사업의 개념

현대사회에서의 의학은 의료의 질적 변화와 공급체계의 불균형 그리고 확대되는 의료의 사회화로 인해 환자와 의사의 만남은 계약화되고 환자와 접하는 시간이 제약되므로 그 관계가 비인간화되고 있다(김규수, 1995: 23).

그러나 인간은 단순히 생물학적인 존재만이 아니라 심리사회적인 존재이다. 따라서 질병은 신체뿐만 아니라 사회와도 연관되고, 생활환경 그 자체가 신체에 영향을 미친다. 주거·노동조건·인간관계·사회관습 등을 무시하고 질병을 설명하기는 힘들다. 따라서 의학 이외의 학문과 방법이 필요하게 되었다. 그리고 현대에 있어서 인간의 생명은 이전보다 더 존중되고 있고, 질병 중심의 의료에서 인간 중심의 의료로 변화될 필요성이 높아지고 있는 가운데 인간의 사회·심리적인 부담은 증가하고 있다. 근대화·합리화된 의료에서 인간의지의 지원에 대한 관심이 증가되고 있는 것이다(中島さつき·杉本照子·橋高通泰編, 1988: 5).

따라서 의료사회사업은 질병과 사회적 요인들에 관계한 것으로 질병을 하나의 사회적 문제로 파악한다. 신체적 질병의 영향은 광범위한 사회적·정서적 구성요소를 지닌 현실적인 문제이며, 이것은 환자와 그 가족들이 마음의 평형을 잃게 만든다. 사회복지사는 이에 부응하여 직접적인 개별사회사업뿐만 아니라 집단치료, 가족

치료, 환경요법, 프로그램과 정책계획 및 개발, 진찰, 조사, 교육, 행정 그리고 지도
력 등의 적절한 서비스를 실시해야 한다.

보건세팅에서의 사회사업은 의학과의 협동으로 실천되며 또한 공중보건 프로그
램과의 협력으로 이루어진다. 이것은 사회사업 지식, 기술, 태도, 가치를 보건에 적
용하는 것이다. 사회사업은 사회적 기능성과 사회적 관계에서의 실패를 초래하는
사회적·환경적 스트레스에 의해 유발되었거나 혹은 관련된 질병을 규명한다. 사회
사업은 사회적·심리적·환경적 힘이 클라이언트의 역할에 영향력을 미칠 때, 질병
의 조사, 진단과 치료과정에 의학 및 관련 전문직과 더불어 개입한다(Skidmore,
Thackeray, and Farley, 1991: 149).

의료사회사업의 개념은 의료의 개념을 어떻게 규정하느냐에 따라 협의의 개념
과 광의의 개념으로 나누어 볼 수 있다.

협의의 개념에서 볼 때 의료사회사업이란 질병의 치료·회복에 목표를 두고 의
료(medical care)의 입장에서 질병과 직접적으로 관련이 있는 심리사회적인 문제
를 다루는 사회사업활동이다. 즉 의료사회사업은 병원이나 진료소에서 사회복지사
가 임상 치료팀의 일원이 되어 사회복지의 관점에서 질병의 원인과 치료에 장애가
될 수 있는 심리사회적인 문제를 해결하도록 도와 주고, 환자가 퇴원 후에도 정상
적인 사회기능을 발휘할 수 있도록 환자뿐만 아니라 가족에게까지도 전문적인 서비
스를 제공하는 활동이다.

반면에 광의의 의료사회사업이란 질병예방, 건강증진 및 지역사회의 의료복지
달성을 목표로 하는 보다 포괄적인 개념이다. 여기에서 사용되는 의료의 개념은 건
강관리(health care)이다. 광의의 개념에서는 서비스의 주요 기능이 주민의 건강유
지 및 개발에 치중하고 있다. 사회복지사의 활동영역도 기존의 의료시설은 물론 의
료문제를 가지고 있는 지역, 의료제도 그리고 보건정책 결정기관과 보건행정기관
등이 포함된다. 따라서 보건정책과 제도의 결정 및 시행에 영향력을 행사하고, 다양
한 의료 욕구와 문제를 해결하기 위한 상담과 자문활동 등이 광의의 의료사회사업
에 포함된다(유수현, 1989: 68-69).

일반적으로 의학 및 의료의 분야에서는 「어떤 병을 가지고 있는가?」에 관심을
가지고 있다. 이러한 관점에서 의료부분에「치료와 입원을 원하고 있는 사람들은 어
떤 사람들인가?」 하는 관점의 변화를 가져올 수 있는 것이 바로 의료사회사업이다
(斉藤安弘·阪上裕子, 1986: 217).

1.2 의료사회사업의 기능

사회사업은 하나의 전문직으로서 ① 사람들의 문제해결능력을 강화시키고, ②
사람들에게 자원, 서비스 및 기회를 제공하는 제도와 사람을 연결해 주고, ③ 이들
제도의 효과적 인본주의적 운영을 도모하고, ④ 사회정책의 개발과 개선에 기여하
고자 하는 목적을 갖는다(Pincus and Minahan, 1973). 의료세팅에서의 사회복지
사의 주요 과업은 환자와 그 가족에게 사회복지서비스를 전달하는 것이다. 의료사
회복지는 가장 흔하게 다음과 같은 목적을 지닌다. 즉 ① 환자가 의료제도나 기관
에 접근하여 의료를 효과적으로 이용할 수 있도록 촉진하는 것, ② 건강문제에 대
한 환자와 그 가족의 정서적 고통을 완화시키는 것, ③ 환자의 질병이나 상태에 의
하여 야기된 문제를 해결하는 것 등이다(Furstenberg, 1984: 30).

질병과 장애에 대한 다양한 사회심리적 반응과 그런 반응을 이해하고 다룰 필
요성이라는 견지에서 의료기관 내에서의 사회사업실천의 전문성이 발전해 왔다. 의
사들은 사회복지사를 의학과 연합을 맺고 있는 것으로 생각하고, 사회복지사들이
근무하고 있는 병원에서는 사회복지사들은 의료팀의 한 일원이 된다. 의사, 간호사
및 다른 치료사들과 협력할 때, 의료사회복지사는 환자와 비슷한 욕구를 지닌 환자
그룹을 위하여 조사, 진단, 및 치료계획과정에서 중요한 역할을 한다. 의료사회복지
사들의 기본 목적은 환자가 사회적 기능을 회복하도록 돕는 것이다. 그들은 환자가
자신의 사회적·정서적 문제를 해결하도록 도와서 환자가 질병으로부터 회복되거나
만족한 적응수준에 도달하도록 돕는다. 그 외에 그들은 의학, 가족, 그리고 사회적
서비스 영역 사이에서 아주 중요한 연결고리를 제공한다. 의료사회복지사들은 병원
의 급성, 만성 혹은 재활서비스의 대부분의 영역에서 찾아볼 수 있다(Friedlander
and Apte, 1980: 407).

이러한 목적과 의의를 지니고 병원에서 이루어지는 사회사업의 기능을 구체적
으로 살펴보면 다음의 것처럼 제시할 수 있다(Skidmore, Thackeray, and Farley,
1991: 154).

① 환자의 심리사회적·환경적 장점 및 약점을 사정한다.
② 각 팀성원의 지식과 기술을 최대한으로 활용할 수 있도록 서비스의 전달에
   서 팀과 협력한다.
③ 가족이 치료에 협력하고 환자가 의료서비스를 잘 활용할 수 있도록 돕는다.

④ 학제간의 지식을 공유함으로써 병원의 서비스를 개선하기 위하여 타 분야 주요 전문가들과 제휴한다.

⑤ 환자의 욕구와 적절한 자원을 연계하는 지역사회서비스의 중개자로서 기여한다.

⑥ 정책결정과정에 참여한다.

⑦ 성공적인 실천을 위한 지식토대를 확대하기 위해 조사연구에 관여한다.

의료사회사업이 의료기관에서 수행하는 핵심적인 기능은 다음과 같다.

첫째, 환자나 그 가족에 대한 질병의 성격, 그들의 가족적 성향 및 사회환경 등이 어떠한 상호관계를 맺고 있으며 그들이 질병에 대하여 가지고 있는 심리적 상태 등을 잘 이해한다.

둘째, 환자나 가족들과의 밀접한 대인관계를 통하여 환자의 잠재적 능력과 질병간에 효과적인 조절을 꾀할 수 있도록 한다.

셋째, 필요시에는 그 지역사회가 지니고 있는 의료 및 사회복지 자원으로 그들이 요구하는 욕구에 맞도록 조정한다.

넷째, 환자 및 그 가족들의 정서적·사회적 제반 문제와 그들의 능력을 의료팀에게 이해시켜 그들이 상호협동을 할 수 있도록 돕는다.

마지막으로 질병의 예방, 건강의 증진, 환자의 재활지도 및 사회복귀를 효과적으로 달성할 수 있도록 필요한 기능을 수행한다.

2. 의료사회사업의 발달과정

의료의 역사는 구빈역사와 함께 옛날부터 근대에 이르기까지 미분화된 형태로 전개되어 왔다. 이는 오늘날 병원을 의미하는 'hospital'이란 용어가 ① 공주에 의한 순례자나 나그네의 접대, ② 빈곤자, 노령자, 허약자 혹은 연소자를 위한 자선시설, ③ 병자, 상해자가 치료를 받는 시설 혹은 장소로 설명되고 있는 것에서 알 수 있다. 'hospital'이란 용어의 기원에서 알 수 있듯이 오늘날 병원도 빈자를 위한 무료치료를 한다는 점은 hospital의 원형적인 기능이기도 하며 또한 의료와 사회사업이 깊고도 오랜 연관을 맺어 왔다고 하겠다(김규수, 1995: 47).

의료사회사업이 전문직으로 발전하기 이전에 영국과 미국에서는 다음과 같은 기원적인 서비스나 활동이 있었다(구종회, 1989: 59-64; Friedlander and Apte, 1980: 408-409).

2.1 비조직적인 봉사

서양교회사를 보면 종교적 지도자들이 육체적 고통으로 말미암아 어떤 위기에 직면해 있는 개인이나 가정을 보호해 주며 정신적 도움을 베풀어 주었다. 14세기 초 영국의 일부 교회에서는 병원형태의 수도원과 구빈원을 설립하기 시작하여 빈곤자, 노동불가능자, 맹인, 불구자, 노인, 질병자 등을 수용 보호하였다.

2.2 간호사들의 봉사활동

간호사들의 기본적인 임무가 환자를 위한 의료적 봉사활동이기 때문에 과거에 간호사가 제공한 사회적·정서적 문제에 대한 봉사활동은 비조직적인 의료사회사업의 기원이라 할 수 있다. 1893년에 뉴욕에 있는 헨리거리에 있는 인보관(Henry Street Settlement House)의 월드와 브로스트(Wald and Brewster)는 너무 가난하여 의료비와 간호비용을 지불할 수 없는 근린지역 병자들의 가정을 방문하기 시작하였다. 그 당시의 간호사들은 환자를 위하여 단순한 치료보조자의 역할을 할 뿐 아니라 환자와의 은밀한 대담 속에서 환자의 질병 이외에 환자의 개인 및 가정 문제에도 깊이 관여하여 도와 주고 있었다. 이와 같은 간호사들의 봉사활동은 점차 의료사회사업의 필요성을 일반인에게 인식시켰을 뿐만 아니라 현대 의료사회사업 형성에 크게 공헌을 하였다. 그래서 오늘날에도 간호사들은 사회사업과정에서 상호 협동적인 역할을 아주 많이 수행하고 있다.

2.3 부녀봉사원들의 활동

부녀봉사원(Almoner)의 활동은 1875년 런던자선조직협회의 로크(Lock)경의 선도적인 역할로 조직된 것으로서 1895년 런던 왕립시료병원(Royal Free Hospital)에서 처음 채택하여 시행되었다.

여기서 Almoner의 뜻은 19세기 영국의 자선사업가 또는 봉사원으로서 의료사회복지사의 원형이라 할 수 있다. 이러한 부녀봉사원들의 의료서비스는 빈곤한 환자의 경제적인 원조를 종합적으로 다루는 방법으로 시작되었고 병원과 자선조직협회간에 긴밀한 업무협조의 활동이 있었다. 요컨대 그들의 주 업무는 ① 환자의 병원비 지불능력의 조사, ② 구빈법에 의한 구제대상의 적격여부 사정 및 통보, ③ 입원이 필요한 환자에 대해서는 무료진료소에 의뢰하는 일을 맡아서 하였다.

2.4 정신병 환자의 사후지도

1880년 초 영국의 사회복지단체가 주축이 되어 정신병원에서 퇴원한 환자를 대상으로 갈 곳이 없는 불우한 환자에게는 위탁가정이나 사회복지시설 혹은 요양원 등에 의뢰하고 퇴원한 환자들은 지역사회에 적응할 수 있도록 직장을 알선해 주며, 질병의 재발을 피하고 막기 위하여 환자가정을 방문하여 환자에게 필요한 케어가 무엇인가를 가족과 친구들에게 조언하였다. 이와 같은 독특한 서비스는 의료사회사업의 일부로서 발달하여 오늘날 정신보건사회사업의 기원적인 활동이 되었다고 할 수 있다.

2.5 의과대학생들의 봉사활동

1902년 볼티모어(Baltimore)에 소재한 존스 홉킨스(Johns Hopkins)대학의 에머슨(Emerson) 박사는 의학교육에서 의과대학생들이 사회 및 정서적인 문제에 대한 조사를 하기를 원하였으며 학생들에게 환자의 질병에 대한 사회경제적 및 생활의 제 조건의 영향을 이해시키기 위하여 자선기관에서 자원봉사활동을 하게 하였다.

이것은 의료에 있어서 환자의 전인적 이해, 즉 질환에 따른 환자의 심리적·사회적·경제적인 모든 조건의 이해와 영향력을 이해시키려는 큰 의의가 있는 것으로, 의료에서의 사회과학의 참여가 필요함을 시사한 활동이라고 볼 수 있다.

이상과 같은 기원적 활동과 더불어 영국에서는 자선조직협회의 사무국장인 로크경(Charles Loch)의 노력에 의해 1896년 왕립시료병원에서 의료사회사업이 처음으로 시작되었으며(Bessell, 1970: 18), 미국에서는 열정적이며 유능한 내과의사인 캐봇(Cabot) 박사의 용기 덕분에 1905년에 보스톤에 있는 매사츄세츠종합병원에서 의료사회사업이 체계적으로 시작하였다. 그 후 병원과 다른 의료세팅에 사회사업을 도입하는 것은 매우 느렸지만 점진적으로 발전하였으며, 오늘날 많은 병원들이 전문사회복지사를 직원으로 채용하고 있다. 1988년 미국병원협회에 보고한 5,111개의 병원들 가운데서 82%가 사회사업서비스를 갖추고 있는 것으로 나타났으며 사회복지사 수는 약 50,000여 명이 넘었다(Skidmore, Thackeray, and Farley, 1991: 149)

한국에서도 1950년대 초에 병원에서 최초로 사회복지사를 채용한 이래 1974년 의료법시행령의 개정으로 종합병원에는 의무적으로 사회복지사를 1인 이상 채용하도록 한 것에 힘입어 그 수가 증가하였다. 그리고 1977년 의료보험법에서 정신의학사회사업의 의료수가 인정으로 또 한번 정신과병원을 중심으로 하여 의료사회사업의 발전이 이루어졌고 1994년부터는 재활의료분야에서도 사회복지사의 활동에 대한 의료보험수가를 청구할 수 있게 되어 그 활용이 크게 증가하고 있다. 2001년 현재 전국 80여 개의 병원에서 약 300여 명의 의료사회복지사들이 활동하고 있다.

3. 의료사회사업의 실천과정

보건의료분야에서 사회사업의 실천은 접근방법과 기술의 광범위한 영역을 포함하고 있다. 그러나 보건의료사회사업에서 가장 중요한 세 가지 접근법은 상황적·과도적 위기를 포함한 위기이론을 중심으로 한 단기치료, 일련의 개입, 그리고 장기치료 등이다. 사회복지사는 임상과정의 시계열단계(時系列段階)에 따른 지식, 가치 그리고 기술을 갖추게 된다.

3.1 초기단계

초기단계(김규수, 1995: 89-124)는 환자나 가족이 사회복지사를 찾아오거나 의료진(의사, 간호사)에 의해서 의뢰되어 도움을 요청하는 시기에서부터 원조서비스의 준비, 관여, 탐색, 문제규정과 사정, 계약, 목표설정 그리고 다음 단계의 설정 등이 이 과정에 포함된다.

준비단계는 환자와 접촉하기 이전에 원조과정의 성공적인 시작에 확신을 줄 수 있는 단계이다. 사회복지사의 첫 과업은 환자의 생활공간을 민감하고, 적절하게, 원

조적으로 자신이 관여할 수 있도록 함으로써 초기접촉을 준비하는 것이다. 이 같은
준비단계에서는 예기되는 감정이입, 사려 깊은 감상, 그리고 계획 등이 내포된다.
사회복지사는 감정적으로나 인지적으로 환자, 가족 그리고 그 집단이 경험하고 느
꼈던 것들을 면접에서 그가 얘기하고 확인하게 된다.

관여(engagement)란 환자와 사회복지사가 목표달성을 위하여 각자의 과업을
성공적으로 수행할 수 있게 환자, 가족 또는 관련된 사람들과 업무수행상의 관계를
확립하는 것을 말한다. 그리고 관여의 기술은 인간조직, 개인, 부부, 가족원 그리고
그와 관련된 집단원 등 어느 수준에서나 요구되는 것이다. 관여, 탐색 및 사정 기술
들은 준거틀을 개발하고, 환자 가족의 현 상황에서 핵심적인 요인을 확인하고 문제
의 형성과 해결에 필요한 초점을 갖기 위하여 숨겨진 정보, 수행과정에 따라 적절
한 문제를 선택하는 일, 기능의 수준에 관련된 문제를 사정하는 일, 환자 또는 그의
사회사업체계 내에 있는 문제를 사정하는 일, 성공여부를 평가하는 일이나 일을 함
께 하는 사람을 사정한다.

사정단계는 초기단계에 포함되는 것이지만 사회사업에서는 지속적이고 계속적
인 부분이다. 사정의 목적은 클라이언트와 의료진이 개입을 위한 표적문제를 결정
하고 개입목표를 묘사할 수 있도록 돕는데 있다. 이와 같이 사회복지사의 문제사정
의 목적은 그가 다루고 있는 상황을 이해하고 개별화하며 특수한 상황 속에서 관련
성 있는 요인들을 발견하고 분석하는 데 도움을 받고자 하는데 있다.

사회복지사와 다른 체계가 일단 접촉하면 그의 주요 방법과 목표는 다른 체계
의 사람들을 변화노력에 가담시키는 것이다. 이 목표를 수행하는 첫 단계가 계약
(contracting)을 교섭하는 일이다. 계약이란 사회복지사와 클라이언트가 표적문제,
목표와 개입전략 그리고 참여자의 역할과 과업에 대하여 명백한 동의를 하는 것으
로 정의되며 역동적이고 발달적인 과정으로 기술하고 있다. 그러나 계약을 하는데
중요하게 강조되는 것은 신중한 공감으로 환자에게 그의 문제를 명확하게 하고 문
제의 규정을 수용하게 하며 그 문제해결을 위한 노력을 하도록 돕는 데 결정적인
것이 된다. 따라서 공감적 이해는 치료과정에 있어서 보다 일반적인 요소일 뿐 아
니라 계약을 교섭하는 기술에 결정적인 부분이다.

3.2 개입단계

개입은 문제의 사정과 확인 또는 환자의 체계 내에 요구되는 자원, 서비스를 제공하는 데 관여하는 중요한 보건·의료 전문가들과의 협력, 해결해야 되는 환자의 문제와 계약을 하는 일 그리고 문제해결과정에 각각 참여자의 특수한 과업 등을 기반으로 한다. 따라서 개입은 환자체계와의 대면적 첫 접촉으로 시작된다. 개입에 처음으로 임하는 목표는 문제확인과 해결을 위한 구성을 하는 것에 있다. 개입은 환자 또는 그 가족체계, 즉 감정, 인식, 획득한 자원, 개발적인 쟁점, 예비적인 활동, 극복과 적응적인 행동을 강화하는 등의 변화를 지향하게 된다. 저메인(Germain, 1984: 78)은 개입단계에서 클라이언트의 과업을 ① 질병이나 장애의 계속적인 요구에 대처하기 위한 동기 ② 질병이나 장애 혹은 다른 스트레스로부터의 요구를 다루는 문제해결활동 ③ 고통스러운 감정을 관리하고 자기존중감을 유지하여 최적의 대처노력이 이루어지게 함 ④ 자율성의 유지라는 네 가지로 구분하고 그에 따른 의료사회복지사의 실천과제와 역할을 자원동원자, 교사나 지도, 원조자, 촉진자 등으로 설명하고 있다. 개입에서는 사회복지사가 클라이언트의 문제해결을 위하여 개인, 집단, 가족 그리고 지역사회를 활용한 다양한 전략을 수립하고 실천하게 된다.

3.3 종결 및 평가단계

종결은 클라이언트의 변화를 위한 노력을 종결짓는 단계로 모든 사회복지실천은 반드시 이 단계에 이르게 되며 의료사회복지실천에서도 이 단계는 매우 중요한 의미를 갖는 단계이다. 일반적으로 의료사회복지실천에서 이루어지는 종결은 계획된 종결인 경우가 가장 많다. 즉 클라이언트가 병원에 입원해 있는 동안에 서비스가 이루어지다가 퇴원과 더불어 종결된다. 그러나 반드시 그렇지는 않다. 클라이언트가 충분히 치료되지 못하였다 하더라도 여러 가지 이유로 미성숙하게 종결하거나 클라이언트 혹은 사회복지사의 사정에 의한 조기 종결, 중단 등이 일어날 수 있다. 의료세팅에서 일반적인 사회복지실천의 종결과 다른 것 중의 하나가 클라이언트의 사망에 의한 종결이다. 이런 경우 의료사회복지사는 특히 스스로를 잘 관리해야 할 뿐만 아니라 클라이언트의 가족에게도 충분한 관심을 기울여야 한다.

평가는 계획된 변화과정 전반에 걸쳐 계속되는 활동으로서, 각 단계마다 과업이 완료되었을 때 당초의 목적을 달성했는지 여부를 사정하는 과정이다. 평가의 내용은 크게 두 가지이다. 첫째는 변화노력에 대한 성과의 과정이다. 성과는 성과목표를 명확히 할 수 있어야 하고 당초의 목표를 명료화한 데서 얻어질 수 있다. 그리고 성과목표의 평가는 긍정적인 성과와 부정적 성과를 비교하여 검토해야만 한다.

둘째는 성과목표가 성취한 과정에 초점을 두는 일이다. 이것은 개입과정에 사용한 기술, 방법, 전략은 물론 의료사회복지사가 변화행동체계로서 얼마만큼 효과적으로 역할을 수행하였으며 동원된 행동체계와의 협력관계 등에 대한 평가가 있어야 할 것이다.

4. 의료사회복지사가 필요로 하는 지식

의료사회사업분야에 속한 의료사회복지사가 진단과 치료의 과정에서 업무를 하기 위해서는 어느 정도의 의학적 지식을 필요로 한다. 의료사회복지사가 자신의 업무를 하는 과정에서 의학적 지식을 소유하고 있는가 아닌가 하는 부분은 팀의 구성원으로서 자신의 역할과 능력을 제대로 발휘하는가와 관련이 될 수 있다.

의료사회복지사가 필요로 하는 의학적 지식으로는 다음의 것들이 있다.

① 질병의 원인에 관한 지식이다. 환자와 가족 중에는 새로운 의학적 지식을 접하는 경우도 있고 전혀 무지한 경우도 있다. 그리고 전통적인 방법이나 잘못된 지식을 고집하기도 한다. 그러므로 의료사회복지사는 어느 정도의 의학적 지식을 소유하고 있어야 한다.

② 전염병의 원인에 관한 지식이다. 전염병이 타인으로부터 직접 전염되는지 혹은 간접적으로 전염이 되는지 등 질병이 전염되는 방법에 관한 지식을 가지고 있어야 한다.

③ 신체의 저항, 면역성, 유전 등 복합적인 원인에 관한 지식도 가지고 있어야 한다.

④ 예방의학에 관한 지식이다. 노력에 의하여 질병을 초기에 예방하고, 전염의 만연을 막을 수 있는 예방의학의 지식은 특히 보건소나 지역사회 의료사회복지사에게 필요한 지식이다.

⑤ 질병의 예후에 관한 지식이다.

⑥ 질병의 증상에 관한 지식이다.

⑦ 위생의 원칙에 관한 지식이다(中島きつき・杉木照子・橋高通泰編, 1988: 16-22).

지식은 전문적인 실천의 핵심적인 요소이며, 전문적인 능력은 사회사업의 가치와 목표에 의해 나타나는 지식과 기술에 바탕을 두고 있다. 더욱이 의료영역에서의 사회사업의 실천은 여러 학문 분야의 전문적 지식에 대한 이해를 필요로 하기 때문에 의료 분야에 대한 지식체계를 확립시키는 일은 의료의 장에서 일을 함에 있어서 아주 중요하다.

5. 의료사회복지사의 역할

초기 의료사회복지사의 역할은 대개 환자의 퇴원 후 사후지도와 방문지도였으며 의사의 요청이 있을 때 환자의 사회력을 조사하여 보고하는 일로서 주로 개별사회사업의 접근이었다. 그러나 지금은 의료에 대한 관점의 변천에 따라 의료사회복지사도 그 역할이 다양해졌으며 여러 가지로 변화・확대되어 환자의 질병치료영역 뿐만 아니라 가족 및 지역사회보건사업에 깊은 관심을 갖고 보건의료전달체계의 개선이나 의료복지정책에까지 그 역할을 담당하기에 이르렀다. 앞으로 의료사회복지사들은 새로운 보건정책의 목표와 목적을 개발하는 데 중요한 계획자로서 참여하여야 한다. 하지만 우리나라는 의료사회복지사의 역할범위가 이렇게 광범위하지 못하며 아직까지 표준화된 직무규정을 확립하지 못하고 있어 의료사회사업서비스의 질적 향상과 의료사회복지사의 전문적 정체성을 확립하는 데 많은 어려움이 야기되고 있으며 일반인의 인식도 매우 부족한 실정이다.

김기환 등에 의한 의료사회사업가의 직무표준화를 위한 연구(1997: 26)에서는 대학부속병원과 일반병・의원에서 근무하고 있는 의료사회복지사의 핵심적인 업무를 심리・사회적 문제의 원인조사 및 사정, 치료계획에 의한 환자의 개별치료, 환자와 환자가족교육, 환자와 환자가족에게 질병에 대한 정보제공, 후원자 연결 등을 통한 병원외적 자원과 연결, 지역사회 자원과 연결, 퇴원계획 상담, 사례분석평가, 보고서 및 업무일지의 기록, 사회사업부서의 운영에 관한 회의, 전문성 제고를 위한 교육참여의 11가지로 분류하였다.

의료사회복지사들은 크게 두 가지 방향에서 역할을 수행한다. 첫째, 병원에 입원된 환자들에게 사회적 서비스를 제공할 것이 기대되며 그런 소명이 부여된다. 이런 경우 환자치료수준에서는 보통 다른 전문가들과 마찬가지로 의료사회복지사들은 환자를 담당하고 있는 의사에 대한 보조자로 가정된다. 환자는 '의사'의 환자이고 다른 소유과정에서와 마찬가지로 의사는 어떤 목적을 향하여 환자와 함께 노력하는 데 통제력을 발휘한다. 둘째, 의료사회복지사들은 대개 단지 하나의 역할만을 수행하는 치료집단의 일부로 늘 일을 한다. 의료사회복지사들에게는 치료자의 역할이 기대되며 그런 일을 수행하도록 소명이 부과된다(Falk, 1990: 64-69). 그러나 앞으로는 주민들이 건강한 지역 속에서 행복한 생활을 누릴 수 있도록 돕는 지역사회중심의 보건사회복지사로서의 역할이 더욱 요청된다고 하겠다(Clancy, 1995: 68-68).

5.1 의료사회복지사의 전문적 역할

김상규(1982: 362-363)는 의료사회복지사의 전문적 역할을 다음의 네 가지로 설명하고 있다.

(1) 심리사회적 치료자의 역할

질환으로 야기되는 심리적인 문제는 바람직한 의료서비스를 받는 데 장애가 되기 쉬우므로 환자가 안정감, 자신감 그리고 용기를 갖도록 지지적인 개별사회사업의 치료역할을 수행한다. 재활환자의 경우 자신의 과소평가로 인한 문제 등을 집단을 활용한 방법을 통하여 성취감과 자신감을 갖게 하고 참여의욕을 증진시킴으로써 당면문제를 해결하거나 완화되도록 돕는다.

또한 환자의 가족체계에서 야기되는 문제를 가족이 어떻게 수용하느냐 하는 문제로 질환의 특성을 가족에게 이해시켜 치료적인 협력과 분위기를 조성하여 환자의 재적응의 문제를 돕는 활동을 수행한다.

(2) 서비스 조정자의 역할

치료에 참여하는 여러 다른 전문요원과 함께 각기 다른 전문적인 진단과 치료 및 서비스계획을 수립함에 있어서 심리사회적·경제적인 정보를 제공하여 환자의 전인적인 이해를 증진시킨다. 또한 의료팀의 종합적이고도 통합적인 서비스를 위한 협력과 조정을 담당하며, 외부자원의 활용을 위한 조정 또한 중요한 과제이다.

(3) 자원동원자의 역할

의료적 치료에 있어서나 재활과정에 있어서 인적·물적·제도적·법적인 자원을 필요로 하고 있다. 물론 병원내의 의료적인 제 사회자원의 활용을 극대화하기 위해 자원조직화를 비롯하여 환자의 병 회복과 재활 및 사회복귀를 위한 지역사회의 공·사적인 제 사회자원을 조직화하고 동원하는 것이 타전문가와 다른 독특한 역할이다.

(4) 재활치료와 교정자의 역할

재활의료팀에서 심리사회적 측면의 조사연구와 평가, 치료, 훈련, 지도 및 서비스의 계획수립에 협력하여 생활지도, 심리사회, 그리고 직업 등의 종합적인 재활교정에 참여하여 치료나 교정을 한다. 또한 재활의 대상도 다양하고 재활자체가 복합적인 접근을 요구하기 때문에 재활에 참여하는 전문영역도 많다. 이와 같은 재활팀에 환자의 심리사회적 제 요인을 이해시켜서 상호협력적인 활동을 수행하게 된다.

5.2 지원대상에 따른 역할

김규수(1995)는 의료사회복지사의 역할을 지원대상에 따라서 다음의 여섯 가지로 구분하여 설명한다.

(1) 의사에 대한 역할

환자를 치료하는 데 필요한 사회적·경제적 배경과 가족배경을 조사하고, 환자의 사생활에 대한 정보를 수집하여 의사에게 알려 준다. 그리하여 의사로 하여금 환자를 전인적으로 이해하도록 조력하는 역할을 한다.

(2) 환자의 가족구성원들에 대한 역할

환자의 정서적·육체적인 욕구를 그 가족원들이 이해할 수 있게 하며, 그 가족구성원들이 환자가 가정으로 복귀하는 계획을 받아들이고 그들의 책임을 이행할 수 있도록 돕는다.

(3) 환자에 대한 역할

첫째로, 환자의 정서적 또는 개인적 문제를 다루는 데 있어서 그를 돕기 위하여 적합한 상담요법의 형태로써 개별사회사업서비스를 제공한다.

둘째로, 처방된 치료나 혹은 질병으로 인해 환자를 제한 또는 구속하는 것을 환자가 받아들일 수 있고 이해할 수 있도록 돕는다.

셋째로, 환자의 잠재적인 능력을 최대로 개발하기 위해 지역사회 자원 활용, 또는 사회적 환경에 적응케 하는 관점에서 미래계획을 돕는다.

(4) 퇴원계획에 대한 역할

퇴원 후 갈 곳이 적당하지 않은 환자를 위해 지역사회복지기관과 협력하여 계획을 수립함에 있어서 의사, 환자 그리고 그의 가족들과 함께 일한다. 이때는 퇴원 후 필요한 준비를 미리 하도록 돕고 필요한 의학정보를 제공한다.

(5) 퇴원 후 사후지도에 대한 역할

퇴원 후 가정에서 환자가 어떻게 적응하고 있는지, 정상적인 사회인으로 기능하고 있는지를 살펴보고, 적절한 서비스를 제공한다. 또한 병원생활에서 지역사회로 그 환경이 바뀐 환자의 회복상태와 욕구를 평가한다.

(6) 교육 및 훈련에 관한 역할

의료사회사업을 전공하는 사회사업학과 학생의 실습지도와 의과대학생과 간호대학생의 실습지도 또는 임상 강의를 실시하며 새로 들어온 직원의 교육과 의료사회복지사 자체훈련 및 재교육의 역할을 담당한다.

6. 의료사회사업의 분야

6.1 보건소

지역사회보건은 지역사회 내에 있는 주민의 건강을 말한다. 이러한 용어는 과거에는 건강은 개인의 문제로 취급되었으나 오늘날은 개인적·육체적 이유뿐 아니라 사회·환경적 요인에 의해서 영향을 받게 되므로 지역사회의 정치적·사회적·경제적 조건이 주민의 건강에 영향을 미치게 되는데서 유래된다. 따라서 지역사회 주민전체가 공통의 목적으로 수행하여야 하는 사회적 책임이라 할 수 있다. 그리고 지역사회보건기관에서 지역사회 주민의 건강향상과 복지를 증진시킬 목적으로 지역사회자원을 효과적으로 활용할 수 있도록 돕는 의료사회사업의 한 영역이라 할 수 있다.

이러한 지역사회보건사업에서 사회복지사의 활동영역은 건강에 관한 지식과 태도변화에 따라 기본적인 지식과 올바른 태도를 가질 수 있도록 개별사회사업의 방법으로 가족단위의 보건교육을 실시하고 건강에 대한 의식을 향상시켜서 자력으로 건강을 유지할 수 있는 행동변화를 돕는 것이다. 그리고 환자의 건강장애요인, 경제적 상황파악, 사회적 배경 확인 등을 통한 예방보건서비스를 통하여 건강이나 보건에 장애가 되는 문제를 해결하고 지역 내 여러 기관단체와 협력하여 팀워크로 환자의 조기발견 및 치료를 함으로써 장애요인을 최소화하고, 지역사회의 중간집단을 이용하여 심리적·사회적 직업재활을 위한 프로그램개발이나 자원활용 계획을 수립하고 보건활동을 증진하는 것이다. 그리고 주민들의 주거환경이나 노동환경을 개선함으로써 질병발생원인을 감소시키는 것도 의의가 있는 일이다.

6.2 재활의료

재활사업은 재활의 목적을 달성하기 위한 의료, 교육, 훈련, 사회적응 및 취업 등에 관한 각종 서비스를 제공하는 것이라 할 수 있고, 그 재활과정은 장애의 발견, 평가, 교육 및 훈련, 사회복귀, 사후지도 등으로 이루어진다.

재활의료사회사업이란 재활의료 기관에서 장애를 가진 자의 의료적·사회적·교육적·정신적·직업적 장애로부터 그의 잠재능력을 최대한 개발할 수 있도록 돕기 위하여 재활팀의 일원으로 전체 재활과정에서 주로 심리사회적 진단과 치료, 사회자원동원과 조정, 사회운동, 직업보도 등의 서비스를 하는 사회사업의 한 영역이라 하겠다(박현경, 1991: 19).

일반적으로 장애는 기능·형태장애, 능력장애, 사회적 장애로 분류한다. 이와 같은 기능·형태와 능력장애는 의료적·직업적 재활이 필요하다. 그리고 사회적 장애는 장애인이 생활하는 환경에 따라서 달라진다. 그러나 어떤 형태의 장애이든 그 재활에 있어 모든 분야에 관련되어지는 것으로서 사회·심리적 재활이 요구된다. 즉 의학적·심리적·사회적·교육적·직업적 측면이며 서로 관련된 재활서비스를 다양하게 제공하게 된다(김규수, 1995: 478-479).

재활의료기관에서 사회복지사는 재활과정에서 입원에서부터 퇴원 또는 사회복귀에 이르는 모든 과정까지 사회적·경제적·심리적 상황과 조건을 이해하고 개입함으로써 신체적 장애뿐 아니라 이에 부수되는 이차적인 장애를 극복하도록 도와주어야 한다.

6.3 정신보건

정신보건사회사업은 정신적·정서적 장애를 가진 환자나 가족을 돕는 것을 목적으로 다양한 형태의 심리치료, 의학적 치료, 간호, 작업치료, 오락치료, 직업재활 등의 팀워크 활동중 행해지는 사회사업활동에 해당하는 개별지도나 집단지도활동을 말한다(박현경, 1991: 18).

따라서 정신보건사회복지사는 모든 지역사회자원을 활용하고 때로는 많은 물적 자원과 경제적 자원을 개발하여 사회관계를 향상시키는 일에 관여한다. 그리고 대개 한 개인보다 전체로서의 가족과 가족관계에 관한 일을 취급하지만 심한 정신적 혼란문제는 정신의학자에 의해서 다루어진다. 그러나 사회복지사도 때로는 심한 개인 및 가족적인 혼란을 직접 다루기도 한다. 따라서 정신의학은 병의 치료나 병리에 그 초점을 두고, 사회사업은 잠재능력의 강화와 개발에 역점을 둔다는 점에서 그 강조점의 차이가 있다.

6.4 일반의료

일반의료사회사업은 병원이나 진료의 수준에 관계없이 환자의 진료과정에 있어서 파생되는 문제의 해결이나 효과적인 진료를 위한 협력적인 활동이며 나아가서 지역사회자원을 활용하여 사후지도를 주로 하는 활동이다. 따라서 일반의료사회복지사는 활동영역이 병원이나 시설 안에 한정되거나, 단순히 치료영역에 몸을 던지는 것이 아니고, 넓게 '예방·치료·재활'까지 포함하여 일관되고, 종합적인 보건·의료·복지활동을 전개해야 하고, 대상자의 생활권을 영역으로 했던 '사회사업'의 실천이야말로 의료사회복지사의 역할기능도 살리는 것이 된다고 생각한다. 이렇게 되기 위해서는 의료사회복지사처럼 필요한 직종의 인원확보와 경제적 보장이 필요하고, '예방'(건강진단)이나 '재활' 등에 관한 보험진료보수점수가 더욱더 확충되지 않으면 안 된다고 생각한다(斉藤安弘·阪上裕子·1996: 171).

따라서 대상자나 문제에 대한 서비스는 포괄적이어야 하며 팀의 일원으로서 모든 분야의 총체적 역할을 수행하고 있으며, 특히 오늘날의 의료에 있어서는 임종과 호스피스, 장기이식, 소아성인병 환자, 소화기계질환, 혈액순환기계질환, 수술환자, 척수손상환자, 화상환자, 부인과적 질환, 응급실내원의 자살환자 등의 부분에서 사회사업적 지원서비스의 역할을 하고 있다.

(1) 임종과 호스피스

임종환자는 자신의 병과 죽음을 이해하고 받아들이는 과정에서 심리사회적 어려움을 가지게 되며, 그 과정에서 여러 가지 심리사회적 반응단계를 거치게 된다. 쿠블러-로스(Kubler-Ross)는 이러한 과정을 다섯 단계로 나누고 있다(김기태: 1998, 460-466에서 재인용).

첫째, 부정의 단계로서 병세를 진단하고서 치유 불가능을 통고받은 환자들이나 그들 자신이 나을 수 없다는 결론을 내린 환자들에게서 말과 행동으로 나타난다. 불가피한 현실을 인정하기까지 얼마의 시일이 요구되는지, 지금까지 살아오는 가운데 실패와 성공에 대한 환자의 태도에 따라서 차이는 나지만 환자는 서서히 부정을 방어수단으로 사용하기 시작한다.

둘째, 분노의 단계는 부정을 더 이상 유지할 수 없어 나타나게 된다. 이러한 분노의 감정은 주위환경에 전가되므로 많은 경우 가족과 의료진이 감당하기 힘들다.

셋째, 타협의 단계는 기간이 짧으며 의료진이나 가족 또는 신과 타협을 하여 그들의 생명을 연장시켜 준다는 조건으로 여러 가지 일을 약속하게 된다. 이러한 행동은 정상적이며, 환자가 다음 단계를 위해 준비하는 단계이다.

넷째, 우울의 단계는 환자가 자신의 실제 상태를 알게 되고 자신의 상태가 어떤지에 대해 질문하기 시작하며 그로 인해 우울증에 빠지게 된다.

다섯째, 수용의 단계는 환자가 충분한 시간을 가지고 지금까지의 단계를 지나는 동안 도움을 받았다면 이 단계에 도달하게 될 것이고 이때야말로 가장 뜻깊은 의사소통이 이루어지는 순간이기도 하다.

이상과 같은 단계는 임종을 맞은 환자들이 주로 거치는 과정이기는 하지만 개별적이라는 점을 명심해야 한다. 임종환자를 위해서는 심리 정서적·사회적 원조가 필요하다. 이때 이루어지는 사회사업적 원조의 하나가 호스피스활동이다. 호스피스 (Hospis)란 원래 hospital에서 근원된 용어로써 여행, 통과의 의미에서 중세 때는 수도승을 위한 숙박 및 의료시설로 의미가 변화되었으나, 60년대 중반 이후 영국에서 시작되어 중증만성질환 및 임종환자를 위해 고안된 시설을 의미하는 용어로 바뀌었다(성정경, 1986: 63).

이러한 호스피스활동은 임종환자들에게 죽음을 삶의 한 과정으로 받아들이도록 하여 평화로운 가운데 임종을 맞이하도록 도와 주는 것과 가족들에게는 환자가 죽음에 이를 때까지 그에 따라 일어나는 일들을 극복하도록 지지하고 원조를 도모하는 것이다. 이 과정에서 사회복지사는 의사, 간호사, 성직자, 봉사자와 공동체가 되어 원조를 하는 가운데 핵심적인 역할을 수행하게 된다. 사회복지사의 역할은 환자와의 관계, 가족과의 관계, 병원 및 의료팀과의 관계로 나누어 세 가지 차원으로 이루어진다.

먼저, 환자와의 관계에서는 환자의 심리적인 반응은 물론 가족의 비협조적인 면을 돕는데, 치료비조달, 생활비, 자녀교육비 등 환자의 경제적인 면을 파악하고 필요한 자원을 조달함으로써 환자의 현실적인 문제를 도와 주고 환자의 불안과 우울함을 덜어 줄 수 있다. 그리고 환자나 가족을 대상으로 사회심리적인 치료자의 역할을 수행함으로써 환자 및 가족의 개방적인 의사소통과 신뢰를 쌓고 죽음에 대한 불안과 공포를 극복할 수 있도록 정서적 지지를 제공할 수 있다.

둘째, 가족과의 관계에서 사회복지사의 역할은 환자의 사망 후에 가족들이 겪는 정서적·신체적 탈진을 원조하고 환자가 사망한 후의 가족생활이나 사회생활에 적응할 수 있도록 지지한다.

셋째, 의료팀과 병원과의 관계에서 사회복지사는 호스피스팀의 일원으로서 환자나 가족에 대한 조사, 평가를 통해 효과적인 원조가 이루어지도록 돕고 환자를 전인적으로 이해하는 데 도움을 준다. 그리고 환자의 퇴원, 가정요양 등에 따른 행정적 업무를 수행한다.

(2) 장기이식

1960년대 이후부터 시작되어온 장기이식은 의학적으로 매우 의미 있는 변화이다. 장기이식은 약의 투여나 수술을 통해 환자의 질병을 치료하거나 환자의 건강을 유지하는 종래의 방법에서 정상기능의 상태로 돌아올 수 없어서 생명을 위협하고 있는 장기를 다른 사람의 건강한 장기로 대치하거나 인공장기로 대처한다는 점에서, 종래의 의료와는 커다란 차이가 있다.

장기이식에 있어서 극소수의 인공장기를 제외하고는 환자의 치료를 위해 활용되는 모든 장기가 어느 누가 되었든지 "사람"에게서 직접 얻어서 환자에게 이식하여야 하는 것이므로, 뇌사가 인정되는 나라가 많아지고 있음에도 아직도 사회·윤리·법률·종교적 논란을 포함한 많은 사회적 해결과제를 남겨 두고 있다.

장기이식의 문제점으로서는 의료 외적인 문제로 ① 장기공여에 있어서의 상업성, ② 뇌사의 인정여부, ③ 장기적출 시기상의 문제, ④ 장기의 수요와 공급의 불균형으로 발생하는 장기이식 대상 환자 선정의 형평성, ⑤ 장기이식 기회에 대한 지역간 형평성, ⑥ 공여된 장기의 효과적인 활용, ⑦ 윤리적이고 타당하다고 합의에 이르지 못한 점 등이 지적되고 있다(김명훈, 1993: 214-228).

장기이식과 관련된 문제점을 중심으로 의료사회사업적 지원서비스를 살펴보면,

첫째, 장기이식과 관련된 문제 중 상업적인 장기거래 및 본인의 동의에 의거하지 않은 장기적출 등 명백히 비윤리적이라고 간주되는 사항이나 기증 후 보상을 받음으로 해서 최초의 동기는 인류애에 기초한 기증이었으나 기증 후 금전적인 매개가 개입되는 경우 등에 개입하여 장기공여에 관해 사회전반의 분위기를 바로잡는 데 기여할 수 있다.

둘째, 장기의 수급과 배분에 있어서 사회경제적인 이유로 불이익을 받는 사람이 없도록 대상자 모두에게 형평을 유지하는 데 기여할 수 있다.

셋째, 만성 장기질환으로 가정과 사회에서 위치와 역할을 상실함으로써 혹은 부부관계 및 사회적 관계상 위기로 발생하는 문제에 대하여 환자의 주변사람들에 대한 상담으로 관계를 개선하거나 심리 정서적 상태를 개선하여 환자에 대한 지지체계를 강화한다.

넷째, 만성신부전과 같이 기계에 의존하여 생을 유지하는 환자에 대하여 지속적인 치료의지를 갖도록 고무하고, 삶에 대한 긍정적 자세를 잃지 않도록 돕는다.

다섯째, 이식 후 생착에 실패한 환자나 합병증으로 이식 후 호전이 없는 환자들이 흔히 가질 수 있는 의료진과 관계상의 문제를 조정하고 치료의욕을 상실하지 않도록 지도한다.

이처럼 사회복지사는 장기이식과 관련해서 사회전반에서 장기이식에 대해 건전한 가치관 정립을 위해 일하고, 환자 및 가족간의 문제나 심리 정서적인 문제의 해결에 힘쓰며, 가족이나 사회 및 의료환경에서의 지지체계를 강화하여 치료의지를 유지하고, 이식 후 재활을 도움으로써 전반적인 삶의 질을 향상시키는 데 기여한다.

참 고 문 헌

구종회. 1989. "한국의료사회사업의 현황과 문제점에 관한 연구". 「의료사회사업논문자료집」. 제1
　　권. 대한의료사회사업가협회.

김규수. 1995. 「의료사회사업론」. 서울: 형설출판사.

김기태. 1998. 「위기개입론」. 서울: 대왕사.

김기환·서진환·최선희. 1997. "의료사회사업가의 직무표준화를 위한 연구." 「한국사회복지학」. 통
　　권 제33호.

김상규·윤 후·전재일 공저. 1982. 「사회복지론」. 서울: 형설출판사.

박현경. 1991. "의료사회사업의 의의와 전망". 「의료사회사업사례집」. 세브란스병원.

성정경. 1986. "백혈병 진행단계에 따른 환자와 그 가족의 적응과업에 대한 의료사회사업적 개입".
　　중앙대학교 사회개발대학원 석사논문.

유수현. 1989. "한국의료사회사업의 현황과 과제". 「사회복지」. '89 가을호.

Bessell, Robert. 1970. *Introduction to Social Work*. London : B.T. Batsford Ltd.

Clancy, Catherinea A. 1995. "Beyond 2000 : The Future of Hospital-Based Social Work
　　Practice." In *Future Issues for Social Work Practice*. by Paul R. Raffoul & C. Aaron
　　McNeece(ed.). Boston: Allyn & Bacon.

Falk, Hans S. 1990. "Social Work in Health Settings." In *Social Work in Health Care: A
　　Handbook for Practice, Part I*. by Davidson, Kay W. & Clarke, Sylvia S(ed.). New
　　York: The Haworth Press.

Friedlander, Walter A. and Robert Z. Apte. 1980. *Introduction to Social Welfare*.
　　Englewood Cliffs, N.J.: Prentice-Hall, Inc.

Furstenberg, A. 1984. "Social Work in Medical Care Settings." In *Health Care & The
　　Social Services: Social Work Practice in Health Care*. edited by Richard J. Estes.
　　St. Louis: Warren H. Green, Inc.

Germain, Carel Bailey. 1984. *Social Work Practice in Health Care*. New York: The Free
　　Press.

Pincus, A. and A. Minahan., 1973. *Social Work Practice: Model and Method*. Hasca, Ill. :
　　F. E. Peacock.

Skidmore, Rex A, Milton G. Thackeray, and O. William Farley. 1991. *Introduction to
　　Social Work*. New Jersey: Prentice Hall.

R. C.キャボット, 森野 子訳. 1988.「医療ソーシャルワーク」. 東京: 岩崎学術出版社.

中島さつき・杉本照子・橋高通泰 編. 1988.「医療ソーシャルワーカーの臨床と教育」. 東京: 誠信
　　書房.

剤勝安弘・阪上裕子. 1986.「保健・医遼ソーシャルワーク」. 東京: 川島書店.

제 15 장
정신보건사회복지

1. 정신보건사회복지의 개념

의료사회사업으로부터 분화하여 전문화된 영역으로 정신보건사회사업(Psychiatric Social Work, PSW)이 있는데, 이는 정신의학영역에서 이루어지는 사회사업활동이라 할 수 있다. 이렇게 이해할 때 정신보건사회복지는 정신의학의 영역을 어떻게 규정하느냐와 사회사업활동이란 무엇인가에 따라서 상당히 달라질 수 있을 것이다. 정신보건사회복지는 정신의학과 관련을 맺고 있는 제반 다른 영역들과는 달리 사회과학적, 특히 사회학적 시각에 의해서 영향을 받을 수 있는 영역이라고 할 수 있다. 정신보건사회복지는 정신의학에 관련된 여러 가지 원조활동을 하는데, 특히 정신장애인과 그 가족에 대한 활동에 그 기능의 주안점을 두고 있다. 그 기반은 당연히 사회사업에 있지만, 그것에 정신의학영역의 지식과 기술을 취합하여, 상당히 전문화된 영역으로 발전하였다.

정신보건사회복지의 정의는 학자에 따라 다르기도 하고 시대의 변화와 함께 달라져 왔다. 1930년대 영국 의학계에서는 정신보건사회복지를 정신의학의 보조 업무로 보는 사람이 있었던 반면, 사회복지사들은 자신들의 독립성을 강조했다. 1940년대에 와서 정신보건사회복지사는 정신의학자가 포함되는 팀의 한 부분이 되어야 한다고 주장되어졌으며, 조언 등의 전문적 서비스를 하며 사회복지사는 지역사회가 정신건강에 대한 적절한 이해를 하도록 활동하는 기능을 가진다고 했다. 1950년대 초에 정신보건사회복지사는 훈련되지 않거나 부분적으로 훈련된 정신보건전문요원에 대한 자문과 수퍼비젼을 위한 일에서 지도력을 발휘해야 한다는 견해가 대두되었다. 이러한 새로운 태도는 사회복지사의 자신감의 발달과 사회사업 정체감의 발달결과라고 본다.

영국 최초의 여성 정신보건사회복지사인 허니번(Hunnybun)은 "정신보건사회복지란 인간행동에 관한 심리학적 이해에 기초한 케이스워크이며, 행동문제나 성격문제 혹은 정신병 아동과 성인을 치료하기 위하여 특별한 훈련을 받은 개별사회복지사에 의해 행해진다"고 했다(Timms, 1964: 173에서 재인용).

영국에서 정신보건사회복지라고 할 때 그 용어 가운데 '정신보건'의 뜻은 두 가지 면에서 해석된다. 하나는 정신보건사회복지가 심리학적 혹은 정신분석학적 이해에 기초한다는 견해이고 다른 하나는 지식이나 이해를 말하는 것이 아니고 사회사업실천의 장(場)을 말한다는 것이다(Timms, 1964: 169-182).

핑크 등(Fink, Wilson and Conover, 1949: 252)은 "정신보건사회복지란 정서적이고 정신적인 질병에 대해 전적인 책임이 정신의학자에 의해 수행되고 있는 병원이나 진료소에서 실시하는 개별사회사업이다"라고 하였다. 프리드랜더(Friedlander, 1967: 405)는 "정신보건사회복지는 정서적이고 정신적인 장애가 있는 환자들을 돕는 목적으로 정신의학과 직접적이고 책임성 있는 협력하에 병원이나 진료소 또는 정신의학적인 후원하에서 실시하는 개별사회사업이다"라고 하였다.

미국에서도 정신보건사회복지란 단순히 정신의학자와의 협력으로 수행되는 사회사업인가 혹은 본질적인 면에 있어서 특수한 사회사업인가 하는 문제가 제기되었다. 즉 1920년대 이래로 정신보건사회복지에 대한 두 가지 다른 관점이 제시되고 있다(Fergusan, 1969: 432-495).

첫 번째 정의는 정신병원에서 의료프로그램의 필수적인 서비스 형태로 이루어지는 사회사업을 말한다. 정신보건사회복지에서는 정신장애인과 그 가족을 위하여 정신의학과 협동관계를 맺고 일하는 것을 강조한다. 오키프(O'Keefe)는 주로 이런 관점에서 정신보건사회복지를 규정하고 있다. 즉, 정신보건사회복지란 정신보건기관(mental health agency)이나 정신위생 프로그램에서 이루어지는 사회사업이다. 그 목적은 지역 내의 정신위생을 향상시키는 사업과 정신적 및 정서적 장애가 있는 사람들에게 봉사하는 데 있다. 대체로 병원이나 진료소 또는 정신의학자, 심리학자나 흔히 환자들의 치료와 정신보건사업에 관심이 있는 다른 전문가들을 포함하는 치료팀(therapeutic team)으로 이루어지며, 정신의학기관에서 실시된다(O'Keefe, 1954:

387).

두 번째 정의는 실천의 장과는 관계없이 실천의 본질을 강조하는 정의이다. 즉, 정신보건사회복지란 정신의학에 관한 지식으로부터 그리고 이들 지식을 사회사업 과정에 적용하는 능력으로부터 도출한 특성을 소유하고 있는 실천이라는 것이다. 사회사업이라는 단어 앞에 정신의학 혹은 정신의료라는 단어를 덧붙이는 것은 정신 병리에 관한 지식을 보다 깊게 하고 실천에서 역동적인 특성을 나타낸다는 것이다.

미국 사회복지사협회에서 정신보건사회복지라고 부르는 것은 하나의 뚜렷한 실 천양식이기보다는 장(場)을 나타내는 것이라는 입장을 취하고 있다. 미국 사회사업 교육협의회에서도 이와 유사한 정의를 내리고 있다. 즉, 정신보건사회복지사의 역할 과 기능은 정서장애, 정신 또는 신경장애자의 진단, 치료 및 재활을 위하여 서비스 를 행하는 것이라고 한다.

정신보건사회복지가 우리나라에 도입된 것은 비교적 짧은 시기이며, 1962년 국립정신병원의 개설과 더불어 정신보건사회복지사가 정신과의 치료진으로서 채용 된 것에서 시작한다. 그 후 정신병원 혹은 일반병원의 정신과에 정신보건사회복지 사가 배치되었지만, 지금까지 정신보건사회복지의 개념규정에 대해서는 각 사회복 지사의 입장이 다른 탓도 있겠지만 반드시 통일적인 견해를 보이지는 않는다. 그 개요에 대해서는 카시아기와키(栢木昭)가 일본의 정신보건사회복지의 문제에서 지 적한 바와 같이 다음의 네 가지로 요약할 수 있다(大島侑編, 1987: 250-251).

① 정신보건사회복지는 사회사업의 한 분야로서, 정신의학에 없는 사회사업의 이론 및 실천체계를 기초로 하고 있다.

② 정신보건사회복지는 개별사회사업서비스를 핵심적인 내용으로 하지만 거기 에 그치지 않고, 집단사회사업서비스 나아가 관리운영, 교육훈련, 조사연구, 및 지 역사회에 대한 교육활동 등의 기능도 하고 있다.

③ 정신보건사회복지는 정신의학과도 직접적으로 책임 있는 관계에서 행해진 다. 바꾸어 말하면 정신보건사회복지사는 정신과의사를 중심으로 하는 정신의료팀 의 일원으로 활동한다.

④ 정신보건사회복지는 정신적·정서적 장애를 가진 사람들에 대한 서비스의 제공을 주된 목적으로 설치된 정신과 병·의원 및 정신보건의 기관·시설에서 실시 된다.

이렇게 볼 때 ①과 ②의 측면은 정신보건사회복지를 정신보건의 다른 전문직업들과 구별시키는 점인 반면에, ③과 ④의 측면은 사회복지의 다른 영역들과 구별되는 점이라고 말할 수 있을 것이다.

김규수(1995: 424-425)도 여러 외국 학자들의 논의를 종합하여, ① 정신보건사회복지의 대상은 정신적·정서적 장애를 가진 클라이언트이며, ② 주체는 정신과의사, 사회복지사, 심리학자, 정신과간호사 그리고 작업요법사 등이 치료팀으로 구성되고, ③ 활동장소는 병원이나 진료소, 정신의료기관, 지역사회 등으로 확대설명하고 있으며, ④ 그 목적은 정신적·정서적 장애로 고통을 받고 있는 사람들의 건강을 회복시키고 정신건강을 촉진하는 활동 등 2차 예방뿐만 아니라 1차 예방 활동으로 확대된 서비스를 내포하고 있고, ⑤ 사회복지적 접근방법을 개별사회사업으로 국한시키지 않고 제반 사회사업방법론을 적용하는 의미라고 하였다. 이와 같은 정의적 요소들을 우리 사회가 얼마나 실행하고 있는가 하는 현실에서의 타당성은 제외하고 정신보건사회복지의 본질적인 속성을 고려할 때 광범위한 정의를 수용하는 것이 바람직할 것이다.

요컨대, 정신보건사회복지란 정신병원 혹은 진료소 등에서 행해지는 사회복지라고 할 수 있다. 이 정신보건사회복지는 환자 자신뿐만 아니라 환자와 상호작용을 하고 있는 사람과 그 환경을 위시하여 광범위한 측면에 도움을 준다(김기태·황성동·최송식·박봉길·최말옥, 2001: 73).

2. 정신보건사회복지의 발달

2.1 미국 정신보건사회복지의 발달

1773년 버지니아주 윌리암스버그에 최초로 정신병원이 설립되어 감옥과 소년원에 감금되어 있던 정신병환자를 이전시켰다. 1900년대 초기에 클리포드 비어스는 자신이 정신병원에 입원하여 있는 동안 치료양식이 부적당하다는 점을 인식하여 퇴원 후에 정신건강협회를 조직하여 정신위생운동의 선구자가 되었다.

1904년 마이어(Meyer)는 맨하탄 주립병원에서 환자의 생활에 영향을 미치는 사회적 힘에 대한 이해를 넓히고, 정신질환의 환경적 원인을 이해하기 위하여 그의 부인에게 환자의 가족을 방문하게 하였다. 또한 환자의 가족, 학교, 지역사회가 정신질환의 발병 초기에 관여하도록 권유하였으며, 특히 회복기의 환자에 있어서 작업요법과 오락요법을 시도하였고, 사후지도계획을 통하여 정신보건사회복지의 원리를 최초로 실시하였다(Perlman, 1975: 674).

1905년 보스톤의 매사츄세츠종합병원에서 캐보트(Cabot)와 캐넌(Cannon)이 많은 환자의 질병이 그 배후에 있는 사회환경과 깊은 관계가 있다는 것을 깨닫고 사회사업 프로그램을 처음으로 시도하였다. 같은 해 풋남(Putnam)의 지도하에 매사츄세츠종합병원의 신경진료소에서 사회복지사를 최초로 채용하였다(Fink, Wilson and Conover, 1949: 247). 1906년에는 뉴욕주의 자선조직협회의 후원을 받아 맨하탄 주립병원에서 새로 입원한 환자의 사회력을 조사하기 위하여 정신보건사회복지사를 채용하게 되었다(Zastrow, 1982: 127-129). 또한 정신과병동(psychopathic ward)에서 정신질환자의 사후지도 프로그램의 마련을 위한 목적으로 홀턴(Horton)이 사회복지사로 일을 하게 되었다(Wittman, 1201).

1913년 보스톤정신병리병원(Boston Psychopathic Hospital)에서 의사 서더드(Southard)와 사회사업책임자인 재레트(Jarrett)는 정신보건사회복지사의 성장의 힘과 방향을 제시하였으며, "정신의료사회복지사"라는 용어를 최초로 사용하고, 정신의학자와 정신보건사회복지사의 협동체계를 통하여 환자를 치료하였다. 재레트의 지도 아래 스미스대학, 전국정신위생위원회(National Commitee for Mental Hygiene)와 보스톤정신병리병원이 협력하여 단기훈련과정을 만들었다. 1914년 서더드와 재레트 등이 사회복지사를 위한 훈련을 시작하였으며 이런 과정을 시몬대학(Simmon College) 사회사업학과에 두었다(Perlman, 1975: 674-675).

마이어는 존스홉킨스병원(Johns Hopkins Hospital)의 핍스진료소에 진료소를 전적으로 책임질 수 있는 사회복지사를 채용하였으며, 또한 존스홉킨스대학의 경제학과 내에 사회사업학과 학생들을 훈련시키는 부서를 두었다. 1918년에는 미국 동부의 대도시뿐만 아니라, 서부의 시카고까지 정신과 진료소나 정신병원에 사회복지사가 채용되기에 이르렀다.

1918년 스미스대학에서 최초로 정신보건사회복지사를 양성하기 위한 교과과정을 두게 되었고, 뉴욕대학의 사회사업학과에 특수한 목적으로 사회복지사를 위한 정신위생 과정을 설치하고 의사 글루엑(Glueck)과 켄워시(Kenworthy)가 가르쳤다. 1920년 보스톤병원에서 정신보건사회복지사들은 자신들의 서비스에 대한 전문적인 체계의 형성과 수준을 유지하기 위한 목적으로 정신보건사회복지사클럽을 조직하였다. 1922년 이 클럽은 1918년에 결성된 미국의료사회복지사협회의 분과로 들어갔다가 1926년 미국정신의료사회복지사협회의 결성으로 독립되었다(이 협회는 1955년에 전미사회복지사협회로 통합된다)(김상규·윤욱·전재일, 1983: 374-375). 협회의 목적은 첫째, 정신의학에 관련된 사회사업의 특수성을 발전시키는 것이고, 둘째, 사람들을 원조함에 있어 필연적인 '정신위생'에 관한 지식과 통찰을 필요로 하는 사회사업의 다른 분야에 기여하는 것이다. 1922년부터 아동상담소 계몽운동이 일어나 1930년대와 1940년대에 정부보조와 민간보조로 활발해졌다.

제1차 세계대전 동안에는 조직적 훈련을 촉진시켰으며 광범위한 실천의 기회를 갖도록 영향을 미쳤다. 제2차 세계대전 동안 적십자사는 신경정신과가 있는 육군과 해군병원에 무수히 많은 사회복지사를 채용하게 만들었다. 1942년에는 정신보건사회복지사협회와 솔리몬(Solimon)의 노력으로 군대 내 정신보건사회복지서비스가 만들어졌으며, 1945년에는 전문적인 자격을 갖춘 사회사업장교의 직위가 인정되었고, 1951년에는 공군에도 장교직위의 정신보건사회복지사를 두게 되었다. 1974년에는 새로 구성된 의료부대의 16개 전문직의 하나로 정신보건사회복지가 포함되었다(NASW, 1977: 900).

1920년대와 30년대에 보다 진보적인 진료소에서는 사회복지사들에게 정신요법을 허용하였다.

1946년 정신보건법의 입법으로 국립정신보건연구소가 설립되고, 인력양성, 조사연구, 지역사회정신보건서비스에 기여하게 되었다. 그리고 1950년대의 정신약물학의 급속한 발달로 의학모형이 절정을 이루게 되었다.

1963년 케네디(Kennedy) 대통령에 의해 지역사회정신보건법(Community Mental Health Act)이 제정되었으며, 같은 해 지역사회정신보건센터법도 마련되었다(Wittman, 1206). 1950년대까지 사회복지사들은 클라이언트에게 개별사회사업이나 정신치료를 주로 실시했다. 점차 사회복지사들은 집단치료, 가족치료, 병실환경 등에 관심을 기울였고 치료공동체 프로그램을 운영하였으며, 사회복지사들은 전통적인 접근법을 개발하고 실험하는 데 앞장을 서기도 했다.

오늘날 정신건강분야에서 사회복지사의 활동무대가 더욱 넓혀지고 있고, 전문성이 더욱 요청되므로 석사학위 이상의 교육을 받은 사회복지사들이 정신보건분야에서 일을 하고 있고 사례관리자와 옹호자의 역할을 수행하는 데는 학부출신의 사회복지사도 종사하고 있다. 이들의 필요에 의해 계속교육, 워크숍, 대학원교육프로그램 등이 활용된다.

전통적인 케이스워크 기술과 집단치료가 여전히 가장 많이 활용되는 방법이지만 이제 사회복지사의 역할은 자문과 기획까지 포함하게 되었고 경험 있는 사회복지사는 교육자의 역할까지 수행한다. 또한 사회복지사들은 지역사회정신건강센터에서 지도력을 발휘하며 행정적 역할까지 수행하고 있다(Friedlander and Apte, 1980: 448-450). 1990년대에 사회복지사들은 공공정신보건서비스에서 가장 커다란 집단을 이루고 있다. 정신보건관련직종에 고용된 직원 절반 이상이 사회복지사들이며, 연방예산의 지원을 받는 지역사회정신보건센터의 1/3이상이 사회복지사를 그 곳의 최고운영자로 삼고 있다(Heffernam et al., 1997: 286).

2.2 한국 정신보건사회복지의 발달

우리나라의 정신보건사회복지는 1945년 대한신경정신의학회가 조직되기 전에는 전무하였으며, 해방과 더불어 정신의학의 체계적인 연구를 시작하면서 정신의학자, 심리학자와 더불어 권기주 사회복지사가 청소년문제에 관심을 갖고 연구하였다.

직접적인 계기는 한국전쟁으로 미군병원에서 정신보건사회복지사가 정신과의사와 함께 일하던 것에서 크게 영향을 받았다. 특히 정신보건사회복지사인 모간(Morgan)의 역할이 한국 정신과의사에게 많은 영향을 미쳤다. 그는 전쟁신경증을 가진 군인들을 돕는 과정에서 한국 정신과의사들에게 사회복지사의 필요성을 인식시켜 주었다.

1958년 서울 시립 아동상담소가 개설되면서 정신의학자, 사회복지사, 심리학자 및 법률전문가들이 팀 접근을 시도하였다. 1962년 국립정신병원의 개설과 더불어 정신보건사회복지사가 정신질환자를 위한 서비스와 사회사업전공 학생들의 실습을 담당하였고, 같은 해 가톨릭 교구에서 운영하는 사회복지회의 부회장인 정의방이 가톨릭의과대학 성모병원 무료진료소와 자살예방센터에 파견근무를 하였다. 1963년 4월 6일에는 성모병원 신경정신과에 전임사회복지사 이미영이 채용되어 환자의 개인력 조사, 가족상담 등을 수행하였다. 그리고 1967년 3월 1일에는 자살예방센터에 전임정신보건사회복지사를 채용하였다(가톨릭 중앙의료원, 1988: 331). 1968년 7월에 중앙대학교 부속 필동 성심병원에 신경정신과 개설과 더불어 정신보건사회복지사가 채용되어 환자의 개인력 조사, 집단지도, 가족상담과 방문 등의 활동을 하였다.

1969년 1월에 대구동산기독병원(현 동산의료원) 신경정신과에 정신보건사회복지사로 김기태가 채용되었으며 주된 업무는 환자의 개인력 조사, 가족상담, 집단요법 등이었다. 1965년 의료사회복지사 박현경을 채용한 연세대학교 의과대학 부속 세브란스병원에서 1970년부터는 정신보건사회복지도 겸하게 되었다.

1971년 한강성심병원, 용인정신병원, 혜동의원에 정신보건사회복지사가 일하기 시작하였다. 1973년 9월 20일 대통령령 제6863호로 의료법시행령이 개정되어 종합병원에 환자의 갱생, 재활과 사회복귀를 위한 상담과 지도를 위하여 사회복지사업법에 정한 사회복지사를 1인 이상 두도록 명시하였다. 이로 인하여 종합병원 내 사회복지사의 활동이 확대되었다. 1974년 안양신경정신병원, 고려대 부속병원, 서울기독병원에 정신보건사회복지사가 채용되었고 1976년에는 서울백제병원에 사회복지사가 채용되었다.

1977년 7월 1일부터 시행된 의료보험에서 정신보건사회복지사의 치료활동에 대한 보험청구를 할 수 있게 규정하였다. 이로 인하여 정신과전문병원에서 사회복지사의 채용이 늘어나게 되었다. 1978년 정신과전문병원인 부산 한병원에 정신보건사회복지사로 안영실이 최초로 근무하기 시작하였다. 1979년에는 이화여대 부속병원, 전주 예수병원, 1982년에 부산 백병원, 1983년에 서울 적십자병원, 1984년에 군산 개정병원 등에서 정신보건사회복지사가 활동하였다.

1980년대를 거치면서 종합병원에서도 정신보건사회복지사를 채용하게 되어 1990년에 이르러서는 전국적으로 약 100여 개에 이르는 기관에서 정신보건사회복지사들이 활동하게 되었다. 1995년 정신보건법이 제정되어 이제 우리나라도 정신보건사회복지가 지금까지의 병원 중심의 활동에서 그 활동영역을 확대하여 지역사회까지 나아갈 수 있는 전기가 마련되었다. 또한 정신보건법의 제정으로 인하여 정신보건전문요원의 자격제도가 마련되었고 이에 따라서 정신보건사회복지사들도 전문적인 자격을 갖추기 시작하였다.

1996년 말 정신보건사회사업사의 자격증을 취득한 사람은 188명이다. 이들 중 소수를 제외하고는 모두 정신보건법에 의해 최초로 정신보건사회복지사 자격을 취득하게 되었다(1급 72명, 2급 111명). 그리고 그 이후 매년 정신보건사회복지사를 양성하는 전국의 수련기관에서 훈련을 받고 시험에 통과하여 자격증을 취득하는 사람들이 초기에는 60명씩, 최근에는 100-150명씩 늘어나 2004년 현재 정신보건사회복지사 자격을 가진 자는 700여 명을 넘었으며, 2012년 말 현재 정신보건사회

복지사는 약 3,300명을 정도이다. 또한 자격의 유무를 떠나 현재 정신과 병·의원,
지역사회정신보건센터 160개, 사회복귀시설 275개, 정신요양원 66개, 알코올상담
센터 43개, 낮병원 59개, 자살예방센터 등 약 800여 곳의 기관에 근무하는 정신보
건사회복지사는 약 3,800여 명에 이른다. 사회복지사의 역할도 클라이언트의 개인
력 조사, 개별사회사업치료, 재활서비스, 집단치료, 가족치료, 치료공동체 프로그램
운영, 사회복지전공 학생의 실습교육 등 다양해지고 있으며, 지역사회정신보건센터
나 사회복귀시설에서도 그 지도력을 발휘하고 있다.

3. 　정신보건사회사업의 기능과 역할

3.1 정신보건사회사업의 기능

일반적으로 정신보건사회사업의 기능은 실천의 장(場)의 성격과 병원의 책임
을 지고 있는 정신의학자의 성향과 신념, 정신보건사회복지사의 기술, 신념 및 성향
에 따라 영향을 받는다.

카이스(Kyes)와 호플링(Hofling)은 정신보건사회복지사의 기능을 다음과 같
이 지적하고 있다(김태일, 1980: 22-24).

첫째, 환자로 하여금 건설적인 방법으로 자신의 사회환경을 이용하도록 개별적
인 접촉을 통하여 돕는다.

둘째, 가족들로 하여금 환자에게 고용, 주택, 재정적 지원 및 보호를 제공할 수
있는가에 대하여 알 수 있도록 개별적인 접촉을 통하여 돕는다.

셋째, 환자 자신과 그의 가족원들에 대한 의도적인 감정을 다루어 가도록 개별
적으로 원조한다.

넷째, 이용가능한 의료자원과 지역사회센터에 대한 이용방법과 목적 등을 환자
와 가족에게 설명하여 돕는다.

다섯째, 환자와 가족이 거주하고 있는 지역사회 내의 사회기관을 안내하거나
보다 나은 치료와 보호를 위해서 그 이외의 사회자원을 안내한다.

여섯째, 환자가 입원중인 기간에는 그의 가족 및 집단, 지역사회와의 관계를 유
지하도록 돕는다.

일곱째, 환자에 대한 전반적인 프로그램에 중요한 기여를 하기 위하여 환자의 사회력, 가족력, 직업력 등에 대한 정보를 수집한다.

여덟째, 정신과 팀의 다른 요원과의 활동에 적극적으로 참여하여 조사, 진단, 계획, 치료 및 사후보호서비스에 있어서 수평적인 입장에서 상호 협동적으로 참여한다.

아홉째, 환자의 치료목표의 충실을 기하기 위하여 지역사회 내의 유력 인사와 적극적인 친화관계를 형성한다.

일반적으로 정신보건사회사업은 크게 세 가지 기능을 한다. 첫째, 클라이언트에 대한 인테이크 및 진단적 조사와 치료활동을 한다. 둘째, 클라이언트의 가족을 원조한다. 셋째, 조사, 연구, 교육을 담당한다. 이러한 사회복지사의 기능을 좀더 자세하게 적용 분야별로 검토하면 다음과 같다(Watkins, 1983: 45-66; Grinker et al., 1961: 285-291; Perlman, 1975: 669-675).

(1) 병원에 입원하는 클라이언트에 대한 서비스

일반적으로 병원에 입원하는 정신질환자는 그 증세가 심한 상태에 있다. 우리나라에서 정신질환자를 전문적으로 치료하는 병원으로는 국립정신병원, 사립정신병원이 있으며 이들을 다시 종합병원 내의 정신과, 정신과 전문병원, 정신과 의원 등세 가지로 분류할 수 있다.

병원에 입원하는 클라이언트를 위해서 다음과 같은 기능을 한다.

① 환자와 가족에게 병원시설과 프로그램을 설명한다.

② 클라이언트가 병원에 입원하면서 발생하게 되는 가족문제를 해결하는 데 도움을 준다.

③ 정신병과 관련하여 가족이 갖는 불안을 경감시켜 준다.

④ 경제적 어려움이 있을 경우 경제문제해결을 위해 가족들과 논의를 한다.

⑤ 치료절차를 가족에게 설명하고 협력을 하도록 돕는다.

⑥ 클라이언트의 개인력을 조사한다.

⑦ 입원하는 클라이언트에 대한 개별사회사업치료, 정신요법, 집단치료 등을 실시한다.

⑧ 클라이언트 가족의 병리를 치료한다.

⑨ 클라이언트의 퇴원계획을 준비하고 돕는다.

(2) 외래환자서비스

외래환자를 위하여 정신보건사회복지사는 정신요법, 집단치료 등을 하기도 하며, 환자를 지역사회 내의 다른 자원과 연결시키는 일, 환자를 위하여 가족구성원, 고용주 혹은 환자와 중요한 관계를 맺고 있는 다른 사람들의 태도를 수정하도록 원조하는 역할을 한다. 그리고 사회복지사는 면접실에서 치료를 위한 면접뿐만 아니라 필요한 경우 가정, 학교 혹은 직장방문 등을 한다.

외래환자에 속하는 사람들은 지지적인 치료를 통하여 지역사회에서 기능을 할 수 있는 정신질환자, 약물 혹은 알콜중독자, 신경증적 성격비행자, 학교적응상의 문제를 가진 아동 및 청소년, 행동문제, 가족갈등, 생활위기에 직면한 사람 등이다. 외래환자의 특성은 다양하므로 환자의 특성에 따라 적절한 치료방법을 사용하여야 할 것이다.

(3) 시간제 입원서비스

이것은 병원과 외래환자서비스 중간에 속하는 것으로 하루에 몇 시간 정도의 치료를 받고 가정이나 직장에서 일정한 활동을 하는 것을 말한다. 이 범주에 속하는 것으로 낮병원은 낮 동안에는 몇 시간 동안 오락요법, 작업요법, 집단치료 혹은 개별치료를 받지만 저녁에는 가족과 함께 집에서 생활을 하는 것이며 밤병원이란 밤 동안에 환자는 학교 혹은 직장에서 활동을 하다가 밤에는 병원에 와서 치료프로그램에 참여하는 것을 말한다.

이 시간제 입원서비스는 외래환자진료소보다는 더욱 조직적인 서비스를 제공하지만 병원에 완전히 입원을 하여 치료를 받는 것에 비하면 제약을 덜 받고 외래환자진료소와 입원시설의 장점을 모두 가지고 있다. 특히 시간제 입원서비스는 환자가 완전히 입원을 하는데서 받는 스트레스를 완화해 주는 이점이 있다.

시간제 입원서비스에서 정신보건사회복지사의 역할은 클라이언트의 개인력조사, 환자에게 프로그램에 대한 오리엔테이션, 치료목표의 설정 등을 포함한 인테이크 업무, 개별치료, 집단치료 및 가족치료, 퇴원계획을 겸한 사후서비스 등을 하는 것이다.

특히 정신보건사회복지사가 직접적 서비스를 제공할 경우에 명심해야 할 것은 환자는 적응력이 약하다는 사실이다. 따라서 지지적인 개별사회사업을 실천하고 구체적인 대처기술을 가르치며 가족구성원의 치료에 의한 환경조정에 많은 노력을 기울일 필요가 있다.

(4) 사회복귀(재활) 및 예방적 서비스

최근 정신질환자를 위한 약물치료의 발달과 더불어 정신병원에 장기입원하는 경우의 폐해에 대한 주장이 제기되면서 정신질환자의 조기퇴원의 필요성이 강조되고 있다. 이러한 경향으로 정신질환자의 외래치료나 낮병원 이용뿐만 아니라 재활을 위한 사회복귀서비스가 다양하게 이루어지고 있다. 재활서비스는 입소 및 이용시설로 운영되는 사회복귀시설(종합훈련시설, 일상생활훈련시설, 주거시설 등)에서 정신질환자들을 대상으로 일상생활에 필요한 생활기술의 훈련에서부터 사회기술훈련, 그리고 직업기술훈련을 포함한 직업재활까지 포괄적으로 제공되고 있다. 이때 정신보건사회복지사의 역할은 클라이언트의 인테이크와 사정은 물론이고 다양한 훈련 및 재활프로그램을 직접 운영하게 된다.

또한 정신질환자가 지역사회로 조기복귀하면서 재활서비스의 증가가 있는 것과 더불어 정신질환자의 조기발견을 포함한 예방적 서비스의 중요성도 점점 강조되고 있다. 정신보건사회복지사들은 지역의 정신보건센터에 근무하면서 클라이언트에 대한 직접적인 서비스의 제공은 물론 센터의 운영에서도 중요한 기여를 하고 있다. 이때 정신보건사회복지사는 정신병원 내에서의 사회복지사의 역할과 접근과는 달리 지역사회를 중심으로 자원을 동원하고 조직화하는 다양한 전략을 구사할 것이 요구되고 있다.

(5) 비전통적인 서비스

이상에서 설명한 병원 및 지역사회 중심의 서비스 이외에 사회복지사가 직접적인 정신건강서비스를 제공하는 것으로는 기업체, 교정기관, 재활서비스, 학교, 국방영역 등이 있다. 이러한 곳에서는 정신건강서비스에 주요 목표를 두는 것이 아니고 일차적 목적은 각 체계의 궁극적 목적에 있다. 정신건강을 위한 사회복지사는 그 기관의 일차적 목표를 달성하기 위하여 고용된다. 예컨대 진보적인 사업체 혹은 산업체에서는 종업원의 일시적인 생활위기를 포함한 정서적인 문제가 생산성을 저하시키는 원인이 된다는 것을 인식하여 직장 내의 정신건강서비스는 개인을 자연환경 내에서 치료할 수 있는 이점을 가진다. 일반적으로 여기서 제공되는 서비스는 미국의 경우 외래환자진료소나 가족서비스기관의 모델을 따른다.

3.2 정신보건사회복지사의 역할

정신보건사회복지사는 미국의 정신보건시설에서 가장 많은 비율을 차지하고 있으며, 한국에서는 간호사 다음으로 정신보건시설에서 많은 비율을 차지한다. 정신보건사회복지사는 다양한 세팅에서 자신들의 역할을 수행하면서 많은 기술들을 사용한다. 첫째, 치료자나 상담자의 역할이다. 이때 정신보건사회복지사가 가장 흔하게 수행하는 역할은 개인 혹은 집단치료자의 역할이다. 둘째, 사례관리자의 역할이다. 이를 위해 클라이언트의 욕구를 사정하고, 클라이언트를 서비스와 프로그램에 의뢰하고, 클라이언트가 적당한 자원이나 도움을 받을 수 있도록 사후관리를 한다. 사례관리자는 클라이언트들이 요구된 서비스를 받는 것을 확실히 하기 위하여 사례를 점검하는 데 책임을 진다. 한 사례관리자가 반드시 모든 서비스를 직접적으로 제공하는 것이 아니라 서비스를 제공하는 다른 사람들을 조정함으로써 그 사례를 관리한다(Popple and Leighninger, 1996: 393-395). 셋째, 옹호자로서의 역할이다. 정신보건사회복지사들은 클라이언트의 권리를 보장하고 서비스를 개선하기 위하여 입법과 프로그램 변화를 위해 옹호한다. 옹호자는 개인과 사회변화를 위하여 원조대상이 스스로를 옹호할 수 있도록 그들의 능력을 고취시키는 능력강화의 틀 속에서 활동한다. 넷째, 계획, 행정, 지도감독자의 역할을 포함하는 정책입안자의 역할이다. 정신보건사회복지사들은 다른 사회복지사들을 지도감독하고, 프로그램을 시행하고, 기관의 선두에 서서 활동한다. 그 외 정신보건사회복지사들 위기개입과 아동 및 가족서비스, 학교중심서비스와 약물치료 프로그램, 다학문적 팀에서의 사회복지사로서 그 역할을 확대해 가고 있으며, 장차 정신보건서비스는 점차 종교단체, 양로원, 경찰서, 학교, 아동케어센터, 작업장, 그리고 보건 및 의료세팅을 포함해서 정신보건센터보다는 다른 세팅들에서도 제공될 때에 그 역할이 더욱 확대될 전망이다(Heffernam et al., 1997: 286-290).

정신보건사회복지사의 역할을 시설의 기능에 따라서 진단, 치료, 퇴원 및 사후보호를 중심으로 요약하면 다음과 같다(박종삼, 1993: 24-26).

(1) 치료시설(종합병원정신과, 전문정신병원, 정신과의원)

1) 평가과정

① 입원사정과 계획

② 심리사회적 평가(개인력조사, 가족력조사, 사회력조사)

③ 사회환경조사 평가

④ 환자의 경제능력조사 및 사정

⑤ 가족면접 상담 및 교육

2) 치료과정

① 환자의 개별문제 상담

② 가족상담 및 가족교육, 가족집단상담

③ 집단활동요법

④ 집단치료

⑤ 정신과적 재활요법

⑥ 사회적응을 위한 사회기술훈련

⑦ 병실 내의 프로그램기획 및 집행

⑧ 치료팀간의 협조(teamwork)

⑨ 심리극 또는 사회극

⑩ 환경치료

⑪ 가정, 학교, 회사방문을 통한 사회사업서비스

⑫ 지역사회자원동원 및 후원자연결

⑬ 지역사회자원의 정보수집 및 제공

⑭ 타병원이나 시설로의 환자의뢰 및 알선

⑮ 지역사회유관단체를 위한 자문활동

⑯ 국민기초생활보장 수급자의 물질적 원조 및 조정

⑰ 자원봉사자 활용 및 자원동원

3) 퇴원과정

① 퇴원계획 및 재활계획 상담 및 지도

② 환자의 욕구 및 사회적응평가

③ 사회복귀와 재활을 위한 지역사회기관연결

④ 퇴원환자들의 사회복귀를 위한 개별 및 집단지도

⑤ 낮병동 서비스

⑥ 퇴원 후 사후서비스를 위한 가정방문

(2) 사회복귀시설 및 재활시설

① 개별적인 재활계획상담

② 사회복귀촉진을 위한 상담과 원조

③ 사회기술 및 적응훈련

④ 생활기술 및 대인관계기술 및 지도

⑤ 통원, 금전사용 및 여가활용지도

⑥ 직업훈련과 취업에 관한 지도육성

⑦ 가족교육 및 상담

⑧ 정신장애자 가족회 육성 및 운영

⑨ 가정방문지도(재가서비스)

⑩ 단기·위기지향적 가족상담

⑪ 사회복귀를 위한 각종 효과적인 프로그램 실시

⑫ 지역사회자원동원과 후원조직 육성

⑬ 지역사회를 위한 정신건강교육

⑭ 의료기관 및 지역사회기관과의 연결업무

⑮ 지역주민의 정신건강 증진을 위한 계몽활동

⑯ 정신보건에 관한 조사연구활동

⑰ 지역정신보건심의위원회에서의 자문활동

(3) 지역사회정신보건센터

① 지역주민의 정신건강증진을 위한 활동(교육 및 계몽활동)

② 정신건강에 관한 상담 및 지도

③ 재가환자들의 가정방문지도 및 상담사업

④ 정신보건에 관한 자문과 교육

⑤ 낮보호서비스

⑥ 지역사회자원의 개발 및 활용

⑦ 의료기관이나 상담기관으로의 의뢰 및 알선

⑧ 지역사회관련기관들과의 연락 및 협조

⑨ 정신장애자의 조기발견 및 조기조치

⑩ 아동기 정신건강 문제의 조기발견과 개입

⑪ 약물남용 및 알코올남용문제 상담

⑫ 지역의 정신보건실태의 파악

(4) 보건소 및 보건지소

① 정신건강에 관한 상담 및 지도

② 정신보건계몽과 홍보

③ 지역의 정신보건실태의 파악

④ 정신보건에 관한 자문과 교육

⑤ 지역사회관련기관들과의 연락 및 협조

⑥ 지역사회자원의 개발 및 활용

⑦ 의료기관이나 상담기관으로의 의뢰 및 알선

⑧ 재가환자들의 가정방문지도 및 상담사업

⑨ 정신장애자의 조기발견 및 조기조치

⑩ 지역주민의 정신건강증진을 위한 활동(교육 및 계몽활동)

⑪ 지역사회정신질환의 역학조사활동

(5) 정신요양시설

① 심리사회적 상담 및 개별문제지도

② 각종 집단프로그램 실시

③ 생활훈련실시

④ 가족상담 및 가정방문

⑤ 무연고자를 위한 후원자 연결업무

⑥ 지역사회자원동원과 후원조직 육성

⑦ 대인관계기술, 작업능력의 강화

⑧ 생활보호대상자를 위한 행정업무

4. 정신보건사회사업의 대상

정신보건사회사업은 모든 국민을 대상으로 한다. 그러나 실질적으로 직접적인 서비스의 대상은 정신질환을 가진 사람들과 그 가족이다. 이렇게 규정할 때 정신질환이란 무엇이며 우리는 그것을 어떻게 개념화하고 분류할 수 있느냐 하는 문제가 제기된다. 사쯔(Thomas Szasz: 1970)는 정신적인 질병을 명명하는 것을 반대하고 정신질환은 없다고 주장한다. 그는 신경학적 손상에 기인한 질병이 있다는 것에는 동의하지만, 그런 질병은 정신질환이기보다는 뇌질환이라고 믿는다. 비록 그가 정서적 문제의 존재를 인정할지라도, 사쯔는 비기질적 정서적 문제를 라벨링하는 것은 어떤 명확하게 구체화된 규범에서 이탈하는 것을 의미한다고 주장한다. 그는 명명은 개인에게 스티그마를 부여할 뿐만 아니라 그들에게 실제로 그런 행동을 가장하도록 야기할 것이라고 느낀다. 이에 반해 미국의 정신의학협회는 정신질환의 실체를 인정하고 그 분류체계를 확립하기 위해 계속하여 노력해 왔다.

이러한 노력의 결과 현재 정신장애에 대한 진단 및 통계편람 혹은 DSM으로 용어화된 분류체계를 통하여 다양한 형태의 정서장애에 대한 범주화와 정의를 모니터해 오고 있다. 이 분류체계는 현재 제5판까지 나와 있고 공식적으로는 DSM-Ⅴ로 칭해지고 있다. 그것은 개인 기능성의 심리학적·생물학적, 그리고 사회적 측면에 초점을 두는 평가를 위한 다축체계를 사용한다. 그 체계는 개인을 진단함에 있어 5개 축으로부터 나온 정보를 포함시킨다. 축Ⅰ과 축Ⅱ는 정신분열병과 정신병적 장애 같은 모든 정신장애를 넣고 있다. 축Ⅲ은 신체장애와 조건을 넣는다. 축Ⅳ와 축Ⅴ는 장애의 발달 혹은 유지에 기여해 온 심리사회적 스트레스원의 심각도를 등급으로 매기고 개인이 지난해 동안에 유지해 온 가장 높은 적응적 기능수준을 표시한다(Williams, 1995).

생활환경의 급격한 변화와 사회구조의 복잡·다양화에 따라 정신질환자는 점차 증가하여 1995년 말 현재 우리나라의 정신질환자는 전인구의 2.16%인 977천 명으로 추정되고 있다. 이 중 11.6%에 해당하는 113천 명이 일정기간 입원치료를 요하는 것으로 파악되고 있다(보건복지부, 1996: 64). 그러나 김용익(1994)은 정신질환 이환율을 2.75%라 하였으며 다른 연구에서는 정신의학적 처치를 필요로 하는 정신질환자가 전체인구의 3.3%에 해당하는 1,454,242명이라고 주장하고 있다. 아동기 발달장애를 가진 대상들과 약물남용 및 알코올남용 문제를 가진 사람들도 정신보건사회사업의 대상에 포함시켜야 한다는 것을 감안하면 그 대상은 훨씬 더 늘어날 것이다.

　　일본과 우리를 비교해 보면 인구 1만 명당 차지하는 병상수에 있어 상당한 차이를 나타내고 있다. 그러나 일본은 1993년에는 병상수가 362,962병상이던 것이 95년에는 362,180병상으로 줄어들고 있으며, 병상이용률도 94.8%에서 94.1%로 낮아지고 있는 것을 알 수 있다(田中英樹, 1996: 31). 그러나 우리나라의 경우 중증환자들을 입원시키기 위해서는 최소한 38,000병상의 정신의료시설이 필요하다고 추론되고 있으나 2011년 현재 정신요양시설(정원 13,886명)을 제외한 정신의료기관의 병상수만도 80,012병상이 운영되고 있어 필요병상수를 초과하고 있는 상태이므로 정신장애인의 장기입원으로 인한 수용화를 초래할 위험성을 내포하고 있다(김기태 외, 2002: 442-443; 보건복지부, 2004).

참고문헌 ●

가톨릭중앙의료원. 1988. 「가톨릭 중앙의료원 50년사」. 서울: 가톨릭 출판사.

김규수. 1995. 「의료사회사업론-이론과 실제」. 서울: 형설출판사.

김기태·황성동·최송식·박봉길·최말옥. 2013. 「정신보건복지론」 제3판. 서울: 양서원.

김상규·윤욱·전재일 공저. 1983. 「사회복지론」. 서울: 형설출판사.

김태일. 1980 "한국 정신과사회사업 발전의 필요성에 관한 연구". 중앙대학교대학원 석사학위논문.

박종삼. 1993. "우리나라 정신보건사회사업의 현실과 과제". 한국정신보건사회사업학회 창립총회
    및 세미나 자료집.

보건복지부. 1996. 「보건복지백서」.

_____. 2004. 「보건복지통계」.

전석균. 2003. "우리나라 정신보건사회사업과 학회의 역사."「한국정신보건사회사업학회 2003 추
    계학술대회 자료집」.

大島侑編, 1987. 「社会福祉実習教育論」, 東京: 海声社.

Fergusan, E. A. 1969. *Social Work : An Introduction*. Philadelphia: J. B. Lippincott
    Company.

Fink, A. E., E. E. Wilson, and M. B. Conover. 1949. *The Field of Social Work*. New
    York: Holt, Rinehart & Winston, Inc.

Friedlander, W. A. 1967. *Introduction to Social Welfare*(2nd ed.). New York: Prentice-
    Hall.

Friedlander, W. A., and R. Z. Apte. 1980. *Introduction to Social Welfare*. Englewood
    Cliffs: New Jersey.

Grinker, R. R. et al. 1961. *Psychiatric Social Work: A Transactional Case Book*. New
    York: Basic Books.

Heffernam, J., G. Shuttlesworth, and R. Ambrosino. 1997. *Social Work and Social
    Welfare: An Introduction*(3rd ed.). Minnepolis/St. Paul: West Publishing Co.

NASW. 1977. *Encyclopedia of Social Work*. NASW Press. Vol. II.

O'Keefe, D. E. 1954. "Psychiatric Social Work." in *Social Work Year Book. edited by R.
    H. Kurtz*. New York: NASW.

Perlman, H. H. 1975. "Social Work in Psychiatric Settings." in *American Handbook of
    Psychiatry*(2nd ed.). edited by S. Arieti. New York: Basic Books.

Popple, P. R. and L. Leighninger. 1996. *Social Work, Social Welfare, and American society*. Boston: Allynam & Bacon.

Szasz, T. 1960. "The Myth of Mental Health." *American Psychologist*. 15, 113–118.

Timms, N. 1964. *Psychiatric Social Work in Great Britain*(1939–1962). London: Routledge & Kegan Paul.

Williams. J. 1995. "Diagnostic and Statisticak Manual of Mental Disorders." *Encyclopedia of Social Work*. Washington, D. C. NASW, vol.1, 729–739.

Zastrow, C. 1982. *Introduction to Social Welfare Institutions*. Homewood. Illinois: The Dorsey Press.

제 16 장
산업복지

1. 산업복지의 개념

사회복지는 항상 아동, 장애인, 노인, 빈민, 요보호여성과 같은 사회적 약자나 도움을 요청하는 대상들에게 관심과 도움을 주어 왔으며, 사회변화에 따른 다양한 사회문제에도 대처하여 왔다. 급격한 기술의 혁신과 이에 따르는 생산체제의 변화와 사회변동에서 파생되는 산업과 인간과의 문제가 사회문제에서 중요한 비중을 차지하게 됨에 따라 새로운 사회복지의 영역으로서의 산업복지가 대두되었다.

사회복지의 개념을 로마니신(Romanyshyn, 1971: 3)의 정의에 따라서 "개인과 전체로서의 사회의 복리를 증진시키는 데에 기본적 또는 직접적 관심을 가지는 모든 사회적 개입의 형태를 포괄하며, 한정적으로는 사회적 약자에 대한 재정적 원조나 서비스를 의미하며, 다른 한편으로는 국민의 보편적 욕구에 대한 공동적 책임을 의미한다"고 할 때, 산업복지의 개념도 근로자와 전체로서의 산업사회의 복리를 증진시키려는 모든 산업사회적 개입의 형태를 포괄하며, 한정적으로는 산업사회의 약자에 대한 재정적 원조나 서비스를 의미한다고 볼 수 있다.

스트라우스너(Straussner, 1990: 2)는 직업사회복지란 작업장에서의 사회적 욕구와 인권을 옹호하는 다양한 개입을 통해 개인과 그들의 환경 간에 적절한 적응을 조장하기 위한 전문화된 사회사업실천분야라고 광범위하게 정의하였다.

그리고 유엔의 정의에 따르면, "산업사회복지(industrial social welfare)란 어떠한 집단에 의하여 이루어지든 간에 근로자의 복지를 증진하거나 보존하며, 근로자와 그의 가족을 대상으로 근로과정과 근로현장에서 유발될 수 있는 사회적 비용을 감소시키기 위한 일련의 프로그램을 말한다"(Kurzman, 1987: 899)라고 하여 모든 주체와 수준을 포괄하는 광의의 개념을 사용하였다. 여기에서 산업복지를 실시하는 집단이란 산업복지의 주체로서 국가, 지방자치단체, 기업, 노동조합, 협동조합, 민간단체, 사회복지단체 등을 말하는 것이다.

한편 협의의 산업복지 개념은 산업사회사업(industrial social work)을 지칭하며 "종업원이나 조합원에게 도움을 주며 노동조직이나 산업조직의 명문화된 사회복지 욕구를 충족시키기 위하여 전문 사회사업가를 활용하여 노동이나 경영의 지원 아래 이루어지는 프로그램과 서비스이다"라고 정의한다. 또한 특정한 계약 아래 자발적 기부나 원조에 의하여 운영되는 자발적 사회복지기관이나 사설 사회복지기관이 훈련된 사회사업가를 기용하여 노동조합이나 사용자 조직에 사회복지서비스나 사회복지에 관한 자문의 제공이 포함된다. 여기에서 사용자 조직은 사회사업가를 기용하는 노동조합과 기업뿐만이 아니라 정부기관과 비영리 조직들도 포함된다.

산업복지의 실시 주체 면에서 볼 때, 광의의 산업복지는 공적 산업복지와 산업복지 정책을 실시하는 국가나 지방자치단체가 중심이 되어 기업, 노동자 그리고 민간의 산업복지 활동을 포괄하며, 협의의 산업복지는 기업, 노동조합, 민간단체 등 개별 근로자와의 접촉이 가능한 중간집단이 중심이 된다.

산업복지의 대상 면에서 보면, 광의의 산업복지는 전체 근로자와 그 가족까지 대상이 되며, 협의의 산업복지는 특히 부녀자, 연소자, 노령자, 장애자, 원조 요청자와 같은 취약한 개별 근로자와 그 가족이 대상이 된다.

산업복지 원조의 성격 면에 있어서는 광의의 산업복지는 제도적·사회적 원조가 중심이 되어 보편적으로 적용되기 위하여 명문화되어 고정적인 반면에 협의의 산업복지는 심리적·물질적 원조가 중심이 되어 욕구충족을 목표로 구체적으로 적용되기 위하여 역동적이다. 산업복지의 전달에 사용하는 도구로는 광의의 산업복지에서는 정책과 제도이며 협의의 사회복지에서는 케이스워크, 그룹워크, 지역사회조직, 사회행동, 의뢰 등과 같은 사회복지 실천방법론을 주로 사용한다.

산업복지의 내용 면에서 보면, 광의의 산업복지는 거시적 내용으로서 고용, 임금, 근로조건, 근로환경, 재산형성, 수입보장과 같은 내용이 중심이 되며, 협의의 산업복지는 미시적 내용으로서 개별 근로자의 직업적·사회적·가정적 욕구를 충족시켜 줄 수 있는 급여와 서비스나 프로그램이 중심이 된다.

┃표 16-1┃ 산업복지 개념의 비교

	광의의 산업복지	협의의 산업복지
주　체	국가, 지방자치단체, 기업, 노동조합, 민간단체	노동조합, 기업, 민간단체
대　상	전체 근로자와 그 가족	취약한 개별 근로자와 그 가족
성　격	제도적·사회적·보편적·고정적	심리적·물질적·구체적·역동적
전달도구	정책과 제도	사회복지 실천방법론
내　용	거시적(macro) 고용, 임금, 근로조건, 근로환경, 재산형성, 수입보장	미시적(micro) 개별근로자의 직업적·사회적· 가정적 욕구 충족

2.　산업복지의 기능

　　산업복지는 산업의 장에서의 사회복지로서(김영모·남세진·신섭중 외, 1982: 239) 그 효과는 근로자와 산업에 미치게 되며 근로자에게는 욕구의 충족과 삶의 질의 향상을 통한 복지의 증진과 산업에는 생산성의 향상을 통한 이윤의 증대로 나타나게 된다. 따라서 산업복지의 기능은 근로자의 욕구 충족을 중심으로 하는 복지적 기능과 생산성 향상을 중심으로 하는 산업적 기능 두 가지로 대별할 수 있다.

　　산업복지의 복지적 기능은 근로자의 문제해결과 욕구충족 그리고 자아실현을 통한 만족감에 접근되도록 지원한다. 이러한 산업과 조직으로부터의 관심은 개별 근로자가 가지는 소외감과 열등감, 자신의 장래에 대한 불안을 해소하고, 자신의 능력 향상을 위하여 투자하며 적극적으로 직무에 임하고 자신의 역할에 긍지와 보람을 느껴 직장생활에서 만족할 수 있게 한다.

　　산업복지의 산업적 기능으로서 생산성의 향상을 위해서는 양질의 노동력이 사용되어야 한다. 그런데 직무에 만족과 보람을 느끼는 근로자가 생산성이 높다는 논리에 따라 노무관리는 이러한 양질의 노동력의 확보와 배양 그리고 유지에 목표를 두고 있다. 산업복지는 이러한 목표에 직접적으로 기여할 수 있으며, 때로는 그러한 이유 때문에 존재하기도 한다.

　　산업복지가 전통적으로 수행해 왔으며 앞으로 전망되는 역할을 케이터(Cater, 1977: 15-16)는 다음과 같이 열거하고 있다.

2.1 노동력 보호

산업복지는 노동력을 보호한다. 산업재해와 직업병의 예방과 재활을 통하여, 그리고 건강의 보호와 증진, 레크리에이션과 휴식시간의 관리, 주택과 식사의 제공 등을 통하여 노동력의 손실을 방지하고 노동력 재생산을 촉진하여 양질의 노동력 확보에 기여한다. 이러한 기능을 위하여 투입된 경비는 양질의 노동력 확보로서 그 가치를 발휘하여 복지경비의 소모성에 대한 인식을 극복하는 근거를 제공해 주고 있다.

2.2 노동력 안정

산업복지서비스와 특히 부가급여(fringe benefits)형태의 산업복지는 임금차이가 없는 동종 업계에서 기업의 매력도를 상승시키며, 다른 직장으로 전직하려는 근로자의 이직의도를 약화시킨다. 또한 기업복지는 근로자들의 공통적인 주요 욕구에 적절히 대응함으로써 노동조합에 대한 필요성을 약화시키기도 한다. 이와 같이 노동력의 이동을 줄이고 안정된 노사관계를 유지함으로써 원활한 노동력 확보에 기여하고 기술과 경험의 축적을 가능하게 함으로써 기업의 비용의 논리에 공헌하고 있다.

2.3 노동력 표준화

산업복지는 새로운 노동력이 산업에 투입되었을 때, 그들이 가지는 다양한 특징을 제거, 변형 또는 순화시켜 작업에 투입할 수 있도록 표준화시켜 준다. 어린아이를 가진 근로자는 직장보육시설의 이용을 통하여 육아문제를 해결함으로써 안심하고 직무에 전념할 수 있을 것이다. 이러한 부녀 근로자와 연소자, 장애인 등의 특수한 욕구와 일반 근로자의 다양한 특성을 수렴하여 가용한 노동력으로 통합해 나간다. 이는 마치 사회복지가 아동 및 청소년복지를 통하여 비행청소년을 도와주고 인보사업을 통하여 특정한 계층의 욕구에 대응함으로써 사회를 통합하고 건전한 일반시민으로 육성하는 기능을 수행하는 것과 같은 것이다.

2.4 관심의 표현

산업복지는 근로자에 대한 국가와 사회 그리고 기업과 노동조직의 적극적 관심의 표현이다. 기업활동을 통하여 부를 축적한 초기 기업가들은 비참한 근로자의 생활을 개선하기 위해 인도주의적 관점에서 산업복지를 실시하였다. 그러나 초기에 산업복지는 빈번히 고용주의 직접관장사업으로 실시되어 고용주의 선심을 부각시키기 위하여 이용되기도 하였다. 오늘날에도 종업원의 충성심을 자극하고 소속감을 강화하는 기능을 발휘하고 있으나 차츰 온정적·부권적 차원으로부터 명문화되고 제도화되며, 단체협상의 내용으로 포함되거나 권리로서의 복지로 이행하고 있는 추세이다.

2.5 사회적 책임수행

오늘날까지 기업은 이윤추구의 목적을 위하여 존재하는 조직으로 인식되어 왔으나, 생태학적 관점과 사회연대성과 사회통합의 가치는 기업을 지역사회의 일원으로 파악하기 시작하였다. 기업은 자신의 이윤을 위하여 노력하지만 그 과정은 지역사회와 긴밀한 연관을 가지고 있으며, 산업활동에서 비롯되는 현상들은 지역사회에 다양한 영향을 미친다. 기업은 지역사회에 위치하며, 지역사회의 노동력을 사용하고 심지어 상품과 용역을 지역사회에 판매하여 수익을 올린다. 따라서 기업은 사회에 대한 반대급부를 사회에 대한 책임으로 인식하고 이를 이행해야 하며, 이러한 활동에 산업복지에 내재하는 사회사업의 잠재력을 동원할 수 있다. 산업복지는 대지역사회 관계, 홍보, 긍정적 행동(affirmative action), 순회 복지서비스, 시설개방과 같은 활동에서 전문적 자문을 제공할 수 있다.

2.6 조직의 인간화

이는 인간이 생활하는 장으로서 일의 세계가 혹사와 괴로움의 장이 아니라 보다 쾌적하고 지낼만한 환경으로서 존속하도록 산업복지의 적극적 노력이 요구된다. 그것은 마치 인간공학이 작업하기에 적합한 기계기구와 작업환경을 설계하는 것과 같이 산업복지는 근로자가 일하며 일생을 지내기에 적합한 인간관계와 조직을 구상하고 조언할 수 있다. 이러한 노력은 근무시간 연동제나 재택근무제와 같은 다양한 근무제도를 실시함으로써 주부사원이나 특별한 상황이 있는 근로자를 도울 뿐만 아니라 조직 자체에 유연성을 배가하여 조직을 인간에 적합하도록 산업환경을 변화시키는 것이다. 산업복지는 재택근무제, 과제중심 조직 등과 같은 직무설계와 조직개발의 분야에서 복지적 전문소견을 공급하여 조직의 인간화에 기여한다.

3. 산업복지의 발달과정

서구에서 산업복지의 발달은 고용주의 온정에서 출발하여 공업적 일(industrial work)을 보완하는 사회적 일(social work), 즉 사회사업으로 발달하여 Social Work이라는 기본적 용어가 창출되기까지 하였으나(Cater, 1977: 7), 고용주의 온정과 권위의 표현으로 이용됨으로써 산업활동의 주변적 위치로 밀려나는 비운을 맞아야 했다(牛窪浩·片山義弘, 1966: 158). 이러한 경험은 산업복지 발전에 반드시 고려되어야 할 경구적 귀감으로 삼아야 할 것이다.

케이터(Cater, 1977: 8-15)는 산업복지의 발달을 다음과 같은 단계들로 구분하여 제시하고 있다.

3.1 온정주의적 산업복지

산업혁명 당시 공장노동자의 작업조건은 매우 열악하고 가혹한 상태였다. 6-7세 아동들의 노동이 성행하였고 불결한 환경에서 12-14시간의 장시간 과도한 노동이 일반적이었다. 빈민의 자녀들은 제조업주들에게 조건도 없는 도제계약으로 머슴살이를 하는 등 착취와 전제적 지배가 횡행하던 상황이었다. 이런 속에서도 부(富)를 축적한 일부 기업가는 온정적으로 종업원에게 복지를 제공하였다.

이러한 기업가 중에서 영국의 로버트 오웬(Robert Owen: 1771-1858)[1]이

---

1) 오웬은 영국의 북웨일즈 지방의 작은 기업을 경영하는 가정에서 태어났다. 그는 9세에 그가 다니던 학교를 떠나야 했고 따라서 독서 등을 통하여 독학을 하였다. 19세가 되던 해에 그의 부친으로부터 500파운드를 빌려서 맨체스터에 면사를 뽑는 공장을 설립하였다. 미국의 목화를 수입해서 면사를 생산했던 첫 번째 기업가로서 꼽히는 그는 그의 기업에서 성공적이었다. 그는 다시 30세가 되기 전에 글라스고우 근처에 "The New Lanark Mills"라는 면사공장을 설립하였는데 약 2천명의 공원을

산업복지의 효시로 추앙받고 있다. 그는 1800년 그의 장인인 데이비드 데일(David Dale)과 함께 스코트랜드의 뉴 래낙(New Lanak)에서 방직공장을 경영하였다. 그는 사업의 번영을 누리면서 종업원의 도덕교육을 실시하였고, 노동시간을 10시간 내외로 줄였으며, 공장을 위생적이고 쾌적하게 만들었다. 그는 10세 이하 아동의 고용을 폐지했으며, 직업훈련을 개선하고 불경기 동안에 실업급여를 지급하였고, 학교제도를 설립하는 등 뉴 래낙을 산업주의의 모델로 만들었다(Boettieger, 1923: 73-85). 그 후 그의 추종자들에 의하여 주간 탁아소(day nursery), 근로자 식당, 시범부락, 질병급여, 무료수술, 무료 치과진료, 식사시간 음악청취, 기술훈련, 교육 강좌 등을 실시하였다.

오웬의 영향은 프랑스에서 에드메 진 르끌레르(Edme Jean Leclaire)에 의하여 의료와 장애자 급여를 포함한 이익분배제도와 공제조합을 설립하게 했으며, 독일에서는 크룹(Krupp)家에 의하여 성과공동체(成果共同体)를 탄생시켰다.

미국에서는 19세기 초기에 매사츄세cm주의 로웰(Lowell) 직물공장을 중심으로 로웰(Lowell)과 애플튼(Appleton)에 의하여 오웬의 사상이 계승되었다. 이들은 영국을 방문한 후 그의 행적을 뒤따랐으며 학교, 교회, 문화회관, 순회도서관, 주택, 기숙사, 연주회, 사보 등 광범위한 복지시설을 설립했으며 지역사회의 발전에도 공헌하였다.

그러나 여자기숙사의 경우 여자 사감을 채용하여 청결, 시간엄수, 식사, 질서, 생활의 조화 등을 감독하게 했으며, 저녁 10시에는 기숙사의 문을 굳게 잠그고 주사위 및 카드놀이를 금지시켰고 술을 마시거나 안식일을 위반하면 해고시킴으로써 온정주의적 성격을 가지고 있었다.

고용하고 있었다. 그는 늘 최신의 기술과 최신의 경영기법을 사용하였다. 그의 공장은 늘 잘 정돈되었고 항상 청결하였다. 그는 당시의 노동자들의 비참한 삶에 늘 충격을 받고 있었다. 많은 부녀자와 어린이들이 공장에서 중노동을 감당해 가는 것도 그러했고 남루한 의복과 주택과 영양실조의 상태 그리고 피곤에 지친 모습에서 그가 이 일을 위하여 해야만 될 사회적 사명을 느꼈다고 한다. 그는 노동시간을 단축시키고 임금을 올렸다. 노동자들을 위하여 주택들을 짓고 공장에서 일하던 10세 미만의 아이들을 모두 무료로 교육을 받게 하였다. 값싸게 음식과 의복을 공급하기 위하여 그는 소비조합을 개설하였으며 근로자의 실수로 잘못된 일에 대하여는 종래까지 지불케 하였던 벌금제도를 폐지하였다. 오락시설들이 제공되고 보험을 위한 기금들이 적립되었다. 오웬이 이러한 그의 계획을 실현하는 데에는 그의 동업자들을 설득하는 일이 가장 힘들었다고 회고했다. 경기침체로 공장이 넉달간 조업이 중단되었을 때에도 전 공장근로자들에게 임금전액을 지불하였다. 당시의 사회적인 문제에 관심이 컸던 지도적 인사들이 세계 각지에서 이 새로운 경이를 견학하기 위하여 모여들었다. 그러나 이 일을 모방할 수 있었던 사람은 거의 없었다.

3.2 부권(夫權)적 산업복지

미국과 영국에 있어서 산업개선의 결과 복지사업의 규모가 확대되어 이를 전담할 관리자를 고용하게 되었고, 종업원에게 제공하는 여러 가지 혜택과 급여를 개발하고 감독하는 책임을 맡게 하였다. 초기에는 전속 목사가 이러한 직무를 맡기도 했지만 차츰 전담직원에게 이양되었다. 이들은 종업원의 고용, 식당과 주방의 관리, 불평·불만의 조사, 탈의실 및 세면장 시설의 감독, 고용과 고용조건 개선에 대한 건의, 종업원문제에 대한 사적 지원 및 충고, 병자의 방문, 원예회나 클럽, 운동회 및 휴일관광의 조직 그리고 응급처치 및 감독과 같은 업무에 종사하였다(Boettieger, 1923: 125).

이들은 권위보다는 영향력을 가졌고 경영과 노동 사이에서 사적인 관계를 맺고 이를 유지하는 것이 기본적 기능이었으나 때로는 고용주로부터 때마침 일어나기 시작한 노동조합 결성을 견제하는 비밀임무도 포함되어 있었다.

이 시기에 실시된 산업복지사업은 다음의 네 가지로 분류할 수 있다(Cater, 1977: 10).

(1) 신체적 복지: 안전, 건강, 위생(급수, 화장실, 식수, 우물 등), 식당, 취사시설, 주택 및 교통편의의 지도감독
(2) 문화적 복지: 레크레이션, 도서관, 잡지발간, 음악제공, 교육프로그램
(3) 경제적 복지: 대부, 연금, 재활, 채용과 해고
(4) 개인적 복지: 근로자와 그 가족에 대한 개별사회사업 서비스

3.3 산업복지의 배척과 쇠퇴

부권적 산업복지는 1920년대를 전후하여 근로자와 노동조합으로부터 불신과 거센 배척을 받게 되었다. 그 이유는 복지사업이 고용주의 온정과 자선심 그리고 권위를 부각시켜 주는 수단이며, 임금을 높이는 대신으로 제공된다고 인식하였기 때문이었다.

이러한 사례 중 한 가지가 1920년에 설치된 포드 자동차 회사의 사회과(Sociological Section)로서 소속 직원으로 400여 명을 채용하여 이들로 하여금 종업원의 생활을 조사시켰다. 종업원은 이 조사로부터 청결하고 건설적인 생활을

한다고 판정을 받으면 하루에 5달러라는 상당한 임금을 받았지만 그렇지 못하면 2.60달러 밖에 받지 못하였다. 이러한 사회과의 활동은 종업원의 사생활을 침해하는 결과를 초래해 심한 반발을 받게 되었다.

또한 강철산업에서는 수많은 흑인 복지 담당자(Negro welfare worker)를 고용하여 종업원들의 동향을 정탐하는 첩자로 활용하였다. 이러한 고용주에 의한 복지사업의 오용은 산업복지에 대한 근로자들의 불신을 뿌리깊게 박아 놓았다. 노동조합에서는 이를 투쟁의 쟁점으로 삼았고 결국 노동조합이 승리함으로써 고용주에 의한 산업복지사업은 쇠퇴하게 되었다(Miro, 1956: 18-19).

이러한 요인 이외에도 산업복지사업을 강력하게 추진하였던 초기의 고용주들이 은퇴와 사망으로 경영권에서 물러나 있었으며, 복지사업이 활발하였던 섬유산업이 불황을 맞게 되었다. 특히 생산방식에 있어서 과학적 관리법의 도입으로 효율적인 작업에 중점을 두어 생산성 향상에 주력하였던 테일러이즘(Taylorism)의 등장이 산업복지의 쇠퇴에 커다란 영향을 미쳤다.

3.4 노동조합의 참여

제2차 세계대전 기간 동안과 대전 후의 기간은 노동조합이 조합원의 복지사업에 참여하는 것으로 특징지을 수 있다. 노동 예비인력으로서의 여성 근로자가 출전 중인 남성 근로자의 자리를 대체하였을 때 이들의 적응을 돕기 위하여 여성 상담원을 배치하였다.

전쟁중에 미국의 노동조합은 새로운 형태의 산업복지사업을 시도하였다. 통합하기 전의 산업별 노동조합 총회(The Congress of Industrial Organization, CIO)는 자질 있는 일반 노조원을 훈련시켜 노조상담원으로 활용하였다. 노조상담원의 훈련은 지역사회의 사회사업가들이 담당하여 면접의 기술과 지역사회의 자원에 대하여 강의하였다. 수료 후에 이들은 상담원이라는 표식을 부착하고 일반 근로자와 같이 작업하면서 접근을 용이하게 하였으며 경제적 문제, 아동과 가정문제, 법률적 원조, 건강과 기타의 복지문제를 취급하였으며, 지역사회의 복지기관에 대한 안내와 의뢰 서비스를 제공하였다. 노조상담원은 이전에 존재했던 복지담당자를 대신한 것이었고, 또한 회사로부터 고용된 상담자는 노동조합과 노조원에 대하여 호의적이 아닐 것을 염려한 대책이었다.

노동조합은 또한 사회복지기관을 지역사회에 설립하여 조합원의 문제해결을 위하여 서비스를 제공하였다. 이러한 노동복지관(labor agency)은 지역사회의 복지기관으로서 비영리서비스를 제공하고 대부분의 운영자금을 공동모금회(United Way)로부터 배정받는다. 이러한 복지관은 조합원들이 일반적 사회복지서비스를 이용할 때 발생하는 요금부담, 접수대기, 불편한 날짜와 시간, 원거리 등의 불편을 해소해 주기 위한 노동조합의 노력인 것이다. 때로는 노동조합이 보유한 방대한 복지시설을 관리운영하기 위하여 노동조합에서 직접 사회사업가를 고용하기도 한다.

3.5 전문직에서 산업으로의 진출

이미 1920년대에 뉴욕 사회사업대학원 졸업생들이 산업에 상당 수 진출한 바 있지만 근래에는 사회복지 전문직에서 산업으로 진출을 시도하고 있다. 그 진출의 통로는 대략 세 가지로 지목되고 있는데, 사회사업 대학원에서 학생들을 산업체에 실습배치하는 통로와, 가정복지기관이 산업체와 서비스제공 계약을 맺어 진출하는 통로, 그리고 사적 실천가의 사회복지 용역제공 계약에 의한 진출통로이다.

첫째, 학교에서의 실습생 배치 활동은 컬럼비아대학교 산업복지 센터(Industrial Social Welfare Center)나 보스턴대학, 웨인주립대학 등의 많은 대학에서 주로 대학원 학생들을 산업체에 실습배치하여 각종 조사와 정보제공, 시범사업을 계속함으로써 산업복지의 위치를 확보하고 있다.

둘째, 산업체가 그 근로자에게 전문적 상담서비스를 제공하기 위하여 지역사회의 가정복지기관과 계약을 체결함으로써 사회사업이 산업에 도입된다. 그리하여 산업체는 산업복지의 필요성과 산업복지 수준향상의 기여도를 인식하여 사회사업가를 채용하는 사례를 낳고 있다. 이러한 경향은 기업에서의 복지업무가 하나의 독립된 영역으로서 차츰 확립되어 가고 있음을 나타내는 것이다.

마지막으로, 사적 실천가와 산업체 사이의 전문적 복지서비스 제공계약을 통하여 산업에 진출하는 통로이다. 주로 사회사업용역업체를 설립하여 종업원 알코올 중독 프로그램이나 정신건강 프로그램을 실시하고 있다. 이러한 용역업체는 책임성이 명확하고, 서비스의 의도를 의심받지 않으며, 노사 양쪽에 기여할 수 있는 장점을 가지고 있기 때문에 산업의 장에 진출하는 유력한 통로로서 인식되고 있다.

이와 같이 산업복지는 오늘날 사회복지의 새로운 가능성을 시험해 주는 매우 잠재력이 풍부한 매력적인 영역으로서 전문사회복지의 한 영역으로 대두하고 있다.

4. 산업복지의 주체

산업복지를 실시하는 주체는 크게 보아 국가, 기업, 노동자, 민간 등의 네 가지로 나눌 수 있다. 즉, 산업복지 주체로서의 국가에는 중앙정부와 지방자치단체가 포함되며, 기업에는 기업이나 사업체, 작업장, 단체 등 고용주나 고용 조직, 사용자가 주체가 되는 것이고, 노동자는 노동자, 종업원, 직원 등 고용되어 있는 사람들의 집단이나 노동조합이 주체가 되며, 민간은 사회복지기관이나 사회단체 또는 종교단체 등의 민간단체가 주체가 되어 근로자와 그의 가족의 복지의 전달과 증진을 위한 산업복지사업을 수행할 수 있다.

4.1 국   가

산업복지의 주체로서의 국가는 중앙정부와 지방자치단체를 포함하며, 산업복지에 필요한 자원은 주로 세금에 의한 예산에서 충당된다. 국가에 의한 산업복지는 국가복지(최균, 1992) 또는 공적 산업복지라고 부른다.

국가에 의한 산업복지는 산업재해보상보험, 의료보험, 국민연금, 고용보험 등의 사회보장제도와 노동행정부서의 근로감독과 직업안정업무, 인력은행, 근로복지공사, 산업인력관리공단 등의 공기관을 통한 산업복지 및 연관 업무를 통하여 이루어지고 있다. 공적 산업복지의 사업내용이나 수급자격은 법률에 규정되어 있어 해당자에게 보편적으로 적용되지만, 새로운 욕구와 규정에 벗어나는 특수한 욕구에 부응하기에는 적합하지 않다.

일반적으로 국가에 의한 산업복지는 노동력 재생산과 자본의 확대재생산에 기반하는 경제적 재생산을 강조하며 계급관계론의 입장에서 노사관계적·정치적 관계에 초점을 두어 산업평화를 지향하는 사회적 재생산을 강조하는 의도를 가지고 있다(최균, 1992: 33).

4.2 기   업

산업복지 주체로서의 기업은 고용주나 사용자 그리고 이들의 조직이 포함된다. 기업이 주체가 되어 실시하는 산업복지를 기업복지라고 하며 산업복지 영역에서 실제적인 중심적 내용을 구성하고 있다. 산업혁명 당시에 산업복지는 기업주의 온정적 관심으로 출발되어 부권적 권위를 부각시키거나 노조의 견제수단으로 그리고 노무관리의 수단으로 사용되어 왔다. 그러나 근로자들은 더 이상 자신들이 상품과 용역을 생산하는 경제적 도구가 되어 가는 것을 참으려 하지 않았으며, 고용주에게 거대한 조직 내에서의 생활에서 따뜻한 인간관계를 통한 정서적 측면과 함께 근로자 자신이 자기 존중감을 가질 수 있는 작업장을 요청하게 되었다(Ozawa, 1980: 466-467). 오늘날 산업복지는 근로자의 권리로서 요구되고 있으며 산업에서의 사회복지의 수요를 발생시키고 있다. 특히 사회복지의 비용이 차츰 감소하는 추세를 내보이기 시작함에 따라 복지가용 자원을 비교적 풍부히 가지고 있는 기업이 산업복지의 주체로서 대두되는 것은 커다란 의미를 가지고 있다.

근로자들은 소속된 일터에서 복지서비스를 이용하는 친근함과 편리함을 누릴 수 있으며, 기업에서 제공하는 복지서비스는 "사례"(case service)라는 낙인이 찍히지 않는다는 이점이 있다(Kurtman, 1987~900). 기업복지는 근로자의 문제해결과 욕구의 충족에 도움을 주기 때문에 문제의 원인 제공에 대한 기업의 상응하는 책임을 이행하는 도덕성과 함께 근로자들의 생활의 장으로서의 유용성을 높여준다.

기업복지에 종사하는 사회사업가의 전형적인 명칭은 종업원 상담원, 긍정적 행동 담당자, 지역사회 관계 자문자, 물질남용 서비스 조정자, 종업원 자원 관리자, 회사의 재배치 담당자, 인간자원 정책 조언자, 경력 계획 및 발전 상담자, 교육훈련 자문자, 자선할당 분석자, 도시생활 문제 조언자 또는 회사의 건강과 복지 프로그램의 조정자 등이다.

4.3 노 동 자

산업복지 주체로서의 노동자는 노동자의 조직인 협동조합이나 노동조합이 될 수 있다. 기업복지는 노조운동의 방해수단으로 사용되었던 전력을 가지고 있기도 하며, 기업복지가 가지는 복선적 의도 때문에 근로자가 진정으로 근로자를 위하여 근로자의 복지를 실시한다는 명확한 명분 아래 스스로의 복지를 실시하게 되었다. 그리하여 근로자 스스로 주체가 되기 때문에 노동자 자주복지라고 부른다. 그러나 근로자 스스로가 실시하는 노동자 자주복지마저도 그 의도를 노동조합에 대한 충성심 제고라든지 노동조합의 세력규합을 위한 수단으로 의심하는 시각도 존재한다.

노동자 자주복지는 노동자의 자주집단으로서 소비협동조합, 신용협동조합, 공제회, 친목회를 통하여 경제적 부조사업과 상호 부조사업을 전개할 수 있다. 또한 노동조합의 활동으로서 자체의 조합원을 위하여 복지사업을 전개하며, 이러한 사업을 위하여 노동조합이 직접 사회사업가를 채용하여 배치하기도 한다. 그 외에도 자질 있는 노조원을 훈련시켜서 노조 상담원으로 활동하며 조합원의 최근 거리에서 자문과 의뢰서비스를 제공하고 있다. 노동조합원의 이용편의를 도모하고 노조원의 공통된 욕구를 해결해 줄 수 있는 지역사회 복지기관으로서 노동복지기관을 운영하기도 한다.

전국규모의 노동조합이나 국제 규모의 노동조합을 위시하여 산업별 노동조합이나 대규모의 노동조합에 고용되어 있는 사회사업가의 전형적인 명칭은 개인적 서비스 사회사업가, 교육 프로그램 지도자, 직장안전 및 건강 담당자, 건강 및 보장 계획 관리자, 조합원 서비스 조정자, 경력훈련 및 진급 조언자, 정년 예비서비스 사회사업가, 주간보호 자문자, 법규 분석자, 급여계획 관리자, 지역사회 서비스 조정자, 알콜중독 프로그램 지도감독자 그리고 정년 퇴직자 서비스 지도자 등이다.

4.4 민   간

산업복지의 주체로서 민간은 국가, 기업, 노동자 조직이 아닌 민간조직이나 단체로서 산업복지에 관심을 가지고 지속적인 산업복지사업을 실시할 때 민간 산업복지 주체가 될 수 있다. 이러한 민간단체로서는 주로 사회복지기관, 종교단체, 사회단체가 있으며 이러한 기관들이 운영하는 근로자회관, 직업훈련기관, 직업알선, 미혼부모상담, 실직자 쉼터, 노동상담, 법률상담, 성폭력상담, 신부교실, 근로자교실, 탁아사업 등이 복지활동의 사례가 된다. 특히 미국에서는 기업과 계약을 맺어 보다 전문적인 사회복지서비스를 제공하기도 한다. 이러한 서비스의 대표적 유형은 사회복지기관에서 특정 공장근로자를 위하여 제공하는 가정복지 프로그램과 회사와의

용역제공계약으로 이루어지는 알코올중독 종업원 치료프로그램이다.[2]

민간에 의한 산업복지는 기업이 종업원의 문제를 좀처럼 노출시키려 하지 않는 폐쇄성과 기업이나 노동조합이라는 근로자의 일차적 보호자가 존재한다는 점과 민간자원의 빈약성 등의 원인으로 다른 주체에 의한 산업복지활동보다는 활발하지가 못한 실정이다.

그러나 민간에 의한 산업복지는 다른 주체에서 다루기 곤란한 예민한 문제라든가 전문적 접근이 요구되는 문제 또는 새로이 대두되는 문제에 신속히 대응하는 데에 적합하며, 대량적·보편적 대응에는 부적합하다. 또한 민간 주체의 산업복지는 제공단체가 신봉하는 특정한 가치와 접촉하는 기회가 이용자들에게 부담을 줄 수 있다.

앞으로 기업이나 노동조합과의 계약에 의한 사적 실천가(private practitioner)의 다양한 사회복지서비스 제공을 통하여 민간에 의한 산업복지의 확대가 기대되고 있다.

5. 산업복지의 체계와 내용

복지는 욕구의 충족을 전제로 하고 있기 때문에 복지 체계의 효율성은 클라이언트의 욕구를 얼마나 잘 수렴하여 충족시켜 주느냐에 달려 있다. 그러므로 산업복지에서는 클라이언트로서의 근로자가 어떠한 욕구를 가지고 있는지를 명확하게 파악하는 것이 중요하다. 일찍이 매슬로우(Maslow)는 인간의 욕구를 5단계로 제시하였다.

산업복지의 체계와 내용을 5단계의 욕구에 따라 파악하면 <표 16-2>와 같다.

---

2) 민간에 의한 산업복지가 1965년 7월에 부산에서 영연방아동구호재단에 의해 최초로 실시되었다. 주로 시설아동과 극빈가정 아동들을 대상으로 직업훈련을 실시하였다. 오늘날의 직업훈련원처럼 훈련중인 아동들에게 숙식과 교육에 필요한 물품을 전부 제공하였으며, 한편으로는 채소류를 스스로 재배하면서 식량을 마련하는 등 자조적 노력을 강조하였다. 이에 대한 자세한 내용은 김기태 외. 2007. 「부산사회복지의 역사와 토착화」, 공동체. 82-83를 참조할 것.

| 표 16-2 | 인간의 단계별 욕구와 산업복지 |

욕구단계	산업복지적 욕구	산업복지 내용
생존의 욕구	건강과 고용 및 임금에 대한 욕구	의료보험, 산업재해보상보험, 재활 프로그램, 직업안정, 직업훈련, 고용보험, 공적부조, 최저임금제, 근로기준, 근로감독, 부가급여, 소득보장
안전과 안정의 욕구	고용의 유지, 산업안전위생, 노동시간, 작업환경 등의 개선과 장래와 위기시의 보장에 대한 욕구	산재보험, 의료보험, 국민연금, 고용보험, 공적부조 등의 사회보장과 근로자 재산형성, 소득보장, 근로자 주택보급, 산재예방, 작업환경개선, 건강진단, 소비조합, 공제회, 휴게시설, 휴가와 휴양시설, 급식시설, 위생시설, 교통편의, 피복지급, 보장구지급, 탁아소, 생활상담, 직장인사상담, 가사협조 서비스, 정년계획, 퇴직금, 종업원 원조프로그램(EAP), 대부제도, 법적지원
소속과 애정의 욕구	직장에서의 공식적 및 비공식적 조직의 소속과 그 구성원들과의 원만한 인간관계와 가정에서의 화목한 가족관계에 대한 욕구	장기근속 수당, 생활상담, 친목행사, 성금모금, 취미집단활동, 운동회, 사내 디스코장, 공동오락실, 상조회, MT(membership training), 레크리에이션, 지역사회 봉사, 사내회보, 공장 새마을운동, 부가급여, 사내제품 염가구입, 가정방문, 부부초청 잔치, 가족 프로그램, 가족상담, 자녀문제 상담, 육아 및 교육지원
자존의 욕구	자신의 적성, 능력 등을 인정받는 욕구	차별 없는 공정한 인사고과에 따른 승진, 승급, 포상 및 배치제도, 근무시간 연동제, 재택근무, 성과배분제, 자격수당, 노사협의, 경영참가, 재산형성, 소득보장, 안식년, 정년연장, 재임용, 장학금, 진학, 직원개발, 위탁교육, 직무개발, 조직개발, 문화 및 작품 발표회, 간행물, 자기성장 프로그램
자아실현의 욕구	직무에 대한 만족과 보람, 창의력 발휘, 회사와 사회에 대한 기여, 가족의 사랑에 대한 욕구	교육훈련, 제안제도, 실적 표창, 공정한 인사고과, 과제중심 조직, 직원개발, 직무개발, 조직개발, 학위취득, 장학금, 장려금, 기념사업, 노사협의, 경영참가, 산업민주주의, 산업평화

5.1 생존의 욕구와 산업복지

먼저 인간은 생존의 욕구를 가지는데, 산업복지적 욕구로서는 건강과 고용 및 임금에 대한 욕구가 있다. 건강에 대한 욕구는 의료보험, 산업재해보상보험, 재활 프로그램으로 대응하며, 고용에 대한 욕구는 직업안정, 직업훈련, 고용보험, 공적부조 등으로 대응되며, 임금에 대한 욕구는 최저임금제, 근로기준, 근로감독, 부가급여, 소득보장 등이 산업복지 내용이 된다. 또한 이러한 문제해결에 있어서 도움을 주는 상담 프로그램은 기술적 방법으로 유용한 것이다.

5.2 안전과 안정의 욕구와 산업복지

생리적 욕구가 해결되어 생존이 가능해지면 생존을 안전하게 유지하고 불안을 해소하고 편안하게 지내려는 욕구가 생긴다. 이러한 종류의 산업복지적 욕구는 고용의 유지, 산업안전위생, 노동시간, 작업환경 등의 개선과 장래와 위기시의 보장에 대한 욕구가 된다.

이러한 욕구에 대한 산업복지는 산재보험, 의료보험, 국민연금, 고용보험, 공공부조 등의 사회보장과 근로자 재산형성, 소득보장, 근로자 주택보급, 산재예방, 작업환경개선, 건강진단, 소비조합, 공제회, 휴게시설, 휴가와 휴양시설, 급식시설, 위생시설, 교통편의, 피복지급, 보장구지급, 보유기설, 생활상담, 직장인사상담, 가사협조서비스, 정년계획, 퇴직금, 종업원 원조프로그램(EAP), 대부제도, 법적 지원 등의 산업복지가 해당되며, 하나의 복지프로그램이 여러 가지의 욕구를 충족시키는 경우가 허다하기 때문에 중복적으로 제시될 수 있다.

5.3 소속과 애정의 욕구와 산업복지

안전과 안정이 확보되면 이를 확대하여 누려 보려는 욕구로서 소속과 애정의 욕구, 즉 사회적 욕구가 발생하며 이에 상응하는 산업복지적 욕구는 직장에서의 공식적 및 비공식적 조직의 소속과 그 구성원들과의 원만한 인간관계와 가정에서의 화목한 가족관계에 대한 욕구가 된다.

이에 대한 산업복지는 장기근속 수당, 생활상담, 친목행사, 성금모금, 취미집단 활동, 운동회, 사내 디스코장, 공동 오락실, 상조회, MT(membership training), 레크리에이션, 지역사회 봉사, 사내회보, 공장 새마을운동, 부가급여, 사내제품 염가 구입, 가정방문, 부부초청 잔치, 가족 프로그램, 가족상담, 자녀문제 상담, 육아 및 교육지원 등의 산업복지가 해당된다.

5.4 자존의 욕구와 산업복지

자존의 욕구는 타인으로부터 인정받고 자신도 자기를 인정하는 자신감과 자기 존중감에 대한 욕구이다. 이 단계에 해당하는 산업복지 욕구는 자신의 적성, 능력 등을 인정받는 욕구로서 차별 없이 공정한 인사고과에 따른 승진, 승급, 포상 및 배치제도, 근무시간 연동제, 재택근무, 성과배분제, 자격수당, 노사협의, 경영참가, 재산형성, 소득보장, 안식년, 정년연장, 재임용, 장학금, 진학, 위탁교육, 직원개발(staff development), 직무개발, 조직개발, 문화 및 작품 발표회, 간행물, 자기성장 프로그램 등의 산업복지가 해당된다.

5.5 자아실현의 욕구와 산업복지

자아실현의 욕구는 가장 상위의 욕구로서 자신의 존재에 대한 가치감과 관계되는 욕구이다. 산업복지적 욕구로는 직무에 대한 만족과 보람, 창의력 발휘, 회사와 사회에 대한 기여, 가족의 사랑에 대한 욕구를 들 수 있다. 이러한 욕구에 상응하는 산업복지는 교육훈련, 제안제도, 실적 표창, 공정한 인사고과, 과제중심 조직, 직원개발, 직무개발, 조직개발, 학위취득, 장학금, 장려금, 기념사업, 노사협의, 경영참가, 산업민주주의, 산업평화 등의 산업복지가 해당된다.

이러한 산업복지의 체계는 다시 실시 주체에 따라, 근로자의 연령에 따라, 그리고 근로자의 산업관계의 시기적 위치(산업 전기, 산업기, 산업 후기)에 따라 재분류하여 적용할 수 있다.

6. 산업사회복지사의 역할

산업사회복지사는 자신을 고용한 고용주의 기대 이전에 전문직이 가지는 가치에 충실하고, 특히 클라이언트를 대함에 있어서 노사의 중립을 지키는 것이 대단히 중요하다. 원래의 산업사회복지전문가의 직무명세는 다음과 같은 임무를 열거할 수 있다(Akabas and Kurzman, 1982: 201-202).

① 곤란에 처한 종업원이나 직장을 잃을 위험에 처한 조합원을 도와 그들의 문

제를 해결하고 고도의 업무수행을 달성하고 유지하도록 그들을 상담하고 관계되는 활동을 전개한다.

② 클라이언트의 욕구를 충족하기 위하여 지역사회서비스의 이용에 관한 조언을 하며 그러한 프로그램과의 연계를 수립한다.

③ 일선 요원들(노조대표, 직장, 반장)이 종업원의 업무수행에서의 변화가 있을 때 사회서비스기관에 의뢰하는 시기를 결정할 수 있도록 그들을 훈련시키며 의뢰할 수 있도록 필요한 사전조치를 한다.

④ 서비스에 관한 정보를 기록하고 프로그램을 분석하기 위한 자료를 제공하게 될 노조나 경영의 정보체계의 작동을 개발하며 감독한다.

⑤ 충족되지 못한 욕구를 인식해내며 현재의 인구학적 추세의 인식에 기초해서 프로그램의 장래 방향을 잡기 위한 계획을 입안한다.

⑥ 인간자원 정책의 개발에 관계되는 노동이나 경영의 의사결정자에게 자문을 제공한다.

⑦ 복지, 지역사회 건강, 현임 또는 은퇴 종업원이나 노조원을 위한 교육적·오락적 프로그램이 실시되도록 돕는다.

⑧ 급여와 건강보호 체제의 관리에서 도움을 주며 새로운 시도에 대한 계획에 도움을 준다.

⑨ 여성, 미성년자, 장애자를 위한 적절한 긍정적 행동의 개발과 관리에 자문을 준다.

⑩ 현안이 된 사회복지규정에 관하여 각 조직의 입장에 대하여 조언한다.

참 고 문 헌

김영모·남세진·신섭중 외. 1982. 「현대사회복지론」. 서울: 한국복지정책연구소 출판부.

최균. 1992. "한국 기업복지의 사회경제적 성격." 서울대학교 대학원 박사학위논문.

牛窪浩·片山義弘. 1966. 「産業福祉 心理学」. 東京: 朝倉書店.

Akabas, S. H., and P. A. Kurzman. 1982. *Work, Workers and Work Organizations: A View From Social Work*. Englewood Cliffs, N.J.: Prentice-Hall.

Boettiger, Louis A. 1923. *Employee Welfare Work: A Critical and Historical Study*. New York: The Ronald Press Co.

Carter, Irl. 1977. "Social Work in Industry: A History and A Viepoint." *Social Thought* (Winter): 7-17.

Kurzman, P. A. 1987. "Industrial Social Work(Occupational Social Work)." In *Encyclopedia of Social Work*. 18th. edited by A. Minahan. Silver Spring, Maryland: NASW. pp. 899-910.

Miro, Annelise. 1956. "Industrial Social Work: Its Principles and Its Practices." Master's Thesis. *School of Social Work*. Wayne State Univ.

Ozawa, Martha M. 1980. "Development of Social Services in Industry: Why and How?" *Social Work* 25(6): 464-470.

Romanyshyn, J. M. 1971. *Social Welfare*. Kingsport: Random House.

Straussner, S. L. 1990. *Occupational Social Work Today*. The Haworth Press.

제17장
학교사회사업

1. 학교사회사업의 개념

　학교사회사업은 학생들의 삶의 질을 향상시켜 학생복지를 실현하는 사회사업의 전문분야로서 교육병리현상으로 인해 파생되는 다양한 학생문제와 사회문제를 예방하고 해결할 뿐만 아니라 궁극적으로는 학교가 교육의 본질적인 목적을 달성하여 학생 자신에게 주어진 사회적 기능과 역할을 완수할 수 있도록 도움을 주는 교육기능의 하나라고 할 수 있다(김기환, 1997: 21).

　학교사회사업은 학교체계에서 이루어지는 사회사업이다. 따라서 사회사업의 목적을 실현하면서도 교육의 목적을 달성시키는 이중적인 목적을 추구한다. 사회사업의 구체적인 목적은 ① 인간과 사회환경간의 역기능적 상호작용에 의하여 손상된 개인, 집단, 가족, 지역사회 구성원의 심리사회적 기능을 회복시켜 주고, ② 개인이나 사회문제를 해결하기 위해 사회자원을 개발하거나 상호연결시켜 주며, ③ 심리사회적 역기능을 예방하기 위해 구체적인 사회복지서비스를 제공하는 것이다.

　이러한 목적과 역할을 수행하는 사회사업은 인간과 사회환경이 상호작용하는 모든 장소와 상황에 개입할 수 있으며, 이러한 활동이 일어나는 장소와 대상에 따라 다양한 전문분야로 구분되어진다. 이러한 관점에서 학교사회사업은 모든 학생의 교육권을 보장해 주기 위해 학교라는 장소에서 사회복지사가 제공하는 모든 사회복지서비스와 전문적인 활동이라고 정의할 수 있다. 즉 학교사회사업은 헌법과 교육법에서 보장하고 있는 모든 국민의 기본적인 교육권을 실현하기 위해 사회복지사가 학교라는 사회적 장소에 개입하여 학교환경과 이의 구성원인 학생과 교사를 대상으로 하여 활동하는 전문적인 사회사업방법이며 실천분야이다.

코스틴(Costin)에 의하면 "학교사회사업은 학교의 주요 목적을 달성하기 위하여 사회사업의 제원리와 방법을 적용하는 것이다. 그 목적은 배우고 가르치는 환경을 제공하여 학생들이 자기 능력을 최대로 발휘하도록 하는 것"(Costin, 1971: 1148)이라고 하였으며, 나중에는 "학교사회사업은 학생 개개인이 지적·사회적·정서적 욕구와 문제해결에 관심을 갖도록 도와 주며, 이를 통하여 모든 학생들이 학교에서 공평한 교육기회와 성취감을 제공받을 수 있도록 학교현장에서 활동하는 전문적인 사회사업분야"라고 정의하였다(Costin, 1981: 36-43).

알렌-미어스(Allen-Meares) 등에 의하면 "학교사회사업은 학생들이 건전한 사회기능을 달성할 수 있도록 준비시키며, 학생 개인의 문제뿐만 아니라 사회환경이나 교육환경의 변화에 즉시 개입하여 학교가 자신의 역할과 기능을 극대화할 수 있도록 도와주는 연계활동"이라고 정의된다(Allen-Meares, Washington, and Welsh, 1996: 69-85). 이를 위하여 학교사회복지사는 일반 교사나 교육행정가의 역할과는 다른 학생-학교-지역사회의 연계자로서의 고유한 역할을 수행하여야 한다고 보았다.

김기환은 여러 학자들의 정의를 검토한 후에 "학교사회사업은 학교를 실천장소로 하여 학생-가정-학교-지역사회의 역기능적 상호작용에 의해서 발생되는 학생의 심리·사회적 문제를 예방하고 해결하며, 모든 학생이 자신의 잠재력과 능력을 최대로 발휘할 수 있는 이상적인 교육환경을 제공하며, 이를 통하여 학교가 교육의 본질적인 목적을 달성할 수 있도록 도와 주는 교육기능의 한 부분이며 사회사업의 전문분야"라고 규정하였다. 다시 말하면 학교사회사업이란 학생 개개인의 사회적 기능과 잠재력을 향상시키고, 이들의 학업성취를 향상시킴은 물론 나아가 모든 학생들이 건전한 사회구성원으로 성장할 수 있도록 교육시키고자 하는 학교교육의 목적을 위해 사회사업의 실천방법을 활용하는 전문영역이다(김기환, 1997: 28-30).

최인욱도 여러 학자들의 학교사회사업에 대한 정의를 검토 한 후에 "학교사회사업이란 교육제도 내에서 실천되는 학생복지활동의 한 분야로서 사회복지의 원리와 기술의 적용을 통하여 모든 학생들에게 신체적·정신적·정서적·사회적 부적응과 이로 인한 학업부진, 무단결석, 비행문제 등 제 문제의 예방과 치료 및 학생 잠재력의 최대 신장을 통하여 교육기회를 극대화시키는 활동분야"라고 정의하였다. 따라서 학교사회사업에서 다른 학생복지 활동분야와의 상호협력적인 관계의 유지와 팀 웍은 필수적이며, 발달하는 사회복지의 원리와 기술을 계속적으로 받아들이는 개방체계가 되어야 하고, 학교사회복지사는 가능한 기술과 자원을 최대로 활용해야 한다. 이를 위한 자원으로는 학생들과 그들의 동료, 지역사회의 적절한 집단과 기관, 교직원, 가족, 자원봉사자, 학생들의 친척이나 선후배 등을 들 수 있다(최인욱, 1993: 17)고 하였다.

2. 학교사회사업의 역사

2.1 미국 학교사회사업의 발달과정

학교사회사업은 미국에서 1906년에 발달하기 시작하여 오늘날 캐나다, 영국, 독일, 프랑스, 이탈리아, 이집트, 헝가리, 오스트리아, 남아프리카 등 여러 나라에서 실시되고 있다. 여기에서는 미국 학교사회사업이 발달되어 온 내용을 살펴보고자 한다(성민선 외, 1998: 186−187; Skidmore, Thackeray & Farley, 1991: 64−66; Allen−Meares, Washington, and Welsh, 1996: 23−40).

(1) 학교사회사업의 도입기(1900−1930)

사회사업서비스는 보스톤, 하트포드, 뉴욕시에 있는 지역사회기관의 후원으로 1906−1907년에 이들 3개 지역의 학교에 최초로 설정되었다. 1914년 뉴욕주 로체스터의 공립학교는 학교의 정규예산에서 학교사회사업 서비스의 제공을 위해 필요한 재정을 충당한 최초의 체계가 되었다.

1920년대에 Common Wealth Fund는 전국에 걸쳐 넓게 퍼져 있는 30개 지역에서 학교사회사업 시범사업을 지원하였다. 1930년에 기금으로부터 재정지원이 중단되었을 때 원래 지역사회의 21곳이 지방비로 서비스를 계속하였다. 이 시기는 의무학교출석법의 통과로 공립학교를 중심으로 학습부진 문제를 해결하기 위한 하나의 방안으로서 가정과 학교를 연계해 주는 방문교사의 역할에 초점을 둔 시기였다.

(2) 학교사회사업의 발전기(1930-1960)

사회사업 영역에 정신건강의 중요성이 대두된 1930년대부터는 비행예방에 치중하던 사업이 점차 줄어들게 되었고 학교사회복지사들은 학생이 현재의 학교환경을 활용할 수 있도록 도와주는 개별사회사업에 더 많은 관심을 가지게 되었다. 1940년대부터 1960년대까지 서비스의 새로운 흐름은 가족의 많은 기본적 욕구를 충족시키기 위해 제공되는 연방정부 프로그램의 급증으로 인해 생겨났다. 이 기간 동안 학교사회사업은 학교체계의 필수적인 부분이 되었고, 그 초점은 부정적인 학교와 지역사회의 조건으로부터 임상중심으로 옮겨졌다.

1919년에 조직된 미국방문교사연합회와 그 계승조직은 학교사회사업을 대표하였다. 이 조직은 1945년에 전미학교사회복지사협회로 포함되었고 1955년에는 전미사회복지사협회가 설립되었다. 이들 연합회는 전문훈련의 표준을 정하고, 기능을 정의하고, 자격을 서술하며, 실천을 설명하고, 워커숍을 후원하며, 니드를 해석하는 등 많은 점에서 학교사회사업을 발전시켰다. 1955년에 사회사업전문가조직의 출현이래 NASW의 학교사회사업협의회는 연구를 계속하고 실천을 향상시키며 사회복지에 관한 연간포럼의 발표자와 모임을 계획하고, 수퍼비젼과 교과과정 개발을 위한 연합회와 특수아동을 위한 국제협의회와 같은 교육적 모임에 참여하였다.

NASW에서 발행하는 저널인 "Social Work in Education"은 실천을 향상시키고 학교사회사업의 지식을 확대하며 학교에서의 사회사업실천을 행하는 데 전념하고 있다.

(3) 학교사회사업의 과도기(1960-1980)

학교사회사업은 1960년대 중반부터 목표와 방법론을 바꾸어 학교 부적응 학생의 심리치료와 사회기능의 향상에 초점을 두게 되었다. 알더슨(Alderson)의 네 가지 실천모형의 소개 이후 코스틴(Costin)의 생태체계이론의 영향으로 학생-학교-가정-지역사회의 연계에 초점을 두는 학교사회사업이 강조되기 시작하였다. 이러한 맥락에서 전미사회복지사협회에서는 학생의 전체생활 경험이 주로 학교에서 이루어지므로 학교사회복지사는 학생의 만족스런 학교경험을 위해 학생, 부모, 교사, 학교, 지역사회로부터 모든 자원을 동원하여 학생의 정서적·신체적·지적 능력을 개발하고 문제를 해결하여 학교생활에 잘 적응하도록 도와야 한다고 강조하였다.

이런 노력의 결실로 1970년대에 들어와 공립교육체계 내에서 사회사업의 유용성이 서서히 입증되어 학교사회사업이 확충되었으며 지도력에 대한 요구가 일어났다. 그리하여 정신건강, 보건, 교정영역과 같이 교육영역에서의 사회사업도 하나의 전문실천분야가 되었다.

(4) 학교사회사업의 확립기(1980년대 이후)

1980년대부터는 학교 내 학생생활에 영향을 미치는 복합적인 문제로서 집이 없거나 약물남용을 경험한 학생, 심각한 정신건강문제를 지닌 학생, 통제할 수 없는 학생에게 서비스를 제공해 주는 사회복지사의 역할이 요구되었다. 1990년대에 들어선 미국의 학교사회사업은 지역사회와의 활발한 연계를 통한 통합적 서비스 제공을 특징으로 하고 있으며 특히 부모의 개입과 학교-지역사회-가족의 동반관계에 새로운 강조점을 두게 되었다.

2.2 한국 학교사회사업의 발달과정

미국에서 100여 년의 역사를 가지고 있는 학교사회사업은 우리나라에서 1990년대 초부터 시작되었다고 할 수 있다. 그러나 1958년에 서울아동상담소가 설치되어 문제아동과 요보호아동을 위한 상담사업을 하기 시작하였고 태화기독교 사회복지관은 혼혈 중·고등학생들을 위한 집단을 조직하여 집단상담을 실시하였다. 1960년대 후반에 서울시 마포사회복지관에서 아동복지사업 중 마포지역의 초등학교와 연계하여 학교 내의 요보호학생들에게 상담과 경제적 서비스를 시작하였다. 사회복지사는 학교-가정-지역사회를 연계하여 경제적 지원과 개별상담을 학교 학습부진아 현황과 대책을 마련하기도 하였다.

교육부는 1973년 18학급 이상의 중등학교에 의무적으로 교도주임교사를 두는 것을 법제화함으로써 학교 내에서 학교사회복지와 관련된 제도를 처음 시작하였다. 1985년에는 이 제도를 강화하여 중학교 12학급 이상, 고등학교 9학급 이상인 경우 학교상담실의 설치를 의무화하고, 소정자격을 갖춘 교도주임교사를 두도록 하였다. 이러한 교도교사의 명칭을 교육부는 1994년에 진로상담교사로, 1997년에는 전문상담교사로 바꾸었다. 그러나 어디까지나 이것은 교사자격증을 가진 자에 한정한 적용이기 때문에 사회복지사가 학교 내에 제도적으로 접근하기는 어려웠다.

1990년대부터 학교사회복지에 관한 이론적 연구들이 시작되었고, 1993년 4월에 태화은평종합사회복지관(현 은평종합사회복지관)에서 아동복지사업의 일환으로 "꿈나무교실"이라는 명칭을 가지고 학교부적응 아동에 대한 서비스를 제공하였다. 이 프로그램은 서울과 지방의 다른 사회복지관에게 아동복지사업의 적극적인 방향을 제시하였고 학교를 중심으로 한 지역사회복지관의 아동 및 청소년복지사업을 활성화시키는 계기가 되었다.

한편 학교상주형 학교사회사업의 최초의 시작은 서울 화곡여자상업고등학교에서 1993년 8월 24일부터 1994년 7월 12일까지 주 1회씩 1년간 숭실대학교 사회사업학과 대학원생 실습을 통해 학교에서 해결하기 어려운 문제와 학생들에게 학교사회사업 방법을 활용하게 한 것이라고 언급된다(조흥식, 2004: 26-29).

또한 보건복지부와 연세대학교 의과대학 정신과학교실에서 "도시형 지역사회정신보건사업"이란 주제로 학교정신보건사업을 1994-1999년까지 서울의 서대문구 지역의 초등학교에서 사업을 실시하기도 하였다.

우리나라에서 학교사회사업에 대해 구체적으로 논의된 것은 1995년 국민복지기획단에서 학교사회사업의 제도적 도입을 주장하여 1998년부터 학교사회사업의 순차적 도입을 건의한 것이라고 할 수 있다. 이러한 건의를 바탕으로 교육부는 1997년 학교사회사업을 교육제도 내에 공식적으로 도입하기로 결정하였다.

그 후 일환으로 학교와 연계하여 이루어지다가 1997년 이후에는 서울 혹은 전국에서 시범사업 형태로 이루어져 왔고 2004년 서울시 교육청 시범학교 운영, 사회복지공동모금회의 지원사업, 학교 자체 고용 및 사회복지관 주관 사업으로 전국 30개 학교에서 이루어졌다. 또한 교육인적자원부는 서울에 6개지역(강서구 2, 노원구 2, 강북구 1, 관악구 1)과 부산에 2개 지역(북구 1, 해운대구 1)을 교육복지투자우선지역으로 선정하고 해당학교에 학교사회복지사를 배치하여 2003년-2004년 동안 시범사업을 전개하였으며 2004년 7월 1일부터는 1년간의 학교사회복지 시범사업이 전국 16개 시도에서 초·중·고등학교 1개교씩 전체 48개 학교에서 추가로 실시하였다.

2013년 학교사회사업은 교육부 산하 시·도교육청 및 교육지원청이 주관하여 교육복지우선지원사업을 실시하고 있으며, 지방자치단체에서 지역의 아동과 청소년의 복지를 위하여 학교사회복지사업을 실시하고 있다. 또한 Weeclass와 WeStart에서 학교사회복지를 시행하고 있다. 전국 학교사회복지관련 사업별 운영 현황을

표 17-1 전국 학교사회복지관련 사업별 운영 현황

연번	지역	교육복지 (단위:개교)				Wee Class (단위:개교)				wee wee센터/스쿨	지자체 사업 (단위:개교)				We start (단위:개교)				학신학교 (단위:개교)					학교사회복지사 파견사업				사업시행학교 합계 (wee센터/스쿨 제외)			
		초	중	고	계	초	중	고	계	계	초	중	고	계	초	중	고	계	야	초	중	고	계	초	중	고	계	초	중	고	계
1	서울	156	136	61	353	147	263	100	510	16	-	-	-	-	2	-	-	2	-	31	20	10	61	-	-	-	-	336	419	171	926
2	인천	61	68	-	129	55	93	66	214	7	-	-	-	-	-	-	-	-	-	-	-	-	-	-	-	-	-	116	161	66	343
3	대전	17	21	-	38	36	75	38	149	5	-	-	-	-	-	-	-	-	-	-	-	-	-	-	-	-	-	53	96	38	187
4	대구	107	67	-	174	199	119	91	409	5	-	-	-	-	-	-	-	-	-	-	-	-	-	-	-	-	-	306	186	91	583
5	부산	60	87	-	147	103	155	87	345	5	-	-	-	-	-	-	-	-	-	-	-	-	-	-	-	-	-	163	242	87	492
6	울산	13	14	-	27	47	56	28	131	3	-	-	-	-	-	-	-	-	-	-	-	-	-	-	-	-	-	60	70	28	158
7	광주	42	48	-	90	30	81	29	140	3	-	-	-	-	-	-	-	-	-	-	-	-	-	-	-	-	-	72	129	29	230
8	세종	-	-	-	-	-	-	1	1	1	-	-	-	-	-	-	-	-	-	-	-	-	-	-	-	-	-	-	-	1	1
9	경기	48	55	-	103	282	424	249	955	18	54	25	2	81	14	-	-	14	-	20	17	4	41	-	-	-	-	418	521	255	1,194
10	강원	60	55	1	116	58	100	58	216	7	-	-	-	-	6	-	-	6	-	22	13	6	41	1	2	1	4	147	170	66	383
11	충북	26	27	-	53	25	92	46	163	12	-	-	-	-	-	-	-	-	-	-	-	-	-	-	-	-	-	51	119	46	216
12	충남	28	31	-	59	38	87	41	166	14	-	-	-	-	-	-	-	-	-	-	-	-	-	-	-	-	-	66	118	41	225
13	전북	60	69	1	130	55	104	81	240	12	-	-	-	-	-	-	-	-	1	54	25	4	84	-	-	-	-	169	198	86	453
14	전남	32	39	-	71	73	126	43	242	20	-	-	-	-	4	-	-	4	-	34	15	2	51	-	-	-	-	143	180	45	368
15	경북	26	63	-	89	74	159	63	296	13	-	-	-	-	-	-	-	-	-	-	-	-	-	-	-	-	-	100	222	63	385
16	경남	24	25	-	49	112	163	106	381	9	-	-	-	-	-	-	-	-	-	-	-	-	-	-	-	-	-	136	188	106	430
17	제주	17	8	-	25	12	31	25	68	2	-	-	-	-	-	-	-	-	-	-	-	-	-	-	-	-	-	29	39	25	93
	계	777	813	63	1,653	1,346	2,128	1,152	4,626	152	54	25	2	81	26	0	0	26	1	161	90	26	278	1	2	1	4	2,365	3,058	1,244	6,667

자료: 한국학교사회복지사협회(2013).

살펴보면 <표 17-1>과 같다.

3. 학교사회사업의 목적과 대상

학교사회사업은 학교가 교육의 본질적인 목적을 달성하도록 도와 주는 사회사업의 전문영역이기 때문에 학교사회사업의 목적은 곧 사회사업의 목적과 교육의 목적을 상호 접목시킨 것이라고 할 수 있다. 따라서 학교사회사업의 목적은 첫째, 모든 학생이 자신의 잠재력과 능력을 최대한 개발할 수 있도록 돕고 둘째, 모든 학생이 미래의 건전한 사회구성원으로 성장할 수 있도록 최적의 교육환경을 제공해 주는 것이다.

구체적으로 학교사회사업은 ① 요보호 학생이나 학교부적응 학생에게 자신의 교육적 욕구에 적합한 교육을 받을 수 있도록 교육기회의 형평성을 보장하며, ② 일반 학생에게는 상담과 생활지도를 통하여 이들의 심리·사회적 기능과 학업성취를 더욱 향상시키도록 도우며, ③ 궁극적으로는 모든 학생들이 학업성취와 전인교육의 목적을 달성하고 이를 통하여 학교가 자신에게 주어진 사회적 기능을 완수하도록 도와 주는 목적을 갖고 있다. 그러므로 학교사회사업은 학교부적응 학생뿐만 아니라 모든 학생들이 질적으로 향상된 학교생활을 영위토록 하여 학생들의 삶의 질을 높이는 학생복지의 실현에 그 목적이 있다고 하겠다.

학교사회사업은 교육권의 보장과 교육목적을 달성하기 위한 사회사업의 전문분야이기 때문에 우선적으로는 요보호학생이나 학교부적응학생을 대상으로 한다. 즉 요보호학생도 자신의 교육적 욕구에 적합한 교육을 받을 수 있도록 교육기회의 형평성을 보장해 줌은 물론 이들이 학교를 통하여 자신의 잠재력과 능력을 발휘하도록 도와주어야 한다. 또한 학교사회사업은 요보호학생 외에 모든 학생들이 만족스러운 학교생활과 전인교육이라는 교육목적을 달성할 수 있도록 그 대상을 확대한다.

초기 학교사회사업은 문제가 있는 학생을 주요 대상으로 하면서 개별사회사업 방법을 바탕으로 한 치료에 중점을 두었으나 오늘날은 문제 가능성이 있는 모든 학생을 대상으로 한 예방활동 중심으로 변화되어 가고 있다. 최근의 학교사회사업은 학생문제에 대한 종래의 사회·심리적 접근법을 피하고 문제해결모델에 입각한 생태학적 접근을 시도하고 있으며 치료보다는 예방과 사회적 기능 향상에 일차적 목적을 두고 있다.

생태학 관점의 도입은 학교사회사업이 학생 개인의 심리·정서적 문제를 해결해 주는 심리치료적인 활동 외에도 학생-가정-학교-지역사회의 역기능적 상호작용으로 인하여 발생하는 장기결석, 빈곤, 중도퇴학, 비행, 학습부진 등의 학교부적응 문제를 해결하며, 교육목적을 저해하는 사회, 경제, 정치 환경의 개선을 위해서도 적극적으로 개입하여야 함을 보여준다.

미국에서 초기 발전기에 학교사회사업의 대상은 초등학교 학생이었으나 오늘날은 대학생으로까지 범위가 확대되었으며 아래로는 유치원까지 확대되었다. 그러나 우리나라는 이제 학교사회사업의 도입을 시작하는 초기단계인 만큼 문제를 가진 학생들을 대상으로 하여 우선적으로 개입하고 더불어 일반 학생들의 복지전반에 개입함으로써 예방적인 차원에서의 교육목적을 성취할 수 있도록 도와주어야 할 것이다.

그런 견지에서 학교사회복지사의 1차적인 대상이 되는 요보호학생의 구체적인 예로는 다음과 같은 학생들을 들 수 있다(김기환, 1996: 179).

(1) 대인관계에 문제를 보이는 학생으로서 폭력행동, 비사교적인 행동, 교사나 성인의 권위에 대항하는 행동 등을 나타내는 학생

(2) 심리·정신적 문제를 가진 학생으로서 우울, 소외, 공포, 불안, 자살기도 등을 보이는 학생

(3) 학교규칙을 위반하는 학생으로서 장기결석, 등교거부, 잦은 지각, 무단조퇴, 수업불참 등의 행동을 하거나 근신 정학을 받은 학생

(4) 가정환경상 문제를 가진 학생으로서 결손가정, 이혼, 재혼, 빈곤, 소년소녀 가장세대의 학생

(5) 부모가 아동양육에 문제를 보이는 학생으로서 학대나 방임을 받는 학생

(6) 위기상황에 처한 학생으로서 갑작스런 심리적·행동적 변화를 보이는 학생

(7) 학습부진 문제를 지닌 학생으로서 지적 능력은 있으나 학업목표를 달성하지 못하는 학생

(8) 비행이나 범죄행위를 저지른 학생으로서 폭력, 가출, 본드흡입, 불량써클 가입, 10대 임신 등의 비행행동을 나타내는 학생

(9) 특수교육욕구를 가진 학생으로서 정신지체, 난청, 청각장애, 언어장애, 시각장애, 정서장애 등을 가진 학생

4. 학교사회사업의 기능과 역할

4.1 학교사회사업의 기능

스트루프(Stroup, 1960: 120)는 학교사회사업의 기능을 "사회적·정신적 문제를 가진 특수학생을 이해하여 전교육(全敎育)과정 중에 각자가 지니고 있는 최대한의 능력을 발휘토록 하여 알맞은 조정을 가할 수 있도록 기회를 발견하고, 각 개인이 그들의 학교생활에서 가장 많은 이익을 가져올 수 있도록 필요한 제반 서비스를 베풀어주는 것"이라고 하였으며, 존슨(Johnson, 1967: 672)은 교육기관에서 학교사회사업의 특수한 기능이란 "학생을 사회에 공헌할 수 있는 일원으로 성장시키고, 교육목표를 달성하지 못하는 학생을 돕기 위하여 교사와 행정가 및 다른 전문가들과 협조를 이루면서 학교사회복지사의 전문적인 능력을 발휘하는 것"이라고 하였다.

또한 로웬(Rowen, 1964: 45)은 뉴저지주와 전국의 표본을 대상으로 하여 학교사회복지사의 기능을 세밀하게 연구하여 다음과 같이 네 가지 영역으로 구분하였다.

첫째, 학교사회복지사는 가정에서 활동한다. 그는 부모와 면접을 하고 상의를 하며 가정상황에의 적응을 목표로 활동하고, 필요하면 지역사회나 사회기관의 외부자원에 부모를 의뢰한다.

둘째, 학교사회복지사는 의뢰과정을 활용함으로써 지역사회나 사회기관과 관련되는 활동을 한다.

셋째, 전문인으로서 학교사회복지사는 현존하는 사회자원에 관한 지식을 갖고 있으며 그는 지역사회위원회와 전문활동에 참여하고 사례기록을 관리한다.

넷째, 학교사회복지사는 학교 세팅에서 활동하며 가정 및 지역사회기관과 연계하여 활동하는 실천가이다.

이상과 같은 점들에 근거하여 학교사회사업의 기능을 다음과 같이 요약할 수 있다(김기태 외, 1996: 217-218).

① 사회적·정서적 부적응의 징후를 나타내는 학생문제를 조기에 발견하고 예방하는 기능

② 학생이 학교에서 만족스러운 자아실현의 기회를 갖도록 학생의 잠재력을 최
대한으로 개발시키는 기능

③ 개별사회사업 및 집단사회사업을 통한 직접적인 개입활동을 비롯하여 지역
사회의 이용가능한 자원을 조직하고 동원하는 기능

④ 교사와 학생간의 관계개선의 노력과 학교 내의 문제해결을 위한 전문가 팀
(심리학자, 정신과의사, 교육책임자)을 구성하여 효과적인 원조관계를 형성
하는 기능

⑤ 학교-학부모-지역사회 인사와의 상호 협력

⑥ 정신건강 면에서 학생들에게 장애를 주는 환경적 요소를 개선하고 교육적
분위기를 구성하는 기능

⑦ 학생문제에 대한 새로운 개입방법을 제공하고 활용하는 기능

4.2 학교사회사업의 역할

학교사회사업은 학교라는 장에 바탕을 두고 이루어지므로 학교사회복지사는 학
생의 문제상황과 관련된 자료를 쉽게 수집할 수 있고, 학교 내에서 교직원과 밀접
한 관계를 통하여 학생문제를 쉽게 파악하고 협의할 수 있는 기회를 가지게 된다.
그리고 학교사회복지사는 학교현장에 대한 특별한 지식을 가진 전문가이기에 학교
와 학생에게 유익한 원조를 제공할 수 있다.

학교사회복지사는 앞서 언급한 바와 같은 요보호학생은 물론, 일반학생들을 위
하여 심리치료, 진로지도, 지역사회-가정-학교의 연계, 정책입안 및 실행과 같은
역할을 수행한다. 학교사회복지사의 역할은 시대적 상황과 학교환경의 변화에 따라
서 변해 왔으며(홍순혜, 1997: 104-109) 원조 대상자에 따른 역할 구분과 전문
적 개입역할로 나누어질 수 있다.

코스틴(Costin)은 학교체계 안에서 이루어지는 사회사업의 전문적 역할을 ①
가능케 하는 자, ② 자문가, ③ 공동협력자, ④ 교사, ⑤ 조정자, ⑥ 옹호자, ⑦ 관
리자, ⑧ 중개자 역할 등의 여덟 가지로 소개하고 있으며, 콘스테블(Constable)은
여기에 가능케 하는 자를 촉진자로, 교사를 교육자로 칭하였다(전재일 외, 1997:
135-140). 이를 구체적으로 설명하면 다음과 같다.

첫째, 가능케 하는 자의 역할이다. 이 역할은 학교사회복지사가 역기능적 문제

를 가진 학생 스스로 문제를 해결할 수 있도록 학생의 능력을 격려하고 촉진하는 것을 의미한다.

둘째, 자문가의 역할이다. 학교사회사업에 있어서는 아동, 가족, 학급 때로는 정책이나 절차 내지 서비스나 프로그램에 관하여 주로 교사, 교장, 기타 학교관련 인사 혹은 지역사회인사들이 학교사회복지사의 자문을 구하게 된다.

셋째, 공동협력자의 역할이다. 공동협력이라는 용어는 문제해결을 위한 정보교환을 의미한다. 학제간 전문가가 하나의 팀으로 공동협력할 때가 가장 많다.

넷째, 교사의 역할이다. 학교사회복지사는 클라이언트가 스스로 문제를 해결할 수 있도록 정보를 제공함으로써 교사의 역할을 수행한다.

다섯째, 조정자의 역할이다. 클라이언트와 환경 사이에서 양자 모두에게 문제해결 서비스를 제공하는 것이다. 학생과 학교, 학생과 가정 사이에 갈등이 있을 때 학교사회복지사는 이들 사이에서 조정하는 역할을 수행한다.

여섯째, 옹호자의 역할이다. 사회복지사는 클라이언트의 대변인이 되어서 클라이언트의 권리옹호와 이익을 위하여 논쟁하고, 주장하고, 흥정하고, 타협하고 또 환경을 조정한다.

일곱째, 관리자의 역할이다. 사회복지사는 사회사업서비스를 계획, 협상, 추진 및 평가하는 전과정에서 관련자들이 협동적·효율적·합리적으로 활동할 수 있도록 지도하고 촉진한다.

여덟째, 중개자의 역할이다. 이 역할은 클라이언트와 자원을 연결시켜 주는 역할이다. 사회복지사는 자원을 발굴하고 조직하여 클라이언트의 욕구에 맞는 자원을 연결시켜 준다.

아홉째, 치료자의 역할이다. 학교사회복지사의 역할에서 가장 중요하면서 전문적인 임상치료자의 역할을 의미한다. 광의의 치료자 개념에는 개별사회복지사, 가족치료자, 상담가들이 포함된다.

4.3 학교사회복지사의 직무와 책임

학교에서의 사회사업실천은 변화하는 과업과 역할로 특징지어질 수 있다. 학교 자체에서 학교사회복지사들은 개인이나 집단에게 진단, 상담, 치료서비스를 제공하거나 그런 서비스를 배열한다. 대변자나 인권옹호자로서 사회복지사들은 학생과 교사 혹은 학생과 학교운영자 사이의 이해 부족이나 오해로부터 발생하는 학습에서의 실패 문제를 중재하며 학교체계 내에서 지속성과 변화 모두를 위해 노력한다.

칸(Kahn, 1990: 196－211) 등은 학교사회복지사의 주된 업무로 ① 학생의 담임교사와의 면담, ② 학생위주의 업무, ③ 학생을 위한 진단과 치료사업, ④ 심리조사, ⑤ 부모교육, ⑥ 여러 조사사업과 훈련사업 등을 열거하고 있다.

학교사회사업은 교수－학습과정을 방해하는 문제를 규명하여 치료하고, 모든 학생들의 학습잠재력을 극대화하려는 노력의 일환에서 학교체계가 도입하는 몇 가지 학문 중의 하나이다. 이들 학문 중 특히 학교사회복지사에게 요구되는 구체적인 책무는 다음과 같다(Ginsburg, 1989: 83－94).

1) 학생에게 직접적인 서비스를 제공하는 의무
① 학생이 의뢰된 경우에 접수면접 서비스 제공
② 학생의 욕구와 문제에 따라 계획적인 심리치료 제공
③ 위기상황에 놓인 학생에게 즉각적으로 개입
④ 학생의 자존감을 존중하는 태도로 상호교류

2) 관련된 서비스에 따라 학교 교직원 및 학부모와 자문하는 직무
① 정기적으로 학생에 대한 정보를 제공하고 전달하는 자문
② 교직원들과 긍정적이고 협조적인 대인관계 형성
③ 위기상황에 대하여 교직원과 학부모의 요구에 협조하고 자문
④ 교직원들에게 아동학대에 대한 지식과 신고방법을 교육
⑤ 교직원 회의, 사례토론회, 평가회 등에 필요시 혹은 정기적으로 참석
⑥ 학생의 문제에 대해 학부모와 효과적이고 전문적으로 자문
⑦ 사례에 대해 외부기관, 치료시설, 외부상담가들과 협의하고 의뢰 주선
⑧ 학생상담부장이 배정한 관련 직무를 수행

3) 사례에 대한 평가직무
① 사례관리자의 책임을 수행
② 학생의 사회환경(예를 들어 개인력, 가족력, 대인관계 등)에 관한 조사
③ 조사한 사회환경에 대한 보고서를 작성하고 분석하여 학교 내 타전문직에게

설명

4) 전문성 고양의 직무
① 전문적 능력을 성취하기 위한 목표를 세우고 노력
② 동료와 지지적 역할 수행
③ 전문적 활동을 위해 새로운 지식 습득
④ 교육부의 행정체계, 정책방안, 절차 등에 따라 직무를 수정하고 개선
⑤ 학교제도나 교육과정의 문제들을 파악하고 적절한 해결책을 제시
⑥ 문제를 해결하기 위해 적절한 과정과 행정절차를 사용
⑦ 학교나 지역사회의 활동을 지지함으로써 학교-지역사회의 관계를 긍정적으로 격려

5. 학교사회사업의 실천모형

학교사회사업의 실천모형을 구분하는 것은 학자마다 차이가 있다. 김기태는 여러 학자들의 실천모형을 검토하면서 지역사회학교와 지역사회조직모델, 의사소통과 중재모델, 학교변화와 학교-지역사회-학생관계모델, 팀모델과 전통적 의료모델, 문제중심모델, 현직연수모델, 체계모델, 일반모델의 여덟 가지로 소개하고 있다(김기태 외, 1996: 219-222). 여기서는 그 실천모형을 종합하여 전통적 임상모형, 학교변화모형, 지역사회학교모형, 생태체계모형의 네 가지로 설명하고자 한다(전재일 외, 1997: 111-129).

5.1 전통적 임상모형

전통적 임상모형은 알더슨(Alderson)에 의해 설명된 모형 중 가장 많이 알려져 사용되고 있는 모형으로 학습 잠재력을 방해하는 사회적·정서적 문제를 가진 개별학생에게 초점을 두고 있다.

이 모형은 초기에는 정신분석학에 이론적 근거를 두었으나 후에는 자아심리학에 근거를 두었다. 이 모형의 가정은 개별학생 및 그 가족이 역기능적이며 어려움

을 경험하고 있다는 것이다. 그리하여 학교사회복지사는 학생과 그 가족에게 개별사회사업 서비스를 제공하고, 학교체계 그 자체는 사회복지사의 활동에서 제외된다. 그러므로 학교사회복지사의 우선적 과업은 개별사회사업이고, 교사나 부모와의 면담, 그리고 더욱 전문적인 치료를 위하여 지역사회 관련기관에 학생을 의뢰하는 것이다. 자주 사용되는 역할은 격려자, 지지자, 상담가의 역할이다.

이 모형에서 학교사회사업은 '방문교사사업으로 잘 알려진 학교사회사업은 개별사회사업의 특별한 형태로 공립학교와 연결되어 있으며 학교가 학생들에게 제공하는 것을 개개인이 이용하도록 돕는 방법이다'라고 정의된다.

이 모형에서의 목표는 '어려움을 가진 학생에게 학교조직 내에서 더 효율적으로 기능할 수 있도록 가능성을 부여하고, 최적 조건에서 학교경험을 할 수 있도록 만드는 것'이다. 부모, 자녀와 가족관계의 어려움으로부터 생긴 학생 내부의 감정적 또는 정신적 어려움에 문제의 원인이 있다고 가정한다. 학교는 학생의 어려움에 대하여 수용적이며 역기능을 일으키지 않는다고 본다.

학교사회복지사의 전략, 전술, 기술은 개별사회사업방법에 기초를 두고 있으며, 주로 학생과 부모에게 가능성을 부여하고 지지해 주며, 학생 개개인을 돕는 방향으로 학교 내에서 협력하고 상담해 준다. 이 모형은 많은 비판을 받고 있음에도 불구하고 오늘날 미국에서 가장 널리 채택되고 있다.

5.2 학교변화모형

학교변화모형의 초점은 보통 '기관변화모형'으로 지칭된다. 이 모형은 적절한 사회적·교육적 배경에서 학생의 능력에 장애가 되는 학교의 역기능적 규범과 조건을 찾아내는데 있다. 학교 내에 있는 모든 사람-학생, 교사, 행정가, 기타-이 학교사회복지사의 개입을 위한 잠재적 표적이 된다. 즉 비행 청소년으로 확인된 학생은 역할에 많은 제약이 있기 때문에 학교에서 정상적인 생활을 하는 데 많은 어려움을 갖는다. 그래서 학교사회복지사는 행정가와 교사가 학습과 적응을 막는 학교조건을 변화시키도록 돕고, 학생과 가족에게 역기능을 감소시키도록 도울 수 있는 집단사회사업 서비스를 제공한다. 이 모형에서 학교사회복지사의 우선적 역할은 변화매개인, 집단촉진자, 촉매자, 옹호자이다.

이 모형의 주요 초점은 특히 학교규범과 조건에 있으므로 클라이언트 체계는 학교로 간주된다. 학교에 있는 모든 사람들은 개입을 위한 잠정적인 대상이다. 또한 비행의 사회학적 개념이 이 모형을 발달시키는 데 큰 역힐을 하었다.

학교를 표적체계로 바라보는 태도 때문에 강한 지지요인이 필요한 학교변화모형은 학교사회복지사에게 위험부담이 크다. 동시에 사회복지사 자신이 방해받지 않고 간섭받지 않기 위해서 학교 내의 권력구조와 함께 일하는 데 있어 더욱 정교한 지식과 기술이 필요하다. 효과적인 교섭을 위한 조작적 행동과 기술에 대한 지식은 효과적인 실천에 필수적이다.

이 모형의 결함은 학생이 문제를 일으키는 주된 요인으로서 오로지 학교체계에만 초점을 두고 있다는 것이다. 이 점에서 그것은 학교주위에 경계선을 긋고 학생에게 영향을 미치는 다른 주요체계, 특히 지역사회와 가족을 무시하고 있다는 비판을 받고 있다.

5.3 지역사회학교모형

지역사회학교모형은 우선적으로 박탈된 혹은 차별대우 받는 지역사회에 초점을 두고 있으며, 학교가 학교를 위한 자원을 조직하고 제공하는 것이다. 그리고 학교는 사무직원에게 지역사회의 자원과 영향력 있는 사회적 요인을 설명해야 한다. 이 모형의 목적은 학교에 대한 지역사회의 이해와 지지를 향상시키고, 소외된 학생을 지원하는 학교 프로그램을 발달시켜서 학생의 학습과 학교에서의 적응력에 영향을 미치는 조건을 향상시키는 것이다. 이 모형의 관심은 학교와 지역사회의 관계에서 증가된 장애, 도시학교문제에 대한 인식과 배려, 청소년범죄, 퇴학, 실업, 소외된 집단 등에 있고, 이러한 학생에 대한 지역사회의 관심이 사회사업을 학교 안으로 끌어들였다고 본다.

일반적으로 지역사회는 학교에 대한 이해가 부족하며 학교에 대한 의심이 많다. 그래서 호리한(Hourihan)은 학교사회복지사들이 전통적 임상역할을 그만두고 지역사회접근을 시도해야 한다고 주장하였다. 코스틴은 알더슨의 지역사회학교모형보다 학생, 학교와 지역사회의 관계에 좀더 초점을 둔 학교-지역사회-학생 관계모형을 제시하였다. 이 모형은 지역사회학교모형과 비교해 생태체계모형의 성격도 어느 정도 갖고 있고, 학생-학교-지역사회 사이의 상호작용의 복잡성을 강조하였다.

이 모형에서 제1의 목적은 3자간의 상호작용에 변화를 일으키는 것이다. 그리하여 학교와 지역사회의 해로운 제도적 실천과 정책을 수정하는 것이다. 초점은 개별적 집단 구성원의 인격적 발달에 있는 것이 아니라 학생집단의 상황 조건에 있는 것이다.

이 모형의 목적대로 사회복지사의 역할이 충분한 효과를 거두기 위해서는 사회복지사가 지역사회와 학교와의 관계를 친밀하게 지속해야 하고 개입과 대변하는 데 있어 고도의 숙련된 기술을 가지고 있어야 한다.

5.4 생태체계모형

이 모형은 사회사업실천을 전망하고 개입의 표적을 설정하기에 가장 적절한 관점이다. 이것은 전체에 직접적인 관심을 두고자 할 때 적절하며, 클라이언트 상황의 한 부분이나 한 체계 혹은 한 가지 특징에 관심을 두지 않는다. 환경은 학생의 생활과 발달을 결정하고 영향을 끼치는 외부조건과 영향력의 집합체로서 정의된다. 그러므로 학생에게 가족과 아울러 결정적인 환경은 학교, 법원, 이웃, 병원, 진료소, 대중매체 등이다.

생태체계이론은 여러 체계 사이에 복합적인 상호작용과 교류에 대한 이론이다. 이것은 조직과 환경 사이의 광범위하고 복잡한 상호교류를 다루고 있다. 또한 학교는 그 구성원들이 서로 교류하고 상호작용하는 살아 있는 체계이다. 생산적인 교환은 학교조직, 학생, 부모, 교사, 학교운영자 등 모든 사람의 배움과 성장을 촉진시킨다. 따라서 각 체계 사이의 문제해결은 관계자 한 쪽의 변화를 찾기보다는 오히려 체계 사이의 상호작용의 변화에서 찾아야 한다.

이 모형의 초점은 환경의 모든 측면에서 학생들의 표적집단을 명백히 하는 것과 학생이 생활에서 스트레스를 받는 시점에서 학생들의 성격 특성, 학교, 지역사회 및 가족의 상호작용을 강조하고 준거틀 내에서 설명하는 것이다. 이 모형은 사회복지사로 하여금 학생의 상황이나 어려운 점에 기인하는 모든 체계를 규명하도록 도와 주며 더 나아가 개입은 한 체계 이상에서 이루어질 때 해결이 보다 효과적이라는 것을 제시하고 있다.

참 고 문 헌 ●

김기태 외. 1996. "학교부적응 문제를 가진 청소년을 위한 문제해결 프로그램 연구". 「사회복지연
　　구」. 제6집. 부산대학교사회복지연구소. pp. 217-218.

김기환. 1997. "학교사회사업의 도입과 활성화 방안". 대학사회복지연구소협의회. 학교사회사업대
　　토론회. pp. 34-35.

＿＿＿＿. 1996. "학생복지를 위한 학교사회사업의 필요성". 「한국아동복지학」. 제4호.

성민선 외. 1998. "학교부적응 청소년들을 위한 학교사회사업 실천모델 연구". 「학교사회사업」. 창
　　간호. 한국학교사회사업학회.

전재일 외 공저. 1997. 「학교사회사업」. 대구: 사회복지개발연구원.

조흥식. 2004. "학교사회복지제도화의 필요성과 방향". 「학교사회복지제도화 정책토론회 자료집」.
　　한국학교사회복지제도화추진위원회.

최인욱. 1993. "학교사회사업 실천을 위한 사회복지사의 역할과 개입 전략-중등학교를 중심으로".
　　부산대학교 박사학위논문.

한국학교사회복지사협회. 2013. "한국학교사회복지사협회 사업현황 자료".

홍순혜. 1997. "학교사회사업의 도입에 따른 학교사회복지사의 역할과 준비". 「사회복지」. 봄호.
　　한국사회복지협의회. pp. 104-109.

Allen-Meares, P., R. O. Washington, and B. L. Welsh. 1996. *Social Work Services in
　　Schools*. Englewood Cliffs, New Jersey: Prentice-Hall.

Costin, L. B. 1981. "School Social Work as Specialized Practice." *Social Work*. pp.
　　36-43.

＿＿＿＿＿＿. 1971. "School Social Work." *Encyclopedia of Social Work*. 16th, Vol. 2.

Ginsburg E. H. 1989. *School Social Work: A Practioner's Guidebook*. Illinois: Charles C.
　　Thomas.

Johnson, A. 1967. "School Social Work." In *Encyclopedia of Social Work*. edited by H. L.
　　Lurie. New York: NASW. Press.

Kahn, J. S., T. J. Kehle, W. R. Jenson, and E. Clark. 1990. "Comparison of Cognitive-
　　behavioral, Relaxation, and Self-modeling Interventions for Depression among
　　Middle-school Students." *School Psychology Review* 19.

Rose, G., and T. F. Marschall. 1974. *Counselling and School Social Work: An
　　Experimental Study*. London and New York: John Wiley & Sons.

Rowen, R. B. 1964. *Survey of Functions of School Social Workers in New Jersey: A Study of Performance and Opinion.* State of New Jersey Department of Education.

Skidmore, R. A., M. G. Thackeray, and O. W. Farley. 1991. *Introduction to Social Welfare.* 5th ed. New Jersey: Prentice Hall.

Stroup, H. H. 1960. *Social Work.* New York: American Book Co.

제 18 장

교정사회사업

1. 교정사회사업의 의의

법을 위반한 아동청소년 및 성인에 대한 사회적 서비스는 현대사회사업의 중요한 부분이다. 범죄의 저연령화, 집단화, 수법의 다양화와 조폭화로 규정지을 수 있는 우리나라의 범죄실태와 동향은 더 이상 국가통제기관에만 의존하는 사법처우제도로는 한계에 이르렀다. 비록 반사회적 행위를 저지른 범죄인들이라 할지라도 사회복지적 관점에서 보면 그들을 보호하고 도와 줄 필요가 있다. 이는 다음과 같은 사회사업의 특징으로 인해 정당화될 수 있다(교정사회사업연구회, 1996: 42-43).

첫째, 사회사업학은 인간의 존엄성과 변화의 능력을 인정하고 인간을 돕는 정신을 바탕으로 태동하고 발전한 학문이다. 그래서 사회사업가는 어느 전문가들보다 인간다운 정신과 기술을 가지고 비행청소년이나 범죄인의 재활에 적극적으로 개입할 수 있다.

둘째, 사회사업학에서 중시하는 실천기술은 개인은 물론 가족 및 지역사회를 동시에 볼 수 있도록 개발되었다. 그러므로 어떤 분야의 전문가보다도 비행청소년이나 범죄인의 재활에 이들 개인뿐 아니라 이들의 가족과 지역사회를 함께 변화시켜야 한다는 데 더욱 중점을 두고 있다.

셋째, 사회사업학은 사회사업가 각자의 능력에 따라 클라이언트가 지니는 심층적인 문제에까지도 접근할 수 있는 기술을 계속하여 개발하고 있다. 그러므로 정신적인 장애로 인한 비행청소년이나 범죄인의 재활에도 다른 분야의 전문가와 함께 손색 없이 일할 수 있다.

이상의 특징에서 알 수 있듯이 사회사업가는 교정·교화[1]의 전과정에서 매우 중요한 역할을 한다. 사회사업가의 목표가 비행청소년이나 범죄자를 기본적으로 처벌하기보다는 재활시키는 데 있다고 할 때, 교정사회사업의 목표는 교정시설이나 재활기관에 치료를 위한 개별적응을 돕는 프로그램을 제공하는 것이다. 즉, 비행청소년이나 범죄자를 처벌하거나 응징하기보다는 사회에 잘 적응함으로써 정상적인 시민생활을 영위할 수 있도록 하는 것이다. 이것을 성취하기 위하여 교정사회사업의 방법이 필수적이다(Friedlander, 1968: 466).

재활의 이러한 목적은 사회사업의 목적과 그 맥락을 같이 하는 것인데, 즉 교정적 입장에서 전문적 지식이나 기술을 사용한 재활을 통해 범죄자가 스스로 자신을 도울 수 있게 하여, 사회의 건전한 성원이 되도록 하고, 편안한 생을 영위할 수 있도록 도와 주는 것(Skidmore, Thackeray, and Farley 1982: 251)에 사회사업의 의의가 있다.

2. 교정사회사업의 정의

교정사회사업연구회(1996: 43)에서는 교정사회사업을 "개별사회사업과 집단사회사업 및 지역사회사업과 같은 주요 사회사업방법론을 활용하여 범죄인이나 비행청소년으로 하여금 심리사회적으로 가장 편안한 상태를 유지하면서 사회에 적응하여 활동할 수 있도록 원조하는 일이다"라고 정의하고 있다.

또한 최옥채(1998: 33)는 "교정사회사업은 사회사업학을 바탕으로 한 비행청소년 및 범죄인의 재활을 위한 전문분야이며, 이 분야의 일은 관련대학이나 기관에서의 연구와 교정사회사업가의 현장활동으로 이루어진다"고 기술하고 있다.

요컨대, 교정사회사업이란 범죄인 및 비행청소년들의 교정과 교화활동을 통한

---

1) '교정·교화'라는 말은 광의와 협의의 두 가지 의미로 해석될 수 있다. 광의로는 범죄의 증거확보에서부터 벌의 부과 및 처리에 이르기까지의 형사정책의 전 과정을 통해서 범죄자의 성공적인 사회복귀를 위해 수행되는 모든 활동과 내용을 일컫는다고 볼 수 있다. 반면에 협의로는 범죄자에 대한 법률적 판단의 결과에 따라 사법처리 절차의 마지막 단계에 이루어지는 교정처우(correctional treatment)의 내용을 의미한다고 볼 수 있다. 교정처우는 교정시설에서 이루어지는 시설 내 처우와 바깥사회에서 보호관찰 등을 통해 이루어지는 사회 외 처우의 두 종류로 구분될 수 있다.

재활을 도모하고, 나아가 범죄의 예방을 목적으로 하는 사회사업의 한 전문분야이
면서 동시에 사회사업적인 전문지식과 기술을 활용하는 교정사업2)의 한 분야라고
할 수 있다.

범죄인의 교정·교화는 어떤 특정한 한 분야의 일이 아니라 각 분야의 전문인
력이 협력하여 이루어지는 것으로, 교정사회사업도 범죄인의 재활과 예방을 위해
교정사업 중 한 부분을 맡아 다루는 것이다. 그러므로 범죄인의 재활을 위하여 정
상적이고 원칙적인 활동에 참여하고자 하는 교정사회사업가는 사회사업에 관한 전
문적인 지식과 기술을 익혀야 하고, 나아가 범죄인 및 비행청소년에 대한 전반적인
상황 그리고 당국의 정책 등을 필수적으로 이해하여야 한다.

3. 교정사회사업의 주요내용

범죄인 및 비행청소년을 대상으로 실시하는 업무를 중심으로하여 교정현장에서
교정사회사업가가 전문적으로 해야 할 업무의 주요내용을 5가지로 분류해 요약하면
다음과 같다(교정사회사업연구회, 1996: 50-54).

첫째, 범죄인 및 비행청소년의 적응을 위한 도움을 제공하는 것으로, 이는 범죄
인과 비행청소년의 재활을 위해서는 먼저 수용시설 내에서 이들이 안정된 생활을
할 수 있어야 한다는 데 중점을 두는 것이다. 교정사회사업가는 시설 내에서 재소
자에게 적합한 작업과 활동을 선별, 선택할 수 있도록 개입하고, 동료재소자들, 교
정현장의 실무자와 생산적·상호협력적인 인간관계를 유지할 수 있도록 전문프로그
램을 개발하고 개입한다.

둘째, 범죄인들 중에서 특별한 질병으로 인해 고통받는 이들, 즉 약물중독이나
알코올중독자, 후천성 면역결핍증(AIDS), 기타 정신질환 등을 가지고 있는 재소자
들의 재활에 교정사회사업가가 개입하여 재소자들로 하여금 스스로 대처할 수 있는

---

2) 교정사업은 교정당국에서 실시하는 제반업무를 의미한다. 즉 법무부 산하의 교정국에서 관장하고
   있는 모든 업무를 비롯하여 교도소를 포함한 일선 교정시설에서 일어나고 있는 업무까지를 총괄한
   것이다. 이외에도 보호국에서 담당하고 있는 보호관찰과 소년원의 업무도 아울러 포함한다. 한편 교
   정사업은 민간의 활동으로도 이루어지고 있다. 교호시설과 같은 정부로부터 위임받아 실시하고 있
   는 시설의 사업도 포함되어야 하며, 민간자원봉사자의 활동 역시 교정사업의 한 부분이다. 그러므로
   교정사업은 범죄인의 재활을 위한 직·간접적인 활동을 의미하는 바 그 주체는 이 분야에서 활동하
   는 자원봉사자를 비롯하여, 경찰, 검찰, 법원, 교정시설(교정당국)의 관계자가 되는 것이다.

능력을 키울 수 있도록 직·간접적으로 치료에 도움을 준다.

셋째, 시설중심의 프로그램이 아닌 지역사회중심의 프로그램으로써 교정사회사업의 꽃이라 할 수 있는 보호관찰제도업무에 사회사업가가 개입한다. 이러한 보호관찰의 효과적인 운용을 위하여 교정사회사업가는 시설 내의 범죄인 및 비행청소년의 원활한 적응과 보호관찰소측과의 협력적인 관계를 위하여 확실하고 도움이 될 수 있는 많은 정보를 보호관찰소에 제공할 수 있다.

넷째, 대다수의 재소자 및 비행청소년들이 지니고 있는 가족과의 갈등관계와 이들의 가족들이 친인척과 지역사회로부터 낙인 받고 있는 실정을 감안하여, 이들 가족이나 주변인들이 재소자들을 올바르게 이해하고 나아가 수용할 수 있는 제반환경을 구축할 수 있도록 교정사회사업가는 이러한 조직사업을 신중하게 실행한다.

끝으로, 지방자치제의 실시로 인한 '재정의 축소'현상에서 교정당국의 효율적인 재정운영을 위해 자원봉사인력을 현장에 대거 투입해야 하므로 이들 자원봉사자들을 전문적으로 교육하고 성실히 과업을 수행할 수 있도록 인력을 조직하고 교육하는 일을 교정사회사업가는 담당하여야 한다. 재소자의 교정·교화를 위해 자원봉사자를 참여시키는 데에 부족한 자원을 지역사회로부터 제공받을 수 있고, 지역사회의 인력이 교정현장에 참여함으로써 지역사회가 범죄인과 비행청소년을 이해할 수 있는 기회가 주어진다는 이점이 있다.

종합하면 교정사회사업은 재소자가 교도소 내에서의 생활에 적응할 수 있도록 생활적응에서부터 심리적인 어려움과 신체적인 질환 등을 전문적인 상담기술을 통해 치료할 수 있도록 하며, 그들의 가족과 지역사회와의 원만한 관계를 형성, 유지할 수 있도록 지역사회 내의 자원을 동원하는 등 제반 프로그램들을 개발, 시행하여 그들이 지역사회로 안전하게 복귀할 수 있도록 하는 것을 주요내용으로 한다. 특히 그 중에서도 교정사회사업의 꽃이라 할 수 있는 보호관찰제도는 사회사업의 한 방법론인 개별사회사업을 중요한 기법으로 활용하여 범죄인과 비행청소년을 효과적으로 다룬다.

교정사회사업의 보다 자세한 내용과 교정사회사업가의 역할은 교정현장을 다룬 다음 절에서 구체적으로 논의될 것이다.

4.   교정사회사업의 현장

교정사회사업은 범죄인 및 비행청소년의 재활을 위한 사회사업의 한 전문영역이므로 교정사회사업가의 1차적인 클라이언트는 범죄인 및 비행청소년이어야 하고, 이들이 접하고 있는 현장의 이해가 교정사회사업가에게 우선적으로 필요하다. 범죄인은 최초로 경찰 혹은 검찰을 접하게 되고 다시 법원을 거쳐 교도소와 같은 교정시설로 들어가게 된다. 교정사회사업가는 자신의 클라이언트가 접하게 되는 경찰, 검찰, 법원, 그리고 교정시설과 같은 현장을 이해하고 있음으로써 보다 효과적인 전문서비스를 제공할 수 있다.

따라서 교정사회사업의 주요활동현장인 경찰, 검찰, 법원, 그리고 교도소와 같은 교정시설 및 보호관찰제도 등을 중심으로 살펴본다(교정사회사업연구회, 1996: 61-99; 한국청소년개발원, 1994: 234-246).

4.1 경찰단계에서의 교정사회사업

범죄를 저지른 범죄인의 경우, 형사처리 절차상 경찰과 최초로 접촉하여 범죄내용과 신상관계, 환경 등을 조사받게 되고, 경찰은 검찰과 법원에 조사내용을 제시하게 됨으로써 이후의 검찰이나 법원의 결정에 막대한 영향을 미치게 되어 이들의 장래를 좌우할 수 있다. 특히 소년범의 경우에는 그 동기 측면에서나 개선가능성에 있어서 성인범죄와 구별되기 때문에 법원에 송치하거나 구금을 결정하는 등 제반 결정사항이 신중하게 이루어져야 할 것이다.

현재 경찰단계에서 교정사회사업가가 개입할 수 있는 길이 제도적으로 마련되어 있지는 않지만 경찰의 업무를 파악해 보면 몇 가지 방법으로 교정사회사업가가 개입하여 활동할 수 있는 길을 모색해 볼 수 있다. 그 하나는 청소년지도위원으로 활동하면서 청소년비행을 예방하는 역할 수행에서 나아가 지역사회의 범죄예방을 위한 지역주민의 조직자로서의 역할을 할 수 있고, 또 하나는 지역사회 내 담당 경찰관과의 관계를 유지하면서 그 지역사회 내의 특별한 사건에 대해 개입할 수 있고, 지역사회 내의 요주의자나 범죄인을 위한 옹호자 내지는 경찰관과 이들 간의 중재자 역할도 할 수 있다.

4.2 검찰단계에서의 교정사회사업

검찰단계에서는 경찰이 조사한 자료를 바탕으로 보강수사와 아울러 최종판결의 근거가 되는 공소장을 작성하여 법원에 공소제기를 한다.

검찰단계에서 교정사회사업가는 범죄인을 위해 경찰에서와 같이 범죄인의 참고인으로 출석하여 그의 환경이나 개인적인 사정을 알려 줄 수 있다. 그러나 이러한 개입은 제도화되어 있는 것이 아니기 때문에 효과를 크게 기대하기는 어렵다. 반면에 검찰단계에서 교정사회사업가가 유일하게 전문적인 활동을 할 수 있는 제도로 '선도조건부기소유예제도'가 있다.

선도조건부기소유예제도란 만 14세 이상 18세 미만의 재범가능성이 희박한 소년을 대상으로 민간 소년선도위원의 선도를 조건으로 기소유예하는 제도를 말하는데, 성인과는 달리 성장과정에 있는 청소년들에게 전과의 낙인으로 인해 발생될지 모를 사회복귀의 장애와 재범의 가능성을 예방하고자 하는 데 그 주요목적이 있다고 볼 수 있다. 따라서 이 제도의 실효성을 높이기 위해서는 선도위원의 자질과 전문적인 운영방침이 필요한데, 여기에 교정사회사업가가 소년선도위원으로 개입하여 활동할 수 있고, 민간선도위원을 조직·관리하고 선도위원에 대한 행정적·교육적 지도와 감독을 할 수 있다.

이외에도 교정사회사업가는 검찰과 상호 연계하여 범죄자의 조사활동에도 개입해 사회·심리적 자료를 검사에게 제공함으로써 범죄인을 이해하고 사건을 처리하는 데 합리적 판단을 할 수 있도록 조력할 수 있을 것이다.

4.3 재판단계에서의 교정사회사업

우리나라의 사법제도 중 특히 재판과정에서 교정사회사업가가 공식적으로 개입할 수 있도록 제도화된 창구는 없다. 단지 지방법원의 소년부지원에 소년자원보호자협의회가 1989년부터 결성되어 지역사회의 자원봉사자가 활동하고 있다. 이는 검찰에서 볼 수 있었던 소년선도보호제도와 같은 성격으로 이해하면 된다. 그러므로 비록 소년범에 한정하고 있지만 법원에서도 교정사회사업가의 개입이 가능하다고 하겠다.

재판의 절차와 단계에서 교정사회사업가의 가장 중요한 역할은 판사가 판결을 내리기 전에 범죄사실과 범죄소년의 특성 및 상황 등을 파악하고 이해할 수 있도록 사전조사를 실시하여 조사결과를 제공하는 일이다. 조사는 객관적 입장에서 종합적인 상황을 제시할 수 있도록 구성되어야 할 것이며, 범죄인 당사자에 관한 것뿐만 아니라 가족, 인척, 친구관계 등 관련영역 및 사람에 대한 광범위한 내용이 일반적으로 포함된다. 이러한 판결 전 조사 및 조사결과를 진단하는 조사관과 진단자의 역할 이외에도 외국에서는 교정사회사업가가 법정의 심리과정에 직접 참여하여 전문가 증인으로서의 역할을 수행하기도 하고 범죄인의 입장을 대변하여 자신의 의견개진을 통해 판결에 영향을 행사하기도 한다.

4.4 교정처우단계에서의 교정사회사업

경찰, 검찰, 법원의 단계를 거친 범죄인 혹은 비행청소년은 교정처우단계에 들어서게 된다. 교정처우는 일반적으로 교도소나 소년원 등의 시설에 수용해서 교정시키는 시설 내 처우와 수용하지 않고 일반사회 속에서 지도감독과 보호 등의 방법으로 교정시키는 사회 내 처우로 구분된다. 두 가지 교정처우 모두 중요한 사회사업적 활동영역으로 볼 수 있으며, 특히 대표적인 사회 내 처우방식의 하나로 볼 수 있는 보호관찰은 전문사회사업가들이 전담해야 할 핵심적인 교정사회사업의 분야로 볼 수 있다.

다음의 <표 18-1>은 범죄자 및 비행청소년의 주된 교정처우방법을 시설 내 처우와 사회 내 처우로 구분하여 제시한 것이다. 교정사회사업가는 시설 및 지역사회를 중심으로 실시되는 여러 프로그램에서 상담자와 안내자, 교육자, 중재자의 역할을 수행하며 범죄자 및 비행청소년의 교정·교화를 돕는다.

(1) 시설 내 처우에서의 교정사회사업

범죄자를 수용하는 대표적인 시설로서 일반 교도소와 소년 교도소, 소년원을 들 수 있다. 소년 교도소는 죄질이 무겁고 형이 확정된 범죄소년을 성인과 분리하여 수용하는 교도소로서 처우방식은 일반 교도소와 비슷하지만 교육내용에 있어서 성인수형자에 비해 학교교육과 직업훈련이 강조된다. 또한 소년원은 법원 소년부로부터 송치된 비행소년을 맡아 교정교육을 담당하는 대표적인 시설 내 처우기관으로 볼 수 있는데, 청소년에 대한 구속과 처벌보다는 성행의 교정과 특수교육적 기능을

┃표 18-1┃ 범죄자 및 비행청소년의 교정처우종류와 주요 프로그램

교정처우종류(예)			주요 프로그램
시설 내 처우	교정 시설	교도소 보호감호소 구치소	• 재소자의 욕구에 중점을 둔 사회적응성 향상 교육 프로그램(생활지도·정신·학과·정서교육) • 교화프로그램 • 직업훈련프로그램 • 사회적 처우프로그램(귀휴·사회견학·외부통근제 • 합동접견·교화 및 종교위원제도·재소자 복지담당 관제도)
	보호 시설	소 년 원	• 신입입원자의 생활안내, 정신교육, 체육훈련, 분류 조사, 체험교육 등 입소자 교육 • 예절·교과교육·직업훈련 • 특별활동·생활지도 • 사회복귀교육·사후지도
		소년분류심사원	• 분류심사 프로그램(위탁소년의 환경조사, 심리검 사, 정신의학적 진단, 보호자 면담 등을 통해 수용 및 처우에 관한 사항을 결정, 해당기관에 통보) • 관호프로그램(심성순화를 위한 교육, 행동관찰, 생 활지도)
	민간 시설	수탁시설 갱생보호공단의 생활관	• 교육 프로그램(학습능력에 따른 프로그램) • 기능훈련프로그램 • 외부인사참여프로그램(지역사회 자원봉사자의 참 여)
사 회 내 처 우	예방 프로 그램	(학교부적응아동의 집단지도)	• 범죄나 비행이 예견되는 자를 직접 지도 또는 범 죄가능성이 높은 지역의 환경을 개선−이를 위해 교정사회사업가는 인적·물적자원의 효율적 활용 기술이 있어야 함
	치료 프로 그램	(보호관찰제도, 한국갱생보호공단의 프로그램)	• 이미 범죄나 비행에 가담하여 법원, 검찰, 경찰, 학교 등으로부터 처벌을 받은 자들의 재활을 위한 사회사업적 접근
	시민 운동 프로 그램	(종교단체활동, 복지관 및 각 기관의 주부 대학, 노인대학 등의 소단위 프로그램들)	• 지역사회주민에게 교정사업을 보다 정확하게 이해 시키는 틀 • 범죄예방과 범죄인의 재활활동을 지역사회 주민에 게 알리고 이 활동에 참여시키고자 하는 것

강조하여 수용기간 동안 다양한 교정교육 활동이 이루어지는데 그 구체적인 내용은 <표 18-1>과 같다.

각 프로그램마다 교정사회사업가의 개입이 요청되고 있으나 특히 사회복귀교육 및 사후지도에 있어서는 그 기능과 역할이 더욱 핵심적으로 요청된다. 교정사회사

업가의 역할과 기능을 정리하면 다음과 같다.

첫째, 입원자 교육과정에서 교정사회사업가는 입원한 청소년과 그 환경에 대한 과학적인 조사와 자질감별·진단을 통해 분류심사를 하여 각 개인의 특성과 상황에 따라 개별화된 교육이 이루어지게 함으로써 교정처우의 효과성을 높일 수 있게 한다.

둘째, 기본 교육과정(교과교육, 직업훈련, 생활지도 및 특별활동 등)에서 교정 사회사업가는 개별지도, 집단지도와 같은 사회사업의 기술과 기법을 적용하여 상담 활동이나 사회심리 재활 및 치료활동들을 수행하며 이러한 생활지도를 통해 교정처 우의 핵심인 심성의 변화와 성행의 교정에 주력한다.

셋째, 가석방이나 출원을 앞두고 이루어지는 사회복귀교육은 교정사회사업가가 거의 전담하여야 할 활동들이라 볼 수 있다. 이 단계에서 수행되어야 할 사회사업 적인 주요기능은 원생에게 실시되었던 교육과 훈련의 효과를 측정하여 원생에 대한 보상과 처우방법을 평가하고 결정하는 일, 출원을 앞둔 대상자를 중심으로 사회성 훈련 등을 통해 퇴원 후 사회재적응 준비를 시키는 일, 원생에게 퇴원 후의 진로지 도를 위해 진학 및 직업정보를 제공하고 더 나아가서 직업을 연계시켜 주거나 알선 하는 일, 원생의 성공적인 사회복귀를 위해 원생의 가족, 보호자, 공공단체나 지역 사회기관 등 타집단과의 연계, 접촉, 공동노력을 추구하고 자원을 연결하는 일 등을 들 수 있다.

(2) 사회 내 처우에서의 교정사회사업

시설 내 처우가 낙인화, 악품감염, 자유박탈로 인한 권리침해 등 범죄자 및 청 소년의 교정교화에 미칠 수 있는 악영향과 문제점에 대한 대안으로서 시도하고 있 는 사회 내 처우로서는 보호관찰(probation)과 가석방(parole)을 들 수 있다. 그 중에서도 보호관찰제도는 범죄자를 지역사회에서 생활하도록 하면서 지도감독을 통 해 교정처우를 실시하는 가장 대표적인 사회 내 처우제도라 볼 수 있다.

보호관찰의 대상이 되는 청소년은 법원 소년부의 판결이나 결정으로 형의 유 예, 보호관찰처분(2호, 3호 처분)을 받은 자나 보호관찰심사위원회의 결정에 의해 가석방 혹은 가퇴원한 청소년들이며 이들은 보호관찰관과 보호위원 지도감독 아래 보호관찰을 받게 된다.

보호관찰의 주요활동은 보호관찰법에서 제시하고 있는 지도·원호·응급구호와 소년법에서 제시하고 있는 사회봉사명령과 수강명령을 들 수 있다.

이러한 보호관찰의 취지, 대상, 내용 등에 비추어 볼 때 보호관찰은 그 자체가 사회사업적인 성격을 지닌 것으로서 보호관찰관은 곧 교정 분야의 전문사회사업가를 일컫는다고 보아도 무리가 없을 것이다.

전문교정사회사업가로서 보호관찰관이 수행하여야 할 주요 사회사업적 성격의 업무는 다음과 같다..

첫째, 피보호 관찰대상자에 대한 판결 전 조사와 환경조사 등을 실시하는 조사업무이다. 이러한 조사결과는 법원의 합리적 판결을 도와주고 보호관찰 계획수립 및 관련시설, 기관의 분류, 처우에 기준을 제공하며, 교정처우 후의 평가나 연구기초자료 등으로 활용된다.

둘째, 전문사회사업지식과 기술 적용을 통한 교육 및 교정업무를 들 수 있다. 지도와 원호업무를 위해서 비행청소년의 문제와 요구 등 욕구를 사정하고 상담, 개별 및 집단지도방법으로 성행교정 및 치료, 취업정보 및 직업훈련기회의 제공과 취업알선 등의 역할이 수행된다. 또한 사회봉사 명령이나 수강명령 대상자들에게 각 대상별 특성을 감안해 적절한 프로그램을 계획, 편성하는 일, 비행성의 정도에 따라 개별지도나 집단지도 등의 적절한 방법을 선정하여 활용하고 봉사활동효과를 극대화시키는 일, 각 프로그램이나 활동의 효과를 측정하고 평가하는 일 등이 보호관찰 과정에서 전문사회사업가인 보호관찰관에 의해 수행될 수 있는 주요 교육적 업무라고 볼 수 있다.

셋째, 비행청소년을 도울 수 있는 지역자원을 발굴하고 연결해 주는 자원 활용자로서의 역할이 매우 강조된다. 보호관찰활동에 지역주민들이 적극적으로 참여할 수 있도록 유도하며 자원봉사자들을 조직·관리하고 그들의 교육·훈련에 참여한다. 또한 비행청소년과 연계된 부모, 교사, 고용주 등과 긴밀한 협조체계를 유지하고 사회사업 분야뿐 아니라 심리 및 상담전문가, 교육전문가, 법률가 등 타 관련분야의 전문가들과도 상호 정보교환 및 협의가 원활히 이루어지는 가운데 교정활동이 수행되는 것이 바람직할 것이다.

4.5 추후지도단계에서의 교정사회사업

교정·보호시설에서 출소하였거나 퇴원, 가퇴원한 범죄자 및 비행청소년들이 가정, 직장 등의 사회로 바로 복귀할 경우, 그 동안의 구금·격리 생활로 인한 심한 심리적 갈등과 적응력의 부족을 겪는다. 사회적응의 어려움으로 인해 재범의 가능성이 있기 때문에 이들에 대한 사후보호와 관리가 중요하다.

비행청소년의 사후보호와 관리를 위해 이루어지는 대표적인 활동으로서 갱생보호활동과 중간처우시설에서 이루어지는 활동들을 들 수 있으며 이들은 교정시설과 사회생활과의 중간 가교역할을 하여 출소자가 정상적 사회인으로 재활하는 데 도움을 주는 것을 목적으로 삼고 있다.

갱생보호기관에서 이루어지는 사후보호 및 관리활동은 크게 단기적인 숙식제공과 취업알선 등의 물리적 지원의 '직접보호'활동과 사회적응 능력향상을 위한 정신적·조정적 성격의 원조인 '관찰보호'활동의 두 가지로 구분되는데, '관찰보호'활동은 보호관찰활동과 유사하다고 볼 수 있다.

이와 같은 사후보호 관리단계에 있어서 전문교정사회사업가는 '관찰보호'활동을 직접 수행하고 '직접보호'활동을 위한 간접적 지원을 담당할 수 있을 것이다.

5. 교정사회사업적 접근방법

교정사회사업의 접근방법은 범죄인이 지니는 특성에 따라 모색할 수 있다. 특히 교정사회사업에서는 범죄인의 심리사회적인 측면을 다루는 데 역점을 두어야 할 것이며 이러한 작업은 사회사업의 전문적인 기술인 개별사회사업, 집단사회사업, 지역사회사업을 바탕으로 이루어진다. 그러므로 수용시설 내에서 교정사회사업의 실천은 교정사회사업가나 사회사업방법론을 익힌 현재의 교화직 공무원들에 의하여 가능한 것이다.

교정사회사업의 접근방법을 개별사회사업, 집단사회사업, 지역사회사업의 측면으로 살펴보면 다음과 같다(교정사회사업연구회, 1996: 54-56).

5.1 개별사회사업적 접근

시설 안의 재소자 및 비행청소년을 개인별로 접촉하여 이들이 지니고 있는 어려움을 해결할 수 있도록 교정사회사업가가 돕는 것이다. 이렇게 1대 1로 만나 해결해야 하는 것은 재소자가 직면하고 있는 문제의 성격이 절대적인 비밀을 요하는 경우라 하겠다. 특히 재소자의 자아가 약하여 자신의 문제를 여러 사람 앞에 꺼내기 힘들어 할 때 효과적이라 하겠다. 한 가지 밝혀 둘 것은 재소자의 어려움을 상담하는 교정사회사업가는 재소자 스스로 어려움을 극복하도록 도울 뿐 해결사로 나서는 것은 아니라는 점이다.

5.2 집단사회사업적 접근

집단활동의 경험을 통해 범죄인 및 비행청소년 개인의 문제나 어려움을 해결하도록 하는 것이 집단사회사업이다. 서로 유사한 문제나 주제를 가지고 있는 7−8명의 소집단을 구성하여 그들의 문제를 서로 토의토록 하고, 특히 교정사회사업가는 적당한 프로그램을 실시함으로써 참여자 개인의 변화를 유도하는 것이다. 집단사회사업의 특성은 집단의 문제를 해결하거나 치료하는 것이 아니라 집단과정을 통해 개인의 변화를 꾀한다는 점이다. 예를 들면, 재소자 집단에서 다룰 수 있는 문제는 재소자의 인간관계훈련, 가족문제, 시설 내의 부적응 등과 같은 것을 대표적으로 꼽을 수 있다.

5.3 지역사회복지적 접근

범죄인의 재활을 위하여 지역사회의 참여를 중시하고 있는 상황에서 교정당국은 지역사회를 보다 과학적으로 이해하는 것은 물론 지역사회의 자원을 범죄인 및 비행청소년의 재활에 효과적으로 활용하는 방안을 알아야 한다. 특히 범죄인을 수용시설에 가두지 않고 지역사회에 두고 이들을 재활시킨다는 지역사회중심의 교정은 앞으로도 매우 강조되고 확산될 전망이므로 여기에서 요구되는 전문적인 기술을 교정사회사업가가 배워 활용할 수 있어야 할 것이다.

참 고 문 헌

교정사회사업연구회. 1996.「교정사회사업」. 서울: 아시아미디어·리서치.

최옥채. 1998.「교정복지론」. 서울: 아시아미디어·리서치.

한국청소년개발원. 1994.「청소년복지론」. 서울: 인간과 복지.

Friedlander, Walter A. 1968. *Introduction to Social Welfare, 3rd*. Englewood Cliffs. New
    Jersey: Prentice-Hall.

Skidmore, Rex A., Milton G. Thackeray, and O. William Farley. 1982. *Introduction to
    Social Work*. Englewood Cliffs, New Jersey: Prentice-Hall.

제19장
여성복지

1. 여성복지의 개념 및 필요성

1.1 여성복지의 개념

여성복지란 미혼모, 윤락여성, 가출여성, 근로여성, 저소득여성 및 학대받는 여성 등과 같은 요보호여성뿐만 아니라 모든 여성들이 인간다운 삶을 영위할 수 있도록 정부 및 민간이 행하는 모든 조직적인 활동이라 할 수 있다. 부녀복지와 여성복지를 구분하지 않고 동일한 용어로 사용하는 경우도 많으나, 여성복지는 남성에 비하여 상대적으로 열악한 법적 지위, 성차별 등을 포함한 전반적인 여성의 권익과 복지향상에 관한 용어로 보는 것이 바람직하다고 보며, 부녀복지란 빈곤여성, 매매춘여성, 매맞는 여성 등의 요보호여성에게만 국한하여 그들이 최소한의 건강하고 문화적인 생활을 영위하도록 하기 위한 대책으로 사용하는 것이 바람직하다고 본다.

따라서 여성복지란 여성이 국가나 사회로부터 남성과 동등하게 인간다운 삶을 누릴 수 있는 권리를 보장받으며, 이를 위해 가부장적 가치관과 자본주의의 생산역할에 기초한 법과 기타 사회제도를 개선하여 양성평등의 사회를 실현하려는 모든 실천적 노력을 포함한다(김미혜 외, 1997: 39-40).

그리고 여성복지서비스란 요보호여성은 물론 모든 여성들이 인간다운 삶을 영위할 수 있도록 정부 및 민간이 행하는 모든 사회복지서비스 활동이라 할 수 있으며, 그 예로서 주로 부녀상담, 부녀지도, 근로여성 보호, 학대받는 여성 보호, 미혼모 발생 예방 및 보호, 가출여성 선도, 윤락여성 선도, 부녀복지시설 수용 등이 있다.

1.2 여성복지의 필요성

(1) 가족형태의 변화

산업화 이후 한국의 가족형태는 전통적인 확대가족에서 부부중심의 핵가족으로 급속히 변화되어 왔으며, 가족의 크기도 소수자녀 선호에 따른 소규모가족으로 변하고 있다. 우리나라 가구 중 1세대 가구는 1990년에 6.35%, 2000년 14.21%, 2010년 17.46%로 1세대 가구가 지속적으로 증가하고 있다. 2세대 가구는 1990년에 71.35%, 2000년 60.76%, 2010년 51.28%로 감소하는 추세이며, 3세대 가구는 1990년 18.19%, 2000년 8.22%, 2010년 6.13%로 대폭적인 감소현상을 보이고 있다. 평균가구원수는 핵가족화와 자녀출산수의 감소로 인하여 1970년 5.2명, 1980년에 4.7명, 1990년에는 3.8명으로 크게 줄어들었으며, 2004년에는 3.4명, 2010년에는 2.7명으로 줄어들었다(경제기획원(a), 각연도; 통계청, 2010).

이러한 전통적 확대가족에서 핵가족 제도로의 전환은 가족이라는 제도를 가족구성원보다 상위에 두는 전통적인 가족주의가 붕괴되는 것을 의미하며, 핵가족 가족주의가 지니는 배타성이 친족의 범위를 대폭 축소시켜 여성세대주의 고립문제가 증가된다는 것을 의미한다.

(2) 취업여성의 증가 및 처우의 열악성

1960년대 초의 산업화정책 채택 이후 고도의 경제성장 과정에서 여성의 경제활동 참여가 크게 늘어났으며, 특히 수출주도형 경공업부문에서 고용기회가 확대됨에 따라 여성인력의 노동시장 이입이 가능하게 되어 여성경제활동 참가율이 지속적으로 증가하여 왔다.

1960년대 이후 여성의 경제활동 참가율이 증가하게 된 이유를 더 자세히 살펴보면, ① 고도경제성장으로 인한 고용기회의 확대 및 가용여성노동력의 증가, ② 출생률의 감소 및 교육수준의 향상, ③ 가치관의 변화로 인한 여성들의 사회참여증대, ④ 육아기간의 축소 및 가사로부터의 해방시간 증가, ⑤ 생활비 및 교육비의 상승과 장래생활에 대한 불안으로 인한 소득증대의 필요성 등을 지적할 수 있다.

경제활동인구 중 전체취업자에 대한 여성취업자의 비율은 1970년에 36.5%이었던 것이 1980년에는 38.3%로 증가하였으며, 1990년에는 40.37%, 2000년 41.45%, 2012년 41.71%로 계속적으로 증가하는 추세를 보이고 있다(경제기획원(b), 각연도; 통계청, 2012). 2012년 현재 여성취업자를 직종별로 보면, 전문가 및 관련 종사자가 21.10%로 가장 많고, 사무 종사자가 18.84%, 단순노무 종사자가 16.35%, 서비스 종사자가 16.30%, 판매 종사자가 14.62%를 차지하고 있다(통계청, 2012).

여성취업자는 점차 늘어나고 있으나, 여성근로자는 성별과 고용형태에서 차별을 받고 있다. 여성근로자는 남성에 비해 상대적으로 임금 및 근로조건 등이 상당이 열악하다(김태홍, 2013: 32). 또한 전반적으로 열악한 근로조건 속에서 일을 하고 있기 때문에 근로조건의 개선, 기혼여성의 모성보호 및 육아와 직장을 병행할 수 있는 제도의 마련 등이 필요하다.

(3) 성차별의 현실

취업의 측면에서 보면, 남녀고용평등과 일·가정 양립 지원에 관한 법률(구 남녀고용평등법)[1]이 다른 선진공업국[2]에 비하여 훨씬 늦은 1987년 제정되었지만 아직도 여성의 취업을 제한하고 있는 직장이 많고, 남녀 간의 임금격차가 심하며, 정년퇴직제, 승진, 배치, 교육훈련, 해고 등 고용의 모든 단계에 걸쳐 성차별이 이루어지고 있다는 것은 널리 알려진 사실이기도 하다. 이로 인하여 성차별적 규정의 개정, 고용과 대우에 있어서의 실질적인 남녀평등의 실현, 저소득 이혼여성 및 근로여성에 대한 보호가 요구되고 있다(이근홍, 1993: 249; 김태홍, 2013: 34).

(4) 이중적 성윤리 및 성개방 풍조의 만연

산업사회가 성숙되어감에 따라 소비가 미덕인 시대를 이루게 되어 서비스업의 발달이 촉진되었다. 이에 따라 성개방 풍조가 파급되어 혼전성관계 및 혼외정사가 점점 늘어나는 추세를 보이고 있으며, 선진사회에서 수입된 퇴폐문화의 확산으로

---

1) 이 법은 1987년 12월 4일에 제정된 남녀고용평등법의 법제명을 2007년 12월 21일 남녀고용평등과 일·가정 양립 지원에 관한 법률로 변경하고 내용을 일부 개정하였다.

2) 1964년 미국의 공민법, 1975년 영국의 성차별금지법, 1977년 캐나다의 인권법 및 이탈리아의 노동남녀동일법 등이 제정되어 취업에서의 성차별을 금지하고 있다.

남녀간의 성윤리가 더욱 문란해지고 있다. 이로 인하여 이혼여성과 미혼모가 급증함은 물론 성의 상품화현상을 초래하게 되어 여러 가지 심각한 사회문제들이 범람하고 있다. 이와 같은 이중적인 성윤리의 기준과 성개방 풍조의 만연으로 이혼여성, 미혼모, 성매매여성 등과 같은 요보호여성이 급증하게 되어 이들에 대한 보호와 대책이 필요하게 되었다(이근홍, 1993: 250).

(5) 여성의 의식 및 욕구의 변화

핵가족화 현상에 의한 가족규모 및 기능의 축소, 소수자녀 선호에 따른 자녀양육 기간의 단축, 기계문명의 발달로 인한 가사노동 부담의 감소, 여성의 교육기회 확대 등은 여성의 전통적인 역할에 대한 갈등을 초래하였으며(권영자, 1986: 185), 여성으로 하여금 가사책임성에 의문을 제기하게 하여 가정에 고립되지 않고 자아실현을 하고자 하는 욕구를 증대시키고 있다. 이러한 욕구는 많은 여성들이 직업을 통한 경제활동에 참여할 수 있도록 유인하고 있으며, 가족 외 다른 집단에서 그들의 자아실현을 가능하게 한다.

이로 인하여 근로여성을 위한 근로조건의 개선, 여성의 능력개발 및 사회참여 확대를 위한 다양한 사회활동의 조직 및 운영, 건전가정 육성과 여성의 역할 증진을 위한 상담 및 지도사업 등이 필요하게 되었다(이근홍, 1993: 251).

2. 여성복지의 대상

현재 여성복지를 위해 실시되고 있는 사업들은 요보호여성 보호와 관련하여 가정폭력방지, 성폭력 예방 및 보호사업, 성매매 방지, 여성장애인 보호, 이주여성 지원, 한부모가족지원 등이 있다.

2.1 학대받는 여성(신체적·성적 학대)

학대받는 여성에 대한 문제가 본격적으로 부각된 것은 1983년 여성의 전화가 개설되어 매맞는 여성의 호소가 있기 시작한 후부터라고 볼 수 있다. 맥로이드스(MacLeods, 1987)에 의하면 아내학대란 "계속적이고 반복적인 신체적, 심리적·

성적·언어적 폭력의 직접적인 희생자인 여성이 경험하는 무기력감이나 덫에 걸린 느낌뿐만 아니라 존엄성, 통제력, 안정의 상실"을 말한다. 한국의 학대받는 여성들의 문제를 살펴보면 남편에 대한 두려움, 자녀를 버리고 나온 것에 대한 죄의식, 자녀양육과 관련된 불안과 부담, 이혼에 대한 불안, 남편을 만나는 것에 대한 두려움 등이라 할 수 있다(MacLeods, 남세진, 1997: 475에서 재인용). 무엇보다 학대받는 아내들의 문제는 자녀들에 대한 걱정과 미래에 대한 장기적인 대책이 없기 때문에 가출에 대해 후회하고 다시 귀가하게 될 가능성이 높다.

아내학대의 문제는 우선 학대받는 여성을 개인적인 결함이나 병리적인 특성을 가진 개인이 아니라, 신체적·정서적으로 상처를 입은 개인으로 보고 그들을 보호하기 위하여 1997년에 가정폭력방지 및 처벌에 관한 법률(현 가정폭력방지 및 피해자보호 등에 관한 법률)이 제정되었으며, 이 법에 의해 부족하지만 가정폭력을 당하면서도 참고 사는 여성과 자녀들이 보호받을 수 있게 되었다. 학대받는 여성의 문제는 여성의 개인적인 희생에도 불구하고, 결혼유지를 개입목표로 하는 접근방법보다는 현재의 상황에서 여성이 이혼을 결심했을 때 발생하는 수입의 감소, 이혼녀로서의 낙인, 편모로서의 생활, 보육서비스 등의 사회서비스의 부족이나 결여로 인한 불이익 등을 최소화시키는 방향으로의 사회복지정책적 접근이 필요하다.

2.2 한부모가정의 모(母)

보호대상이 되는 한부모가정은 배우자와의 사별·이혼·유기된 여성, 정신·신체 장애로 인해 노동능력을 상실한 배우자를 가진 여성, 교정시설·치료감호시설에 입소한 배우자 또는 병역복무 중인 배우자를 가진 사람, 미혼모 등이 가구주가 된 가구를 의미하며, 아동은 이러한 가정의 18세 미만(취학시 22세 미만)을 말한다.

2.3 성매매피해여성

윤락행위 또는 매매춘이라는 용어로 사용되던 것이 2004년 9월부터 성매매알선등행위의처벌에 관한 법률과 성매매방지 및 피해자보호등에 관한 법률의 시행으로 성매매란 용어로 바뀜에 따라 성매매를 하는 여성을 매춘여성으로 파악할 것이 아니라 보호받아야 하는 성매매피해자란 관점에서 접근하게 되었다. 또한 성매매를 강요하거나 알선하는 자와 더불어 이용하는 자도 처벌받도록 되었다. 동법에서는 '성매매란 불특정인을 상대로 금품이나 그 밖의 재산상의 이익을 수수(收受)하거나 수수하기로 약속하고 성행위 또는 유사 성행위를 하는 것'이라고 규정하고 있다. 일반적으로 여성이 매매춘에 들어가게 되는 경로는 경제적 빈곤이 가장 큰 이유이다. 매매춘여성이 매매춘에서 벗어나지 못하는 이유는 현실과 가부장적 체제의 순결, 정절 이데올로기 간의 모순적인 관계로 인한 자아정체감에서 초래하는 자포자기현상, 탈매춘을 원하지만 외부세계에 대한 두려움과 자신감의 결여, 탈매춘을 막는 업주 등을 들 수 있다. 또한 사회구조적인 원인으로 차별적인 노동시장에서의 여성들의 저임금, 고용의 불안정성, 취업기회의 차별 등이 구조적으로 취약한 여건, 퇴폐·향락적인 문화의 만연으로 인한 성의 상품화도 매춘을 조장한다고 할 수 있다(여성한국사회연구회, 1996: 315-316). 따라서 매매춘여성은 사회구조와 관련되어 있으므로 도덕적 일탈에 대한 사후구제적인 차원이 아닌 사회구조적인 차원에서 점진적인 예방책이 강구되어야 할 것이다.

2.4 미혼모

연도별 미혼모 양육 아동을 추정하면 2000년도에 795명인 것에 반에, 2008년 3,339명으로 상당히 증가하는 추세인 것으로 확인되었다. 미혼모가 되는 원인으로는 경제적 능력부족, 교육기회의 박탈, 성에 관한 지식부족 등 사회적 요인과 함께 개인의 낮은 교육수준, 자아정체감의 불안정, 결손가족, 낮은 가족소득, 폐쇄적인 부모의 성에 대한 태도 등을 들 수 있다. 미혼모 자신은 죄의식과 수치감, 사회의 냉대에 따른 소외감을 느끼며 결국 학업이나 직장을 포기하게 된다. 이와 같은 기존의 생활방식을 유지할 수 없게 되면 미혼모 자신은 신체적·정신적 불안상태에 빠지게 되며, 그 자녀들은 정상적이고 안정된 가정환경을 갖지 못한 상태에서 성장하게 됨에 따라 새로운 사회문제를 초래할 가능성을 갖게 된다.

2.5 여성노인

평균수명이 증가함에 따라 65세 이상의 노인인구비중은 1990년에 5.1%, 2000년에는 7.2%, 2013년에는 12.2%, 2050년에는 37.4%로 증가할 것으로 전망되어 노인문제에 대한 대책이 심각한 당면과제로 부각되고 있다. 2013년 65세 이상 고령자의 성비를 살펴보자면, 여자인구 100명당 남자인구 70.7로 여성의 비율이 상당히 높다. 남성보다 거의 5년 이상 홀로 노후를 보내야 하는 여성노인은 경제적·사회적 측면에서 더욱 불리함에도 불구하고 가정에게 노인부양의무를 전가하고 있으므로 여성노인문제의 심각성이 대두되고 있다. 현재 양로원과 요양원에서 보호를 받는 노인의 90%가 여성노인이다. 또한 여성노인이 남성노인보다 혼자 사는 비율이 2배 이상 높고 여성노인은 남성노인들이 겪는 빈곤, 건강, 소외, 역할상실의 문제들을 여성이기 때문에 더 심각하게 겪게 될 가능성이 높은 편이다. 여성노인의 빈곤문제는 남성노인과 같이 노년기의 수입상실에서 비롯되기보다는 생애를 통한 성차별적 대우의 누적적 결과로 온다는 점을 감안하여 미래여성노인을 위해서 생애주기를 구성하는 교육, 직업, 가족생활에서 성차별을 제거하고 남녀 동등한 기회와 자기개발 및 생활영위를 보장하는 복지정책수립이 필요하다. 여성노인의 건강문제는 노인의료에 대한 배려가 없는 현실에서 여성의 출산과 관련된 여성만의 질병에 대한 배려를 기대할 수 없는 형편이다. 노인의료에 대한 새로운 법의 제정과 노인복지법 개정을 통해 모든 여성노인에게 의료서비스를 제공해야 할 것이다. 홀로 된 고령여성노인은 생활에 있어 타인의존도가 높아질 것이므로 이에 대응하기 위해 개별서비스와 재가서비스의 확대가 이루어져야 한다(김미혜 외, 1997: 58).

2.6 여성장애인

여성장애인의 인구의 양적 증가에도 불구하고 장애로 인해 교육을 받지 못한 장애인은 취업의 기회도 갖지 못하며 취업된 상태라 하더라도 대부분의 여성장애인은 단순생산직에 머물고 있다. 여성장애인의 월 평균 임금은 78.5만원으로 남성장애인의 월 평균 임금 135.8만원에 비해 매우 낮은 수준이어서 여성장애인의 저소득 문제가 더 심각한 상황이다(한국장애인고용공단, 2011). 여성장애인은 경제적인 어려움을 겪거나 독립적인 생활을 할 수 없는 소외현상에 처해 있다. 또한 여성장애인들의 이러한 사회전반적인 소외현상의 가장 근본적인 원인은 특수학교학급의 부족으로 인한 교육기회의 결여, 장애로 인한 이동 및 교통시설이용불편, 특수교육에 대한 정보부재, 부모의 반대로 교육혜택을 받지 못함으로써 교육받을 기본권마저 무시되고 있다. 따라서 이러한 교육기회의 부족은 성장기 때 친구를 제대로 사궐 기회를 갖지 못하게 하여 원만한 대인관계경험의 미숙을 초래함으로써 성인이 되어도 이성교제나 직장생활에서 타인에 대한 두려움으로 발전하여 여성장애인 스스로 자신을 사회로부터 소외시키는 현상을 낳고 있으며 또한 이동권의 제약으로 당사자가 원해도 교육, 결혼, 취업 등에 제약이 많은 것으로 나타났다(김미연, 1995: 26-30 참조).

3. 여성복지정책의 목표

우리나라 여성복지정책에 기저가 되는 복지개념에는 개인의 복지는 개인이 책임지고 국가는 최소한의 개입만을 전제로 하고 있기 때문에, 모든 여성을 일차적 대상으로 하는 보편적 여성정책이 없었다(김미혜 외, 1997: 42). 여성분야는 20세기 초부터 참정권의 획득과 노동시장의 참여에 이르기까지 괄목할 만한 발전을 이루었지만, 아직까지 사회, 경제, 문화에 팽배되어 있는 가부장적 가치로 인해 남녀 간의 성차별적 역할분담이 가정 내에서뿐만 아니라 사회전반에 걸쳐 고착되어 있다.

우리나라 여성복지정책을 보면, 70년대까지 복지대상이 되는 여성의 상황은 바뀌었지만, 여전히 영세여성가구주, 미혼모, 윤락여성, 가출여성 등 요보호여성을 대상으로 복지서비스를 제공하는 부녀정책이 주를 이루고 있다. 1980년대 이후 일반여성의 복지에 대한 관심이 높아지면서 잔여적 복지개념의 부녀복지에서 일반여성을 위한 정책이 첨가되어 확대되었으나, 내용을 보면 대부분이 요보호여성을 위한 정책이다(박영숙, 1993: 17). 이는 부녀복지가 개념상 확대는 되었지만 여성과 남성간의 성차별적 역할분담을 해결하는 양성평등 개념으로까지 확대되지 않았음을 알 수 있다. 하지만 1990년대에 들어서 여성발전기본법(1995년)이 제정되어 여성복지발전을 위한 새로운 틀이 마련되었다.

4. 여성과 관련된 법

4.1 일반여성들을 대상으로 한 모성보호정책

(1) 모자보건법과 국민건강보험법

취업여부에 관계없이 해당 여성에게 임신, 출산, 초기양육과 관련된 의료혜택 및 급여 등을 제공하도록 되어 있다.

모자보건법에서는 임산부 및 영유아에 대한 보건관리와 지도, 교육 등을 하도록 규정하고 있다. 모자보건사업은 실제로 농어촌이나 저소득층에 중점을 두며 현재는 보건소에 등록한 임산부와 영유아를 주요 대상으로 하는데, 이는 의료혜택의 질을 떠나 이 사업의 수혜자의 범위 자체가 상당히 제한적임을 보여 준다.

국민건강보험법에서는 출산에 대한 급여를 지급하도록 하고 있다. 그동안 의료보험제도가 통합되지 않는 상태에서 보험료 부담과 급여지급에서 여러 가지 차이가 있었지만 제도의 통합으로 많은 문제점이 해결되었다. 건강보험법에서는 임신부의 본인부담금을 경감하고 태아와 산모의 건강을 위하여 임신과 출산에 관련된 진료비를 고운맘 카드를 통해 지원하고 있다.

(2) 근로기준법과 남녀고용평등과 일·가정 양립 지원에 관한 법률

근로기준법에서 일반 여성을 대상으로 하는 모성보호정책으로는 제65조(사용금지), 제70조(야간근로와 휴일근로의 제한), 제73조(생리휴가), 제74조(임산부의 보호), 제75조(육아시간)이 있다. 남녀고용평등과 일·가정 양립 지원에 관한 법률을 살펴보자면 제18조(출산전후휴가에 대한 지원), 제19조(육아휴직), 제20조(출산전후휴가에 대한 지원) 등이 있다.

4.2 여성근로자를 대상으로 한 보호법

근로기준법에서 여성근로자를 대상으로 하는 모성보호관련조항은 여성평등, 여성노동보호, 모성보호를 중심으로 되어 있다. 그리고 남녀고용평등과 일·가정 양립 지원에 관한 법률에서는 근로여성이 경제 및 사회발전에 기여하며 다음 세대의 출산과 양육에 중요한 역할을 하는 자이므로 모성을 보호받으면서 성별에 의한 차별 없이 그 능력을 직장생활에서 최대한 발휘할 수 있도록 하기 위해 근로자의 모집, 채용, 배치 및 승진, 정년, 퇴직, 해고에 있어서의 성차별금지규정을 두고 있고, 동일가치 노동, 동일임금원칙과 모성보호규정을 두고 있다.

영육아보육법에서는 종합적인 아동보육정책을 마련하기 위해 1991년에 제정되어 그 해 8월부터 시행되고 있다.

교육공무원법에서는 임신, 출산 휴직에 관한 규정(제44조, 제45조)에서 법적 근거를 찾을 수 있다. 이 규정은 여성 교육공무원이 임신 또는 출산하게 된 경우 휴직(자녀 1명에 대하여 3년 이내)을 부과하고 있다. 이 휴직은 통상 육아휴직으로 활용되고 있다. 2014년부터 아동이 8세가 될 때까지 여교사가 육아휴직은 연장할 수 있게 되었다.

5. 여성복지서비스의 현황과 지원방안

5.1 취약계층을 위한 여성복지정책

(1) 저소득층 모자가정의 지원

2012년 한부모 가정은 총 1,677,415가구이며 이 가운데 130,509가구가 한부모가족지원법에 의해 보호받고 있다(여성가족부, 2013).

정부는 2002년 모자복지법을 모·부자복지법으로 개정하고, 2007년 한부모가족지원법으로 법령을 변경하여 생활이 어려운 모자세대뿐만 아니라 부자세대, 조손가정에 대해서도 여러 가지 형태의 지원을 실시하고 있다. 먼저 시설보호를 제공하고 있고, 거처는 있으나 생활이 어려운 모자가정에게 재가보호를 실시하고 있다. 이 외에도 한부모가족지원법 제12조에 근거하여 저소득 한부모가족에게 아동양육비(만 12세 미만 아동, 월 7만원), 아동교육지원비(중학생 및 고등학생 자녀, 1인당 월 5만원), 생활보조금(한부모가족 복지시설에 입소한 가족, 가구당 월 5만원)을 지원한다. 또한 청소년 한부모가 스스로 자녀를 키울 수 있도록 지원하기 위해서 모 또는 부의 연령이 만 24세 이하이고 소득인정액이 최저생계비의 150% 이하인

청소년 한부모가족을 대상으로 아동양육비(아동 1인당 월 15만원, 기초수급자 제외), 검정고시 학습비(연 154만원 이내, 기초수급자 포함), 고교생 학비(정규 고교과정 이수시 입학금·수업료 실비 지원, 기초수급자 제외), 자립지원촉진수당(자립활동시 월 10만원)을 지원한다. 그리고 저소득 한부모가족에게 창업 및 사업운영 등에 필요한 자금을 장기저리로 대여를 제공한다.

2012년 한부모가정으로서 시설보호가 필요한 세대를 위하여 모부자가족복지시설(기본생활지원) 42개소, 모자가족복지시설(자립생활시설) 3개소, 일시지원복지시설 14개소, 미혼모자가족복지시설(기본생활지원) 33개소, 미혼모자가족복지시설(미혼모자 공동생활지원) 24개소, 미혼모자가족복지시설(미혼모공동생활지원) 1개소, 모부자가족복지시설(모부자 공동생활지원) 4개소가 설치·운영중이다.

또한 성폭력 방지 및 피해자보호 등에 관한 법률의 제·개정과 함께 제도적 측면에서의 정책적 노력이 있어 왔으며 2013년 현재 성폭력 피해자 보호시설은 전국에 걸쳐 22개소가 운영되고 있고, 성폭력피해상담소는 1997년에 14개소였으나 2013년 173개소로 늘어났다.

(2) 보육사업 지원

정부는 보호자가 주로 질병, 기타 사정으로 가정양육이 곤란한 아동의 건전육성과 여성의 경제, 사회활동지원을 위해 부족한 보육문제를 해결하고자, 1994년 10월 관계부처와의 협의로 1995-1997년까지 보육시설 확충 3개년 계획을 수립하여 추진해왔다. 보육사업은 보건복지부 사업에서 2004년 여성가족부로 이관되었다가 2008년 다시 보건복지부로 이관되었다. 보육정책은 양육비용을 지원함으로써 양육부담을 감소시키고 보육서비스의 질을 향상하고자 보육료 지원을 만 0-5세 아동 전 계층으로 확대하여 지원한다. 그리고 공공형 어린이집을 도입하여 공보육을 강화하고 보육지원의 질적 개선을 도모하였다. 또한 부모에게 보육료를 직접 지원하는 보육전자바우처 아이사랑카드가 도입되어 2009년부터 전국적으로 시행되었다. 2012년 보육료 지원사업 국고 예산현액은 2조 6,391억원으로 1,351,232명의 아동에게 보육료를 지원하였다. 연령별 보육료 지원을 살펴보자면 어린이집을 이용하는 영유아에 대해 만 0세 아동은 월 394천원, 만 1세 아동은 월 34만 7천원, 만 2세 아동은 월 28만 6천원, 만 3세-5세 아동(누리공통과정)은 월 22만원을 지원받는다. 어린이집을 이용하는 만 12세 이하의 장애아동에게는 소득·재산 수준과 무관하게 월 394천원을 지급한다. 보육시설을 이용하지 않는 아동을 대상으로는 0-11개월 월 20만원, 12-23개월 15만원, 24-35개월 10만원, 26개월 이상-취학 전 아동은 10만원을 제공한다.

정부는 보육사업의 내실화를 위하여 직장보육, 공공보육시설 중 종교, 학교부설보육, 방과 후 보육을 확대하고 있으며 보육 프로그램 및 교재교구의 개발과 보급을 위해서도 힘쓰고 있다. 또한 국공립 어린이집 확충 및 지원, 농어촌 소재 공공보육시설에 대한 보육교사 인건비 추가 지원을 하고 있으며, 현재 영아 및 장애아 전담보육시설의 지원을 보다 강화해 나가고 있다. 2013년부터 0-6세 영유아보육사업을 전액 정부지원으로 실시하고 있다.

(3) 요보호여성에 대한 보호

1961년 여성계의 강력한 요구와 시대적 요청으로 제정된 「윤락행위 등 방지법」은 1995년 32년만에 현실에 보다 근접하게 개정되었으나 다시 2003년 「성매매방지 및 피해자보호 등에 관한 법률」로 개정되었다. 그 동안 사용되었던 '윤락'이라는 용어는 성도덕적으로 타락한 여성을 의미하기 때문에 가치중립적 개념의 '성매매'로 용어가 변경되었다. 시설운영의 기피, 입소율 저조, 성매매여성과 가출여성의 구분수용, 실비 징수, 단속의 미흡 등의 제반요인으로 시설은 점차 공동화 현상을 나타내고 있으며, 비효율적인 시설운영을 보이고 있다. 또한 성매매여성을 하나의 직업으로 인정하여 줄 것을 요구하는 등 향락문화와 성개방 풍조에 따라 윤리의식이 희박하여 근접하기가 대단히 어려운 문제라 하겠다.

성매매 피해여성의 보호 및 자립·자활을 지원하여 성매매 재유입을 방지하고 사회복귀를 도모하기 위해 2012년 총 88개소의 지원시설이 운영되고 있다. 일반대상 25개소, 청소년 대상 14개소, 외국인 대상 1개소, 그룹홈 11개소, 자활지원센터 9개소, 상담소 26개소, 대안교육위탁기관 2개소가 설치·운영되고 있다. 부처간 유기적인 협조체제를 견지하는 한편 시설운영을 개방적으로 하고 있어 시설 입·퇴소, 외출·외박을 교육에 지장 없는 범위에서 자유롭게 하며, 인성변화 교육 강화로 선도의 효율성을 제고하고 예방사업에 각종 사회단체의 참여를 권장해 나가도록 할 계획이다.

또한 우리 사회에 최근 성폭력이 증가하여 사회문제로 대두되고 있는바, 이는 성개방 풍조와 향락문화의 유입으로 음란, 퇴폐문화가 만연하고 있음에도 적절한 대책이 어렵고, 입시위주의 교육 및 물질만능주의와 쾌락추구 등에 따른 자유의 남용에 대한 법적 제재가 미흡한 실정이다. 성폭력은 피해자에게 정신적·육체적 고통을 주고 있음에도 피해자는 수치심 등으로 신고를 기피하는 경우가 많다. 성폭력피해자를 위하여 2013년 성폭력 피해자 보호시설은 22개소 운영되고 있고 성폭력피해상담소는 2013년 173개소로 늘어났다. 또한 학대받는 여성보호를 위하여 231개소의 가정폭력상담소가 운영중이며, 가정폭력 피해자 보호시설은 66개소가 설치되어 있다.

5.2 여성복지의 지원방안

1989년 모자복지법이 제정되었고 2002년 모·부자복지법으로 개정되어 그 대상이 저소득모자가족뿐만 아니라 부자가족까지 확대되었고, 2007년 한부모가족지원법으로 법명이 변경되어 조손가정까지 지원이 확대되었다. 하지만 여성복지의 과제는 저소득층에 대한 물질적 지원에 그치지 않고 다양한 욕구에 대한 정책적 고려와 함께 일반 여성을 포함하는 장기적인 과제가 실현되어야 한다.

(1) 상담사업

저소득 한부모가정을 포함하여 미혼모·가출여성·성매매여성 등 요보호여성의 발생예방과 사후선도를 위한 상담사업을 전개하기 위하여 시·도 및 시·군·구에 상담소를 운영하고 있다. 그리고 가정폭력·성폭력·성매매 등으로 인해 긴급한 구조·보호 또는 상담이 필요한 여성들이 상담을 받을 수 있도록 특수전화「1366」을 365일 24시간 운영하고 있다. 16개 시·도에 1개소씩 설치되어 있으며 긴급상담, 긴급보호 조치, 유관기관과 연계 등의 위기개입 서비스를 제공한다.

(2) 시설보호

저소득 한부모가족을 대상으로 기본생계 보조와 자립기반 조성이 가능하도록 하고 있다. 한부모가족을 위한 시설은 모자가족복지시설 46개소, 부자가족복지시설 3개소, 미혼모자 가족 복지시설 59개소가 있다. 저소득 무주택모자가정은 모자가족복지시설에서 3-5년 동안 입소 가능하다. 또한 배우자의 학대로 아동의 양육과 모의 건강에 문제가 발생할 가능성이 있는 경우에 6개월-1년을 일시적으로 보호하는 일시보호시설을 13개소에 설치·운영하고 있다.

(3) 저소득 한부모가족 지원

생활안정과 자립을 촉진하기 위하여 아동양육비, 의료비, 주거지원 서비스, 아동교육지원비(학용품비), 생활보조금을 지원한다. 또한 저소득 한부모가족에게 창업 및 사업운영 등에 필요한 자금을 장기저리로 대여함으로써 생업기반을 조성하여 조기자립 및 생활안정 도모한다.

참 고 문 헌

권영자. 1993. "21세기 여성의 지위". 「21세기와 여성」. 한국여성개발원.

김명숙. 1997.2. "여성복지의 현황과 정책방향". 「보건복지포럼」. 한국보건사회연구원.

김미연. 1995. "실태조사를 통해 본 여성장애우의 차별양상". 「빗장을 여는 사람들」. 장애우권익문
    제연구소.

김미혜 외. 1997. 「양성평등이 보장되는 복지사회」. 서울: 미래인력연구센터.

김태현. 이성희. 1996. 「결혼과 사회」. 서울: 성신여자대학교 출판부.

김태홍. 2013. "성별 고용형태별 임금격차 현황과 요인 분해". 「여성연구」, 84(1):31~61.

남세진. 1997. "한국사회복지의 선택 —쟁점과 대안—". 서울: 나남출판사.

박경숙. 1993. "복지사회와 여성". 「21세기와 여성」. 한국여성개발원.

보건복지부. 2003. 「보건백지백서」.

보건복지부. 2012. 「보건백지백서」.

여성부 홈페이지. 2004. http://www.moga.go.kr

여성한국사회연구회 편. 1996. 「여성과 한국사회」. 서울: 사회문화연구소.

이근홍. 1993. 「한국사회보장제도의 재조명」. 중앙대학교 사회복지학과 편. 한국복지정책연구소
    출판부.

이혜경. 1996. "여성의 사회참여와 사회보장". 사회보장학회 추계학술대회발표집.

정무장관(제2실). 1997. 10. 「제1차 여성정책 기본계획안: 1998—2002」.

한국보건사회연구원. 1999. 「저소득 생활안정 및 DB 구축사업실무교재」.

한국장애인고용공단. 2011. 「장애인과 비장애인의 임금격차 분석」.

제 20 장

자 원 봉 사

1. 현대적 의미에서의 자원봉사활동의 개념과 특징

1.1 자원봉사활동의 개념

자원봉사활동은 인간의 역사와 함께 시작되었다고 해도 과언이 아닐 만큼 역사가 오래되었고 사회복지의 태동과 발전에도 많은 영향을 미쳤다. 전통적으로 이어져 온 자원봉사활동은 시민들 스스로가 자유로운 의사에 의해 자유롭게 시작한 활동이었고, 사회문제해결을 위한 하나의 산물이었기 때문에 당면한 사회문제나 지역의 특성, 시대적 상황에 따라 그 활동형태나 유형이 다양하였다. 따라서 자원봉사활동 개념 역시 국가나 사회, 학자에 따라 다소 상이하게 정의되고 있다.

미국의 사회사업사전에는 자원봉사자를 개인, 집단, 지역사회에서 발생하고 있는 여러 가지 사회문제의 영향을 예방하거나 혹은 개선하는 일에 종사하고 있는 공사의 여러 조직에 대하여 주어진 여러 가지 서비스를 하는 개인이라고 정의하고 있다. 더불어 개정판의 자원봉사관리에 대한 설명 부분에는 자원봉사란 욕구가 인식되어졌을 때 어떤 구체적인 이득을 생각하지 않고 사회적 책임이라는 태도로 행동을 선택하는 것이며, 이것은 시혜나, 무엇인가 기대하거나 어쩔 수 없이 행하는 것을 초월하는 의미라고 덧붙이고 있다(Dunn, 1995: 2483).

영국의 자원봉사센터는 자원봉사활동을 자신이나 직접적인 가족이 아닌 다른 사람을 위해 직접적인 보상 없이, 그리고 국가나 기관에 의해 요구되어지는 것이

아닌, 자유스런 선택에 의해 수행되는 활동이라고 정의하고 있어 무보수성과 자발성을 강조하고 있다(Sheard, 1995: 115). 이에 반해 일본 오오사카 자원봉사협회에서는 자진해서 사회문제의 해결을 위해 활동을 지원하는 사람이라고 광범위하게 규정하고 있으며 무급성보다는 자발성을 강조하고 있다(大阪ボランティア協會, 1993: 7). 또한 호주의 발독(Baldock, 1990: 4-5)에 따르면 민간기관, 공공기관, 사회행동, 사회복지문제에 관련된 자조집단 등에 무상으로 규칙적으로 자신의 시간, 에너지를 기여하는 사람으로 정의하고 있어 무급성의 강조와 함께 자원봉사활동의 영역을 민간기관뿐 아니라 공공기관, 사회행동, 자조집단까지 광범위하게 포함하고 있다.

이상과 같이 현대 자원봉사활동의 개념은 금전적인 보상문제, 활동영역, 자발성문제에 대해 다소 상이하게 정의되고 있지만 최근에는 전통적으로 자원봉사활동에서 강조해 온 무급성, 자발성, 사회복지영역 위주의 개념에서 벗어나 개인, 민간기관뿐 아니라 공공기관, 자조집단 등을 포함해 광범위한 영역까지 확대되고 있으며 필요한 경우 최소한의 경비를 지원받을 수도 있다는 인식이 늘어나고 있다.

1.2 자원봉사활동의 특징

자원봉사활동의 정신이나 본질을 보다 명확히 이해하기 위해서 다양하게 행해져오는 자원봉사활동에서 공통적인 특성을 도출해보는 것이 필요하다. 이러한 자원봉사활동의 특성에 관해서는 일본 오오사카 자원봉사협회(1993), 일스리(Ilsley, 1990: 7-12), 양창삼(1997: 19-28), 남미애(1997: 13-16)의 연구에서 언급되고 있는데, 이를 정리하면 다음과 같다.

(1) 이 타 성

자원봉사활동은 어떤 보상이나 대가를 얻고자 미리 계산된 것이 아니라 타인을 존중하고 이웃과 더불어 살아간다는 이타주의적 정신에서 비롯된다. 그러나 자원봉사활동을 행함에 있어 이타주의적 동기에서 시작되는 것이 바람직하다고 하더라도 절대적인 이타성을 바라는 것은 불가능하며 또한 활동 초창기에는 이타주의가 없이 시작했다고 하더라도 활동이 진행되면서 적절한 훈련과 교육을 통해 이웃을 사랑하는 마음과 타인에게 도움을 주려는 이타주의적 정신이 내재될 수 있도록 하여야 한다.

(2) 자 발 성

자발성이란 운명이나 다른 개인, 집단, 조직에 의해 강요받지 않고 스스로 선택하고 결정하는 것을 말하는 것으로 자원봉사활동이 금전적인 이득이나 대가없이도 오랫동안 다양한 형태로 지속될 수 있었던 것은 다름 아닌 그러한 활동이 타인의 강요나 억압에 의해 행해진 것이 아니라 타인을 돕고자 하는 자신의 자발적인 의지에서 비롯된 자유로운 활동이기 때문이다. 따라서 자원봉사활동을 활성화하기 위해 우선적으로 고려되어야 할 점은 자원봉사자의 자발적인 동기를 어떻게 조직화해서 자원봉사활동으로 연결해 나갈 것인가 하는 점이며 또한 법이나 제도적 장치가 이들의 자발성을 침해하지 않고 이들의 활동을 지원해 나갈 것이냐 하는 점이다.

(3) 무보수성

자원봉사활동은 금전적인 보수나 대가를 목적으로 해서는 안 된다. 그러나 최근에 와서는 자원봉사활동을 행함에 있어 약간의 경제적 보상을 받는다 하더라도 자원봉사활동 그 자체에 최우선적인 목표를 두고 있다. 그리고 이러한 경제적 보상이 자원봉사활동을 잘 유지되도록 하는 매개체에 불과하다면, 교통비나 식사비와 같은 최소한의 실비지원은 허용될 수 있다고 보고 있다.

(4) 자아실현성

자원봉사활동을 통해 자신이 이전까지 느끼지 못하였던 자신에 대한 가능성과 잠재능력을 발견하고 무엇인가를 해냈다는 만족감, 성취감을 갖게 될 뿐 아니라 새로운 사람들과의 관계형성을 통해 인격적 성장과 더불어 자신을 사회적 존재로 자각하는 경험을 갖게 된다. 물론 모든 자원봉사자가 이런 동기를 의식하고 활동을 시작하는 것은 아니며 또한 항상 이런 동기가 존재하는 것은 아니지만 이러한 자아실현성은 자원봉사활동의 지속성과 만족성에 영향을 미치는 중요한 요인이다.

(5) 조 직 성

현대사회의 복잡하고 다양한 사회문제에 대응하기 위해서는 자원봉사활동을 조직화, 체계화시켜 나가는 것이 필요하다. 즉 자원봉사활동에 대한 욕구를 파악하여 그들의 욕구에 맞는 자원봉사자를 모집하고 교육한 뒤 적합한 곳에 배치하고 자원봉사 전문관리자로 하여금 관리·감독하게 함으로써 자원봉사자가 최대한의 기능을 수행할 수 있도록 한다.

(6) 교 육 성

자원봉사활동은 몸소 참가해서 얻는 체험학습임과 동시에 복지교육이며 민주시민교육의 효과를 갖게 한다. 따라서 자원봉사활동이 타인에게 얼마나 도움이 되었는가도 중요하지만 봉사활동의 준비나 실천과정에서 얼마나 교육적 효과를 얻었는가도 더 없이 중요하다.

(7) 지 속 성

자원봉사활동은 일회성이나 일시적인 충동적 활동으로 끝나서는 안 된다. 비록 자원봉사활동이 자발적인 동기에 의해 시작된다고 하더라도 일방적으로 끝나서는 곤란하며 일정기간 동안 계속되어야 한다.

(8) 복 지 성

자원봉사활동은 개인의 자아실현뿐만 아니라 지역주민이나 욕구를 지닌 사람들의 복지향상과 관련되어야 한다. 자원봉사활동은 상부상조, 공동체의식에 바탕을 둔 쌍방의 경험이며 상호발전의 기회를 제공하며, 어려움에 처한 사람들이 인간의 존엄성을 유지하고 인간다운 생활을 보장받을 수 있도록 하는 데 이바지한다.

(9) 민 주 성

자원봉사활동은 자발적인 참여를 통한 활동이므로 민주주의 철학과 관련이 깊다. 자원봉사활동을 행함에 있어, 다양한 욕구를 가진 사람들과의 상호작용을 통해 서로의 의견을 절충하고 공동선을 지향할 수 있도록 함으로써 민주시민으로서의 자질을 배양하게 된다.

(10) 개 척 성

자원봉사활동은 시민들의 자발적인 활동이므로 개별성, 창조성, 실험적인 노력 등을 발휘해서 공적 사회복지사업의 한계를 보완한다. 뿐만 아니라 자원봉사활동은 지역에 사는 주민들의 활동이므로 지역사회의 문제를 발견하는 것이 용이하며, 이들의 욕구에 쉽고 빠르게 대응할 뿐 아니라 개별적으로 다루어져 왔던 문제들을 사회문제화하고 보다 적극적이고 다양한 대응방안들을 제시하는 등 개척적이고 사회개발적인 기능을 한다.

(11) 공 공 성

자원봉사활동은 특정 개인, 단체의 이익이나 정당, 종교 등을 초월하여 모든 사람들을 위해 행해지는 공공성에 바탕을 둔다. 따라서 자원봉사활동은 특정 개인이나 집단의 이익이 아닌 공익을 제일 목적으로 추구해야 하며 자기자신, 가족, 친족을 돕거나 영리를 목적으로 해서는 안 된다.

1.3 자원봉사활동 육성의 의의

자원봉사활동 육성이 갖는 의의를 국가사회적 측면, 활용기관 측면, 자원봉사자 측면, 사회복지적 측면으로 나누어 살펴보자. 먼저 국가사회적 측면에서 자원봉사활동은 복지사회의 실현을 위한 공·사 협력 관계를 구축하고 사회통합의 촉진에 이바지할 수 있다. 그리고 지역사회의 유휴자원(여성, 퇴직자, 노인)을 활용함으로써 인적자원을 효과적으로 이용할 수 있으며 재원의 효과적 사용도 꾀할 수 있다.

자원봉사자활용기관에서 보면 자원봉사활동은 업무의 질적 향상을 도모하고 새로운 서비스를 확대시킬 수 있고, 기관의 유급직원을 보완할 수 있으며, 특정 문제 또는 클라이언트에 집중적으로 헌신할 수 있으며, 운영비의 절약에도 기여할 수 있다.

또한 자원봉사활동은 자원봉사자에게 자신감, 긍정적인 자아상을 확립시켜 줄 수 있고 인간의 존엄성과 사회적 연대감, 공동체 의식을 고취시킨다. 또한 새로운 기술을 학습할 수 있게 하고 자원봉사자가 기존에 지니고 있던 기술을 더욱 발전시킬 수 있는 기회를 제공한다.

사회복지적 측면에서 자원봉사활동은 사회복지제도의 재정과 인력 부족에 따른 복지제도의 불완전성을 보완·강화한다. 또한 제도적 시책으로서는 이룰 수 없는 것, 해서는 안 되는 것 등에 개입함으로써 공·사 협력관계를 구축하게 하며 복지교육을 통한 사회복지의 저변확대에 기여한다.

1.4 사회복지와 자원봉사활동의 관계

사회복지의 전개과정을 살펴볼 때, 사회복지의 주체가 정부가 되어야 하는지 민간이 되어야 하는지에 관한 논쟁은 끊임없이 계속되어 왔다. 복지국가 이전 시대의 사회복지기능은 민간이 주체가 되었고 국가는 최소한의 개입만을 행하였다. 그러나 복지국가 이후부터는 복지를 추구하기 위한 국가의 책임과 개입을 강조하고 국민의 생활을 국가가 제도적으로 보장해야 한다는 주장이 제기되었다. 그러나 고도산업사회의 도래와 더불어 인구의 고령화, 장애인의 증가, 각종 대인서비스증가 등의 문제는 일부 특정계층만의 문제가 아니라 모든 국민의 삶에 대한 문제이므로 현대사회의 복잡하고 다양한 문제들을 정부의 노력만으로 해결하는 데는 많은 한계가 노출되었다(柴田善守, 1980: 37-73). 이러한 한계는 복지국가 이후 국가책임의 확대로 민간부분에 대한 재정적 지원이 늘면서 민간의 정부재정에의 의존경향과 더불어 1990년 작은 정부지향으로 인한 정부조직의 변화 등으로 인해 두 영역간의 상호침투를 가지고 와서 공·사간의 구분이 어렵게 되었기 때문이다(Billis, 1993: 1-10). 이에 사회복지의 세계적 추세는 공적사회복지와 민간사회복지가 서로 상호보완 내지 병존의 관계로 나아갈 전망이며 따라서 공·사간의 협력적 단계가 더욱 중요하게 대두될 것으로 보여진다.

그러나 가장 바람직한 사회복지형태는 어떠한 형태로든지 정부의 정책에 의해 제도적으로 보장되고, 국가가 모든 책임을 지는 것이어야 한다고 생각한다. 그럼에도 불구하고 보다 현실적인 대안을 찾기 위해서 국가는 사회복지의 주체가 정부임을 명확히 하고 보다 적극적으로 사회복지를 정책 속에서 실행해 나가야 할 것이며 이와 더불어 전통과 시설, 기술을 보유하고 있는 민간사회복지가 공적사회복지의 한계를 보완해 가는 것이 타당하다고 생각한다.

자원봉사활동은 민간사회복지의 발달과 함께 하면서 민간사회복지를 이루는 중요한 부분으로 자리잡아 왔다. 시민들의 자연스런 활동으로 시작된 민간사회복지는 복지국가에 들어서면서 국가기능의 강화로 그 기능이 약화된 것이 아니라 오히려 적극적이고 활발한 활동을 전개해 왔으며 또한 그 역할이 더욱 강조되어 왔다.

특히 자원봉사활동은 민간사회복지에 있어 중요한 역할을 차지하고 있음을 알 수 있다. 공적사회복지에서 자원봉사활동의 활용이 크게 대두되고 있는데, 이는 크게 두 가지 이유에 의해 부각되었다고 볼 수 있다. 첫째, 획일성, 공평성, 무사안일주의 등의 문제를 가진 공적복지의 한계를 자원봉사활동이 갖는 창조성, 개별성으로 보완·보충함으로써 사회복지서비스의 질을 높일 수 있다. 둘째, 공적 사회복지에서 자원봉사활동의 도입은 정부의 재정압박과 관련되는데 특히 1980년대 이후 시민들의 다양한 복지요구증가와 지출비용의 증가로 인해 생긴 재정적자 및 예산삭감에 대한 대안책으로 공공 서비스전달에 자원봉사자를 활용하기 시작하였다.

이상과 같은 이유로 인해 최근 들어 공적사회복지뿐 아니라 공공부문에서도 자원봉사활동은 급격히 증가하고 있고 기관에서는 자원봉사자의 활용에 적극적인 태도를 보이고 있다. 그러나 한편 공적사회복지에 있어 자원봉사자의 참여에 대한 우려의 소리도 높다. 이는 마치 자원봉사활동이 만병통치약이라도 되는듯 자원봉사자에게만 의존해 공적책임을 전가하거나 회피하지 않을까 하는 점과 자원봉사자의 민간성이 자유롭게 발휘되지 않을 우려가 있다는 점 때문이다.

이상에서 본 바와 같이 자원봉사활동은 민간사회복지에서는 물론 공적 사회복지에서도 중요한 역할로 자리잡고 있음을 알 수 있다. 따라서 민간사회복지에서와 마찬가지로 공적사회복지부문에 있어서도 자원봉사활용을 적극 개발, 활용하는 것이 필요하겠다. 단, 공적사회복지부문에서 자원봉사자 활용시 법에 정해져 있는 일정 수준에 대해서는 확고한 책임을 지고 결코 자원봉사자에게 책임을 전가해서는 안 되며 공적사회복지 부문만으로는 목적을 충분히 달성할 수 없고 또한 효과를 기대할 수 없을 경우에만 자원봉사활동을 공적사회복지의 보완책으로 활용해야 할 것이다. 그러나 자원봉사활동은 자발적인 시민들로부터 행해지는 행위이므로 제도나 행정의 구속을 받지 않도록 자발성을 최대로 보장할 수 있어야 하겠다.

2. 우리나라 자원봉사활동의 역사

우리나라 자원봉사활동은 삼한시대에 상부상조를 목적으로 조직된 계, 신라시대에 두레라는 주민협동체를 통하여 취미나 행사를 공동으로 행한 지역사회활동, 그리고 고려 말에 지역주민의 교화, 복지증진, 질서유지를 목적으로 한 향약 등에서 찾아볼 수 있다. 그러나 이러한 전통은 자원봉사정신에 입각한 것이라기보다는 서로 품을 팔아 상호부조하는 경제적 보상의 측면을 강하게 지니고 있다는 점에서 본래 의미의 자원봉사라고는 볼 수 없다.

현대적 의미의 자원봉사활동이 실시되기 시작한 것은 1903년 YMCA창립을 시작으로 해서 1921년 태화기독교사회관에서 여성계몽과 어린이 건강을 위한 봉사 활동이 전개되면서부터이다. 그러나 이 시기에는 기독교의 전파에 따라 기독교사상, 민주주의 철학 등이 유입되면서 교회 및 관련단체의 자선적·박애적 성격을 띠는 초보적 형태의 자원봉사활동이 시작되었다고 하겠다.

일제시대의 자원봉사활동은 크게 두 가지 성격으로 구분할 수 있는데 하나는 조선총독부에서 설립한 인보관을 중심으로 행해진 관 주도의 교화사업 형태이고, 다른 하나는 일제 식민지시대의 구국운동으로 시작한 학생운동의 형태이다. 특히 후자의 경우 해방 이후에는 그 성격이 사회개량적 성격으로 전환되어 문맹퇴치를 위한 야학, 농촌봉사활동, 질병구제 등의 사회봉사활동으로 전개되었다.

1960년대 들어와서는 종전까지 산발적으로 전개되었던 자원봉사활동이 인도주의와 자원봉사를 기본정신으로 하는 적십자운동을 중심으로 보다 조직적으로 활성화되었다. 1971년부터 전개된 새마을운동은 자원봉사정신의 확산 및 고취에 커다란 영향을 미쳤으며, 1978년부터 한국사회복지협의회가 자원봉사자 교육훈련을 실시하고 자원봉사자를 사회복지분야에 배치하기 시작하면서(김기선, 1992: 44), 자원봉사활동이 각종 사회복지단체를 중심으로 전개되었다. 그러나 이 시기는 일본의 식민 통치, 한국전쟁 등의 요인으로 인해 사회복지 측면의 자원봉사활동은 거의 부재했다고 해도 과언이 아니다.

자원봉사활동에 대한 관심이 본격적으로 높아지기 시작한 것은 1980년대에 들어와서부터이며, 이것은 경제수준의 향상, 국민의식의 증대, 가족구조의 변화 등 사회·경제적 변화가 크게 작용하였기 때문인데, 1984년 한국여성개발원에 의하여 자원봉사인력은행이 설치되고, 특히 '86아시안게임과 '88올림픽에 있어서 거국적인 자원봉사자활용은 전국적으로 자원봉사를 인식시키고 확산시키는 데 크게 기여하였다. 이러한 사회적 경향은 한국자원봉사능력개발연구회, 생명의 전화, 사랑의 전화, 각종 사회복지단체, 시설 등에서 자원봉사자교육을 받고 자원봉사활동을 하는 자원봉사자의 수를 증가시켰다(이연호, 1993: 64). 그리고 1991년 2월에는 한국자원봉사연합회가 부산에서 창립총회를 가짐으로써 전국 최초의 전문적인 민간자원봉사단체가 설립되었다.

또한 각계 자원봉사단체의 공조활동을 도모하기 위해 1994년에 한국자원봉사단체협의회가 조직되어 1997년에는 아시아태평양지역 국제자원봉사 행사를 마쳤으며 1995년에는 학계, 정부, 기업, 사회복지관 등 각계 자원봉사 전문가들이 모여 「한국자원봉사포럼」을 구성, 자원봉사 관련 현안에 대한 논의를 통해 정책대안을 제시해 왔고, 각계의 공조노력을 이끄는 데 기여하고 있다(주성수·이용교, 1997: 27).

1994년 중앙일보사에 의한 자원봉사캠페인은 자원봉사활동에 있어 대중매체의 적극적 참여로 자원봉사활동의 저변 확대에 크게 공헌하였다. 뿐만 아니라 초·중·고교의 교육개혁과정에서 청소년자원봉사활동의 필요성이 대두되었으며 또한 대학에서도 자원봉사에 대해 깊은 관심을 갖게 되어 강남대학교가 최초로 1979년 2학기부터 사회사업학과 내에 전공선택과목으로 자원봉사를 채택한 것을 시작으로 1995년부터는 보다 많은 대학이 교양과목 형식으로 개설하여 강의하기 시작하였다.

자원봉사활동의 필요성에 대한 공감대가 확대되면서 대기업들에 있어서도 신입사원 채용과 직원연수의 경우에 자원봉사실적을 반영하고 있으며, 실제로 삼성그룹의 사회봉사단, 제일은행의 자원봉사대 등이 창설되었다.

최근 자원봉사활동에 대한 국민적 관심이 커지고 정부도 자원봉사활동의 중요성을 인식하면서 정부는 자원봉사활동을 통합관리하는 행정체계 구축이 필요하다고 판단하여 1995년부터 내무부 사회진흥과에서 자원봉사활동 관련 업무를 총괄 관리하도록 하였으며 1996년부터 20억원을 지원하여 2013년 전국 16개 시·도에 248개소의 자원봉사센터를 설립하여 현재 운영중이다.

3. 자원봉사활동의 구성체계

자원봉사활동은 자원봉사수요기관, 자원봉사공급기관, 자원봉사조정기관 그리고 이들을 둘러싼 외부환경과의 상호작용 속에서 이루어진다. 이를 다시 체계별로 분류해 보면 추진체계, 관리체계, 지원체계로 구분해 볼 수 있는데 이들을 구체적으로 살펴본다.

3.1 추진체계

추진체계는 자원봉사활동을 육성, 추진해 가는 것을 주목적으로 하는 기관이나 단체들로 구성된다. 자원봉사활동은 자원봉사자와 자원봉사수요자 쌍방의 욕구의 만남에서 시작되는 것으로 현재와 같이 복잡한 사회에서 적합한 만남이란 쉽게 행해지는 것이 아니다. 따라서 타인을 위해, 지역사회를 위해 시간과 재능(기술)을 제공하고자 하는 측과 자원봉사활동이 행해지기를 바라는 측을 연결할 뿐 아니라 경우에 따라 조정하기도 하고, 지역주민들이 자원봉사활동의 올바른 정신을 이해하고 자원봉사활동에 참여할 수 있도록 조직적이고, 체계적이며, 일관성 있게 주도해나갈 수 있는 추진체계가 확립되어야 한다.

이러한 추진체계의 확립은 자원봉사의 자발성을 최대한 살려 자원봉사활동에의 접근이 용이하도록 네트워크를 구축하고 자원봉사활동을 조직화함으로써 효율적이고 효과적인 서비스가 행해지도록 한다. 따라서 이들 추진체계에 속하는 기관이나 단체들은 지역사회에서의 욕구에 대응해 자원봉사프로그램을 개발하고 자원봉사자를 모집하여 연결해 주는 역할에서부터 교육 및 훈련의 기능, 정보교환의 기능, 각 자원봉사기관과의 유기적인 관계유지 및 조정기능을 행한다. 한 마디로 자원봉사활동의 구심점으로서 자원봉사활동의 조직화를 행한다.

그러나 이들 기관이나 단체가 상술한 이러한 모든 기능을 행하는 것은 아니며 경우에 따라서는 몇 가지의 기능만 한정해서 행하기도 한다. 주로 이들 기관이나 단체들은 자원봉사공급자의 역할을 행하지만 수요자의 역할을 겸하는 곳도 있다. 또한 이들 기관은 민간에 의해 자발적으로 만들어지는 경우와 정부 혹은 지방자치단체에 의해 설치·운영되는 경우가 있다. 이상과 같은 추진체계에는 각종 자원봉사센터, 자원봉사단체협의회, 자원봉사자활동기관 등이 포함된다.

3.2 관리체계

자원봉사활동은 금전적 보상보다는 심리적 동기요소에 의해서 활동이 행해지기 때문에 자원봉사자에 대한 관리문제는 활동의 지속성은 물론 서비스의 만족도에도 큰 영향을 미친다. 자원봉사활동 관리체계란 자원봉사자를 효과적으로 활용하기 위해 시설이나 기관이 행하는 활동 중 모집, 홍보, 교육, 배치, 평가, 인정과 승인 등의 관리과정과 이런 과정을 다루는 인력 등을 모두 포함하는 의미이다. 이러한 자원봉사 관리체계의 주요 구성요소는 크게 두 가지로 나눌 수 있는데, 하나는 자원봉사관리자이고 다른 하나는 자원봉사관리과정이다.

먼저 자원봉사자를 관리하는 인력을 자원봉사관리자라고 할 때 자원봉사관리자

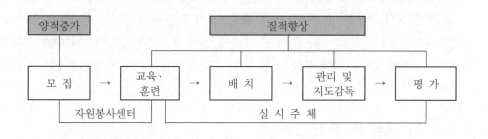

▌그림 20-1 ▌ 자원봉사의 관리체계모형

는 전문성의 정도에 따라 전문가, 준전문가, 리더로 세분화할 수 있다. 자원봉사 전문가는 자원봉사활동 전반에 대한 전문적인 교육과 훈련을 받고, 기관이나 시설에서 자원봉사자 관리 및 조정에 대한 일을 주된 업무로 하는 유급직원이다. 선진국의 경우 이미 오래 전부터 이들을 자원봉사슈퍼바이저, 자원봉사조정자, 자원봉사감독자(director) 등으로 세분화해서 부르고 있으며 이들의 역할은 기관이나 시설에 따라 조금씩 상이하다.

자원봉사 준전문가는 자원봉사자 관리를 부차적인 업무로 행하는 사람들로서 사회복지사, 목사, 교사 등이 여기에 속한다. 이들은 자원봉사자 관리가 1차적 목표가 아니며 자원봉사전문가에 비해 전문성이 낮을 뿐 아니라 자신들의 고유의 업무를 담당하면서 자원봉사자 관리도 겸하고 있다.

자원봉사리더는 자원봉사자들 중에서 자원봉사자에 의해 선출되는 사람으로 여기에 속하는 대표적인 것이 자원봉사조언자이다. 자원봉사조언자란 자원봉사자로서 활동에 참가하면서 리더적인 역할을 담당하고 활동의 의욕을 가진 사람들의 근처에서 상담에 응하는 이를 말한다.

그 다음으로 자원봉사활동의 관리과정이 과학적이고 전문적이어야 한다. 일반적으로 자원봉사자의 관리는 모집, 교육 및 훈련, 배치, 관리 및 지도감독, 평가 등의 일련의 과정으로 구성된다(류기형·김기태·박병현·박경일·이경희, 1998: 116-123).

(1) 모집단계

자원봉사자의 모집에 성공하기 위해서는 현재 이 활동에 참여하고 있지 않는 잠재적 자원봉사자들을 이 활동의 장으로 끌어내는 것이 중요하다. 특히 당사자는 물론 자원봉사자 이용기관에서도 활동 가능한 자원이라고 인식하지 않고 있는 집단을 이 활동의 장으로 유도하는 것은 자원봉사자의 양적 증가에 있어서 중요한 관건이 된다. 따라서 잠재적 자원봉사자 모집에 있어서는 먼저 접근하고자 하는 표적집단을 설정하고, 그 집단이 갖는 개별적인 참여동기에 기인한 모집전략을 세워야 한다.

(2) 교육 및 훈련단계

자원봉사자 초기교육이나 재교육 등 전반적이고 포괄적인 교육은 자원봉사센터를 중심으로 해서 계획해야 하며, 구체적인 업무나 봉사할 조직과 관련한 사항에 대한 영역별 교육 및 훈련들은 실제 자원봉사자를 활용하고 있는 여러 조직 및 단체들이 개별적으로 실시할 필요가 있다.

(3) 배치단계

레윈(Lewin)에 의하면 자원봉사자의 태도는 자원봉사자 자기 자신의 내부에서 나오는 힘과 지리적·시간적·경제적 조건 등 자원봉사자 자신이 처한 개인 환경의 특성에서 나오는 힘, 그리고 자원봉사자가 속한 집단에서 다른 구성원과의 관계에서 생기는, 즉 자신의 외부에서 나오는 힘의 상호작용에 달려 있다고 한다(Lewin, 1947: 5-41). 그러므로 자원봉사자에게는 그의 자원봉사활동에서의 기대와 목표, 참여동기 및 그들의 여건과 능력 등에 적합한 봉사업무가 부여되고 배치되어야 할 것이다.

(4) 관리 및 지도감독단계

적절하고 효율적인 관리 및 지도감독은 자원봉사활동의 지속성을 유지하는 데 중요한 관건이 된다. 이러한 과정들은 관리의 주체와 지도감독 방법, 갈등관리, 적절한 프로그램의 개발과 유지, 인정과 보상 등의 효율적인 유지에 의해 성패가 좌우된다.

(5) 평가단계

자원봉사자 개인이 수행한 업무에 대한 평가는 자원봉사자들에게 그들이 수행한 업무활동과 자원봉사 프로그램, 그리고 그가 소속된 조직에 관한 재검토의 기회를 제공한다. 잉글리쉬(English)는 업무수행의 평가는 미리 결정되고 정확히 전달된 업무평가 기준에 기초를 두어야 한다는 것을 강조하고 있다(English, 1991: 56-60).

3.3 지원체계

자원봉사활동이 발전해 나가기 위해서는 자원봉사자나 단체, 자원봉사수요기관, 자원봉사센터에 대한 사회적 지원과 이들의 상호작용이 활발히 행해질 수 있는 지지적인 환경정비가 필요하다.

지원체계란 자원봉사활동을 둘러싼 외부환경으로 물질적·재정적·인적 지원을 행하는 기관이나 단체들을 뜻하는 것으로서 지원주체에 따라 공적지원체계와 민간지원체계로 나누어 볼 수 있는데 전자의 경우 여성개발원, 사회복지협의회들이 있고, 후자의 경우는 한국자원봉사협의회 등을 들 수 있다. 여기서 지원이라는 것은 자원봉사활동의 홍보, 모집, 교육, 훈련, 배치, 프로그램 개발 등의 관리과정에 대한 지원뿐만 아니라 자원봉사활동에 필요한 기금조성 및 할당까지도 포함하는 것으로서 크게 재정적 지원, 물질적 지원, 인적 지원 등으로 세분화해 볼 수 있으며, 이런 지원을 행할 수 있는 것은 국가 및 지방정부, 기업, 학교, 사회복지협의회, 공동모금, 기타 자원봉사관련 단체 등이 있다.

참 고 문 헌 ●

김기선. 1992. "자원봉사의 이론과 실제". 「자원봉사자교육교재」. 서울: 한국사회복지협의회.

남미애. 1997. "우리나라 자원봉사활동 체계모형개발에 관한 연구". 부산대학교 행정학박사학위논문.

류기형·김기태·박병현·박경일·이경희. 1998. "재가복지서비스를 위한 인적자원개발 및 관리체계 모형에 관한 연구 — 부산지역을 중심으로". 「한국사회복지학」 36: 101-128.

양창삼. 1997. "사회봉사의 철학과 기능". 한양대학교 사회봉사단. 「대학의 사회봉사」. 서울: 한양대출판원.

이연호. 1993. "민간사회복지활동의 활성화방안연구". 「사회복지연구논문집」. 제16집. 서울: 국립사회복지연수원.

주성수·이용교. 1997. 「백과총론 : 자원봉사프로그램백과 1」. 서울: 한국사회복지협의회.

大阪ボランティア協会(1993). 「ボランティア」. 京都 : ミネルヴァ書房.

柴田善守. 1980. 「社会福祉の歴史とボランティア活動」. 大阪 : 大阪ボランティア協会.

Billis, David. 1993. Sliding Into Change: *The Future of the Voluntary Sector in the Mixed Organization of Welfare*. London: NCVO.

Baldock, Cora Vellekoop. 1990. *Volunteers in Welfare*. Sydney: Allen and Unwin.

Dunn, Patricia C. 1995. "Volunteer Management." *National Association of Social Workers. Encyclopedia of Social Work*. Washington, D. C.: NASW Press.

English, G. 1991. "Turning Up for Performance Management." *Training and Development Journal* 45(4): 56-60.

IIsley, Paul J. 1990. *Enhancing the Volunteer Experience*. San Francisco: Jossey-Bass Publishers.

Lewin, K. 1947. "Frontiers in Group Dynamics: Concept, Method, Reality in Social Equilibira and Social Change." *Human Relation* 1: 5-41.

Sheard, Jos. 1995. "From Lady Bountiful to Active Citizen." Davis Smith, Colin Rochester & Rodney Hedley. *An Introduction To The Voluntary Sector*. London: Routledge.

Wilson, Marlene. 1976. *The Effective Management of Volunteer Programs*. Colorado: Volunteer Management Associates.

사회복지사업법 시행령

[별표 1]

사회복지사의 등급별 자격기준(제2조 제1항 관련)

1. 일반기준

다음 각목의 1에 해당하는 자는 사회복지사가 될 수 없다.

가. 금치산자 또는 한정치산자

나. 파산자로서 복권되지 아니한 자

다. 금고 이상의 형의 선고를 받고 그 집행이 종료되지 아니하였거나 집행을 받지 아니하기로 확정되지 아니한 자

라. 법률 또는 법원의 판결에 의하여 자격이 상실 또는 정지된 자

2. 등급별 자격기준

* 사회복지사 1급

<법 제11조 제3항의 규정에 의한 국가시험에 합격한 자>

* 사회복지사 2급

가. 고등교육법에 의한 대학원에서 사회복지학 또는 사회사업학을 전공하고 석사학위 또는 박사학위를 취득한 자. 다만, 대학에서 사회복지학 또는 사회

사업학을 전공하지 아니하고 동 석사학위를 취득한 자는 보건복지부령이 정하는 사회복지학 전공교과목과 사회복지관련 교과목 중 필수과목 6과목 이상(대학에서 이수한 교과목을 포함하되, 대학원에서 4과목 이상을 이수하여야 한다), 선택과목 2과목 이상을 각각 이수한 경우에 한하여 사회복지사 자격을 인정한다.

나. 고등교육법에 의한 대학에서 보건복지부령이 정하는 사회복지학 전공교과목과 사회복지관련 교과목을 이수하고 학사학위를 취득한 자

다. 고등교육법에 의한 대학과 동등 이상의 학력이 있다고 교육부장관이 인정하는 학교에서 보건복지부령이 정하는 사회복지학 전공교과목과 사회복지관련 교과목을 이수하고 졸업한 자

라. 고등교육법에 의한 전문대학에서 보건복지부령이 정하는 사회복지학 전공교과목과 사회복지관련 교과목을 이수하고 졸업한 자

마. 고등교육법에 의한 대학을 졸업하거나 이와 동등 이상의 학력이 있는 자로서 보건복지부장관이 지정하는 교육훈련기관에서 12주 이상 사회복지사업에 관한 교육훈련을 이수한 자

바. 사회복지사 3급자격증 소지자로서 3년 이상 사회복지사업의 실무경험이 있는 자

* 사회복지사 3급

가. 고등교육법에 의한 전문대학을 졸업한 자로서 보건복지부장관이 지정하는 교육훈련기관에서 12주 이상 사회복지사업에 관한 교육훈련을 이수한 자

나. 고등학교를 졸업하거나 이와 동등 이상의 학력이 있는 자로서 보건복지부장관이 지정하는 교육훈련기관에서 24주 이상 사회복지사업에 관한 교육훈련을 이수한 자

다. 7년 이상 사회복지사업의 실무경험이 있는 자로서 보건복지부장관이 지정하는 교육훈련기관에서 24주 이상 사회복지사업에 관한 교육훈련을 이수한 자

라. 법 제2조 제1항의 규정에 의한 업무에 8급 또는 8급상당 이상으로 3년 이상 종사한 공무원으로서 보건복지부장관이 지정하는 교육훈련기관에서 4주 이상 사회복지사업에 관한 교육훈련을 이수한 자

※ 비고 : 외국의 대학 또는 대학원에서 사회복지학 또는 사회사업학을 전공하고 학사학위 이상의 학위를 취득한 자로서 등급별 자격기준과 동등한 학력이 있다고 보건복지부장관이 인정하는 경우에는 당해 등급의 사회복지사 자격증을 교부할 수 있다.

[별표 1의2]

사회복지사의 등급별 자격기준(부칙 제2조 제1항 관련)

1. 일반기준

다음 각목의 1에 해당하는 자는 사회복지사가 될 수 없다.

가. 금치산자 또는 한정치산자

나. 파산자로서 복권되지 아니한 자

다. 금고 이상의 형의 선고를 받고 그 집행이 종료되지 아니하였거나 집행을 받지 아니하기로 확정되지 아니한 자

라. 법률 또는 법원의 판결에 의하여 자격이 상실 또는 정지된 자

2. 등급별 자격기준

* 사회복지사 1급

가. 고등교육법에 의한 대학원에서 사회복지학 또는 사회사업학을 전공하고 석사학위 또는 박사학위를 취득한 자. 다만, 대학에서 사회복지학 또는 사회사업학을 전공하지 아니하고 동 석사학위를 취득한 자는 보건복지부령이 정하는 사회복지학 전공교과목 사회복지관련 교과목 중 필수과목 6과목이상(대학에서 이수한 교과목을 포함하되, 대학원에서 4과목이상을 이수하여야 한다), 선택과목 2과목이상을 각각 이수한 경우에 한하여 사회복지사 자격을 인정한다.

나. 고등교육법에 의한 대학에서 보건복지부령이 정하는 사회복지학 전공교과목과 사회복지관련 교과목을 이수하고 학사학위를 취득한 자

다. 고등교육법에 의한 대학과 동등이상의 학력이 있다고 교육부장관이 인정하는 학교에서 보건복지부령이 정하는 사회복지학 전공교과목과 사회복지 관

련 교과목을 이수하고 졸업한 자
라. 사회복지사 2급자격증 소지자로서 3년 이상 사회복지사업의 실무경험이 있는 자

* **사회복지사 2급**

가. 고등교육법에 의한 전문대학에서 보건복지부령이 정하는 사회복지학 전공 교과목과 사회복지관련 교과목을 이수하고 졸업한 자
나. 고등교육법에 의한 대학을 졸업하거나 이와 동등이상의 학력이 있는 자로서 보건복지부장관이 지정하는 교육훈련기관에서 12주 이상 사회복지사업에 관한 교육훈련을 이수한 자
다. 사회복지사 3급자격증 소지자로서 3년 이상 사회복지사업의 실무경험이 있는 자

* **사회복지사 3급**

가. 고등교육법에 의한 전문대학을 졸업한 자로서 보건복지부장관이 지정하는 교육훈련기관에서 12주이상 사회복지사업에 관한 교육훈련을 이수한 자
나. 고등학교를 졸업하거나 이와 동등이상의 학력이 있는 자로서 보건복지부장관이 지정하는 교육훈련기관에서 24주이상 사회복지사업에 관한 교육훈련을 이수한 자
다. 7년 이상 사회복지사업의 실무경험이 있는 자로서 보건복지부장관이 지정하는 교육훈련기관에서 24주 이상 사회복지사업에 관한 교육훈련을 이수한 자
라. 법 제2조 제1항의 규정에 의한 업무에 8급 또는 8급 상당 이상으로 3년 이상 종사한 공무원으로서 보건복지부장관이 지정하는 교육훈련기관에서 4주 이상 사회복지사업에 관한 교육훈련을 이수한 자

※ 비고 : 외국의 대학 또는 대학원에서 사회복지학 또는 사회사업학을 전공하고 학사학위 이상의 학위를 취득한 자로서 등급별 자격기준과 동등한 학력이 있다고 보건복지부장관이 인정하는 경우에는 당해 등급의 사회복지사 자격증을 교부할 수 있다.

[별표 2] ≪시행일 2005·1·1≫

사회복지사국가시험과목(제3조 제3항 관련)

사회복지기초 : 인간행동과 사회환경, 사회복지조사론

사회복지실천론 : 사회복지실천론, 사회복지실천기술론, 지역복지론

사회복지정책 및 제도 : 사회복지정책론, 사회복지행정론, 사회복지법제

[별표 3] ≪시행일 2003·1·1≫

사회복지사 1급국가시험 응시자격(제4조 관련)

1. 고등교육법에 의한 대학원에서 사회복지학 또는 사회사업학을 전공하고 석사학위 또는 박사학위를 취득한 자. 다만, 대학에서 사회복지학 또는 사회사업학을 전공하지 아니하고 동 석사학위를 취득한 자는 보건복지부령이 정하는 사회복지학 전공교과목과 사회복지관련 교과목중 필수과목 6과목이상(대학에서 이수한 교과목을 포함하되, 대학원에서 4과목이상을 이수하여야 한다), 선택과목 2과목이상을 각각 이수하여야 한다.

2. 고등교육법에 의한 대학에서 보건복지부령이 정하는 사회복지학 전공교과목과 사회복지 관련 교과목을 이수하고 학사학위를 취득한 자

3. 고등교육법에 의한 대학과 동등이상의 학력이 있다고 교육부장관이 인정하는 학교에서 보건복지부령이 정하는 사회복지학 전공교과목과 사회복지관련 교과목을 이수하고 졸업한 자

4. 외국의 대학 또는 대학원에서 사회복지학 또는 사회사업학을 전공하고 학사학위 이상을 취득한 자로서 제1호 및 제2호의 자격과 동등하다고 보건복지부장관이 인정하는 자

5. 별표 1의2. 등급별자격기준의 사회복지사 2급란의 라목 내지 바목에 해당하는 자로서 시험일 현재 1년이상 사회복지사업의 실무경험이 있는 자

사회복지사업법 시행규칙

[별표 1]

사회복지학 전공교과목과 사회복지관련 교과목(제3조 관련)

필수 과목 (10)	사회복지개론, 인간행동과 사회환경, 사회복지정책론, 사회복지법제, 사회복지실천론, 사회복지실천기술론, 사회복지조사론, 사회복지행정론, 지역사회복지론, 사회복지현장실습
선택 과목 (4)	아동복지론, 청소년복지론, 노인복지론, 장애인복지론, 여성복지론, 가족복지론, 산업복지론, 의료사회사업론, 학교사회사업론, 정신건강론, 교정복지론, 사회보장론, 사회문제론, 자원봉사론, 정신보건사회복지론, 사회복지지도감독론, 사회복지자료분석론, 프로그램개발과 평가, 사회복지발달사, 사회복지윤리와 철학중 4과목이상

※ 비고 : 교과목의 명칭이 동일하지 아니하더라도 교과의 내용이 동일하다고
　　　　 보건복지부장관이 인정하는 경우에는 동일 교과목으로 본다.

사회복지사1급 자격시험과목

사회복지기초 : 인간행동과 사회환경, 사회복지조사론

사회복지실천론 : 사회복지실천론, 사회복지실천기술론, 지역복지론

사회복지정책 및 제도 : 사회복지정책론, 사회복지행정론, 사회복지법제

인명색인

사항색인

저자소개

김기태

현재 부산대학교 사회복지학과 명예교수로서 대구대학교 사회복지학과를 졸업하고, 경북대학교 대학원 사회학과에서 문학석사를, 대구대학교 대학원 사회복지학과에서 철학박사학위를 취득했다. 대구 동산기독병원에서 정신보건사회복지사로 근무한 적이 있으며, 미국 University of Southern California 사회사업대학원과 Columbia University 사회사업대학원 객원교수와 한국사회복지학회장을 역임하였다. 저서로는 「정신보건복지론」(공저), 「무엇이 문제인가? – 출생에서 청년기까지 –」, 「위기개입론」, 「사회복지실천론」(공저), 「사례관리실천의 이해」(공저), 「사회복지실천사례」(공저) 등이 있다.

박병현

부산대학교 법정대학 사회복지학과를 졸업하고, 미국 West Virginia University 사회사업대학원에서 사회복지학 석사학위를, 미국 University of Pennsylvania 사회사업대학원에서 사회복지학 박사학위를 취득했다. 미국 University of Pennsylvania 사회사업대학원 연구교수, 일본 동지사대학교 객원교수, 한국사회복지정책학회장을 역임하였다. 저서로는 「사회복지정책론」, 「사회복지의 역사」, 「사회복지와 문화」, 「복지국가의 비교」, 「동아시아 사회복지 연구」(공저), 「복지국가의 위기와 신보수주의적 재편」(공저), 「세계의 사회보장」(공저) 등이 있고, 역서로 「중국사회보장 30년」이 있다. 현재 부산대학교 사회복지학과 교수로 재직중이다.

최송식

부산대학교 사회복지학과에서 학사, 석사, 박사학위를 취득했다. 양산병원에서 정신보건사회복지사를 지냈으며, 미국 University of Texas 사회사업대학원 객원교수, 한국정신보건사회복지학회장을 역임하였다. 주요 관심분야는 사회복지실천, 정신보건사회복지, 사례관리실천 등이며, 저서로는「지역사회정신보건과 사례관리실천」, 「외상 후 스트레스장애」, 「정신보건복지론」(공저), 「사례관리실천의 이해」(공저), 「노인복지론」(공저), 「알코올중독의 이해」(공저) 등이 있다. 현재 부산대학교 사회복지학과 교수로 재직중이다.

제 6 판
사회복지의 이해

초판발행	1999년 3월 1일
개정판발행	2002년 3월 10일
제 3 판발행	2004년 8월 30일
제 4 판발행	2007년 3월 5일
제 5 판발행	2009년 2월 25일
제 6 판인쇄	2014년 3월 2일
제 6 판발행	2014년 3월 7일

지은이	김기태 · 박병현 · 최송식
펴낸이	안종만
편 집	우석진 · 이재홍
기획/마케팅	최준규
표지디자인	홍실비아
제 작	우인도 · 고철민
펴낸곳	(주) 박영사
	서울특별시 종로구 평동 13-31번지
	등록 1959. 3. 11. 제300-1959-1호(倫)
전 화	02)733-6771
f a x	02)736-4818
e-mail	pys@pybook.co.kr
homepage	www.pybook.co.kr
ISBN	979-11-303-0069-6 93330

정 가   28,000원